OS EUROPEUS

ORLANDO FIGES

OS EUROPEUS

o século XIX e o surgimento de uma cultura cosmopolita

Tradução de
Clóvis Marques

1ª edição

EDITORA RECORD
RIO DE JANEIRO • SÃO PAULO
2022

CIP-BRASIL. CATALOGAÇÃO NA PUBLICAÇÃO
SINDICATO NACIONAL DOS EDITORES DE LIVROS, RJ

F481e

Figes, Orlando.
    Os europeus: o século XIX e o surgimento de uma cultura cosmopolita
/ Orlando Figes; tradução Clóvis Marques. – 1. ed. – Rio de Janeiro:
Record, 2022.

    Tradução de: The europeans: three lives and the making of
a cosmopolitan culture
    Inclui índice
    ISBN 978-65-5587-490-7

    1. Europa - História - Século XIX. 2. Cultura – Europa – História –
Século XIX. 3. Artes - Europa – História – Século XIX. 4. Europa – Vida
intelectual - Século XIX. I. Marques, Clóvis. II. Título.

                                CDD: 940.28
22-77779   CDU: CDU: 94(4)"18"

Gabriela Faray Ferreira Lopes - Bibliotecária - CRB-7/6643

Copyright © Orlando Figes, 2019

Título original em inglês: The europeans: three lives and the making
of a cosmopolitan culture

Texto revisado segundo o novo Acordo Ortográfico da Língua Portuguesa.

Direitos exclusivos de publicação em língua portuguesa para o Brasil
adquiridos pela
EDITORA RECORD LTDA.
Rua Argentina, 171 – 20921-380 – Rio de Janeiro, RJ – Tel.: (21) 2585-2000,
que se reserva a propriedade literária desta tradução.

Impresso no Brasil

ISBN 978-65-5587-490-7

EDITORA AFILIADA

Seja um leitor preferencial Record.
Cadastre-se em www.record.com.br
e receba informações sobre nossos
lançamentos e nossas promoções.

Atendimento e venda direta ao leitor:
sac@record.com.br

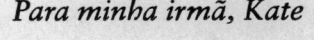

Para minha irmã, Kate

"Quando as artes de todos os países, com suas respectivas características, se acostumarem às trocas, a natureza da arte se enriquecerá no mundo inteiro em grau incalculável, sem que se altere o gênio próprio de cada nação. Desta forma, vai se formar uma escola europeia, no lugar das seitas nacionais que ainda dividem a grande família dos artistas; e depois uma escola universal, familiarizada com o mundo, para a qual nada que for humano será estranho."

THÉOPHILE THORÉ, "DAS TENDÊNCIAS DA ARTE NO SÉCULO XIX" (1855)

"O dinheiro emancipou o escritor, o dinheiro criou a literatura moderna."

ÉMILE ZOLA, "O DINHEIRO NA LITERATURA" (1880)

"— Você não deixa de ser uma espécie de estrangeiro — disse Gertrude.
— Uma espécie... concordo; acho que sim. Mas quem pode dizer que espécie? Acho que não tivemos oportunidade de esclarecer esta questão. Você sabe que há pessoas assim. Em se tratando do próprio país, da própria religião, da própria profissão, elas têm lá suas dúvidas."

HENRY JAMES, OS EUROPEUS (1878)

Sumário

Nota sobre as moedas

Reproduzo valores em dinheiro nas moedas originais, mas acrescentando entre parênteses a equivalência em francos franceses nos casos em que for útil para comparação. O franco francês era a moeda mais usada na Europa no século XIX, e era em francos que as pessoas focalizadas neste livro quase sempre realizavam seus negócios.

As taxas de câmbio entre as principais moedas europeias se mantiveram relativamente estáveis durante quase todo o século XIX. Estavam atreladas ao lastro das moedas em metais. O principal fator de estabilização era a libra britânica, baseada no padrão ouro. Outras moedas estabeleceram taxas de câmbio estáveis em relação à libra adotando o padrão prata (caso da Alemanha e da maioria dos Estados escandinavos) ou um padrão bimetálico (ouro e prata), como a França e a Rússia. A partir da década de 1870, generalizou-se na Europa um movimento de adoção da paridade com o ouro.

Nas décadas intermediárias do século XIX, 100 francos franceses equivaliam aproximadamente a:

4 libras britânicas
25 rublos russos de prata*
90 liras milanesas (austríacas)
19 escudos romanos

---

* Havia dois tipos de rublos em circulação até 1843: o rublo de prata (na época valendo cerca de quatro francos franceses), usado para pagamentos externos, e o assignat ou rublo de papel, que podia ser trocado pelo rublo de prata à taxa de 3,5 por 1. Em 1843, o rublo de papel deu lugar a títulos de crédito do Estado.

23 ducados napolitanos
38 gulden austríacos
27 táleres prussianos
100 francos belgas
20 dólares americanos

Como referência de valor, a simples conversão das moedas pode ser enganosa, pois não leva em consideração as diferenças de poder aquisitivo. O custo de vida na Grã-Bretanha em geral era mais alto que no Continente, embora certos produtos (como o algodão) fossem mais baratos em decorrência das vantagens da industrialização e do império. Os custos mais elevados também se refletiam em salários mais altos, na Grã-Bretanha. As classes profissionais britânicas eram consideravelmente mais bem remuneradas que as do Continente. Em 1851, o salário de um juiz britânico do Tribunal de Recursos era de 6 mil libras (em t orno de 150 mil francos), o dobro da renda anual de seu colega francês. Um membro do conselho universitário em uma faculdade de Oxford tinha uma renda básica de 600 libras por ano (em torno de 15 mil francos), mais do que ganhava um professor da Sorbonne (cerca de 12 mil francos anuais). Mais abaixo na escala social, as diferenças eram menos significativas. Uma família britânica "média" tinha, em geral, uma renda anual de aproximadamente 200 libras (5 mil francos) na década de 1850, à qual no mínimo se equiparava à grande maioria das famílias burguesas da França, onde os dotes continuavam complementando a renda de família mais substancialmente que na Grã-Bretanha. Um mecânico ou engenheiro iniciante na França ganhava algo entre 3 mil e 7 mil francos por ano. Um trabalhador urbano qualificado ou escriturário tinha um salário anual oscilando entre 800 e 1.500 francos. Nesta extremidade da escala social, os salários britânicos eram comparáveis.

Nas artes, as rendas eram extremamente variáveis. Em termos monetários, os escritores, pintores e músicos mencionados neste livro se situavam, na escala acima descrita, em algum ponto entre o juiz mais bem remunerado e o mecânico mais mal pago. Alguns exemplos bastarão para ilustrar as variações de renda. No auge da carreira, na década de 1850, o pintor Ary Scheffer ganhava entre 45 mil e 160 mil francos por ano; mas muitos artistas, como Théodore Rousseau, protegido de Scheffer, ganhavam menos de 5 mil francos por ano. Antes de 1854, o escritor Victor Hugo recebia por suas

obras, em média, 20 mil francos anualmente. George Sand e Ivan Turgueniev ganhavam mais ou menos a mesma coisa — e ele ainda ganhava uma
quantia equivalente das suas propriedades na Rússia. Entre 1849 e 1853, o
compositor Robert Schumann ganhou em média cerca de 1.600 táleres prussianos anuais (6 mil francos) por suas composições, renda complementada
pelo salário de diretor musical da cidade de Düsseldorf, que lhe pagava 750
táleres (aproximadamente 2.800 francos) por ano.

É quase impossível traduzir esses valores em termos atuais. O custo
dos bens e serviços era muito diferente no século XIX. A mão de obra era
muito mais barata (e na Rússia, gratuita, para os proprietários fundiários
com servos); o aluguel também era muito menos caro; mas, nas cidades, a
comida era relativamente cara. Para ajudar o leitor a ter uma ideia geral dos
valores monetários em meados do século XIX: 1 milhão de francos era uma
grande fortuna, capaz de adquirir bens e serviços valendo em torno de 5
milhões de libras (6.500.000 dólares) em termos atuais; com 100 mil francos
se comprava um castelo em terras vastas (como o de Courtavenel, comprado
pelos Viardot); ao passo que 10 mil francos, valendo aproximadamente 50
mil libras (65 mil dólares) hoje em dia, foi o preço pago pelos Viardot por
um órgão fabricado pelo famoso construtor Aristide Cavaillé-Coll em 1848.

Créditos das ilustrações do encarte

1. Ary Scheffer, retrato de Pauline Garcia, óleo sobre tela, 1840. Musée de la Vie romantique, Paris. (*Roger-Viollet/TopFoto*)
2. Retrato de Manuel Garcia como Otelo, gravura, c. 1821. (*Wikimedia Commons*)
3. Louis Viardot, gravura, c. 1839. (*Heritage Image Partnership/Alamy*)
4. Henri Decaisne, *Maria Malibran como Desdêmona em Otelo*, óleo sobre tela, 1830. Musée Carnavalet, Paris. (*Granger Historical Collection/Alamy*)
5. Josef Weninger, retrato de Ivan Turgueniev, daguerreótipo, 1844. (© *State Historical Museum, Moscou*)
6. Partitura musical de "Armida dispietata" e "Lascia ch'io pianga", de *Rinaldo*, de George Frideric Handel, arr. H. R. Bishop, Londres, 1840. (Coleção do autor)
7. Josef Danhauser, *Franz Liszt improvisando ao piano*, óleo sobre tela, 1840. Stätliche Museen zu Berlin, Stiftung Preußischer Kulturbesitz, Alte Nationalgalerie. (*Heritage Image Partnership/Alamy*)
8. Gustave Courbet, *Enterro em Ornans*, óleo sobre tela, 1849-50. Musée d'Orsay, Paris. (*Ian Dagnall/Alamy*)
9. Paul Cézanne, *Menina ao piano*, óleo sobre tela, 1868. Ermitage, São Petersburgo. (*Classic Paintings/Alamy*)
10. Jean-Léon Gérôme, *Duelo após o baile de máscaras*, óleo sobre tela, 1857. (*Painters/Alamy*)

11. Charles-François Daubigny, *Clair de lune à Valmondois* (Luar em Valmondois), água-forte, 1877. (*Metropolitan Museum of Art, Nova York.
Presente de Dr. David T. e Anne Wikler Mininberg (Acc. nº 2012.236.3)*)

12. S. L. Levitskii, retrato de Pauline Viardot, daguerreótipo, 1853. (© *State
Historical Museum, Moscou*)

13. Louis Viardot, fotografia, 1868. (*Bibliothèque nationale de France, Paris*)

14. *Salão musical de Pauline Viardot em Paris*, gravura colorida à mão, 1858.
(*Stefano Bianchetti/Getty Images*)

15. Pauline com as filhas Claudie e Marianne e Jeanne Pomey em Baden-
-Baden, 1870. Musée Tourguéniev, Bougival. (Fotografia do autor)

16. Rouargue Frères, *Baden-Baden*, gravura colorida à mão, 1858. (Coleção
do autor)

17. Edgar Degas, *La Chanson du chien* (A canção do cão), guache, pastel e
monotipo em papel, 1875-77. Coleção particular. (*Art Heritage/Alamy*)

18. James Tissot, *Visitantes de Londres*, óleo sobre tela, 1874. (*Layton Art
Collection Inc., Gift of Frederick Layton, at the Milwaukee Art Museum,
WI. (L1888.14.)*)

19. Ilya Repin, retrato de Ivan Turgueniev, óleo sobre tela, 1874. Galeria
Tretyakov, Moscou. (*Sputnik/Alamy*)

20. Aleksei Kharlamov, retrato de Ivan Turgueniev, óleo sobre tela, 1875.
Museu de Estado da Rússia, São Petersburgo. (*Heritage Image Partner-
ship/TopFoto*)

21. Aleksei Kharlamov, retrato de Louis Viardot, óleo sobre tela, 1875. (*Bibliothèque Municipale de Dijon*)

22. Jean-Baptiste-Camille Corot, *Camponesa colhendo lenha*, Itália, óleo
sobre tela, c. 1870-72. Coleção particular. (*Christie's/Bridgeman Images*)

23. Théodore Rousseau, *Le Givre* (*Geada*), óleo sobre tela, 1845. (*Walters Art
Museum, Baltimore, MD. Adquirido por William T. Walters, 1882 (37.25)*)

24. Pierre-Auguste Renoir, *La Grenouillère*, óleo sobre tela, 1869. Coleção
Oskar Reinhart, Winterthur. (*Art Collection/Alamy*)

25. Édouard Manet, retrato de Émile Zola, óleo sobre tela, 1868. Musée
d'Orsay, Paris. (*Peter Horree/Alamy*)

26. Edgar Degas, *A orquestra da ópera*, óleo sobre tela, 1870. Musée d'Orsay,
Paris. (*Art Heritage/Alamy*)

27. Pierre-Auguste Renoir, *Madame Charpentier et ses enfants*, óleo sobre
tela, 1878. (*Metropolitan Museum of Art, New York. Catharine Lorillard
Wolfe Collection, Wolfe Fund, 1907 (Acc. nº 07.122.)*)

28. Claude Monet, *Gare St.-Lazare*, óleo sobre tela, 1877. Musée d'Orsay, Paris. (*Peter Barrett/Alamy*)

29. Joseph Ferdinand Keppler, "O editor pirata", gravura colorida, ilustração in *Puck*, 24 de fevereiro de 1886. (*Library of Congress Prints and Photographs Division, Washington, DC*)

30. Villa Viardot, Bougival, fotografia, c. 1900. Musée Tourguéniev, Bougival. (*Fotografia do autor*)

31. Les Frênes, a datcha de Turgueniev em Bougival, fotografia, 2018. (*Office de Tourisme de Bougival*)

32. Vitral com cenas mostrando Turgueniev em Les Frênes, Bougival, fotografia, 2018. (*Fotografia do autor*)

33. Retrato de Pauline Viardot em medalhão usado por Turgueniev. Musée Ivan Tourguéniev, Bougival. (*Fotografia do autor*)

34. Leito de morte de Turgueniev, fotografia, 2018. Musée Ivan Tourguéniev, Bougival. (*Fotografia do autor*)

35. Claudie Viardot, retrato de Turgueniev no leito de morte, lápis, 1883. (*Pauline Viardot-Garcia additional papers, MS Mus 264. Houghton Library, Harvard College Library*)

36. André Taponier, retrato de Pauline Viardot, fotografia, c. 1900. Bibliothèque Marguerite Durand, Paris. (*Roger-Viollet/TopFoto*)

37. O Théâtre Italien, gravura baseada em desenho de Eugène Lami, c. 1840. (*New York Public Library*)

38. Alfred de Musset, sátira da corte de Louis Viardot a Pauline, cartum, c. 1840. Bibliothèque de l'Institut de France, Paris. (© RMN-Grand Palais [*Institut de France/Gérard Blot*])

39. Giacomo Meyerbeer, fotografia, 1847. (*Wikimedia Commons*)

40. Varvara Petrovna Lutovinova, mãe de Turgueniev, daguerreótipo, c. 1845. (*I. S. Turgueniev State Memorial Museum, Orel*)

41. Clara e Robert Schumann, daguerreótipo, c. 1850. (*adoc-photos/Getty Images*)

42. O Gewandhaus de Leipzig, gravura, c. 1880. (*akg-images*)

43. Pauline Viardot, desenho do castelo de Courtavenel, em carta a Julius Rietz, 5 de julho de 1858. (*New York Public Library (JOE 82-1, 40)*)

44. Partitura musical, Seis Mazurkas de Frédéric Chopin, arr. Pauline Viardot, E. Gérard & Cie, 1866. Coleção particular.

45. O "balé sobre patins" de *Le Prophète*, de Meyerbeer: fotografia estereoscópica de modelos de argila pintados à mão, década de 1860. (*Lebrecht/ Alamy*)

46. Charlet & Jacobin, retrato de Charles Gounod, fotografia, c. 1850. (*Bridgeman Images*)

47. Charles Thurston Thompson, *Quartel de bombeiros e parede divisória entre galeria de pinturas e refinaria de açúcar*, extraído de R. J. Bingham e C. T. Thompson, *Paris Exhibition*, 1855, Vol. I, nº XXXVIII. (© *Victoria & Albert Museum, Londres*)

48. *A gráfica de Goupil fora de Paris*, gravura de *L'Illustration*, nº 1572, 12 de abril de 1873. (*Getty Images/De Agostini*)

49. Nadar (Gaspard-Félix Tournachon), retrato de Hector Berlioz, fotografia, 1857. (*Archive Farms/Getty Images*)

50. André-Adolphe-Eugène Disdéri, retrato de Pauline Viardot em *Orfeu*, fotografia, 1859. (*Bibliothèque nationale de France, Paris*)

51. Pauline Viardot, pentagrama desenhado num caderno de Turgueniev, 1862. (*Bibliothèque nationale de France, Paris (Slave 88. Tourguéniev. Manuscrits parisiens XV, fol. 91v)*)

52. Mansão de Turgueniev em Baden, fotografia, 1986, por Nicholas Žekulin. (*Reproduzido com autorização de Nicholas Žekulin*)

53. Rudolf Krziwanek, retrato de Johann Strauss e Johannes Brahms em Bad Ischl, fotografia, 1894. (*De Agostini/Getty Images*)

54. Ludwig Pietsch, *Primeira apresentação de* Le Dernier Sorcier *na mansão de Turgueniev em Baden*, gravura, 1867. (*Heritage Image Partnership/ Alamy*)

55. Anônimo, retrato de Jacques Offenbach, fotografia, c. década de 1870. (*Lebrecht/Alamy*)

56. Étienne Carjat, retrato de Gustave Flaubert, fotografia, c. 1870. (*Collections de la Bibliothèque municipale de Rouen*)

57. Devonshire Place 30, Londres, fotografia, 2019. (*Fotografia do autor*)

58. Ivan Turgueniev, trecho de carta a Pauline Viardot com esboço das figuras mencionadas de uma pintura em Grosvenor House. (*Bibliothèque nationale de France. Département des manuscrits. Papiers de Pauline Viardot. NAF 16273*)

59. Charles Maurand com base em Honoré Daumier, Salão de Exposições do Hôtel Drouot, gravura, 1862. (*Open Access Image from the Davison Art Center, Wesleyan University, Middletown, CT*)

60. Cham (Amédée Charles Henri, Conde de Noé), *Os pintores impressionistas podem duplicar o efeito de sua exposição no público mandando executar a música de Wagner*, caricatura in *Le Charivari*, 22 de abril de 1877. (*Universitätsbibliothek Heidelberg*)

61. Anônimo, *Exéquias de Victor Hugo no Arco do Triunfo, Paris, 31 de maio de 1885*, fotografia, 1885. (*Wikimedia Commons*)

62. Anônimo, retrato de Auguste Rodin de pé ao lado de sua escultura de Victor Hugo, fotografia, 1902. (*ullstein bild/Getty Images*)

63. Guigoni e Bossi, *Cortejo fúnebre de Giuseppe Verdi no Foro Bonaparte, Milão, 30 de janeiro de 1901*, de *L'illustrazione Italiana*, Ano XXVIII, nº 9, 3 de março de 1901. (*Getty Images*)

64. Anônimo, loja Ricordi em Londres, fotografia, c. 1900. (© *Ricordi Archives*)

65. Johann Wolfgang Goethe, *Faust*, capa do primeiro volume da Biblioteca Universal Reclam, 1867. Coleção particular. (*Fine Art Images/Heritage Images/Getty Images*)

66. Anônimo, depósito da Universal-Bibliothek de Reclam, fotografia, c. 1930. (*Imagno/Getty Images*)

67. Anônimo, Pauline Viardot em sua varanda no Boulevard Saint-Germain, Paris, fotografia c. 1900. (*Lebrecht/Alamy*)

68. Anônimo, Entrada da Exposition Universelle, Paris, fotografia, 1900. (*Bibliothèque de Genève, Centre d'iconographie genevoise*)

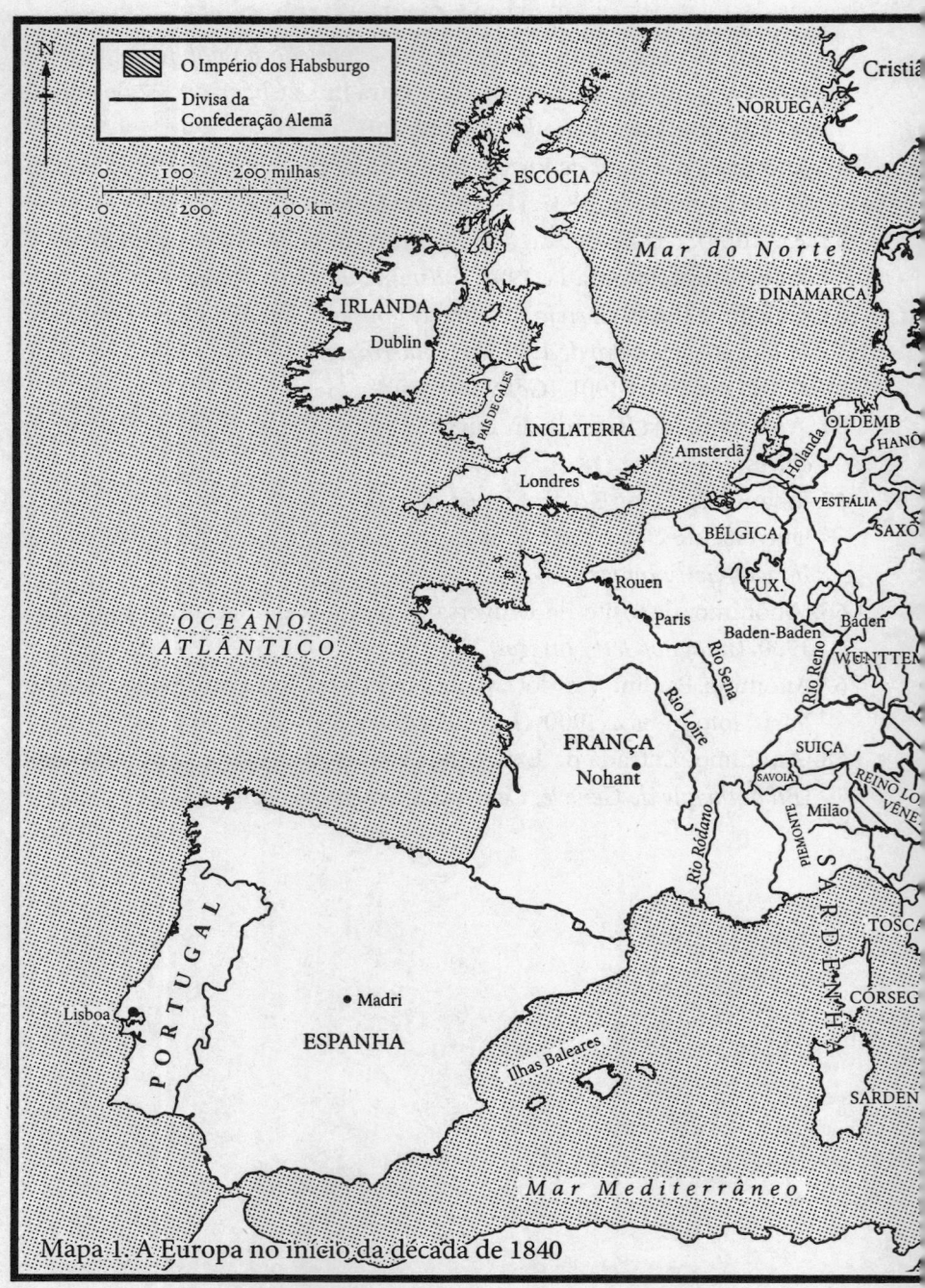

Mapa 1: A Europa no início da década de 1840

Legenda:

- Ferrovias construídas 1820-45
- Ferrovias construídas 1845-70
- ★ Principais casas de ópera
- ■ Principais estações termais
- □ Principais estações balneárias
- • Outras cidades

100   200 Milhas
200   400 km

Mar do Norte

DINAMARC

GRÃ-BRETANHA

Dublin

Hol.

Haia

Londres

Bruxelas

ALEM

BÉLG.

LUX

OCEANO
ATLÂNTICO

Paris

Berna

SUÍÇA

FRANÇA

PORTUGAL

Madri

Lisboa

ESPANHA

ITÁ

MARROCOS ESP.

MARROCOS (França)

ARGÉLIA
(França)

TUNÍSL
(França)

Mapa 2. Desenvolvimento das ferrovias na Europa, 1820-1870, e princ
estações termais e balneárias e casas de ópera por volta de 191

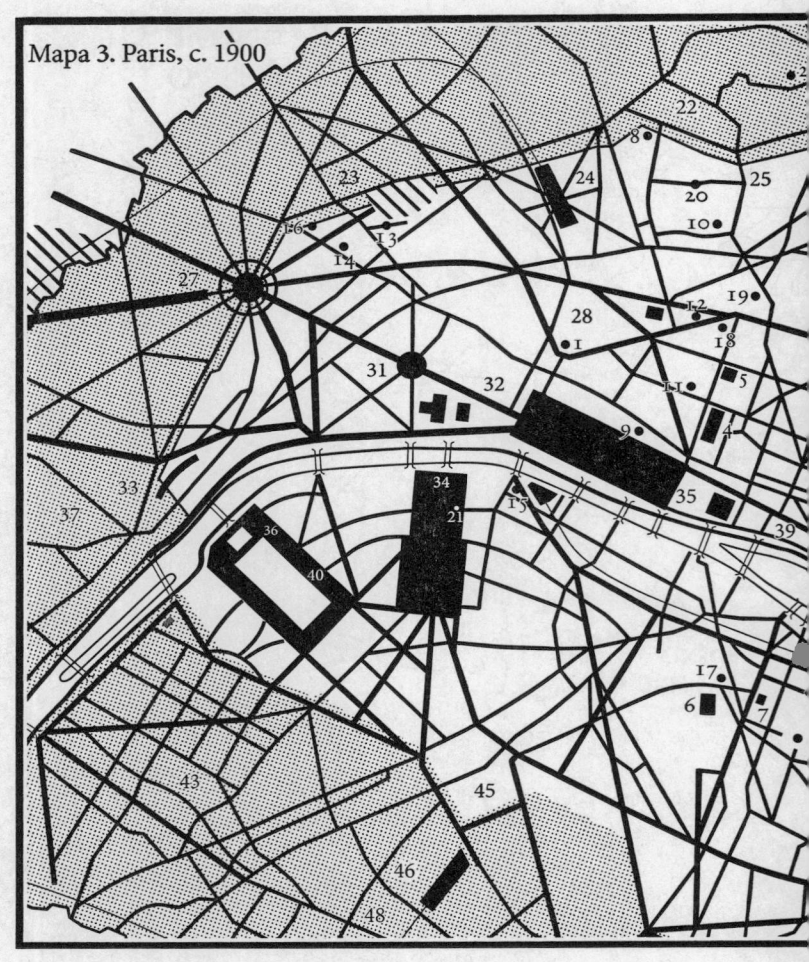

Mapa 3. Paris, c. 1900

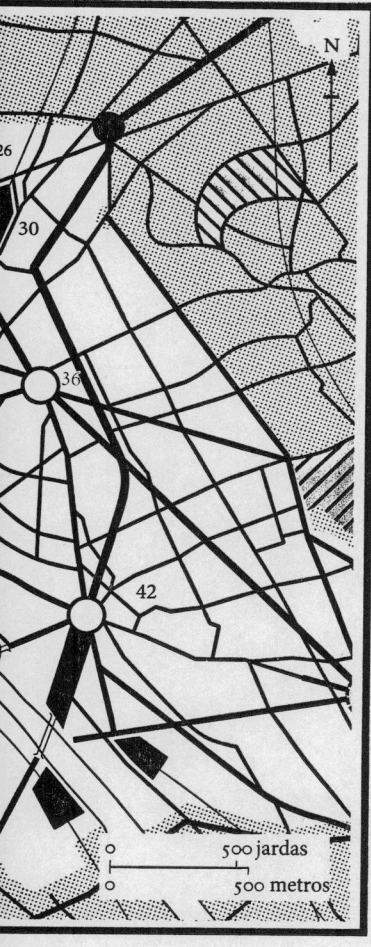

Lugares mencionados no texto

1	Madeleine	22	Montmartre
2	Sacré Coeur (em construção)	23	Parc Monceau
3	Panteão	24	Gare Saint-Lazare
4	Palais-Royal	25	"Nova Atenas"
5	Bibliothèque Nationale	26	Gare du Nord
6	Palais Luxembourg	27	Arco do Triunfo
7	Sorbonne	28	Palais Garnier
8	Rue de Douai, 50	29	Margem direita
9	Rue de Rivoli, 210	30	Gare de l'Est
10	Square d' Orléans	31	Gard Palais
11	Théâtre-Italien	32	Petit Palais
12	Salle Le Peletier	33	Trocadéro
13	Rue Murillo	34	Ponte Alexandre III
14	Rue du Fauborg Saint-Honoré, 240	35	Louvre
15	Boulevard Saint-Germain, 243	36	Place de République
16	Salle Pleyel	37	Passy
17	Théâtre de l'Odéon	38	Torre Eiffel
18	Opéra-Comique	39	Théâtre du Châtelet
19	Leiloeiro Drouot	40	Campo de Marte
20	Rue Chaptal	41	Hôtel de Ville
21	Assembleia Nacional	42	Praça da Bastilha
▬	principais terminais ferroviários	43	Granelle
—	linha férrea	44	Quartier Latin
〰	parques públicos e espaços verdes	45	Margem esquerda
⫽	cemitério	46	Gare Montparnasse
		47	Gare d' Austerlitz
		48	Vaugirard

500 jardas

500 metros

Introdução

O primeiro trem a vapor partiu da Gare Saint-Lazare em sua viagem pioneira para Bruxelas às 7h30 da manhã do dia 13 de junho de 1846, um sábado de sol. Era seguido por outras duas locomotivas, enquanto a multidão festejava aos acordes de despedida de uma banda. Cada um dos três trens era composto de vinte vagões abertos, adornados com as bandeiras tricolores da França e da Bélgica. Os 1.500 passageiros tinham sido convidados pelo barão James de Rothschild para festejar a inauguração da ferrovia Paris-Bruxelas, recém-concluída por sua empresa, a Chemins de Fer du Nord, com a construção da linha da capital francesa até Lille.

Não era a primeira ferrovia internacional. Três anos antes, em 1843, os belgas haviam inaugurado uma linha férrea entre Antuérpia e Colônia, na província renana da Prússia. Mas a ferrovia Paris-Bruxelas era particularmente importante por estabelecer uma ligação de alta velocidade entre a França e os Países Baixos, a Bretanha (via Ostende ou Dunquerque) e os países de fala alemã. A imprensa francesa anunciava a nova ferrovia como um marco do início da unificação da Europa sob o domínio cultural da França. "Convidar os estrangeiros a ver nossas artes, nossas instituições e tudo aquilo que nos confere grandeza é a maneira mais acertada de manter a boa reputação do nosso país na Europa", ponderava a comissão que aprovou a construção da linha até Lille.[1]

O primeiro trem transportava dignitários governamentais, os duques de Nemours e Montpensier, filhos do rei da França, acompanhados de ministros franceses e belgas, chefes de polícia e várias celebridades, entre as quais os escritores Alexandre Dumas, Victor Hugo e Théophile Gautier, além do pintor Jean-Auguste-Dominique Ingres. Deixando Paris à inconcebível velocidade de trinta quilômetros por hora, o primeiro grupo chegou a Lille no calor escaldante do meio da tarde. Com os cabelos desgrenhados e os finos trajes cobertos da poeira da viagem a descoberto, os viajantes desembarcaram numa estação provisória junto às muralhas medievais, onde foram recebidos pelos dirigentes municipais, o arcebispo de Cambrai e uma guarda de honra montada, ostentando as bandeiras francesa e belga. Depois de tocados os hinos nacionais por uma banda militar, os convidados seguiram em procissão pelas ruas enfeitadas, nas quais se juntara uma multidão tão grande que a Guarda Nacional teve dificuldade de manter a ordem. Havia gatunos por toda parte, o caos se instaurou quando as bebidas acabaram e alarmes foram disparados no momento em que irrompeu um incêndio no Palácio de Justiça.[2]

As comemorações começaram com um esplêndido banquete oferecido por Rothschild para 2 mil pessoas em uma enorme tenda montada no local onde futuramente se ergueria a estação ferroviária, já então sendo construída por trás das muralhas medievais. Sessenta cozinheiros e quatrocentos garçons serviram generosas porções de salmão cozido ao molho branco, presunto de York com frutas, codorna *au gratin*, perdizes *à la régence*, ervilhas ao creme, queijos, sobremesas e vinhos franceses, até que chegou a hora dos brindes:

— À união entre a França e a Bélgica!

— À paz internacional!

Rothschild fez um emocionado discurso sobre a aproximação que as ferrovias propiciariam entre as nações europeias.[3]

Ao anoitecer, num imenso concerto na esplanada, Berlioz regeu a estreia da sua *Grande Symphonie funèbre et triomphale* à frente de quatrocentos músicos das bandas das guarnições locais. Os organizadores fizeram questão de reforçar a orquestra com doze canhões a serem disparados nos acordes finais da Apoteose. Mas, no momento indicado, os acendedores não foram encontrados — embora dois dos canhões tenham sido acendidos com um charuto, fazendo os estopins emitirem um pífio chiado no ar, o que levou parte do público a crer que era mesmo esta a intenção.[4]

Berlioz recebera a encomenda de compor uma cantata, *Le Chant des chemins de fer*, sobre texto do escritor Jules Janin celebrando a paz e a fraternidade internacionais, ideais inspirados pelas ferrovias. Composta para tenor, orquestra e coros, a cantata foi executada num banquete no Hôtel de Ville depois do concerto na esplanada. "A cantata foi entoada com extraordinário vigor e excelentes vozes", relataria Berlioz à irmã, Nanci. "Mas enquanto eu conversava no salão ao lado com os duques de Nemours e Montpensier, que haviam me chamado, meu chapéu foi roubado, junto com a música da cantata."[5] A partitura seria recuperada, mas o chapéu, não.

Às duas da manhã, o comboio de visitantes prosseguiu em direção a Bruxelas. Em Kortrijk, a primeira cidade belga, a população inteira se aglomerou na estação para saudar os incríveis trens vindos da França. Em Gante, houve uma parada militar com canhoneio. Na última parte do percurso, a partir de Mechelen, os dois trens da frente seguiram em paralelo, entrando na estação de Bruxelas ao mesmo tempo, sob aclamação. Os príncipes franceses foram recebidos na plataforma por Leopoldo, o rei da Bélgica, e sua esposa francesa, Luísa de Orleans, irmã mais velha dos príncipes. Houve um banquete no Grand Palace e um baile oferecido pelas Ferrovias Belgas na recém-inaugurada Gare du Nord. Para transformar a estação num salão de baile, montou-se um piso de madeira por cima dos trilhos, pendurando-se candelabros no teto de vidro e importando da Holanda vagões inteiros de tulipas. "Nunca vimos um baile de tal esplendor", admirava-se o correspondente do Le National.[6]

Às primeiras horas da manhã seguinte, os visitantes chegados da França iniciaram a viagem de volta a Paris. A viagem de 330 quilômetros levou apenas doze horas — um quarto do tempo normalmente necessário para o mesmo percurso de diligência, o meio de transporte até então mais rápido.

Logo as fronteiras nacionais seriam atravessadas por ferrovias em todas as direções. Tinha início uma nova era para a cultura europeia. Os artistas e suas obras agora podiam se deslocar pelo continente com muito mais facilidade. Berlioz faria uso da linha entre Paris e Bruxelas para sua turnê de concertos na Rússia em 1847 (a essa altura, ele só podia chegar de trem até Berlim, mas em sua segunda turnê pela Rússia, vinte anos depois, fez um percurso ferroviário completo de Paris a São Petersburgo). Dessas décadas em diante, as ferrovias seriam usadas por orquestras e coros, companhias de ópera e teatro, exposições itinerantes de obras de arte e escritores em turnês de recitais. O enorme peso físico representado por muitos empreendimentos artísticos, que até então requeriam quantidades inviáveis de cavalos e carruagens, agora era transportado relativamente sem dificuldade pela energia a vapor. Abria-se um mercado internacional para a reprodução em massa e barata de pinturas, livros e partituras. Começava a era moderna das viagens internacionais, permitindo a um número muito maior de europeus identificar o que tinham em comum. Eles puderam assim descobrir nessas obras de arte a sua própria "europeidade", os valores e ideias que compartilhavam com outros povos da Europa, acima e além das diferenças nacionais.

A criação dessa "cultura europeia" é o tema deste livro. Seu objetivo é explicar como foi que, por volta de 1900, os mesmos livros passaram a ser lidos em todo o continente, as mesmas pinturas passaram a ser reproduzidas, a mesma música passou a ser tocada em casa ou nas salas de concerto, as mesmas óperas passaram a ser encenadas em todos os grandes teatros da Europa. Como, em suma, o cânone europeu — que constitui a base da alta cultura hoje não só na Europa, mas em todas as partes do mundo onde europeus se estabeleceram — se consolidou na era das ferrovias. Uma cultura internacional de elite existia na Europa desde, pelo menos, o Renascimento. Emanando do cristianismo, da literatura clássica, da filosofia e do conhecimento, ela se espalhou pelas cortes, academias e cidades-Estado da Europa. Mas só no século XIX uma cultura de massa relativamente integrada pôde se desenvolver em todo o continente.

Os europeus é uma história internacional. Encara a Europa como um todo, e não dividida entre Estados-nação ou zonas geográficas, como na maioria das histórias da Europa, que quase sempre têm focalizado o papel desempenhado pela cultura nos movimentos nacionalistas e projetos de construção nacional do século XIX, não se voltando para as artes como uma força unificadora entre as nações. Minha intenção é abordar a Europa como espaço de transferências, traduções e trocas culturais por cima das fronteiras nacionais, gerando uma "cultura europeia" — uma síntese internacional de formas, ideias e estilos artísticos — que viria a distinguir o continente do resto do mundo.[7] Como disse certa vez Kenneth Clark, quase todos os grandes avanços na civilização — e as esplêndidas realizações da cultura europeia no século XIX certamente estão entre eles — se deram em períodos de intenso internacionalismo, com a livre circulação de pessoas, ideias e criações artísticas.[8]

Sob muitos aspectos, este livro explora a era das ferrovias como primeiro período de globalização cultural — pois é, de fato, o que representa a criação de um mercado europeu para as artes no século XIX. Muitos se opuseram desde o início a esse processo — os nacionalistas, obviamente, temendo que o fluxo internacional de trocas culturais minasse as características culturais próprias e a originalidade das respectivas nações —, mas ninguém foi capaz de detê-lo. De um modo que não podia ser controlado por nenhum Estado-nação, as grandes transformações tecnológicas e econômicas do século XIX (a revolução das comunicações e viagens de massa, a invenção da litogravura e da fotografia, a supremacia do sistema de livre mercado) eram as forças motivadoras por trás do surgimento de uma "cultura europeia" — um espaço supranacional de circulação de ideias e obras de arte que se estendeu pelo continente.

No cerne do livro está a nova relação entre as artes e o capitalismo desenvolvida no século XIX. Nele, o leitor encontrará tanto material sobre a economia das artes (tecnologias de produção, gerência de negócios, marketing, publicidade, redes sociais, o problema do combate à pirataria) quanto sobre as obras de arte propriamente ditas. Meu foco se centra nas formas artísticas mais envolvidas no sistema capitalista, graças à sua reprodução impressa para o mercado (principal fonte de lucros na literatura, na música e na pintura) ou por funcionarem como negócio depois de perderem subsídios estatais (como no caso da ópera). A escultura e as obras de arte públicas de grandes dimensões têm menos destaque na minha tese. No fim das contas, foi o mercado que determinou o cânone europeu, decidindo que obras sobreviveriam e quais (em número muito maior) seriam perdidas e esquecidas.

No centro do livro encontram-se três pessoas: o escritor Ivan Turgueniev (1818-83), a cantora e compositora Pauline Viardot (1821-1910), com quem Turgueniev teve uma longa relação íntima, e seu marido, Louis Viardot (1800-1883), hoje esquecido, mas, em sua época, um importante crítico de arte, erudito, editor, gestor teatral, ativista republicano, jornalista e tradutor literário do russo e do espanhol para o francês (em outras palavras, tudo aquilo que o artista não é, mas de que depende). Suas biografias estão entrelaçadas na narrativa, que os acompanha pela Europa (os três viveram — em diferentes épocas — na França, na Espanha, na Rússia, na Alemanha e na Grã-Bretanha, viajando muito pelo resto do continente), envolve pessoas que conheciam (praticamente todo mundo que era realmente importante no cenário cultural europeu) e explora as questões que os afetavam como artistas e promotores das artes.

Cada um à sua maneira, Turgueniev e os Viardot eram personalidades artísticas que se adaptavam ao mercado e a seus desafios. Pauline nascera em uma família de cantores itinerantes e, portanto, tinha o tino comercial no sangue; mas se mostrou extremamente hábil na exploração da nova economia, e, como mulher, singularmente independente numa época patriarcal. Louis atuou como seu agente nos primeiros anos do casamento. Como diretor do Théâtre Italien, uma das principais casas de ópera da Europa, ele rapidamente aprendeu a atuar no mercado livre, mas a astúcia para os negócios era sempre moderada por um temperamento acadêmico. Já Turgueniev nascera na aristocracia russa, cujos filhos deviam entrar para o serviço público e viver das rendas de suas propriedades. Não tinha qualquer talento para os negócios ao começar como escritor.

Graças a seus contatos internacionais, Turgueniev e os Viardot foram importantes intermediários culturais, promovendo escritores, pintores e músicos em toda a Europa e ajudando-os a posicionar suas obras nos mercados estrangeiros. Aqueles que frequentavam seus salões em diferentes épocas em Paris, Baden e Londres representam um *quem é quem* das artes, da alta sociedade e da política na Europa.

Era uma cultura internacional que desapareceu ao irromper a Primeira Guerra Mundial. Turgueniev e os Viardot eram cosmopolitas, membros de uma elite cultural europeia, capazes de viver em qualquer lugar no solo europeu, desde que isto não comprometesse seus princípios democráticos, sem perder nada da própria identidade nacional. Sentiam-se em casa na "Civilização Europeia". A famosa frase de Burke — "Nenhum europeu se sente totalmente exilado em parte alguma da Europa"[9] — poderia ter sido dita pensando neles.

1. A Europa em 1843

As ferrovias matam o espaço, e ficamos apenas com o tempo [...]. Agora é possível viajar a Orleans em quatro horas e meia, e não se leva mais tempo para chegar a Rouen. Imaginem só o que acontecerá quando as linhas para a Bélgica e a Alemanha forem concluídas e interligadas com essas ferrovias. Tenho a sensação de que as montanhas e florestas dos outros países avançam sobre Paris. Neste exato momento, sinto o cheiro das tílias alemãs; os vagalhões do mar do Norte vêm dar à minha porta.

HEINRICH HEINE, 1843

1

Às oito da noite de 3 de novembro de 1843, o público que lotava o Teatro Bolshoi em São Petersburgo aguardava excitado que a cortina subisse. Não restava um assento vazio para ver a grande soprano Pauline Viardot em sua estreia russa, como Rosina, em *O barbeiro de Sevilha*. Nas primeiras filas da plateia, acomodados em poltronas, estavam os mais altos dignitários do Império Russo de fraque, ao lado de esposas e filhas, em sua maioria, vestidas de branco, a cor da estação; atrás deles, ministros em trajes a rigor e oficiais uniformizados. Não sobrara um único lugar, nem no *bel-étage* nem nos camarotes particulares dos quatro níveis inferiores, onde toda a nobreza se exibia, com seus diamantes reluzindo à luz das lâmpadas a óleo do imenso candelabro. Nos assentos mais baratos do quinto nível e do último, por cima do candelabro, estudantes, funcionários e verdadeiros amantes da música se comprimiam nos bancos e esticavam o pescoço para ver o palco. O teatro fervilhava de excitação quando começou a ser tocada a abertura, enquanto ainda chegavam os retardatários. A iminente apresentação da famosa cantora ao lado de Giovanni Rubini e sua companhia italiana de cantores fora o tema inevitável das conversas nos salões de São Petersburgo por muitas semanas. A imprensa fomentava a expectativa com tanta intensidade que um jornal tentou sair na frente publicando um artigo sobre a primeira apresentação de Viardot — inclusive detalhando os aplausos delirantes — dois dias antes de acontecer.[1]

A aparência de Viardot-Garcia, como era conhecida na época, causou forte impressão. Com seu pescoço longo, os grandes olhos salientes e as pálpebras pesadas, ela parecia diferente de um jeito exótico, talvez até algo cavalar; mas o sorriso encantador e os olhos castanhos, com a centelha da inteligência, assim como a vivacidade da expressão, refletindo um temperamento altivo, tornavam sedutora a expressão facial. "Ricamente feia", sentenciou o ministro russo de Relações Exteriores, o conde Karl Nesselrode, quando de sua estreia em São Petersburgo. O poeta Heinrich Heine, conhecido pelas tiradas sarcásticas, a considerou tão sem atrativos que seria "quase bonita".[2]

Sua voz é que explicava a presença mesmerizante no palco. Tinha uma força tremenda, excepcional tessitura e versatilidade.* Não era uma voz suave ou cristalina — havia quem a considerasse gutural —, mas dotada de força dramática, de uma intensidade emocional que se adequava tanto à tragédia quanto às canções ciganas espanholas que gostava de apresentar (Camille Saint-Saëns a comparou certa vez ao sabor de "laranjas amargas").[3] Clara Schumann, que a ouviu cantar em Paris em agosto de 1843, afirmou "nunca ter ouvido uma voz feminina como esta".[4] Os russos concordavam. "Ouvimos muitas cantoras de primeira, mas nenhuma nos impressionou dessa maneira", escreveu um crítico sobre aquela primeira récita em São Petersburgo. "A assombrosa tessitura vocal, a virtuosidade sem equivalente, a sonoridade magicamente argêntea, aqueles trechos que até os ouvidos mais

---

* Pelos padrões de hoje, tecnicamente Viardot seria uma mezzo-soprano, mas o termo só ganharia uso corrente no fim do século XIX, e assim ela se apresentava como soprano. O papel de Rosina em O barbeiro de Sevilha foi escrito originalmente para contralto, mas atualmente é considerado um dos principais do repertório de mezzo-soprano.

treinados mal conseguiam acompanhar — nunca ouvimos nada parecido antes."[5] Ao descer a cortina, ela ainda foi chamada nove vezes pelo público em delírio, sem arredar pé do salão, durante uma hora inteira.

O público russo era apaixonado por ópera. Demonstrava um entusiasmo espontâneo que encantava Viardot.[6] A casa veio abaixo, na segunda noite, quando ela cantou uma conhecida melodia russa na cena da aula do II Ato. Para pronunciar corretamente, ela tomara aulas de russo. Era um recurso de que se valia com frequência para conquistar plateias no exterior. O tsar Nicolau ficou tão encantado que puxou os aplausos eufóricos, recebeu a cantora no camarote imperial e, na manhã seguinte, lhe enviou um par de brincos de diamante, que Pauline imediatamente mandou avaliar.[7]

O entusiasmo alcançava novos patamares a cada récita. A própria Viardot sentia a voz melhorar noite após noite, à medida que avançava no repertório da temporada, seguindo-se à estreia em O barbeiro de Sevilha desempenhos igualmente sensacionais em Otelo de Rossini, em Sonâmbula de Bellini e em Lucia di Lammermoor de Donizetti. Todas as árias eram aplaudidas aos gritos de "Brava!" Cada ato terminava com uma dúzia de cortinas, em sua maioria, para aplaudir Viardot. Ao terminar a Sonâmbula, ela foi chamada ao palco quinze vezes. A tsarina, sentada no camarote junto à cortina, atirou uma camélia que foi dar nos pés da prima-dona. O gesto ia de encontro a uma proibição imperial de jogar flores no palco. A partir da noite seguinte, a cada ária cantada por Viardot, flores eram jogadas no palco. Os floristas encheram os bolsos. Os "fanáticos" compravam até o último buquê — o próprio ritual assim criado se tornou tema de um vaudeville, Buquês, de Vladimir Sologub.[8]

Era o auge do entusiasmo dos russos com a ópera italiana. Poucas óperas de outras origens chegavam aos palcos em São Petersburgo. Na temporada de 1843-4, as récitas de óperas italianas foram quase o dobro das apresentações de óperas russas. Até Mikhail Glinka, o "inventor da ópera russa", que enchera o Teatro Bolshoi quase toda noite nos primeiros meses de 1843 com Russlan e Ludmila e Uma vida pelo tsar, viu suas obras relegadas às récitas dominicais e, em seguida, despachadas para as províncias à chegada da companhia de Rubini. Glinka, na verdade, havia muito se acostumara à dominação dos italianos. Vivera na Itália no início da década de 1830 e não podia deixar de adaptar sua música ao estilo italiano da moda, com suas melodias alegres e os trinados virtuosísticos. Sua obra mais "russa",

Uma vida pelo tsar (1836), decididamente "fedia a italianismo", como ele próprio reconheceria.[9]

Essa italomania era relativamente recente. Embora a corte tsarista mantivesse uma companhia permanente de ópera italiana no século XVIII, nenhuma outra seria encontrada na Rússia depois de 1801, exceto no porto de Odessa, no mar Negro, onde viviam muitos estrangeiros. Exilado, o poeta Alexander Pushkin ouviu uma medíocre companhia itinerante apresentar óperas de Rossini em Odessa na temporada de 1823-4. A experiência inspirou o seguinte trecho em seu romance versificado *Eugene Onegin* (1825), no qual o narrador, entediado, examina com o binóculo a assistência da ópera:

E que dizer dos olhares fascinados?
E, mais, dos binóculos afiados?
E nos bastidores... os beijos roubados?
A prima-dona? O balé?
A frisa, onde linda e radiante
Sonha jovem esposa de um negociante,
Vaidosa em seu orgulho insinuante,
E cercada dos escravos a ralé?
Ela faz e não faz caso das rosas,
De olhos pidões, galanterias chistosas,
Cavatinas e suspiro ardente...
Enquanto ao fundo o marido dormita,
E num sobressalto: Bis! — grita,
Mas boceja e já está ausente.[10]

A ópera italiana só voltaria à moda em São Petersburgo depois de 1836, quando um veneziano russificado, Catterino Cavos, diretor do Teatro Bolshoi, causou sensação com uma produção da *Semiramide*, de Rossini.

A Rússia foi o último país europeu varrido por essa mania internacional. Atraía estrelas de idade já avançada, desejosas de capitalizar a antiga fama. Em 1841, a grande Giuditta Pasta, em fim de carreira, praticamente tendo perdido a voz, apresentou-se com a ópera russa no papel-título da *Norma* de Bellini, que havia interpretado na estreia absoluta da ópera dez anos antes. Pouco depois, os russos aclamariam o "maior tenor do momento", Rubini, então com 49 anos, aconselhado por Liszt, o virtuose do piano e compositor, a seguir seu exemplo e fazer uma turnê pela Rússia para ganhar as montanhas de dinheiro que os ingênuos russos se dispunham a pagar pela "civilização". Querendo equiparar São Petersburgo culturalmente a Paris, Viena e Londres, o tsar pagou a Rubini uma fortuna (80 mil rublos de papel, ou 90 mil francos) para levar uma companhia de ópera italiana à cidade na temporada de 1843-4. A própria Viardot recebeu 60 mil rublos, além de metade da renda dos outros concertos que podia dar.[11] Era um tipo de remuneração que poucos cantores de ópera haviam recebido até então. Tais gastos se justificavam plenamente pelo prestígio que a trupe conferia à capital russa, segundo o porta-voz do tsar, o editor Faddei Bulgarin, que nessa primeira temporada escreveu em seu jornal, The Northern Bee:

> Convenhamos: sem uma ópera italiana, pareceria sempre estar faltando alguma coisa na capital do maior império do mundo! Seria sentida a falta de um ponto de atração em matéria de opulência, esplendor e diversão cultivada. Em todas as capitais da Europa, os trajes mais ricos, o tom mais elevado, todos os refinamentos da sociedade se concentram na Ópera Italiana. E isto não pode ser mudado, nem deveria.[12]

Na Europa Ocidental, a ópera florescia desde o século XVII. Originalmente um evento privado da corte, logo se transformaria em espetáculo público, primeiro em Veneza e mais tarde em toda a Itália. Ao contrário do que acontecia na França, onde a ópera se mantinha sob controle real, toda grande cidade italiana tinha seu teatro e um grupo de nobres ou comerciantes e profissionais ricos para administrá-la (no primeiro censo nacional italiano, em 1868, foram registradas 775 casas de ópera em atividade).[13] O modelo de negócios era praticamente uniforme na península. Formando uma associação de titulares de camarotes, os donos do teatro assinavam contrato com um empresário, em geral, um cantor ou músico aposentado, que empregava uma companhia para uma temporada (poucos teatros de província tinham meios de sustentar uma trupe). O empresário recebia um adiantamento dos proprietários e ficava com a receita da venda de ingressos, ao passo que o teatro auferia a renda do aluguel dos camarotes particulares por uma taxa anual.[14] O pequeno número de pagantes, membros da elite de uma única cidade, obrigava as companhias a estar constantemente em turnê, para atrair um público maior. Foi assim que a ópera se tornou um fator de unificação dos diferentes regiões da Itália, pois a língua era compreendida mesmo nos casos em que o público falasse um dialeto, e não o italiano.

As companhias itinerantes exportaram a ópera da Itália para as cortes europeias. Todas as capitais europeias construíram teatros adaptados a suas necessidades. Nas cidades em que a ópera se firmou no século XVIII — a Londres de Handel ou a Viena de Gluck —, o estilo era essencialmente italiano. O domínio da ópera italiana era de tal ordem que compositores de todas as nacionalidades foram levados a seguir o modelo: o alemão Simon Mayr compôs mais de cinquenta títulos para casas de ópera italiana entre 1795 e 1820; ainda adolescente, Mozart escreveu três óperas para La Scala, em Milão, e viria a compor várias outras em italiano para teatros austríacos. Mas foi Rossini o primeiro a alcançar um mercado internacional para a ópera italiana. Conquistando teatros em todo o continente e no resto do mundo, ele era um Napoleão da música, na avaliação de Stendhal, seu primeiro biógrafo: "Napoleão está morto; mas um novo conquistador já se apresentou diante do mundo; e de Moscou a Nápoles, de Londres a Viena, de Paris a Calcutá, seu nome está em todas as bocas. A fama desse herói não conhece limites, senão os da própria civilização."[15]

O nome de Rossini era praticamente garantia de lucro para uma casa de ópera. Suas óperas leves e melodiosas se revelariam ideais para o estado de espírito do período da Restauração, quando a ordem do dia eram as formas superficiais de entretenimento. Após o impressionante sucesso das suas primeiras óperas, especialmente *Tancredi* (1813), Rossini foi nomeado diretor musical do San Carlo em Nápoles, na época, o principal teatro do mundo. Seu gestor era Domenico Barbaja, arguto homem de negócios convertido em empresário teatral, que encontrara um método original de fazer a ópera dar lucro.

Barbaja começara como garçom num café próximo do La Scala em Milão. Fizera fortuna entregando refeições leves nos camarotes da ópera e inventando um novo tipo de café que causou sensação, misturado com creme e chocolate. Durante a ocupação francesa de Milão (de 1796 a 1815), foi revogada a proibição austríaca dos jogos de azar em teatros. Barbaja ganhou a lucrativa concessão das mesas de roleta (tipo de jogo introduzido na Itália pelos oficiais de Napoleão) no saguão de entrada do La Scala. Seu império do jogo rapidamente se estendeu a outras cidades conquistadas pelos franceses. A capacidade de gestão por ele desenvolvida na administração do sindicato do jogo facilmente foi transferida para o gerenciamento da ópera, na qual também circulavam regularmente grandes quantidades de dinheiro. Em Nápoles, onde não administrava apenas o San Carlo, mas também o Teatro dei Fiorentini, menor, Barbaja se valia dos lucros da roleta para contratar os melhores cantores. Como diretor musical do San Carlo de 1815 a 1822, Rossini devia compor duas óperas por ano, recebendo um salário de 12 mil francos franceses e uma parte dos lucros de Barbaja com o jogo — muito mais do que ganhava com a música.[16]

Com o triunfo internacional de O barbeiro de Sevilha (1816) e de La Cenerentola (1817), Rossini se transformou num fenômeno global. Ao assumir o comando da Ópera de Viena em 1822, Barbaja o convocou novamente. Logo a nobreza vienense sucumbiria aos encantos da ópera italiana, não obstante os críticos nacionalistas que se opunham a essa "invasão estrangeira", convocando seus seguidores a cerrar fileiras com Carl Maria von Weber e sua Der Freischütz (1821), exaltada como uma "ópera nacional alemã", sobretudo pelo emprego de uma linguagem e de temas musicais populares (embora, na verdade, o estilo fosse basicamente francês e o enredo se ambientasse na Boêmia). Da mesma forma, em Londres, onde passou cinco meses em 1823, Rossini foi festejado como celebridade internacional. Cada movimento seu era relatado na imprensa, nem que fosse simplesmente para descrever a figura gorducha e jovial se encaminhando para seus aposentos no Quadrant, recém-concluído por John Nash em Regent Street. A demanda popular da sua música era praticamente insaciável. As três casas de ópera de Londres (o King's Theatre, o Drury Lane Theatre e o Theatre Royal em Covent Garden) se curvavam à mania das óperas de Rossini.[17]

Mas foi em Paris que Rossini teve maior impacto no mundo da ópera. Em 1824, ele foi nomeado diretor do Théâtre Italien, uma das três principais casas de ópera sob controle real na cidade, sendo as outras a Opéra de Paris e a Opéra-Comique. O contrato de Rossini era lucrativo. Depois do seu triunfo em Londres, a corte francesa se dispunha a aceitar as extravagantes exigências do compositor: 40 mil francos no primeiro ano, quando deveria compor duas óperas, e o reconhecimento de seus direitos autorais em bases equivalentes às de um cidadão francês, a mais avançada proteção na Europa nessa época.[18] Durante os seis anos sob sua direção, o Théâtre Italien tornou-se uma das principais casas de ópera da Europa. Em comparação, a Opéra de Paris estagnava. O público se cansara das óperas francesas ao velho estilo — obras já então perdidas ou esquecidas de criadores como Christoph Willibald Gluck, André Grétry ou Nicolas Dalayrac — que constituíam boa parte do seu repertório. E buscava o "Italiens", como era chamado carinhosamente, onde Rossini reinava, nas palavras de Stendhal, como "monarca cidadão" (ver imagem 37 do encarte).

A Salle Favart, nome do seu auditório, não era apenas um teatro, mas um modo de vida ("não só uma casa de ópera, mas um salão", segundo Gautier). Dedicado exclusivamente ao repertório italiano, era ponto de encontro da sociedade elegante, de fanáticos da ópera (as "tribos de *dilettanti*" que posavam de grandes conhecedores), amantes da música e intelectuais, em contraposição ao público mais formal da Salle Le Peletier dessa mesma Opéra. A romancista George Sand, o poeta Alfred de Musset e o pintor Eugène Delacroix eram frequentadores habituais do Italiens. Como o acesso à plateia era proibido às mulheres, Sand comparecia vestida de homem, usando uma longa capa militar com calças e paletó, a moda da época, gravata, chapéu e botas com taxas pregadas na sola, trajes com que também se apresentava em outras ocasiões. Entre os românticos franceses, só Berlioz, grande admirador da escola de Gluck, desprezava esse culto da ópera italiana e "mais de uma vez debateu comigo a possibilidade de plantar minas no Théâtre Italien e mandá-lo pelos ares numa noite dessas, junto com toda a congregação de rossinianos".[19] Em contraste com os outros teatros musicais da cidade, nos quais o público falava durante a récita, os membros da audiência no Italiens ouviam mais atentamente: eram reduzidos ao silêncio pelo maestro Rossini quando ele batia três vezes para assinalar o início da abertura.

No início do século XIX, a indústria da ópera era um negócio internacional de comerciantes itinerantes. O jovem Rossini ganhou a vida até 1810 como ensaiador vocal (*répétiteur*) e acompanhador ao cravo, duas funções musicais importantes. Em seguida, foi contratado como compositor pelo Teatro del Corso, em Bolonha. Seus contratos estipulavam que ele era um "comerciante de música" (*mercante di musica*). À época, os músicos ainda ocupavam posição inferior nos palácios e salões da aristocracia, apesar dos esforços de compositores como Mozart para melhorar sua situação. Se equiparavam "à condição dos inferiores", escreveu a condessa Marie d'Agoult, que viveu com Liszt:

Se alguém quisesse oferecer um belo concerto, mandava buscar Rossini, que, mediante honorários — na verdade modestos, apenas 1.500 francos, se estou bem lembrada — se encarregava de montar o programa e supervisionar a execução, assim eximindo o patrão dos inconvenientes em matéria de escolha de artistas, ensaios e assim por diante [...]. Na hora marcada [os músicos] chegavam juntos, entrando pelo portão lateral; juntos se sentavam perto do piano; e juntos se retiravam, depois de receber os cumprimentos do dono da casa e de alguns autodeclarados diletantes.[20]

Normalmente, no negócio da ópera, o compositor era contratado por um empresário para compor a música para determinado libreto, supervisionar os ensaios e reger as três primeiras récitas, ao cravo. Pelos seus serviços recebia um cachê compatível com o nível de um mestre artesão. Uma vez cumprido o contrato, o compositor estava livre para exercer seu ofício em outra cidade. A produção de uma ópera costumava ser muito rápida, de modo que inúmeras eram montadas ao longo do ano. *O barbeiro de Sevilha* estreou um mês depois de Rossini ter iniciado a composição da partitura. Os cantores ainda aprendiam as partes no dia da estreia, o que, em certa medida, pode explicar o fiasco, com vaias do público seguindo-se a uma série de acidentes no palco do Teatro Argentina, em Roma.

Rossini produzia óperas em furiosa velocidade — dezesseis nos cinco primeiros anos de composição —, reciclando, em muitas, trechos de obras anteriores. Essa reciclagem ainda era prática habitual entre compositores de ópera no início do século XIX, quando raramente alguém viajava grandes distâncias: era fácil fazer passar uma composição reprocessada como algo novo numa cidade distante. Donizetti foi um dos grandes adeptos da prática (tendo sido descoberto e criticado). A pressão de compor com rapidez era o principal motivo para reutilizar músicas de partituras anteriores. Em 1832, dispondo de poucas semanas para compor *L'elisir d'amore*, Donizetti copiou trechos inteiros das suas óperas *Alahor in Granata* (1826) e *Il castello di Kenilworth* (1829).[21] Por trás da prática, estava também a economia de uma produção operística antes da era das ferrovias, quando os teatros arregimentavam público numa área geográfica restrita e precisavam de várias obras novas por ano para manter as pessoas entretidas. Trabalhando nessa indústria, nem sempre os compositores tinham tempo de compor obras originais. Em 1827, por exemplo, Donizetti assinou contrato com Barbaja em Nápoles para apresentar doze óperas nos três anos seguintes, ao longo dos quais receberia um salário mensal de 400 ducados (aproximadamente 2.100 francos). Nada no contrato estipulava que a música de cada ópera deveria ser nova; desde que produzisse a quantidade necessária, Donizetti seria remunerado.[22]

Os principais cantores ganhavam mais que os compositores. Os frequentadores iam à ópera para ouvir as grandes estrelas, e a música desempenhava um papel coadjuvante na exibição de seus talentos. Todos os principais compositores escreviam para determinados cantores ou adaptavam as partituras para adequá-las às suas qualidades vocais. Os cachês das primas-donas eram astronômicos. Com o desaparecimento dos muito valorizados *castrati* nas primeiras décadas do século XIX, as cantoras eram as mais bem pagas na ópera. Não era incomum que metade dos custos de uma produção se destinasse aos cachês dos principais solistas, especialmente divas célebres como Giuditta Pasta ou Maria Malibran, a irmã mais velha de Viardot-Garcia. Elas barganhavam intensamente por melhores condições e remuneração, por vezes se valendo de agentes, outras vezes negociando por conta própria, mas sempre de olho no que as rivais ganhavam.[23]

Os grandes solistas se dedicavam cada vez mais às turnês internacionais, viajando para onde quer que fossem mais bem remunerados. Os progressos nos meios de transporte, com os navios a vapor a partir da década de 1820 e mais adiante as ferrovias, elevavam os cachês, pois um número maior de teatros passava a competir por esses serviços. Na temporada londrina de 1827, por exemplo, Pasta ganhou 2.365 libras (60 mil francos) — trinta vezes mais que qualquer outro solista — por quarenta e cinco récitas. No início dos anos 1830, Malibran ganhou cachês ainda mais altos — 1 mil libras por apenas doze apresentações em Covent Garden e 3.200 libras por quarenta noites em Drury Lane, para não falar dos ganhos com uma série de concertos beneficentes, somando 2 mil libras. Por um contrato de dois anos em Nova York, a partir de 1834, ela recebeu oferta de uma fortuna, 500 mil francos (20 mil libras), mas recusou.[24]

As turnês de concertos de Liszt ou Paganini eram as únicas que realmente podiam se comparar aos sucessos financeiros das grandes divas. Em 1831, segundo um levantamento, Paganini ganhou 133.107 francos por apenas onze concertos em março e abril em Paris, e em seguida, de maio a julho em

Londres, recebeu 10 mil libras (250 mil francos), o suficiente para comprar uma mansão em Mayfair. Pagavam-se somas absurdas para ouvir o violinista virtuoso tocar — até uma guiné por um assento na plateia do King's Theatre, quase o triplo do preço normal. Os preços das entradas eram inflacionados por histórias extravagantes sobre sua aparência estranha e personalidade demoníaca, suas conquistas sexuais e os poderes hipnóticos que exerceria ao tocar — rumores que Paganini estimulava tocando de maneira ainda mais desenfreada. Tudo nas suas apresentações era estudado com vistas ao efeito espetacular e sensacional. Mas ele encarava as turnês como um homem de negócios, mantendo registro detalhado das rendas e gastos num "livro secreto". Empregava promotores de concertos como agentes e encarregados das despesas, em troca de uma parte da receita — uma inovação na indústria da música, na qual os compositores até então cuidavam do próprio agenciamento. Com seu agente, Paganini controlava cada aspecto dos concertos, desde a escolha dos teatros até a publicação de anúncios na imprensa, a contratação de orquestras, o emprego de bilheteiros, às vezes chegando a vender as entradas na porta pessoalmente. E desenvolveu seu próprio merchandising: gravuras impressas, "bolos Paganini" e outras lembranças dos concertos.[25]

Liszt se inspirou no exemplo de Paganini. Passou boa parte do início da carreira em turnês, nas quais aprendeu a cultivar a própria celebridade para atrair público. Percorrendo a Europa com o pai em 1823-4, Liszt despertara enorme interesse como adolescente prodígio. Gravuras com o retrato do precoce pianista eram vendidas em lojas parisienses. Seu pai cobrava 100 francos para que o filho tocasse em residências particulares. Após a morte do pai em 1828, Liszt desistiu das turnês de concertos (nas quais dizia sentir-se um "cão amestrado") e tentou ganhar a vida como professor de piano. Até que, em 1831, ouviu Paganini tocar na Opéra de Paris. Liszt passou a criar um novo tipo de repertório pianístico, imitando os efeitos do violino de Paganini, trêmolos, saltos e glissandos. Um tipo de pianismo virtuosístico que o levou a uma série altamente lucrativa de turnês de concertos pela Europa — da Espanha e Portugal à Polônia, à Turquia e à Rússia — entre 1839 e 1847. Se até então os compositores basicamente faziam turnês para ganhar reputação e conquistar mecenas, Liszt encarava as turnês como um empreendimento comercial para transformá-lo em "capital" — palavra empregada por ele mesmo.[26] Valia-se de um agente, Gaetano Belloni, que administrava as contas e trabalhava com ele na sua imagem pública para essas turnês. O comportamento exuberante de Liszt no palco lhe conferia um apelo emocional, estimulando os ouvintes a reagir à performance com emoções fortes na sala de concertos. A "Lisztomania" (expressão cunhada por Heine) varreu a Europa a partir de 1843. Os admiradores se acotovelavam ao redor do pianista virtuose. Nas primeiras filas da plateia, as mulheres disputavam os lenços ou luvas que ele deliberadamente deixava cair antes de se sentar ao piano. As cinzas do seu charuto eram guardadas como "relíquias".[27] Milhares de fãs compravam as partituras de suas peças mais difíceis, mesmo não tendo a menor chance de conseguir tocá-las, simplesmente para ter uma lembrança do fenômeno Liszt.

A indústria da ópera tinha muitas famílias e até dinastias de cantores, dançarinos, instrumentistas que circulavam juntos pelos teatros da Europa. Mas os Garcia eram os mais talentosos, fecundos e bem-sucedidos. Amigo próximo deles, Liszt escreveu certa vez que Pauline havia "nascido numa família em que o gênio parecia hereditário".[28]

Manuel Garcia, o pai de Pauline, nasceu em Sevilha em 1775, apenas cinco anos depois de a última vítima da Inquisição espanhola ter sido levada à fogueira por heresia. Durante muito tempo se pensou que tinha origens ciganas (a própria Pauline o acreditava), mas provavelmente ele próprio inventou a história para envolver sua personalidade cênica numa aura romântica. Garcia fazia parte da primeira geração de cantores profissionais independentes de qualquer mecenato (do Estado, da Igreja ou da aristocracia), dependendo do mercado para ganhar a vida.[29] Sua voz tinha enorme tessitura, o que lhe permitia cantar tanto papéis de barítono quanto de tenor. Ele começou como cantor e compositor em Cádiz, onde casou com Manuela Morales, dançarina de bolero, mudando-se em seguida para Málaga, um centro de ópera italiana na Espanha, até ser nomeado diretor musical dos teatros reais de Madri, onde se envolveu com a cantora Joaquina Briones, que também viria a desposar.

Garcia compunha num estilo espanhol, incorporando melodias e danças folclóricas nas suas operetas, conhecidas como *zarzuelas*. Os compositores espanhóis de épocas posteriores viriam a considerá-lo o fundador da ópera espanhola.[30] Na Espanha não havia muito espaço cultural para a tradição nacional. No teatro da cidade eram representadas sobretudo obras francesas e italianas. Abandonando Morales e as duas filhas pequenas, que continuou apoiando financeiramente, Garcia transferiu-se para Paris com Joaquina, que já lhe dera um filho, também chamado Manuel. Em 1807, ele estreou no Théâtre Italien, onde logo se tornaria o tenor principal, celebrado pelas brilhantes improvisações virtuosísticas na época consideradas parte constituinte do estilo de canto romântico (a comparação entre Paganini e Garcia era feita com frequência).

Bem apessoado, com cabelos negros encaracolados e traços "ciganos", Garcia tinha um temperamento rebelde e esquentado. Sua violência era, em grande parte, descarregada em Joaquina, vítima não só dos seus espancamentos como da vergonha de passar por sua amante em público para ocultar seu crime de bigamia.[31] Seu caráter violento não raro levava a conflitos com as autoridades (em Madri, ele chegou a ser encarcerado certa vez por ordem da administração do teatro, por se recusar a subir ao palco). A solução de Garcia para esses conflitos era sempre se mudar. Três anos depois do nascimento da segunda filha do casal, Maria, em 1808, os Garcia se transferiram para Nápoles, onde Manuel conheceu Rossini, mudando-se em seguida para Roma, onde interpretou o papel do conde Almaviva — criado especialmente para ele — na estreia absoluta de O barbeiro de Sevilha. De Roma eles seguiram para Londres, onde Maria, então com 8 anos, foi internada na escola de um convento em Hammersmith. Em seguida, os Garcia retornaram a Paris, onde Pauline, sua terceira filha, nasceria em 1821.

Desde pequenas, as filhas de Garcia eram ensinadas por ele a cantar. Garcia era um professor exigente e havia relatos de que batia nelas quando não se saíam bem no ensaio. Maria, de pavio curto como o pai, era quem mais sofria com isso. Pauline, a menor, sua favorita, diria anos mais tarde que só uma vez apanhara dele, segundo ela com razão, negando que o pai fosse cruel. De qualquer maneira, ele era um professor muito técnico, com métodos pedagógicos bem fundamentados — baseados no trabalho árduo, na disciplina e nos exercícios para educar a voz —, que transmitia às filhas, o que afinal lhes permitiu tornar-se também reputadas professoras de canto.

Maria subiu ao palco pela primeira vez com apenas 14 anos no papel da Rosina de O barbeiro de Sevilha no King's Theatre de Londres. Manuel cantava o papel de Almaviva. Ele tinha fugido de Paris, onde Morales acabara aparecendo, exigindo dinheiro e ameaçando denunciar sua bigamia. Maria causou sensação. Sua voz era extraordinária, de sonoridade rica, com uma tessitura de mais de três oitavas que lhe permitia cantar papéis tanto de soprano quanto de contralto. Manuel assumiu as funções de agente da filha, exigindo para ela cachês mais altos que os cobrados por primas-donas consagradas. Os críticos ingleses acabaram demonstrando hostilidade, e Manuel mais uma vez se mudou.

Em 1825, ele aceitou uma lucrativa oferta para levar a família e uma companhia de cantores a Nova York, onde havia um grupo de ricaços apaixonados pela ópera italiana que estavam dispostos a financiar a viagem. Na década de 1820, o número de companhias de ópera italiana em turnê pelas Américas aumentou visivelmente: a nova riqueza de cidades como Buenos Aires e Nova York era um verdadeiro ímã para companhias itinerantes sem medo do risco.[32] Pauline, então com 4 anos, aprendeu a cantar na longa viagem de travessia do Atlântico. "Foi numa viagem de navio que eu aprendi, sem piano, inicialmente cantando sozinha, e depois com duas vozes e com três", recordaria muitos anos depois. "Meu pai escrevia pequenos cânones, e nós os cantávamos todo dia, à noite, no convés, para encanto da tripulação."[33]

Era grande nos Estados Unidos a expectativa ante a chegada de uma companhia de músicos italianos — em boa parte alimentada por ninguém menos que Lorenzo da Ponte, o grande libretista de Mozart, que então vivia em Nova York, ensinando no Columbia College. A temporada nova-iorquina teve início com O barbeiro de Sevilha em 29 de novembro de 1825 (a primeira vez em que uma ópera era cantada em italiano no Novo Mundo), para um público no qual se encontravam Joseph Bonaparte, o rei da Espanha exilado, e James Fenimore Cooper, que estava para publicar O último dos moicanos. A ópera foi um grande sucesso. Maria teve uma consagração de estrela. A temporada prosseguiu com Don Giovanni, de Mozart — apresentada pela primeira vez nos Estados Unidos com quatro dos Garcia (Manuel pai e filho, Maria e Joaquina), na presença de da Ponte. Mas o público frequentador de ópera era muito pequeno — e tampouco havia reis ou nobres dispostos ao mecenato — para transformar o gênero num empreendimento lucrativo em Nova York. Os Garcia enfrentaram um problema ainda mais imediato quando Maria, aos 17 anos, decidiu livrar-se do pai dominador casando com um banqueiro nova-iorquino de origem francesa chamado Eugène Malibran. O banqueiro pagou uma fortuna, que teria chegado a 50 mil dólares (250 mil francos), para compensar Garcia pela perda de sua principal cantora.[34]

Sem Maria, os Garcia partiram para o México, onde pelo menos se falava espanhol. Mas era um território virgem em matéria de ópera. Não havia, de fato, casas que pudessem ser consideradas teatros no sentido europeu, e o público era pequeno demais para se ganhar algum dinheiro. Em 1828, a família desistiu e retornou a Paris. A caminho de Vera Cruz, primeira etapa do longo percurso de volta à Europa, o comboio em que viajavam foi atacado por bandoleiros mancomunados com a escolta de soldados. Os bandidos mascarados obrigaram os passageiros a deitar no chão de barriga para baixo e roubaram tudo — "até nossas roupas", recordaria Pauline —, história que repetidas vezes voltaria a contar com riqueza de detalhes até o fim de sua longa vida.[35]

"Deus me criou para viajar. Estava no meu sangue antes de eu nascer", escreveu Pauline muitos anos depois.[36] A constante movimentação dos primeiros anos de vida, associada ao rigor das práticas de ensino do pai, a imbuiu de um férreo estoicismo e da determinação de alcançar o sucesso. E também desenvolveu seu talento para as línguas. Além do espanhol que falava em casa, ela era perfeitamente fluente em francês, italiano e inglês desde a infância, e no alemão, um pouco mais adiante. Aparentemente não havia barreiras mentais entre as várias línguas que dominava: em seus diários e cartas, ela se expressava com natural fluência em todas, não raro mudando de uma língua para outra no meio de uma frase, se encontrasse palavra mais adequada.

Em 1827, a irmã mais velha de Pauline retornara à Paris, onde estreou na *Semiramide* de Rossini no Théâtre Italien, dando início a sua espetacular carreira na Europa. A força extraordinária da sua voz, de expressão tão simples, sua exótica aparência espanhola, o jeito apaixonado de se apresentar e um certo ar de melancolia encarnavam à perfeição o espírito romântico da época, rapidamente conquistando para ela a condição de figura cultuada entre os jovens parisienses. Malibran abandonara o marido banqueiro em Nova York para se unir a Charles de Bériot, um violinista belga, passando a viver com ele perto de Bruxelas e lhe dando dois filhos, tendo apenas um dos dois sobrevivido. Manuel se recusou a voltar a ver Maria, afirmando que seu comportamento "ofende e desonra a família inteira" (como se sua bigamia já não tivesse cuidado disso).[37] Maria continuou mandando dinheiro para a família, milhares de francos por ano. Escrevia à mãe pedindo notícias, mas "não ousava" escrever ao pai, temendo que não respondesse. "Diga a ele que pode se orgulhar da filha", limitava-se a dizer.[38]

Manuel Garcia morreu de súbito ataque cardíaco aos 57 anos no dia 10 de junho de 1832. Pauline e a mãe foram ao encontro de Maria em Bruxelas (seu irmão Manuel se alistara dois anos antes na expedição militar francesa na Argélia). Após a morte do marido, Joaquina assumiu o papel de instrutora e agente de Pauline, que cedo havia demonstrado talento para o canto. Aos 4 anos, ela havia cantado para o duque de Wellington, e, aos 8, para Rossini.[39] Em Paris, passou a estudar composição com Anton Reicha, compositor tcheco amigo de Beethoven, entre cujos alunos estavam Berlioz e Liszt. A essa altura, Pauline parecia destinada a uma carreira de pianista concertista — sendo na época o piano, a harpa e a voz os únicos instrumentos considerados adequados para mulheres se apresentarem em público. Na Cidade do México, tivera aulas com o organista da catedral, e agora, aos 12 anos, recebia os ensinamentos de Liszt, então na casa dos vinte. Naturalmente, apaixonou-se por ele. Vestindo-se para comparecer às aulas dos sábados, Pauline tinha as mãos tão trêmulas de emoção que não conseguia amarrar os cadarços das botas, como recordaria muito depois. "Quando batia à sua porta, meu sangue congelava; quando ele vinha abrir, eu caía no choro [...]. Mas quanta alegria quando tocamos juntos as variações de Herz a quatro mãos."[40]

Foi sua mãe quem insistiu que Pauline se tornasse cantora — decisão reforçada pela morte de Maria, aos 28 anos, em 1836. Ela caíra do cavalo em Regent's Park, Londres, dois meses antes, mas fizera questão de cumprir seus compromissos de concertos, até finalmente sofrer um colapso e morrer em Manchester. Nos últimos anos de sua breve vida, ela chegara ao auge da fama internacional, atraindo multidões onde quer que se apresentasse. No La Scala, onde sua interpretação da *Norma* conferira status quase divino ao nome Malibran, os fãs esperavam horas a fio só para vê-la entrar no teatro. Sua morte causou enorme impacto no mundo da ópera. Gautier e Musset escreveram poemas elegíacos. Para os Garcia, a dor era naturalmente imensa, tão pouco tempo depois da morte de Manuel. Para Pauline, foi um momento decisivo, determinando que haveria de seguir os passos de Maria. Para Joaquina, seria inconcebível que não houvesse uma Garcia subindo ao palco para cantar.

Charles de Bériot se investiu do papel de protetor de Pauline, organizando concertos em que se apresentavam juntos. Em agosto de 1836, três semanas depois de completar 15 anos, Pauline estreou a seu lado em Liège. Por coincidência, o compositor Meyerbeer — que desempenharia papel crucial em sua carreira — estava na plateia.[41] Desde o início, ela incluía canções espanholas em seu repertório. Estava acostumada a cantá-las desde a infância — muitas haviam sido compostas pelo pai —, e essas "peças de salão" deviam parecer encantadoramente originais às plateias do norte da Europa, onde a música espanhola na época ainda era desconhecida. A primeira apresentação pública de Pauline foi um triunfo. Nos dezoito meses seguintes, ela se apresentou com Charles em vários concertos em Bruxelas (numa das vezes na presença do casal real belga), assim como em Berlim, onde o rei da Prússia, Frederico Guilherme III, ficou tão encantado com sua arte que a presenteou com um colar de esmeraldas e a convidou várias vezes a encontrar sua família no Palácio de Charlottenburg. Foi numa dessas visitas que teve início a longa amizade de Pauline com a princesa Augusta, futura rainha da Prússia.[42]

Como era de se esperar, Pauline era comparada a Malibran. Uma comparação que soube explorar. Em sua estreia de concerto em Paris, em dezembro daquele ano, Pauline usou o mesmo traje, um simples vestido branco com um diamante negro, que Malibran costumava usar. "É a irmã de volta ao mundo", escreveu um crítico. "A mesma voz, o mesmo método de canto, o mesmo estilo, uma semelhança de talentos que chega a perturbar, sem, no entanto, a mais leve sombra de imitação!" O poeta Musset, grão-sacerdote do culto da Malibran, considerou a semelhança "tão impressionante que parece sobrenatural".[43]

O que idealizara em Malibran, Musset agora via na irmã: as origens espanholas exóticas; o temperamento bravio e melancólico; a liberdade de expressão; a aparência natural; e acima de tudo a pureza do canto, sem excessos de virtuosismo nem efeitos românticos. "Ela se entrega à inspiração com aquela simplicidade natural que a tudo confere um ar de grandeza", escreveu Musset. "Canta como respira."[44] Musset se apaixonou e passou a cortejá-la sem descanso. Conhecera Pauline numa *soirée* musical promovida por Madame Caroline Jaubert, uma de suas antigas amantes, e passou a demonstrar seu interesse insistentemente. Colaborador regular da *Revue des deux mondes*, fazia em suas páginas o elogio exaltado do seu canto. Valendo-se de suas relações, abriu portas para ela nos mais importantes salões de Paris.

Num mundo restrito como o da música, mesmo numa cidade como Paris, os artistas dependiam enormemente de críticos e mecenas influentes para promover seu talento. O animado salão de Madame Jaubert era apenas um dentre os que se multiplicavam no bairro elegante do Faubourg Saint--Germain, privilegiando as apresentações musicais e as conversas sobre arte e música em detrimento das fofocas políticas. As reuniões semanais eram frequentadas por intelectuais bem relacionados, entre eles, o príncipe Belgiojoso, o escultor Jean-Auguste Barre e os Musset, Alfred e seu irmão Paul, outro amante da música que adorava Pauline. Eles promoveram seu concerto de estreia em Paris, na Salle Ventadour, a 15 de dezembro de 1838, espalhando em conversas e artigos a convicção de que ali estava uma estrela em ascensão.[45]

Surfando na onda do sucesso, Pauline passou a primavera seguinte em Londres, onde se apresentou em dois concertos privados para a rainha Vitória e estreou como Desdêmona, na ópera de Rossini, *Otelo*, no Her Majesty's Theatre, a 9 de maio de 1839. Sua mãe negociara um excelente cachê, 6 mil francos (em torno de 240 libras) para as seis récitas, mais do que qualquer outro cantor jamais recebera para uma estreia em Londres.[46] "O público me recebeu como se eu fosse uma favorita voltando a se apresentar, e não uma estrangeira cantando para eles pela primeira vez"", escreveu Pauline a um amigo a 13 de maio.

> Fiquei tão nervosa que minha voz ficou presa no primeiro ato.
> Mas no segundo, sentindo aumentar o interesse do público, ga-
> nhei força e confiança, e no fim não estava mais apavorada [...].
> Fui chamada de volta ao palco muitas vezes e bisei várias árias.
> No fim do [segundo] ato, a plateia inteira estava de pé, agitando
> gravatas e lenços freneticamente.[47]

Na imprensa, a reação da crítica foi arrebatadora. "Quem quer que tenha visto essa Desdêmona esta noite", escreveu o crítico do *Athenaeum*, Henry Chorley, comentando a apresentação "dessa nova Garcia", "não pode ter a menor dúvida de que teve início uma grande carreira."[48]

Em Londres, ela recebeu a visita de um certo Louis Viardot, conhecido jornalista e homem de letras, colecionador de arte e crítico, historiador especializado na Espanha, que recentemente assumira a direção do Théâtre Italien. Homem atraente de aparência distinta, mal tendo chegado aos quarenta, com bigode e costeletas bem tratados, Viardot queria saber se ela se dispunha a cantar em seu teatro. Parecia disposto a atender a suas exigências monetárias, declarando-se convencido de que seu talento se equiparava ao da irmã, que havia conhecido. Ao ser nomeado diretor do Théâtre Italien, ele recebera uma carta de Charles de Bériot recomendando Pauline em termos tão entusiásticos que imediatamente desejou contratá-la como sua nova estrela.[49]

Louis Viardot nascera em 1800 em Dijon, onde seu pai era procurador geral do Tribunal de Recursos. Estudando direito na Sorbonne, desenvolveu o gosto da ópera, gastando cada centavo que podia no Théâtre Italien. Foi lá, em 1819, que ouviu pela primeira vez Manuel Garcia cantar no *Don Giovanni*. Pulava refeições para economizar e comprar entrada no segundo balcão. Nos três anos que se seguiram, não perdeu uma única récita de Garcia e sua família. Ganhou a confiança da Malibran como conselheiro e se tornou seu amigo, e ela por sua vez recorreu a ele em desespero quando engravidou de Charles de Bériot em 1830, precisando de aconselhamento jurídico para se divorciar de Eugène Malibran.[50] Viardot era um homem de princípios, afável e equilibrado, ferrenho defensor das liberdades individuais, inclusive a promoção de direitos iguais para as mulheres. Era a pessoa mais indicada para socorrer Malibran em seu desespero.

A atração exercida pelos Garcia sobre Viardot era reforçada pelo seu interesse pela Espanha. Em 1823, uma força expedicionária francesa de 60 mil homens foi incumbida pelas cinco grandes potências, no Congresso de Verona, de invadir a Espanha e restaurar o poder absolutista do rei Fernando VII, encarcerado há três anos pelos líderes de um governo parlamentar. Já formado em direito, Viardot se alistou na expedição, encarando-a como "uma oportunidade de conhecer o mundo". Mais tarde, consideraria a restauração "um crime contra o nascente constitucionalismo espanhol". Mas, naquele momento, conciliou a viagem e sua consciência democrática prestando serviços não como soldado, mas como fornecedor das tropas francesas em Sevilha. Orgulhava-se do seu título militar ("*garde-magasin de liquides*"), pois, na época da Armada Espanhola, em 1588, Cervantes também se encarregara das provisões da esquadra ancorada em Sevilha.[51]

Os dois anos passados em Sevilha deram início a um envolvimento que duraria a vida inteira com a arte e a literatura espanholas — paixão que seria compartilhada por várias gerações de franceses —, fazendo com que abandonasse o direito para escrever. No primeiro de seus muitos livros sobre a Espanha, *Lettres d'un Espagnol*, romance epistolar publicado em dois volumes em 1826, as impressões de Viardot sobre o país coloriam o relato do percurso de um oficial francês pela Andaluzia — uma das regiões "mais atrasadas da Europa", arruinada pelo poder das instituições feudais e da Igreja (além da ocupação francesa), "necessitada de se abrir à influência de outras culturas europeias para desenvolver sua civilização".[52] Era uma declaração de princípios da sua filosofia cultural do internacionalismo.

De volta a Paris, Viardot passou a assinar cada vez mais comentários políticos. Com o pseudônimo "Y...", contribuía regularmente para *Le Globe*, jornal literário de voz cada vez mais ativa na oposição ao reacionário monarca francês, Carlos X.[53] Em 1830, *Le Globe* tornou-se o órgão dos saint-simonianos, um dos primeiros movimentos socialistas, com o qual Viardot mantinha certa proximidade.

Viardot não se limitou a escrever, passando à ação. Participou da Revolução de Julho em 1830, que colocou à frente da monarquia o primo mais liberal de Carlos, Luís Filipe, duque de Orleans. Na manhã de 30 de julho, último dos três dias da sublevação, Viardot estava na redação do *Globe* preparando o primeiro boletim sobre a vitória da revolução quando um jovem jornalista encarregado pela Comissão do Hôtel de Ville, sede da prefeitura, de assumir o controle da *préfecture de police,* chegou pedindo ajuda. Armados de fuzis, os dois se dirigiram para a prefeitura e a ocuparam durante 24 horas, restabelecendo o trabalho da administração e a livre entrada de produtos em Paris, que vinha sendo bloqueada pelas milícias durante os combates.[54]

Em agosto de 1830, os liberais espanhóis exilados em Paris escolheram Viardot como líder de um "comitê revolucionário" de promoção da democracia em seu país. Luís Filipe apoiara a iniciativa, mas o governo que nomeou, dirigido por Casimir-Pierre Périer (1831-2), revelou-se mais conservador, abrindo mão de toda intervenção externa, especialmente em nome de uma revolução, e mandou fechar o comitê de Viardot, que aderiu à oposição à Monarquia de Julho. Passando a colaborar como jornalista em periódicos republicanos radicais, ele escrevia sobretudo sobre ópera, teatro, arte e política, enquanto trabalhava também como editor da *Revue républicaine*.[55] Pelo fim da década de 1830, era considerado uma das mais destacadas figuras dos círculos intelectuais de Paris.

A 4 de janeiro de 1838, o Théâtre Italien foi atingido por um incêndio causado pelo superaquecimento de um duto. A Salle Favart foi destruída. Um dos diretores do teatro, Carlo Severini, morreu.[56] Viardot entrou em cena para reerguer a instituição, transferindo-a temporariamente para o Théâtre de l'Odéon, e, em junho, foi nomeado seu diretor, com um salário de 12 mil francos por ano. Viardot era respeitado por sua perspicácia nos negócios — além das funções como jornalista, administrava uma empresa de transportes urbanos que considerava um "projeto social".[57] Mas o fator decisivo para a sua nomeação foi a amizade com o banqueiro espanhol Alejandro Aguado, marquês de Las Marismas, grande potentado do mundo da ópera na Europa.[58]

Nascido em 1784 numa das grandes famílias nobres de Sevilha, Aguado se alistara no exército espanhol, mas se passou para o lado dos franceses em 1810, quando as forças de Napoleão conquistaram a Andaluzia. Tornou-se ajudante de campo do marechal Soult, assessorando-o no saque sistemático de obras de arte espanholas a serem exportadas para a França. Quando as tropas francesas foram expulsas da Espanha, partiu com elas e se estabeleceu como comerciante em Paris, mais tarde atuando como corretor financeiro de investidores espanhóis na França. Sua grande cartada ocorreu em 1823, quando o governo espanhol, seriamente endividado, viu-se forçado a tomar um empréstimo à França, sua principal protetora após a intervenção desse ano. Como um dos principais agenciadores do empréstimo, Aguado teve um lucro de cerca de 5 milhões de francos. A partir daí, atuaria como banqueiro do governo espanhol, conseguindo empréstimos dos mercados financeiros em Paris, e, pelo fim da década de 1820, acumulara uma fortuna de mais de 20 milhões de francos. Era proprietário de várias mansões em Paris, do Château de Petit-Bourg em Évry-sur-Seine, de uma propriedade de caça em Grossouvre, no departamento de Cher, e em 1835, quando havia enriquecido ainda mais com a mediação de empréstimos para a Argélia e a Grécia, adquiriu a famosa propriedade vinícola de Château Margaux.[59]

Querendo converter essa imensa riqueza em "capital simbólico", Aguado comprou jornais e formou uma coleção de quatrocentas pinturas de grandes mestres (entre as quais dezessete de Velázquez, 55 de Murillo, treze de Zurbarán e quatro de Rembrandt), abrindo-a à visitação pública em 1837. Até então, a arte espanhola era pouco conhecida na França, mas a abertura da galeria de Aguado coincidiu com um interesse crescente, que se refletia na fundação do Musée Espagnol por Luís Filipe em 1838. Para divulgar sua galeria, Aguado encomendou a Viardot, reconhecido conhecedor da pintura espanhola, a redação de um estudo sobre os mestres nela apresentados, para um livro de gravuras.[60]

A ópera era o maior interesse de Aguado, principal foco de seus generosos gastos em Paris. Amigo próximo de Rossini, encomendava-lhe obras, contra vultosas somas em dinheiro, cobria-o de presentes e lhe abria as portas dos seus palácios (Rossini compôs suas óperas *Le Comte Ory* e *Guilherme Tell* durante longas estadas no Petit-Bourg em 1828-9).[61] Foi por meio de Rossini que Aguado passou a se envolver mais na gestão do Théâtre Italien e da Opéra de Paris.

O Théâtre Italien foi o primeiro a cair sob seu controle. Em julho de 1829, a corte real assinou contrato com Édouard Robert para administrar o teatro como empresa privada num período de quinze anos. Recomendado por Rossini, Robert era o testa-de-ferro de Aguado, seu "títere" (*prête-nom*), segundo o chefe de polícia de Paris, que supervisionava os teatros reais. O contrato estabelecia uma série de condições para que o diretor-empresário mantivesse o teatro no seu "atual estado de glória", e para isto a corte lhe daria uma subvenção anual de 70 mil francos. O seu lado do contrato se escorava numa caução (*cautionnement*) de 100 mil francos depositados por Aguado.[62]

O modelo estabelecido por esse contrato foi então estendido à Opéra numa reforma de fevereiro de 1831. A Revolução de Julho reforçara a ideia de que o teatro devia ser gerido como um negócio, sem ônus para os fundos públicos. Apesar dos crescentes subsídios ao longo da década de 1820, a Opéra acumulara dívidas colossais. Seus privilégios tornaram-se alvo da oposição liberal, que também exigia renovação do repertório conservador. Em fevereiro de 1831, o governo designou um "diretor-empresário" para gerenciar a casa nos seis anos seguintes, com a obrigação de mantê-la "no estado de grandeza e esplendor" compatível com um teatro nacional. Era uma espécie de empreendimento conjunto entre o setor público e o privado. O diretor receberia uma subvenção, a ser gradativamente reduzida à medida que fizesse a Opéra lucrar novamente. O escolhido para a missão foi Louis-Désiré Véron, médico, jornalista e empresário que fizera uma pequena fortuna vendendo um unguento para passar no peito em caso de resfriados. Como Robert, ele foi levado ao cargo por Aguado, que pagou 200 mil dos 250 mil francos exigidos como caução.[63]

Nos dez anos seguintes, Aguado assumiu de fato o controle das duas principais casas de ópera de Paris. Pagava a caução de cada diretor e gastou uma fortuna com seu financiamento.[64] Os custos de operação dos teatros eram muito maiores que os subsídios e a receita das entradas: eles dependiam do banqueiro espanhol para sobreviver. As perdas de Aguado foram consideráveis (pelo menos 50 mil francos por ano), mas eram mais que compensadas pelo prestígio assim alcançado. Na Salle Le Peletier, ele ocupava o camarote real, que tinha uma antecâmara suntuosamente mobilada e um banheiro privado (*lieu à l'anglaise*) para o rei e a rainha. No casamento de Fernando Filipe, duque de Orleans e herdeiro do trono, com a duquesa Hélène de Mecklenburg-Schwerin, em 1837, Aguado deu o camarote de presente ao casal real (providenciando em seguida a transformação de dois outros camarotes numa suíte semelhante, porém maior, para si mesmo). Depois de cada récita, a receita da noite era contada numa mesa à porta do camarote de Aguado, que esperava do lado de dentro ser informado do total. A influência do banqueiro era de tal ordem que os figurinos dos dançarinos da Opéra, onde toda produção tinha obrigatoriamente de apresentar um balé, eram de estilo espanhol, sendo os tecidos postos à venda na loja do teatro, o *Garde-robe d'Aguado*, aberto em 1838. Os membros do público mais preocupados em andar na moda começaram a frequentar a casa vestidos *à l'espagnol*.[65]

Ao ser nomeado por Aguado para o Théâtre Italien, Viardot começou a buscar maneiras de fazê-lo lucrar novamente. Uma das formas de fazer a ópera dar lucro era integrar a gestão de vários teatros, empregando os mesmos cantores. Nos anos 1820, Barbaja tivera êxito associando a administração do La Scala à temporada italiana do Kärntnertortheater de Viena. Rossini estimulara Aguado a encarar Paris, Londres e Nápoles como bases de um império operístico a ser erguido mediante a gestão integrada num mesmo empreendimento. Tanto Covent Garden quanto o Teatro San Carlo estavam em crise financeira na década de 1830, e, portanto, seu arrendamento não seria caro. Viardot enviou ao banqueiro espanhol um memorando em que propunha a fusão das duas casas de ópera de Paris com Covent Garden. Haveria economia de gastos, pois os mesmos cantores poderiam ser empregados nas duas cidades (a temporada parisiense terminava na primavera, antes do início da temporada em Londres); e um belo lucro se se construísse um teatro maior no local da Salle Le Peletier, para aumentar a capacidade.

O governo poderia ser convencido de que uma casa de ópera maior serviria à glória da França.[66]

Em maio de 1839, Viardot viajou a Londres com instruções de Aguado para conseguir o arrendamento de Covent Garden. No dia 1º de junho, ele informava que os gestores locais não estavam interessados; já haviam rejeitado três ofertas superiores a 80 mil libras, e, segundo ficara sabendo, estavam pretendendo 90 mil libras (2,26 milhões de francos). Viardot considerava que mesmo por esse valor o negócio fazia sentido. O decadente teatro londrino podia ser recuperado, gerando talvez um lucro de 6 mil libras (150 mil francos) por ano, se tivesse sua gestão integrada à da Opéra e do Théâtre Italien. "Mas para isto", concluía, "precisamos primeiro pôr em ordem nossos negócios em Paris".[67]

O incêndio na Salle Favart fora um sério revés para o Théâtre Italien. O Odéon, para onde se transferiu, não era tão bem localizado, na margem esquerda do Sena, para sua clientela, que era sobretudo da margem direita. Para melhorar a venda de ingressos para a temporada de outono que se anunciava, Viardot comprou três novas óperas de Donizetti, e foi então, depois de ouvir Pauline cantar em Londres, que a procurou para lhe oferecer um contrato no Théâtre Italien.

As negociações com a mãe dela, ainda atuando como sua agente, se revelaram difíceis. Joaquina não era nenhuma tola. Sabia o quanto podia cobrar pela filha e não hesitava em recusar uma oferta se estivesse aquém do pretendido.[68] O acordo que fechou com Viardot era caro para o Théâtre Italien. Pauline receberia 4.500 francos por mês, 27 mil pela temporada inteira, e ficaria com metade da renda de um espetáculo beneficente, valor que a administração garantia ser de no mínimo 5 mil francos. "Não sei se as condições financeiras vão lhe parecer um pouco duras", escreveu Viardot a Aguado a 1º de junho,

> mas sempre achei, e você compartilha da minha opinião, que precisamos contratar Pauline Garcia a qualquer preço, qualquer que seja o sucesso que ela venha ou não a ter no futuro. Com efeito, mais do que permanecer no Odéon, o importante é aumentar as vendas de entradas na temporada para garantir a renda do teatro independentemente das chances de sucesso dos artistas ou das produções. E, com certeza, a melhor maneira é espicaçar a curio-

sidade dos nossos *parroquianos* [paroquianos] prometendo-lhes
um talento novo e já consagrado. [69]

Pauline voltou a Paris sozinha no início de setembro para começar os
ensaios no Théâtre Italien. Escreveu a Joaquina em Bruxelas, dizendo o
quanto gostaria que ela estivesse em Paris para sua estreia e que guardava
um quarto para ela caso decidisse ir. Queixava-se da ausência de Charles
de Bériot, que deixara Paris, para uma turnê de concertos, dias antes da sua
estreia.[70] Longe da mãe e de Charles, ela deve ter ficado mais dependente de
Viardot. Precisava da proteção de um agente frente às primas-donas rivais,
invejosas da novata tão intensamente promovida e regiamente remunerada. Não obstante os boatos maliciosos que elas espalharam a seu respeito,
Pauline estreou brilhantemente em 8 de outubro no papel da Desdêmona
do *Otelo* de Rossini.

Musset a botou nas nuvens em seus elogios na *Revue des deux mondes*.
"Toda Paris acorreu ao Odéon" na noite de estreia, escreveu. "Fez-se um
momento de silêncio quando Mlle Garcia pisou no palco. A jovem artista
estava visivelmente emocionada, hesitou, mas antes que pudesse abrir a
boca foi saudada pelo aplauso unânime de todas as partes do teatro. Terá
sido a lembrança da sua irmã que nos levou a isso?" Enquanto a Malibran
interpretara Desdêmona como "uma heroína veneziana — amor, raiva,
terror, tudo nela era exuberante", prosseguia Musset, a irmã mais nova
desempenhava o papel de um modo mais fiel a Rossini, "como uma jovem
que ama ingenuamente, quer ser perdoada por seu amor, chora nos braços
do pai no exato momento em que ele vai amaldiçoá-la e só reúne coragem
na hora de morrer". O público se encantou com seu ar inocente (ela usava
um simples vestido branco para evocar a lembrança da irmã), a naturalidade da interpretação, sem grandes gestos dramáticos, e a pureza do canto.
Alguns ficaram pasmos com o frescor da atuação, sem paralelo com nada
que tivessem visto antes. Marie d'Agoult tinha uma certa aversão a Pauline.
Escreveu a Liszt que a irmã mais nova era "feia, mal vestida e desgraciosa".
Mas reconheceu que tinha uma "voz magnífica", e que elevava seu papel ao
nível da tragédia, apesar dessas imperfeições. Pauline parecia "uma mulher
orgulhosa e nobre com um imenso futuro pela frente", concluía d'Agoult,
relutante. Duas décadas depois, em sua história do teatro na França no século
XIX, Gautier escreveria sobre essa estreia que "ninguém poderia esquecer
sua adorável ingenuidade e falta de jeito, digna dos afrescos de Giotto".[71]

A estreia de Pauline era o assunto de toda Paris, e todo mundo queria conhecê-la. Viardot a apresentou a George Sand, que recentemente voltara de sua casa de campo em Nohant, no centro da França, com o compositor Chopin, seu amante. Grande admiradora da Malibran, Sand foi ouvir sua irmã, imediatamente declarando-a "a maior, a única grande e verdadeira cantora", uma "sacerdotisa do ideal na música". Sand fez amizade com a jovem estrela. Com idade para, nos padrões da época, ser sua mãe (estava com 35 anos), tornou-se sua grande defensora e conselheira, sua "amiga querida e maternal", como Pauline a chamava nas muitas cartas trocadas na década de 1840. "A mim parece", escreveu Sand em seu diário, "que sinto por Pauline o mesmo amor sagrado que tenho por meu filho e minha filha, e a todos esses sentimentos de ternura vem somar-se o entusiasmo inspirado por seu gênio."[72]

A escritora via em Pauline a encarnação do seu ideal feminista de liberdade e autonomia artística. Viria a usá-la como modelo da heroína de *Consuelo*, saga romântica publicada em capítulos, em 1842-3, em *La Revue indépendante*, jornal de esquerda que fundara com Louis Viardot e Pierre Leroux em 1841.[73] Consuelo é uma jovem espanhola simples com um dom divino para o canto operístico. Chega a Veneza na década de 1750, torna-se uma das cantoras de maior destaque nas cortes da Europa e, sempre dedicada a sua arte, se recusa a ficar presa a um homem ou a um casamento, embora numa continuação, *A Condessa de Rudolstadt* (1843), se una a Albert, leal companheiro espiritual, acabando por casar com ele. Sand baseou sua heroína no que gostaria que Pauline viesse a se tornar. Tentou moldar a vida da jovem amiga e protegida, exatamente como fizera com a história de sua heroína.

Sand estava decidida a proteger Pauline do interesse amoroso de Musset, que acabou pedindo a jovem cantora em casamento.[74] O tormentoso caso de amor da própria Sand com o poeta romântico a deixara profundamente ferida, inclusive pela maneira como ele tratou as infidelidades da ex-amante no romance autobiográfico *A Confissão de um filho do século* (1835). Conhecendo seu comportamento de mulherengo libertino, Sand não considerava Musset um pretendente adequado para Pauline, que precisava de um marido mais estável e menos exigente para prosseguir na carreira (opinião compartilhada pela outra protetora de Pauline, Caroline Jaubert).[75] Sand tinha em mente seu velho amigo Louis Viardot, que de qualquer maneira já demonstrava interesse por Pauline, convidando-a para jantar em sua casa, acompanhada de Joaquina, com Aguado, Donizetti e o pintor Ary Scheffer.[76]

Viardot tinha todas as qualidades necessárias para desempenhar o papel de marido, agente, protetor, amigo e companheiro espiritual de Pauline. Com idade para ser seu pai, não era movido pelo egoísmo de um homem mais jovem e de temperamento artístico como Musset, e não teria problemas em deixar em primeiro lugar a carreira dela, inclusive apoiando-a com seu faro para os negócios na gestão do teatro. Tinha excelentes relações na sociedade, no mundo artístico, literário e teatral. Assumindo o papel de agente de Pauline, poderia promover sua carreira de forma mais eficaz do que vinha fazendo a mãe dela, Joaquina, que, sendo mulher, estava em desvantagem no mundo da ópera, não obstante sua indubitável capacidade. Além disso, Viardot conferiria a Pauline a respeitabilidade que a irmã nunca tivera, em virtude do escandaloso caso com Charles de Bériot. Desde a morte da Malibran corriam boatos de que Bériot, que acompanhara Pauline em suas turnês de concertos por Londres, Bruxelas, Leipzig e Berlim, por sua vez tinha um caso com ela, e de que os dois estariam para se casar.[77] Preocupada em evitar que esses rumores matassem sua carreira no nascedouro, Sand exortou Pauline a aceitar o pedido de casamento de Viardot, recomendando--o a Joaquina não só como marido para a filha, mas como agente.

Não seria um casamento de paixão. Louis era um homem honrado, bom e inteligente. Provocou profundos sentimentos de amizade e afeto em Pauline, mas não fortes emoções românticas. Ela contava com seus conselhos e seu apoio (sem eles, estaria perdida) e se sentia grata por tê-lo como marido. Mas não se sentia "capaz de retribuir seu profundo e ardente amor, nem com a melhor boa vontade do mundo", como ela própria confessou certa vez.[78]

Em 1858, numa reveladora carta ao compositor e regente alemão Julius Rietz, seu confidente e amigo, Pauline assim apresentava o marido:

> Você verá como ele é um homem admirável com uma alma sensível. Parece muito frio, mas não é. Seu coração é afetuoso e bom, e ele tem uma mente muito superior à minha. Adora artes e aprecia profundamente o belo e o sublime. Seu único defeito é carecer do elemento infantil, de um temperamento impressionável. Mas não é maravilhoso ter apenas *um* defeito?! Talvez na juventude sequer tivesse esse defeito. Eu ainda não o conhecia quando era jovem — uma pena mesmo — ainda não havia nascido.[79]

Escrever a um outro homem nesses termos sobre o próprio marido parece indicar que Pauline sentia um alto grau de liberdade emocional. Não tinha uma censura interna que a impedisse de cultivar — como faria nos anos seguintes — uma série de relações íntimas com homens mais afinados que Louis com sua personalidade apaixonada e alegre. Louis era por demais calmo e sensível, excessivamente sério e ponderado para satisfazer um temperamento que ela mesma considerava "demonstrativo e meridional". Segundo Sand, ela só era capaz de amar Viardot "de uma certa maneira, com ternura, castamente, generosamente, basicamente sem perturbações, sem arrebatamento, sem sofrimento, numa palavra, sem paixão".[80]

Eles casaram no dia 18 de abril de 1840 em cerimônia civil na *mairie* do 2º *arrondissement*. Pauline tinha 18 anos e Louis, 39. Amargurado por ter sido relegado, Musset disse a amigos que fora maltratado por Pauline e Sand. E desenhou uma cruel caricatura da corte de Viardot a Pauline e do casamento: o empresário teatral aparece deformado, com um nariz gigantesco, que se transforma em poeira quando Sand faz em seu nome um discurso à mãe de Pauline pedindo sua mão (ver imagem 38 do encarte). Desde então a imagem de Viardot ficaria associada a esse nariz de proporções míticas, característica frequente dos desenhos que o retratavam na imprensa.

Os dois tiveram uma longa lua de mel na Itália, destino muito comum para recém-casados abastados, e lá Louis recebeu do governo a encomenda de escrever um relatório "sobre o estado dos teatros e das artes". Estiveram em Milão, Bolonha, Veneza, Florença e finalmente Roma, onde visitaram a Villa Medici, sede da Academia Francesa em Roma, então sob a direção de Ingres, lá conhecendo o jovem Charles Gounod, que acabara de receber o Prix de Rome.

Ao retornarem a Paris mais tarde nesse verão, eles fixaram residência na Rue Favart, a poucos passos do antigo Théâtre Italien. No ano seguinte, mudaram-se para a Square d'Orléans, numa casa isolada no estilo das mansões Nash construídas em 1829 pelo arquiteto inglês Edward Cresy, onde Sand e Chopin viviam em apartamentos separados.[81]

Ao casar, Louis se demitira da direção do Théâtre Italien, considerando que não poderia manter-se no cargo sem conflito de interesses. Assumi agora o papel de empresário de Pauline, negociando cachês e contratos e cuidando dos seus rendimentos e propriedades, pelos quais, como marido, era legalmente responsável na maioria dos países europeus.[82] Até 1852, todos os seus contratos foram "devidamente autorizados pelo marido" e por ele assinados. Posteriormente, os contratos seriam assinados por ela própria, mas, ainda assim, com a menção de que fora "devidamente orientada pelo marido".[83] Dada a reputação de imoralidade do meio teatral, as leis sobre a participação de mulheres em espetáculos cênicos tendiam a ser mais estritas na subordinação delas ao controle dos maridos. Pelo Código Napoleônico, que vigorava na França e influenciou fortemente as leis de outros países no século XIX, as mulheres não podiam assinar contratos sem o consentimento do cônjuge, mas eram autorizadas a se envolver em negócios por conta própria. Mas os juristas sustentavam que, no caso do envolvimento de mulheres em negócios teatrais, o marido tinha o direito de romper um contrato com base na moralidade e na proteção da sua família.[84]

Ser a mulher de Louis Viardot, homem influente no meio teatral, estreitamente ligado a Aguado, não era a garantia de sucesso que os admiradores de Pauline haviam imaginado. Aguado podia tê-la ajudado nos palcos de Paris, mas, em 1840, sua influência foi barrada pelo governo, que se opôs a seus planos de fusão e o obrigou a aceitar, como diretor da Opéra, Léon Pillet, que Aguado não suportava (tendo imediatamente reduzido seus investimentos na casa de 300 mil para 150 mil francos por ano). Até que, em 1842, Aguado morreu num acidente de carruagem na Espanha, e a viúva vendeu sua participação nos negócios de ópera.[85]

Cortado pela raiz o poderio de Aguado, o mundo da ópera em Paris mergulhou num torvelinho de pequenas rivalidades. Pauline viu sua carreira bloqueada pelas primas-donas rivais e seus seguidores. Na Opéra, foi relegada em favor de Rosine Stolz, cantora conhecida pelos excessos de arrebatamento, e que era amante de Pillet.[86] Incapaz de resistir a sua ascendência, Pillet não permitia que ópera alguma fosse montada sem a amante no papel principal. Stolz empregava uma claque para os aplausos e aclamações nas suas récitas. Intrigava contra Pauline, remunerando jornalistas para espalharem o boato de que era mercenária demais para chegar a um acordo com a administração da Opéra. Louis ficou tão indignado que acusou a Opéra de parcialidade e incompetência em artigo publicado em *La Revue indépendante* em dezembro de 1841. Mas não era a melhor maneira de promover a causa de Pauline.[87]

No Théâtre Italien, enquanto isso, a nova direção relutava em contratar Pauline, temendo indispor sua prima-dona, a soprano italiana Giulia Grisi, então no auge da carreira. Grisi era dez anos mais velha que Pauline, e temia a rival. Quando afinal Pauline foi contratada para uma temporada, a partir de outubro de 1842, Grisi convocou uma claque para festejar suas árias com aplausos e gritos de *brava* e vaiar Pauline. Além disso, subornava os principais críticos para se derramarem em elogios sobre suas apresentações e zombarem da concorrente. Os críticos da *Revue des deux mondes*, da *Revue de Paris*, de *Le Ménestrel* e *Le Moniteur* eram todos pagos por ela. O ataque mais cruel foi publicado por Henri Blaze de Bury na *Revue des deux mondes* a 1º de dezembro. O artigo na verdade visava não apenas Pauline como seu marido, um dos fundadores e o principal financiador de *La Revue indépendante*, a publicação rival.[88] Sentindo-se no dever de defender a esposa, Louis escreveu uma pomposa carta ao jornal *Le Siècle*, explicando as verdadeiras motivações de Blaze de Bury, que, três anos antes, pusera Pauline nas nuvens quando de sua estreia no Théâtre Italien. "Existem pessoas de boa índole que atacam uma mulher para atingir um homem", concluía Viardot.[89]

Com seus caminhos bloqueados em Paris, Pauline viu-se forçada a promover turnês no exterior. Em 1841, passou uma segunda temporada em Londres, cidade de que não gostava, queixando-se a George Sand que os londrinos eram aborrecidos e excessivamente formais, sendo "necessário agradar ao seu mau gosto".[90] No verão seguinte, após o nascimento da primeira filha, Louise, Pauline empreendeu uma turnê de concertos pela Espanha e Louis a acompanhou como seu agente. Ela foi recebida com entusiasmo delirante. Em Granada, num calor sufocante, uma multidão se aglomerava em frente ao teatro, tentando forçar a porta para entrar. Os preços das entradas no mercado paralelo dispararam.[91] Pela primeira vez ela visitava a terra natal dos pais. Como recordaria décadas depois, tudo lhe parecia estranhamente familiar: "Tudo que eu via, aparentemente, já vira antes, tudo que ouvia achava que já tinha ouvido antes... as pessoas que encontrava pareciam ressurgir dos meus sonhos... meu sentimento era que estava de volta à pátria. O que não significava que eu quisesse viver lá."[92]

Sand lhe escreveu que acompanhava sua turnê pelos jornais, com Chopin e Delacroix, em Nohant, onde também cuidava da pequena Louise. "Você está com o pé num estribo, a Espanha. Precisa botar o outro num segundo estribo, que será a Itália, e então cavalgará pela França e a Inglaterra a galope veloz." Dizia também que os três estavam perfeitamente de acordo em que Pauline era a maior cantora do mundo, e um dia ficaria óbvio, "tanto para os vulgares quanto para os conhecedores", que fizera progressos rápidos até sofrer um revés (sua exclusão da Opéra de Paris) e que, para seguir em frente, precisava tomar outro rumo. A escritora estava convencida de que "nosso Loulou [Louis], depois de refletir e conversar com você, vai lhe dar o mesmo conselho":

> O fato é que a França e a Inglaterra são por demais *blasés*, com um gosto excessivamente corrompido para não sufocar — até onde forem capazes disso — o desenvolvimento de uma jovem artista, sobretudo sendo essa artista uma mulher, fiel e recatada, isenta de intrigas e improbidades. Você precisa voltar a esses países frios com a reputação tão bem estabelecida no exterior que as cabalas que a visarem sirvam apenas para fortalecê-la. É preciso que os jornais, com suas críticas ignorantes e mesquinhas, pedantes e de má-fé, não venham toda manhã maltratá-la. Você terá de reinar pelo entusiasmo nos países menos céticos e dogmáticos, e, durante alguns anos, *os países dos jornais* [itálicos de Sand] só deverão registrar e chamar a atenção para os seus sucessos, sem poder analisá-los nem reduzi-los a pedaços. É necessário, em suma, que o público imbecil, que se julga grande conhecedor, mas está longe disso, por não ter coração, a deseje, clame por você, exija a sua volta.

A conclusão era que Pauline devia continuar com suas turnês e só voltar a Paris quando sua fama obrigasse os inimigos a recuar. "Paris, sem um contrato no teatro, seria como um túmulo para você."[93]

Os Viardot concordaram e logo, na qualidade de seu agente, Louis entraria em negociações com La Scala e Berlim. Na primavera seguinte, entre abril e julho, os dois estariam em Viena, onde Pauline triunfou como a Rosina de *O barbeiro de Sevilha* e no papel de *La Cenerentola*. Na noite da estreia foram nada menos que doze chamadas para os aplausos; a cada vez eram lançadas flores no palco, que ficou completamente coberto, como ela própria relataria a George Sand. Os vienenses "nunca tinham ouvido alguém cantar assim", recordaria a princesa Metternich em suas memórias.

De Viena eles seguiram para Praga, onde Pauline achou o público "muito inteligente e muito entusiástico", e de lá rumaram para Berlim. Em suas anteriores turnês de concertos, ela se esforçara por causar boa impressão aos prussianos, conhecidos por suas reações relativamente contidas nos teatros. Mas dessa vez informava a Sand: "Os frios berlinenses de repente se tornaram quentes como os vienenses."[94]

Foi em Berlim que Pauline conheceu o compositor Meyerbeer, personagem de grande poder no mundo musical europeu, cujas espetaculares óperas *Robert le diable* (1831) e *Les Huguenots* (1836) tinham feito enorme sucesso em todo o continente (ver imagem 39 do encarte). Meyerbeer era *Kapellmeister* (mestre de capela) na corte prussiana e (a partir de 1843) *Generalmusikdirektor* (diretor musical) da Ópera de Berlim. Grande admirador da voz de Pauline e de seu talento cênico, providenciou uma apresentação para o rei da Prússia, Frederico Guilherme, em Potsdam. Meyerbeer considerava que Pauline devia ser a prima-dona absoluta da Opéra de Paris. Prometeu-lhe que não permitiria a montagem de suas óperas na casa sem a sua participação. "Meyerbeer tem planos para mim", escreveu Pauline entusiasmada a Sand, em agosto de 1843. "Diz a quem queira ouvir que para ele eu sou a maior artista do universo, que sou eu quem ele quer na Opéra."[95]

Meyerbeer era um aliado poderoso, mas nem o seu apoio bastou para superar a oposição em Paris. Em consequência, pouco depois de voltarem à capital francesa, em setembro de 1843, os Viardot aceitaram um contrato para a temporada do outono seguinte em São Petersburgo. "Posso informar com grande empolgação que o contrato para São Petersburgo foi assinado uma hora atrás e estamos todos *muito* felizes", escreveu Pauline a Sand no dia 20 de setembro, "tanto mais porque esse *grand parti* é vantajoso de mil diferentes maneiras".[96] As motivações para a viagem eram comerciais: o dinheiro que os russos lhe ofereciam simplesmente não podia ser recusado. A Rússia era um novo e lucrativo mercado para a ópera italiana, e Pauline precisava dele, não só pelos vultosos cachês como também porque, como recomendara George Sand, precisava de mais sucessos para chamar a atenção nos "países de jornais", como a França.

Na primeira semana de outubro, os Viardot iniciaram a longa e penosa viagem de Paris a São Petersburgo, passando por Berlim. As ferrovias francesas apenas começavam a ser construídas, e assim, de Paris até a fronteira belga, eles tiveram de viajar de diligência. A partir dali, puderam seguir

pela recém-concluída ferrovia entre Antuérpia e Colônia. Atravessando a
Prússia ocidental em carruagem postal, chegaram a Hanôver no sexto dia
de viagem. De lá podiam continuar de trem até Magdeburgo, prosseguindo
viagem a cavalo e de carruagem até Potsdam, onde havia ligação ferroviária
para Berlim. Da capital prussiana em diante, não havia conexão ferroviária
na última parte da viagem, e eles percorreram os restantes 1.600 quilômetros até São Petersburgo primeiro no *Schnellpost*, a carruagem alemã mais
rápida, chegando assim à fronteira russa, e em seguida de *kibitka*, uma
carroça fechada puxada por cavalos em estradas lamacentas e acidentadas.

2

A primeira ferrovia internacional, entre Antuérpia e Colônia, acabara de
ser inaugurada, e os Viardot devem ter sido dos primeiros a viajar nessa
linha. A nova ferrovia representava um vital estímulo para o comércio
internacional. Produtos de regiões com acesso ao Reno podiam agora ser
transportados via Aachen e Liège até o porto de Antuérpia no rio Scheldt,
e de lá, de navio, para o resto do mundo.

Festivais foram promovidos para celebrar a inauguração em Colônia,
Aachen e Antuérpia, onde o principal tema era a união da Bélgica com a
província renana da Prússia. "Nossos costumes, hábitos, desejos, nossos
interesses são os mesmos. Sentimos o mesmo impulso para os negócios, e
nos inspira o mesmo amor à arte e à ciência", declarou o prefeito de Antuérpia num banquete para quinhentas pessoas na bolsa de valores da cidade.[97]

O rei da Prússia não estava presente. Como membro da Santa Aliança,
formada pelas três grandes potências conservadoras (Rússia, Áustria e Prússia) no Congresso de Viena em 1815, Frederico Guilherme não reconhecia
o Estado belga, fundado por uma revolução em julho de 1830, encarando-o
como uma crescente ameaça aos interesses renanos da Prússia, especialmente
em virtude do movimento "ultramontano" ligando católicos belgas e renanos. Ele receava que a ferrovia entre Antuérpia e Colônia viesse a unificar
a Renânia com a Bélgica, subtraindo-a ao controle da Prússia. A burguesia
renana admirava as liberdades desfrutadas na Bélgica. Investira pesadamente

na linha internacional, querendo vínculos comerciais mais estreitos com o país vizinho. Desde o início, a ferrovia enfraquecia as fronteiras nacionais.

Com a abertura de uma segunda linha férrea, de Antuérpia a Mons, no sul, passando por Bruxelas, a Bélgica logo seria cortada por duas vias principais — uma de leste a oeste, a outra de norte a sul —, ligando suas principais cidades, portos e regiões industriais. Essa rede de comunicações também abria o país para seus quatro vizinhos: a Grã-Bretanha, a França, os Países Baixos e a colcha de retalhos dos Estados independentes que constituíam a Alemanha.

Em questão de poucos anos após a abertura da linha Colônia-Antuérpia, as fronteiras nacionais vieram a ser cruzadas por ferrovias em todas as direções. Em 1846, a linha Paris-Bruxelas foi concluída quando a Compagnie des Chemins de Fer du Nord abriu a seção francesa a grande distância, em Lille. A Chemins de Fer du Nord logo estaria ligando Paris aos portos de Boulogne, Dunquerque e Calais, no canal da Mancha, a partir dos quais uma embarcação a vapor levava apenas três horas para chegar à Inglaterra. Em 1848, havia ferrovias ligando a França à Suíça, a Suíça a Baden e Hesse, a Baviera à Saxônia e à Prússia, Brunswick a Hanôver e à Holanda. Os austríacos tinham um caminho de ferro de Viena a Praga e estavam construindo outro que passava pelas montanhas de Semmering até Trieste, seu único porto marítimo. O Império Russo tinha uma linha férrea de Varsóvia até a fronteira austríaca, de onde os trens alcançavam Viena.

A ferrovia era o símbolo do progresso industrial e da modernidade. Definia a "era moderna", relegando os transportes de tração animal ao "velho mundo". "Nós que vivemos antes das ferrovias e sobrevivemos ao mundo antigo somos como Noé e sua família saindo da arca", declarou William Makepeace Thackeray.[98] As ferrovias provocaram uma revolução no senso europeu de tempo e espaço. Amplas paisagens se revelavam e parecia que os países encolhiam, com as regiões mais remotas se aproximando das cidades. "Tenho a sensação de que as montanhas e florestas dos outros países avançam sobre Paris. Neste exato momento, sinto o cheiro das tílias alemãs; os vagalhões do mar do Norte vêm dar à minha porta", escreveu Heine quando da abertura de duas linhas partindo de Paris (uma para Orleans, a outra para Rouen) em 1843.[99]

A capacidade das ferrovias de unir povos e pessoas foi imediatamente entendida. Elas eram vistas como uma força democrática. Refletindo sobre uma viagem de trem de Versalhes a Paris, o historiador Jules Michelet escreveu que, ao passo que o palácio era um capricho de um rei, as ferrovias se destinavam "ao uso de todos, unificando a França, unindo Lyon a Paris".[100] Os reacionários temiam essa influência democrática. Por este motivo, elas foram banidas nos Estados papais pelo papa Gregório XVI, e o príncipe herdeiro de Hanôver também se opunha porque "não queria que qualquer sapateiro ou alfaiate viajasse com a mesma rapidez" que ele.[101]

Goethe encarava as ferrovias como uma força unificadora para a Alemanha, ponto de vista compartilhado pelo economista alemão Friedrich List em sua influente obra *Sistema nacional de economia política* (1841). List contemplava uma rede ferroviária abarcando toda a Alemanha, com seis linhas partindo de Berlim em direção a Munique, Basileia e Colônia e ligando a Alemanha aos países vizinhos. As ferrovias, afirmava, eram a força propulsora do desenvolvimento nacional, permitindo o crescimento do comércio e das indústrias, promovendo uma cultura comum e diminuindo o isolamento e o provincianismo mental do interior. Considerava até que as ferrovias facilitariam o desenvolvimento de uma economia de alcance europeu.

List não era o único a enxergar o potencial das ferrovias como fator de união da Europa. Camillo Cavour, o ministro das Finanças, que supervisiona a construção das ferrovias no Piemonte, acreditava, mais genericamente, em sua missão cultural de "elevar o espírito cívico das nações atrasadas da Europa", tendo em mente em grande medida, ao dizê-lo, o resto dos italianos.[102] Na França, Victor Hugo se referia a elas como a locomotiva do progresso, levando a uma cultura global de língua única, o francês: "*On va en wagon et l'on parle français.*" Na Grã-Bretanha, se previa que a ferrovia transformaria o conjunto das nações "numa grande família falando uma só língua e cultuando um único Deus".[103]

Mas ninguém acreditava mais na força unificadora das ferrovias do que os saint-simonianos, que nelas viam a concretização dos ideais de fraternidade entre as nações, apregoados pela Revolução Francesa. "Encurtar para todos as distâncias que separam as localidades significa também diminuir as distâncias que separam os homens uns dos outros", escreveu o pensador saint-simoniano Constantin Pecqueur num livro de 1839 cuja tese central — de que as mudanças nas condições materiais geram mudanças na esfera cultural — foi uma importante influência na filosofia materialista de Marx.[104]

O próprio Marx tinha perfeita consciência do impacto das ferrovias na circulação de bens. Nos *Grundrisse* (1857-8), ele analisava a "aniquilação do espaço pelo tempo" graças às ferrovias, à navegação a vapor e ao telégrafo, permitindo a globalização do comércio. Cortando os custos de transporte, as ferrovias abriam novos mercados para todo um leque de produtos: agora as cidades do interior podiam ser abastecidas de peixe fresco; os vinhos da França e da Itália se tornaram conhecidos em toda a Europa. Nos trezentos anos anteriores, o volume do comércio mundial aumentara lentamente, menos de 1% ao ano; mas entre 1820 e 1870 disparou 4,18% anualmente.[105]

Não eram apenas os bens que circulavam mais e com maior rapidez, mas também pessoas, cartas, notícias e informação, levando a opinião pública em todos os países servidos pelas ferrovias a uma consciência cada vez mais ampla de pertencer à "Europa". A relação entre o crescimento do comércio internacional e o desenvolvimento de uma cultura pan-europeia ou "cosmopolita" de fato seria enfatizada por muitos importantes pensadores, entre eles, Kant, Goethe e Marx. Antes das ferrovias, não era incomum que um cidadão passasse a vida inteira na pequena cidade onde nascera. "Na época, uma viagem de 160 quilômetros", recordaria um escritor inglês na década de 1890, "era contemplada com maior apreensão do que uma viagem ao redor do planeta atualmente."[106] O mais rápido meio de transporte de longa distância era a diligência, que, mesmo em estradas de macadame, não passava de 10-12 quilômetros por hora, levando-se em conta o tempo necessário para a troca dos cavalos.

O advento das ferrovias não transformou a duração das viagens da noite para o dia. Levou anos para que as linhas férreas fossem concluídas, de forma que os passageiros tinham de baldear do trem para uma carruagem nos trechos em que a ferrovia ainda não fora construída, como fizeram os Viardot em sua primeira visita a São Petersburgo. Da mesma forma, em julho de 1849, um diplomata italiano levou mais de uma semana para ir de Ferrara a Gênova, uma distância de 300 quilômetros em linha reta, não obstante ter feito uso da recém-inaugurada ferrovia entre Florença e Livorno. Para chegar a Florença, ele teve de atravessar os Apeninos numa carruagem e em seguida tomar uma outra de Pisa a Gênova.[107]

De qualquer maneira, a velocidade da viagem de trem era sentida como uma revolução. Os primeiros trens viajavam em velocidade entre trinta e cinquenta quilômetros por hora, causando, ao mesmo tempo, espanto maravilhado e medo nos passageiros.[108] Antes de 1843, George Sand levava dois dias, às vezes mais, para ir de carruagem postal de Paris à sua residência em Nohant, um percurso de 280 quilômetros; mas a abertura da ferrovia até Orleans reduziu o tempo de viagem pela metade.[109] Cinco anos depois, em 1848, Chopin levou apenas doze horas para ir de trem de Londres a Edimburgo, percurso de 650 quilômetros que, apenas dez anos antes, durava dois dias e uma noite na carruagem mais veloz por estradas com pedágio.[110] Cartas que levavam semanas para atravessar a Europa em carruagens postais agora chegavam em poucos dias, e, graças ao telégrafo, que acompanhava as linhas férreas, as notícias podiam alcançar as principais cidades em questão de minutos. Os diários de circulação nacional são produto das ferrovias, que entregavam a edição noturna produzida na capital à maior parte das cidades do interior na manhã seguinte. Os jornais regionais são produto do telégrafo, que transmitia as principais manchetes nacionais e internacionais em questão de segundos, para serem reproduzidas no diário local.

Disseminando-se pelo continente, as ferrovias também fomentaram a circulação internacional da música, da literatura e das artes plásticas europeias. Promoveram uma verdadeira revolução no mercado cultural.

Já existia um mercado de obras de criação no século XVIII, quando se desenvolveu uma esfera pública sob a forma de concertos, jornais e periódicos, museus e galerias particulares, permitindo que escritores, artistas plásticos e músicos se liberassem da dependência a poderosos mecenas e passassem a vender suas obras a um público mais amplo.[111] Mas esse mercado ainda era muito pequeno e localizado. Nas artes visuais e na música, era dominado pelas redes organizadas em torno de um grupo de conhecedores nobres, uma academia de artes ou um teatro de ópera, e os artistas ainda dependiam dessas relações pessoais para exercer a profissão. A situação não mudou substancialmente nas primeiras décadas do século XIX. Só com a chegada das ferrovias, do telégrafo, de uma imprensa nacional e de métodos baratos de impressão em massa, as artes começaram a funcionar num mercado mais impessoal — um mercado em que os produtores vendiam suas obras em formas que podiam ser reproduzidas e distribuídas internacionalmente.

O impacto das ferrovias foi transformador, especialmente no comércio de livros, no qual os custos de transporte se reduziram espetacularmente. A exportação de livros da França, por exemplo, mais que duplicou em volume entre 1841 e 1860. Pela primeira vez, o mercado de livros franceses se tornava efetivamente global, destinando-se um terço das exportações a mercados não europeus pela altura de 1860, quando a navegação a vapor tornou econômico transportar livros para o Canadá francófono[112] No mundo de fala alemã, os editores de Leipzig e Berlim se beneficiaram de um boom equivalente de exportações graças às excelentes conexões ferroviárias de que dispunham, que reduziram os custos de transporte em três quartos entre 1845 e 1855.[113]

Era fenomenal a velocidade em que uma nova obra de criação podia agora atravessar as fronteiras nacionais. Nada parecido fora visto até então. A título de exemplo, no dia 1º de setembro de 1843, estreou no Théâtre du Palais-Royal, em Paris, um vaudeville sobre as ferrovias recém-inauguradas, intitulado *Paris, Orléans, Rouen*. Publicado no *Magasin théâtral*, ele foi adaptado pelo ator austríaco Johann Nestroy com o título de *Casamentos ferroviários, ou Viena, Neustadt, Brünn*, tendo a primeira récita ocorrido no Theater an der Wien apenas quatro meses depois, em 3 de janeiro de 1844.[114]

O mapa cultural da Europa foi redesenhado pelas ferrovias. As cidades de província foram atraídas para a órbita das grandes cidades, cujo crescimento avançava de par com o desenvolvimento ferroviário. Para Lille, por exemplo, a abertura da linha de Paris significava mais visitas de artistas da capital em turnê (o Théâtre Italien lá realizou uma temporada em 1856, retornando em 1865).[115] As cidades dotadas de ligação internacional se transformaram em importantes centros culturais. Bruxelas deixou de ser uma cidade de língua flamenga do Brabante para se tornar um centro europeu cosmopolita, graças às conexões ferroviárias com a França e a Alemanha. A abertura da linha Paris-Bruxelas significou a chegada de 20 mil imigrantes estrangeiros, na maioria franceses, entre 1843 e 1853.[116] Os franceses se destacaram como a elite cultural da cidade, administrando teatros e museus, escrevendo na imprensa ou trabalhando como escritores e artistas. Dada sua posição entre os mundos de fala francesa e alemã, Bruxelas tornou-se um importante canal para as artes alemãs na França (muitas das óperas de Wagner, por exemplo, foram montadas na Bélgica antes da França).

As ferrovias também levaram um novo público de província às cidades. Hotéis, restaurantes, lojas e cafés começaram a pipocar perto dos terminais ferroviários. O impacto no negócio do entretenimento foi extraordinário. Até então, na época das viagens de carruagem, quando os teatros dependiam da população de uma única cidade e arredores, os administradores contavam com a venda de entradas para uma temporada inteira aos donos de camarotes. Para sustentar o interesse desse público local, precisavam constantemente de novidades. Uma ópera durava uma temporada — ou menos — e era retirada de cartaz ou esquecida. Poucas produções mantinham seu poder de atração o suficiente para sobreviver muito mais que um ano ou garantir uma reprise mais adiante, e as outras simplesmente desapareciam. No La Scala, por exemplo, 298 óperas diferentes foram produzidas nas primeiras quatro décadas de existência do teatro (de 1778 a 1826), mas apenas trinta seriam reprisadas numa segunda temporada, e somente oito numa terceira. *O barbeiro de Sevilha* (1782) de Paisiello foi a única ópera montada por cinco temporadas.[117] Com o advento das ferrovias, desenvolveu-se um novo mercado teatral. Os frequentadores chegavam às cidades de um raio geográfico mais amplo, de cidades distantes e terras estrangeiras, aumentando a demanda de entradas para cada récita. Liberados da necessidade de vender entradas para uma temporada inteira, os administradores podiam prolongar a permanência em cartaz dos títulos de maior sucesso ou remontar anteriores produções, de tal modo que começou a surgir algo parecido com um repertório estável, ou cânone.

A ferrovia também permitiu que companhias e músicos itinerantes alcançassem um público mais amplo. Para Pauline Viardot, que durante anos fizera uso de carruagens e embarcações nas suas turnês, as ferrovias abriam possibilidades empolgantes. Agora ela podia voltar à França entre temporadas ou récitas na Alemanha ou na Inglaterra, dispondo em ambos os casos de velozes ligações ferroviárias. Ao mesmo tempo, era possível ganhar dinheiro com turnês nas províncias. Viajando pela recém-inaugurada Great Western Railway a caminho do Three Choirs Festival em Gloucester em setembro de 1841, os Viardot ficaram maravilhados com os "gigantescos cavalos da civilização devorando carvão e cuspindo chamas", como Louis se referia aos trens puxados a locomotiva.

> Tranquilamente sentados numa confortável poltrona, sem abalos nem solavancos, balanços ou arremessos, contemplamos pela janela uma paisagem em movimento, cujos pontos de vista mudam a cada segundo, constantemente se renovando. Aldeias e cidades, mansões, casinhas e fazendas pontilhando cada vale e colina — tudo ficando para trás. Tivemos em nossa viagem um desses dias alternando sol e chuva, o que nos permitiu observar as coisas em todos os seus aspectos de luz e sombra.[118]

Johann Strauss ficou encantado com as possibilidades de viagens fer-roviárias na Grã-Bretanha. Em 1838, sua orquestra se apresentou em mais de trinta cidades britânicas entre abril e julho — agenda de deslocamentos que teria sido impossível na Áustria ou na França, onde a construção de ferrovias ainda estava mais atrasada. "Quase diariamente me encontro numa cidade diferente", escreveu Strauss ao regente Adolf Müller no fim da turnê britânica, "pois aqui se pode viajar com extraordinária rapidez em virtude dos bons cavalos e excelentes estradas. Em particular, são de grande valia para o viajante as ferrovias, modo de transporte que tenho usado muito, por exemplo em Liverpool, Manchester, Birmingham etc..." [119]

Muito antes do advento do transporte ferroviário, os músicos eram obrigados a viajar constantemente para ganhar a vida. Mas o tempo que passavam se deslocando de carruagem, para não falar dos riscos e descon-fortos, pesava muito em seus ganhos. Berlioz muitas vezes se queixava do "custo arrasador" do transporte de caixas pesadas de partituras, de barco ou em carruagens de tração animal por estradas esburacadas, alegando que punha a perder a possibilidade de lucrar com suas turnês de concertos. Mas o advento das ferrovias o estimulou a iniciar uma série de ambiciosas turnês pela Alemanha, começando no inverno de 1842-3 e aproveitando as linhas recém-inauguradas entre Berlim, Magdeburgo, Brunswick e Hanô-ver. Em suas memórias, Berlioz relembra um "sucesso fora do comum" em Magdeburgo, onde um funcionário dos correios, ao registrar sua bagagem, não acreditava que ele fosse o famoso compositor:

> O bom sujeito certamente imaginava que esse músico fabuloso só poderia viajar, senão montado num hipogrifo em meio a um turbilhão de chamas, pelo menos num trem de carga com um pe-queno exército de lacaios a seu dispor; em vez disso, ali estava um homem que se parecia com qualquer outro que já experimentou ser ao mesmo tempo coberto de fumaça e congelado num vagão ferroviário, e que cuidava da pesagem das próprias bagagens, caminhava sem ajuda, falava por si mesmo, em francês, incapaz de emitir qualquer palavra alemã que não fosse 'Ja', e com toda evidência de que era um impostor.[120]

Rossini sabidamente tinha medo de trens. Mas nem sempre fora assim. Em sua primeira viagem ferroviária, entre Antuérpia e Bruxelas, em 1836, ficou impressionado com a velocidade e disse à amada, Olympe Pélissier, que não sentira medo. Mas algo deve ter acontecido depois, talvez um acidente, pois a partir da década de 1840 se recusaria a entrar num trem de novo, fazendo suas viagens em carruagens puxadas a cavalo. Sua incapacidade de se adaptar aos tempos modernos era simbólica. A música de Rossini estava mesmo enraizada no mundo anterior às ferrovias: uma música em pequena escala, evoluindo ao ritmo do leve cavalgar de um cavalo puxando a carruagem, concebida para as economias de um teatro de província ou de corte cujo público não viajasse muito longe. O compositor não soube de se adequar às condições da nova era, na qual os teatros se empenhavam em atrair um público mais amplo de classe média, interessado por formas mais espetaculares de entretenimento, com orquestras e coros maiores, suntuoso aparato cênico e efeitos sensacionais — a saber, as Grand Opéras, os dramas musicais em cinco atos cultivados na Opéra de Paris. Rossini tentou, mas não foi capaz de trabalhar com essa forma. Depois de *Guilherme Tell* (1829), sua primeira e última tentativa no gênero, desistiu de compor óperas e se aposentou, estabelecendo-se em Bolonha. Tentando explicar essa decisão, ele escreveria mais tarde que a ópera, como qualquer forma artística, era "inseparável dos tempos em que vivemos", que "o idealismo e o sentimento" que estavam na base da sua arte tinham saído de moda na moderna era do "vapor" e das "barricadas".[121] Não por acaso, Meyerbeer, o primeiro grande compositor de Grand Opéra, aderiu tranquilamente à era industrial. Viajava de trem o tempo todo; compunha nos trens. É possível ouvi-los pulsar na sua música. Meyerbeer fora um protegido de Rossini. Os dois eram amigos, colegas e contemporâneos, mas a música de cada um dava voz a um mundo completamente diferente do outro.

As ferrovias corroboravam o otimismo do século XIX, a crença no progresso moral por meio da ciência e da tecnologia. Juntamente com a fotografia e as tecnologias mecânicas, contribuíam para gerar um entendimento moderno da realidade, um novo senso do "aqui e agora", de um mundo feito de movimento, mudanças constantes, no qual tudo era momentâneo. "A modernidade é o transitório, o fugaz, o contingente", dizia Baudelaire.[122] Eram necessárias novas formas de arte para refletir essa realidade contemporânea: uma arte que conferisse sentido ao mundo moderno, tal como vivenciado pelo cidadão urbano; uma arte que mostrasse as coisas como de fato eram, e não fantasias românticas. Como escreveu Theodor Fontane em 1843, "o romantismo acabou neste planeta, chegou a era da ferrovia".[123]

3

Les Mystères de Paris, de Eugène Sue, foi publicado no *Journal des débats* ao longo de dezessete meses, entre junho de 1842 e outubro de 1843. Passando-se no submundo marginal de Paris, onde o herói, o príncipe Rodolphe, se imbuiu da missão de ajudar os pobres, o melodrama se revelou tão popular que a publicação em folhetim aumentou em milhares de exemplares as vendas do jornal em poucas semanas. O número de leitores era muito maior que o de pessoas capazes de pagar uma assinatura da publicação, custando 80 francos. Segundo certas estimativas, oscila entre 400 mil e 800 mil o número dos que leram a história entre 1842 e 1844. Nesse mesmo período, foram dez as traduções do romance, entre elas, seis em inglês, no mínimo duplicando o número de leitores. Dezenas de milhares de leitores franceses mais pobres compravam o romance em capítulos de cinquenta centavos. Outros acompanhavam os episódios semanais em salas de leitura públicas, os *cabinets de lecture*, onde era possível ler livros e jornais por uma pequena taxa, embora a procura do *Journal des débats* fosse tão grande que em muitos desses *cabinets* fosse preciso esperar. "Nos cafés", observava o crítico literário Charles Sainte-Beuve, "os *débats* são disputados de manhã; e se cobram até dez soldos* pela leitura de um episódio da história de Sue". Grupos de trabalhadores se reuniam nas oficinas para ouvir a leitura do novo capítulo. Escreviam a Sue com comentários sobre os trechos que descreviam as condições de vida dos pobres, fazendo sugestões sobre os desdobramentos do enredo. Os nomes dos personagens do romance eram conhecidos no país inteiro. "Todo mundo está comentando os seus mistérios", escreveu um leitor ao romancista.

---

* Vigésima parte da libra, a unidade monetária francesa da época. [*N. do T.*]

A sua obra está em toda parte — na bancada do artesão, no balcão do comerciante, no divã da pequena dama, na mesa da balconista, na escrivaninha do escriturário e do magistrado. Tenho certeza de que, em toda a população de Paris, só os que não sabem ler não conhecem a sua obra.[124]

O medo dos pobres, entre os assinantes de classe média do *Journal des débats,* era explorado nas sombrias descrições das ruelas de Paris contidas no romance. *Les Mystères de Paris* transpunha os horrores de um romance gótico para o submundo urbano. E também oferecia esperança de reconciliação entre ricos e pobres (e, nesse ponto, Marx criticou seriamente a visão política de Sue). O romance tinha apelo popular para uma nova classe de leitores criada pela lei Guizot de 1833, que obrigava todo município ou comuna a manter uma escola pública. O que o romance significava para a balconista e o artesão recém-alfabetizados é difícil de dizer; mas a julgar pelas cartas que muitos escreveram ao autor, eles apreciavam os episódios mais empolgantes, as reviravoltas no enredo e os personagens de origens humildes, como eles próprios.

O romance folhetinesco era uma alternativa barata ao formato habitual do romance editado em livro de capa dura, muito caro para esses novos leitores. Para os jornais, representava uma técnica de marketing na busca de um público de massa. O primeiro romance publicado em série num jornal francês foi *La Vieille Fille,* de Balzac, que saiu em doze episódios diários no *La Presse* a partir de 23 de outubro de 1836 — o mesmo ano em que *As Aventuras do Sr. Pickwick* de Dickens foi lançado em capítulos mensais, a um xelim. *La Presse* era criação de Émile de Girardin, de uma nova geração de editores comerciais que se aproveitaram da demanda de material de leitura em massa. Ele se deu conta de que os preços das assinaturas podiam baixar se fosse possível aumentar as vendas de publicidade graças à ampliação do público leitor. Lançado em julho de 1836 com a assinatura anual custando apenas quarenta francos, *La Presse* havia triplicado a circulação diária em 1845, dobrando as rendas publicitárias no mesmo período. Havia anúncios em todas as páginas. O romance em forma de folhetim, ou *roman feuilleton,* era o principal atrativo do jornal. Girardin remunerava generosamente os escritores. Dera a sorte de descobrir Sue no ponto mais baixo de sua carreira literária, endividado depois da publicação de primeiras narrativas mal recebidas pela crítica. Girardin pagou-lhe por página por seu primeiro sucesso, *Mathilde*, publicado em *La Presse* a partir de dezembro de 1840. Seguiram-se três outros folhetins em 1842.[125]

A essa altura, todos os grandes jornais haviam entrado no mercado das histórias em capítulos para aumentar a circulação. Os progressos técnicos da litografia lhes permitiam a publicação barata de tiragens em massa com ilustrações, o que aumentava sua popularidade. *Le Journal des débats* pagara 26.500 francos pelos *Mystères* de Sue, soma enorme para um romance, mas graças ao impulso que ele deu às vendas do jornal, os lances foram ainda mais altos no romance seguinte do autor, *Le Juif errant*. O editor de *Le Constitutionnel*, Louis Véron (ex-diretor da Opéra), venceu o leilão com uma oferta de 100 mil francos pela saga familiar de Sue, prevendo que recuperaria o dinheiro simplesmente aumentando o número de assinaturas. Pelos cálculos de Véron, *Le Constitutionnel* precisaria duplicar o número das assinaturas a 40 francos, mas, na verdade, esse número subiu de 3.600 para 25 mil durante a publicação da história, e chegaria a 40 mil nos anos subsequentes, quando a constante popularidade de *Le Juif errant* em forma de livros baratos e adaptações teatrais conferiu prestígio a *Le Constitutionnel* como fonte de ficção popular.[126]

Muitos dos escritores mais bem-sucedidos fizeram fortuna com o *roman feuilleton*. De *As aventuras do Sr. Pickwick* (em 1836-7) a *A casa abandonada* (1852-3), Dickens publicaria seus best-sellers em capítulos mensais a um xelim, mudando para periodicidade semanal em *Tempos difíceis*, de 1854. Balzac escrevia *feuilletons* em escala industrial. Precisava ganhar dinheiro, pois estava constantemente endividado. Mais de vinte romances de Balzac (entre eles, *O Primo Pons* e *A Prima Bette*) foram publicados inicialmente em jornais entre 1836 e 1850, sendo todos reimpressos em livro. Só em 1847, três romances seus eram publicados em capítulos em três diferentes jornais. George Sand publicou *Consuelo* em capítulos em *La Revue indépendante* entre 1842 e 1843. A publicação ajudou a manter o jornal, então em dificuldades, numa época em que Louis Viardot, como seu avalista financeiro, poderia de outra forma ter falido (o que foi um incentivo a mais para que os Viardot aceitassem o lucrativo contrato de São Petersburgo em 1843). Nos sete anos seguintes, Sand escreveu sete romances em forma de seriado — o primeiro deles, *Jeanne* (1844), para *Le Constitutionnel*, que a remunerou generosamente, embora não lhe agradassem os prazos mensais e a necessidade de escrever no mesmo formato: ela se queixaria a Véron de que se sentia como se fosse seu *bouche-trou* (tapa-buraco).[127]

Ninguém tapava mais buracos nas colunas do jornal que Alexandre Dumas, cujos longos romances, *Os Três Mosqueteiros* e *O Conde de Monte Cristo*, foram publicados em serialização, o primeiro em *Le Siècle* entre março e julho de 1844, o segundo no *Journal des débats* entre 1844 e 1846. Dumas precisava manter seu estilo de vida extravagante. Tinha várias amantes e pelo menos quatro filhos para sustentar. Como eram pagos por linha, os autores de ficção se sentiam compelidos a prolongar as histórias, acrescentando personagens e episódios, e os editores ficavam felizes de continuar a imprimi-las, enquanto continuassem vendendo jornais. *O Conde de Monte Cristo* fez tanto sucesso que Dumas o prolongou por 139 episódios, o que lhe rendeu 200 mil francos, a 1,5 franco por linha. Em meados da década de 1840, escrevia vários romances simultaneamente para diferentes jornais. Ninguém entendia como encontrava tempo para produzir tanta prosa. O caricaturista Émile Marcelin desenhou Dumas sentado a uma mesa, segurando quatro canetas entre os dedos das mãos enquanto um garçom lhe dava sopa na boca.[128]

Capaz de se manter de pé tendo pouquíssimas horas de sono diárias, Dumas começava a escrever de manhã e acabava tarde da noite. Trabalhava com extrema rapidez, o que resultava em até vinte folhas grandes por dia, e encarregava secretários de acrescentar a pontuação em sua prosa transbordante. Os assistentes lhe eram indispensáveis — sendo o mais importante um jovem aspirante a escritor e historiador, Auguste Macquet, que conheceu Dumas em 1838. Macquet o ajudou na produção dos seus grandes romances, em geral escrevendo um primeiro esboço com base numa ideia de Dumas, e não raro acrescentando suas pesquisas históricas, até que o romancista conferisse ao material a forma definitiva. Embora Macquet fosse bem remunerado, seu nome não aparecia na folha de rosto, por insistência dos editores, que estavam interessados apenas na marca Dumas. Mas boatos começaram a circular, e logo Dumas seria acusado de não escrever tudo que saía com seu nome. "Todo mundo leu Dumas, mas nem todo mundo leu tudo de Dumas, nem mesmo ele", dizia-se. Comentava-se injustamente que o autor comprava manuscritos e acrescentava seu nome para lucrar com a própria popularidade. Um crítico, um rival enciumado chamado Eugène de Mirecourt, escreveu um panfleto (*Fabrique de romans* [Fábrica

de romances]: *Maison Alexandre Dumas et Compagnie*) acusando-o de co-
mandar uma oficina literária clandestina em que os escribas sob contrato
eram reduzidos à condição de "escravos negros trabalhando debaixo do
chicote de um supervisor mestiço" — referência maliciosa à ascendência de
Dumas, pois sua avó era de origem africana e fora escravizada numa plantação francesa no Haiti. Dumas ganhou um processo por difamação contra
o autor do panfleto.[129] Mas os críticos não se intimidaram. O que intrigava
não era tanto a origem das histórias de Dumas, mas o lucro monetário que
rendiam. A literatura comercialmente bem-sucedida era quase automatica-
mente considerada literatura de má qualidade. A ideia de que um escritor
se aviltasse como "mercador literário" — acusação levantada por Thackeray
contra Sue numa resenha crítica de *Les Mystères* — era verdadeiro anátema
para os que consideravam que a literatura devia aspirar aos ideais da arte
pura. Entre eles, estava Sainte-Beuve, que escreveu um causticante ataque,
"Sobre a literatura industrial", sustentando que ela transformava a escrita
numa forma de negócio em que o sucesso não era medido pelo mérito artístico, mas pelos lucros e pela celebridade. "Dinheiro, dinheiro, dinheiro",
queixava-se o crítico, "não podemos deixar de enfatizar a maneira como ele
se transformou no sistema nervoso e no deus da literatura hoje em dia".[130]

Não era apenas nos jornais que a ficção florescia. Havia também uma revolução na publicação de livros.

No início do século XIX, os livros ainda eram produzidos de forma arte-
sanal. Os principais processos de fabricação — produção do papel, tipografia,
composição, tinta, encadernação — eram manuais. Os livros de capa dura
eram caros. Na Inglaterra, os romances frequentemente eram publicados
em dez volumes — formato destinado a permitir que as bibliotecas empres-
tassem as partes separadamente —, custando cada volume entre cinco e seis
xelins. Como a renda semanal média de um trabalhador qualificado não
passava muito de vinte xelins, ou uma libra, a compra de um romance era
um luxo. O tamanho acanhado do mercado fazia com que as editoras evitas-
sem correr riscos. Eram todas pequenas empresas. Não dispondo de capital,
não podiam fazer investimentos de longo prazo num livro; e tampouco o
fariam sem dispor de leis efetivas de direitos autorais, pois as reproduções
piratas de qualquer obra de sucesso facilmente comprometiam seus lucros.
Preferiam assim publicar pequenas tiragens, na esperança de ganhar com

uma boa saída dos estoques, passando a uma reimpressão somente quando o livro deslanchava. E mesmo quando isto acontecia, a tendência era antes aumentar o preço do que vender mais barato com uma tiragem maior. O editor de Walter Scott, Archibald Constable, se aproveitou de sua popularidade cobrando a enorme soma de 10 xelins e 6 pence (aproximadamente 14 francos, ou 11 dólares) por cada volume de suas obras.[131]

Livros baratos nunca faltaram. Bíblias, livros de oração, catecismos, baladas, almanaques e resumos populares de histórias clássicas eram vendidos em grande quantidade por ambulantes. A novidade nas décadas de 1830 e 1840 era o desenvolvimento de uma estratégia comercial pelos editores da Grã-Bretanha, da França e da Alemanha, para tornar as obras literárias acessíveis a um público de massa, explorando novas tecnologias e aumentando as tiragens para conseguir preços unitários mais baixos. Entre 1828 e 1853, os preços de livros na Inglaterra baixaram 40% em média, mas a maior redução foi nos preços de obras de ficção para os leitores do novo mercado de massa. Os romances publicados em três volumes encadernados a couro deram lugar a edições com capa de tecido ou papel em um volume, de produção mais barata e mais fáceis de vender. O romance em três volumes a dezoito xelins foi substituído na Inglaterra pelo livro de dois xelins ou um xelim e seis pence. Na França, o romance em três volumes in-octavo a 22 francos deu lugar às edições de bolso da Bibliothèque Charpentier e outras séries publicadas por editores como Lévy e Hachette, nas quais o texto integral era contido num volume único custando apenas 3,5 francos. Na Alemanha, o novo formato (16mo) foi introduzido pela editora de J. G. A. Cotta em sua edição barata (1837-8), em doze volumes, das obras de Schiller, das quais foram vendidos 100 mil exemplares, quantidade inédita no mundo editorial alemão da época.[132]

A revolução no mundo da edição comercial foi provocada por uma série de desdobramentos. A demanda popular de livros mais baratos resultava do aumento das taxas de alfabetização nas décadas intermediárias do século XIX. Na França, o número de leitores adultos aumentou 21% nos anos 1830, 18% mais na década seguinte, e novamente 21% na década de 1850.[133] Era maior o número de pessoas com algum dinheiro extra para gastar em livros. Uma família britânica média, com renda anual em torno de 200 libras (5 mil francos), podia gastar anualmente uma libra ou duas em livros e música. O tempo de lazer aumentou. A introdução da iluminação a gás teve efeito transformador, tornando muito mais fácil ler ou tocar piano à noite e tornando esses momentos de entretenimento doméstico uma das principais atividades de lazer das famílias "respeitáveis".

Novas tecnologias barateavam a produção de livros: a fabricação de papel era cada vez mais mecanizada, reduzindo custos em cerca de metade nas primeiras décadas do século; as encadernações de couro costuradas a mão foram substituídas por capas de tecido montadas a máquina; e as gráficas a vapor possibilitaram a impressão em larga escala. O avanço decisivo no processo mecanizado de impressão foi a máquina de cilindro giratório, base da prensa rotativa, inventada em 1843, que avançava para a frente e para trás com um estereótipo curvo sobre o clichê coberto de tinta. Feito num molde de papel machê, o estereótipo durava mais que os tipos móveis e só precisava ser moldado de novo depois de milhares de impressões. O molde podia ser guardado e usado na reimpressão, permitindo que os editores atendessem à demanda se as vendas da primeira tiragem fossem boas, em vez de precisarem montar novamente os tipos. Os estereótipos também facilitaram a reimpressão dos capítulos de romances para encaderná-los em forma de livro, tipo de publicação que floresceu na década de 1840.

O boom na produção de livros foi impressionante. Tantos livros eram publicados que houve quem temesse uma inundação do mercado. Um escritor estimou que os livros produzidos na França num único ano dariam a volta ao mundo se postos lado a lado. O número de novos títulos registrados na *Bibliographie de la France* aumentou 81% entre as décadas de 1840 e 1860.[134] Na Grã-Bretanha, a quantidade de novos títulos aumentou duas vezes e meia, enquanto nas terras alemãs quadruplicou. Nos três países as tiragens aumentaram de forma significativa. Os títulos mais populares eram vendidos em maior número de exemplares que antes, com certos "clássicos", como as obras reunidas de Walter Scott, *Os Sofrimentos do jovem Werther*, de Goethe, e as *Fábulas* de La Fontaine, chegando a vendas anuais na casa das centenas de milhares.[135]

Com a expansão da indústria, o processo de produção foi-se especializando e o editor surgiu como uma nova figura ao lado do tipógrafo e do livreiro, que até então geriam entre eles o negócio. O editor agora era o principal intermediário entre o autor e o público. Se encarregava de comprar manuscritos, editá-los, distribuí-los aos livreiros e divulgá-los com técnicas de marketing destinadas a fazer seus livros sobressaírem em relação aos concorrentes. Enquanto o tipógrafo era um artesão e o livreiro, um comerciante, o editor era identificado como um empreendedor.

Os pioneiros dessa revolução eram em sua maioria novos no negócio dos livros. Homens que se fizeram por si mesmos na indústria, com pouco ou nenhum esteio de família, e em certos casos sem efetivo interesse por livros, à parte o dinheiro que com eles pudessem ganhar. Pierre-François Ladvocat era filho de um arquiteto que entrou no negócio dos livros casando com a dona de um *cabinet de lecture*. Mais bem-sucedido dentre os livreiros e editores de Paris, Ladvocat foi o protótipo de Dauriat, o despótico editor das *Ilusões perdidas* de Balzac, que se apresenta como "especulador da literatura". Pierre-Jules Hetzel, o editor de Balzac, Hugo, Zola e Jules Verne, nascera na família de um mestre seleiro do Primeiro Regimento de Lanceiros e estudou direito em Estrasburgo, afinal abandonando a universidade para montar negócio em 1837. Gervais Charpentier, o pioneiro editor das edições de massa e baratas da Bibliothèque Charpentier, era filho de um soldador que começara na profissão como escriturário de um livreiro, trabalhando por um tempo com Ladvocat, até abrir sua livraria própria e um *cabinet de lecture* em Paris. O pai de Louis Hachette era farmacêutico, e sua mãe vinha de uma família do setor de manufaturas têxteis. Entre aqueles que transformariam o comércio europeu de livros nas décadas de 1830 e 1840, só Bernhard Tauchnitz e Michel Lévy vinham de meios ligados à indústria; Tauchnitz era de uma família de editores em Leipzig, e o pai de Lévy era *colporteur*, vendedor ambulante de livros.

Por trás do sucesso de todos esses editores estava o uso inovador de técnicas de marketing. A mais importante era a "Biblioteca" — série de livros baratos em formatos pequenos com capas uniformizadas em tecido ou papel colorido, preços invariáveis e a mesma marca conhecida na capa, o que os tornava facilmente identificáveis e colecionáveis como adornos em uma casa culta. A ideia foi desenvolvida por editores de toda a Europa na década de 1840. Quem saiu na frente foi o editor de Leipzig Anton Philipp Reclam, com a sua Wohlfeile Unterhaltungsbibliothek für die gebildete Lesewelt (Biblioteca Barata de Entretenimento para o Mundo Letrado), lançada em 1844, que rapidamente chegou a sessenta volumes de preço baixo, até ser encerrada depois de apenas três anos.[136] Em 1847, a empresa Simms and McIntyre, de Belfast, introduziu a sua Biblioteca de Salão, com reimpressões de obras de ficção com capas sempre verdes, vendidas a um xelim cada.

Logo seria seguida por Thomas Hodgson com uma nova Biblioteca de Salão e, em 1849, por George Routledge com a sua Biblioteca Ferroviária, cujos romances e histórias de aventuras a um xelim tinham capas em verde ou amarelo vivo (as "yellow-backs") para atrair a atenção nas bancas de livros. Na França, o mesmo método foi aplicado pela Bibliothèque Charpentier, cujos romances saíram todos com capas de tecido amarelo a partir de 1838. A Collection Michel Lévy, lançada em 1856, apresentava cores diferentes para cada categoria e preço de livros (capas de papel verde por um franco; capas duras azuis a 1 franco e 50 centavos e assim por diante), embora todos ostentassem na contracapa o logotipo "M.L.".[137]

Essas bibliotecas eram um primeiro sinal de que as forças de mercado e as novas tecnologias criariam um catálogo de obras literárias padrão no século XIX. O raciocínio dos editores era tornar os clássicos acessíveis a todos. Ao lançar seu Panthéon Littéraire em 1839, por exemplo, Girardin declarou que o objetivo era a publicação de uma "coleção universal de obras-primas do espírito humano" a preços que qualquer família pudesse pagar.[138] A economia do mercado de massa obrigava essas coleções a se concentrarem em livros de sabida popularidade. O principal "interesse do público é o preço", explicava Lévy: "Por isto decidimos publicar apenas obras de sucesso, para vender mais e reduzir o preço." Ao mesmo tempo, esse catálogo de inspiração comercial não compreendia apenas obras clássicas, as *oeuvres complètes* de autores mortos, mas também obras contemporâneas, os "clássicos modernos", ou *oeuvres durables*, como as chamava Charpentier, selecionadas pelos editores para as suas coleções por considerarem, como explicou ele, que passariam no teste do tempo e "entrariam para a história literária".[139]

Entre as demais técnicas astuciosas de marketing estavam os catálogos, os cartazes de propaganda e anúncios e avisos em periódicos; certos editores chegavam a pagar por resenhas e artigos favoráveis nos jornais. Um ou dois deles começaram a distribuir bilhetes de loteria nos livros. Charpentier era o mais avançado, tendo lançado pioneiramente muitas das principais estratégias dos editores de hoje. Empregava agentes encarregados da pré-venda aos livreiros; usava atacadistas como intermediários; e vendia às lojas com desconto, em grandes quantidades, com a condição de que expusessem seus livros na vitrine ou com destaque nas bancas. Foi o primeiro editor a aperfeiçoar um moderno sistema de vendas de livros por correio e ordem telegráfica (uma espécie de Amazon do século XIX), mantendo grandes estoques em depósitos próximos das estações ferroviárias de Paris.[140]

Mais uma vez, as ferrovias foram fundamentais nesses desdobramentos. Permitiam aos editores alcançar cidadezinhas e regiões rurais onde até então os leitores eram atendidos exclusivamente pela carroça de livros religiosos, panfletos e almanaques baratos do *colporteur*. A *colportage* era um próspero negócio rural em toda a Europa no início do século. Só na França havia 13 mil *colporteurs* matriculados, cada um viajando em média trinta quilômetros por dia, a cavalo ou de carroça, e respondendo coletivamente por vendas anuais estimadas em 9 milhões de francos em livros e almanaques. O advento das ferrovias aos poucos os fez perder esse mercado, permitindo que as livrarias das cidades do interior rapidamente fizessem chegar aos leitores as edições de Paris, embora certos *colporteurs* conseguissem sobreviver usando ramais dessas linhas férreas para distribuir livros em comunidades menores da periferia do mercado. O crescimento das livrarias nas cidades do interior se acelerou paralelamente à disseminação das ferrovias. Entre 1850 e a década de 1870, o número de livrarias na França mais que dobrou, chegando a mais de 5 mil, quase sempre junto à malha ferroviária dos arredores de Paris, na região nordeste, em torno de Lille, e no sul, perto de Lyon, regiões onde as ferrovias estavam mais avançadas.[141]

Graças a elas, os editores se mantinham diretamente em contato com os clientes nas províncias. Enviavam representantes de vendas com amostras dos livros para despertar interesse entre os livreiros do interior. Lévy foi o primeiro a usar o trem para essa finalidade. Em 1847, percorreu o interior da França para promover seus livros junto aos livreiros. Dois anos depois, fez uma segunda turnê-relâmpago, viajando de trem e carruagem a Chartres, Tours, Blois, Poitiers, Angoulême, Bordeaux, o Midi e o vale do Ródano, e atravessando em seguida para a Suíça. Graças a essas visitas, que seriam inconcebíveis antes das ferrovias, passou a ter uma ideia mais clara dos gostos literários dos leitores do interior, o que lhe seria de grande utilidade.[142]

As ferrovias também contribuíram para o florescimento da ficção popular. Os usuários de trens eram um grande mercado, especialmente de literatura de entretenimento. O trem sacudia menos que uma carruagem puxada a cavalo numa estrada acidentada, permitindo leitura mais fácil. A leitura era uma excelente maneira de aliviar o tédio de uma longa viagem e também de evitar o constrangimento do constante contato visual com a pessoa sentada em frente (na maioria dos trens europeus, os assentos eram voltados um para o outro, como acontecia nas diligências).

O conto era a forma perfeita para essas viagens. Não por coincidência, chegou ao pleno desenvolvimento com a generalização das viagens de trem no século XIX. E começaram a surgir novos tipos de publicações para os leitores das ferrovias: histórias de aventuras e detetives, conhecidas como *penny dreadfuls*,* assim como miscelâneas de ficção, incidentes humorísticos e anedotas misturadas com guias de viagem e informações para o viajante. Carlo Collodi, o criador de Pinóquio, teve seu primeiro sucesso com *Un romanzo in vapore* (Um romance no vapor, 1856), livro de histórias cômicas contendo também um guia de Florença, Pisa e Livorno, que era vendido nas estações ferroviárias da linha Florença-Livorno.[143] Muitos dos maiores editores da Europa — Longman e Routledge na Grã-Bretanha, Albert Hofmann em Berlim, Hachette na França — produziam em massa edições baratas de romances, histórias, livros de viagem e guias em formatos padronizados de bolso para caberem numa sacola de viagem.

Toda estação tinha uma biblioteca ou banca de livros. Uma licença para venda de livros nas estações era praticamente garantia de grandes lucros. Na Alemanha, as livrarias das estações tinham a mesma idade das próprias estações. As três linhas principais — entre Berlim, Hamburgo e Munique; Frankfurt am Main e Basileia; e Mannheim e Colônia — já tinham livrarias antes de 1848.[144] A Grã-Bretanha logo seguiria o exemplo. Em 1848, William Henry Smith obteve concessão da London and North Western Railway para abrir uma banca de livros na estação de Euston. Nascido numa família de livreiros londrinos, Smith usava a ferrovia para entregar jornais nas cidades do interior. Empresário de devoção religiosa, conseguira a franquia em Euston prometendo oferecer aos viajantes uma dieta mais sadia de literatura edificante que o anterior titular da banca, que vendia livros obscenos paralelamente a cobertores, almofadas, velas e outros artigos úteis para as viagens. Smith contava com o apoio dos grandes editores de livros baratos e panfletos para o usuário das linhas férreas: Simms e McIntyre e Chapman e Hall com suas Bibliotecas de Salão, Longman e Routledge com sua Biblioteca Ferroviária e G. W. M. Reynolds com a sua *Miscelânea* — todas encontradas nas setenta bancas já montadas por W. H. Smith nos saguões das estações pelo fim de 1851.

A Grande Exposição de 1851 levou milhões de usuários das ferrovias a Londres. Um deles foi o editor Hachette, que ficou mais impressionado com

---

* Algo como "terrores baratos". [*N. do T.*]

as bancas de livros de Smith nas estações do que com qualquer atração do
Palácio de Cristal em Hyde Park. Nascido em 1800, Hachette frequentara
as aulas de Guizot na École Normale Supérieure e chegou a trabalhar como
advogado antes de começar como editor de manuais escolares e dicionários
— mercado ainda incipiente então, em meados da década de 1820. Quando
Guizot instituiu o ensino primário obrigatório, Hachette estava em condições ideais para expandir o negócio: seus manuais foram encomendados
pelo ministério de Guizot. Um milhão de exemplares do seu ABC foram
publicados só em 1833, e seus livros de leitura praticamente tinham o monopólio das escolas francesas nas décadas 1830 e 1840. Em 1851, Hachette já
evoluíra para a publicação de livros de interesse geral. Pretendia aumentar
sua participação no mercado, e essa oportunidade lhe era oferecida por
W. H. Smith com suas pequenas livrarias nas estações ferroviárias.

Em 1852, Hachette obteve uma primeira concessão da Compagnie des
Chemins de Fer du Nord. Prometeu oferecer em suas bancas nas estações
uma biblioteca de cem livros, aumentando-a para quinhentos nos anos
seguintes. Eles sairiam em sete diferentes séries, cada uma com a devida
identificação pelas capas coloridas (guias de viagem em vermelho, histórias
em verde, literatura francesa em tom de creme, livros infantis em cor-de-
-rosa etc.), sempre no mesmo formato de bolso e a um preço acessível para
qualquer viajante: apenas dois francos cada. O contrato de cinco anos logo
seria seguido de acordos com outras empresas ferroviárias. Em 1854, havia
na França sessenta bancas cheias de títulos da Hachette, e na década de 1870
o número chegava a quinhentas, uma rede nacional de distribuição para o
editor, que detinha um monopólio nas grandes linhas férreas do país.[145] As
ferrovias haviam transformado a empresa, que deixara de ser uma editora
especializada para se tornar uma das maiores do mundo.

4

Há muito sofrendo de gonorreia, Rossini foi a Paris em maio de 1843 consultar o mais famoso urologista da França, Jean Civiale, que o manteve
em observação por três meses. Durante essa estada, Rossini posou para
um retrato no estúdio do pintor Ary Scheffer (1795-1858), na Rua Chaptal.

Esta se tornaria uma das imagens mais conhecidas do compositor (e havia muitas). Vemos um Rossini de 51 anos, no auge da fama internacional, um homem realizado e desfrutando da vida depois de abrir mão da composição de óperas. Nesse verão parisiense, ele ainda vivia com Olympe Pélissier, uma modelo de pintores, na Place de la Madeleine.

Rossini visitava o estúdio de Scheffer com frequência. Lá era recebido desde a década de 1830, quando o lugar se tornara ponto de encontro de artistas e intelectuais: George Sand, Chopin, Liszt, Ernest Renan e os Viardot apareciam regularmente. Nascido em Dordrecht, Holanda, em 1795, Scheffer se transferiu para Paris para estudar no ateliê do pintor Pierre-Narcisse Guérin, e não demorou a chamar a atenção da Academia Francesa com seus retratos no estilo de Ingres. O duque de Orleans tornou-se seu mecenas, designando-o tutor artístico dos dez filhos e fazendo-lhe encomendas para Versalhes.[146]

Scheffer era muito amigo dos Viardot. Conhecia Louis desde os anos 1820, quando fora professor de seu irmão menor, Léon Viardot, um dos muitos pintores hoje esquecidos que ganhavam a vida modestamente em Paris. Scheffer tinha cara de poucos amigos, mas era um homem leal e generoso, muito afeiçoado a Pauline. Ao apresentá-lo à noiva em 1840, Louis pediu sua opinião: "Terrivelmente feia", respondeu Scheffer, "mas se voltar a vê-la, vou me apaixonar perdidamente." O retrato de Pauline pintado por Scheffer em 1841 (il. 1) é, segundo Saint-Saëns, "o único a mostrar fielmente essa mulher inigualável e dar alguma ideia do seu estranho e poderoso fascínio".[147]

A Rua Chaptal ficava bem no coração da região de "Nova Atenas", vizinha de Montmartre — na época um bairro tranquilo de Paris, onde muitos artistas tinham seus estúdios. Eugène Delacroix, Horace Vernet, Paul Delaroche, Paul Gavarni e o escultor Jean-Pierre Dantan eram vizinhos de Scheffer. Logo se juntariam a eles Adolphe Goupil e a família, marchands e negociantes de gravuras, cuja galeria na Rua Chaptal se transformou em ponto de encontro dos artistas, alguns tendo alugado espaços para seus ateliês nos andares de cima. Scheffer, Vernet e Delaroche foram os artistas que estavam na fundação do negócio dos Goupil, figurando entre os primeiros marchands profissionais de arte contemporânea na Europa.

Obras de grandes mestres do passado eram vendidas por marchands particulares desde o século XVII.[148] Mas a existência de um mercado comercial de arte contemporânea era algo novo na década de 1840, quando galerias particulares como as de Goupil surgiram pela primeira vez como espaço para artistas vivos e seus compradores fora do sistema acadêmico, que até então controlava o mercado artístico.[149] Na França, a academia era a École des Beaux-Arts, cujo Salão era o principal veículo de divulgação e venda das obras. O júri do Salão selecionava exclusivamente trabalhos de artistas formados na École. O sistema se baseava numa hierarquia acadêmica de gêneros, na qual as pinturas históricas e os temas mitológicos e religiosos ocupavam as posições mais altas, ficando por último as naturezas mortas e paisagens. Obras inovadoras quase sempre eram rejeitadas.

Scheffer estava entre os muitos pintores cada vez mais insatisfeitos com as normas acadêmicas do Salão. O gosto artístico do público mudava, aumentava a demanda de pinturas de gênero e paisagens, mas o júri não alterava seus critérios de seleção. Scheffer deixou de submeter suas obras ao Salão a partir de 1846. Optou por transformar seu estúdio numa galeria privada para Delacroix, Rousseau, Corot, Dupré e outros pintores paisagistas, todos recusados pelo Salão em algum momento. Reuniu-os numa associação de "artistas livres". No ano seguinte, juntou-se a outro grupo de artistas de espírito independente, entre eles, Théodore Rousseau, Honoré Daumier e o escultor Antoine-Louis Barye, que fundaram um *salon indépendant* para exibir e vender suas obras.[150]

Foram muitas as iniciativas desse tipo. Em 1843, inaugurou-se uma galeria no último andar do Bazar Bonne-Nouvelle, uma das primeiras lojas de departamentos de Paris, onde obras artísticas rejeitadas no Salão podiam ser exibidas e vendidas em troca de um pequeno aluguel ou comissão. Delacroix apresentou três quadros no Bonne-Nouvelle, entre eles, *Tasso no hospício* (1839), que foi vendido, e a magnífica *Execução do doge Marino Faliero* (1825-6), que não foi. Inspirada na peça de Byron, a *Execução* era a pintura de que Delacroix mais se orgulhava, mas foi duramente criticada por ignorar as leis acadêmicas da história da pintura.[151]

Enquanto isso, os marchands particulares se consolidavam como intermediários entre os artistas e seus clientes. Nos primeiros anos do comércio de obras de arte, não era clara a distinção entre marchands e vendedores de gravuras, comerciantes de artigos para artistas e de material de papelaria, vendedores de antiguidades e artigos de luxo. Na década de 1840, Goupil & Vibert, como a companhia era conhecida, ao mesmo tempo vendia gravuras e representava artistas em sua galeria. O marchand londrino Ernest Gambart começou como agente de Goupil, vendendo reproduções de arte francesa e gravuras de celebridades, até fundar a própria galeria na Berners Street em 1845. Jean-Marie Durand-Ruel (pai do marchand de obras impressionistas Paul Durand-Ruel) começou como comerciante de papel e materiais para pintores no Quartier Latin parisiense, bairro de muitos estudantes de artes pobres, até fundar sua galeria de belas artes perto do Palais-Royal, em 1833. Em 1846, para se aproximar ainda mais da clientela rica, abriu uma nova galeria no elegante Boulevard des Italiens, onde corretores e frequentadores da ópera conviviam com visitantes estrangeiros.

Diferentes tipos de colecionadores de arte começavam a aparecer, desde conhecedores como Louis Viardot até banqueiros e industriais ricos, como Aguado, que precisavam da qualificação e da ajuda de marchands e consultores para se orientar nessas compras.

Como principal consultor de Aguado no mercado de arte parisiense, Viardot acumulara profundo conhecimento não só das principais galerias públicas da Europa como de coleções particulares menores, ao começar a comprar obras de arte em 1845. Obras de grandes mestres do passado podiam ser encontradas com facilidade, mas comprá-las envolvia um grau de risco relativamente alto, pois sua proveniência nem sempre era clara. Havia muitas falsificações. Nessa época, o mercado foi abalado por uma série de escândalos, um deles envolvendo nada menos que uma "fábrica de Canalettos" em Londres. Viardot dispunha de orçamento limitado. Começou com algumas centenas de francos apenas. Mas seu profundo conhecimento da pintura europeia, especialmente espanhola, francesa e holandesa, lhe permitiu ampliar e aprimorar sua coleção, constantemente comprando e revendendo. Ele acumularia ao longo dos anos quase duzentas pinturas, em sua maioria de mestres holandeses e espanhóis, retratos, paisagens e pinturas de gênero do século XVII, embora também comprasse arte moderna — pinturas de Scheffer, do sueco August Hagborg e de Antoine Chintreuil, entre estas, *Pommiers et genêts en fleurs* (c. 1870: hoje no Musée d'Orsay). Era, sob muitos aspectos, uma típica coleção de conhecedor novecentista — não muito grande, com um pequeno número de obras-primas reconhecidas que mais tarde seriam adquiridas por museus, mas constituída sobretudo de excelentes obras de artistas como Jacques Stella, Govaert Flinck, Salomon Ruysdael ou Philips Wouwerman, nomes que talvez estivessem esquecidos se colecionadores como Viardot não houvessem reconhecido seu valor.

Ele comprava em vendas e galerias privadas, de outros colecionadores e cada vez mais em leilões públicos, ao passo que a origem de suas pinturas contemporâneas era sobretudo o Salão, de cujo júri fez parte nas décadas de 1860 e 1870. As aquisições mais importantes de Viardot foram algumas obras-primas esquecidas compradas por uma bagatela porque ninguém mais reconhecia seu valor: o *Retrato de uma mulher,* de Ferdinand Bol (1642: hoje no Metropolitan Museum de Nova York) e *Boi dissecado,* de Rembrandt (1655: atualmente no Louvre). Seu conhecimento lhe permitia identificar falsificações, embora tenha cometido alguns erros. Depois de comprar o retrato de um velho rabino barbudo assinado por Rembrandt, ele acabaria chegando à conclusão de que se tratava de obra de um de seus discípulos, relegando-a a um recanto esquecido da coleção.[152]

Entre os outros compradores de obras de arte, especialmente os novos industriais que não tinham muito conhecimento dos antigos mestres, o medo de perder dinheiro com uma falsificação representava forte incentivo a investir na arte moderna. O crescimento do mercado de arte contemporânea era mais forte na Grã-Bretanha, onde a Revolução Industrial criara uma classe de fabricantes e comerciantes ricos que colecionavam arte — homens como Joseph Sheepshanks, fabricante de tecidos em Leeds que fez fortuna fornecendo matéria-prima para uniformes militares durante as Guerras Napoleônicas; Elhanan Bicknell, fabricante de óleo de cachalote, que vendeu sua coleção de obras de arte por 80 mil libras em 1863; John Allnutt e John Ruskin, ambos comerciantes de vinhos e colecionadores de obras de Turner; Henry McConnell, fabricante de algodão de Manchester, que encomendou a Turner *Barcos carvoeiros à luz da lua* (1835), uma de suas poucas cenas industriais; Joseph Gillot, fabricante de canetas de Birmingham, que formou uma grande coleção de paisagens inglesas; e Robert Vernon, locador de cavalos de tração em Londres, que legou sua coleção de arte britânica moderna, na qual gastara 150 mil libras, à Galeria Nacional.[153]

Eram vários os motivos desse crescente interesse pela arte contemporânea, à parte o medo das falsificações. Na França, o exemplo fora dado pelo duque de Berry e o duque de Orleans, que, depois de 1815, tinham voltado sua atenção dos velhos mestres flamengos para as obras francesas modernas, por espírito patriótico. A tendência foi reforçada em 1818, com a inauguração do Musée du Luxembourg, primeira galeria pública de arte moderna. Os grandes banqueiros franceses que passaram a colecionar obras de arte na década de 1820 (Benjamin Delessert, Casimir-Pierre Périer, Jacques Lafitte, Isaac Péreire) compravam número cada vez maior de trabalhos de artistas franceses vivos, o que os transformava em mecenas, papel de prestígio tradicionalmente desempenhado pela aristocracia. Mas sobretudo, talvez, a arte contemporânea não só era mais barata como oferecia maior perspectiva de lucro especulativo que as pinturas antigas. "Sempre compro alguns modernos, pois é mais confiável", declarava Péreire aos irmãos Goncourt, Edmond e Jules, famosos cronistas da vida cultural parisiense. "E o preço sempre aumenta."[154]

Foi o momento em que a obra de arte começou a desempenhar o papel que tem hoje: investimento financeiro. Nem todos os artistas gostaram da mudança. Muitos consideravam que a ação do mercado destruía os ideais da arte. "Aqui na França não existem mais colecionadores de arte", queixava-se o escultor e pintor francês Antoine Étex em 1855. "Não se pode chamar assim esse grupo de especuladores da bolsa de valores que só estimulam e compram pinturas sem importância, quadrinhos dignos de decorar o *boudoir* das amantes, e ainda assim na esperança de lucrar com posterior revenda a estrangeiros."[155]

Certos pintores eram investimento certo. Preços altíssimos eram pagos pelas pinturas de gênero extremamente detalhadas e as cenas "orientais" de Alexandre-Gabriel Decamps (1803-60), autodidata rejeitado a vida inteira pela Academia. Parecendo autênticas joias, suas miniaturas eram tidas como objetos de luxo para a sala de estar burguesa. As pinturas de gênero de Ernest Meissonier (1815-91), inspiradas nos interiores dos velhos mestres holandeses, eram colecionadas pelos mais ricos banqueiros e homens de negócios da Europa, que as apreciavam pelo requintado acabamento e o potencial como investimento. Os preços de Meissonier dispararam. *O Jogo de xadrez*, por exemplo, comprado por Périer a 2 mil francos no Salão de 1841, seria revendido a Delessert seis anos depois por 5 mil francos, e em 1869 ao financista François Hottinguer por 27 mil francos — valor que se pagava por um Rembrandt. As pinturas de Meissonier se transformaram em haveres financeiros, mudando de mãos com frequência em acordos de negócios. Para os que lastimavam a transformação de obras de arte em mercadoria, tornaram-se um símbolo da "vulgaridade burguesa". Baudelaire ficava revoltado com a estupidez dos banqueiros que pagavam por um Meissonier dez ou vinte vezes mais do que pagariam por uma pintura do seu herói, Delacroix.[156]

Os comerciantes, banqueiros e industriais que dominavam esse novo mercado de arte não tinham maior conhecimento dos clássicos e da mitologia, nem qualquer familiaridade com os pontos culturais do Grand Tour —* que eram coisas do interesse da aristocracia e, em geral, necessárias para entender a arte acadêmica. Queriam pinturas que lhes dessem prazer e que pudessem entender: cenas do cotidiano da vida moderna com as quais se identificassem; pinturas narrativas e paisagísticas; retratos de família; quadros suficientemente pequenos para ornamentar o interior das casas, como símbolos de cultura e prestígio social. Escreveria Wilkie Collins em 1845:

> Comerciantes e fabricantes de todos os tipos de mercadorias [...] começaram com a ideia de comprar um quadro que fossem capazes de admirar e apreciar, e cuja autenticidade pudesse ser atestada pelo autor vivo. Esses clientes rudes mas despachados [...] queriam objetos interessantes; variedade, semelhança com a natureza; autenticidade do artigo e pintura fresca; não tinham antepassados cujas preferências, como fundadores de galerias, fosse necessário consultar; nem cavalheiros críticos ou escritores de obras importantes para tratá-los com desdém quando lhes desse na telha; nada para puxá-los pelo nariz, senão a própria astúcia, seus próprios interesses e seus gostos — e assim deram as costas para os Velhos Mestres e marcharam como um só homem em direção aos vivos.[157]

Gostassem ou não, os artistas eram obrigados a adaptar seu trabalho a esse crescente mercado de pinturas pequenas ("de gabinete"). As obras de proporções maiores eram difíceis de vender: não tinham lugar nas novas galerias comerciais, como Goupil deixava claro para os artistas. Scheffer seguiu seu conselho. Sem fortuna pessoal, contando apenas com o que ganhava com a pintura, estava sempre sem dinheiro no início da carreira. Depois de assinar contrato com Goupil por volta de 1835, Scheffer deixou de lado os quadros de temas religiosos, que em sua maioria não eram vendidos, e se

---

* Viagem pela Europa que costumava ser feita por filhos da aristocracia e mais tarde da burguesia, com fins educativos e culturais. Tradição considerada uma das origens do turismo moderno. [N. do T.]

concentrou em retratos pequenos, que saíam bem, tanto originais quanto reproduções (foram vendidos milhares de exemplares da gravura reproduzindo seu retrato de Rossini). Ele também fazia reduções de suas pinturas de tamanho grande, que podiam ser vendidas mais facilmente por serem menos caras. Os preços de Scheffer subiram. No fim da década de 1840, ele chegava a ganhar 50 mil francos com uma única pintura, vendendo os direitos de reprodução em gravura. A maior parte da sua renda vinha de retratos e cópias em tamanho reduzido das suas obras maiores.[158]

Delacroix também faria reduções de suas obras de grandes proporções, ou então incumbia disso os assistentes, e cuidava da finalização para vender a marchands e compradores particulares em vários formatos (as cópias no clássico "tamanho sofá", em torno de 50 x 80 centímetros, obtinham os preços mais altos).[159] Como Scheffer, Delacroix se formara na escola neoclássica no ateliê de Guérin e começara a carreira trabalhando para a corte. Obtivera importantes encomendas de Luís Filipe nas décadas de 1820 e 1830, contando com o poderoso apoio de Adolphe Thiers, um dos primeiros críticos a escrever sobre seu trabalho, e que duas vezes foi nomeado primeiro-ministro na Monarquia de Julho. Seu sustento dependia dessas encomendas, pois sua obra não era bem compreendida ou valorizada pelos críticos e o público. A partir da década de 1840, contudo, Delacroix passou a contar mais com as vendas a conhecedores e marchands como Goupil e Durand-Ruel, que compravam seus trabalhos no Salão, em leilões ou diretamente no seu ateliê. Adaptou sua arte a esse novo mercado, pintando quadros menores com temas que vendessem: pinturas de animais, cenas "orientais" e paisagens. Aceitava encomendas de marchands e clientes que pediam pinturas sobre temas específicos, chegando a seguir suas instruções sobre o resultado final a ser alcançado. A título de exemplo, em *Banhistas* (também conhecido como *Mulheres turcas no banho*: 1854), foi o autor da encomenda que escolheu o tema, a posição das figuras e até o estilo, devendo se assemelhar ao de outros pintores por ele mencionados em cartas a Delacroix.[160]

Nessa fase adiantada da carreira, Delacroix se envolveu crescentemente na reprodução de suas obras, reconhecendo que a gravura impressa era uma importante fonte de renda e uma forma eficaz de promover sua arte junto a um público maior. Sentia grande prazer com a modesta popularidade que ganhava com essas iniciativas, considerando-a uma forma de reparação. "A felicidade sempre chega tarde demais", escreveu em 1853 em seu diário. "É como essa recente moda das minhas pinturas; depois de me desprezarem durante tanto tempo, os clientes vão fazer a minha fortuna."[161]

Certos críticos de forma alguma apreciavam que a arte fosse adequada aos imperativos da mobília da sala de estar. "A pintura de gênero, que se coaduna com molduras pequenas e cai bem nos aposentos exíguos em que vivemos, está acabando com a pintura histórica", queixou-se o escritor e fotógrafo Maxime du Camp numa resenha do Salão de 1857.[162] Mas, a essa altura, os artistas estavam sujeitos ao mercado: não havia como escapar. O pré-rafaelita John Everett Millais lamentava que não houvesse demanda para as grandes e ambiciosas telas que queria produzir. Em 1857, escreveu sobre uma visita de Thomas Combe, o editor e tipógrafo cujo retrato pintara sete anos antes: "Ele quer que eu pinte um retrato seu mais ou menos do tamanho de *Herege* (qualquer coisa maior que isso não será aceita). O único estímulo que se tem é para pinturas de gabinete. Que eu jamais tenha nas mãos por mais de dez minutos uma pintura pequena, pois é uma grande tentação para não fazer mais nada."[163]

Uma vez reformuladas pelo mercado as regras artísticas, não havia mais uma distinção clara entre a pintura como "obra de arte" e como parte da mobília. Mais tarde, pintores como os impressionistas, que vendiam exclusivamente para esse mercado interno, aceitaram esse aspecto da sua arte, pintando painéis decorativos e quadros para lugares específicos num ambiente, a pedido dos clientes. Em virtude da atenção crítica que suas pinturas receberam na história da vanguarda, a função dessas obras como simples decoração de interiores foi, em grande medida, perdida de vista.[164]

5

Em 1843, o marquês de Custine publicou um relato de suas viagens pela Rússia. *La Russie en 1839* provavelmente pesou mais que qualquer outra publicação nas atitudes dos europeus em relação à Rússia no século XIX. Em poucos anos, a interessante narrativa mereceu pelo menos seis edições francesas, saiu na Bélgica em várias reproduções piratas, foi traduzida para o alemão, o holandês e o inglês e apareceu em forma de panfleto em várias línguas europeias.

Custine viajara à Rússia expressamente para escrever um livro de viagem popular e fazer nome como escritor. Já tentara sem êxito escrever romances, peças teatrais e melodramas, e considerou então que a literatura de viagem, gênero cada vez mais popular, era sua última chance de ganhar reputação.

La Russie não era sua primeira tentativa no gênero. Depois da Revolução de Julho, Custine esteve na Espanha, pretendendo validar seus princípios católicos legitimistas. Ficara impressionado com os ares "orientais" do sul da Espanha, enraizado na cultura de um passado mouro. A experiência o levou a pensar de maneira geral na "civilização europeia", seus países centrais e sua periferia. No fim desse outro livro, *L'Espagne sous Ferdinand VII* (1838), ele refletia sobre o que definia a "Europa", concluindo pela necessidade de viajar à Rússia, o outro "oriente" europeu, para ver melhor do que se tratava:

> Já viajei por quase toda a Europa, e de todos os modos de vida que pude observar nessa parte do mundo, os da população de Sevilha me parecem mais naturais, mais simples, os mais próximos das ideias que sempre tive do bem social [...] Em vão, busquei sinais dessa sensatez em outros povos europeus. A Áustria é próspera, é calma, mas é antes à habilidade de seus governantes que ao espírito do seu povo que atribuo a boa sorte dessa monarquia. Não posso falar da Rússia, que não conheço, e que gostaria de conhecer bem; eles também são asiáticos, pelo menos tanto quanto os povos com cujo sangue os espanhóis se misturaram. E igualmente me interessaria comparar a Rússia com a Espanha; ambas estão mais imediatamente ligadas ao Oriente que qualquer outra nação da Europa, da qual constituem as duas extremidades.[165]

A comparação entre Espanha e Rússia, as duas periferias "orientais" da Europa, não era totalmente nova. Em 1812, os franceses, enfrentando dificuldades em suas campanhas militares nos dois países, haviam comparado os *barbares du Nord* (os russos) aos *barbares du Sud* (os espanhóis). Mas, na década de 1840, o paralelo se tornara comum. Podia ser encontrado, por exemplo, em *Cartas da Espanha* (1847-9), de Vassili Botkin, nas quais o escritor russo comparava o impacto da influência moura na cultura espanhola ao dos mongóis na Rússia. Da mesma forma, Louis Viardot observava em 1846 que "o oriente penetrou na Europa pelos seus dois extremos. Pois não podemos dizer que os árabes o trouxeram à Espanha e os mongóis, à Rússia?"[166]

O que o marquês encontrou na Rússia corroborou sua crença nos valores e liberdades europeus. Tudo no país enchia o francês de horror e desprezo: o despotismo do tsar; a falta de liberdades individuais e dignidade humana; o desprezo pela verdade que corrompia a sociedade; o servilismo dos aristocratas, que não passavam de escravos; suas maneiras pretensiosas, meramente um fino verniz de civilização para encobrir o barbarismo asiático aos olhos do Ocidente. "Não devemos esquecer que estamos nos confins da Ásia", dizia ele. Quanto à comparação com a Espanha, Custine concluía com essa advertência que ficou famosa:

> Em suma, os dois países são o exato oposto um do outro; diferem como o dia da noite, o fogo do gelo, o norte do sul.
>
> Para ter o sentimento da liberdade desfrutada nos outros países europeus, qualquer que seja a forma de governo adotada, é preciso ter estado nessa solidão sem repouso, nessa prisão sem descanso que se chama Rússia [...]. Se um dia vossos filhos se mostrarem insatisfeitos com a França, experimentai minha receita: que visitem a Rússia. É uma viagem útil para qualquer estrangeiro; quem quer que tenha conhecido bem esse país ficará satisfeito de viver em qualquer outro lugar.[167]

O livro de Custine fez sucesso por articular os medos e preconceitos a respeito da Rússia então amplamente disseminados na Europa. Nas primeiras décadas do século XIX, muitos livros e artigos tinham cultivado essa percepção da Rússia como uma potência asiática de natureza agressiva e expansionista, uma "ameaça" às liberdades e à civilização europeias. Impressão reforçada pela brutal repressão determinada pelo tsar contra a revolta polonesa de 1830-31, forçando muitos nobres e intelectuais poloneses a se exilar em Paris, onde tiveram grande influência no pensamento ocidental sobre a Rússia, em especial por meio de contatos como Custine. Viardot era uma rara exceção na opção de não se juntar a esse coro russofóbico em seu livro *Souvenirs de chasse* (1846), com um relato positivo de suas expedições de caça na Rússia. Uma escolha determinada pela necessidade de manter as portas da Rússia abertas a Pauline, como ele explicou a George Sand quando ela o recriminou por criticar o livro de Custine (assim comprometendo suas convicções republicanas, ao fazer negócios com o "gendarme da Europa", como Nicolau I era conhecido).[168]

Mas *La Russie* não se limitava a fomentar a russofobia ocidental. Ao voltar seu foco para a "alteridade" asiática da Rússia, ao mesmo tempo convidava os leitores a reconhecer a própria "europeidade".

A ideia de "Europa" sempre se definira por esse contraste cultural com o mundo "oriental". Na imaginação europeia, o "Oriente" era primitivo, irracional, indolente, corrupto e despótico — construção intelectual sobre a qual se apoiava a dominação europeia do mundo colonial.[169] O "Oriente" não era uma categoria geográfica. Não se localizava no Oriente Médio, na Ásia nem na África do Norte, estava também no interior da Europa, na periferia meridional e oriental do continente, onde continuava forte a influência das culturas árabe e islâmica.[170]

Em *O espírito das leis* (1748), Montesquieu dividia a Europa em um norte progressista e um sul atrasado, a Espanha e a Sicília, que, como antigas colônias muçulmanas, nunca se haviam europeizado completamente. Argumentando que as culturas são determinadas pelo clima e a geografia, Montesquieu fixava o limite da Europa no ponto do sul da Itália onde sopra o vento siroco.

> Na Itália, há um vento meridional chamado Siroco, que passa pelas areias da África antes de chegar à Itália. Ele domina esse país; exerce seu poder sobre os espíritos; gera peso e lentidão universais; o Siroco é a inteligência que preside as cabeças italianas, e sou tentado a acreditar que a diferença que observamos entre os habitantes da Lombardia, no norte, e os do resto da Itália decorre do fato de a Lombardia ser protegida pelos Apeninos, que a defendem do caos do Siroco.[171]

Voltaire levou adiante a ideia de Montesquieu, acrescentando uma distinção secundária entre o coração progressista da civilização europeia nas

capitais ocidentais (a República das Letras) e o leste semiasiático. Inspirando-
-se nessas divisões, Hegel construiu um esquema de progressão histórica a
partir da infância da civilização europeia no sul, na Grécia Antiga e na Roma
Antiga, até uma Europa do Norte centrada na Alemanha (seu conceito de
"fim da História"). Em meados do século XIX, surgia assim um claro mapa
cultural, com o cerne da "Europa" no noroeste do continente, na França,
nos Países Baixos e nos territórios alemães, ao passo que, em sua periferia,
da Espanha ao mar Negro, se tinha um "Oriente" interno. O vice-presidente
da Sociedade Oriental francesa escreveu em 1843:

> O nosso Oriente abarca todos os países da bacia mediterrânea
> relacionados aos países africanos e asiáticos das bordas desse
> mar: a Grécia e suas ilhas; a Turquia e seus territórios anexados,
> Valáquia e Moldávia; as possessões austríacas do Adriático; as
> possessões inglesas, Malta e as ilhas Jônicas; a Rússia europeia
> meridional, que domina o mar Negro e o mar de Azov. Tudo
> aquilo que depende do que hoje ainda chamamos de comércio
> com o Oriente [...].[172]

Nas primeiras décadas do século XIX, o interesse pela exploração da
Europa meridional e oriental levou os autores de obras de viagem a refletir
novamente sobre a ideia de "europeidade". Em 1809-10, em suas viagens
pela Albânia, parte da Europa praticamente desconhecida, Lorde Byron e
seu amigo John Hobhouse se perguntavam se os albaneses e os turcos, e
mesmo os russos e os gregos, podiam de fato ser considerados europeus.
Hobhouse achava os turcos mais próximos dos ingleses que os gregos, que
qualificava de "orientais", e não descendentes da antiga cultura helênica ide-
alizada por filo-helênicos como Byron. Para Byron, os albaneses eram uma
tribo híbrida, meio asiática, mas suscetível de ser europeizada — ideia com
a qual se identificou ao posar para seu famoso retrato em trajes albaneses.[173]
Os visitantes da Espanha também tinham consciência de estar explorando o limite da Europa. A Península Ibérica era uma parte relativamente
desconhecida da Europa até as Guerras Napoleônicas. A viagem era lenta
e difícil, sem ferrovias até 1848 e com poucas estradas boas. A partir da
década de 1820, a Andaluzia foi "descoberta" pelos românticos franceses.
Impressionados com sua tradição judaica e moura, eles projetaram nela

seus próprios mitos exóticos de colorido e paixão "orientais". Em sua *Voyage en Espagne* (1843), Gautier montou uma imagem da "Andaluzia árabe" com cenas da vida cigana, a dança do flamenco e descrições pitorescas do Alhambra. "A Espanha, que faz fronteira com a África assim como a Grécia faz fronteira com a Ásia, não se adequa ao feitio europeu. Ela é impregnada pelo espírito do Oriente em todas as suas formas", escreveu Gautier. "Ao sul da Sierra Morena, a natureza do país muda completamente: é como se, de repente, passássemos da Europa para a África."[174]

A "alteridade" da Espanha era um dos seus atrativos para Louis Viardot. Fascinavam-no as marcas culturais dos judeus e mouros. Na Andaluzia, ele via uma região ligada pela história a antigas civilizações da África do Norte e do Oriente Próximo. Lembrava-lhe que a Europa não era fechada nem autossuficiente: era uma cultura em progressão, constantemente evoluindo pelas interações com o mundo exterior, tendo a periferia permeada pelo Oriente. Nas *Lettres d'un Espagnol*, Viardot afirmava que o conde de Volney, orientalista do século XVIII, sequer "precisava deixar a Europa, atravessar mares e seguir os nômades árabes pelo deserto para ir em busca das grandes lições das antigas ruínas das areias sírias, quando podia ter encontrado esses mesmos traços na Península Ibérica".[175]

Viardot explorou o impacto dos mouros na cultura europeia em *L'Essai sur l'histoire des Arabes et des Mores d'Europe* (1833). Escreveu muitos artigos sobre arte e literatura espanholas enfatizando esse legado. Sua tradução para o francês de *Dom Quixote* (1837), na qual dava plena expressão aos detalhes e ao colorido etnográfico do romance para transmitir uma impressão vívida da Espanha, teve importância vital na descoberta romântica da literatura espanhola (tendo sido lida por Prosper Mérimée, autor de *Carmen*, cujo amor por essa tradução foi o ponto de partida do seu interesse pela Espanha). A versão da obra-prima de Cervantes feita por Viardot tornou-se um best-seller. Muitas vezes relançada, serviu de base para traduções em outras línguas.[176]

Parte da atração de Viardot por Pauline certamente decorria da sua ascendência espanhola. Assim como se sentia atraído pela "alteridade" da Espanha, ele se apaixonou por uma mulher que, nas palavras de Heine, "não lembra a beleza civilizada e a graça domesticada de nossa pátria europeia, mas o esplendor selvagem de uma paisagem exótica do deserto".[177]

Ao viajarem para São Petersburgo em outubro de 1843, seria compreensível que os Viardot pensassem estar deixando a Europa em direção à Ásia. Só para um minúsculo número de viajantes europeus a Rússia não era território desconhecido. São Petersburgo e Moscou eram as únicas cidades normalmente visitadas. As condições de viagem eram extremamente difíceis. O percurso de Paris a São Petersburgo levava no mínimo dezesseis dias. Não havia ferrovia na última parte da jornada, a partir de Berlim — a única linha férrea concluída então no Império Russo era a que percorria a pequena distância da capital à residência do tsar em Tsárskoie Selô e à estação termal próxima de Pavlovsk.

Em São Petersburgo, só as principais avenidas tinham "pavimentação de madeira" para as carruagens. As demais ruas não eram pavimentadas. Lamacentas na primavera, quentes e abafadas em meio ao fedor dos esgotos no verão, sempre tomadas por trabalhadores e comerciantes, essas ruas e vielas internas ainda eram as mesmas descritas por Dostoievski em *Crime e castigo* (1866). A poucos passos das elegantes fachadas neoclássicas da Nevsky Prospekt, onde os Viardot se hospedavam no Palácio Demidov, encontrava-se um mundo diferente de pobreza e sordidez.

O público leitor desse mundo se limitava à elite cultural. As vitrines das lojas eram decoradas com imagens para mostrar aos analfabetos o que podiam comprar em seu interior. Eram poucas as livrarias. Em Kharkov, a maior cidade da Ucrânia, havia apenas quatro em 1843, "três [lojas] russas onde vendem livros a peso", segundo um guia de viagem, "e uma francesa, cujo dono se gaba de estabelecer o preço de suas mercadorias intelectuais pelo seu valor intrínseco".[178] Mas havia uma vibrante vida literária em São Petersburgo e Moscou. O pequeno círculo livresco da intelligentsia se restringia quase completamente a essas duas cidades. Os anos 1840 foram um extraordinário período de fermentação intelectual, no qual eslavófilos e ocidentalistas debatiam se a Rússia devia fazer parte da Europa ou seguir suas próprias tradições, e um magnífico plantel de escritores (Gogol, Nekrasov, Turgueniev, Dostoievski) se projetou no cenário europeu.

Nesses círculos havia enorme apetite por novos livros ou ideias provenientes da Europa, da qual a intelligentsia se sentia apartada pela geografia e a censura. Entre os ocidentalistas progressistas — para os quais a Europa era a solução de todos problemas da Rússia —, havia particular interesse pelos escritos de George Sand. De uma forma ou de outra, suas obras conseguiram escapar à atenção dos censores, sendo publicadas em periódicos russos. O socialista russo Alexander Herzen afirmava que, graças a essas publicações, ela chegava a ser lida em localidades distantes como Omsk e Tobolsk, cidades da Sibéria com grandes contingentes de exilados políticos.[179] Idolatrada como encarnação dos ideais ocidentalistas de libertação e demo-cracia, Sand era, na época, o autor estrangeiro mais traduzido, embora logo fosse sobrepujada por Dickens. Havia tantas traduções de sua obra para o russo quanto de Balzac, Paul de Kock, Sue e Dumas somados. "Aqui você é o primeiro escritor, o primeiro poeta do nosso país", escreveu-lhe Louis em 18 de novembro de 1843. "Seus livros estão nas mãos de todos, seu retrato é encontrado em toda parte; constantemente nos falam a seu respeito, nos congratulando pela sorte de sermos seus amigos."[180]

Ao chegarem a São Petersburgo, os Viardot logo se viram envolvidos nesses círculos. Eram convidados frequentes do conde Michał Wielhorski, compositor amador e nobre rebento de uma família polonesa bem situada na corte. O palácio de Wielhorski em São Petersburgo era uma espécie de ministério extraoficial da cultura europeia, com *soirées* musicais frequen-tadas pelos mais destacados membros da aristocracia e da intelligentsia russas, entre eles o compositor Mikhail Glinka, o poeta príncipe Vyaze-mski, o filósofo e crítico musical príncipe Vladimir Odoevski, o pintor Karl Bruillov, o poeta ucraniano Taras Chevchenko e o escritor Nikolai Gogol. Mas a amizade russa mais duradoura feita então pelos Viardot não começaria nesses círculos ilustres.

No dia 9 de novembro de 1843, Louis conheceu um nobre, alto e bem apessoado, de barba e cabelos longos, modos delicados e, surpreendentemen-te, para sua considerável altura, uma voz relativamente aguda, que nesse dia comemorava seu vigésimo quinto aniversário. Uma festa lhe foi oferecida na casa do major A. S. Komarov, figura à margem dos círculos literários de São Petersburgo, que se atribuíra a missão de apresentar o francês a amigos das caçadas de que participava. Era evidente o interesse do jovem nobre em conhecer Pauline, depois de assistir a todas as suas apresentações. Ele convidou Louis a se juntar a ele no dia seguinte numa expedição de caça, e dias depois, em 13 de novembro, foi visitá-lo no Palácio Demidov, na es-perança de que Pauline estivesse em casa. Deu sorte. O admirador lhe foi apresentado, como ela mesma se lembraria, como um "jovem proprietário de terras russo, bom caçador e mau poeta".[181] Seu nome era Ivan Turgueniev.

6

Turgueniev publicara seu primeiro trabalho, um longo poema intitulado *Paracha*, em abril de 1843, e, ao conhecer Pauline, quatro novos poemas haviam saído com sua assinatura "T.L." (Turgueniev Lutovinov) nos *Anais da Pátria* (*otechestvennye zapiski*), publicação liberal bimensal de São Petersburgo. O editor, o influente crítico Vissarion Belinski, tinha publicado uma resenha de *Paracha* na edição de abril dos *Anais da Pátria*, saudando--o como obra de uma nova estrela da poesia na Rússia depois da morte de Alexander Pushkin em 1837 e de Mikhail Lermontov em 1841. Turgueniev era visto, portanto, como um jovem escritor promissor ao conhecer Pauline, e não como o "mau poeta" a ela apresentado, embora anos depois sentisse "repulsa física" e embaraço diante de suas primeiras poesias.[182]

A ideia de se tornar escritor só ganhara corpo no pensamento de Turgueniev no último ano. Em 1843, ele trabalhava como funcionário público no Departamento de Agronomia e Economia do Ministério do Interior, incumbido sobretudo de examinar diferentes propostas de reforma da servidão. Antes disso, queria ser professor de filosofia. Turgueniev só se voltou para a escrita quando o tsar suspendeu novas nomeações na filosofia, disciplina potencialmente subversiva. Mas, a essa altura, escrever não passava de um hobby. Ele não precisava que rendesse dinheiro. Vivia de uma pensão da mãe, Varvara Petrovna Lutovinova, que não considerava a literatura uma carreira digna de um nobre (ver imagem 40 do encarte).

A mãe de Turgueniev era uma rica proprietária de terras, com 5 mil servos em várias propriedades herdadas de um tio nas províncias de Kursk, Tula, Orel e Tambov. Em 1816, casou com Sergei Nikolaevich Turgueniev, formoso oficial de cavalaria sete anos mais moço, que tinha 140 servos em sua pequena propriedade de Turgenevo. A residência principal da família ficava em Spasskoe, não longe de Mtsensk, na província de Orel, 350 quilômetros ao sul de Moscou. O conjunto residencial tinha a forma de uma ferradura, com duas alas curvas partindo do amplo palácio central, uma construção de madeira de dois andares no fim de cada ala, jardins simétricos e um parque. A propriedade tinha hospital próprio, uma delegacia de polícia, um teatro para os servos e uma orquestra. Varvara Petrovna era uma proprietária fundiária no velho estilo russo, rigorosa e disciplinada, cuidadosa na gestão das propriedades, não isenta de um certo senso de caridade, mas de modo geral tirânica e cruel com os servos. Certa vez, mandou dois servos do serviço doméstico para o exílio penal na Sibéria pelo simples motivo de não terem tirado o chapéu e feito reverência para ela de maneira adequada. Viúva de um marido mulherengo em 1834, Varvara Petrovna tornou-se ainda mais controladora e exigente com os filhos. "Não tenho lembrança feliz da infância", recordaria Turgueniev. "Morria de medo da minha mãe. Ela me castigava por qualquer motivo, me tratava como um recruta no exército. Poucos dias se passavam sem a vara; se eu ousasse fazer uma pergunta, ela me punia, declarando categórica: 'Você deveria saber melhor que eu a resposta, trate de encontrá-la.'" A crueldade da mãe determinou as atitudes liberais de Turgueniev, sua repulsa da servidão e a suavidade do seu caráter. Em toda a vida adulta, ele buscaria o afeto das mulheres. Para ele, não havia nada mais elevado que o amor de uma mulher. Segundo seu amigo mais próximo, o crítico literário Pavel Annenkov, o jovem Turgueniev

era, aos próprios olhos, um homem infeliz: carecia do amor e do afeto de uma mulher, o que buscou desde a primeira juventude. Não por acaso ele observava com frequência que o convívio com os homens sem a presença de uma mulher boa e inteligente era como uma carruagem imponente com rodas sem lubrificação, castigando os tímpanos com seu monótono e insuportável rangido.[183]

Em 1838, aos 19 anos, Turgueniev foi para a Universidade de Berlim, prometendo à mãe que voltaria em dois anos para ensinar filosofia na Universidade de Moscou. Já era fluente em alemão desde os tempos de colégio e universidade em Moscou e São Petersburgo. Em Berlim, onde estudou na mesma época que Karl Marx, mergulhou na cultura europeia, lendo intensamente os clássicos, filosofia e literatura alemã, e conhecendo grande número de intelectuais alemães, entre eles, Alexander Humboldt e Bettina von Arnim. Esses anos foram de crucial importância para o desenvolvimento intelectual de Turgueniev. A poesia de Goethe, que, em grande parte, sabia de cor, o encaminhou pela via da literatura. Pela maneira de pensar, a sensibilidade e o temperamento, Turgueniev era um cosmopolita europeu. Seria decisivamente influenciado pelo ocidentalismo dos amigos que fez quando estudante, sobretudo Belinski, que reverenciava.[184] Turgueniev acreditava na Europa como fonte de progresso moral, liberdade e democracia. Era o único lugar onde se sentia capaz de se realizar como escritor e ser humano E seu caminho nessa direção passou pela Alemanha, que veio a se tornar sua "segunda pátria", como ele próprio reconheceria.[185]

Na capital prussiana, Turgueniev levava uma vida boêmia com os compatriotas Timofei Granovski, futuro medievalista, Nikolai Stankevich, futuro poeta, e Mikhail Bakunin, que ainda não dava sinais de que se tornaria um anarquista revolucionário. Esbanjando dinheiro, todos se vestiam em alfaiates, gastavam com entradas para a ópera, restaurantes, vinhos, jogo e prostitutas, sobrevivendo sem um tostão até receberem a pensão seguinte das famílias. Os gastos de Turgueniev eram particularmente elevados: 20 mil rublos lhe foram enviados em seu primeiro ano na Alemanha — o dobro da pensão anual normalmente paga pela mãe. Varvara Petrovna ficava cada vez mais irritada com o estilo de vida extravagante do filho, que lhe era relatado por seu criado, por ela empregado como espião. Ficava horrorizada com os russos com quem Turgueniev convivia (Bakunin era um "monstro", disse-lhe).[186] Tentava conter o fluxo de dinheiro e ameaçou interrompê-lo completamente quando soube de suas perdas na roleta e das visitas ao teatro toda noite (que deduzia se destinarem exclusivamente a encontrar atrizes). Os hábitos perdulários de Turgueniev realmente pesavam na situação da propriedade da família, onde se seguiram várias colheitas ruins durante seus anos em Berlim. A residência principal em Spasskoe foi destruída num incêndio, com apenas uma das duas construções de madeira de dois andares permanecendo de pé. A mãe aproveitou a situação para pressionar Turgueniev a voltar para a Rússia e assumir um cargo nas forças armadas ou no serviço público, por ela consideradas as únicas ocupações dignas de um nobre.

Turgueniev afinal retornou na primavera de 1841, pois o dinheiro acabara. Sem pensão, vivia em casa, em Spasskoe, ou se hospedava com amigos, sobrevivendo de empréstimos do irmão Nikolai, que entrara para um regimento de artilharia e também era sustentado por Varvara Petrovna. Nos dois anos subsequentes, Turgueniev ainda perseguiu sua ambicionada carreira universitária, primeiro em Moscou, onde por breve momento se apaixonou pela irmã de Bakunin, e depois em São Petersburgo, onde passou nos exames, mas não concluiu a dissertação de mestrado. Suas condições de vida eram muito difíceis em todo esse período. Segundo Annenkov, Turgueniev não tinha um tostão furado, e todo mundo sabia, mas, orgulhoso, não o admitia; mantinha as aparências vestindo-se como um dândi, o que dava uma impressão de falsidade. "Um Khlestakov [o anti-herói vaidoso de *O inspetor geral*, de Gogol] educado, inteligente, superficial, desejando ser capaz de se expressar e *fatuité sans bornes* [presunção sem limites]": foi esta a primeira impressão que Herzen teve a seu respeito quando se conheceram nessa época. Com um metro e noventa de altura, Turgueniev causava forte impressão no Teatro Bolshoi com seu fraque, o colete branco, cartola, binóculo e bengala. Mas não tinha dinheiro para comprar as entradas e precisava mendigar um assento nos camarotes dos amigos.[187]

Em 1843, finalmente, Turgueniev desistiu de ser professor e aceitou assumir um cargo de funcionário no Ministério do Interior. Sua maior preocupação era agradar à mãe e garantir a própria herança. Trabalhava "muito mal", como ele mesmo reconheceria, chegando tarde e passando a maior parte do dia com a cara num romance, ou então escrevendo poesia. Uma das suas obrigações era cuidar da papelada dos castigos corporais infligidos a camponeses: no trabalho de cópia para encaminhar a execução, alterava as sentenças mais severas (com o mortal açoite), tornando-as mais suaves (com o chicote).[188]

Varvara Petrovna não se conformava com sua falta de empenho. "Meu filho", escreveu-lhe

> você está chegando a uma idade em que um homem deve se tornar útil aos outros e aspirar a se integrar à sociedade. A época das fantasias egoístas, da liberdade sem limites da primeira juventude, da vagabundagem solta de corpo e alma já passou para você, eu diria mesmo que se demorou demais nesse estado de preguiça e irresponsabilidade, que só se justifica pela doença ou pela extrema juventude.

Ela se opunha à ideia de que se tornasse escritor, ocupação que equiparava à de "escriba", perguntando: "E afinal, quem é que vai ler livros russos?" Mas acabou abrandando sua atitude com a publicação de *Paracha*. Em carta de 28 de maio a Turgueniev, ela começava com evidente hostilidade, mas, por fim, não conseguiu esconder seu orgulho:

O que é um poema? Você pode ser como Pushkin, um bom poeta, mas isto não representa nada para uma mãe. Minha felicidade está no seu amor por mim, no seu respeito e obediência. Não entendo nada de poesia, mas receio que acabe sofrendo por causa dos invejosos [...] Pushkin foi criticado, encontraram defeitos nele, frieza etc. Que o Senhor o proteja da dor de ler seus críticos [...]

Mas não deixe de me mandar alguns exemplares de *Paracha* e me diga quem é o editor, e quantos exemplares foram impressos. E quanto custa, se puder ser comprado em Moscou.[189]

Já no primeiro encontro com Pauline, Turgueniev se apaixonou. Implorava e pedia emprestado o quanto podia para ouvi-la em cada récita. Aplaudia com tanta ênfase que incomodava os mais próximos.[190] Diariamente visitava os Viardot, conversando sobre literatura com Louis, oferecendo-se para ajudá-lo a escrever livros sobre o Ermitage, ou sobre a caça na Rússia, embora quisesse, na realidade, encontrar Pauline, a quem se oferecia como professor de russo. A cantora não levou muito a sério a admiração de Turgueniev. Certamente não há sinais de que tenha correspondido a seu afeto nessa época. O jovem escritor sequer era convidado para recepções na residência dos Viardot.

Pauline tinha muitos outros jovens admiradores. Entre eles estava Stepan Guedeonov, conhecedor de música e filho do diretor do Teatro Imperial de São Petersburgo, que providenciou por baixo do palco um aposento particular ao qual ela se retirava depois das apresentações, sendo entretida por quatro rapazes, seus admiradores ardorosos, Guedeonov, Turgueniev, P. V. Zinoviev (cuja propriedade recebeu Louis, levado para caçar por Turgueniev) e o filho de Wielhorski. Certa vez, os quatro lhe ofereceram a pele de um urso que tinham abatido. Pauline mandou fazer com ela um tapete com garras douradas. Descansando depois de uma récita, deitava-se nele, enquanto os quatro admiradores se sentavam cada um em uma pata. Ficaram conhecidos como "as quatro patas".[191]

A temporada de ópera em São Petersburgo acabou com uma semana de apresentações carnavalescas durante as comemorações do Tempo da Septuagésima — no período da Quaresma todos os teatros fechavam. Rubini e sua companhia de cantores se despediram com a promessa de voltar na temporada seguinte. Quando estavam para partir, em março de 1844, Clara e Robert Schumann chegaram para uma turnê de três semanas de concertos, os mais recentes músicos europeus a enfrentar a longa e desconfortável viagem até São Petersburgo para ganhar muito dinheiro. Prontamente foram recebidos "da maneira mais amistosa" pelos Viardot, registrou Clara em seu diário. "Pauline me mostrou seus lindos presentes — zibelina, um xale turco e muitos diamantes lapidados, tudo proveniente da corte, sobretudo do casal imperial." Não muito depois, em seu primeiro concerto, os Schumann tiveram um lucro líquido de mil rublos (cerca de 4 mil francos). "Naquela época", recordaria o crítico nacionalista Vladimir Stasov, "o rublo russo fazia um tinido agradável para os ouvidos alemães".[192]

Os Viardot retornaram para uma segunda temporada em São Petersburgo e Moscou, começando no outono de 1844. O contrato de Pauline foi melhorado: seu cachê subira para 65 mil rublos (75 mil francos), e ela ainda levaria 15 mil rublos (17 mil francos) de uma récita beneficente.[193] O momento culminante da temporada foi a *Norma* de Bellini com Pauline no papel-título. A procura de ingressos foi tão grande que o número de récitas seria estendido de quarenta para sessenta, em duas séries de assinatura, embora, contando com as noites beneficentes, o total chegasse a 76. Uma trupe maior de cantores teve de ser contratada para atender a demanda. Estava no auge a mania da ópera italiana na Rússia. O público se dividia em facções adversárias em torno de Viardot e sua prima-dona rival, Jeanne Castellan. O frenesi das flores chegou ao máximo. Os fanáticos contratavam claques, inclusive o pobre Turgueniev, que gastou tudo que tinha para remunerar um grupo encarregado de aplaudir Pauline da galeria do teatro ("Eles são indispensáveis, é preciso estimular o público!", explicou a um amigo).[194]

Os autores satíricos faziam a festa. "Nem precisam se preocupar com o auditório do Bolshoi", escreveu Nekrasov em março de 1845,

> onde quer que você esteja, vai ouvir os nomes de Rubini e Viardot; em cada esquina da cidade, ouvirá gorjeios e trinados; em suma, Petersburgo se transformou num gigantesco órgão tocando exclusivamente motivos italianos.
>
> Todo mundo começou a cantar!

Você dá uma caminhada pela Nevsky — "U-na for-ti-ma lag-rima uu-na" [sic] ressoa atrás de você; dá uma espiada numa cafeteria — e já é recebido na escada por trinados *à la* Tamburini; vai visitar a família de um amigo, até aquele amigo que mora para os lados de Vyborg, e imediatamente botam a filha sentada ao piano e a obrigam a se esganiçar numa ária da *Norma* ou alguma outra ópera. Vai entrando pelo menor dos becos, e nem avançou dez passos e dá com um tocador de realejo, que ao vê-lo despontar ao longe não perdeu tempo e atacou o finale do *Pirata* [uma ópera de Bellini], na plena expectativa de uma recompensa generosa.[195]

Difícil dizer em que medida Nekrasov exagerava. Mas o certo é que, com as vendas de partituras, a constante repetição por parte de orquestras, bandas e músicos de rua, não levava muito tempo para os sucessos da mais recente ópera ficarem conhecidos.

No fim da segunda temporada, em março de 1845, Pauline recebeu uma delegação de comerciantes acompanhados de um intérprete alemão; como relataria em carta a George Sand, eles "imploraram que eu aceitasse os respeitos dos simples camponeses russos, da mesma maneira como os aceitara da aristocracia". Pauline recebera um esplêndido *porte-bouquet* da nobreza de São Petersburgo. Como não haviam sido convidados a participar da subscrição para esse presente, os humildes comerciantes lhe ofereceram uma pulseira de diamantes, financiada inteiramente por suas modestas contribuições, "para me provar que também tinham ouvidos de ouvir e corações de sentir".[196]

Os Viardot voltaram a Paris na primavera de 1845. Turgueniev foi ao seu encontro. Estava perdidamente apaixonado e faria qualquer coisa para estar perto de Pauline. Demitindo-se do cargo no ministério sob a alegação de visão deficiente, ele foi autorizado pelo tsar a viajar para a Europa para se submeter a tratamento médico. Turgueniev passou o verão com os Viardot em Courtavenel, o castelo do casal na planície de Brie, a sudeste de Paris, comprado com os ganhos de Pauline na Rússia. Durante o verão, Turgueniev e Pauline desenvolveram uma relação mais íntima. Ele sentia que ela começava a corresponder ao seu amor.* Embora ainda não tivesse ocorrido troca de beijos, havia a excitante possibilidade de uma ligação emocional mais profunda. Mais tarde, Turgueniev se lembraria desse verão como "o momento mais feliz da minha vida".[197]

No outono, os Viardot voltaram a São Petersburgo para uma terceira temporada russa. Turgueniev os acompanhou. Em 1844, Louis publicara em L'Illustration um relato de suas expedições de caça na Rússia, que fora lido no país, tornando-o uma pessoa de real interesse por lá. Chegavam de toda parte convites para caçar. A essa altura, ele também atuava como intermediário entre o Teatro Imperial de São Petersburgo e os artistas europeus que os russos tentavam recrutar, entre eles Meyerbeer e o libretista Eugène Scribe.[198]

Pauline, em contraste, já não desfrutava da mesma popularidade. O entusiasmo pela ópera italiana estava cedendo. As casas ficavam meio vazias. Certas récitas em Moscou tiveram de ser canceladas por insuficiente venda de entradas. Um jornal literário explicou que o esfriamento se devia ao fato de o público estar acordando de um sonho: "Alguém cantava e tocava enquanto dormíamos, uma inédita sensação de doçura nos envolveu e sentimos felicidade, até acordarmos no silêncio e no vazio."[199]

A temporada foi interrompida porque Louis foi acometido de febre tifoide, enquanto a pequena Louise, que acompanhava os pais pela primeira vez numa turnê, contraiu coqueluche. Assim que estiveram em condições de embarcar na árdua viagem terrestre, os Viardot partiram de carruagem para Berlim, onde aguardavam Pauline seus compromissos seguintes, em março de 1846. Foram três terríveis semanas de viagem em temperaturas

---

* Turgueniev não foi o primeiro a conquistar o coração de Pauline desde que ela se casou. No verão de 1844, Pauline se apaixonou por Maurice Sand, filho de George Sand, talentoso pintor dois anos mais moço, com quem passou uma semana em Courtavenel. Percebendo que a situação não tinha saída, Pauline escreveu a George Sand quando ele se foi: "Prometemos um ao outro ter coragem [...]. Não posso dizer mais no momento [...]. Eu o amo muito seriamente [...]. Escreva-me logo — se possível uma double-entente [para evitar levantar suspeitas em Louis Viardot]" (Correspondance de George Sand, vol. 6, p. 632). Numa carta anterior, a 11 de agosto, George Sand fizera a Pauline a recomendação da double entente (duplo sentido) para acabar com o relacionamento, muito embora, no que dizia respeito a Louis, não houvesse motivos de preocupação: "Embora seu marido possa deixá-la fazer o que quiser, a sua mãe [ou seja, a própria Sand] aconselharia a não seguir a inspiração da amizade" (George Sand, Lettres retrouvées, ed. Thierry Bodin (Paris, 2004), p. 55).

geladas, em meio a nevascas. No fim, "a carruagem estava literalmente se despedaçando", escreveu Louis a Turgueniev. "Não creio que ela aguentasse mais uma etapa."[200]

Talvez três temporadas fossem mesmo o suficiente. O mercado não tinha dimensão para sustentar mais um ano de interesse pela ópera italiana. Mas essas temporadas seriam lembradas por muito tempo na Rússia: durante anos, a imprensa acompanhou a carreira da "nossa Viardot" e publicou textos sobre ela. A própria Pauline se recordaria com gratidão das visitas à Rússia.[201] Haviam construído a sua carreira. Mas agora ela precisava encontrar um palco maior.

2 . UMA REVOLUÇÃO NO PALCO

Eu disse a mim mesmo: "A Revolução de Julho é o triunfo da burguesia: essa burguesia vitoriosa vai querer ostentar elegância e ser entretida. A Opéra será a sua Versalhes, aonde acorrerá para tomar os lugares da corte e dos nobres que foram banidos." A ideia de tornar a Opéra ao mesmo tempo suntuosa e popular me parecia ter uma boa chance de sucesso.

LOUIS-DÉSIRÉ VÉRON, *MÉMOIRES D'UN BOURGEOIS DE PARIS* (1857)

1

No fim de abril de 1846, os Viardot empreenderam sua longa viagem de volta de Berlim a Courtavenel. Lá passariam o verão enquanto Pauline decidisse onde se apresentaria na vindoura temporada de outono. Turgueniev lhe escrevia com frequência. Suas cartas assumiam um tom coloquial, cheias de notícias e comentários, espirituosas e leves. Sabendo que seriam mostradas a Louis, ele escrevia com isto em mente, mas, se lesse nas entrelinhas, Pauline entenderia suas emoções. Nos arrebatamentos de paixão, Turgueniev trocava o francês pelo alemão, que Louis não falava.[1]

Turgueniev ansiava que ela voltasse à Rússia naquele outono "Quanto à próxima temporada", escreveu-lhe em maio, "você mesma poderá julgar melhor. Desde logo estou convencido de que sua decisão será bem tomada, mas devo dizer que sua ausência aqui neste inverno (se for este o resultado, o que ainda não quero aceitar) vai entristecer muita gente. *Ich bin immer der selbe und werde es ewig bleiben* [Eu continuo o mesmo, sempre continuarei] [...]. De qualquer maneira, faça a gentileza de me informar da sua decisão. Adeus, mantenha-se saudável e feliz [...] volte; aqui vai encontrar *tudo* como deixou".[2]

Louis relutava em voltar à Rússia. Não tolerava o clima frio e divergia do governo tsarista por causa de sua visão de esquerda (um artigo sobre Moscou que havia publicado no jornal *L'Illustration* fora censurado na Rússia).[3] Berlim era a alternativa óbvia. Meyerbeer, o *Generalmusikdirektor* da Ópera de Berlim, era profundo admirador da voz de Pauline e queria que ela cantasse o papel principal de *Le Prophète*, sua próxima ópera, na qual trabalhava desde 1838. Meyerbeer a engavetara em 1843, quando Léon Pillet, diretor da Opéra de Paris, rejeitou seu pedido de que o principal papel feminino fosse confiado a Pauline. Pillet queria entregar o papel a Stolz, a prima-dona da Opéra, que também era sua amante, mas Meyerbeer não queria saber dessa solista, que era superestimada. A partir de então, como ironizaria o crítico musical Eduard Hanslick, o compositor carregava sua ópera "na mala, para baixo e para cima, entre Berlim e Paris, possivelmente na tentativa de descobrir se os profetas podem viajar sem passar pela alfândega".[4]

Meyerbeer considerava que o sucesso de uma ópera dependia acima de tudo do talento vocal e dramático dos cantores principais. Percorria a Europa em busca dos melhores. Em Pauline, encontrara a tessitura vocal e as qualidades cênicas que a tornavam perfeita para o decisivo papel de Fidès, a mãe do profeta, do qual dependia a força trágica da sua obra. Um papel escrito para ela.[5]

Em 1845, ele a convenceu a participar em Stolzenfels, castelo neogótico perto de Koblenz, do concerto de gala promovido pelo rei prussiano, Frederico Guilherme, para marcar simultaneamente a conclusão das obras de reconstrução e uma visita da rainha Vitória, tendo Pauline interpretado árias de Gluck e Handel. No ano seguinte, atraiu-a a Berlim, importante capital dos "países dos jornais", onde, segundo George Sand, sua carreira estaria feita.[6] Em Berlim, Viardot podia reforçar suas credenciais para a Opéra de Paris, onde ainda não se apresentara, assumindo o papel de Valentine em *Les Huguenots*, de Meyerbeer, a primeira vez em que cantava numa Grand Opéra. Depois de dez anos dedicada exclusivamente ao repertório italiano, foi necessário grande esforço para aprender a cantar em alemão e preparar sua voz para o difícil papel. "Depois de amanhã vou cantar pela primeira vez... *em alemão!!!!!!*", escreveu a Sand em 22 de janeiro de 1847.

> "Você não imagina como tenho trabalhado duro. Primeiro é necessário podar no texto as palavras muito ásperas ou feias para o canto. Quando se acaba o trabalho com o texto, é preciso aprendê-lo todo de novo, adaptá-lo à língua e depois à voz. Um esforço terrível. Dizem que minha pronúncia não é ruim, e eu acredito, considerando-se o enorme trabalho que tive."[7]

Pauline triunfou em *Les Huguenots*. Os críticos foram às nuvens. O público de Berlim "ferveu de entusiasmo" pela cantora capaz de cantar com tanta convicção "todos os repertórios em qualquer língua", como informava Louis a George Sand no dia 2 de fevereiro.[8] A partir de março, Pauline cantou o papel de Alice em *Robert le diable*, outra Grand Opéra de Meyerbeer. Era tal a demanda dos que queriam ouvi-la cantar que a produção teve sua temporada estendida por dois meses. Numa noite que ficaria famosa, quando outra cantora caiu doente no último momento, Pauline causou espanto cantando os dois papéis femininos.

Turgueniev só podia tomar conhecimento dos seus triunfos pela imprensa, que esquadrinhava diariamente. "Leio todos os artigos a seu respeito nos jornais prussianos", escreveu-lhe de São Petersburgo em novembro. "Você fez progressos, e me refiro ao progresso que um mestre faz e nunca deixa de fazer até o fim. Agora se fez senhora do elemento *trágico*, o único que ainda não dominava."[9] Turgueniev estava por demais inquieto e obcecado com Pauline para continuar acompanhando da poltrona os seus movimentos. Em janeiro de 1847, foi ao seu encontro em Berlim. Gastou o que lhe restava da pensão da mãe nos custos da viagem. Durante três meses, assistiria religiosamente a todas as suas apresentações. O pintor Ludwig Pietsch, que viria a se tornar um grande amigo, o conheceu numa cervejaria em Berlim. "Empertigado num casaco de pele", Turgueniev apresentava uma "figura impressionante" que lhe lembrava o jovem tsar Pedro o Grande, "embora nada tivesse em comum com a natureza meio selvagem e descontrolada do fundador do moderno Estado russo. Na solidez da cabeça e do corpo estavam contidos o melhor intelecto e o temperamento mais bondoso e suave".[10]

Turgueniev acompanhou os Viardot a Dresden, onde Pauline fora contratada para uma série de recitais em maio, e, no outono, foi com eles para Londres, onde ela devia cumprir um contrato de dois meses cantando em Covent Garden por 1.000 libras (25 mil francos), a maior remuneração que alcançara até então fora da Rússia.* Ela estava no auge e podia praticamente ditar suas condições em qualquer casa de ópera. Em Covent Garden, insistiu em que a enciumada rival Grisi não estivesse sob contrato no mesmo período. Só a Opéra de Paris ainda não fora conquistada por Pauline. "Por que ainda não foi contratada em Paris?", perguntava George Sand em carta de 1º de dezembro. "Não entendo. Grisi está desmoronando em ruínas e você é a maior cantora do mundo."[11]

A essa altura, na verdade, as coisas começavam a melhorar para Pauline na Opéra. O diretor, Pillet, finalmente fora demitido, sua amante, Stolz, se fora, depois de algumas terríveis performances em que teve de deixar o palco debaixo de vaias, e os novos diretores, Nestor Roqueplan e Henri Duponchel, precisavam de um sucesso estrondoso para quitar as gigantescas dívidas acumuladas por Pillet. A ópera *Jerusalém*, de Verdi, reformulação de *I Lombardi*, estreou em novembro, mas não passou de um sucesso moderado, com apenas 35 récitas. Eles então recorreram a Meyerbeer, prometendo obter recursos do Ministério do Interior para financiar os numerosos cenários e efeitos técnicos exigidos por suas Grand Opéras, além de assegurar a adesão de Pauline Viardot, que queria 75 mil francos para cantar em *Le Prophète* durante uma temporada. Sem ela, Meyerbeer não lhes permitiria montar sua tão esperada ópera.[12]

Só Meyerbeer era capaz de impor condições assim. Montar uma de suas óperas significava perspectiva quase certa de grande lucro. Nascido em Berlim numa família de banqueiros judeus, ele mudou seu nome de Jacob Beer para Meyerbeer quando morreu o avô, Liebmann Meyer (Jacob seria trocado por Giacomo em seus anos na Itália, entre 1816 e 1826). Na época, compunha no estilo italiano de Rossini, seu amigo e defensor, que o estimulou a ir com ele para Paris quando foi nomeado diretor musical do Théâtre Italien.

---

* Esse nível foi mantido até 1855, quando Frederick Gye, gerente de Covent Garden, considerou que "seu nome já não atraía como antes" e lhe ofereceu 1.000 libras por uma temporada de quatro meses (os Viardot "torceram o nariz", registrou ele em seu diário). Depois de longas negociações, eles acabaram aceitando 1.200 libras por uma temporada de três meses (ROH, Gye Diaries, 13 e 18 mar. 1855).

Paris foi a chave do sucesso de Meyerbeer. Metrópole realmente internacional, "grande capital europeia e cosmopolita por excelência", nas palavras de um de seus historiadores novecentistas, a cidade contava mais residentes estrangeiros que qualquer outra do continente.[13] A música de Meyerbeer se adequava perfeitamente a esse ambiente cosmopolita. Era uma mistura eclética de harmonia alemã, ritmo e orquestração franceses e estilo italiano de bel canto. O crítico Blaze de Bury explicava o sucesso de Meyerbeer por sua capacidade de assimilar esses elementos diversos num inconfundível "sistema francês" — síntese do alemão e do italiano — que caracterizara a evolução da ópera em Paris com Gluck e Rossini. Seu estilo eclético parecia natural à sociedade parisiense.[14]

"Querem saber se eu estou interessado em compor para os palcos franceses?", escrevera Meyerbeer à Opéra de Paris em 1823. "Pois lhes asseguro que para mim seria uma honra muito maior escrever para a ópera francesa do que para todos os teatros italianos juntos. [...] Onde mais, senão em Paris, se encontram os enormes recursos que a ópera francesa oferece ao compositor desejoso de escrever música efetivamente dramática?"[15]

Na época, Paris era a capital operística do mundo. O sucesso em Paris tornava provável que uma ópera tivesse êxito em teatros de todo o continente. Os maiores compositores de obras cênicas — Rossini, Meyerbeer, Bellini, Donizetti, Wagner e Verdi — ambicionavam trabalhar na capital francesa. Um dos principais atrativos eram os progressos na proteção dos direitos autorais na França, onde desde 1791 e 1793 os artistas contavam com leis que lhes reconheciam direitos de propriedade sobre a própria obra pela vida inteira. Enquanto na Itália e na Alemanha o compositor recebia apenas uma remuneração fixa pela composição de uma ópera, em Paris, auferia direitos autorais não só pela partitura, mas também por cada récita, desde que o libreto fosse em francês. Até a década de 1840, a França era o único país europeu em que os royalties de execução eram não só reconhecidos em lei como de fato cobrados — sistema introduzido em 1776, mas reforçado pela lei de 1793. "Se você vale mil, recebe mil, se vale cem mil, recebe cem mil", escreveu Bellini, elogiando as leis francesas em 1834.[16]

Paris significava o contexto jurídico ideal para Meyerbeer, o primeiro compositor a assumir pleno controle dos vetores criativos que convergiam na produção de uma ópera e a lucrar com eles em termos comerciais. Ele inverteu a velha relação entre empresário, libretista e compositor: se antes um empresário contratava o compositor para escrever a música para determinado libreto, Meyerbeer empregava um libretista (em geral Scribe) para escrever o texto para o seu roteiro e a sua partitura. Meyerbeer era quem determinava a forma da obra. Instruía detalhadamente o libretista sobre as mudanças que queria, e nas últimas etapas, quando a paciência de Scribe já estava acabando, contratava um segundo e mesmo um terceiro libretista para as alterações finais.[17] Se Rossini fora um comerciante trabalhando para um empresário, Meyerbeer se tornara patrão do próprio negócio operístico, empregando um libretista como artesão para executar uma obra de encomenda para um teatro e seu editor.

A Opéra de Paris era o palco ideal para Meyerbeer: um negócio de grandes proporções na área do entretenimento, com grande expectativa de "suntuosidade" e o devido privilégio real. Onde mais poderia ele dispor dos "imensos recursos" de que precisava para uma Grand Opéra?

A Grand Opéra foi a maior forma de drama musical até a revolução promovida por Richard Wagner na cena operística. Tecnicamente, consistia numa ópera em cinco atos com um balé e sem texto falado, em contraste com a Opéra-Comique, que continha diálogos. Caracterizava-se por dramas em grande escala, presença de coros no palco, cenários e costumes grandiosos e efeitos espetaculares. Desenvolvido inicialmente em Paris, o modelo rapidamente chegou à Alemanha e à Itália; seria copiado e adaptado por compositores de toda a Europa no século XIX; por mais global que se tivesse tornado, contudo, a Grand Opéra continuou sendo em essência um fenômeno parisiense.[18]

Suas origens remontavam à reforma que em 1831 pretendera estabelecer um regime mais comercial na Opéra de Paris e reduzir suas dívidas. Em meados da década de 1820, a Opéra estava seriamente endividada, não obstante as crescentes subvenções. Sua posição privilegiada tornou-se alvo da oposição liberal, que também exigia a renovação do repertório conservador. O público se cansara de Gluck e Spontini. Queria dramas com temas mais relevantes para o momento. Queria ver espetáculos como os que encontrava nos teatros de boulevard, nos quais os mais variados efeitos especiais (paisagens giratórias, mudanças de iluminação e ilusões óticas de profundidade) eram obtidos graças aos dioramas de Daguerre (que trabalhou no teatro antes de se voltar para a invenção do daguerreótipo, um tipo de fotografia). Foi em reação a essa demanda que, em 1828, a Opéra encomendou a Daniel Auber uma ópera em cinco atos, *La Muette de Portici*, considerada a primeira Grand Opéra, baseada na história de uma sublevação popular contra o domínio espanhol na Nápoles do século XVII. O cenógrafo, Charles Ciceri, que havia trabalhado com Daguerre nos teatros de boulevard, criou uma série de ambientes visualmente impressionantes e produziu efeitos espetaculares, culminando no emprego de iluminação a gás para a erupção do Vesúvio no fim do quinto ato. A ópera de Auber se transformou num símbolo de rebelião. O perfil heroico conferido ao povo no coro incentivou os revolucionários, especialmente na Bélgica, onde a récita de 25 de agosto de 1830 deu o sinal para a revolta contra o rei Guilherme dos Países Baixos.[19]

Depois da Revolução de Julho em Paris, a Opéra foi entregue a Véron, seu primeiro diretor-empresário. Financiado por Aguado, Véron se considerava o líder de uma revolução burguesa no teatro. Em suas *Mémoires d'un bourgeois de Paris* (1857), afirmaria mais tarde que ao assumir a direção da Opéra seu revolucionário plano empresarial consistia em transformar o teatro na Versalhes da burguesia, que "acorrerá para tomar os lugares da corte e dos nobres que foram banidos. A ideia de tornar a Opéra ao mesmo tempo suntuosa e popular me parecia ter uma boa chance de sucesso".[20] Afirmações em boa parte fantasistas. Ainda não se podia dizer que a burguesia estava tomando o lugar da aristocracia na Opéra, cujo público continuava dominado pela velha elite, embora houvesse crescentes contingentes de banqueiros, empresários e suas famílias nos assentos mais caros.[21] Mas as palavras de Véron certamente podem ser tomadas como uma declaração de intenções. Sem comprometer o esplendor da casa de ópera, ele introduziu uma série de reformas para tornar a Salle Le Peletier, o auditório da Opéra, mais acessível às elites burguesas da Monarquia de Julho. Aumentou o número de camarotes (com quatro assentos), eliminando os camarotes maiores (de seis assentos) dos pisos superiores. Criou dois novos camarotes junto ao palco, mobilados no estilo dos clubes de cavalheiros que na época surgiam em Paris, e nos quais "luxo e prazer" (significando ver de perto as pernas das bailarinas) "podiam ser adquiridos a preços acessíveis".* Também

---

* Uma das reformas consistiu em admitir os frequentadores no *foyer de la danse*, onde podiam ver as bailarinas fazendo seu aquecimento. Na Salle Le Peletier, o acesso ao *foyer de la danse* era reservado exclusivamente aos membros da corte até então. Tropas reais montavam guarda na porta. O quadro *Le Foyer de la danse à l'Opéra de la rue Le Peletier* (1872), de Degas, captura o voyeurismo dessa cena.

acrescentou fileiras na plateia, para a qual era possível comprar entradas de uma única récita, substituindo os bancos por poltronas confortáveis, apropriadas para as mulheres, que agora podiam entrar nessa parte do teatro. Véron prolongou a temporada até as férias de verão, quando a aristocracia deixava Paris em direção ao interior, assim facilitando que outros públicos comprassem ingressos para esse período (a Salle Le Peletier foi "invadida" no verão por médicos de província e suas famílias, de acordo com o memorialista Tamvaco). Por fim, instituiu o início das récitas uma hora mais tarde, às oito da noite, permitindo que profissionais e homens de negócio chegassem ao teatro depois do trabalho.

A ideia de modo algum era baixar a qualidade. Não se poupavam gastos nos menores detalhes para preservar a magnificência do teatro (até a fabricação dos ingressos custava uma fortuna).[22] O objetivo na verdade era tornar a Opéra mais atraente para a nova burguesia endinheirada, que, na sua opinião, seria uma crescente fonte de renda. "O gosto da música, ou mais precisamente da ópera, se apossou de todo mundo", escreveu o crítico Charles de Boigne. "Não há quem não queira seu camarote na Opéra, alguns uma vez, outros duas e outros ainda três vezes por semana. Os promotores, advogados e corretores que querem ostentar sua posição aparecem em duas noites: nas segundas-feiras, o *petit jour*, com as esposas, e nas sextas-feiras, o *grand jour*, com as amantes."[23]

Para sustentar o interesse desse mercado, Véron percebeu que teria de oferecer um novo repertório. O que esse público queria era entretenimento, prazer e distração das obrigações do dia. Queriam dramas musicais que pudessem entender, nos quais sentissem prazer, sem conhecimento da mitologia nem precisar recorrer a libretos impressos em que tudo isso fosse explicado. Na Grand Opéra, ele encontrara o meio de lhes oferecer exatamente isto.

Em suas *Mémoires*, Véron enunciava os principais ingredientes necessários em sua opinião para o sucesso da Grand Opéra como empreendimento comercial:

> "Uma ópera em cinco atos deve ter ação intensamente dramática, jogando com as mais sublimes emoções humanas em meio a poderosos interesses históricos. Mas essa ação dramática deve ser compreendida por meio dos olhos apenas, como na ação de

um balé; o coro precisa ser apaixonado e desempenhar um papel ativo no drama. Cada ato terá diferentes cenários, costumes e sobretudo cenas [...]. Quando se dispõe de um amplo palco de 25 metros de profundidade, de uma orquestra de mais de oitenta músicos, de um coro do mesmo tamanho [...] e de uma equipe de sessenta maquinistas para mover os cenários, o público espera e exige resultados excepcionais."[24]

Grandiosidade, luxo e espetáculo — todos esses elementos contribuíram para o sucesso de *Robert le diable*, de Meyerbeer, a primeira produção de Véron em Paris, que lotou a Salle Le Peletier, rendendo impressionantes 10 mil francos por noite ao estrear em novembro de 1831. O enorme êxito de bilheteria salvou a Opéra de Paris da falência.[25]

Outras Grand Óperas tinham sido apresentadas antes — tanto *La Muette de Portici* quanto *Guilherme Tell* estavam nessa categoria —, mas *Robert le diable* foi a primeira a perfilar todos os elementos relacionados por Véron. Era uma produção de fato espetacular. As óperas de Rossini, menores, em três atos, não tinham como competir com suas dimensões gigantescas e sua força dramática, nem com sua popularidade. Segundo Liszt, foi o sucesso de *Robert le diable* que acabou convencendo o compositor italiano a desistir de escrever óperas.[26] Três anos depois da estreia, a obra de Meyerbeer fora montada por 77 companhias diferentes em dez países, de Nova York a São Petersburgo, rendendo mais dinheiro que qualquer outra ópera até então. Só na Opéra de Paris, rendeu 4 milhões de francos nos primeiros 25 anos; foi a primeira ópera que se tornou título permanente no repertório da casa, com 470 récitas até 1864, quando Meyerbeer morreu.[27] Mais que qualquer outra, *Robert le diable* tornou-se um modelo do que deveria ser uma Grand Opéra.

Vagamente baseada na lenda medieval de Robert, o Diabo, cavaleiro normando que descobre que seu pai é Satã, a ópera conta a história de sua luta para conseguir a mão da amada princesa Isabelle. Cena após cena, Robert hesita entre anseios virtuosos e a influência do companheiro Bertram, encarnação de Satã, cujo real objetivo é fazê-lo entregar a alma ao Diabo em troca de poderes mágicos que o ajudem nessa busca. Bertram não tem êxito, é projetado no inferno ao toque da meia-noite e Robert conquista a mão de Isabelle.

Os paralelos faustianos do libreto de Eugène Scribe explicam em parte o apelo da ópera. No início da década de 1830, a "faustomania" estava no auge. Numerosas produções da história de Goethe haviam sido apresentadas nos teatros de boulevard, e foi delas que Scribe (tendo trabalhado no vaudeville e sabendo como prender a atenção do público) extraiu muitas das cenas, técnicas narrativas e personagens mais impactantes da ópera. Apesar da ambientação medieval, o Robert de Scribe é um personagem psicologicamente complexo e "moderno", "o herói que não sabe exatamente o que quer", no dizer de Heine, "eternamente em conflito consigo mesmo" — em suma, um "retrato veraz das incertezas morais da época". Um personagem com o qual o público burguês era capaz de se identificar.[28]

Boa parte da popularidade de Robert decorria do drama histórico — elemento definidor da Grand Opéra, na qual o percurso de indivíduos apanhados no torvelinho dos acontecimentos históricos tomava o lugar dos temas clássicos e mitológicos da opera seria do século XVIII. A História estava no cerne da imaginação romântica, em particular, os temas góticos e medievais que Meyerbeer e Scribe apresentavam em sua ópera. O incrível sucesso internacional de Walter Scott era uma expressão desse interesse. Traduções dos seus romances históricos eram vendidas em edições de massa em todo o continente. Surgiram imitadores em toda parte, de Victor Hugo, cujo Notre-Dame de Paris (1831) tomava empréstimos a vários dos seus livros da série Waverley, a Mickiewicz na Polônia, que comparava sua própria obra a "algumas páginas arrancadas de Walter Scott". Foram feitas numerosas adaptações de romances de Scott para o teatro, contando-se nada menos que cinquenta óperas no século XIX.[29]

Mas o principal apelo de Robert le Diable, segundo Véron, estava no espetáculo oferecido no palco — um banquete de movimento, luzes e cores — e no esplendor dos trajes, do cenário e dos efeitos técnicos. Visualmente, o ponto alto era o "Balé das Freiras": fantasmas completamente brancos surgem dos túmulos para uma dança erótica ao luar — efeito tornado ainda mais fantasmagórico graças ao emprego de iluminação a gás e de véus presos aos corpetes das dançarinas (a origem do tutu). Chopin, que estava na plateia na noite de estreia, descreveu o resultado impressionante em carta a um amigo de Varsóvia, Tytus Woyciechowski:

"Não creio que jamais tenha havido tal magnificência num teatro, que alguma vez ele tenha alcançado a pompa da nova ópera
em cinco atos de Mayerbeer [sic], "Robert le Diable" [...]. É uma
obra-prima da nova escola, na qual demônios (um enorme coro)
cantam em megafones, almas saem dos túmulos [...] em grupos
de cinquenta e sessenta; há um diorama no teatro, e no fim vemos
o *intérieur* de uma igreja, a igreja inteira, no Natal ou na Páscoa,
toda iluminada, com monges e toda a congregação nos bancos,
e porta-incensos — e até um órgão, cujo som no palco é encantador e maravilhoso, e por outro lado quase encobre a orquestra;
nada parecido poderia ser apresentado em qualquer outro lugar.
Mayerbeer se imortalizou!"[30]

A novidade dramática desses efeitos só seria comparável à introdução
do som e da cor nos filmes mudos de Hollywood. No dizer de um observa-
dor, "não mais temos de sofrer com os antigos palácios atrapalhados com
os últimos raios trêmulos de luz de uma lâmpada Argand que se apaga, ou
com as antigas relíquias e colunas vacilantes que tremem ao menor toque
de uma Vênus de papelotes nas melenas ou de um Cupido de sapatilhas de
balé".[31] A ópera entrava na era industrial.

O espetacular sucesso de bilheteria de *Robert le diable* também se devia em
grande medida à publicidade e ao marketing, aspectos do negócio operístico
perfeitamente dominados por Véron. Ele mantinha estreito relacionamento
com editores de música, jornalistas e agentes, e se valia de uma imprensa
musical em crescimento para dar publicidade a suas produções. Seu contato
mais importante era Maurice Schlesinger, editor e proprietário da influente
Revue et Gazette musicale de Paris, que também detinha os direitos de publicação de *Robert le diable*.

Nascido em Berlim, Schlesinger se mudara para Paris ainda jovem,
nos anos 1820. Seguindo os passos do pai, Adolf Schlesinger, fundador
do *Berliner Allgemeine Musikalische Zeitung*, entrou no terreno da edição
musical, adquirindo sobretudo obras alemãs, e, em 1834, lançou o jornal
Gazette musicale de Paris para promover o negócio. Em questão de um

ano, a *Gazette* assumiu o controle da principal publicação rival, a *Revue musicale*, e passou a se chamar *Revue et Gazette musicale de Paris*, para a qual ele contratou os serviços de escritores como Scribe, Sand, Dumas e Balzac, mediante polpuda remuneração. A fama desses autores o ajudou a atrair compositores para sua editora. Os compositores jovens aceitavam cachês modestos por suas obras, sabendo que Schlesinger podia ajudá-los a se estabelecer em Paris. O faro para a importância da publicidade não era sua única habilidade empresarial.* Schlesinger rapidamente se adaptou às novas realidades do sistema capitalista, no qual a edição de publicações fazia parte de uma indústria multimídia. Não se preocupava além da conta com o fato de a *Revue* funcionar no vermelho, pois a encarava como meio de promoção dos compositores, como Meyerbeer, cujas obras também publicava. Havia mais a lucrar com a publicação dos arranjos musicais de árias de ópera do que com um periódico. Um exemplo precoce da estratégia hoje conhecida como *loss-leader*.** Aproveitando a recente popularidade dos folhetins, Schlesinger encomendou grande variedade de histórias para promover suas obras musicais na *Revue*, entre elas, *Gambara*, de Balzac, centrada numa longa e quase sempre positiva conversa a respeito de *Robert le diable* (embora com algumas das habituais reservas quanto ao estilo eclético e comercial de Meyerbeer, acusações de que viria a se ressentir mais tarde).[32]

A *Revue* de Schlesinger era parcial em seu apoio aos compositores por ele patrocinados e nos ataques a rivais como Verdi, publicado por outra editora. No século XIX, não havia crítica musical imparcial: as principais publicações musicais estavam por demais associadas a empresas de edição e concertos, e os críticos da época, que em geral não eram músicos,*** costumavam escrever resenhas para promover os interesses de seus periódicos.[33] O maior deles, o *Allgemeine Musikalische Zeitung*, era uma publicação da

---

* Muitas características suas apareceriam no personagem de Jacques Arnoux, o editor de *L'Art industriel*, no romance *A educação sentimental*, de Gustave Flaubert (1869). Flaubert conhecera Maurice Schlesinger quando jovem. Aos 15 anos, passando as férias em Trouville, cidade normanda à beira-mar, se apaixonara perdidamente pela amante do editor, que logo viria a casar com este, Élisa Schlesinger. Flaubert, então, fez amizade com o casal, que serviria de inspiração para o enredo de seu romance.

** Vender um produto a preço abaixo do custo para estimular as vendas de outros bens ou serviços mais lucrativos. [*N. do T.*]

*** Berlioz, Ernest Reyer, Victorin de Joncières, Schumann e Saint-Saëns eram exceções como compositores, escrevendo também resenhas musicais para a imprensa.

editora musical Breitkopf & Härtel, de Leipzig, e raramente publicava resenhas positivas de obras que não estivessem em seu catálogo. Os periódicos menores eram notoriamente venais e publicavam qualquer coisa que fosse paga. Em Bolonha, o jornal *L'Arpa* chegava a ostentar no cabeçalho a advertência: "Artigos a serem inseridos devem ser pagos antecipadamente."[34] As publicações musicais dependiam basicamente das assinaturas, e os editores e agentes as assinavam para garantir destaque para os clientes (segundo o empresário Alessandro Lanari, de outra forma seria difícil conseguir alguma menção). O suborno de jornalistas em troca de resenhas favoráveis era prática habitual. Dizia-se que o crítico Jules Janin ganhava até 8 mil francos com uma estreia. Charles Maurice, editor do *Courier des théâtres*, editava o jornal como fachada de proteção para os negócios. Famoso pelas críticas exigentes e as reprovações arrasadoras, Maurice recebia dos artistas cartas de bajulação acompanhadas de dinheiro.[35] Nem o augusto Berlioz, que precisava do jornalismo musical para sobreviver, em grande parte na *Revue* de Schlesinger, estava acima da corrupção — embora no seu caso a publicação de resenhas positivas fosse motivada menos por avidez monetária do que pela necessidade de se proteger como compositor, e talvez na esperança de conquistar favores dos poderosos. Ambicionando que a Opéra de Paris encomendasse sua ópera *Benvenuto Cellini* (1838), Berlioz não podia se dar ao luxo de publicar uma resenha negativa de *Les Huguenots*, de Meyerbeer, nela estreada dois anos antes.[36] O que publicava nas resenhas musicais muitas vezes não podia estar mais distante do que realmente pensava. Elogiou a ópera *La Juive* (1835), de Halévy, no *Journal des débats*, mas zombava dela nas conversas com os amigos.

Véron fez de tudo para assegurar que *Robert le diable* fosse bem recebida. Comprou espaço na imprensa para fomentar o interesse pela produção, gastou vastas somas convidando críticos para almoçar antes da noite de estreia e lhes distribuiu camarotes e passes para o *foyer de la danse*.[37]

Também contratou uma claque, instituição já consolidada de organização dos aplausos, por ele encarada como uma "necessidade empresarial [...] parte tão integrante do esquema de produção quanto qualquer coisa que acontece no palco". O organizador da claque da Opéra era Auguste Levasseur, personagem íntimo dos cantores, atores e músicos parisienses mais conhecidos, remunerado por eles para incitar aplausos em suas performances e abafar as vaias das claques rivais. Véron lhe entregava cem ingressos na estreia, e mais outros nas récitas seguintes se determinada produção precisasse de ajuda extra. Levasseur então vendia essas entradas aos membros da claque, cuja ação era cuidadosamente planejada. Ele próprio comparecia aos ensaios e decidia com Véron em que momentos haveria mais necessidade de aplausos estrepitosos. O posicionamento da claque era fundamental: ela precisava cercar o público de todos os lados para incitá-lo a aplaudir mais. Levasseur, figura alta vestindo cores vivas, coordenava tudo das primeiras filas da plateia. "Raramente encontrei presença mais majestosa que a dele", escreveu Berlioz. "Nunca um distribuidor de glória mais inteligente ou corajoso foi entronizado no poço de orquestra de um teatro." Véron chamava Levasseur de seu "diretor de sucesso", sustentando que seu emprego era essencial para criar uma atmosfera. O crítico Gautier concordava. Uma claque, segundo ele,

> presta serviço tanto ao público quanto à administração de um teatro. Se alguma vez chegou a acobertar a mediocridade, não raro deu impulso a uma obra nova e ousada, influenciou um público hesitante e calou a inveja. Protelando o fracasso de uma peça que exigiu muitos gastos, impediu a ruína de um empreendimento de grande alcance e o desespero de uma centena de famílias. A claque confere vida a récitas que sem ela seriam frias e maçantes.[38]

Meyerbeer também acreditava em campanhas de publicidade para escorar uma nova produção, especialmente para as noites de estreia, nas quais uma recepção fria podia significar catástrofe financeira. Cortejava os críticos, convidando-os a jantar em restaurantes caros, oferecia-lhes ingressos de cortesia e não raro lhes emprestava dinheiro que não seria devolvido.* Comentava-se que subornava jornalistas para obter resenhas favoráveis, mas não há provas conclusivas que corroborem o boato, fomentado por inveja da sua riqueza e preconceito antissemita. Meyerbeer sofria da insegurança de um imigrante. Era profundamente sensível a qualquer crítica. Apesar do enorme sucesso, ficava sempre ansioso com a recepção de sua obra mais recente, se intrometendo neuroticamente em cada detalhe da produção. Heine escreveu a seu respeito, na década de 1830, que "carecia da autocon-

---

* Um desses empréstimos foi feito a Heinrich Börnstein para ajudá-lo a fundar o semanário *Vorwärts!* com Karl Marx, em 1844.

fiança de um vitorioso, evidenciava seu medo da opinião pública, o mais leve comentário desfavorável o assustava".[39]

Meyerbeer era moderno na gestão dos recursos de mídia. Outros assumiam uma posição mais antiquada. "Hoje em dia", escreveu Verdi, "que aparato para uma ópera!? Jornalistas, artistas, coristas, regentes, músicos etc. etc., cada um é obrigado a depositar sua pedra no edifício da publicidade, assim criando uma miserável moldurazinha que nada acrescenta aos méritos de uma ópera".[40] Mas o crescente poder da imprensa tornava difícil que qualquer um envolvido na produção de uma ópera negligenciasse esses aspectos do negócio.

A principal fonte de lucro gerada por *Robert le diable* foi a publicação, em partituras, de arranjos para fazer música em casa. Embora uma ópera devesse gerar lucro para o teatro, o dinheiro de verdade vinha desses colaterais. Meyerbeer faria fortuna com adaptações de suas óperas. Muitos milhares de exemplares eram vendidos, e sobre cada um deles ganhava direitos autorais. As leis na França davam aos artistas direitos de propriedade sobre suas obras, inclusive a artistas estrangeiros se elas fossem apresentadas primeiro em francês.

Havia uma direta correlação entre o sucesso comercial de uma ópera e a publicação desses *morceaux détachés*. Melodias de *Robert le diable* foram publicadas numa ampla variedade de arranjos (para voz e piano, dois pianos, violino e piano, quarteto de cordas, conjunto de sopros e até pequena orquestra), que, por sua vez, se tornaram importantes para o sucesso da ópera a longo prazo. Havia maior probabilidade de o público comparecer a uma récita no teatro de ópera se já conhecesse a música, por tocá-la em casa ou ouvi-la num concerto.

Essa correlação não era nova. Stendhal sustentava que boa parte do sucesso de *O barbeiro de Sevilha* se devera "à abundância de temas de valsa e quadrilhas que forneceu para nossas orquestras de dança! Depois do quinquagésimo ou sexagésimo baile", escreveu em 1824, "o *Barbeiro* de repente começa a soar estranhamente familiar, e *então* uma visita ao Théâtre Louvois se transforma em real prazer".[41] A partir da década de 1830, contudo, ocorreu um boom na edição musical, impulsionado pela crescente popularidade do hábito de tocar música em casa, que acelerou esse ciclo. A invenção da litografia permitiu a impressão barata de edições em massa de partituras.

As árias de ópera assim publicadas migraram do teatro para a sala de estar, o salão, o salão de baile, o music hall e a taberna; eram tocadas por bandas nos parques, músicos de rua, e, no fim, todo mundo as cantava; e depois de conhecer essas melodias, todos queriam descobrir de onde vinham. Criou-se assim um círculo virtuoso entre a produção de uma ópera e a reprodução de sua música por meio da venda de partituras, cada aspecto do negócio contribuindo para o sucesso do outro. Foi o momento em que o negócio musical passou a fazer parte da moderna economia capitalista.

Havia arranjos de *Robert le diable* para todos os tipos de aptidão musical. Liszt e Chopin compuseram peças virtuosísticas baseadas em trechos da ópera, mas também havia fantasias e variações de fácil execução por músicos amadores, compostas por Sigismond Thalberg, Adolphe Adam e Carl Czerny. Todas vendidas em enormes quantidades pelas edições Schlesinger. Em 1850, a *Revue et Gazette musicale* enumerava mais de trinta peças para piano extraídas de *Robert le diable* que podiam ser compradas da sua editora por alguns poucos francos. Trinta anos mais tarde, havia mais de 160 transcrições, variações e outros arranjos para bandas militares, orquestras de dança, piano, voz e outros instrumentos.[42]

Os editores musicais estavam sempre em busca de arranjos de óperas de sucesso — e para os compositores era uma maneira fácil de ganhar dinheiro. Mozart e Beethoven pagavam o aluguel compondo variações simples sobre temas favoritos de ópera. O compositor vienense Josef Gelinek, verdadeira "fábrica humana de variações para piano por atacado", com exportações para toda a Europa, acumulou bens no valor de 42 mil gulden (110 mil francos).[43] O pianista e compositor Henri Herz cunhou mais de cem números de opus com base em melodias de óperas. Czerny se revelou ainda mais industrioso. Em 1848, sua editora musical inglesa, Robert Cocks and Co., publicou uma relação de suas obras até então impressas. Dos 798 números de opus, 304 se baseavam em melodias de 87 óperas. Três anos antes, o empresário de concertos londrino John Ella pudera ver como Czerny trabalhava em seu estúdio em Viena: eram quatro escrivaninhas, cada qual com uma composição diferente, o que lhe permitia escrever música numa página e passar à escrivaninha seguinte enquanto a tinta secava no manuscrito anterior.[44]

Por trás dessa nova indústria, estava o tremendo crescimento das vendas de pianos nas primeiras décadas do século XIX. No século anterior, o pianoforte era uma novidade cara. De construção delicada, como um cravo, carecia da projeção ou da extensão de notas e de volume para a execução de obras em grande escala. Mas os avanços técnicos promovidos por construtores como Sébastien Érard em Paris e John Broadwood na Inglaterra tornaram o piano muito mais robusto, com ação mais pesada e pedais produzindo um som maior, notas sustentadas por mais tempo e maior âmbito — aperfeiçoamentos que permitiriam a Beethoven compor suas obras para piano da maturidade.

No fim da década de 1810, Broadwood produzia pianos em escala fabril, vendendo os modelos básicos por apenas 40 libras.[45] Em *Orgulho e preconceito* (1813), de Jane Austen, o piano é encontrado não só nas mansões da mais alta aristocracia fundiária, caso de Lady Catherine De Bourgh, como na residência dos Bennet e outras moradias menores em Longbourn — no regaço da família Lucas e no palacete alugado dos Bingley, mas não na casa do Tio Philips, menos próspero, onde o jogo de cartas teve de ocupar o lugar da música como forma de entretenimento noturno.[46] Nos anos 1840, se generalizou o uso dos pianos na Grã-Bretanha: eram fabricados por duzentas empresas, totalizando 23 mil pianos por ano, nada menos que 10% deles da marca Broadwood. A Grã-Bretanha era a líder mundial.[47] Mas os fabricantes franceses e alemães estavam chegando perto, especialmente Érard e Pleyel, os franceses de maior prestígio, cujas exportações mais se beneficiaram do desenvolvimento das ferrovias (ao contrário dos ingleses, eles não precisavam de transporte marítimo). Os fabricantes franceses também tiravam proveito das turnês promocionais europeias de pianistas virtuosos como Liszt (que tocava para Érard) e Thalberg (para Pleyel), o que permitia a essas companhias fazer publicidade dos seus pianos e mostrar do que eram capazes nas melhores mãos (talvez um dos primeiros exemplos de valorização de marcas adotadas por celebridades). Em 1845, estima-se que havia 60 mil pianos e 100 mil pessoas a tocá-los em Paris, cidade com população de cerca de um milhão de habitantes. "Não há uma casa, nem mesmo do mais modesto burguês, em que não se encontre um piano", escreveu Édouard Fétis, não sem certo exagero, em 1847. "O instrumento faz parte obrigatoriamente da mobília de toda família; vamos encontrá-lo até na casa do porteiro." Heine se queixava de que "somos submergidos pela música, praticamente não há uma única casa em Paris em que possamos ser salvos, como na arca antes do dilúvio".[48]

A presença do piano também era comum mais a leste. "Praticamente não há uma casa em que não se ouçam as batidas de um piano", reclamava o *Warsaw Courier* em 1840. "Temos pianos no térreo, no primeiro, no segundo e no terceiro andares. As mocinhas tocam piano, as mães tocam piano, as crianças tocam piano." Oito anos depois, o mesmo jornal se mostrava mais moderado ao estimar talvez 5 mil pianos em Varsóvia — vale dizer, um para cada grupo de trinta pessoas, numa cidade com população de aproximadamente 150 mil —, o que não deixa de ser impressionante. Em sua maioria, os pianos em Varsóvia eram importados de Viena ou Leipzig.[49]

Em Moscou e São Petersburgo, em contraste, havia pelo menos uma dúzia de fabricantes de pianos protegidos por tarifas de importação. Um piano de cauda feito em Moscou podia ser comprado por 800 rublos (920 francos), um quarto do valor que custaria importar um Broadwood ou Pleyel, algo ao alcance apenas da aristocracia fundiária e dos comerciantes mais ricos, com renda anual entre 3 mil e 4 mil rublos (3.500-4.600 francos).[50] Nos anos 1840, se encontravam pianos-armário em muitas casas. Os fabricantes os anunciavam como símbolo de respeitabilidade, e havia grande procura de professores de piano, pois as gerações mais jovens da aristocracia russa não queriam se privar dos ornamentos da civilização ocidental.

No romance *Um ninho de nobres* (1859), de Turgueniev, que tem a narrativa ambientada no interior da Rússia em 1842, o piano aparece com frequência para ilustrar as maneiras artificiais da aristocracia, como na cena reproduzida abaixo, na qual Panchin, um oficial de São Petersburgo lotado na cidade próxima, e Varvara Pavlovna, filha de um general da capital russa, cantam um dueto das *Soirées musicales* (1835) de Rossini:

> Varvara Pavlovna sentou-se ao piano, Panchin postou-se a seu lado. Eles entoaram o dueto em voz baixa, com correções algumas vezes da parte de Varvara Pavlovna, para, em seguida, cantá-lo em voz alta e repeti-lo duas vezes. *"Mira la bianca lu... u... una."* A voz de Varvara Pavlovna perdera o frescor, mas ela a usava com grande inteligência. Panchin mostrou-se tímido inicialmente e levemente desentoado, até que se encheu de brios e, se não chegou a cantar irretocavelmente, pelo menos fez passar um frêmito pelos ombros, meneou o corpo inteiro e ergueu a mão de vez em quando como um cantor de verdade. Varvara Pavlovna tocou duas ou três peças de Thalberg e "entoou" muito coquete uma ariette francesa.[51]

Em toda a Europa, o piano era considerado sinal de nobreza. Tocá-lo era uma das "prendas" de uma jovem pronta para casar.[52] Toda a ficção novecentista está cheia de cenas de corte em que uma heroína romântica e seu jovem pretendente tocam duetos — sendo o roçar das mãos o máximo a que podiam chegar sem se beijarem. Ao lado da harpa, o piano era o instrumento considerado mais fisicamente adequado para as mulheres — já que as madeiras as forçavam a contrair os lábios, o violino, a contorcer o corpo, e o violoncelo, a abrir as pernas; ao passo que, ao piano, elas sentavam com os pés juntos, guardando a compostura. Em comparação com as madeiras ou os instrumentos de cordas, nos quais o próprio executante deve produzir as notas, o piano era considerado relativamente "fácil" e acessível às mulheres, que precisavam apenas pressionar as teclas certas.[53] Não dispomos de referências plausíveis para avaliar o impacto do piano na vida das mulheres, mas era com toda evidência uma mudança cultural e social importante. Ao passo que antes eram os membros silenciosos da família, docilmente fazendo bordados no salão, as mulheres agora tinham um papel central na vida musical doméstica.

A facilidade para tocar piano explica a popularidade do instrumento. O modelo armário também foi importante, permitindo acomodar o piano mesmo em salas pequenas, posicionando-o contra uma parede. Qualquer família possuidora de um piano agora podia se entreter em casa. Se para famílias de classe média saía caro comprar ingressos de ópera ou concerto regularmente, as partituras impressas estavam ao alcance de todos, e as aulas semanais de piano não ficavam além dos meios de uma família razoavelmente bem de vida.

Havia toda uma indústria de compositores menos votados que produziam em série álbuns de piano e arranjos para esse novo mercado. Thalberg, Herz, Franz Hünten, Tekla Bądarzewska-Baranowska — estes e muitos outros fizeram nome com aqueles tipos de peças (sentimentais, de fácil assimilação, com efeitos brilhantes, mas não muito difíceis de tocar) que conferiam apelo popular ao piano. Uma das formas mais comuns eram as transcrições para piano a quatro mãos. Ela tomou o lugar do quarteto de cordas ou do trio como principal gênero musical para consumo doméstico com uso de partituras. Nenhum outro meio foi tão importante para a disseminação da ópera, do repertório coral e orquestral, até a invenção do fonógrafo e do rádio. Com quatro mãos, era possível reproduzir a plena sonoridade de uma obra de grande escala; embora peças assim fossem difíceis para um pianista desacompanhado, com dois executantes, as dificuldades podiam ser superadas. A quantidade de música para quatro mãos era impressionante: só na Alemanha, um catálogo da Hofmeister relacionava em 1844 quase 9 mil obras, entre elas, 150 de Beethoven, com todas as suas sinfonias, aberturas, missas, concertos e música de câmara, além da ópera *Fidelio*.[54]

A demanda de transcrições para dueto das mais recentes árias de ópera era de tal ordem que os editores empregavam arranjadores próprios para produzi-las o mais rápido possível (em 1840, Schlesinger pagou mil francos ao jovem Richard Wagner — na época tentando fazer nome em Paris — por um "trabalho vergonhoso", no dizer do compositor: uma série de arranjos da ópera *La Favorite*, de Donizetti).[55] Certos compositores faziam as próprias transcrições ou recorriam a assistentes, como Verdi com Emmanuele Muzio a partir de *Macbeth*, em 1846. Editores e compositores se deram conta de que a rápida publicação de arranjos variados de uma nova ópera era a maneira mais eficaz de promovê-la, disseminando suas melodias irresistíveis e estimulando o interesse pela encenação. Era a familiaridade do público com as melodias de uma ópera que o levava ao teatro.

A indústria das partituras mudou a maneira como os compositores ganhavam a vida nas décadas intermediárias do século XIX.

No século anterior, eles eram criados de seus empregadores, que não raro assumiam a propriedade da música por eles produzida. Quando Haydn passou a trabalhar para o príncipe Anton Esterházy em 1769, seu contrato estipulava que era obrigado a "compor as peças de música que Sua Serena Alteza Principesca encomendar, sem transmitir essas novas composições a ninguém nem permitir que sejam copiadas, conservando-as integralmente para uso exclusivo de Sua Alteza". A publicação pirata de suas obras em Paris levou ao abandono dessa restrição quando o contrato foi renovado em 1779. Isso permitiu a Haydn desenvolver suas relações com editores musicais em Viena, na Alemanha, na França e na Grã-Bretanha, onde suas obras já eram bem conhecidas quando ele chegou a Londres na década de 1790.[56]

No mundo da ópera enquanto isso, como vimos, os compositores recebiam um cachê único. Uma vez vendida a partitura a um teatro ou empresário, nada mais ganhavam se ela fosse revendida ou cópias fossem feitas para outros empresários. Nem haveria nada mais a receber de outros teatros que montassem a obra, a menos que o compositor fosse cidadão da França, o único país que reconhecia legalmente direitos de execução na década de 1840, ou tivesse essa obra executada em francês no país.*

O desenvolvimento da edição musical gerou uma nova fonte de renda, permitindo que os compositores se tornassem proprietários da própria música e recebessem remuneração ou direitos autorais pelo direito de publicá-la. Exceto no caso dos mais comerciais, foram necessárias muitas décadas até que esses ganhos se aproximassem do que ganhavam com apresentações em público ou ensinando. Ainda em meados da década de 1850, o jovem Brahms (que mais tarde ganharia a vida confortavelmente com suas obras publicadas) ganhava mais com um único recital de piano do que recebia da editora Breitkopf & Härtel pelas suas *Quatro Baladas* (Op. 10).[57] Nas primeiras décadas do século, o dinheiro ganho com edições era insignificante: o mercado era pequeno demais, e podia haver muitas cópias piratas de qualquer obra recém-publicada. Mozart ganhava extremamente mal com suas partituras publicadas, perdendo muito dinheiro por causa da pirataria, sobretudo por parte dos próprios copistas. Tentou enfrentar o problema fazendo-os trabalhar em seu apartamento, para ficar de olho. Beethoven era mais organizado. Se protegia cuidando pessoalmente de copiar as últimas páginas de suas obras.

Beethoven se esforçava por conquistar independência econômica com sua música. Como compositor autônomo, precisava exercer várias atividades para levar uma vida modesta: ensino; concertos; composição por encomenda; solicitação de doações a homens e mulheres ricos, dedicando-lhes obras; e venda de partituras a editores. Era um empreendedor competente e por vezes habilidoso, negociando arduamente remunerações melhores por parte dos editores, e nos últimos anos de vida, cada vez mais endividado, recorrendo aos mais complicados malabarismos. Para enfrentar o problema da pirataria internacional, vendia a mesma obra a vários editores em diferentes países e tentava coordenar uma publicação simultânea — operação complicada antes das ferrovias e do telégrafo, mas a solução mais eficaz na ausência de leis de direitos autorais. Os ganhos de Beethoven com essas publicações

---

* Os direitos de execução foram introduzidos na Grã-Bretanha com as Leis de Direitos Autorais Dramáticos de 1833 e 1842, mas no caso de compositores estrangeiros a aplicação desses direitos dependia de tratados bilaterais com seus respectivos países.

eram modestos. Pela Quinta e a Sexta Sinfonias, a Sonata para violoncelo Op. 69 e os dois Trios com piano do Op. 70, Breitkopf & Härtel lhe pagou apenas 400 gulden (1.050 francos), o suficiente para se sustentar por três meses.[58] Seus maiores rendimentos foram obtidos com peças fáceis para piano ("bagatelles") e arranjos (como as canções folclóricas britânicas que adaptou para o editor George Thomson, de Edimburgo). Mas a "obrigação cansativa" de negociar pagamentos era humilhante. Beethoven ansiava por maneiras mais simples e dignas de vender seu trabalho, algo que lhe conferisse independência e segurança. "Eu digo que é cansativo", escreveu ao editor Friedrich Hofmeister, "porque gostaria que as coisas se organizassem de maneira diferente [...]. Deveria haver no mundo um *mercado para a arte*, onde bastasse ao artista apresentar suas obras e ganhar o dinheiro necessário. Tal como as coisas se apresentam, contudo, o artista também precisa ser em certa medida um negociante".[59]

Com o desenvolvimento do mercado de partituras, os compositores passaram a se preocupar mais com os aspectos comerciais no trato com os editores. Não tinham a expectativa de ganhar direitos autorais, exceto, como vimos, na França, mas podiam cobrar mais em virtude dos ganhos com esses arranjos.

Vincenzo Bellini se mostrava particularmente determinado a esse respeito. Nascido na Sicília em 1801, tendo alcançado fama internacional ainda jovem com *Il Pirata* (1827), *La Sonnambula* e *Norma* (ambas em 1831), ele era, nas palavras de seu biógrafo, "um artista moderno consciente" que esperava ser remunerado de acordo com o valor econômico do seu trabalho.[60] Ao morrer em 1835, ganhava 16 mil francos por uma ópera, três vezes mais que a mais alta remuneração de Rossini, 5 mil francos, poucos anos antes. Justificava sua exigência monetária alegando que dedicava a uma ópera o mesmo tempo que outros levavam para compor três ou quatro. E com certeza não podia recorrer à prática habitual de Rossini de reciclar trechos de ópera anteriores, pois as suas eram publicadas e disseminadas internacionalmente. Na ausência de leis eficazes de direitos de autorais, Bellini também podia argumentar que perdia para publicações piratas boa parte da renda merecida. "A Itália inteira, a Alemanha inteira, a Europa inteira estão inundadas de *Normas*", queixava-se seu editor, Giovanni Ricordi. Os melhores copistas eram capazes de reproduzir uma partitura inteira depois de ouvi-la algumas vezes no teatro. Bellini ficou tão indignado com as produções piratas de suas obras na própria Sicília natal, um Estado sem leis em matéria de direitos autorais, que várias vezes pediu ao governo que tomasse medidas a respeito (sem resultado). E o fato é que gostaria de ter encontrado meios de auferir royalties mais regularmente: teria ficado rico se conseguisse. Mas a pirataria não o permitia. O máximo que podia fazer com qualquer de suas obras era vender os direitos de publicação pelo valor mais alto que pudesse obter num único pagamento.[61]

A partir de 1840, quando as primeiras leis de direitos autorais foram promulgadas no Reino do Piemonte-Sardenha, assim como no Reino Lombardo-Vêneto sob domínio austríaco, os compositores italianos começaram a ganhar royalties. O desenvolvimento do copyright transformou a partitura operística num capital, cujos rendimentos decorriam das respectivas produções cênicas e da publicação de arranjos para uso doméstico. Gaetano Donizetti, quatro anos mais velho que Bellini e tendo demorado mais a ganhar fama internacional, foi o primeiro a se dar conta do potencial dos direitos de publicação. Negociando o contrato da ópera *Adelia* em 1840, ele escreveu a Vincenzo Jacovacci, empresário do Teatro Apollo em Roma:

> Quanto à propriedade da partitura, não vou lhe pedir propriedade exclusiva, mas *apenas das reduções para piano e voz* [itálicos de Donizetti], o que de modo algum diminuiria seu direito de montá-la ou vendê-la para montagem em qualquer lugar, e se não lhe parecer conveniente, ou se achar que vai perder muito, eu abriria mão de metade do preço que poderia conseguir na Itália [...] desde que pudesse ter a propriedade na França, onde, ainda que quisesse, sua editora não teria o direito de me impedir de vendê-la para quem quisesse publicá-la.[62]

Na Itália, onde o sistema jurídico se impunha com dificuldade até a unificação do país em 1861, os compositores dependiam dos editores para fazer valer seus direitos autorais e impedir a pirataria — até onde isso fosse possível em lugares como o Reino das Duas Sicílias, no qual os editores piratas eram ostensivamente protegidos pelo governo. O sistema de royalties unia compositor e editor numa natural aliança econômica.

Verdi foi o primeiro compositor italiano a obter lucros substanciais com as novas leis de direitos autorais. A chave do sucesso foi a relação com Giovanni Ricordi, que não era apenas seu editor, atuando também como agente e empresário, promovendo suas óperas, coletando royalties e se valendo de seus poderes para protegê-lo da pirataria — tarefa nada fácil. Ricordi era o editor musical mais importante ao sul dos Alpes ao comprar os direitos de *Oberto*, a ópera da estreia de Verdi no La Scala, em 1839. Tendo começado como simples copista de partituras num pequeno teatro de Milão, ele resolveu se arriscar em empreendimentos próprios, como muitos copistas, fazendo cópias piratas e vendendo-as a teatros e empresários. Não havia leis contra esse tipo de comércio, do qual centenas de pequenos teatros italianos de província dependiam na época.

A intensa demanda de partituras convencera Ricordi a se estabelecer como editor já em 1808. Ele também passou a comprar partituras, montando considerável biblioteca para aluguel aos teatros. Seu grande salto se deu em 1825, quando obteve direitos exclusivos sobre o enorme arquivo do La Scala, o que lhe permitia alugar partituras, vender cópias impressas ou feitas a mão e publicar os arranjos que quisesse de todo o repertório de óperas do teatro. Sobre esta base seu negócio pôde prosperar. Ele adquiriu os direitos de publicação de arranjos das óperas de Rossini, que configuravam o primeiro sucesso verdadeiro no mundo da edição musical, e comprou novas obras de compositores como Bellini.

Jovem em busca de nome e fortuna, Verdi se sentiu atraído pelo carismático Ricordi, que se dispunha não apenas a ser seu editor, mas a gerir seus interesses comerciais. Verdi tinha faro para os negócios e sabia barganhar. Mas não gostava de tratar diretamente com a administração do teatro, temendo obter menos do que merecia. Segundo o contrato que firmou com Ricordi no caso de *Oberto*, o compositor receberia 2 mil liras austríacas (2.290 francos) pelos direitos sobre a partitura, mas sem royalties pela publicação. Embora o contrato representasse uma oportunidade para o jovem compositor desconhecido apresentar sua obra no La Scala, Verdi achou "injusto" que Ricordi embolsasse toda a renda obtida com a partitura e os arranjos publicados. Em 1843, ao lançar sua grande ópera seguinte, *Nabucco*, cedeu metade dos direitos ao mais feroz rival de Ricordi, o menos experiente Francesco Lucca, tática destinada a alavancar seu poder de barganha. Era uma estratégia arriscada — ele podia ter alienado definitivamente a colaboração de Ricordi —, mas funcionou. Em novembro de 1843, depois do sucesso de *Nabucco*, Ricordi pagou a Verdi 9 mil liras austríacas (10.300

francos) pelos direitos de *Ernani* (um terço mais que o valor cobrado pelo próprio compositor no mês de maio anterior, quando oferecera a ópera ao La Fenice, em Veneza).[63]

A partir daí, aumentando a fama de Verdi, os editores passaram a competir pela sua assinatura. Ricordi era quem pagava mais: 9 mil liras por *I due Foscari* em 1844, 18 mil liras por *Giovanna d'Arco* em 1845 e 16 mil (18.300 francos) por *Macbeth* em dezembro de 1846.[64] Todos esses valores eram pagamentos únicos feitos por Ricordi para adquirir todos os direitos sobre a partitura. Mas a partir de *Gerusalemme*, em 1847, houve uma mudança fundamental. Verdi acabara de visitar Paris, onde essa ópera tivera sua estreia absoluta (como *Jérusalem*) na Salle Peletier. Ele ficou impressionado com o sistema francês de *droits d'auteur*, que assegurava remuneração justa ao autor, e exigiu que Ricordi lhe pagasse nos mesmos termos. No contrato de *Gerusalemme*, Ricordi diminuiu o valor fixo (para 8 mil liras) mas se dispôs a pagar 500 liras (570 francos) toda vez que a partitura fosse alugada nos cinco primeiros anos, e 200 liras posteriormente.

O editor estava ansioso por um monopólio das obras de Verdi — a maior garantia de lucros na indústria da ópera, como rapidamente se deu conta. Ricordi ficara irritado com a decisão de Verdi de vender a Lucca desde 1846 os direitos de três outras óperas (*Attila*, *I masnadieri* e *Il corsaro*). Quando da obra seguinte, *La battaglia di Legnano*, estreada em Roma em 1849, Ricordi propôs um novo tipo de contrato, pelo qual Verdi receberia pagamento inicial modesto (4 mil francos, em contraste com os 24 mil que recebera de Lucca por *Il corsaro*), mas concordando em pagar 12 mil francos pelos direitos de publicação na Itália nos dez anos subsequentes, com um pagamento adicional de 6 mil francos pelos direitos na França e na Grã-Bretanha. Fator decisivo, o contrato também garantia a Verdi royalties entre 30% e 40% das vendas e aluguéis da partitura, além de um valor equivalente pela venda dos arranjos, fosse em países que tivessem acordos de copyright com a Lombardia ou não. Este se tornaria o modelo dos futuros contratos de Verdi com o editor milanês, embora, a partir de 1857 e de *Simon Boccanegra*, seus royalties aumentassem 10%.[65]

Uma vez adquiridos os direitos de uma obra, Ricordi se encarregava de protegê-la e promovê-la. Era o principal interesse para Verdi. Desde o início da colaboração, Ricordi publicava na imprensa advertências contra publicações piratas da partitura de *Oberto*. Usava o periódico de sua casa, *La gazzetta musicale di Milano*, para divulgar suas óperas, anunciando reduções para uso doméstico e oferecendo exemplares gratuitos aos assinantes, como suplemento do jornal.

Ricordi logo tratou de publicar arranjos. Sabia o quanto podia ganhar e entendeu seu papel na geração de novos mercados para uma ópera. Assim que ficou claro o sucesso de *Oberto*, lançou arranjos das cenas mais chamativas e reduções de árias para piano, violoncelo e piano, dois violinos, diferentes combinações de vozes etc. Vendidas a preço baixo, as adaptações desapareciam das prateleiras em direção a residências do continente inteiro. O número de arranjos aumentava incrivelmente com a popularidade de cada sucessiva ópera de Verdi: foram setenta no caso de *Oberto*, 253 de *Nabucco* e 267 de *I Lombardi* no catálogo Ricordi — quase sempre publicados meses depois da estreia da ópera.[66]

Ricordi mal podia esperar para começar a vender essas publicações. As reduções de *I Lombardi* para piano e voz e piano solo saíram dias depois da estreia da ópera em fevereiro de 1843. No caso de *Ernani*, Ricordi começou a anunciar os arranjos semanas antes da estreia em março de 1844. Escreveu ao La Fenice pedindo insistentemente uma pronta devolução da partitura completa, para que os arranjos pudessem ser feitos com rapidez: "Qualquer atraso me prejudicaria muitíssimo, pois a música é muito vendida enquanto os corações ainda estão aquecidos pelo bem-sucedido resultado gerado pela apresentação no teatro." Para *Macbeth*, Verdi contratou Muzio para fazer as reduções enquanto compunha a partitura orquestral. Esse tipo de operação entrou em nova fase de produção e entrega em alta velocidade. "Estou tão ocupado com os arranjos de *Macbeth* que mal consigo acompanhar os gravadores, e Ricordi está numa pressa dos demônios", escreveu Muzio a 14 de abril de 1847, pouco depois da estreia da ópera no Teatro della Pergola em Florença. Uma semana depois, escreveria: "*Macbeth* está encontrando apoio entusiástico em Milão; é tocada em todas as casas, e os números estão nas estantes de todos os pianos."[67]

As edições piratas dessas reduções eram lançadas com igual rapidez. A cada nova ópera de Verdi, eram despachadas de Nápoles em grande quantidade. Assim como as versões piratas da partitura orquestral. Ricordi fazia o possível para combatê-las, escrevendo aos gerentes dos teatros para adverti--los: as cópias não eram autênticas nem confiáveis. Expunha publicamente seus responsáveis, publicando notas sobre o "roubo" na imprensa local —

tática que empregava desde o início da década de 1830 na defesa das obras de Bellini.[68] Apelava aos censores de Milão em defesa dos seus copyrights. Depois do sucesso de *Nabucco*, quando o mercado lombardo foi inundado com reduções pelos editores piratas, o escritório da censura recebia uma queixa de Ricordi atrás da outra. Nesse caos, talvez compreensivelmente, os censores de Milão decidiram que não lhes cabia assegurar os direitos de propriedade dos autores e seus editores. Para defender os copyrights, Verdi e Ricordi precisariam de leis mais fortes em âmbito internacional.

2

Em Berlim, Pauline Viardot encontrou sua velha amiga Clara Schumann. Tinham se conhecido em 1838, quando Pauline deu um concerto em Leipzig, onde residia Clara Wieck, como era conhecida a pianista antes de casar com o compositor Robert Schumann em 1840 (ver imagem 41 do encarte). Com diferença de idade entre as duas de apenas três anos, se tornaram muito amigas. Mas a amizade esfriou com a crescente fama e riqueza de Pauline na década de 1840. Clara, compartilhando a seriedade com que o marido encarava a música, considerava que a amiga tinha comprometido seus princípios artísticos para cortejar a popularidade. Em seu diário, se mostrara decepcionada, em 1843, com o fato de Pauline ter escolhido canções virtuosísticas para uma récita em Berlim: "Uma pena que uma pessoa profundamente musical como Pauline, que certamente sabe o que é boa música, sacrifique completamente seu gosto à vontade do público, seguindo assim os passos dos italianos comuns."[69]

Agora, em fevereiro de 1847, Clara queria que Pauline se apresentasse na estreia do oratório *Das Paradies und die Peri*, de Schumann, em Berlim. Schumann enfrentava problemas com a principal cantora e pedira a Clara que solicitasse o favor a Pauline, que estava em Berlim para se apresentar em *Les Huguenots*, de Meyerbeer. Pauline recusou, alegando que não tinha tempo para aprender o que precisava nos poucos dias que restavam. Hipersensível e desconfiada, Clara tomou a recusa como uma desfeita pessoal ao marido. Em seu diário, acusava Pauline de "falta de sensibilidade" pela "música íntima e germânica" que ele compunha. Considerava que o sucesso lhe subira à cabeça, que ela era motivada exclusivamente pelo dinheiro e tinha "vendido a alma" a Meyerbeer, encarnação cosmopolita do comercialismo musical que Robert combatia há uma década.[70]

Em 1834, Schumann fundara em Leipzig a *Neue Zeitschrift für Musik* com o pai de Clara, Friedrich Wieck. O objetivo da publicação era renovar o interesse pela música do passado, especialmente Mozart e Beethoven, e promover compositores contemporâneos como Berlioz e Chopin, que escreviam "música séria" por ideal artístico, e não por dinheiro. A revista atacava o comercialismo da Grand Opéra e da indústria correlata de arranjos pianísticos, afirmando que cortejava o gosto mais barato. Meyerbeer era o alvo principal — o líder dos "Filisteus", que se opunham aos virtuosos integrantes da "Liga de David" (*Davidsbündler*) no *Carnaval* (1834-5) de Schumann. Sua riqueza e popularidade eram com toda evidência motivo de irritação para Schumann, cujas obras dramáticas invariavelmente fracassavam. Numa cáustica resenha de *Les Huguenots*, Schumann acusava Meyerbeer de escrever música "vulgar" e "imoral" com o propósito exclusivo de "causar espanto e excitação": música para "o circo", afirmava.[71]

Schumann não estava sozinho em sua campanha contra a música comercial. Na Grã-Bretanha, na França e na Alemanha se manifestavam reações semelhantes às tendências "filisteias" e "vulgares" na ópera, na música virtuosística e de salão; assim como iniciativas equivalentes por parte de periódicos e críticos de música, sociedades e instituições musicais, no sentido de estimular um novo tipo de vida de concertos, destinado à "música séria". A inspiração desse movimento era a ideia romântica de que a música, como toda arte, deve elevar a alma; de que os artistas eram os líderes espirituais da humanidade, profetas e idealistas, e não homens de negócios. Nessa visão, qualquer música com motivações comerciais não podia ser considerada arte. Nas publicações dedicadas à "música séria" se evidenciava um desprezo moralista pelas "especulações mercenárias" dos concertos beneficentes, apresentando miscelâneas de trechos de óperas conhecidas, para agradar, pela superficialidade da música de salão e pelo exibicionismo espetaculoso dos solistas virtuoses, que Turgueniev, entrando na onda, também responsabilizava pelo declínio da música em São Petersburgo, numa resenha crítica escrita para a imprensa russa em 1846.[72] A reação contra o virtuose era particularmente forte. "Para ele, a arte não passa de moedas de ouro e coroas de louros", queixava-se Berlioz.[73] Mas não era apenas uma reação ao mercenarismo vaidoso. O solista virtuose se sentia no direito de ornamentar uma peça musical para exibir seus dotes. O que, no entanto, era um sacrilégio numa cultura musical em que se dava cada vez mais valor à integridade da "obra" propriamente dita. Nessa cultura, o papel do executante era tocar a peça com o máximo possível de fidelidade às intenções do compositor.

Pela altura da década de 1840, os concertos estrelados por virtuoses começaram a declinar, na medida em que se desenvolvia uma cultura concertística mais séria. Em vez das antigas miscelâneas de uma dúzia de peças — em geral uma mistura de números de óperas, solos instrumentais virtuosísticos, música de câmara, aberturas e trechos de sinfonias e concertos —, os programas se voltavam cada vez mais para um pequeno número de obras tocadas em sua integralidade. A queda do pot-pourri tinha em certa medida motivo financeiro: o empresário desses concertos tinha de pagar cachês altos aos solistas. Mas o público também dava sinais de cansaço das miscelâneas virtuosísticas — e de querer mais substância.[74]

Em Londres, a nova tendência começara com a fundação da Sociedade Filarmônica em 1813. Criada por músicos profissionais para afirmar sua independência em relação ao mecenato da nobreza, a Sociedade se dedicava à promoção de música séria, especialmente da santíssima trindade formada por Mozart, Haydn e Beethoven. As obras inteiras eram executadas em concertos de assinatura nos Argyll Rooms. Sob certos aspectos, a frequência a esses concertos era uma forma de afirmar uma identidade de classe média, uma maneira de os assinantes se alinharem com a aristocracia como guardiões da alta cultura. Beethoven ocupava posição dominante no repertório da Sociedade, que encomendou sua Nona Sinfonia, pagando por ela 50 libras, embora tenha sido executada em Viena várias vezes antes da chegada da partitura a Londres em 1824.[75]

Em Paris, o culto a Beethoven também era forte na Société des Concerts du Conservatoire fundada em 1828. Formada pelo regente François-Antoine Habeneck e constituída de professores e alunos do Conservatoire, sua orquestra tocava mais sinfonias de Beethoven que de todos os outros compositores juntos (360 das 548 execuções de sinfonias entre 1828 e 1871). O repertório era dominado por obras orquestrais de mestres mortos, a maneira mais segura de assegurar o comparecimento do público. "O público que frequenta os concertos está tão acostumado com Beethoven, Mozart e Haydn que quase sempre se mostra frio ante o desconhecido, e especialmente ante o novo", escreveu o correspondente em Paris do *Allgemeine Musikalische Zeitung* em 1847.[76] Como a Filarmônica de Londres, a Société recrutava seus assinantes na intelligentsia, entre eles muitas conhecidas figuras da vida cultural, como Balzac, Hugo, Delacroix e Alfred de Vigny. Fiel seguidor de Beethoven, Berlioz resenhava os concertos do Conservatório em tom respeitoso, referindo-se aos frequentadores como as únicas pessoas capazes de apreciar a boa música e lhes atribuindo um lugar acima do público burguês dos espetáculos da Opéra, exclusivamente preocupado com a moda.[77]

Leipzig tinha uma cultura musical em pleno desenvolvimento, baseada em seu Conservatório, a principal escola de música da Alemanha, na Ópera de Leipzig e na Orquestra do Gewandhaus. A cidade tinha mais editoras de música que qualquer outra da Europa.[78] Muitos de seus cidadãos faziam parte de clubes de canto e da Sociedade Bach, que cultivava a música coral do famoso Cantor da Igreja de São Tomás na cidade, também diretor do seu Collegium Musicum de 1723 até morrer em 1750. O Gewandhaus, ou casa das roupas, onde se realizavam os concertos desde a década de 1780, era o centro da vida musical séria da cidade no século XIX. Mendelssohn foi designado diretor musical da Orquestra do Gewandhaus em 1835, e até morrer em 1847 formou um repertório estável de música "histórica", centrando-se em Beethoven e Bach, cujas obras tirou de relativa obscuridade, e renovando o interesse por Schubert, cuja Nona Sinfonia estreou em 1839, dez anos depois da morte do autor. Uma parte cada vez maior do repertório era constituída de obras de mestres do passado: 48% em 1837-47, em comparação com 23% em 1820-25 e apenas 13% em 1781-85.[79]

Os festivais desempenharam um papel importante na disseminação dessa cultura musical séria nas décadas de 1830 e 1840. Começaram a se multiplicar com o advento das ferrovias, que permitiam viagens de músicos amadores, clubes de canto e coros em grande número para se apresentar neles. Na Alemanha, o movimento de coros masculinos na década de 1840 envolvia mais de 100 mil cantores amadores. Eles se organizavam sobretudo nos *Liedertafel* (clubes de canto) da Renânia, de Stuttgart e da Baviera, embora também fossem encontrados na Boêmia e na Áustria, onde era uma instituição semelhante o *Männergesangsverein* vienense, fundado em 1843. Cultivando típicos valores de classe média e orgulho cívico, esses grupos serviam de foco democrático para os objetivos culturais mais amplos da nacionalidade germânica. Com o advento do transporte ferroviário, o ponto alto da sua vida de concertos passou a ser o Festival de Música do Baixo Reno, que, desde 1817, alternava entre as cidades de Aachen, Colônia, Elberfeld e Düsseldorf. As quatro já estavam interligadas pelas ferrovias no fim dos anos 1840, o que lhes permitia atrair um amplo e crescente público de amantes da música e intérpretes para apresentações de um repertório essencialmente germânico de oratórios, missas e cantatas, aberturas e sinfonias. Beethoven, Handel e Mozart eram invariavelmente os compositores mais executados nesses festivais.[80]

Os concertos de câmara também desempenharam crescente papel no desenvolvimento da cultura de música séria nessa época. Até os anos 1800, não havia quartetos de cordas profissionais tocando regularmente em concertos públicos. A música de câmara era para amadores especializados, em ambiente ou salão privado, em contraste com os gêneros musicais públicos da sinfonia ou da ópera. Os primeiros quartetos de cordas profissionais só surgiram na década de 1800. O mais importante deles era o formado por Ignaz Schuppanzigh, que ofereceu uma série de concertos públicos de assinatura num restaurante em Viena em 1805. Dois anos depois, o Quarteto Schuppanzigh fez a primeira execução pública dos Quartetos Razumovsky de Beethoven, três obras longas que levavam o gênero do quarteto de cordas a um novo patamar de complexidade técnica, exigindo desempenho profissional. Tornando-se mais difícil para os dedos, a música de câmara se transferiu do salão para a sala de concertos.

Sociedades de música de câmara foram criadas em toda a Europa na década de 1840. Em Londres, o número de concertos de câmara aumentou acentuadamente no início desse período, em grande medida em consequência da fundação da Sociedade do Quarteto Beethoven e da União Musical de John Ella, que apresentavam regularmente concertos de obras de câmara dos grandes compositores alemães. Os concertos da União Musical se caracterizavam pelo rigor intelectual. Ella foi o primeiro a oferecer ao público textos detalhados sobre o programa. Ele estimulava uma atitude purista em relação à música, se contrapondo às motivações "mercenárias" dos concertos de virtuoses, miscelâneas e apresentações beneficentes. Um programa da União Musical em 1845 denunciava as "especulações" dos concertos comerciais que não faziam "nada pela arte", mas "enchiam os bolsos de lojistas e especuladores judeus".[81]

Em Paris, havia várias sociedades de promoção das obras de câmara. Eram formadas sobretudo por músicos profissionais, como o violinista Pierre Baillot, que aspirava aos mesmos ideais da Société des Concerts du Conservatoire. Havia também o envolvimento dos editores musicais. Em 1838, a *Revue et Gazette musicale* de Schlesinger organizou uma longa série de concertos de assinatura para promover as obras de câmara publicadas por seu proprietário, as quais, temia a publicação, não eram suficientemente executadas por causa da popularidade das peças e romances para piano nos salões.[82]

Os concertos com piano também mudavam. Pianistas como Liszt e Clara Schumann deixaram de tocar peças virtuosísticas em concertos comerciais, voltando-se mais para o concerto solo, ou "recital" (termo usado pela primeira vez por Liszt, em 1840). Nesses recitais, tocavam peças mais longas, sonatas inteiras, recorrendo a um repertório mais sério. Foi Clara Schumann quem determinou mais que ninguém a feição assumida pelo repertório pianístico. A programação dos seus concertos — frequentemente começando com obras históricas ("clássicas") de Bach e Beethoven e concluindo com peças mais românticas de Chopin ou Schumann — se tornaria o modelo do recital moderno.[83]

Foi nas décadas intermediárias do século que a "música clássica" se desenvolveu como conceito e categoria à parte da música "comercial" ou "popular". O adjetivo "clássico" era aplicado à "música antiga" desde o século XVIII; nas primeiras décadas do século seguinte, era usado às vezes para referir qualidades genéricas de excelência. A partir dos anos 1830, contudo, seria associado a um conjunto mais específico de obras importantes de compositores mortos — Beethoven, Mozart e Haydn em particular — que dominaram o cânone das execuções de música séria a partir das décadas de 1830 e 1840. Embora o termo se aplicasse a todas as obras musicais, estava mais estreitamente ligado a peças de câmara, em virtude de seu caráter exigente e intelectualizado.[84]

No início do século XIX, não havia uma real distinção entre música "clássica" e "popular". Elas eram apresentadas juntas em miscelânea. Mas no meado do século se deu uma divisão, expressa no antagonismo de Schumann em relação a Meyerbeer: de um lado, a seriedade dos recitais clássicos e dos concertos orquestrais e de música de câmara apresentando obras inteiras; do outro, a esfera comercial dos chamados concertos *promenade*,* promovidos por regentes empresários como Johann Strauss em Viena, Philippe Musard em Paris, August Manns ou Louis-Antoine Jullien em Londres, nos quais uma combinação de obras orquestrais "populares", música de dança, árias de ópera e peças virtuosísticas para piano era oferecida a um público muito maior. Nas matinês de sábado, os concertos regidos por Manns no Crystal Palace (depois da mudança para Sydenham em 1854) atraíam multidões de 30 mil pessoas, muitas vindas de trem de Londres para passar o dia.**

Mas Pauline destoava das outras profissionais por cantar para os dois mercados. Era um equívoco e uma injustiça da parte de Clara Schumann acusá-la de ceder ao comercialismo. Embora se apresentasse em concertos populares, Pauline também interpretava um repertório exigente em concertos para o público de conhecedores. Em Londres, por exemplo, participou de vários concertos na Dudley Gallery, no Egyptian Hall, onde uniu forças com a soprano Clara Novello e o pianista Charles Hallé na pioneira defesa de obras de câmara de Beethoven, Schubert, Mendelssohn e Schumann, na época raramente executadas por serem consideradas vanguardistas e difíceis. O fato de Pauline se apresentar cantando os *Lieder* de Schubert foi particularmente importante para que se tornassem mais conhecidos. Desde o início da carreira, ela também evidenciou ativo interesse pela redescoberta da música "antiga", restabelecendo o devido lugar de Monteverdi, Lully, Pergolesi, Cimarosa, Gluck e Johann Gottlieb Graun no repertório de concerto, além de cantar árias de óperas de Handel, que, na época, nunca eram ouvidas (nenhuma ópera de Handel foi montada integralmente em todo o século XIX).[85]

---

* A palavra *promenade*, designando passeio em lugares públicos, passou a se aplicar à ideia de concertos ao ar livre, e o conceito ainda hoje persiste nos países de língua inglesa — notadamente graças aos famosos Promenade Concerts ("Proms") do período estival britânico; no enorme Royal Albert Hall de Londres, por exemplo, grande parte do público assiste aos concertos em pé. [*N. do T.*]

** Pauline Viardot estava entre elas num dia do verão de 1858, quando se apresentava em Londres. Fez a viagem com Henry Chorley, o violinista Joseph Joachim, Anton Rubinstein, Frederick Gye e Charles Hallé, que acabava de fundar a Orquestra Hallé em Manchester. Depois de um piquenique regado a álcool no parque, eles foram para o Crystal Palace, onde a música competia com diferentes formas de entretenimento (malabaristas, acrobatas, esse tipo de coisa), em seguida viajando para Greenwich para jantar com mais álcool, até que Chorley, bêbado, desmaiou debaixo da mesa (Héritte-Viardot, *Une famille de grands musiciens*, pp. 146-8).

Em 1842, em sua primeira turnê pela Rússia, Liszt deu um recital para o tsar, que chegou atrasado e falando enquanto o grande pianista tocava. Liszt parou de tocar. Como o tsar perguntasse o motivo, respondeu: "Até a música deve se calar quando Nicolau fala."[86] O sarcasmo de Liszt pode ter-lhe custado uma medalha do soberano, mas mandou uma mensagem clara sobre a dignidade do artista.

Na década de 1840, na maior parte do norte europeu, senão na própria Rússia, o público passara a observar silêncio durante concertos e récitas de ópera. Era um contraste radical com os hábitos da corte, na qual a música servia de acompanhamento no convívio social, em jantares e bailes. Desde suas origens na Itália, o teatro de ópera fora tradicionalmente um ponto de encontro da aristocracia. Ninguém estranhava que o público circulasse e falasse durante uma récita, calando-se apenas nas principais árias. Os franceses ficavam horrorizados com a barulheira produzida pelo público italiano. Em suas memórias, Berlioz relata uma visita ao Teatro Cannobiano, em Milão, para uma récita de *L'elisir d'amore*, de Donizetti, em 1832:

Quando cheguei, o teatro estava cheio de gente falando em tom de voz normal, de costas para o palco. Os cantores, sem se dar por vencidos, gesticulavam e berravam a plenos pulmões no mais rigoroso espírito de rivalidade. Pelo menos era o que eu presumia, vendo suas bocas escancaradas; mas o ruído do público era de tal ordem que nenhum som conseguia superar, exceto o do bumbo. As pessoas jogavam, jantavam nos seus camarotes etc.[87]

Durante a lua de mel em 1840, os Viardot foram a uma récita de *La Sonnambula* no La Scala em Milão. Pauline ficou tão indignada com o comportamento do público, o tempo todo falando, comendo, se levantando, circulando pelo teatro, interpelando os cantores depois de cada ária, que jurou nunca se apresentar na Itália.[88] E cumpriu a promessa.

Nos anos 1830, o comportamento do público começou a mudar. Aos poucos, o silêncio se tornou a norma nas principais casas de ópera ao norte dos Alpes. Nos concertos, o público foi adotando o silêncio à medida que os padrões de comportamento passavam a ser ditados pelos amantes da música, em sua maioria, membros das classes profissionais, e não da aristocracia. Várias explicações foram arroladas para explicar essa mudança, da imersão do público no espetáculo visual da Grand Opéra ao anonimato e insegurança do novo frequentador burguês, para o qual o silêncio era sinônimo de respeitabilidade e decoro.[89] Todos esses fatores certamente tiveram um papel. Mas no cerne do fenômeno estava a seriedade com a qual a música passou a ser encarada: ela exigia ser ouvida.

O silêncio que acabou por se impor às plateias se refletiu na disposição dos assentos nas salas de concerto públicas. Em contraste com a disposição informal das cadeiras nos concertos ou salões privados, deixando espaço para a movimentação, os assentos na sala de concertos eram dispostos em fileiras, e qualquer movimento significava ruído e perturbação. Normas rigorosas de silêncio foram impostas na União Musical londrina, onde os profissionais liberais que eram verdadeiros amantes da música estavam em maioria. O lema da instituição era "*Il piu grand'omaggio alla musica, è nel silenzio*" ("A maior homenagem à música é o silêncio"). A partir de 1847, seus programas de concerto continham o seguinte aviso: "Solicitamos aos membros impossibilitados de permanecer durante toda a apresentação que aproveitem os intervalos entre movimentos das composições para se retirar SEM PERTURBAR OS ARTISTAS E O PÚBLICO."[90]

No Gewandhaus de Leipzig o silêncio também era obrigatório na sala de concertos. Acima do palco se via uma sentença de Sêneca — *Res Severa est Verum Gaudium* (A verdadeira alegria é algo sério) —, lembrando à audiência que a música era uma arte de contemplação austera e silenciosa introspecção. Até o espaço físico do Gewandhaus parecia concebido para a reflexão espiritual, muito semelhante ao da Igreja de São Tomás, com os assentos paralelos às longas paredes laterais e voltados para a nave, de modo que os ouvintes se posicionavam como uma congregação; a orquestra ficava na extremidade da sala, onde ficaria o altar numa igreja. A disposição era semelhante nas Hanover Square Rooms e na Salle du Conservatoire, onde a iluminação a gás era diminuída antes de começar a música, para focalizar a atenção na orquestra e estimular no público um estado de contemplação (ver imagem 42 do encarte).[91]

Se o centro das cidades medievais era assinalado pelas catedrais, as grandes cidades burguesas do século XIX eram dominadas pelas salas de concerto, os teatros de ópera, bibliotecas, galerias de arte e museus científicos. Em contraste com a aristocracia (definida pelo ócio) e as classes trabalhadoras (pelo trabalho manual), a burguesia afirmava sua identidade pela ideia de cultura como esfera livre e independente da ação, para o desenvolvimento de uma personalidade mais elevada. Ela atribuía particular valor ao artista, como representante do "gênio", ideal expressão da iniciativa individual, para o qual se voltava em busca de conteúdo espiritual em sua sociedade materialista.

A burguesia se identificava com a luta do artista pela autonomia e independência profissional frente ao Estado e à aristocracia. Compositores e músicos se empenhavam em conjunto por se libertar da condição inferior de comerciante, querendo ser reconhecidos como profissionais. Liszt estava na vanguarda dessa campanha. Em 1835, escreveu um panfleto sobre "A situação dos artistas e seu lugar na sociedade", argumentando que não houvera grande mudança desde a época de Mozart, quando os músicos faziam suas refeições com os criados. Influenciado pelos saint-simonianos e seu ideal da música como forma artística social e de elevação moral, Liszt concluía com um manifesto propondo, entre outras coisas, a criação de uma associação internacional de músicos, o cultivo de coros e festivais de música, a fundação de escolas de música e a publicação de "edições baratas das obras mais importantes de compositores antigos e novos", formando um "Panteão da Música".[92]

A maior parte dessas ideias era amplamente compartilhada no mundo musical dos anos 1830 e 1840 como ponto de partida para melhorar a condição material e social dos compositores. Foram retomadas por Berlioz em sua visão futurista de uma sociedade inteira organizada para a música, o conto *Euphonia*, publicado na *Revue et Gazette musicale* em 1844. Estavam por trás das atividades de editores como Schlesinger, que publicava edições baratas das obras clássicas não apenas visando o ganho comercial, mas para disseminar um cânone musical "a preços que permitam a qualquer residência dotada de um piano colecionar as obras-primas de Beethoven, Weber, Hummel e Moscheles".[93] Esses objetivos eram a força propulsora dos festivais de música e dos muitos coros e clubes de canto das cidades do interior — um enorme mercado para a "avalanche de composições", desde oratórios a cantos de taberna, publicada por esses grupos na década de 1840.[94] Um sindicato de músicos foi fundado em 1843, tendo Liszt, Berlioz, Meyerbeer e Schlesinger em seu conselho, além de uma dezena de socialistas. Em 1848, ao lançar um manifesto radical pelos direitos dos músicos, a instituição contava 2.688 membros.[95]

As ideias de Liszt também estavam no centro do crescente culto a Beethoven. Poucos anos depois de morrer, Beethoven era considerado ao mesmo tempo o primeiro compositor a ter alcançado independência do mercado e o criador divino de uma "Arte celestial", na expressão, que ficaria famosa, do dramaturgo Franz Grillparzer em seu funeral, em 1827. O culto chegaria ao auge no Festival Beethoven promovido por Liszt em Bonn em 1845. Um monumento ao grande compositor foi inaugurado perante uma plateia de dignitários europeus. Pauline Viardot foi a principal atração num concerto no Castelo de Brühl, do rei da Prússia, ali nas proximidades, durante o qual, como recordaria Berlioz, "cantou três peças com seu refinado talento e sua expressão poética, como sempre [...] uma saborosa cavatina de Charles de Bériot, a cena infernal do *Orfeu* [de Gluck] e uma canção de Handel — esta a pedido da rainha Vitória, que sabe que Mme Viardot interpreta admiravelmente o velho mestre saxão". Chopin ficou pasmo com o merchandising no Festival Beethoven. Havia uma infinidade de souvenirs à venda, "*véritables cigares à la Beethoven*, que provavelmente só fumava cachimbos vienenses; e já foram vendidas tantas velhas mesas e escrivaninhas que pertenceram a Beethoven que o pobre compositor *de la Symphonie Pastorale* teria precisado gerir um gigantesco negócio de móveis".[96]

3

Em agosto de 1847, os Viardot retornaram de Londres a Courtavenel, sua casa de veraneio a sudeste de Paris. Turgueniev os acompanhou, permanecendo em Courtavenel quando partiram para a turnê alemã de Pauline no outono (Dresden, Hamburgo e Berlim). Sem salário nem pensão da mãe, ele não tinha mais como viajar. Durante dois meses viveu sozinho no castelo, esboçando os primeiros contos das suas *Memórias de um caçador*, e, no fim de outubro, se transferiu para Paris, onde alugou um pequeno apartamento perto do Boulevard des Italiens.

Desesperado por notícias de Pauline, Turgueniev passava muito tempo com sua mãe, Joaquina, e a família Garcia, que moravam perto. Ouvia deles a leitura das cartas diárias que recebiam de Pauline. Praticamente membro da família, Turgueniev lhe escrevia diariamente:

Não vou permitir que deixe Dresden sem cumprimentá-la mais uma vez, embora não tenha muitas notícias a dar [...] Tudo aqui vai muito bem. Estamos tocando as coisas perfeitamente, trabalhamos, nos vemos com frequência, pensamos muito nos ausentes — toda noite nos reunimos numa cervejaria espanhola e *falamos espanhol*. Daqui a quatro meses [quando Pauline voltaria da Alemanha] será a única língua que falarei. Meu professor elogia muito a minha inteligência. Mas é porque não sabe do meu verdadeiro incentivo para aprender.[97]

Apesar da separação, Pauline e Turgueniev se sentiam emocionalmente mais próximos que antes. Ele escrevia com tanta frequência — e ela, com a frequência permitida por sua sobrecarregada agenda — que a correspondência assumiu contornos de uma conversa íntima entre duas pessoas acostumadas a compartilhar diariamente as novidades. Os dois falavam de tudo — do que estavam lendo, do trabalho, da mais recente récita de ópera, dos menores detalhes do cotidiano. "Ah! Madame", escreveu Turgueniev a Pauline em 4 de janeiro de 1848, "que coisa esplêndida são as cartas longas!".

Com que prazer começamos a lê-las! É como percorrer uma avenida toda arborizada, verde e fresca, no verão. Ah, como é bom aqui, pensamos, e caminhamos mais devagar, ouvindo o gorjear dos pássaros. E a senhora gorjeia tão melhor que eles, Madame...

E, também, *willkommen in Berlin*. Sei onde está morando; não longe do Portão de Brandemburgo. Me perdoe se me permito mencionar detalhes do seu apartamento, mas por que há nele compartimentos designados exclusivamente em inglês [...] e por que estão expostos aos elementos e aos rigores do frio? Por favor, se cuide, e corrija isso; é mais perigoso do que parece nesta época de gripe e reumatismo.[98]

Nada havia de comprometedor nas cartas de Turgueniev. Elas podiam ser mostradas a Louis. Mas tinham um tom prazeroso e de flerte característico de uma pessoa apaixonada que sabe que seus sentimentos são correspondidos.

Nos dois anos e meio subsequentes, Turgueniev passaria muito tempo em Courtavenel, boa parte sozinho, escrevendo, lendo, caminhando e caçando com os cães, enquanto Pauline aparecia e partia de novo em suas turnês. Courtavenel foi "o berço da minha fama literária", explicou ele ao poeta russo Afanasi Fet, que lá o visitou. "Quando eu não tinha meios de viver em Paris, meus generosos anfitriões me permitiram passar o inverno sozinho aqui, me alimentando de caldo de galinha e omeletes preparados pela velha governanta. Foi aqui também que, querendo ganhar algum dinheiro, escrevi a maior parte das *Memórias*."[99]

Foi em Courtavenel, a 26 de junho de 1849, que Turgueniev registrou em seu diário a "primeira vez" em que esteve "com" Pauline — referência levemente evasiva, que poderia significar muita coisa, mas de fato dá a entender intimidade física. E, com efeito, por essa época a linguagem de suas cartas se torna visivelmente sensual.* Semanas depois, quando Pauline estava em Londres, ele lhe escreveu de Courtavenel, usando pela primeira vez o tratamento francês mais familiar de "tu" e mais uma vez expressando suas emoções mais apaixonadas em alemão (em itálico, abaixo) para ocultá-las de Louis Viardot:

> Ontem, a noite foi extraordinariamente tranquila e amena, o ar parecia banhado em leite (Santa Górgona, que imagem ousada!) e os sons se distanciavam flutuando sobre os campos, como que destinados a nunca desaparecer. Eu estava para abrir o portão quando me dei conta de repente de que um ser vivo se aproximava; era a pequena Manon, que foi solta para pastar. Ela me deixou acariciá-la, e voltamos para casa juntos. *Nem posso dizer quantas vezes pensei em você o dia inteiro; voltando para casa, gritei seu nome tão alto, estendi meus braços para você cheio de anseio! Você deve ter ouvido! [...] Amada! Querida! Que Deus esteja contigo e te abençoe! [...] Até amanhã [...] Qual o problema com V[iardot]? Será que ficou aborrecido por eu estar vivendo aqui?*[100]

---

* Muitas dessas passagens seriam eliminadas por Pauline da primeira edição, em 1906, das cartas a ela dirigidas por Turgueniev (*LI*, pp. xvi-xvii).

Os Viardot haviam comprado Courtavenel em leilão por 100 mil francos, tendo gasto mais 30 mil na reforma. Era um típico castelo do reinado de Henrique IV no início do século XVII (ver imagem 43 do encarte). Construção de pedra cinzenta cercada de fosso, tinha um amplo pátio, jardins simétricos, um parque inglês, árvores altas, pomar, estábulos e construções típicas de fazenda, em meio às férteis planícies de Brie, conhecidas como uma das melhores regiões de caça da França. O interior da casa foi modernizado mas mobilado com antiguidades. A espaçosa *salle des gardes* foi convertida pelos Viardot num teatro onde teve início uma longa tradição de apresentações de família. Chamavam-no de *Théâtre des pommes de terre*, pois o preço da entrada era uma batata colhida na horta.[101]

Sem ferrovia nem estrada importante por perto, era uma viagem de cinco horas de diligência desde Paris — longe o suficiente para lembrar a Turgueniev a província natal de Orel, com seus choupos, salgueiros, lagos e bosques, e para servir de substituto em sua imaginação literária. Não deixa de ser irônico que as *Memórias de um caçador*, em geral consideradas a obra mais "russa" de Turgueniev, tenham sido escritas em Courtavenel. Contemplando os campos da França, ele sentia tanta saudade da Rússia que era capaz de ver e descrever perfeitamente suas paisagens rurais. As *Memórias* também traem a influência dos romances pastorais de George Sand, que esteve com Turgueniev em Courtavenel em junho de 1845. Os dois provavelmente falaram do comum interesse pelo campo e a vida dos camponeses, pois ambos se sentiam imbuídos da missão literária de transmitir aos leitores o sofrimento dos pobres do meio rural e sua dignidade humana.[102]

A ideia de comprar uma casa de campo partira de George Sand. Os Viardot tinham passado dois verões em Nohant, a mansão de Sand na região rural de Berry. Louis apreciara as caçadas, enquanto Pauline repousava com os amigos, entre eles, Chopin, Liszt e Delacroix. A propriedade fora adquirida pela avó de Sand, que lá havia crescido. Era uma "casa despretensiosa", como diria Sand em *A História da minha vida*. Depois de visitar Courtavenel pela primeira vez, ela zombara das "pretensões burguesas de grandeza" que percebera nos anfitriões, que encheram o castelo de móveis caros. "Vivemos aqui, querida Madame Sand, com muito maior simplicidade que a senhora por lá [em Nohant]", insistia Louis, inconvincente, em sua resposta, "contando apenas com um cozinheiro e um jardineiro para servir a todos nós [Nohant tem uma equipe de dez], vivendo muito bem do leite da nossa vaca, dos ovos de nossas galinhas e dos legumes da nossa horta [...] Saímos com nossos pesados calçados para colher nossas ameixas e conversar com os pastores e trabalhadores que encontramos".[103]

No círculo de artistas amigos de Sand, prevalecia uma atitude que Pauline nunca compartilhou em relação à propriedade. A observação da escritora a respeito de Courtavenel refletia sua crescente desaprovação, em Pauline, de uma visão da arte que considerava mercenária. Ela o percebera pela primeira vez em 1843, quando Pauline aceitou baldes de dinheiro tsarista para cantar na Rússia, terra de tirania, na visão de Sand, em boa medida por causa de sua relação íntima com Chopin, que se exilara voluntariamente da Polônia desde a repressão da revolta polonesa de 1831 pelos russos. Quando Pauline voltou de São Petersburgo em 1844, Sand a convidou a visitá-la e a Chopin em Nohant, aproveitando para trazer a irmã de Chopin, Ludwika, quando passasse por Paris proveniente de Courtavenel. Mas Pauline estava muito ocupada com a decoração do castelo, e deixou Ludwika esperando dez dias. Sand ficou furiosa. Chopin não via a irmã há quatorze anos, e Ludwika dispunha de poucas semanas até a expiração do seu passaporte. Sand escreveu a Pauline acusando-a de ter perdido completamente a compostura. O sucesso lhe causava delírios de grandeza. Ela estava obcecada com a celebridade, com "joias e rublos", prosseguia Sand, ainda recriminando-a por seu envolvimento com a Rússia.

Pauline certamente tinha como princípio forçar sempre os cachês mais altos. Sabia pela história de família que sua carreira se manteria no auge por poucos anos, e precisava aproveitá-la ao máximo. Em 1855, apenas dez anos depois de chegarem ao nível mais alto, seus cachês já declinavam. Era um padrão típico das carreiras de atrizes e cantoras na época; Pauline não destoava nesse empenho de maximizar os ganhos quando possível. Considerava-se uma profissional, esperava ser muito bem remunerada e recusava contratos se a contrapartida não valesse a pena. Em 1847, por exemplo, recusou uma proposta do empresário Jullien para se apresentar nos seus concertos promenade no Regent's Park londrino. Ele oferecia cachê de cem guinéus por noite em quarenta récitas, prometendo que ela lucraria 4.200 libras (106 mil francos) — valor que qualquer outra cantora aceitaria de bom grado —, mas Pauline considerou que ele podia pagar mais.[104]

Não faltava quem considerasse esse tipo de comportamento mercenário, vulgar. Era certamente o que pensava Donizetti quando recusou sua exigência de 20 mil francos para cantar no *Don Pasquale* em Viena em 1843, tendo dito a Louis que ela devia esperar até ser considerada a maior cantora da Europa para exigir remuneração dessa ordem.[105] Os diários de Gye mostram que ele também ficou irritado com as exigências da cantora quando tentou contratá-la para a temporada de 1849-50 em Covent Garden. Ela queria 60 libras (1.500 francos) por noite, com todas as despesas por conta do teatro, mas ele não tinha condições de pagar mais de 40 libras. O teatro enfrentava séria crise financeira; artistas e técnicos se recusavam a trabalhar enquanto não fossem pagos, mas não havia dinheiro. A temporada só foi salva porque os principais intérpretes organizaram uma companhia própria (considerando-a uma "república de artistas") para dividir os custos de produção. Pauline se juntou à companhia em 1849, para que a montagem de *Le Prophète* fosse levada a cabo. Mas não quis se comprometer novamente na temporada seguinte, dizendo que não se envolveria "a menos que tivesse seu dinheiro assegurado", e exigindo uma garantia de que ganharia no mínimo 50 libras por récita. As negociações se arrastaram durante meses, até que Gye, exausto, cedeu à sua principal exigência e prometeu que ela ganharia o habitual cachê de 500 libras (12.600 francos) por mês.[106]

É difícil dizer até onde ela de fato justificava essa reputação de mercenária — se esta decorria dos boatos maliciosos espalhados por Stolz para lhe fechar as portas de Paris ou então, quem sabe por causa desse revés, do fato de ter ficado mais exigente por não ter tido no início da carreira o reconhecimento que merecia. A rejeição sofrida na Opéra endurecera seu caráter. Obrigada a ganhar a vida em palcos estrangeiros, ela se tornara, para uma mulher na casa dos vinte, singularmente resiliente, segura de si e obstinada na determinação de realizar o próprio potencial. Encarava os rendimentos como prova do seu valor como artista profissional. Essa necessidade de validação certamente contribuía para torná-la intransigente ao cobrar remuneração elevada. Seu credo era muito simples: os cantores são respeitados quando bem remunerados. "Nunca cante por nada!", recomendaria mais tarde aos alunos.[107]

Para Sand, dinheiro não era garantia de respeito, mas um meio de comprar independência e liberdade para escrever. Sua atitude na questão estava relacionada à uma identidade boêmia. Em 1831, ela deixara o marido e os filhos para começar vida nova em Paris, como escritora. Era uma dentre milhares de estudantes pobres, aspirantes a escritores e artistas que viviam nos sótãos do Quartier Latin, na época o bairro mais barato de Paris. Os franceses os chamavam de "boêmios" por causa da aparência desmazelada, que associavam aos ciganos da Boêmia, na Europa central. A designação foi abraçada pelos estudantes como sinal de inconformismo. E logo seria adotada por Henri Murger (1822-61), poeta que começou a escrever histórias sobre seus amigos pobres do meio artístico, estando entre eles, em meados da década de 1840, o poeta Baudelaire, o pintor Courbet e o escritor Champfleury. Publicadas numa revista de pequena circulação, essas histórias foram adaptadas para o teatro em 1849, na peça La Vie de Bohème, que se tornou um grande sucesso internacional. Ela consolidou o conceito de "boemia" e passou a atrair turistas para o Quartier Latin, na margem esquerda do rio Sena, que Murger não demoraria a trocar pelas ruas mais caras da margem direita. Murger era filho da porteira no prédio onde os Garcia viveram entre 1828 e 1832. Pauline, que o conhecera na infância, recordaria que ele se envergonhava das origens.[108]

George Sand era a rainha dos boêmios. Seus muitos casos amorosos, o fato de usar roupas masculinas e fumar charutos contribuíam para compor essa fama, despertando interesse por seus textos autobiográficos. Em 1847, ela assinou contrato para a publicação em capítulos de A História da minha vida, obtendo em troca o impressionante adiantamento de 130 mil francos.[109] Não lhe repugnava usar sua notoriedade para aumentar as vendas. Ela transformava a própria vida numa obra de arte. Mas não se tornou uma mercenária por causa do que ganhava. O dinheiro lhe dava liberdade para cultivar sua arte, tornava-a independente como mulher e escritora profissional, mas não lhe interessava em si mesmo.

Ao contrário de Viardot ou Sand, Chopin não tinha cabeça para cuidar de dinheiro. Numa época em que a música de piano para consumo doméstico fazia fortunas, o dinheiro que ganhava com suas obras publicadas era modesto. Em 1844, ele vendeu a Schlesinger por apenas 300 francos cada os direitos de publicação na França das suas Mazurkas Op. 55 e dos Noturnos Op. 56. Remuneração menor ainda foi paga pela Breitkopf & Härtel pelos direitos na Alemanha. Rendimentos dessa ordem não sustentavam sua prodigalidade — com móveis de luxo, restaurantes caros e trajes elegantes — nem os generosos presentes e empréstimos em dinheiro que distribuía entre outros exilados necessitados em Paris. "Você acha que estou ganhando uma fortuna?", escreveu Chopin a um antigo colega de escola, Dominik Dziewanoski, em 1832, quando ainda não tinha de fato encontrado seu lugar na sociedade parisiense. "Carruagens e luvas brancas custam mais, e sem elas não pode haver bom gosto." Para aumentar a renda, ele dava aulas de piano a mulheres da aristocracia — e com o tempo ganharia a vida satisfatoriamente ensinando. Tentava barganhar o máximo que podia com os editores, e, seguindo a estratégia de Beethoven, procurava organizar a publicação simultânea de suas obras em países diferentes para amenizar as perdas com as edições piratas. Mas não tinha êxito. Raramente satisfeito com os rendimentos, Chopin passou a desconfiar seriamente dos editores, acusando-os de enganá-lo. No caso de Schlesinger e Pleyel (ambos judeus), muitas vezes soltava insultos antissemitas, falando de "canalhas judeus" com suas "trapaças judaicas".[110]

Mas o verdadeiro problema era o próprio Chopin. Ele não compunha o tipo de música para piano — leve e animada, de escuta fácil, não muito difícil para pianistas amadores — pelo qual os editores pagavam alto. Suas peças fugiam às convenções pelo caráter improvisatório, íntimo e interiorizado, e embora fossem muito apreciadas em seu círculo de admiradores, que só em Paris se contavam aos milhares, não vendiam nas mesmas quantidades que as obras mais populares de Thalberg, Mozart ou Schubert. Schlesinger e Pleyel pagavam a Chopin mais que qualquer outro editor. A Breitkopf & Härtel achava muito altos os preços que ele pedia. Heinrich Probst, agente dessa editora em Paris, recomendava deixá-lo de lado, pois sua música era muito "triste" e suas exigências, "exorbitantes".[111]

Chopin não cedia em seus princípios. "Para a classe burguesa", escreveu ao velho amigo Wojciech Grzymała, "é preciso apresentar algo deslumbrante, mecânico, de que não sou capaz". Ele tampouco conseguia trabalhar com rapidez. Perfeccionista, não raro adiava a publicação de suas melhores obras. Algumas só seriam publicadas postumamente, como o "Noturno (em dó sustenido menor)", composto para Ludwika. Sensível e tímido, Chopin não seria "absolutamente capaz de dar concertos públicos", como explicou a Liszt: "A multidão me intimida, seu hálito me sufoca, me sinto paralisado pelo olhar de curiosidade e os rostos desconhecidos me embotam." Ele só se sentia confortável no ambiente relativamente íntimo do salão, onde muitas vezes tocava para recrutar alunos e patrocinadores. Em 1841, quando Sand finalmente o convenceu a dar um concerto público por assinatura, Chopin ficou tão nervoso, querendo evitar toda publicidade, que ela sugeriu que tocasse "num piano sem som numa sala vazia e escura", como ela própria contou a Pauline. No fim, todos os ingressos para o concerto do dia 26 de abril foram vendidos, e Chopin ganhou 6 mil francos. Mas não repetiria a experiência.[112]

Chopin convidara Pauline a se apresentar no concerto de Paris. Seria bom para acalmar os nervos do compositor, explicou Sand à cantora, "se ela cantasse para ele, acompanhada por ele".[113] Pauline não esteve presente nessa oportunidade — no dia 26 de abril, foi um recital solo o que Chopin ofereceu na Salle Pleyel a seus seguidores da aristocracia —, mas participou de um segundo concerto com ele em fevereiro de 1842. Chopin era profundo admirador da voz de Pauline, como da voz da Malibran anteriormente. Ia com frequência à ópera e gostava particularmente da música de Bellini. Nas composições para piano, tentava imitar o canto humano, com seus momentos de rubato e as longas melodias — efeito *cantabile* possibilitado pela recente invenção, por Érard, da ação de duplo escape, que ajudava o piano a "cantar". Chopin considerava a voz de Pauline ideal para a sonoridade pianística que tentava recriar. Em Nohant, a acompanhava ao piano enquanto ela cantava nos mais variados estilos, fosse uma canção espanhola ou uma ária de Mozart. Às vezes ela o seguia na execução de suas peças, talvez ajudando-o a moldar as longas linhas melódicas com suas improvisações vocais.

Pauline gostava especialmente de cantar as Mazurkas de Chopin. Em algum momento em meados da década de 1840, arranjou seis delas para voz e piano, num manuscrito com anotações de Chopin, o que dá a enten-der que nelas trabalharam juntos em Nohant (ver imagem 44 do encarte).* Nesse ambiente de camaradagem, Chopin provavelmente encarara a coisa como um divertimento — quem sabe também para estimular Pauline como compositora. Em 1848, contudo, ficou irritado ao descobrir que ela vinha cantando as Mazurkas numa série de concertos em Londres, sem o devido reconhecimento de autoria. Pauline retirara o nome de Chopin do programa depois da primeira apresentação dos arranjos, em Covent Garden, a 12 de maio, quando o influente crítico J. W. Davison a atacou em seu jornal, *The Musical World*, por ter adaptado essas mazurcas tão "feias e afetadas". A partir de então, quando as cantava, elas eram apresentadas como "Mazurkas, Madame Viardot, arranjadas por Madame Viardot".[114] "Nos programas de Viardot", escreveu Chopin a Marie de Rozières em 24 de junho, "não

---

* Essas Mazurkas são as seguintes: Op. 50 nº 2, em lá bemol maior (batizada de "Seize ans"); Op. 33 nº 2, em ré maior ("Aime-moi"); Op. 6 nº 1, em fá sustenido menor ("Plain-te d'amour"); Op. 7 nº 1, em si bemol maior ("Coquette"); Op. 68 nº 2, em lá menor ("L'Oiselette"); e Op. 24 nº 1, em sol menor ("Séparation").

aparece mais a identificação 'Mazurkas de Chopin', mas apenas 'Mazurkas arranjadas por Mme Viardot' — parece que assim fica melhor."

> "Para mim é tudo igual; mas há uma mesquinharia por trás disso. Ela quer fazer sucesso e tem medo de um certo jornal que talvez não goste de mim. Eles escreveram certa vez que ela tinha cantado música 'de um certo M. Chopin', que ninguém conhece, e que devia cantar outras coisas."[115]

As seis Mazurkas seriam cantadas com frequência por Pauline a partir de 1848, em concertos públicos e recitais privados — nem sempre dando o devido crédito a Chopin. Foram publicadas na década de 1860, separadamente e em coletânea. E com toda evidência fizeram sucesso, pois novos arranjos e edições apareceriam em 1885 (a cargo de Breitkopf & Härtel) e 1899 (por iniciativa de Gebethner i Wolff em Varsóvia).[116]

A decisão de Turgueniev de deixar a Rússia lhe custou caro em termos financeiros. Em 1847, ele recebeu a pensão integral de 6 mil rublos da mãe; mas, no ano seguinte, ela a reduziu, para afinal cortá-la integralmente, deixando Turgueniev sem qualquer rendimento além do que ganhasse com seus escritos ou obtivesse em empréstimos dos editores e amigos. Em Paris, ele mal podia pagar pelo aquecimento de seu pequeno apartamento no Boulevard des Italiens. Como sempre, tentava esconder a própria pobreza, frequentando os salões elegantemente trajado, mas pedindo dinheiro emprestado para pagar uma carruagem de volta para casa. Ficou conhecido entre os amigos por se despedir nos restaurantes antes de chegar o momento de pagar a conta. Segundo o crítico literário Annenkov, que o encontrou com frequência em Paris a partir de novembro de 1847, Turgueniev "era um mestre da dissimulação, e ninguém se dava conta de como estava pobre. Nos deixávamos enganar por suas fanfarronadas, tão evidentes quando contava anedotas, e por sua extravagância em se tratando de aventuras e prazeres caros, pelos quais sempre dava um jeito de não pagar".[117]

O que ele ganhava com o que escrevia era pouco. Mas ele vivia na expectativa de herdar uma fortuna da mãe, o que lhe dava confiança para continuar agindo como um cavalheiro e se prodigalizar em gestos de generosidade com os amigos. "Ele nunca perdia as esperanças de se tornar um grande proprietário de terras", recordaria Annenkov, "e apesar da pobreza, certa vez prometeu a Belinski cem almas camponesas assim que fosse possível. Belinski encarou o presente como uma piada, chamando a mulher para 'vir agradecer a Ivan Sergueievich: ele nos transformou em latifundiários'".[118]

Na qualidade de crítico literário mais influente da Rússia, Belinski era o grande defensor de Turgueniev. Filho de um humilde médico rural, Belinski era o principal crítico do jornal *Anais da Pátria*, onde foram publicados muitos dos primeiros contos de Turgueniev (além de vários outros prometidos ao editor Andrei Kraévski contra adiantamentos). Em 1847, Belinski se envolveu no relançamento de *O Contemporâneo* (*Sovremennik*), jornal fundado por Pushkin que entrara em declínio após sua morte. Agora, estava destinado a se tornar a principal revista literária para os círculos socialmente progressistas e ocidentalizantes aos quais Turgueniev confortavelmente se integrava. "Conseguimos fundar aqui um novo jornal que será publicado a partir do ano novo sob os mais favoráveis auspícios", escreveu ele a Pauline, de São Petersburgo, em novembro de 1846. "Serei um dos colaboradores."[119]

O primeiro número saiu com nove poemas de Turgueniev, uma longa resenha teatral de sua autoria e "Khor e Kalinych", o primeiro dos contos que seriam reunidos nas *Memórias de um caçador*. O novo editor do *Contemporâneo*, Nikolai Nekrasov, tentou convencer Turgueniev a escrever exclusivamente para a publicação, saldando suas dívidas com Kraévski. Turgueniev recusou a oferta, cumprindo a promessa de entregar os contos destinados aos *Anais da Pátria*, embora mais adiante se valesse disso para pedir mais empréstimos a Kraévski.* Turgueniev se dera conta de que seria vantajoso ter dois periódicos competindo pelos seus escritos.

"Khor e Kalinych" mereceu uma crítica entusiástica do conhecido escritor eslavófilo Konstantin Aksakov na edição de março de 1847 de *O Contemporâneo*. A reputação de Turgueniev estava feita. O jornal publicou outros quatro contos seus na edição de maio, ao lado de uma série de artigos e cartas sobre a vida cultural em Berlim, Dresden, Londres e Paris, cidades que ele conhecera nas viagens pela Europa com os Viardot. Turgueniev era

---

* No dia 22 de outubro de 1849, ele escreveu a Kraévski alegando que "não tinha um tostão" e "morreria de fome" se não obtivesse um empréstimo de 300 rublos, prometendo aos *Anais da Pátria* uma lista de obras ainda por serem escritas. Ao receber o adiantamento no dia 13 de dezembro, escreveu ao editor agradecendo, e acrescentou, dramático: "Esse dinheiro certamente me salvou de morrer de fome" (*PSS*, vol. 1, pp. 333, 337).

um folhetinista fértil. Era uma maneira fácil de financiar suas viagens. E sobretudo, nesses folhetins ele escrevia sobre ópera. Seu apoio militante a Viardot às vezes se escondia num pseudônimo, outras vezes, não. Mostrava--se altamente crítico das rivais de Pauline, Jenny Lind (que ouviu em Londres) e Fanny Persiani (em Paris). Também publicou um artigo arrasador sobre o culto de Verdi, sabendo que Pauline nunca cantara em suas óperas. "Ontem foi a estreia dos *Lombardi* do Sr. Verdi — que aqui recebeu o título de *Jérusalem* — na Grand Opéra", escreveu a Pauline em Berlim, no dia 27 de novembro. "O Sr. Verdi compôs algumas partes novas que são perfeitamente detestáveis."[120]

4

No dia 26 de fevereiro de 1848, Turgueniev estava em Bruxelas quando soube das notícias de Paris. Ainda era cedo pela manhã e ele estava na cama no hotel quando alguém começou a gritar: "A França se tornou uma república!" Dois dias de manifestações de rua na capital haviam forçado a abdicação de Luís Filipe, que fugiu para a Inglaterra com a ajuda de Ary Scheffer, no comando de um destacamento da Guarda Nacional. Um governo provisório proclamara a Segunda República. "Uma revolução na minha ausência!", anotou Turgueniev em seu caderno. Meia hora depois estava vestido e a caminho da estação ferroviária para tomar um trem em direção à capital francesa.[121]

Encontrou Paris mergulhada na desordem. Ônibus tombados e árvores derrubadas para erguer barricadas em muitas ruas. O governo provisório não evidenciava grande pulso. Dominado por um poeta, Alphonse de Lamartine, convocou novas eleições para a Assembleia Nacional, introduziu o sufrágio universal para homens adultos e prometeu aos cidadãos o "direito ao trabalho", criando Oficinas Nacionais para amainar a crise de desemprego que estava por trás dos protestos.

A agitação aumentou com a chegada da revolução a outras capitais. As ferrovias, o telégrafo e os jornais rapidamente transformaram a revolução em Paris numa revolução europeia, à medida que outras cidades seguiam o exemplo e se sublevavam também. Inspiradas nas notícias de Paris, revoltas populares estouraram a partir de meados de março em Viena e Berlim, Baden, Dresden, Leipzig, no Palatinado e outros Estados alemães. Ministros liberais tomaram o lugar de velhos governos reacionários; promoveram-se reformas políticas; e em 1º de maio uma assembleia nacional alemã, o Parlamento de Frankfurt, foi eleita por amplo eleitorado masculino. A revolução chegou ao norte da Itália, onde os milaneses se insurgiram contra os austríacos e os venezianos proclamaram uma república em março; e na Polônia, onde uma revolta contra o domínio prussiano teve início em Poznán no dia 20 de março. Logo viria a adesão dos exilados poloneses de Berlim e Paris, viajando de trem para se juntar ao movimento de independência nacional com milícias organizadas para combater o exército prussiano e potencialmente os russos também, caso o tsar decidisse intervir.

As esperanças da primavera logo seriam violentamente frustradas por violentos confrontos em Paris nos meses de maio e junho. Decepcionados com o governo moderado eleito para a Assembleia Nacional, os trabalhadores desceram às ruas em protestos organizados por Louis Blanc e outros socialistas. E entraram em confronto com a Guarda Nacional, leal ao governo. Turgueniev presenciou a grande manifestação de rua do dia 15 de maio, na qual os trabalhadores marcharam da Place de la Concorde ao Palais Bourbon, onde a Assembleia Nacional se reunia, forçando a entrada na câmara para ler uma declaração de apoio à Polônia, passando em seguida a assediar o Hôtel de Ville, sede da prefeitura, e proclamando um "governo insurrecional" formado por socialistas, até finalmente serem dispersados pela Guarda Nacional.[122] Para fazer frente a uma ameaça de levante socialista, fundou-se um "Partido da Ordem" e as Oficinas Nacionais foram fechadas, provocando três dias de combates entre trabalhadores e a Guarda Nacional a partir de 23 de junho — as Jornadas de Junho. Os trabalhadores foram neutralizados e seus líderes, detidos, enquanto o Partido da Ordem formava um novo governo.

A Revolução de fevereiro fora recebida com entusiasmo por artistas e intelectuais. Socialistas de toda a Europa acorreram a Paris para participar dos acontecimentos, entre eles, Herzen, que havia emigrado da Rússia com a família em 1847 e vivera na Itália até a queda da Monarquia de Julho. Seis anos mais velho que Turgueniev, Herzen mudou de opinião a seu respeito e deixou de considerá-lo um homem de sociedade superficial — o jovem de fato havia amadurecido e se tornara mais sério —, e os dois ficaram amigos, firmemente unidos pela amizade comum com Belinski e o compromisso com a democracia. Turgueniev e os Viardot nutriam grandes esperanças em relação à revolução. Louis era membro ativo de círculos republicanos radicais que desde o início haviam tomado a frente da revolução. Tinha desempenhado papel de destaque numa campanha de banquetes pela reforma política, a partir de julho de 1847. No Banquete de Coulommiers, em outubro, foi o autor do brinde: "À Reforma!" Seu discurso foi inflamatório demais para ser publicado. Ele se tornou ativo propagandista da causa revolucionária, publicando artigos não só na França como em jornais franceses em Berlim, onde suas opiniões radicais tinham menor probabilidade de atrair a atenção dos censores.[123] Nas eleições de abril para a Assembleia Nacional, candidatou-se pelo distrito de Seine-et-Marne, apresentando-se aos eleitores não como um "homem de ontem", mas como "homem do momento".[124] Não se elegendo, Viardot pediu a George Sand que o ajudasse a conseguir um assento — ela era próxima de Alexandre Ledru-Rollin, o novo ministro do Interior —, mas a tentativa não deu resultado.

Sand se posicionava mais à esquerda que Viardot. Acreditava numa espécie de socialismo utópico baseado no amor. No *Bulletin de la République*, publicado pelo Ministério do Interior, escreveu uma série de "Cartas ao Povo" nas quais declarava que a República era "o governo de todo o povo, a organização da democracia, a república de todos os direitos, de todos os interesses, de todas as inteligências e todas as virtudes!". A partir do seu décimo sexto boletim, em meados de abril, ela evoluiu ainda mais para a esquerda, indo além das conclamações de Ledru-Rollin por uma república parlamentar e juntando sua voz às de Louis Blanc por uma revolução operária para o estabelecimento de uma república socialista.[125]

Pauline também se deixou levar pelas esperanças republicanas. No dia 23 de março, Sand convenceu Ledru-Rollin a lhe encomendar a composição de uma versão atualizada da *Marseillaise* (uma cantata intitulada "A Jovem República") para uma noite de gala na Salle Le Peletier, destinada a comemorar o novo nome da Opéra de Paris, rebatizada Théâtre de la République (como fora chamada a Comédie-Française entre 1789 e 1793). Sand foi incumbida das providências para a cerimônia inaugural, à qual compareceria o novo governo em peso. Sua intenção era lançar uma reivindicação em nome das mulheres artistas, para mostrar que podiam ser perfeitamente equiparadas aos homens. Queria grande exposição para Pauline, que fosse admirada pelos membros do governo, como símbolo da República. Esperava também que Louis fosse nomeado diretor da Opéra, para tirá-la da crise. Ao irromper a Revolução de fevereiro, a Opéra fora obrigada a fechar as portas. Sua administração ficou com medo da turba. O novo governo criou uma comissão para apoiar financeiramente a instituição; mas apoio também significava controle. Os radicais se ressentiam da posição privilegiada da Opéra e queriam supervisão de seus gastos.

No dia 23 de março, em cerimônia presidida por Ledru-Rollin, a Opéra reabriu as portas e declarou lealdade à nova República, adotando o novo nome e plantando a Árvore da Liberdade em seu pátio. A situação do diretor, Duponchel, acusado de incompetência, era precária, e os radicais exigiam sua demissão.[126] Corria toda sorte de boatos sobre o possível substituto, mas Sand achou que poderia garantir o lugar para os Viardot. "Quero vê-la reinar como rainha, pois sei que só você não é uma rainha má", escreveu a Pauline pelo fim de março. "Entende aonde quero chegar? Deixe Louis pensar no caso, mas responda rápido. A Opéra será fechada e reformulada em escala mais grandiosa às custas do Estado; Meyerbeer tem lá seus planos, mas não tomará a frente. Ledru-Rollin está procurando outra pessoa."[127]

Em 31 de março, Pauline concluiu a cantata ("uma obra-prima", segundo Sand), mas não pôde cantar por causa de enxaquecas, então ela foi interpretada pelo tenor Gustave Roger, acompanhado por um coro de cinquenta meninas, todas vestidas de branco com faixas tricolores na cintura.[128]

O plano de Sand para nomear Louis diretor da Opéra não deu em nada. Ele não quis que levassem seu nome em conta, argumentando que haveria conflito de interesses se fossem adiante os planos de incluir Pauline no elenco da nova ópera de Meyerbeer. Mais uma vez, punha a carreira dela à frente da sua. A Opéra continuou enfrentando dificuldades sob a direção de Duponchel. Ele solicitava fundos adicionais, não os conseguia e voltava a fechar as portas, e embora o teatro voltasse a abrir em maio, as récitas eram muitas vezes canceladas porque havia medo de sair às ruas e o público era muito pequeno. As Jornadas de Junho obrigaram a fechar novamente a Opéra.

O caos do verão foi um desastre para as artes. O mercado artístico entrou em colapso. A vida de concertos em Paris parou completamente. Chopin foi para Londres. A aristocracia tinha fugido da capital, e o compositor perdeu a renda das aulas de piano. Uma de suas fiéis seguidoras, Jane Stirling, o convidou a ir para a Inglaterra, prometendo conseguir alunos e contratos. Em

Londres, ele teve ajuda de Manuel Garcia, irmão de Pauline, que havia fugido de Paris, onde se apresentara como voluntário à Guarda Nacional, ficando horrorizado com a violência das Jornadas de Junho (em dado momento, vira George Sand no alto de uma barricada clamando, ao reconhecê-lo: "*N'est-ce-pas que c'est magnifique, n'est-ce-pas que c'est beau!*").[129] Pauline achou que Manuel detestaria a Inglaterra, mas ele acabou se estabelecendo no país. Consagrado professor de canto, viria a se integrar aos quadros da Real Academia de Música.

Pauline também visitou Chopin ao viajar a Londres para a temporada de verão em Covent Garden. O catastrófico rompimento de Chopin e George Sand em 1847 — resultado de vários anos de ressentimentos, raiva, orgulho e mal-entendidos — o aproximara de Pauline. Ela se condoía do coração partido e da saúde precária do amigo — a tuberculose o fazia sofrer muito. Para ajudar o compositor necessitado, cantou em alguns dos concertos promovidos em seu benefício pelo fabricante de pianos Henry Broadwood, começando com um recital de Chopin na mansão de Lorde Falmouth em St James's Square, a 7 de julho. Em vez do habitual cachê de quinze guinéus por um concerto, Pauline cantou por dez guinéus.[130]

Ao voltar a Paris, Pauline mudou-se para a casa que havia comprado na Rue de Douai, na arborizada área do 9º *arrondissement* conhecida como "Nova Atenas". Os Viardot tinham decidido morar lá para se afastar da agitação do centro, onde grassava o cólera, e também porque o querido amigo Ary Scheffer tinha uma mansão na rua vizinha. Ocupavam agora uma "linda casinha" de três andares com ampla estufa na parte traseira, se prolongando num jardim cercado de árvores, e tendo na frente um pátio com estábulo e moradia para os empregados. Compraram o imóvel por 75 mil francos e gastaram pelo menos o equivalente para transformar a estufa numa galeria para a coleção de arte de Louis, onde Pauline também tinha o seu "grand salon", ampla sala de paredes recobertas de papel verde claro com motivos florais, na qual acomodou sua ampla biblioteca, o piano Pleyel e um órgão feito especialmente pelo famoso construtor Aristide Cavaillé--Coll, pelo qual pagou 10 mil francos. Ary Scheffer tinha pintado um retrato de Pauline como Santa Cecília, sem esquecer a auréola, e ele foi afixado no instrumento por Cavaillé-Coll. Em carta a George Sand, Pauline justificava a prodigalidade de gastos:

"É um divertimento, e estávamos precisando — não passar a vida inteira ganhando dinheiro só para acumular. De minha parte, trato de gastar rapidamente tudo que pode ser gasto, mas procurando não cometer loucuras. [Louis] insiste em que eu devo me tornar *propriétaire* — o que é bom, mas não para me beneficiar — e construir um ninho. Escolhi o galho mais frágil e o momento mais tormentoso para construir esse ninho. Recorremos a todo tipo de mão-de-obra, exceto pedreiros, e nosso dinheiro escorre pelas mãos deles. Posso lhe garantir, minha Ninounne, que por mais que me divirta arrumando esta casinha, enquanto não estiver concluída é apenas um sonho — decididamente, Ninounne, não nasci para proprietária e o Sr. Proudhon pode ficar satisfeito comigo. Se toda propriedade deve um dia ser destruída, eu mesmo atearia fogo aos quatro cantos da minha casa [...]."[131]

Sand respondeu com sarcasmo, garantindo a Pauline que fizera um "bom negócio comprando agora, quando as propriedades são vendidas por metade do valor que tinham ontem, e quando aqueles que têm dinheiro podem dobrar o capital. É uma pena para os que são forçados a vender! Foi o que aconteceu com minha filha. Sua casa valia 200 mil francos, mas está à venda por 100 mil francos. Se tiver algum dinheiro guardado, eu a aconselharia a comprar."[132]

A crise financeira da Opéra continuava se agravando. Em julho, ela teve de ser socorrida pelo governo com um "crédito extraordinário", para ter alguma perspectiva de montar uma temporada no outono.[133] Todas as esperanças se depositavam na muito aguardada estreia da Grand Opéra *Le Prophète*, de Meyerbeer. Ledru-Rollin fazia questão que assim fosse, louvando Meyerbeer e a obra que estava para apresentar, que, em sua opinião, "atrairia a Paris toda a Europa".[134] As negociações contratuais se arrastaram por vários meses. A Opéra não tinha mais dinheiro para os cenários e figurinos luxuosos exigidos por Meyerbeer, nem para os elevados cachês que Viardot cobrava para interpretar o principal papel feminino. Mas, por fim, tudo acabou sendo acertado. A Opéra precisava da "celebridade" de Madame Viardot, explicava Meyerbeer em carta a Louis, e a única maneira de assegurar sua colaboração era aceitar as exigências.[135] Recursos extraordinários foram adiantados pelo governo, permitindo a assinatura dos contratos em outubro, quando deviam começar os ensaios.

Antes de chegar a Paris, Meyerbeer passara alguns meses viajando pela Alemanha e a Áustria para checar produções de suas óperas. Ele gostava de compor no trem. Assim foram escritas as árias finais de Le Prophète, concluídas em Paris com o ruidoso pano de fundo da revolução nas ruas. Ritmos de marcha e inflexões da Marseillaise se insinuaram na partitura.[136]

O tema da ópera não podia ser mais atual: a história do profeta João de Leiden, líder dos anabatistas num levante contra o príncipe-bispo de Münster em 1534. Os revolucionários ocuparam essa cidade da Vestfália, fundaram uma comunidade teocrática e resistiram durante um ano, até serem derrotados pelo exército do príncipe-bispo. Muito antes da estreia todo mundo já se dava conta dos paralelos com a situação revolucionária na Europa. "Meyerbeer começou a ensaiar o seu Prophète", escreveu Berlioz ao conde Wielhorski, "é um homem de coragem se arriscando assim a lançar uma obra dessas dimensões numa época em que rebeliões ou uma mudança de governo podem cortar seu caminho, por maior que seja sua eloquência".[137] Antes mesmo da estreia, eram lançadas paródias da perigosa ópera, entre elas a que foi apresentada no Théâtre du Vaudeville, tendo no título espirituoso um trocadilho com as palavras francesas para designar "anabatista" e "asno": L'Âne à Baptiste, ou, Le Berceau du socialisme ("O Asno Batista, ou O Berço do socialismo").[138]

Meyerbeer não ignorava os riscos políticos da ópera. "A incitação à revolta que acompanha a derrubada do poder vai causar muitos problemas", escrevera a Scribe ao ler a primeira versão do libreto em 1836.[139] Evitou então passar em Le Prophète uma mensagem revolucionária que redundasse na sua proibição.[140] Se o libreto de Scribe atribuía motivações sociais à revolta anabatista, na versão final usada por Meyerbeer o levante popular é manipulado pelo profeta dogmático, que o conduz ao desastre. João (João de Leiden) é apresentado como amante ciumento movido pelo sentimento de vingança, um fanático religioso que se ilude com a adulação dos ingênuos seguidores, imaginando que é o Messias. É a mãe, Fidès, quem o faz ver que está num caminho errado.[141] Apresentando-a como alicerce moral da ópera (possivelmente a primeira com uma mãe no principal papel feminino), Meyerbeer fazia com que a única conclusão possível fosse não confiar em falsos profetas.

Ao se aproximar a estreia, Meyerbeer ficava cada vez mais nervoso com a eventual recepção de sua primeira ópera em treze anos. Os ensaios na Salle Le Peletier e no apartamento do compositor na Rue Richelieu passaram dos cinquenta. Ele fazia constantes alterações na partitura, convocou o líder da claque para pedir sua opinião e perguntou aos músicos da orquestra o que achavam das passagens que o preocupavam mais. Acima de tudo, contava com os conselhos de Pauline. Ela sugeriu alguns aprimoramentos, todos aceitos.[142] Raramente um cantor desempenhara papel tão importante na composição de uma ópera. Segundo o crítico Henry Chorley, que assistiu aos ensaios, a versão final de Le Prophète devia quase tanto a ela quanto a Meyerbeer. "Ela é regente, diretora de cena — numa palavra, a alma da ópera, que lhe deve pelo menos metade do sucesso", concordava o compositor Ignaz Moscheles. Meyerbeer ficou tão satisfeito com o trabalho da sua "capitã", como a chamava, que condicionou a apresentação da ópera em outras ci- dades à sua participação no papel de Fidès, e na sua própria ausência, como aconteceu em Londres em 1849, a encarregava dos ensaios.[143]

Também havia muito trabalho a ser feito com os efeitos técnicos, dos quais dependeria em grande medida o sucesso da ópera. No terceiro ato haveria um deslumbrante alvorecer, com a projeção numa tela de luzes elé- tricas instaladas no fundo do palco. Pela primeira vez na história da ópera se usava luz elétrica. O efeito foi tão impressionante que a Gautier pareceu "não ser mais uma pintura, mas a própria realidade".[144] O Ato III também teria um "balé sobre patins", invenção então desconhecida em Paris, vista por Meyerbeer num número de artistas de rua (ver imagem 45 do encar- te). O patinador imediatamente foi contratado pela Opéra, para ensinar o coro a patinar. Meyerbeer gostava de introduzir invenções em suas óperas. Conferia-lhes um ar de modernidade atraente para o público em grande parte burguês. Para o quarto ato de Le Prophète, compôs música para uma banda de 24 instrumentos de metal tocando no palco; dela faziam parte dezoito saxornes, novo instrumento patenteado em Paris em 1845 por Adolphe Saxe, o inventor do saxofone.

Ao se aproximar a noite de estreia, a excitação era grande. Há anos a ópera era esperada. Os jornais estavam cheios de analogias políticas (Gautier informava que os diálogos "podiam ter sido extraídos da prosa de jornais comunistas"). Os ingressos para as primeiras quarenta récitas imediatamente se esgotaram. Entradas para a plateia eram vendidas a 250 francos, camarotes, por 1.200 francos, informava *Le Messager des théâtres*. A produção foi um maná para a Opéra, comparada por *Le Crédit* a "todo o ouro da Califórnia".[145]

Dignitários de toda a Europa chegaram para a noite de estreia, 16 de abril de 1849. O recém-eleito presidente, Luís Napoleão, se acomodou no camarote real. Uma grande delegação da Assembleia Nacional também estava presente. Turgueniev ficou na plateia. Assim como Berlioz. Chopin, de volta de Londres e sofrendo de tuberculose, se arrastou da cama até a Opéra. Heine não conseguiu ingresso. Nem Delacroix.

A noite foi um triunfo para Pauline. Ao descer a cortina sobre a última e explosiva cena — em que João e Fidès se atiram num enorme incêndio de luz elétrica engolfando o palco todo —, houve "um longo hosana de bravos, aclamações e bater de pés", segundo o *Journal des théâtres*. Viardot foi chamada ao proscênio uma dúzia de vezes, e sua performance, a primeira de sua carreira na Opéra de Paris, destacada em elogios por Meyerbeer e os críticos. Nenhum deles importava mais que Berlioz, que informava no *Journal des débats* que ela

demonstrou um talento dramático que ninguém na França acreditava pudesse ter em tão alto grau. Suas atitudes, seus gestos, suas expressões, até seus trajes foram estudados com profunda arte. Quanto à perfeição do canto, a extrema habilidade das vocalizações, sua segurança musical — são coisas já agora conhecidas e apreciadas de todos, mesmo em Paris. Madame Viardot é uma das maiores artistas que nos vêm à mente na história passada e presente da música.

Voltando do teatro tarde naquela noite, Pauline escreveu um breve bilhete a George Sand: "Vitória! VITÓRIA, minha querida Ninounne! E boa noite!"[146]

A ópera foi um grande sucesso comercial. Entravam pela bilheteria toda noite 10 mil francos, o suficiente para salvar a instituição da crise financeira, até que, em julho, uma epidemia de cólera obrigou a Opéra a fechar as portas depois de apenas 25 récitas. A produção voltou a ser apresentada no outono, contudo, permanecendo mais dois anos em cartaz nesse elevado patamar de receita.[147] Pauline ficara "bem nervosa" na estreia da reprise, escreveu

Turgueniev a Chorley no dia 6 de novembro, por causa de "boatos absurdos" espalhados pelos inimigos "para puni-la por ter participado de um banquete republicano em Londres" (ela chegou a ser acusada de esconder socialistas da polícia francesa); mas "as pessoas corretas não deram atenção a esses insultos e calúnias contra gente que não pode se defender", prosseguia o leal amigo de Pauline, e "sua recepção foi magnífica".[148]

Três anos depois da estreia parisiense, Le Prophète fora montada em cinquenta cidades de todo o mundo — de Nova York e Nova Orleans a Constantinopla e São Petersburgo. Pauline saiu em turnê com a ópera, começando em Londres, onde Thackeray e Dickens compareceram à estreia a 24 de julho de 1849, e terminando em Viena e Berlim. Em Courtavenel, Turgueniev acompanhava os seus progressos pela imprensa. E lhe escrevia incessantemente. No dia da estreia londrina, acompanhou os acontecimentos olhando para o relógio e imaginando a performance. "Onze horas", escreveu nessa noite. "O quarto ato acaba de terminar, e eles estão clamando por você; eu também aplaudo: Bravo! Bravo! Muito bem! Meia-noite: ainda estou aplaudindo com toda força e jogando um buquê de flores no seu retrato. Foi tudo magnífico, não foi?"[149]

Pelos direitos da partitura, Meyerbeer recebeu o mais alto valor em dinheiro jamais pago a um compositor — 19 mil francos da Brandus, pelos direitos na França, 17 mil francos da Delafield and Beale pelos direitos ingleses e 8 mil francos da Breitkopf & Härtel pelos direitos na Alemanha; no total, 44 mil francos. Ele ganhou muito dinheiro com a publicação dos arranjos, que logo sairiam em partituras para todos os instrumentos e combinações de instrumentos possíveis e imagináveis — "para piano a duas e quatro mãos, um e dois violinos, duas flautas, até para flajolé!", zombava Berlioz — e em todos os níveis de dificuldade técnica.[150]

A reação da crítica foi variada. Berlioz, que verdadeiramente se interessara no passado pela música de Meyerbeer, elogiando-a, já não se entusiasmou tanto com Le Prophète. Achava que continha boa música, mas ia longe demais na coloratura (ornamentação da linha vocal) e em outros efeitos musicais para agradar ao gosto mais vulgar. Segundo os irmãos Escudier, em seu jornal La France musicale, a música evidenciava grande habilidade, mas carecia de inspiração melódica. Turgueniev também tinha lá suas dúvidas. Escrevendo nos Anais da Pátria, ele reconhecia a força dramática da ópera e considerava extraordinária a orquestração, mas, de modo geral, a música era eclética, obra de um compositor que já não era o mesmo. Delacroix detestou tudo. "Essa obra monstruosa, Le Prophète", registrou em seu diário a 23 de abril, "é a própria degradação da arte".[151]

Mas ninguém se mostrou mais crítico que Richard Wagner, o antigo protegido de Meyerbeer. Ficou, segundo diria mais tarde, tão "tomado de raiva e desespero" ao ouvir Le Prophète pela primeira vez na Opéra, em fevereiro de 1850, que apesar de estar sentado no centro da plateia, levantou-se no meio da récita, incomodando todos ao redor, e se retirou.[152]

Wagner fora a Paris ainda jovem, em 1839, para fazer fama e fortuna como compositor de ópera na capital musical da Europa. Na época, estava compondo Rienzi, obra delineada segundo as convenções da Grand Opéra (só que ainda mais longa, durando cinco horas), com balés, efeitos cênicos e enormes números corais situados na Roma Antiga. Queria que Rienzi "superasse todos os exemplos anteriores [de Grand Opéra] com suntuosa extravagância". Em busca de quem o apoiasse, Wagner procurou Pauline Viardot, que cantou trechos da música composta por ele, mas não se comprometeu a interpretá-la em público. Mas era a proteção de Meyerbeer que ele realmente buscava. Na viagem de Paris a Londres, passara por Boulogne para encontrá-lo e tocou trechos da sua ópera. Meyerbeer admirava a música de Wagner e escreveu duas cartas de recomendação à Opéra de Paris, que rejeitou Rienzi. Fracassar em Paris era normal para um jovem compositor, mas Wagner tomou a coisa como uma desfeita ao seu gênio e se voltou contra a cidade, afirmando que entregara a alma ao comercialismo e ao amor do dinheiro, o que ele rejeitava em nome de uma forma de arte "germânica" mais elevada. Em 1841, de qualquer forma, ele ficou grato ao benfeitor, Meyerbeer, cuja carta de apoio fez com que a ópera de Dresden decidisse montar uma produção de Rienzi.[153]

A influência artística de Meyerbeer em Wagner foi apontada pelos críticos (Hans von Bülow mais tarde gracejaria que Rienzi era "a melhor ópera de Meyerbeer"). Liszt achava que as partituras de Rienzi e Les Huguenots deviam ser cotejadas, pois, segundo ele, certas páginas da ópera de Meyerbeer tinham ido parar acidentalmente na de Wagner. Mortificado com a acusação de plágio e ainda magoado com o fracasso em Paris, Wagner escreveu a Schumann em 1843:

Não sei o que significa 'meyerbeeriano', senão uma tática astuciosa em busca de popularidade rasa [...]. Mas se de fato houvesse algo concreto, algo consistente podendo ser considerado 'meyerbeeriano' [...] neste caso devo confessar que seria uma maravilhosa peça pregada pela natureza se eu tivesse colhido alguma coisa nessa corrente, cujo simples cheiro me é repugnante até a distância.[154]

Em seus anos em Dresden, de 1842 a 1849, Wagner continuou recebendo apoio de Meyerbeer. Escrevia-lhe cartas de tom subalterno, implorando que conseguisse programar *O Navio fantasma* (1843) na Opéra de Paris. Essa deferência continuou enquanto Meyerbeer lhe adiantava dinheiro e lhe oferecia banquetes em sua casa. "Verto lágrimas de emoção quando penso no homem que é *tudo* para mim, *tudo*", escreveu. "Não disponho mais da minha cabeça e do meu coração; são eles propriedade sua, meu mestre." Mas, em dado momento, os empréstimos secaram. A servil devoção de Wagner se transformou em raiva do generoso mentor. "Ele me repugna além da conta", escreveu a Liszt. "Esse homem eternamente afável e agradável me lembra de um período turvo da minha vida, para não dizer depravado, em que ele fingia ser meu protetor; foi um período de conexões e intrigas em que somos enganados por nossos protetores, dos quais no fundo não gostamos em nosso coração."[155] Meyerbeer nem de longe teve a menor notícia do ódio de Wagner.

Wagner embrulhou seu venenoso ressentimento numa ideologia nacionalista. Anos antes, em 1837, enviara a Meyerbeer uma carta de bajulação: "Vejo-o cumprindo a missão do Alemão, assumindo as virtudes das escolas italiana e francesa como modelo para tornar universais as criações do gênio alemão."[156] Mas agora vinculava sua causa a uma corrente mais xenofóbica do nacionalismo alemão, em hostil oposição a esse cosmopolitismo. No mundo da música, esse nacionalismo já fora expresso por Schumann em seus ataques críticos aos *Huguenots* de Meyerbeer. A força ideológica dessa crítica se expressava no contraste entre as qualidades espirituais da música "alemã" séria, evoluindo no reino mais elevado da arte, e a frivolidade da música italiana e francesa, parte meramente de uma indústria do entretenimento (música "para o circo", na expressão de desprezo de Schumann se referindo a *Les Huguenots*). Nessa polaridade é que Wagner agora se posicionava contra Meyerbeer. Em 1847, escreveu ele a Hanslick:

Se tivesse de resumir com precisão o que é que acho tão repulsi-
vo na [...] indústria da ópera hoje, resumiria tudo sob o título
"Meyerbeer". Vejo na música de Meyerbeer uma grande capacidade de alcançar efeitos superficiais que impede sua arte de chegar
a uma maturidade nobre [...] ela sonega a essencial interiorização
da arte, preferindo aspirar à gratificação do ouvinte de todas as
formas possíveis.[157]

Esse nacionalismo artístico foi aguçado pelas revoluções alemãs de
1848-9. Ativamente envolvido, com Bakunin, na sublevação de Dresden
em 1849, Wagner encarava as revoluções como uma liberação nacional do
sistema monetarista burguês, e particularmente da dominação do judaísmo
internacional. A partir dessa época é que o antissemitismo se tornou um
componente da sua filosofia musical, exposta no artigo "O judaísmo na
música", publicado no *Neue Zeitschrift für Musik* em 1850, pouco depois
da sua retirada indignada da récita de *Le Prophète*.

Publicado sob pseudônimo ("para evitar que a questão seja reduzida pelos
judeus a um nível puramente pessoal", como explicou a Liszt), o artigo de
Wagner era no fundo um ataque pessoal a Mendelssohn e Meyerbeer. Ele
sustentava que os judeus não tinham um caráter nacional. Eram "desagra-
davelmente estrangeiros em qualquer nação europeia a que pertençam".
A partir dessa premissa, Wagner se lançava numa ofensiva contra Mendelssohn, que morrera apenas três anos antes, sustentando que sua música
era um pastiche sem verdadeiro sentimento nem nacionalidade. O artigo
culminava num ataque velado a Meyerbeer, que, apesar de não ser citado
nominalmente, era com toda evidência o alvo visado. Associando os judeus
ao domínio do dinheiro e do comercialismo nas artes, Wagner explicava
que o sucesso popular desse "famoso compositor de óperas" se devia a sua
disposição "judaica" de cortejar os gostos mais desprezíveis em nome do
ganho monetário. Dois anos depois, em *Ópera e drama*, publicado com
sua assinatura, Wagner deixava claro o objeto do seu ataque. Referindo-se
a Meyerbeer como "um banqueiro judeu que teve a ideia de escrever música", ele dizia que *Le Prophète* era uma obra frívola e incoerente que buscava
efeitos para agradar ao público ("efeitos sem causas", referência, que ficaria
famosa, ao alvorecer do fim do terceiro ato).[158]

Meyerbeer estava acostumado a sofrer ataques. Rico e bem-sucedido, granjeara muitos inimigos. Já fora até traído por amigos. Em 1847, como Meyerbeer não lhe emprestou um dinheiro de que precisava, Heine escreveu um artigo acusando-o de não ter talento e ser um "colossal egoísta" que usava os amigos para promover a própria celebridade. O que já não era nada bom. Mas ser atacado por ser judeu era diferente. Meyerbeer ficou magoado, pois sempre se considerara alemão, decorrendo toda a sua insegurança da condição judaica. O fato de ser rico e bem-sucedido como judeu na Alemanha o tornava vulnerável, mesmo com o apoio da corte prussiana e das cabeças coroadas de outros Estados alemães. Ele suportou em silêncio o ataque de Wagner, não se defendeu, dando indicações dos seus sentimentos apenas em seu diário. Adoeceu, queixando-se de dores no estômago, que costumavam se manifestar quando se estressava, e passou meses se recuperando em estações termais. Seria difícil dizer até que ponto a doença foi diretamente causada pela traição de Wagner. Mas o fato é que ela mudou Meyerbeer, que passaria muitos anos sem compor outra grande obra. *L'Africaine*, sua última Grand Opéra, só seria concluída pouco antes da morte.[159]

Meyerbeer foi um gigante da ópera no século XIX. Mas, no longo prazo, sua reputação se perdeu; sua música passou a ser considerada sinônimo de mau gosto e vulgaridade, de subordinação da arte ao comércio; no século XX, suas obras perderam o lugar no repertório operístico. O triunfo do wagnerismo se encarregou disso.

5

Depois de uma longa luta contra a tuberculose, Chopin morreu em Paris no dia 18 de outubro de 1849. Sua irmã Ludwika e a filha de George Sand estavam a seu lado nos últimos momentos, mas não a própria Sand. Nessa derradeira etapa, agravando-se a doença, ele tentava impor a vontade de ser visitado apenas pelos amigos. Pauline foi vê-lo várias vezes. Mas, como escreveu a Sand, sempre encontrava gente demais junto ao leito de morte. "Todas as grandes damas parisienses consideravam *de rigueur* ir desmaiar no seu quarto, congestionado de pintores traçando croquis, e um homem fazendo daguerreótipos queria que a cama fosse aproximada da janela para banhar de luz o moribundo."[160]

O funeral foi na Igreja da Madeleine no dia 30 de outubro. Uma multidão se juntou em frente à igreja, com as colunatas da fachada cobertas de preto. Só se podia entrar com ingresso. Cerca de 4 mil pessoas tinham sido convidadas. Observando a afluência de carruagens no largo e os convidados se aglomerando na entrada da igreja, Berlioz concluiu que "toda Paris artística e aristocrática estava lá". A pedido da família, Meyerbeer esteve entre os que carregaram o caixão, ao lado de Delacroix, do príncipe Adam Czartoryski e de Camille Pleyel. Meyerbeer não conhecera bem Chopin, mas Chopin era um dos seus admiradores. Turgueniev estava num dos primeiros bancos. Chegara cedo para ouvir de perto Pauline cantando a parte de contralto do *Requiem* de Mozart, como desejava Chopin para o seu funeral, juntamente com a soprano Castellan, o baixo Luigi Lablache e o tenor Alexis Dupont, velhos amigos do compositor. Como não era permitido que mulheres cantassem numa igreja, foram necessários dias de insistência dos mais poderosos amigos de Chopin para convencer o arcebispo de Paris a abrir uma exceção, autorizando Viardot e Castellan a cantar, desde que não fossem vistas. E elas cantaram por trás de uma cortina preta.[161]

Pauline queria remuneração em dinheiro para se apresentar no funeral de Chopin. Insistiu num cachê de 2 mil francos, quase metade do custo do funeral. Muitos atribuiriam tal exigência a motivos mercenários. Pauline, porém, mais uma vez considerava tratar-se de um compromisso profissional como qualquer outro, e sempre dissera que um cantor não deve cantar por nada. Todos os relatos dão conta de que recebeu o seu cachê. Turgueniev, de sua parte, ficou satisfeito. "Ela cantou magnificamente, evidenciando aquela técnica de igreja grandiosa, mas simples de que tem o segredo", escreveu ele a Chorley.

> O funeral foi muito bonito e comovente, também: não tanto uma cerimônia, mas um autêntico adeus a um amigo querido. Havia muitas mulheres na igreja e muitas chorando por trás dos véus. A orquestra tocou uma Marcha de Chopin, triste e plangente; e um dos seus pequenos prelúdios, tocado no órgão, teria sido ainda mais comovente se o organista não tivesse exagerado no registro 'voz humana' [...] Por sinal, o seu artigo sobre Chopin no *Athenaeum* me agradou muito; acho que seria difícil ser mais compreensivo ou mais justo: é como se deve falar dos mortos.[162]

3. AS ARTES NA ERA DA REPRODUÇÃO MECÂNICA

Em matéria de pintura e escultura, o credo dos sofisticados hoje em dia, sobretudo na França, é este: "Creio na Natureza, e apenas na Natureza [...]. Creio que a Arte é e não pode ser senão a exata reprodução da Natureza [...]. Assim, uma indústria capaz de nos dar um resultado idêntico à Natureza seria a arte absoluta." Um Deus vingativo deu ouvidos às preces dessa multidão. Daguerre é o seu Messias.

CHARLES BAUDELAIRE, "O SALÃO DE 1859"

1

Em janeiro de 1850, um sujeito de nome Charles Gounod (imagem 46 do encarte) procurou Pauline Viardot. Trazia uma carta de apresentação do maestro François Seghers, recomendando-o como compositor. Na verdade, os dois se tinham conhecido em Roma nove anos antes, quando Pauline estava em lua de mel com Louis e Gounod se hospedava na Villa Medici como pensionista do Prix de Rome que acabava de ganhar. Nessa ocasião, ela cantara uma ária de *Der Freischütz*, de Weber, e ele a acompanhara ao piano, incrivelmente, de memória. Pauline esquecera desse encontro, mas Gounod, não. Considerava esse contato com ela a porta de entrada para o teatro, "o único lugar para fazer um nome", como dizia. Compondo até então para a igreja, ele ainda lutava por se estabelecer na carreira.[1]

Pauline concedera ao visitante meia hora do seu tempo. Mas ficou tão impressionada com sua música que passou o dia inteiro em sua companhia e acabou prometendo cantar o papel principal de qualquer ópera que viesse a compor. Chegou a impor como uma das condições para a renovação do seu contrato na Opéra de Paris que uma obra dele fosse montada dentro de um ano. Nestor Roqueplan, o diretor da Opéra, queria tanto reter sua prima-dona que prontamente concordou com o capricho.

Pauline queria muito encontrar novos talentos para o teatro. Estava cansada de *Le Prophète*. "Não tenho cantado nada além do eterno *Prophète* (eu não disse imortal)", escreveu a George Sand a 16 de fevereiro. Ficou entusiasmada com Gounod, cuja música prometia um renascimento para a ópera francesa. "Tenho estado muito feliz", prosseguia, na carta.

> Conhecemos um jovem compositor que será um grande homem quando sua música ficar conhecida. Ganhou o Prix de Rome há dez anos e desde então trabalha sozinho em seu estúdio, aparentemente sem se dar conta de que cada frase que sai da sua pena é um golpe de gênio. Na verdade, é um conforto para a arte ter pela frente um grande futuro musical a admirar, sem precisar estar sempre torcendo o pescoço a olhar para o passado [...] Ele terá uma ópera no próximo inverno, se eu estiver disponível, como é provável. Além de ter esse gênio, é um homem distinto, uma natureza nobre, elevada e simples.[2]

Pauline estava apaixonada por Gounod. Escreveu a todos os amigos fazendo propaganda do seu gênio. Ele estava destinado a ser o Mozart francês. Era bonito, encantador, elegante nas maneiras e cheio de vida, musicalmente ligado a ela em espírito de uma maneira que nem Louis nem Turgueniev jamais poderiam. Seus sentimentos eram correspondidos pelo compositor.

Nos primeiros meses 1850, os dois passavam horas diariamente trabalhando nas ideias que ele trazia para a composição de *Sapho*, a ópera baseada no mito grego que ele escolhera para Pauline e a Opéra de Paris. Embaraçado com o fato de ter contado com a contribuição de uma mulher na composição de sua ópera, Gounod minimizava o envolvimento de Pauline.[3] Turgueniev se roía de ciúmes. Tentava escondê-lo demonstrando igual entusiasmo com o promissor compositor, e se consolava nas caçadas com o conciliatório Louis, que há muito aprendera a recalcar qualquer sentimento de ciúmes dos admiradores da mulher. Mas se o marido não era ciumento, Turgueniev era. Sofria terrivelmente. Segundo Herzen, Turgueniev começou a beber muito e a frequentar bordéis.[4]

Sua angústia pode ser percebida em duas obras escritas nessa época. Em *O diário de um homem supérfluo*, o herói, Chulkaturin, fica com ciúmes de um príncipe que conquista o coração da sua amada Liza, e o desafia para um duelo. A peça *O estudante* (mais tarde rebatizada de *Um mês no campo*) chega ainda mais perto da complicada história envolvendo Pauline, Louis, Gounod e ele próprio. Casada, a heroína, Natália Petrovna, rejeita seu ardoroso admirador Ryabinin (Rakitin em *Um mês no campo*) ao se apaixonar pelo filho de seu tutor, o estudante Belyaev (Turgueniev confessaria mais tarde que Rakitin era ele mesmo). Uma anotação à margem do manuscrito dá a entender que Turgueniev não sabia ao certo até que ponto a culpa pelo caso com Gounod seria da própria Pauline. No momento em que Natália se conscientiza do seu amor por Belyaev, passagem várias vezes reelaborada, Turgueniev anotou: "Ela mesma não sabia como seu sentimento era forte."[5]

Os tormentos de Turgueniev não cessaram quando Pauline viajou para Berlim, onde a temporada de ópera começou em abril com *Le Prophète*. Dias depois de ter ela deixado Paris, o irmão de Gounod morreu, recaindo sobre seus ombros a responsabilidade pelo sustento da viúva e do filho ainda bebê. Informada da tragédia por Gounod, Pauline disse-lhe que fosse para Courtavenel com sua mãe, a cunhada e o sobrinho, podendo lá trabalhar em *Sapho* sem ser incomodado. Por um favor a Pauline, Turgueniev os acompanhou, para dar apoio moral, descartando seus planos de voltar à Rússia quando os Viardot fossem para a Alemanha. Pauline escreveu a Turgueniev com instruções sobre os quartos que os Gounod deveriam ocupar. Tratava-o quase como um simples criado. Turgueniev fez o que pôde para se comportar como um amigo do compositor, apesar do ciúme "desse monstro Gounod", que recebia cartas mais longas de Pauline.[6] Gounod e Turgueniev saíam juntos para caminhar no bosque. Nas noites em que Pauline se apresentava em Berlim, sentavam-se para acompanhar os prováveis momentos de suas árias, aplaudindo-a *in absentia* e até jogando ramos de lilás branco na cantora fantasma, dos quais algumas amostras seriam enviadas por Turgueniev numa carta a Pauline. Masoquista, ele também dava notícias de Gounod.[7]

No início de maio, Turgueniev não aguentava mais. Escreveu desesperado a Pauline, dizendo em linguagem formal que teria de voltar à Rússia. Deixaria Courtavenel entre 10 e 12 de maio e a caminho passaria por Berlim. Estaria indo embora por ciúmes? Ele próprio não seria capaz de dizê-lo. Mas estava deprimido, e no cerne da sua tristeza estava a impressão de ter perdido Pauline. Da resposta de Pauline não temos notícia. Ela lamentou em carta a Gounod que ele se fosse, mas não lhe escreveu. Turgueniev voltou a escrever, insistindo em que devia partir, mas dizendo que isso o condoía, acrescentando algumas notícias (as atividades dos caçadores ilegais, a mudança do tempo, os progressos de Gounod na composição de *Sapho*), até resolver explicar que não conseguia continuar escrevendo com essa "jovialidade artificial" — nem esconder sua dor por trás de uma aparência de normalidade: "Estou terrivelmente triste", confessava finalmente.[8]

Talvez Turgueniev esperasse que Pauline pedisse que ele ficasse. Não conseguia se decidir a partir enquanto isso fosse possível. No dia 12 de maio, partiu para Paris, mas dois dias depois voltou, alegando ter ouvido de um amigo russo que o tsar ordenara a detenção de oposicionistas suspeitos, o que tornava recomendável que ele esperasse mais um pouco antes de retornar a São Petersburgo. Turgueniev ficou "feliz como um menino" por voltar a Courtavenel, escreveu a Pauline; de tal maneira que a perdoou por ter enviado em sua ausência uma "cartinha minúscula", em comparação com as "grandes, gordas, longas e densamente escritas" que mandava a Gounod. Se pelo menos ela fosse ao seu encontro em Courtavenel, podiam decidir juntos quando ele deveria voltar à Rússia. Quem sabe ela o convenceria a não partir:

A Rússia pode esperar — a vasta e sombria silhueta, imóvel e recoberta por nuvens, como a Esfinge de Édipo. Ela vai me engolir mais tarde. Acho que consigo ver seu grande olhar imutável em mim, fixo num escrutínio soturno bem de acordo com seus olhos de pedra. Não se preocupe, esfinge, eu voltarei, e se não resolver o seu enigma, poderá me devorar como bem quiser. Deixe-me em paz por um pouco mais de tempo! Eu voltarei para suas estepes.[9]

Turgueniev passou mais cinco semanas em Courtavenel. Mostrou-se generoso com Gounod, distraindo-o enquanto trabalhava em *Sapho* e escrevendo a Pauline com elogios à sua música, que considerava demasiado "melancólica" e "elevada" para conquistar popularidade comercial.[10]

Pauline e Louis voltaram a Courtavenel em junho, em seguida viajando para Londres, onde ela cantaria em Covent Garden e numa série de concertos. Mas ela não fez qualquer movimento no sentido de desestimular Turgueniev de voltar à Rússia. Sua presença lá agora se tornava urgente. Comentava-se na Rússia que suas ligações com os círculos republicanos franceses o levariam a ser incluído em breve numa lista de exilados permanentes, o que significaria que suas obras não poderiam ser publicadas em seu país. Ele não podia correr esse risco, pois ainda dependia da pequena renda das suas publicações na Rússia.[11]

No fim das contas, o dinheiro foi o fator mais importante na decisão de Turgueniev de retornar. Privado da pensão materna desde 1848, ele mal conseguia assegurar a subsistência com seus escritos. Até o sucesso das *Memórias de um caçador* em 1852, ele recebia apenas cinquenta rublos de papel (cerca de sessenta francos) do *Contemporâneo* por página impressa.* Frequentemente se via obrigado a pedir emprestado aos amigos ou escrever aos editores na Rússia implorando adiantamento com a promessa de futuras peças e contos. Ele precisava desesperadamente voltar à Rússia, não apenas para assegurar seu futuro como escritor, mas para fazer as pazes com a mãe e assim voltar a receber a pensão, sem a qual não podia sobreviver como escritor. Esperava chegar com ela a um acordo que lhe permitisse viver no exterior.

No dia 15 de junho, Turgueniev viajou com os Viardot para Paris e os acompanhou até a Gare du Nord, onde eles pegaram o trem para Londres. Embora não tivesse anunciado seus planos, trouxera para Paris suas valises e o cão de caça favorito, de modo que Pauline desconfiara de suas intenções, e a separação foi emotiva. Quatro dias depois, ele lhe escreveu, anunciando que voltava à Rússia. Ela respondeu, lamentando, esperando que ele retornasse, mas não pediu que mudasse de ideia. Ele também escreveu a Gounod. No dia seguinte, recebeu uma longa resposta — uma carta do vencedor ao ven-

---

* Na Rússia, a página impressa equivalia a cerca de 5 mil palavras. Continha várias páginas da publicação final, em seguida, cortadas para encadernação em livro. O nível de remuneração de Turgueniev era baixo para os padrões europeus — em torno de doze francos por mil palavras, chegando a aproximadamente dezoito francos por mil palavras depois de 1852. Numa fase comparável da carreira, em 1833, Balzac ganhava da *Revue de Paris* trinta francos por mil palavras (Honoré de Balzac, *Correspondance*, ed. Roger Pierrot, vol. 2 (Paris, 1962), p. 280).

cido — na qual o compositor manifestava a esperança de que continuassem unidos pelos "excelentes amigos, que ambos amamos tão profundamente", e pedindo "em nome dela" que lhe comunicasse por ela qualquer mudança importante em sua vida. Num P.S., acrescentava: "A sua conta de lavanderia é de 8 francos e 55 centavos."[12]

Na noite antes de partir, Turgueniev voltou a escrever aos Viardot. A Pauline confessava que voltar à Rússia era como ir para o deserto. Ela tinha de prometer que não o esqueceria e escrever contando cada detalhe trivial da sua vida. Quando se sentasse ao pé dos choupos no pátio do castelo, ela devia pensar nele em Spasskoe, com as velhas limeiras, contemplando na sua direção em Courtavenel. Anexava um bilhete separado a Louis, que o havia consolado com a profecia de que sua consciência estaria limpa quando ele voltasse à Rússia e fizesse as pazes com a mãe:

> Não quero deixar a França, meu bom e querido amigo, sem manifestar meu afeto e minha estima, sem dizer o quanto sinto que tenhamos de nos separar. Levo comigo sua mais amistosa lembrança; aprendi a reconhecer a excelência e a nobreza do seu caráter, e peço que me acredite quando digo que jamais me sentirei verdadeiramente feliz até poder novamente, de arma em punho e ao seu lado, percorrer as amadas planícies de Brie. Acolho sua profecia e vou tentar acreditar nela. Nossa pátria tem os seus direitos; mas não será a pátria verdadeira aquele lugar em que encontramos mais afeto, onde nosso coração e nosso espírito se sentem mais à vontade? Não existe lugar na terra que eu ame tanto quanto Courtavenel.[13]

Em 29 de junho, Turgueniev partiu num vapor de Stettin para São Petersburgo, seguindo de diligência para Moscou pelo caminho da primeira ferrovia russa, na época sendo construída por vastos exércitos de servos, e afinal chegando à propriedade da mãe em Spasskoe no dia 5 de julho.

Encontrou o irmão recém-casado com uma alemã, Anna Shvarts, que havia sido empregada pela mãe como acompanhante. A tirânica Varvara Petrovna se recusara a aprovar o casamento, mas como não dava ao filho o suficiente para viver, ele se casara com Anna sem seu consentimento e vivia com ela independentemente. A mãe não queria vê-la de jeito algum.

Turgueniev também encontrou uma filha no retorno, uma menina de 8 anos gerada por uma jovem da criadagem, uma costureira chamada Avdotia, de quem se esquecera no exterior. "Eu era jovem", explicaria ele em carta a Pauline. "Estava entediado no campo e me interessei por uma linda costureira empregada por minha mãe. Sussurrei algumas palavras no seu ouvido — ela veio ao meu quarto — eu lhe dei dinheiro — e logo depois me fui."[14] Logo depois de voltar a Spasskoe, ele vira a menina sendo forçada por um cocheiro a carregar um pesado balde d'água. Queixou-se com a mãe, que recebia visitas. Varvara Petrovna mandou trazerem a menina, Pelageya, à sala de estar e perguntou aos convidados com quem ela se parecia. "Puxa, é sua filha", disse então ao filho.

Quando a gravidez começou a transparecer, Avdotia foi mandada para Moscou, onde passou a trabalhar na mansão alugada por Varvara Petrovna na Rua Ostojenka, sendo mais tarde casada com um comerciante. O bebê foi levado de volta a Spasskoe, sendo criado pelos servos da propriedade. Turgueniev ficou chocado. Sentia vergonha. Durante um quarto de século, até a morte de Avdotia, pagou-lhe uma pensão mensal. Turgueniev tinha o senso do dever em relação a essa filha inesperada, mas não verdadeiramente amor ou afeto. Escrevendo a Pauline, propunha-se a entregar a filha a um convento ou levá-la para São Petersburgo e lá encontrar um internato para ela. Não lhe passou pela cabeça criá-la. Pauline se ofereceu para dar um lar à menina, educando-a com a própria filha, então com 9 anos. Turgueniev rapidamente tratou de aceitar a oferta. Certamente lhe agradava ter por meio da filha (que rebatizou de Paulinette) um vínculo familiar com Pauline. Prometeu então assegurar uma renda anual de 1.200 francos para ajudar nas despesas de sua criação. Paulinette foi mandada para Paris com uma governanta. A pobre menina não falava uma palavra de francês. A única coisa que o pai lhe disse quando ela se despediu de Spasskoe foi que "venerasse" Pauline como "seu deus".[15]

Para Turgueniev, a expectativa de reparar as relações com a mãe rapidamente se frustraram. Ela se recusava a conceder qualquer provimento financeiro aos dois filhos, além de pequenas somas em dinheiro quanto lhe desse vontade. "Fui obrigado a escolher entre perder a dignidade, a independência — e a pobreza", escreveu Turgueniev a Pauline no dia 1º de agosto. "Minha escolha não demorou a ser feita — deixei a casa da minha mãe e abri mão da minha herança. Vocês acreditarão em mim, não é mesmo, meus queridos amigos, quando lhes digo que me era impossível agir de outra maneira." Os dois irmãos se mudaram com Anna para Turgenevo, a pequena propriedade do pai a uma dúzia de quilômetros de Spasskoe, onde Turgueniev providenciou acomodações no prédio abandonado de uma fábrica de papel. Seu consolo diário eram as expedições de caça. "Passarei dois meses aqui para pôr meus negócios em dia", escreveu a Pauline, "e então retornarei a Petersburgo para trabalhar e viver do meu trabalho lá."[16]

Em 16 de novembro, Varvara Petrovna morreu, depois de vários dias gravemente doente. Turgueniev estava em Petersburgo e Nikolai escrevera para chamá-lo de volta, mas, na época, a viagem, antes das ferrovias, levava seis a sete dias, e Turgueniev chegou tarde demais. "Minha mãe morreu sem ter tomado providências [para os servos] de qualquer espécie", escreveu dias depois a Pauline:

> ela deixa uma infinidade de pessoas que contavam com ela para não ficar na rua, por assim dizer. Teremos de fazer o que ela deveria ter feito. Seus últimos dias foram realmente tristes — Deus nos livre de uma morte assim. Seu único desejo era se atordoar. Na véspera da morte, até quando a agonia dos estertores já começara, havia — por ordem dela — uma orquestra tocando polcas no quarto ao lado.[17]

A morte da mãe deixou Turgueniev com muitas terras, mas também com muitas dívidas e obrigações em relação aos dependentes. Havia numerosos agregados e parasitas em Spasskoe, criados favoritos, médicos, vizinhos da pequena nobreza pobre querendo benesses de Varvara Petrovna — o tipo de pessoa que enche as páginas das obras de Turgueniev. Imprevisível até o fim, ela adicionara ao testamento uma doação de 50 mil rublos a uma serva que decidira adotar, dinheiro que Turgueniev teve de encontrar numa propriedade falida por administradores negligentes e desonestos. Ele levaria vários anos para descobrir quanto dinheiro deveria ganhar — e quanto havia perdido — com suas propriedades. Só em Spasskoe, tinha uma mansão com terras e servos suficientes para esperar uma renda anual de pelo menos 6 mil rublos de prata, ou 24 mil francos. O que certamente bastava para viver bem como um cavalheiro desocupado, mesmo tendo pago a pensão da filha. O apartamento que alugou em São Petersburgo custava 450 rublos de prata por ano, e quando ele se mudou para lá, em 1855, pagou mil rublos por um cozinheiro que dormia no emprego, um dos melhores da capital. Mas nunca receberia a renda que devia ganhar com Spasskoe. Preocupado com a literatura, não se interessava pela gestão da propriedade, entregando-a a uma série de desastrosos supervisores — a começar por um conhecido do círculo literário de Belinski, N. N. Tiutchev, que perdeu milhares de rublos, seguido por seu tio, Nikolai Turgueniev, oficial de cavalaria reformado, que perdeu ainda mais. Confiando ingenuamente nos que o cercavam e descuidado com o dinheiro, Turgueniev levaria muitos anos para se dar conta das perdas.[18]

Sapho estreou em Paris em abril de 1851. Sucesso de crítica, teve, no entanto, apenas seis récitas, sobretudo porque Pauline só pôde cantar nas três primeiras noites, depois do que o público diminuiu muito. George Sand, que programara viajar para assistir à opera no início de maio, constatou, ao chegar, que Sapho saíra de cartaz.[19]

Gounod considerava que faltavam a Sapho os elementos cênicos que tornavam popular a Grand Opéra.[20] E a produção não foi propriamente ajudada pela caneta pesada dos censores — acionada em nome do popular, mas cada vez mais autoritário Luís Napoleão —, que eliminou certas cenas dramáticas sob a alegação de imoralidade e incitação à rebelião.[21]

Antes da estreia parisiense, Pauline convencera Frederick Gye, o administrador de Covent Garden, a incluir Sapho em seu contrato para a temporada de 1851. Ela cantaria o papel principal.[22] Pauline viajou para Londres no início de junho. Gounod foi ao seu encontro semanas depois. Os dois fizeram alguns acertos na ópera, eliminando cenas que se arrastavam e incluindo um balé. Eram grandes suas expectativas em Londres, onde Sapho estrearia em 9 de agosto. A obra parecia ter boas chances de cativar os ingleses, que estavam em clima festivo no momento da Grande Exposição, inaugurada em Hyde Park em 1º de maio. Mas a ópera foi um fracasso, saindo de cartaz depois de apenas duas récitas. Os críticos londrinos foram impiedosos, acusando Gye de montar uma ópera "monótona" só para agradar a Viardot.[23]

Com tantos visitantes em Londres para a Grande Exposição, a temporada de concertos privados foi particularmente movimentada naquele verão, sendo Pauline muito solicitada. Mas ela conseguiu fazer várias visitas ao Palácio de Cristal, o salão de exposições de vidro e ferro concebido por Joseph Paxton, onde ficou impressionada, como diria em carta à mãe, com "as semelhanças criativas entre as nações e a pura e simples inventividade da humanidade".[24]

A ideia de "exposição universal" remontava aos jacobinos, que haviam promovido a primeira delas para comemorar as conquistas industriais da República francesa em 1798. Desde então houvera muitas outras — em Berna e Madri em 1845, Bruxelas e Bordeaux em 1847, São Petersburgo em 1848, Lisboa e Paris em 1849. Mas a Grande Exposição foi a primeira efetivamente internacional, com a participação de mais de quarenta países. Foi a primeira feira mundial, uma "aldeia global" numa redoma de vidro.

A decisão de internacionalizar a exposição foi tomada pelo príncipe Alberto em 1849, depois de uma visita à Exposition Publique des Produits de l'Industrie Française em Paris. Na qualidade de presidente da Real Sociedade de Estímulo às Artes, às Manufaturas e ao Comércio, o príncipe foi o patrocinador da "Grande Exposição das Obras da Indústria de todas as Nações" (como se denominava oficialmente o evento), tendo à frente da organização Henry Cole, um membro da Real Sociedade que já se encarregara de algumas bem-sucedidas exposições de artes industriais. Originalmente concebida como forma de aperfeiçoar os padrões britânicos de desenho industrial em comparação com outros países, a exposição rapidamente se viu apropriada por ideólogos do livre comércio, que encaravam o desenvolvimento do comércio internacional como um mecanismo para a promoção da paz e do progresso, para não falar dos interesses da Grã-Bretanha como maior potência manufatureira mundial. Os organizadores não enfatizavam o argumento do livre comércio, pois, em sua maioria, os governos estrangeiros ainda se opunham, preferindo recorrer à retórica internacionalista, aos velhos ideais de união entre as nações que tinham sido invocados com o advento das ferrovias internacionais depois de 1843.

"Vivemos numa época de maravilhosa transição, que rapidamente tende à concretização daquela grande finalidade para a qual na verdade aponta toda a história: a realização da união da humanidade", declarou o príncipe Alberto, enfatizando que "as realizações da invenção moderna" significavam que "as distâncias que separavam as diferentes nações" estavam "gradualmente desaparecendo". No cerne desse discurso estavam as vantagens das trocas culturais entre as nações. "A Exposição destina-se a promover e ampliar o livre intercâmbio de matérias-primas e bens manufaturados entre todas as nações do planeta", escreveu o polígrafo inglês Charles Babbage, mais conhecido pela invenção de um computador mecânico, e cujas ideias influenciaram o planejamento da exposição. "É do interesse de todo povo que as demais nações avancem no conhecimento, na capacidade industrial, no gosto e na ciência."[25]

Para Karl Marx, que vivia exilado em Londres desde 1849, a exposição era "uma evidente comprovação da concentrada força com que a moderna indústria em larga escala derruba fronteiras nacionais em toda parte e cada vez mais desfaz as peculiaridades locais de produção, sociedade e caráter nacional entre todos os povos". Tratava-se, em outras palavras, de um símbolo da economia globalizada gerada pelo crescimento das redes capitalistas e do comércio internacional. Marx também via na exposição um monumento ao consumo. Era ela o ato fundador de uma "cultura de consumo" de massa — como seria chamada hoje —, com a atribuição de um valor cultural aos bens, por cima do seu valor de uso. Na visão dele, o Palácio de Cristal era uma vitrine do fetiche das mercadorias, com a exibição de dezenas de milhares de artigos os mais díspares: locomotivas e caldeiras, máquinas e dispositivos elétricos, telescópios e microscópios, pianos de baixo custo, os mais variados tipos de mobiliário, pássaros empalhados, guarda-chuvas, lápis, objetos de ouro e prata, porcelanas e esculturas, impressos e fotografias. "Com esta exposição", escreveram Marx e Engels, "a burguesia mundial ergueu na Roma moderna seu Panteão, nele exibindo, com presumido orgulho, os deuses que produziu para si mesma."[26]

Ao mesmo tempo espetáculo, museu e bazar, a Grande Exposição deixava para trás a velha separação entre objetos de arte, máquinas e mercadorias. A ideia da Real Sociedade era "combinar a mais alta arte com as habilidades mecânicas", como dizia o príncipe Alberto em 1846, e, na exposição, a ênfase era no processo produtivo das artes industriais ("Manufaturas Artísticas", no dizer de Cole).[27] A pintura foi excluída do Palácio de Cristal,* exceto quando se considerasse que demonstrava novo material ou técnica, mas no Pátio das Belas Artes havia esculturas, cerâmicas, mosaicos e trabalhos de esmalte, todos exibidos como preciosas obras de artesãos altamente capacitados.

---

* Chegou-se a planejar uma Galeria de Pintura, porém vetada pelos franceses — que entrariam com a maior contribuição — por motivos econômicos: eles não queriam pagar os custos de transporte das suas pinturas (Patricia Mainardi, "The Unbuilt Picture Gallery at the 1851 Great Exhibition", *Journal of the Society of Architectural Historians*, vol. 45, nº 3, set. 1986, pp. 294-9).

A narrativa gerada por esse princípio de curadoria apresentava a arte como mercadoria de consumo de valor elevado. Os objetos artísticos eram expostos como mercadorias, ao lado de artigos de ouro e prata, relógios e móveis, como numa loja de departamentos.* O vidro era um elemento central da exibição. A invenção do vidro laminado em 1848 permitia a produção das peças de vidro muito maiores usadas na construção do Palácio de Cristal, nas fachadas das lojas de departamentos e nas grandes galerias em arcadas de ferro e vidro, as *passages couverts de Paris.*[28]

Grande parte das obras de arte apresentadas na Grande Exposição era de produção mecânica — moldes e cópias de estatuetas antigas, imitações de bronzes, reproduções litográficas de quadros famosos, tudo destinado à venda no mercado de massa. Embora os organizadores tivessem decidido que não seriam afixados preços aos objetos em exposição, a decisão só fora tomada depois de "muitas consultas e análise", segundo Cole. A norma foi criticada por muitos, entre eles, Babbage, argumentando que o preço "é o fator mais importante de qualquer negócio" e que omiti-lo era "não menos absurdo que representar uma tragédia sem um herói, ou pintar um retrato sem um nariz". Como o principal objetivo da exposição era "a intensificação do comércio e a troca de mercadorias", Babbage considerava que "deveriam ser autorizadas vendas no local". A rainha Vitória provavelmente concordava. Depois de visitar a exposição, ela registrou em seu diário a "vontade de comprar tudo que se vê!"[29]

2

Memórias de um caçador, a obra que fez o nome de Turgueniev, foi publicada em 1852. O livro era uma coletânea de contos anteriormente publicados,

---

* As novas lojas de departamentos, como o Bazar Bonne-Nouvelle e Au Bon Marché em Paris, a Lewis's em Liverpool e a Whiteley's em Londres, seriam muito semelhantes ao salão de exposições. A majestade arquitetônica, com vigas de vidro e ferro deixando a luz entrar nos vastos interiores, era concebida mesmo como um grande espetáculo; a planta se destinava a conduzir o movimento dos visitantes por todos os departamentos, exatamente como a multidão era conduzida pelo salão de exposições.

quase sempre em *O Contemporâneo*, cujo editor, Nekrasov, desde 1847 pretendia reuni-los em volume; mas só três anos depois, com o sucesso dos que já haviam saído, Turgueniev começou a preparar a edição e escreveu as últimas narrativas para o livro. As histórias e desenhos sobre caçadas eram um gênero popular, especialmente quando se apresentavam também como relato de viagem ou comentário social. Louis Viardot fizera sucesso com os seus *Souvenirs de chasse* (1846), que, em 1852, estavam para merecer uma quinta edição na Bibliothèque des Chemins de Fer da Hachette. Turgueniev provavelmente esperava conseguir algo semelhante.

O autor teve problemas com a censura desde o início. Qualquer obra que expusesse as condições de vida dos servos certamente enfrentaria problemas na Rússia, o único país da Europa que, na época, ainda não abolira a servidão. Depois das convulsões revolucionárias de 1848, governos de todo o continente temiam o poder da arte, especialmente do teatro, na mobilização das emoções políticas. O problema era particularmente sério no Império Austríaco, onde a contrarrevolução deixara um legado de sentimentos nacionais frustrados na Hungria, nas terras tchecas e no norte da Itália, entre outros lugares. A ópera *Stiffelio* (1850), de Verdi, foi massacrada pelos censores em Trieste porque o enredo (um pastor protestante perdoa o adultério da própria mulher) foi encarado pelas autoridades austríacas como um ataque à moral católica. *Rigoletto* (1851) enfrentou problemas semelhantes antes de ser montada no Teatro La Fenice em Veneza. Baseada na peça *Le Roi s'amuse*, de Victor Hugo, a obra apresentava o rei da França como um mulherengo imoral, o que foi considerado inaceitável pelos censores austríacos, que depois de longas negociações aprovaram uma versão amenizada, focada no extinto ducado de Mântua sob o domínio da família Gonzaga.

Em lugar nenhum os censores eram mais ativos que na Rússia. As revoluções europeias não chegaram ao país em 1848, mas havia grupos revolucionários e intelectuais comprometidos com a democracia, e deles o tsar e seus apavorados conselheiros esperavam perturbação a qualquer momento. Para isolar a Rússia de um possível contágio de ideias ocidentais, o tsar criou em 1848 o Comitê Buturlin, destinado a ampliar seus poderes de censura prévia. Qualquer atividade literária considerada ainda que remotamente subversiva atraía a atenção da polícia do tsar. Os atos de repressão não precisavam de justificativa racional. Em 1849, o escritor eslavófilo Yury Samarin foi encarcerado por causa de um manuscrito *inédito* no qual criticava a nobreza de

Riga, onde vivia. No mesmo ano, o chamado Círculo Petrachevski, grupo de intelectuais (entre eles, o escritor Dostoievski) que se encontravam toda semana para discutir ideias políticas, foi condenado à morte por um tribunal russo. O crime de Dostoievski foi ler numa dessas reuniões a carta enviada por Belinski a Gogol em 1847, já então famosa, mas proibida, na qual o crítico condenava o misticismo e pregava reformas. No último momento antes da execução, os 21 "conspiradores" foram indultados pelo tsar, tendo as sentenças comutadas por penas de trabalhos forçados na Sibéria.

Turgueniev já tivera problemas com a censura na Rússia, com a proibição de publicar alguns contos em O Contemporâneo entre 1849 e 1851. Mas foram dificuldades insignificantes em comparação com a tempestade desencadeada pela publicação das Memórias em livro em 1852. Sabedor do recrudescimento da censura em São Petersburgo, Turgueniev deixara o amigo Vassili Botkin mostrar seu manuscrito a um censor moscovita relativamente liberal, o príncipe V. V. Lvov, que concordou em orientar o escritor sobre o que seria recomendável cortar. Com base nessas alterações, o livro teve sua publicação aprovada por Lvov em março (entre os cortes estava a dedicatória a Pauline, cujo nome foi substituído por asteriscos).[30] O censor certamente considerou que não havia risco em aprovar contos em sua maioria já publicados. Nenhum deles continha uma única frase suscetível de ser interpretada como um ataque aberto ao sistema tsarista ou à servidão (embora globalmente o livro fosse permeado por uma sutil condenação de ambos).

No dia 28 de abril, Turgueniev foi detido, não aparentemente por causa das Memórias, mas pelo obituário de Gogol que havia publicado no Moskovskie Vedomosti em 25 de março. Turgueniev ficara profundamente abalado com a morte do escritor em fevereiro. "É difícil para você, como estrangeira, avaliar o enorme alcance dessa perda, tão cruel e completa", escrevera então a Pauline. "Até os críticos mais argutos do exterior, um Mérimée, por exemplo, viam em Gogol um simples humorista ao estilo inglês [...] Mas é preciso ser russo para entender o que perdemos. Para nós, ele era mais que um escritor — ele nos revelava, a nós, russos, a nós mesmos."[31] Como todo escritor russo surgido nas décadas intermediárias do século XIX, Turgueniev se considerava um "seguidor de Gogol". Num artigo de grande repercussão publicado em 1845, Belinski considerava o seu conto "O capote" o texto fundador de uma "nova escola literária", por ele definida como "a reprodução da realidade em toda a sua verdade". O termo "realismo" apenas começava a ser empregado, mas a ideia de que o escritor devia mostrar todos os aspectos da sociedade, inclusive a vulgaridade e a feiura, como Gogol era capaz de fazer, segundo Belinski, tornou-se a base da tradição realista na Rússia (na famosa formulação de Dostoievski, toda a literatura russa "saía de baixo do 'Capote' de Gogol").

Não havia nada de político no artigo de Turgueniev sobre Gogol. Apresentando-o, contudo, como um "grande homem", o texto foi escrito num espírito de indignação com o generalizado silêncio da imprensa russa à morte do escritor, frustração que ele expressava em cartas a Botkin e ao crítico eslavófilo Ivan Aksakov, interceptadas pela polícia política do tsar. Turgueniev escreveu nesse mesmo tom a Louis Viardot, que posteriormente publicou em Le Siècle, o jornal republicano francês, a informação, atribuída à fonte russa anônima, de que Gogol fora perseguido pela censura na Rússia. O artigo foi lido por um agente da polícia tsarista em Paris, que identificou Turgueniev como sendo a fonte. Seu relatório foi entregue ao tsar, que estava decidido a punir o escritor por causa de Memórias. Ignorando a recomendação do chefe de polícia no sentido de simplesmente manter Turgueniev sob vigilância, Nicolau o acusou de "declarada insubordinação" e ordenou que fosse encarcerado por um mês, seguindo-se um período de prisão domiciliar na sua propriedade. A sala que serviu como sua cela também abrigava os arquivos policiais de um distrito inteiro, e assim ele teve tempo de consultar documentos secretos tranquilamente. Certa noite, recebeu a visita do chefe de polícia, curioso por conhecer o famoso escritor, o qual, depois de algumas taças de champanhe, propôs um brinde: "A Robespierre!"[32]

Da prisão, Turgueniev escreveu aos Viardot relatando sua situação: achava que o artigo sobre Gogol não passara de pretexto para a detenção, pois as autoridades o mantinham sob vigilância "há muito tempo" — referindo-se com isto ao tempo que havia passado na França com o casal, na companhia de republicanos revolucionários.* É provável que sua intenção fosse advertir os Viardot, que, na época, como ele temia, eram vigiados pela polícia francesa

---

* Turgueniev não sabia, mas a Terceira Seção, ou polícia política, também preparava um relatório sobre suas ligações com um parente distante, Nikolai Turgueniev, um dos principais líderes da revolta Decembrista contra a autocracia em 1825. Estando no exterior na época da sublevação, Nikolai permaneceu exilado em Paris, onde Turgueniev o encontrara em 1845 (Turgenevskii sbornik, p. 212).

desde o golpe de Estado de 2 de dezembro de 1851, quando Luís Napoleão dissolveu a Assembleia Nacional — que se opunha à reforma constitucional por ele pretendida para permitir sua candidatura à presidência para um segundo mandato de quatro anos — e instaurou uma ditadura. Turgueniev era só pessimismo e autocomiseração: "Estou bem de saúde, mas envelheci ridiculamente — Posso mandar uma mecha dos meus cabelos brancos [...]. Minha vida está acabada, não há mais alegria nenhuma — já comi todo o pão branco que tinha."[33]

Turgueniev achava que sua detenção impediria a publicação de Memórias. Lvov recebeu uma "severa repreensão" do ministro da Educação por ter permitido a publicação. Mas já era tarde para impedi-la, e o livro, lançado em agosto, teve sua edição rapidamente vendida tanto em Moscou quanto em São Petersburgo — em grande parte porque a prisão do autor o transformara numa celebridade. Por ordem do ministro da Educação, o chefe da censura examinou novamente o livro, decidiu que era inofensivo e concluiu que, sendo Turgueniev "sabidamente um homem rico", sua motivação só podia ser política — demonstrar "que os camponeses são oprimidos, que os proprietários de terras se comportam imoralmente e contra a lei, que os clérigos batem cabeça para os proprietários fundiários, que os funcionários locais são corruptos, em suma, que os camponeses estariam melhor se fossem livres". Por ordem do tsar, o livro então foi proibido, sendo Lvov demitido.[34]

"Estou lendo as suas Memórias de um caçador", escreveu Aksakov a Turgueniev no dia 4 de outubro de 1852, "e não consigo imaginar o que Lvov tinha na cabeça quando deixou o livro passar. Trata-se de uma sutil série de ataques, um batalhão inteiro disparando contra a ordem fundiária".[35] Memórias causou uma verdadeira sensação. Nenhum outro livro contribuiu tanto para conscientizar a sociedade do sofrimento do campesinato. Pela primeira vez, os camponeses não eram apresentados como simples "tipos rústicos" com expressões e características estereotipadas, como acontecia na literatura romântica, mas como seres humanos complexos, com ideias e sentimentos próprios. Pela simples observação da vida dos servos, Turgueniev provocara mais eficazmente a indignação moral dos leitores que qualquer manifesto político. O impacto de Memórias foi imenso. Publicado no mesmo ano que A cabana do pai Tomás, o livro teve tanta influência na mudança da opinião pública russa em relação à servidão quanto a obra de Harriet Beecher Stowe no movimento contra a escravidão nos Estados Unidos. Era generalizada a convicção de que o tsar Alexander II, que chegaria ao trono em 1855, não só o leu como foi por ele influenciado na decisão de abolir a servidão em 1861. Turgueniev diria mais tarde que o momento de maior orgulho em sua vida ocorreu depois do Decreto de Emancipação, quando dois camponeses o abordaram num trem de Orel a Moscou e fizeram uma reverência até o chão, à maneira russa, para "lhe agradecer em nome do povo".[36]

O que mais impressionou os leitores de *Memórias* foi o realismo visual. De concentrado poder pictórico, os contos muitas vezes eram comparados a fotografias ou daguerreótipos da vida no campo. O próprio Turgueniev declarou que eram "como exposições fotográficas do que eu vi e ouvi".[37] Como escritor, ele certamente podia ser considerado um realista. Tendo feito da "vida real" o tema dos seus trabalhos, ele invariavelmente ia buscar seus personagens no povo. Queria que os leitores entrassem em contato direto com a realidade — vendo-a nas páginas como que através de uma transparência, sem intervenção ou julgamento da parte do autor —, graças a uma prosa descritiva carregada de detalhes sensoriais. O narrador das *Memórias* nada revela de si mesmo, comportando-se como uma janela para a vida. Mas Turgueniev achava que a arte realista nunca devia ser reduzida a uma espécie de reprodução fotográfica. "A arte não é um mero daguerreótipo", escreveu. Na sua visão, espelhar a realidade devia ser apenas o ponto de partida do romancista, cuja tarefa não era simplesmente copiar, mas selecionar e colorir o que queria mostrar, permitindo ao leitor formar opinião própria. A observação da realidade jamais deveria se sobrepor à imaginação do escritor ou à busca das verdades ocultas — as motivações e ideias por baixo da superfície dos atos humanos e da sociedade. Seu objetivo era "capturar a poesia da realidade", como escreveu ao pintor Ludwig Pietsch, o que de fato alcançou em *Memórias*, associando poesia e uma visão fotográfica como poucos escritores. Depois de ler o livro em tradução francesa, George Sand escreveu a Turgueniev: "Você é um realista que enxerga tudo, e um poeta que extrai beleza da realidade."[38]

Turgueniev levava uma vida tranquila na prisão domiciliar em Spasskoe. Sob constante vigilância, sequer podia caçar nas próprias terras sem ser seguido por um policial. "Aqui vão minhas ocupações durante o dia", escreveu a Pauline em novembro de 1852:

Me levanto às oito horas. Tomo o café da manhã etc. até as nove. Em seguida, dou uma caminhada de uma hora. De 10h a 14h, leio, ou escrevo cartas etc. Às duas, como alguma coisa — ou saio para uma breve caminhada. Depois trabalho até as quatro e meia. Jantar em casa às cinco com a família Tiutchev (eu vivo numa ala que dá para o jardim).* Fico com eles até as dez. Jogamos cartas ou lemos em voz alta etc. Vou para a cama às dez, leio até as onze, e imediatamente vou dormir — um dia exatamente igual ao outro. Nada muito alegre, como vê, mas nem tão ruim quanto pode parecer.

O pior era o isolamento da Europa e das partes da cultura europeia que chegavam a Moscou e São Petersburgo. Uma carta de Londres ou Paris levava quinze dias para chegar a Moscou, e mais cinco ou seis até as suas mãos em Spasskoe. Ele não estava acostumado com esse ritmo de vida lento e se ressentia muito do isolamento. "De modo que estou realmente preso aqui no meio das estepes", escreveu a Pauline,

> Tão longe de você quanto possível, longe das notícias — pois não temos jornais aqui, como pode imaginar. Pegue um atlas, procure no mapa da Rússia a estrada que vai de Moscou a Tula e de Tula a Orel — e se entre essas duas últimas cidades encontrar um lugar chamado Chern (logo antes de chegar a outra cidade de nome Mtsenk), fique sabendo que estou a duas léguas francesas (10 versts) dessa cidade.

Sentindo falta de música mais que tudo, ele pedia que Pauline lhe enviasse um arranjo de uma ária de *Sapho* com "um pequeno acompanhamento de piano" que não fosse muito difícil de tocar.[39]

Mas não era apenas da música que ele sentia falta — era de Pauline. No dia 13 de novembro, nono aniversário do primeiro encontro dos dois, Turgueniev lhe escreveu: "Sou hoje, como era nove anos atrás e serei daqui a nove anos, todo seu, de coração e alma. Você sabe. Nove anos! Infelizmente dez se passarão até que eu tenha alguma esperança de voltar a vê-la." Turgueniev

---

* O prédio principal da casa pegara fogo em 1839.

temia que já fosse tarde para reavivar o romance. Ele acabara de completar 34 anos, ela estava com 31. Depois da paixão por Gounod, Pauline tentava recompor a relação com Louis. Dera à luz uma segunda filha, Claudie, em maio de 1852. Turgueniev havia instalado uma camponesa como esposa em sua casa de Spasskoe. Mas o que de fato queria era uma visita de Pauline.

A gravidez a forçara a uma pausa nos compromissos cênicos em Paris. Ela não se apresentou durante a temporada de outono de 1851. Sua volta seria em seguida adiada pelo golpe de Estado de Napoleão em dezembro. Os Viardot eram *personae non gratae* para o regime imperial. Conhecido por suas ligações republicanas, Louis, em particular, era vigiado pela polícia, que o seguia a caminho da biblioteca da Sorbonne e fazia relatórios sobre as pessoas com quem se encontrava no almoço. A sombra da suspeita também se projetava sobre Pauline, que não recebeu qualquer convite da Opéra de Paris para a temporada de 1852. Começou a correr o boato de que ela se retirara da vida artística.[40]

Como em outras vezes, contudo, ela buscava oportunidades no exterior. Falava-se de novas apresentações na temporada de São Petersburgo. No auge da fama internacional, ela podia aproveitar para lucrar com uma viagem à Rússia antes de entrar em decadência vocal. As ligações dos Viardot nos meios radicais eram o principal problema. O repertório italiano proposto por Pauline constituíra o ponto focal do sentimento revolucionário do Risorgimento em 1848, por isto merecendo especial interesse da parte dos democratas russos. O tsar relutava em convidar Pauline. Mas não se podia negar a expectativa popular por um retorno da "nossa Viardot", como os russos continuavam a chamá-la, e no último dia de dezembro de 1852, finalmente foi acertado um contrato com o Teatro Imperial.[41]

Pauline chegou a São Petersburgo em janeiro de 1853. Cantou os papéis que havia cantado na juventude — Rosina em *O barbeiro de Sevilha*, Desdêmona em *Otelo*, Amina em *La Sonnambula* — e se apresentou também em concertos privados para a corte. Ganhou tantas joias que as vendeu para um joalheiro de São Petersburgo, enviando o dinheiro para seu banco em Paris, para não ter o trabalho (e possivelmente não enfrentar o risco) de carregá-las de volta para a França.[42] Em março, foi para Moscou, onde a ópera estava fechada por causa da Quaresma, e assim deu uma série de recitais. Para encanto dos moscovitas, cantou sobretudo canções russas — de Glinka, Alexander Dargomyzhskye, Anton Rubinstein — e até usava um *kokochnik*, o chapéu moscovita tradicional.[43] Pauline continuaria apresentando essas canções em salas de concerto europeias. No meado do século XIX, ninguém contribuiu mais que ela para tornar a música russa mais conhecida e apreciada no Ocidente.[44]

Turgueniev escreveu a Pauline em São Petersburgo, insistindo em que visitasse Orel em sua turnê. Recomendou a orquestra de servos de um dos proprietários de terras vizinhos para um concerto. "Eles tocam muito bem, têm um repertório amplo e conhecem os clássicos", garantia. A menos que estivesse acompanhada do marido, não seria apropriado que Pauline visitasse Turgueniev em Spasskoe: rapidamente se espalhariam boatos sobre um caso entre os dois. Louis não queria fazer a viagem. Talvez estivesse magoado com as fofocas a respeito de Pauline e Gounod. E certamente também considerava imprudente que ela visitasse um prisioneiro do tsar, que era quem pagava por suas apresentações. Escrevendo a Turgueniev em espanhol — por supor que a polícia não entenderia —, Louis dizia serem muitos os riscos de uma visita a Orel. Turgueniev aceitou com elegância a decisão, mas ficou decepcionado. "Meu querido amigo", escreveu a Louis com certo sarcasmo, "o que o distingue particularmente dos outros é — a sua sagacidade e bom senso. Haveremos de nos encontrar apenas quando Deus quiser, nunca antes".[45]

A situação mudou quando Pauline estava em Moscou. Chegou a notícia de que Louis adoecera e partira para a França. Turgueniev ficou louco de frustração. Se Pauline não o visitaria, decidiu ir a Moscou para encontrá-la. Uma leve atenuação das condições da sua sentença o estimulou a supor que seria possível. No dia 1º de abril, depois de várias petições em seu favor, uma delas do filho do próprio tsar, Turgueniev foi oficialmente liberado da prisão domiciliar em Spasskoe e autorizado a se instalar na cidade de Orel sob vigilância policial. Entretanto, fazer uma viagem a Moscou seria grave transgressão, podendo redundar em pena a ser cumprida atrás das grades se fosse apanhado. Mas ele se sentia disposto a correr o risco. Com um passaporte falso, Turgueniev partiu em 3 de abril, passou uma semana com amigos em Moscou, visitando Pauline no Hotel Dresden, onde ela se hospedava, e retornou a Spasskoe no dia 13 de abril. Na correspondência posterior com Pauline, Turgueniev se referiu ao encontro secreto, que segundo ele tinha evidenciado que "nada é impossível".[46] Também o usou numa cena do conto "Basta (Fragmento de um caderno de um artista morto)", escrito entre 1862 e 1864, e cujo narrador rememora um encontro com a amante tarde da noite em Moscou, escrevendo-lhe a respeito depois de se separarem: "Eu a deixei, mas mesmo aqui, neste exílio distante, estou pleno da sua presença, e, como antes, em seu poder, ainda sentindo a sua mão na minha cabeça baixa."[47]

3

As *Memórias* foram o primeiro sucesso financeiro de Turgueniev. Nekrasov vendeu a um livreiro de Moscou 3 mil exemplares que se esgotaram em poucas semanas. A proibição imposta pelo tsar não impediu que o livro chegasse às mãos de quem quisesse ler, pois logo seria publicado em francês e outras línguas, além de edições piratas russas impressas em Berlim, que entravam na Rússia sem qualquer obstáculo. As mudanças tecnológicas e a diversidade ideológica dos governos europeus tornavam menos eficazes as formas tradicionais de censura.

O sucesso das *Memórias* consagrou Turgueniev como grande escritor no cenário europeu. Significava também que agora ele podia cobrar mais caro e barganhar melhor com os editores. Se antes da publicação das *Memórias* ele ganhava cinquenta rublos por página impressa, passava agora a exigir 75 rublos, sabendo que se Nekrasov não quisesse pagar, outro editor se disporia. O livro não bastou para deixar Turgueniev rico ou financeiramente seguro, mesmo com a renda ganha em sua propriedade. Ele ainda precisava escrever aos editores pedindo empréstimos contra promessa de obras futuras. Mas agora era um escritor capaz de ganhar a vida com seu trabalho.[48]

Turgueniev fazia parte de um contingente cada vez maior de escritores profissionais vivendo na Europa dos ganhos com sua literatura. Há muito se tinha notícia já de escritores assalariados, modestos escribas e jornalistas que se sustentavam com o que escreviam. Em Londres, a Rua Grub estava cheia deles desde o século XVIII. Mas antes do século XIX, eram poucos os autores de literatura séria que ganhavam o suficiente com suas obras. Por *Os sofrimentos do jovem Werther* (1774), um best-seller internacional,

Goethe recebeu 1.000 táleres (240 libras)* de seu editor em Leipzig. O que, no entanto, era excepcional. Nessa época, os autores publicados eram em sua maioria cavalheiros dotados de rendimentos privados, desfrutando de alguma proteção ou titulares de uma sinecura que lhes permitia escrever também. Não precisavam ser remunerados ou sequer o esperavam.

Nas primeiras décadas do século XIX, a remuneração dos escritores por parte dos seus editores tornou-se norma. Tratava-se em geral de um único pagamento pelo direito de imprimir alguns livros (em geral, entre mil e 2 mil exemplares) em determinado período (não mais que um ano ou dois). Expirado o contrato, o escritor podia optar por outro editor. Às vezes os escritores eram convencidos a trocar esse esquema pela participação nos lucros do editor — estratégia arriscada, pois não se podia confiar que os editores, de reputação proverbialmente dúbia, fornecessem números corretos. Os níveis de remuneração não eram altos, como logo descobriria Lucien de Rubempré, o protagonista das *Ilusões perdidas* (1837-43), de Balzac, ao chegar a Paris para se lançar na carreira literária e receber apenas 400 francos por seu romance, uma saga medieval no estilo de Walter Scott.

O escritor escocês foi o primeiro na Europa a fazer fortuna com a pena — seus romances históricos eram best-sellers internacionais —, embora a tenha perdido na queda da bolsa de 1825-6. Em 1818, Scott ganhava a fantástica soma de 10 mil libras por ano com seus romances, e em 1819, seu melhor ano do ponto de vista financeiro, quando publicou três romances, entre eles *Ivanhoé* e *A noiva de Lammermoor*, ganhou 19 mil libras.

Poucos escritores se aproximavam desse nível de rendimentos. Entre eles estava Balzac, mas seus dez primeiros anos na profissão literária não foram propriamente lucrativos. Ele ganhou meros 400 francos — o mesmo que receberia seu pobre herói Lucien — pelo romance de estreia, *L'Héritière de Birague*, escrito em colaboração com Auguste Lepoitevin e publicado em 1821 com dois pseudônimos (o de Balzac era Lorde R'Hoone, anagrama do seu prenome, Honoré). Os dois amigos venderam seu romance seguinte, *Jean-Louis, ou La Fille trouvée* (1822), por 1.300 francos, também partilhados. Pelo primeiro romance publicado com o nome apenas de R'Hoone, *Clotilde de Lusignan* (1822), Balzac recebeu 2 mil francos, um reconhecimento do

---

* O franco francês ainda não existia, mas o valor em prata era equivalente a 5.500 libras francesas.

sucesso do seu pseudônimo. Mas por *Les Chouans* (1829), o primeiro publicado com seu nome verdadeiro, ganhou apenas metade disso, insuficiente para saldar as pesadas dívidas (cerca de 90 mil francos) decorrentes do fracasso de vários empreendimentos entre 1825 e 1828: uma editora, uma gráfica e uma fundição de tipos. Segundo seus próprios cálculos, Balzac ganhou apenas dez francos por dia por seu trabalho em *Les Chouans* — o equivalente ao que ganharia um artesão experiente (ele se considerava um "pobre trabalhador literário"). Teve de passar a vida escrevendo romances, dia e noite, para pagar aos credores (sua volumosa correspondência diz respeito em grande parte aos negócios). Produzia-os continuamente em ritmo frenético, eventualmente alcançando belas remunerações pelo que escrevia (em 1835, ano do romance que lhe abriu os caminhos, *Le Père Goriot*, ganhou 67 mil francos), embora nunca se livrasse completamente das dívidas por causa de seu pródigo estilo de vida.[49]

Balzac se destacava por viver do que escrevia. Em sua maioria, os escritores precisavam complementar a renda com outras ocupações: jornalismo, ensino, trabalho como bibliotecário ou no serviço público eram funções habituais para escritores franceses e ingleses na primeira metade do século. Com a gradual expansão do mercado de livros, os escritores começaram a forçar melhor remuneração. A estrutura do mercado os favorecia, pois havia muitos editores e grande demanda de bons escritores. Na França, em 1832, a proporção entre editores e escritores de ficção publicados era de apenas dois para um (152 autores foram publicados nesse ano por nada menos que 73 diferentes editores). Em tais condições, os autores de best-sellers tinham como exigir remuneração mais alta ou mudar de editor em busca de melhor situação. Victor Hugo tinha perfeita consciência do seu valor. Barganhava de uma posição de força em relação aos editores. Em 1832, ganhou 6 mil francos pela coletânea de poesias *Feuilles d'automne* — seis vezes o que lhe fora pago pelas *Odes et ballades* em 1828. Balzac era conhecido pela agressividade nas negociações, e não hesitava em trocar de editor se se sentisse prejudicado ou achasse que podia conseguir acordo melhor. No auge da fama, em 1844, vendeu a publicação em série de *Modeste Mignon* ao *Journal des débats* por 9.500 francos; meses depois, venderia uma versão revista e ampliada ao editor Chlenowski por 11 mil francos; e uma terceira variação a Charles Furne, que a publicou como parte da edição completa de *La Comédie humaine* em 1846. Chegou-se a calcular que antes de 1850 o escritor francês teve até treze diferentes editores ao longo da carreira.[50]

Como no caso da edição musical, também no dos livros a situação foi transformada pela introdução de leis de copyright mais eficazes nas décadas intermediárias do século XIX. Foi o que contribuiu mais que qualquer outra coisa para que os escritores ganhassem mais com seu trabalho, estabelecendo bases mais estáveis na relação com os editores. Editores e escritores tinham um mesmo interesse na consolidação dos direitos autorais como forma de capital literário a ser explorada.

O maior risco para o negócio era a pirataria, a reprodução em massa de edições clandestinas, verdadeira indústria em expansão nas décadas de 1830 e 1840, pois se tornara algo barato e rápido graças às novas tecnologias de impressão. As edições piratas de livros eram um negócio internacional, em última análise impossível de controlar sem leis internacionais. Com suas fronteiras vastas e porosas, a França era particularmente vulnerável. Na Bélgica, na Holanda, em Luxemburgo, na Suíça e na Áustria havia dezenas de editores cujo principal negócio era imprimir livros franceses a preços baixos para mandá-los de volta à França.[51] As edições piratas de livros alemães eram impressas pelos holandeses e os austríacos para exportação para os Estados alemães (que também pirateavam os livros uns dos outros). Os livros ingleses eram reimpressos pela editora Galignani em Paris e despachados pelo canal da Mancha para revenda a preços baixos. E também eram pirateados em escala industrial pelos americanos, que imprimiam vários romances ao mesmo tempo no formato standard conhecido como "Mamute", vendidos em grandes quantidades de ambos os lados do Atlântico.

A Bélgica e os Estados Unidos eram os principais países da pirataria, prevalecendo-se das duas maiores línguas literárias. Em ambos, os piratas eram protegidos pelo governo, que colocavam os interesses dos tipógrafos locais à frente dos interesses dos escritores e editores estrangeiros. Ao ser instaurado o novo governo belga independente, o número de editores piratas disparou no país. Em 1838, havia 229 gráficas piratas em Bruxelas e duzentas em outras cidades belgas, muitas dotadas das melhores tecnologias, capazes de imprimir um texto nas colunas duplas que tornavam as edições tão baratas. Três quartos dos livros impressos na Bélgica eram edições piratas para exportação, em sua maioria transportadas pela fronteira para a França, mas em parte também por via marítima até os Estados Unidos, o Brasil, o México e Cuba. O mercado internacional estava de tal maneira tomado pelas edições piratas que os responsáveis por edições autorizadas eram forçados a diminuir os preços para competir, o que significava aumentar as tiragens para manter os lucros. Para vencer a concorrência das edições piratas belgas de Dumas, por exemplo, Michel Lévy publicou suas obras completas numa edição de massa de 20 mil exemplares, custando cada volume apenas 2 francos, em vez dos habituais 3,5.[52]

Editores e escritores juntaram forças para lutar por leis de copyright mais eficazes e acabar com a pirataria. Lançaram novas ideias de propriedade intelectual. Em toda a Europa, a defesa de mecanismos de mais efetiva proteção se baseava no conceito de uma obra de arte como produto do gênio e da personalidade do artista, conceito promovido pelos românticos. Mas havia uma diferença entre a filosofia francesa dos *droits d'auteur*, considerados um direito natural, inalienável e absoluto, e a maneira britânica de encarar o copyright, com a intenção de equilibrar os interesses econômicos do autor, do editor e do livreiro no esquema geral do livre comércio e do acesso do público às obras de criação. Embora a primeira verdadeira lei de copyright tivesse sido aprovada na Grã-Bretanha em 1710, concedendo aos autores quatorze anos de proteção antes de sua obra cair no domínio público, o argumento em favor de leis mais ativas teve de superar a generalizada percepção de que o copyright representava um "monopólio" que tornava os livros caros demais para o cidadão comum.

Em 1837, o escritor, juiz e político Thomas Talfourd apresentou um Projeto de Lei de Direitos Autorais na Câmara dos Comuns britânica, propondo que o prazo do copyright fosse estendido a toda a vida do autor mais sessenta anos. O projeto encontrou resistência dos livreiros, sob o argumento de que a imposição de direitos autorais diminuiria os lucros, e também de membros do parlamento, entre eles, o historiador Thomas Babington Macaulay, que defendia que um prazo mais longo redundaria num "imposto sobre os leitores com a finalidade de premiar os escritores". Mais de 30 mil pessoas assinaram petições contra o projeto, que seria derrotado várias vezes até finalmente ser aprovado em 1842, embora numa versão muito abrandada (o prazo do copyright se limitando à vida do autor mais sete anos).[53] Os defensores do projeto de lei, entre os quais, Wordsworth e Dickens, não baseavam sua argumentação na ideia de direitos naturais do autor, mas da proteção de sua propriedade econômica — causa mais próxima da mentalidade britânica. A principal preocupação de Dickens era a indústria dos editores piratas que vendiam reimpressões baratas de suas obras, muitas importadas dos Estados Unidos. Sua viagem pelos Estados Unidos em 1842 ficou marcada notadamente por suas críticas a esse tipo de pirataria e os apelos por leis mais sólidas para reprimi-las.

Na França, a campanha por maior proteção era capitaneada por duas associações, ambas envolvidas na coleta de direitos autorais de seus membros: a Société des Auteurs et Compositeurs Dramatiques, fundada em 1829; e a Société des Gens de Lettres, criada em 1838 por uma comissão da qual faziam parte Victor Hugo, Alexandre Dumas e Louis Viardot, tendo Balzac aderido mais adiante nesse mesmo ano.[54] Balzac era um veemente defensor da proteção da propriedade intelectual (certa vez quebrou a vitrine de uma livraria no Palais-Royal onde era oferecida uma edição pirata de um dos seus romances). Em 1834, publicou uma *Lettre adressée aux écrivains français du XIX*[e] *siècle*, na qual fazia a defesa do direito moral dos autores sobre sua obra, exigindo que a lei protegesse os produtos da mente como protegeria o fardo de algodão do comerciante ou qualquer outro objeto tangível resultante do trabalho de manufatura.[55] Hugo se mostrava menos combativo nos argumentos em favor do copyright, porém mais eficaz por ter sido nomeado para o Senado, onde propôs em seu discurso de estreia, em 1846, que as obras artísticas tivessem a mesma proteção que as invenções sob a lei das patentes. Quanto mais prolongada essa proteção, melhor, sustentava, pois "para que os grandes artistas tentem criar grandes obras, o tempo é o que mais importa, a longevidade, o respeito e as garantias da lei para seu pensamento, sua propriedade".[56]

Em 1854, Napoleão III estendeu a vigência dos direitos autorais a trinta anos após a morte do autor. Como ainda assim editores e escritores não ficassem satisfeitos, nomeou uma comissão para estudar extensão ainda maior. Até que, em 1863, depois de muita deliberação, a comissão recomendou que os direitos de autor fossem limitados a cinquenta anos, depois dos quais as obras se tornariam propriedade pública e os herdeiros deixariam de receber royalties por exemplar publicado. A recomendação da comissão — vagamente baseada no conceito de "*domaine public payant*" exposto por Hugo — constituiria a base de uma nova lei em 1866.

Na Alemanha, o problema era fazer valerem os direitos autorais na colcha de retalhos dos Estados independentes. Embora tivesse contemplado um sistema uniforme de legislação dos direitos autorais, a Confederação Alemã não teve força suficiente para impor algo do gênero aos 43 membros, reinos, ducados, principados e cidades-repúblicas livres. A Saxônia e a Prússia promulgaram suas leis próprias, em 1831 e 1837 respectivamente, mas nenhuma das duas foi capaz de impor sua legislação na outra ou em qualquer dos demais Estados. A pirataria era endêmica entre todos eles. Nenhuma dessas questões seria devidamente resolvida até a unificação da Alemanha, quando as leis de copyright do império se basearam nas da Prússia, estabelecendo direitos autorais por duração de toda a vida do autor e, após a morte, mais trinta anos para proteger os dependentes. Depois de uma campanha dos editores e escritores, as leis prussianas foram reforçadas em 1856, para beneficiar as famílias dos escritores mortos antes da legislação de 1837. O que significava que obras de autores como Schiller (1759-1805) e Goethe (1749-1832) podiam gerar renda para herdeiros e editores até 1867, ponto final dessa extensão da lei. O editor de Schiller (Cotta, de Stuttgart) pagou a seus descendentes quase 300 mil florins (cerca de 800 mil francos) pelo direito de imprimir suas obras — doze vezes o valor dos royalties recebidos pelo próprio Schiller em vida.

Uma reforma semelhante foi promovida na Rússia, onde um decreto de 1857 estendia a proteção dos direitos autorais de 25 a cinquenta anos após a morte do autor. A viúva de Pushkin contribuíra para essa extensão graças aos conhecimentos no governo do seu segundo marido, o general P. P. Lanskoi, que tinha um primo em segundo grau como ministro do Interior. Os direitos autorais da obra de Pushkin deviam expirar em 1862.[57]

Na Itália, como na Alemanha, o problema enfrentado por escritores e editores era fazer valer os direitos autorais sem leis nem organismos nacionais de fiscalização e coleta. Até a unificação da Itália não havia meios eficazes de proteger a propriedade literária, em determinado Estado italiano, dos editores piratas de outras partes da península. "Os milaneses reimprimem os livros dos florentinos; os florentinos então passam a reimprimir duas vezes mais livros que os milaneses — pois eles podem", escreveu o ensaísta italiano Niccolò Tommaseo em 1839. "O comércio de livros está se transformando num terreno de covardes vendetas [...] promovidas com as armas da tinta." Em 1840, uma abrangente lei de copyright foi promulgada em todos os Estados da Itália sob controle austríaco. Protegia livros e música, obras dramáticas e traduções por toda a vida do autor e até trinta anos após sua morte. Mas o Reino das Duas Sicílias não se integrou à convenção, continuando como um Estado pirata. A lei de 1840 tampouco protegia obras publicadas antes da sua aprovação.[58]

Um bom exemplo dos problemas assim gerados diz respeito a Os noivos, de Alessandro Manzoni, a obra italiana de ficção mais lida no século XIX. Publicado em Milão em 1825-7, o livro foi reimpresso por muitos editores, nenhum dos quais consultou o autor. Em 1839, havia 53 edições não autorizadas em italiano e quatorze em outras línguas. Estimulado pelos debates em torno da lei de 1840 e também por uma oferta de 30 mil liras milanesas (34 mil francos) de um editor em Paris, que pretendia publicar nova versão ilustrada do livro, Manzoni produziu em 1839 uma edição definitiva com ilustrações de seu amigo, o pintor milanês Francesco Gonin, que trabalhou sob sua estrita supervisão. Ele revisou o texto, baseando-o mais claramente no dialeto toscano, que viria a se tornar o padrão do italiano literário. Manzoni gastou uma fortuna nessa edição, 80 mil liras milanesas (92 mil francos), na esperança de que os gastos necessários para as ilustrações e o papel de boa qualidade impedissem novos atos de pirataria. Dez mil exemplares foram impressos. Mas as vendas eram lentas. Manzoni tinha superestimado a capacidade dos editores de reproduzir litograficamente as ilustrações. Uma edição pirata da nova edição, com estampas litográficas de Gonin, logo seria lançada por um editor de Nápoles, Gaetano Nobili. E superou várias vezes as vendas da edição de Manzoni. Com esse sério baque financeiro, Manzoni escreveu ao ministro do Interior em Nápoles, pedindo que propusesse novas leis de copyright ao rei das Duas Sicílias, Fernando II, e o indenizasse pelo dinheiro perdido. Sua solicitação não teve resposta.[59]

O caso Manzoni motivou editores e intelectuais de Milão e Florença, em particular, a promover uma campanha para pressionar Nápoles a adotar também a lei de 1840. Ricordi, que tinha infindáveis problemas de pirataria com as obras de Verdi, mostrou-se particularmente ativo na pressão por novas leis e convenções entre os Estados. Um dos resultados desse empenho foi uma lei de 1846 reforçando o aparato legislativo para a observação dos direitos autorais nos Estados signatários da lei de 1840, mas só depois da unificação parcial da Itália, com a promulgação de uma lei nacional de copyrights em 1865, é que Nápoles entrou na linha.[60]

Escorados em leis mais efetivas de copyright, escritores de toda a Europa assumiram uma posição mais firme na defesa dos seus interesses econômicos e dos direitos morais sobre a própria obra. Os prazos mais extensos de direitos autorais estimulavam os editores a investir em contratos mais longos com os autores. Eram um incentivo a adquirir os direitos de uma obra não apenas por uma edição, como faziam antes, mas por toda a duração do copyright. Eles então ofereciam remuneração e royalties mais altos para manter a colaboração com um escritor de sucesso tanto tempo quanto possível.

O sistema de royalties surgiu na década de 1850, gradualmente substituindo o sistema de valor fixo nas décadas subsequentes. Charpentier foi seu mais entusiástico pioneiro. Recusando pagamentos adiantados ou contra entrega, ele pagava aos autores apenas um percentual das vendas, valor em geral equivalente a 55 centavos por exemplar vendido. No início, muitos escritores ficaram temerosos — talvez o livro não vendesse o suficiente para ganharem o que ganhavam antes, com o valor fixo —, mas a capacidade de Charpentier de acumular grandes estoques e vender a preço baixo logo os convenceu do contrário.[61]

Naturalmente, os escritores que mais vendiam eram os que mais tinham a ganhar com os royalties. Os contratos de Hugo com seu editor francês, Pierre-Jules Hetzel, nos anos 1850, lhe rendiam cerca de 20% da receita (o dobro do valor dos contratos de edição habituais hoje em dia). Zola recebeu royalties de 10% por seu primeiro romance, *La Confession de Claude*, em 1865. Mas o novo sistema tinha seus riscos, e muitos escritores menos comerciais preferiam a alternativa de um pagamento único garantido. Os dois sistemas conviveram por várias décadas, não raro numa mesma editora. O contrato original de Baudelaire com Poulet-Malassis e De Broise por *Les Fleurs du mal* lhe rendeu royalties de 25 centavos por exemplar, vendidos ou não, numa tiragem de mil exemplares, ao preço de dois francos cada; mas pela segunda edição de 1.500 exemplares, ele recebeu o valor fixo de 300 francos. Hetzel oferecia aos autores a escolha entre um valor fixo e royalties. Também pagava uma combinação das duas coisas: um valor à publicação da obra e, uma vez cobertos seus custos, royalties, em percentual variando de acordo com as vendas. Por seu primeiro livro, *Cinco semanas em um balão*, publicado em 1863, Jules Verne recebeu 500 francos pela tiragem inicial de 2 mil exemplares, mais vinte e cinco centavos por exemplar vendido. Pelo livro seguinte, *Capitão Hatteras*, em 1865, Verne ganhou 3 mil francos mais 6% da receita do editor (o equivalente a doze centavos por cópia) sobre as vendas de mais de 10 mil exemplares.[62]

A pior alternativa era receber valor fixo por um livro que viesse a se tornar um best-seller. Foi o azar de Flaubert no caso de *Madame Bovary*. Depois da publicação em folhetim na *Revue de Paris*, Flaubert assinou em dezembro de 1856 um contrato de cinco anos com Michel Lévy pelos direitos do livro. Na época um editor promissor, Lévy pagou 800 francos, valor razoável por um primeiro romance com tiragem de 6 mil exemplares, vendidos a um franco cada. Dias depois, Flaubert foi convocado ao gabinete de um juiz de instrução e acusado de ter escrito um romance cuja história "obscena" de adultério configuraria "ultraje à moral pública e à religião" — um tipo de ação judicial que já fora movido contra outras obras literárias e periódicos desde a introdução, em fevereiro de 1852, de uma lei mais restritiva de censura para aplacar a Igreja Católica, principal arrimo ideológico da ditadura de Luís Napoleão. Processados por imoralidade em janeiro de 1857, Flaubert e seus editores foram absolvidos. Os custos legais de Flaubert ultrapassaram em muito o que havia ganho com o romance. Graças ao escândalo, muito mais de 30 mil exemplares de *Madame Bovary* foram vendidos nos cinco anos seguintes. Sentindo-se defraudado, Flaubert exigiu 30 mil francos pelo romance seguinte, *Salammbô*, em 1862, chegando a insistir que Lévy comprasse os direitos sem ler. Depois de semanas de regateio com o advogado de Flaubert (na época não havia agentes literários), Lévy concordou em pagar 20 mil francos, metade adiantada, metade contra entrega, com a condição de que Flaubert assinasse um novo contrato por *Madame Bovary*, mais longo. Para preservar o orgulho do escritor, propôs-se a lançar o boato de que havia pago 30 mil francos por *Salammbô* e cuidar ele próprio de disseminá-lo. Flaubert aceitou a proposta de Lévy — para consternação de muitos amigos, como os Goncourt, que tantas vezes o tinham ouvido dizer que "um verdadeiro homem de letras deve escrever livros, sem se preocupar com dinheiro nem publicidade".[63] Quando Flaubert concluiu seu romance seguinte, *A educação sentimental*, em 1869, a duração dos copyrights fora estendida a cinquenta anos pela lei de 1866 — e assim o escritor quis receber mais de Lévy, mas teve de se contentar com apenas 16 mil francos pelos dois volumes do romance. Mais adiante, por intercessão da amiga George Sand, uma das autoras mais importantes do editor, Flaubert conseguiu que o valor fosse elevado a 20 mil francos — uma pequena mas simbólica vitória. "O que se vai fazer? Um judeu sempre será um judeu. Poderia ter sido pior", informava Sand a Flaubert em 1º de maio de 1870.[64]

Os escritores ingleses também se tornavam mais assertivos nas negociações com os editores. Em 1857, George Eliot vendera antecipadamente
seu primeiro romance, *Adam Bede* (1859), ao editor John Blackwood por
um período de quatro anos por 800 libras (20 mil francos), valor generoso
por um bom primeiro romance na Grã-Bretanha. O livro se tornou um
best-seller. Em reconhecimento pelo lucro inesperado, Blackwood pagou
um bônus de 400 libras, pelo qual George Eliot agradeceu com um curto
bilhete cujo tom não agradou ao editor de Edimburgo. Ao ser publicado o
livro, especulava-se quem seria George Eliot. Vários impostores alegavam
ser o autor, e o editor de um deles tentou lucrar anunciando uma continuação de *Adam Bede*. Eliot ficou indignada com o fato de Blackwood não
ter protegido sua propriedade intelectual desmentindo essas alegações na
imprensa. Mostrou-se então mais agressiva nas negociações com o editor
no momento do livro seguinte, *O Moinho à beira do rio* (1860). Alegando
ter um público leitor amplo e interessado, ela pediu que Blackwood fizesse sua melhor oferta. Ele então propôs 3 mil libras (75 mil francos) pelos
direitos do folhetim e do livro. Queria que o pseudônimo fosse mantido,
pois a curiosidade despertada junto ao público garantiria um aumento das
vendas. Mas esse tipo de consideração era a última coisa de que a autora
precisava. Percebendo que Blackwood pretendia usar seu romance para
especular, ela concordou em vender os direitos apenas da primeira edição.
Também fez contato com outros editores, entre eles Dickens, que queria
algo de sua autoria para o seu jornal *All the Year Round*, abrindo mão dos
direitos de venda em forma de livro. Smith and Elder, editora londrina muito
bem capitalizada, ofereceu 4.500 libras (114 mil francos). Mas a essa altura
ela fizera as pazes com Blackwood, que pagou 2 mil libras pelo livro, sem
os direitos de serialização.[65]

Não era apenas o dinheiro que motivava os escritores a se mostrarem
mais firmes na defesa dos direitos autorais; era também a preocupação em
proteger a integridade da obra, a propriedade não só econômica, mas intelectual. Era o que os franceses chamavam de *droit moral*, expressão que na
década de 1840 passou a definir o direito de um artista de controlar a forma
e o conteúdo de suas obras publicadas.[66]

Flaubert, por exemplo, ficou indignado com os cortes e alterações no
texto de *Madame Bovary* propostos pela *Revue de Paris*, onde o romance foi
publicado em forma de folhetim em 1856: "Não tirarei uma vírgula, nada,

nada!" Flaubert ficou famoso pelo tempo que levava burilando sua prosa: podia por exemplo passar dias inteiros numa única frase. "Cada sílaba tinha sua importância, seu colorido, sua música", escreveu Zola a seu respeito. "Naturalmente, depois de tanto esforço, o manuscrito tinha considerável significado para ele. Não era vaidade, mas respeito pelo trabalho empenhado na obra, onde também pusera todo o seu ser." Flaubert escrevia em papel grosso, o mais resistente que encontrasse, para preservar o original, com toda a pontuação, para a posteridade. Esquadrinhava as provas impressas para se certificar de que não faltava uma palavra. Para ele, seria indigno de um artista autorizar cortes ou alterações. Ficou horrorizado com a atitude de Turgueniev, que conheceu em fevereiro de 1863 num jantar em que o escritor russo foi apresentado ao círculo de Flaubert por Charles Edmond (cujo verdadeiro nome era Franciszek Maurycy Chojecki), escritor e tradutor polonês, bibliotecário do Senado francês. Escrevendo a Edmond em 1864, Flaubert manifestava sua total aversão à ideia de escrever para um jornal ou periódico, no qual "a mania de corrigir acaba conferindo a todos os manuscritos que compraram a mesma ausência de originalidade".

> Veja-se por exemplo o estilo da *Revue des deux mondes*. Turgueniev disse-me recentemente que [o editor] Buloz o fez cortar algo em seu último romance. Por este simples fato, Turgueniev caiu no meu conceito. Devia ter atirado o manuscrito na cara de Buloz, acrescentando um par de bofetadas e uma cusparada como sobremesa [...]. Quando alguém apresenta um manuscrito, se não for um crápula, é porque está satisfeito com ele. Deve ter feito o maior esforço possível, empenhando a alma. Uma personalidade não pode ser substituída por outra. Um livro é um organismo complexo. Qualquer amputação, qualquer alteração empobrece sua natureza.[67]

Também ganhavam terreno ideias de internacionalização do copyright, à medida que editores e escritores de toda a Europa pressionavam por leis e tratados que protegessem suas obras da pirataria de editores estrangeiros, num mercado de livros que rapidamente se internacionalizava.

O editor Bernard Tauchnitz, de Leipzig, foi talvez o responsável pela primeira iniciativa. Ele oferecia a autores britânicos (especialmente Dickens) um pequeno valor fixo para autorizarem a edição de suas obras em inglês na Alemanha, e mais tarde na França. Quando Tauchnitz começou seu negócio, em 1841, não havia nenhum acordo de direitos autorais entre a Grã-Bretanha e a Alemanha ou a França. Legalmente, nada o impedia de publicar sua *Coleção de Autores Britânicos* sem lhes pagar nada. Mas ele encarava essa taxa voluntária como um passo para o desenvolvimento de um sistema internacional de copyright, causa em que acreditava, considerando que valia a pena pagar para comercializar suas edições como versões "autorizadas" ou "de copyright", mesmo antes do estabelecimento de direitos autorais para autores estrangeiros na Alemanha ou na França. Seu exemplo logo seria seguido por outros editores (entre eles Hetzel), que começaram a remunerar autores estrangeiros pela permissão de imprimir na capa de suas edições que haviam sido "autorizadas" por eles.[68] Conquistando assim sua boa vontade, Tauchnitz ficava em condições vantajosas de publicar autores britânicos em outros países europeus. Compraria os direitos de muitas de suas obras depois que a Grã-Bretanha assinou tratados bilaterais de copyright com países europeus (começando pela Prússia e a Saxônia em 1846 e a França em 1851).

Esses tratados lançaram as bases das estruturas internacionais de direitos autorais. Como se poderia esperar, os franceses saíram na frente. Eram os que mais sofriam com a pirataria internacional. Seus principais editores (Hachette, Lévy, Charpentier e Édouard Dentu) ampliavam cada vez mais as exportações com suas redes próprias de livreiros em todo o continente, cujas elites culturais invariavelmente liam francês. No dia 28 de março de 1852, a Assembleia Nacional baixou decreto estendendo o copyright a obras estrangeiras publicadas na França. O objetivo dessa declaração unilateral era estimular outros países a seguir o exemplo e assinar tratados bilaterais. Alguns seriam assinados pela França por essa época: com Portugal e a Grã--Bretanha em 1851; com Hanôver e Brunswick em 1852; com a Toscana e a Espanha em 1853; especialmente com a Bélgica, principal país da pirataria no mercado europeu de livros franceses, em 1854; com os Países Baixos em 1855; e com a Saxônia e Luxemburgo em 1856.[69]

Esses acordos estimularam os editores a expandir os negócios internacionalmente. Depois de 1852, Lévy, por exemplo, instalou uma ampla rede de livrarias em toda a Europa de fala francesa e entrou em acordos comerciais com editores e livreiros alemães. Até o fim da década, a Hachette criaria uma rede semelhante, abrindo filiais em Leipzig e Londres. O editor alemão Friedrich Brockhaus tinha lojas em Londres, Paris e Viena. Albert Lacroix, o jovem editor belga que comprara os direitos de publicação de *Os Miseráveis*, de Victor Hugo, em 1862, usou parte dos lucros para montar filiais da empresa em Livorno e Leipzig.[70]

Como sistema de direito internacional, esses tratados bilaterais não podiam ser considerados estruturas sólidas. Muitos países onde a pirataria não era reprimida continuaram fora da rede de convenções bilaterais. A eliminação da pirataria num país estimulava o seu crescimento em outros (o tratado francês com a Bélgica representou um maciço estímulo ao comércio pirata de livros franceses na Prússia, que não tinha nenhum acordo bilateral com a França).[71] O sistema dependia da disposição dos Estados signatários de fazer valer os tratados, o que o deixava sujeito aos altos e baixos das relações internacionais. Eram muitas as variantes no nível de proteção, assim como as incertezas quanto ao que era coberto pelos tratados. As traduções, por exemplo, recebiam pouca proteção: na maioria dos tratados, limitava-se a poucos anos; e em alguns (por exemplo, o acordo entre a França e Holanda de 1855), a proteção era nenhuma. Os direitos de execução não eram esclarecidos, ficando para os tribunais a resolução de conflitos entre artistas e teatros.

Em outubro de 1856, Verdi moveu no Tribunal Civil do Sena uma ação contra César Ragani e Toribio Calzado, diretores do Théâtre Italien. O compositor alegava que as produções de *La Traviata*, *Rigoletto* e *Il Trovatore* montadas por eles infringiam seus direitos porque ele retirara sua autorização depois de manifestar insatisfação com os cantores principais. O advogado de Verdi baseava a demanda no Código Napoleônico e no decreto de 28 de março de 1852, sustentando que, embora a lei não fosse clara sobre a proteção dos direitos de execução, o espírito da legislação indicava que eles deviam ser protegidos. O advogado do teatro contra-argumentou que os direitos dramáticos haviam sido excluídos deliberadamente da lei, pois o governo a utilizara para pressionar outros países a assinar tratados com a França. Os direitos de Verdi só podiam ser protegidos por um tratado entre a França e os Estados onde a obra em questão tivesse sido apresentada pela primeira vez (o Vêneto no caso de *Rigoletto* e *La Traviata*, o Estado Papal no de *Il Trovatore*). E esses tratados não existiam na época das produções do Théâtre Italien. O advogado também alegou que o verdadeiro motivo pelo qual Verdi retirara sua autorização nada tinha a ver com a qualidade dos cantores, devendo-se ao fato de a Opéra de Paris lhe ter oferecido mais dinheiro: ele estaria recorrendo a ameaças jurídicas para impedir uma produção perfeitamente legal em nome de ganhos financeiros. O tribunal se pronunciou contra o compositor, ordenando que pagasse 1.000 francos de indenização ao Théâtre Italien.[72]

Por causa de brechas e incertezas dessa natureza, os editores e artistas passaram a pressionar por um tratado internacional abrangente. Ricordi e Hachette estavam entre os mais ativos. Ambos tinham investimentos estrangeiros a proteger. Em 1858, em consequência da campanha, um Congresso sobre Propriedade Artística e Literária foi promovido pelo governo belga em Bruxelas, escolha sem dúvida irônica, considerando-se que até recentemente a cidade fora a capital europeia da pirataria literária. Com a presença de quatrocentos delegados, escritores, editores, advogados, jornalistas e funcionários governamentais de uma dúzia de países, o congresso pretendia formular uma convenção multilateral de proteção dos direitos autorais de toda obra de criação, independentemente das fronteiras nacionais entre os Estados signatários. Mas a iniciativa não teve resultado direto. Tito Ricordi, que tomou a frente da empresa do pai em 1853, ficou decepcionado com o fato de não se ter chegado a um acordo quanto ao princípio da defesa da propriedade intelectual como direito permanente e hereditário.[73] Mesmo assim, o congresso foi um começo: deu difusão às ideias fundamentais quanto à necessidade de defender a propriedade intelectual em bases internacionais, e depois viriam outros congressos (na Antuérpia em 1861 e 1877, Paris em 1878, Londres em 1879, Lisboa em 1880, Viena em 1881 e Roma em 1882) para levar adiante esse objetivo, culminando na Convenção de Berna de 1886, o tratado fundador do atual sistema global de copyright.

4

As *Memórias* de Turgueniev logo sairiam em traduções estrangeiras. Uma versão alemã de alguns dos contos foi a primeira a ser publicada, em 1852, e dois anos depois a coletânea inteira foi lançada em livro. O livro foi bem recebido, consolidando a posição de Turgueniev como figura importante no cenário literário da Alemanha. Em 1855, um segundo volume de contos seus foi lançado no país, mas a tradução não era boa. Turgueniev ficou contrariado, embora não tanto quanto fora pela tradução de Ernest Charrière para o francês. O livro foi publicado pela Hachette em 1854 sem o nome de Turgueniev, com o título apócrifo de *Mémoires d'un seigneur russe, ou Tableau de la situation actuelle des nobles et des paysans dans les provinces russes* (Memórias de um senhor russo, ou Panorama da situação atual dos nobres e camponeses nas províncias russas), dando a entender que não era obra de ficção. A tradução era uma caricatura do original russo. À parte as falhas óbvias do tradutor, a ausência de qualquer acordo de direitos autorais entre a França e a Rússia permitiu a Charrière manipular a seu bel prazer o texto de Turgueniev. "Monsieur Charrière fez de mim só o diabo sabe o quê", queixou-se Turgueniev a Sergei Aksakov:

> Ele inventou páginas inteiras, inventou coisas e descartou outras num grau inacreditável. Onde eu escrevi, por exemplo, 'eu fugi', ele traduz essas duas palavras da seguinte maneira: *'Je m'enfuis d'une course folle, effarée, échevelée comme si j'eusse eu à mes trousses toute une légion de couleuvres, commandées par des sorciers'* ['Eu fugi numa corrida enlouquecida, desenfreada, desvairada, como se tivesse atrás de mim uma legião de répteis comandados por feiticeiros'].[74]

Querendo afirmar seus direitos morais, Turgueniev escreveu ao jornal de língua francesa *Journal de St.-Pétersbourg*, advertindo os leitores sobre a contrafação de Charrière. Mais tarde, autorizaria uma outra tradução do especialista em literatura russa, Henri Delaveau, aproveitando para restabelecer os trechos que haviam sido cortados pela censura na Rússia, embora em 1857, quando finalmente foi publicada, uma segunda edição da tradução de Charrière já estivesse esgotada na França, infelizmente servindo de base para uma tradução inglesa publicada em 1855 com o título *A vida no interior da Rússia, ou As experiências de um desportista*. Sem a vigência internacional do copyright, não havia como impedir sua publicação como obra de Turgueniev.

A Guerra da Crimeia (1854-5) desde o início gerou na França e na Grã-
-Bretanha grande demanda de literatura capaz de esclarecer as condições
internas do inimigo russo, e foi sobretudo pela percepção das condições
sociais que as memórias encontraram tantos leitores nos dois países.* Num
artigo intitulado "Fotografias da vida na Rússia", publicado em agosto de
1854, a *Fraser's Magazine* afirmava que as *Memórias* de Turgueniev eram
tanto mais reveladoras como documento social "na medida em que ele não
é declaradamente um escritor", mas um nobre: "Sem buscar 'efeitos', ele
transferiu para o papel, com a vividez do daguerreótipo, as impressões nele
causadas pelos diferentes personagens e cenas descritos." No fim da guerra,
as *Memórias* tinham merecido numerosas edições estrangeiras, inclusive em
sueco, húngaro e dinamarquês, na maioria dos casos traduzidas do alemão
ou do francês, embora algumas, como a polonesa e a tcheca, o fossem do
russo. Quatro dos contos foram publicados no *Household Words* de Dickens,
embora em má tradução com base na má tradução de Charrière.[75]

As *Memórias* não estabeleceram apenas o nome de Turgueniev como um
grande escritor internacional; elas anunciaram a chegada da literatura russa
ao cenário europeu. Turgueniev foi o primeiro autor russo amplamente lido
na Europa. Seus contos, nas palavras de Annenkov, "levantaram a ponta
de uma cortina, por trás da qual podíamos vislumbrar o mistério [desse]
[...] povo estranho e o funcionamento de sua consciência".[76] Nas primeiras
décadas do século XIX, os europeus praticamente desconheciam a literatura
russa. Embora houvesse traduções de obras de Pushkin e Gogol, eram mal-
feitas e cheias de erros, em sua maioria, a cargo de emigrados russos e entusiastas amadores. Poucas universidades europeias tinham departamentos
de estudos eslavos ou russos, e assim faltavam tradutores competentes para
transmitir os tesouros da literatura russa aos leitores europeus. A situação
começou a mudar na década de 1840, com o surgimento de dois notáveis
russófilos e tradutores do russo para o francês, a língua a partir da qual se

---

* Turgueniev não era o único escritor russo lido na Europa nesse contexto. Em 1854, *Almas mortas* (1842), de Gogol, foi publicado em edição inglesa pirata com o extraordinário
título de *A vida doméstica na Rússia*. O prefácio do editor apresentava o romance como
obra documental tendo como objetivo "lançar luz na vida doméstica de nossos antigos
aliados e atuais inimigos" e "dar a perceber as circunstâncias internas e as relações sociais
na Rússia, o que só um russo pode nos proporcionar" (*Home Life in Russia: By a Russian
Noble. Revised by the Editor of "Revelations of Siberia"*, 2 vols. [Londres, 1854], pp. i-ii).

faziam muitas traduções para outras línguas europeias. O primeiro foi Xavier Marmier, professor de Literatura Estrangeira na Universidade de Rennes e conhecido autor de livros de viagem, que foi à Rússia em 1842, conheceu Turgueniev e, com sua ajuda, começou a aprender o russo. Na década seguinte, Marmier publicou uma série de traduções de qualidade de obras de Pushkin, Gogol, Lermontov e Turgueniev. O segundo foi o escritor Prosper Mérimée, que começou a aprender russo em 1848, motivado em grande parte pelo desejo de competir com o primo, Henri Mérimée, que ganhara fama um ano antes com um festejado livro de viagem, *Une année en Russie*, baseado no diário de sua estada na Rússia em 1839-40. Um ano depois de começar suas aulas com Madame Lagrené (*née* Varinka Dubenskaya), antiga dama de honra na corte russa, Mérimée publicou uma excelente tradução francesa de *A dama de espadas*, de Pushkin, na *Revue des deux mondes*, seguida de traduções de outros contos e poemas de Pushkin, que seriam então retraduzidos para outras línguas (Mérimée se inspiraria em parte da sua tradução do poema *Os ciganos*, do mesmo Pushkin, na sua novela *Carmen*, de 1845, sobre a vida dos ciganos na Espanha). A versão inglesa da tradução de *A dama de espadas* feita por Mérimée seria reimpressa várias vezes entre 1850 e 1854. Em 1857, ao conhecer Turgueniev, que se tornaria seu principal colaborador na tradução da literatura russa, Mérimée publicou uma série de artigos sobre Pushkin, Gogol e Turgueniev na *Revue des deux mondes*.[77]

Turgueniev desempenhou um papel vital na divulgação dos escritores russos na Europa nas décadas de 1840 e 1850 — papel que ampliaria nos trinta anos subsequentes como intermediário cultural entre a Rússia e o Ocidente. Foi ele com quase toda certeza o autor de um artigo influente, mas anônimo, sobre a literatura russa publicado em 1845 no semanário parisiense *L'Illustration*. A publicação foi promovida por Louis Viardot, que na época trabalhava com Turgueniev na tradução para o francês de contos de Krílov, Pushkin, Lermontov e Gogol, os quatro autores focalizados no artigo. Em paralelo ao artigo, o jornal anunciava a próxima publicação das traduções. Publicada em 1845 com o título *Nouvelles russes*, a coletânea identificava Louis Viardot como tradutor, embora ele não lesse nem falasse russo. No prefácio, Louis declarava ter contado com a ajuda de seu amigo Turgueniev, "famoso poeta e crítico", que fornecera uma tradução básica a partir da qual ele pudera trabalhar uma versão francesa mais burilada. Graças a seu grande espectro de relações, os Viardot conseguiram atrair a atenção das elites culturais parisienses para as *Nouvelles russes*. Delacroix, por exemplo, considerou os contos interessantes pela "extraordinária sensação de realidade".[78]

Paris era o centro de uma crescente cultura da tradução na Europa. Era a cidade mais cosmopolita do continente, abrigando mais intelectuais estrangeiros que qualquer outra da Europa, e portanto não carecendo de tradutores.[79] Tinha mais livrarias estrangeiras, mais editoras de alcance por toda a Europa, mais livros publicados em tradução e mais revistas literárias de perspectiva internacional. A mais importante dessas publicações era a *Revue des deux mondes*, especializada em artigos sobre literatura estrangeira (Viardot era colaborador frequente com artigos sobre a Espanha), não raro com o objetivo de estimular traduções para o francês.[80]

O francês era a língua das elites cosmopolitas europeias. Dominava o negócio das traduções. Eram traduzidos mais livros do francês que de qualquer outra língua, embora, em meados do século, as traduções do inglês e do alemão começassem a chegar perto. O francês era um meio de intercâmbio entre outras línguas: um livro traduzido do russo para o inglês, por exemplo, tinha grande probabilidade de ter sido traduzido do russo para o francês e então retraduzido para o inglês. Por meio do francês é que os livros ingleses eram transpostos a outras línguas. O que explica a posição dominante do comércio francês de livros na Europa. Os livros franceses eram vendidos em toda parte. Até em Leipzig, centro do mercado alemão do livro, os livreiros tinham mais vínculos comerciais com Paris do que com qualquer outra cidade dos territórios de fala alemã. Mas o domínio francês do comércio livreiro no continente começou a retroceder no meio do século. O alemão tornou-se mais importante como canal de tradução para os mercados em desenvolvimento das línguas eslavas e escandinavas.[81]

As traduções representavam um percentual cada vez maior das obras de ficção publicadas no meado do século. Com o aumento do público leitor, aumentou também a demanda do tipo de ficção popular exemplificado nas *Aventuras do senhor Pickwick*, de Dickens, e nos *Mistérios de Paris*, de Sue. A demanda ultrapassava a capacidade dos escritores da maioria dos países de atender a esse crescente público leitor, e assim os escritores estrangeiros tinham de suprir a carência. Até na França e na Grã-Bretanha, principais produtores de literatura na Europa, o mercado se abriu para um crescente número de obras traduzidas.

As estatísticas sobre a produção de livros são problemáticas e incompletas. Não dispomos de dados sistematizados a respeito de qualquer país europeu. Os números mais completos dizem respeito à França, onde o percentual de obras traduzidas na edição geral de livros passou dos 4% estimados em 1831 a 12% em 1859. O maior crescimento se verificou nos romances estrangeiros: o número de títulos traduzidos passou de menos de dez por ano na década de 1840 a cinquenta anualmente nos dez anos que se seguiram a 1854.[82] Nas livrarias, havia uma verdadeira enxurrada de traduções para o francês, especialmente nas coleções de massa de literatura estrangeira, como a Bibliothèque Anglaise do editor Gervais Charpentier, a Bibliothèque des Meilleurs Romans Étrangers de Charles Lahure, a Librairie Internationale de Lacroix e a Littérature Étrangère de Hachette, parte da sua Bibliothèque des Chemins de Fer, tendo todos eles investido pesado nas traduções nas décadas de 1850 e 1860. Hachette, por exemplo, adquiriu em 1856 o direito de editar a "tradução autorizada" de todos os romances de Dickens (o que ajuda a entender o empenho do editor na campanha por uma legislação internacional do copyright).[83]

A Grã-Bretanha era historicamente resistente à leitura de traduções por causa da força da própria língua literária e do relativo isolamento cultural em relação ao continente. As obras estrangeiras traduzidas para o inglês representavam uma pequena porção do mercado livreiro britânico — em torno de 3% da produção total de livros no século XIX. Mas mesmo neste caso os números absolutos cresciam (de apenas 580 obras traduzidas por ano nos primeiros 25 anos do século a mais de 2.600 obras na metade do século), e muitos títulos eram de coleções de massa como a Railway Library da Routledge, que introduziu Balzac aos leitores ingleses. Além disso, os números conhecidos sobre livros produzidos na Grã-Bretanha não incluíam as edições piratas e as adaptações inglesas (plágios) de obras estrangeiras, que enchiam muitas páginas dos tabloides e periódicos de ficção popular como o *Household Words* de Dickens.[84]

Com uma cultura literária forte, a França e a Grã-Bretanha publicavam menos traduções que países com menor número de escritores e, portanto, mais dependentes da tradução de obras estrangeiras. Na Áustria, por exemplo, o percentual de traduções aumentou de menos de 5% do total de obras publicadas em 1840 para 33% em 1854 — aumento estimulado pelo abrandamento da censura depois de 1848.[85] O mercado livreiro espanhol era fortemente dependente das traduções do francês, que representavam quase metade da produção total de livros no país no meado do século. A literatura francesa era tão dominante na Espanha que, em 1862, a Hachette comprou a Antoine Mezin, grande editora espanhola, para facilitar a importação dos seus livros da França.[86]

Nos Países Baixos, as traduções eram ainda mais importantes no crescente mercado das obras de ficção. Na ausência de tratados bilaterais obrigando os editores a pagar royalties aos autores estrangeiros,* era mais seguro e lucrativo publicar a tradução de um romance estrangeiro de sucesso do que pagar por uma obra original em holandês. Os custos de tradução eram mais baixos que os valores cobrados por um novo romance, especialmente num momento em que em toda parte os escritores começavam a impor seus direitos morais e econômicos. Num país pequeno como os Países Baixos, onde o público leitor fazia questão de se manter em dia com as novidades da cultura europeia, os editores tinham mais chance de lucrar com um romance estrangeiro famoso e de sucesso do que com uma obra holandesa original, mas que representasse uma incógnita de vendas. Não surpreende, assim, que tão poucos romancistas de destaque surgissem na Holanda no século XIX: eles não tinham como competir com as traduções de obras estrangeiras.[87]

Um dos resultados desse boom das traduções foi uma crescente uniformização dos temas, formatos, ideias e estilos literários em toda a Europa e no mundo em geral. Havia escritores que imitavam romances estrangeiros lidos em tradução, especialmente obras francesas e inglesas, as duas literaturas mais traduzidas. Essas obras se transformavam num padrão "europeu" do romance novecentista nas culturas literárias em emergência na "periferia"

---

* A Holanda assinou tratados de copyright com a Alemanha (1854), a França (1855), a Bélgica (1858) e a Espanha (1862), mas não com a Grã-Bretanha, sua principal fonte de literatura traduzida. Os direitos de publicação de livros estrangeiros em tradução ficavam a cargo de uma organização nacional do comércio livreiro (Vereeniging ter Bevordering van de Belangen des Boekhandels, ou VBBB) que registrava esses títulos e os protegia de editores concorrentes nos Países Baixos. Um editor holandês habitualmente oferecia um pequeno valor (geralmente em torno de 20 libras) ao editor estrangeiro para receber as provas de uma obra que quisesse publicar em tradução nos Países Baixos e assim registrar o título junto ao VBBB antes dos concorrentes. Nenhum outro pagamento era feito ao autor ou ao editor (Van der Weel, "Nineteenth-Century Literary Translations", p. 33).

do continente, países como a Espanha e a Hungria, ou os da Escandinávia, cujas literaturas modernas nasceriam pela assimilação dos modos franceses e ingleses de escrita. Como se poderia esperar, o processo gerou grande preocupação entre os críticos que mais valorizavam o caráter nacional na literatura (a base da reação nacionalista contra o cosmopolitismo literário que se desenvolveu nesses anos). Eles receavam que a imitação de literaturas estrangeiras comprometesse o caráter único e original da literatura nacional, podendo levar a uma cultura internacional em que todas as literaturas se assemelhassem. Um crítico profético, René Tallandier, escreveu em 1846 na *Revue des deux mondes*: "Em breve não será mais possível, na literatura europeia, distinguir as diferentes influências, as qualidades poéticas ou as variedades próprias de cada nação. Quase se poderia dizer que as literaturas estrangeiras não existem mais. O mundo está sendo tomado por uma triste uniformidade."[88]

Nas primeiras décadas do século, os romances de Walter Scott foram traduzidos (quase sempre via o francês) para dezenove línguas, e havia imitadores em toda parte. Nos anos 1840 e 1850, Dickens teve impacto comparável no desenvolvimento do romance realista na Europa. Suas obras foram publicadas em tradução na Alemanha (a partir de 1837); na Rússia, na França, na Holanda e na Dinamarca (1838); na Boêmia, na Itália e na Polônia (1840); na Suécia (1842); na Bélgica, na Hungria, na Noruega (1843); na Áustria e na Moldávia (1844); na Finlândia (1846); em Portugal e na Espanha (1847); na Grécia (1853); na Bulgária (1859); e até na Islândia (1860). Poucas dessas traduções foram feitas diretamente do inglês. Na maioria dos casos, passavam por outras línguas, por afinidade: do francês para o espanhol e o italiano; do alemão para as línguas escandinavas; e do russo para as línguas eslavas.[89]

Em toda parte, a influência de Dickens era a mesma. Na França, seus romances logo alcançaram popularidade, obrigando muitos críticos, que inicialmente tinham considerado seus temas demasiado vulgares e ofensivos para serem considerados artísticos, a mudar de ponto de vista quanto ao que era admissível num romance. A grande virada se deveu a um influente artigo publicado por Hippolyte Taine na *Revue des deux mondes* em 1856, no qual o crítico e historiador elogiava o fascinante realismo visual da escrita de Dickens em *David Copperfield*:

Nunca os objetos permaneceram mais visíveis e presentes na memória de um leitor do que os descritos por ele. A casa velha, o salão, a cozinha, o barco de Peggotty e, acima de tudo, o pátio da escola são interiores de relevo, energia e precisão incomparáveis. Dickens tem a paixão e a paciência dos pintores do seu país; avalia os detalhes um a um, registra as diferentes tonalidades dos velhos troncos de árvores; vê o barril carcomido, os azulejos quebrados e esverdeados, as rachaduras nas paredes úmidas; identifica os estranhos odores que emitem; anota o tamanho das marcas de bolor, lê os nomes de intelectuais gravados na porta e se detém na forma das letras.[90]

Na Alemanha, escritores realistas de uma nova geração, como Gottfried Keller e Wilhelm Raabe, encontravam em Dickens um modelo do estilo que abraçavam. Eles queriam se afastar do idealismo romântico da época de Goethe e, sendo nacionalistas, mostrar aos leitores as reais condições de vida da sociedade, em particular das classes médias e inferiores, para forjar uma identidade nacional.[91]

Mas em nenhum outro país a influência de Dickens foi profunda como na Rússia. "Seu nome conquistou grande popularidade", escreveu-lhe em 1849 seu tradutor Irinarkh Vvedensky, "e das margens do Neva às mais remotas regiões da Sibéria, o senhor é lido com avidez". A informação de tal maneira encantou Dickens que, quando seus negócios não iam bem, ele ameaçava fazer as malas e se mudar para a Sibéria.[92] Todas as suas obras estavam traduzidas para o russo um ano depois da publicação em inglês, e o estilo vívido de Vvedensky as tornou muito populares. Seu impacto literário estava estreitamente ligado ao de Gogol, seguidor de Dickens, que, como ele, associava realismo e melodrama num estilo que inspiraria mais tarde autores russos como Dostoievski e Saltykov-Schedrin, ambos leitores ávidos de Dickens. Saudado por Belinski como o primeiro "romance social" da Rússia, *Gente pobre* (1846), de Dostoievski, foi influenciado pela leitura de Dickens, em particular nas cenas de grande *páthos* em que o autor descreve as tentativas dos personagens pobres de preservar a dignidade humana e cuidar de outros ainda menos afortunados. São evidentes os toques dickensianos em muitas obras posteriores de Dostoievski, especialmente *Humilhados e ofendidos* (1861).

Turgueniev também era fã de Dickens. Lia suas obras em inglês, francês e russo, e o considerava o maior romancista europeu. Mas não aceitava comparações entre seu estilo realista e o de Dickens. Não compartilhava o gosto do escritor inglês pela caricatura, o sentimentalismo e os momentos de comicidade. Como Taine, contudo, apreciava o realismo visual de sua prosa, "sua capacidade de apresentar aos olhos uma figura vívida, definitiva", como escreveria mais tarde Henry James, comentando a admiração de Turgueniev por Dickens.[93]

No prefácio de seu influente livro *Le Réalisme* (1857), Champfleury equiparava Turgueniev e Gogol a Dickens, Thackeray, Charlotte Brontë e Berthold Auerbach no plantel dos expoentes do romance realista, cujos seguidores conquistavam o mundo literário: "Em toda parte no exterior, na Inglaterra, na Alemanha, na Suécia, na Holanda, na Bélgica, nos Estados Unidos, na Rússia, na Suíça, encontro contadores de histórias impregnados das misteriosas correntes da realidade."[94] E é realmente notável que escritores de toda a Europa convergissem então para um ideal semelhante da arte literária como reflexo verdadeiro e objetivo da vida social contemporânea. A década de 1850 assistiu ao surgimento de escritores realistas em todo o continente: Turgueniev na Rússia, Auerbach e Fontane na Alemanha, Flaubert na França, Eliot e Gaskell na Grã-Bretanha.

Como explicar essa convergência intelectual? Os escritores europeus reagiam a uma nova realidade social gerada pelo crescimento das indústrias de manufatura e das ferrovias; a uma nova concepção de modernidade em que importava o aqui e agora ("o transitório, o fugaz, o contingente" de Baudelaire); a novas maneiras de olhar o mundo depois da invenção da fotografia. Escreviam para um crescente mercado de leitores urbanos recém-alfabetizados — muitos das classes artesanais e operárias — que queriam histórias que tivessem a ver com sua vida cotidiana. O romance era o meio perfeito de envolver os leitores nessa realidade contemporânea. A poesia ficara presa no passado romântico, embora alguns poetas, como Elizabeth Barrett Browning, em *Aurora Leigh* (1856), a convocassem a tratar das questões de rotina da atualidade:

Não, se há lugar para poetas neste mundo
Meio abandonado (e acho que há),

Sua única missão é representar a época,
A sua época, e não a de Carlos Magno —
Esta época viva, palpitante,
Que briga, trapaceia, enlouquece, calcula, aspira,
E despende mais paixão, mais ardor heroico,
Entre os espelhos da sala de estar
Que Rolando com seus cavaleiros de Roncesvales.[95]

Para Champfleury, o dever artístico de focar no presente decorria das novas realidades evidenciadas pelas revoluções de 1848. Ele as encarava como uma ruptura fundamental no tempo: as velhas certezas tinham sido varridas, os acontecimentos transcorriam com mais rapidez e mais que nunca a história parecia se orientar por contingências transitórias. Os problemas sociais expostos pelas revoltas populares haviam tornado ainda mais importante que as artes fizessem um gesto na direção das pessoas comuns, desnudando as verdadeiras condições da sociedade contemporânea. "Só depois de 1848", escreveu o crítico, "o realismo se tornou uma das numerosas religiões com o sufixo 'ismo': era possível vê-la diariamente em painéis publicitários nos muros, aclamada nos clubes, cultuada pelos seguidores em pequenos templos [as galerias]".[96]

A questão não era apenas voltar a atenção da sociedade para as dificuldades dos trabalhadores pobres. Isto era alcançado com facilidade — por Dickens, em *Tempos difíceis* (1854), ou Gaskell em *Norte e sul* (1854-5). Podia ser conseguido até com melodramas como *Os miseráveis* ou em *Les Mystères de Paris*. O desafio para os autores realistas era retratar as pessoas comuns sem sentimentalizar nem reduzi-las a tipos. Foi o problema enfrentado por Eliot. Ela considerava que Dickens retratara com sucesso "as características externas da nossa população urbana", mas não era capaz de "nos dar o caráter psicológico — sua concepção da vida e suas emoções — com a mesma veracidade que o seu idioma e suas maneiras". Foi o que ela se empenhou em alcançar em seu primeiro romance, *Adam Bede*. Turgueniev pensava a respeito de Balzac e George Sand o mesmo que Eliot em relação a Dickens. Em suas *Memórias de um caçador*, ele tentava reproduzir o pensamento e as emoções dos personagens camponeses simplesmente observando seu comportamento, sem uma intervenção autoral, para que se revelassem como indivíduos autônomos, com características e emoções de fato parecendo vir de dentro.[97]

A atitude de Turgueniev em relação ao romance realista teve profunda influência nos escritores realistas alemães que surgiram na década de 1850, entre eles, Theodor Storm, August Viedert, Paul Heyse e Theodor Fontane, cujo ensaio "Unsere lyrische und epische Poesie seit 1848", publicado em 1853, um apanhado da literatura dos últimos cinco anos na Alemanha, advoga um tipo de escrita realista em que os personagens possam gerar seus próprios significados, sem que o narrador ou autor precise falar em seu nome.[98] Essa impessoalidade — a total remoção da voz do escritor na observação científica das realidades cotidianas — constituía a base de uma autêntica revolução na arte do romance.

Essa convergência intelectual era facilitada pelo mercado internacional de livros traduzidos. Todo mundo lia todo mundo. Turgueniev era influenciado por Dickens e Sand; Flaubert, por Balzac; Fontane, por Turgueniev e Eliot; e Eliot, por toda uma série de escritores: Goethe, Balzac, Dickens, Sand e Keller, cujas obras leu em sua longa permanência na Alemanha em 1854. Ela também admirava o historiador social alemão Wilhelm Heinrich von Riehl, cujo estudo sobre os camponeses, *Land und Leute* (1853), influenciou suas ideias sobre a arte literária realista, expostas num artigo sobre von Riehl, "História natural da vida na Alemanha" (1856). "A arte é o que há de mais próximo da vida", escreveu ela, "um meio de ampliar e estender nosso contato com os semelhantes além dos limites da nossa condição pessoal".[99] Ela assim expressava à perfeição o credo artístico de Turgueniev nas *Memórias*.

5

No primeiro ano da prisão domiciliar, Turgueniev regularmente escrevia a Pauline pedindo uma fotografia sua. As notícias sobre sua apresentação em São Petersburgo afirmavam que ela parecia mais jovem que sete anos antes, a última vez em que se apresentara na capital russa. Esses relatos, explicava ele, "aumentam ainda mais meu desejo de ver um daguerreótipo seu, e mesmo sabendo que fica mais próximo de uma caricatura que da realidade, meus olhos, ainda assim, poderão identificar as mudanças nos seus traços". Passaram-se semanas até que Pauline respondesse ao primeiro pedido. Na carta que finalmente chegou não havia um daguerreótipo, mas uma caricatura feita por ela mesma, com os dizeres: "Enquanto você espera uma fotografia!"[100]

Turgueniev era um entusiasta da nova tecnologia, que o ajudava a superar o isolamento no exílio. Tirou uma foto sua em Orel e a enviou aos amigos na Rússia e no exterior. O fato de se encontrar um estúdio fotográfico numa pequena cidade do interior da Rússia evidenciava como a mania da fotografia se disseminara pela Europa a essa altura. Praticamente não havia uma cidade europeia em que não fosse possível tirar um retrato a baixo custo.

As novas técnicas de reprodução tornavam a fotografia algo acessível. Sobretudo, a invenção do processo de colódio úmido, em 1851, permitia a reprodução de quantas cópias se quisesse de um mesmo negativo. Era um enorme avanço em relação ao daguerreótipo (processo complexo e oneroso de fixação de imagens fotográficas numa lâmina de cobre recoberta de prata e preservada no gelo), tanto em termos de qualidade quanto de economia. Três anos depois, em 1854, o inventor francês André Disdéri desenvolveu um engenhoso método de reprodução em massa de retratos fotográficos, valendo-se de uma câmera com quatro lentes e fundo giratório para gerar múltiplas exposições de uma imagem num negativo em chapa de vidro. Recortadas do positivo fotográfico e montadas numa plaqueta de papelão do tamanho de um cartão de visitas, essas *cartes de visites* fizeram tanto sucesso que Disdéri pôde reduzir os preços a um patamar facilmente ao alcance das classes médias. Enquanto na década de 1840, um retrato fotográfico custava entre dez e vinte francos, no fim da década seguinte, Disdéri cobrava apenas vinte francos por um conjunto de doze, e nos anos 1860, eram apenas dois francos. Os estúdios fotográficos proliferavam. Em Paris, passaram de 39 no início dos anos 1850 a mais de duzentos no fim da década. Em Londres, houve crescimento comparável. No início dos anos 1860, vendia-se anualmente na Grã-Bretanha algo na esfera de 400 milhões de cartões fotográficos.[101]

A reprodução em massa lançou a voga dos retratos fotográficos de celebridades, grupos de família e do indivíduo. Escrevendo em 1859 sobre o impacto da nova tecnologia, Baudelaire lamentava que estimulasse a vaidade: "A partir desse momento, nossa detestável sociedade se apressou, como Narciso, a contemplar a própria imagem trivial numa lâmina metálica.

Uma forma de loucura, um extraordinário fanatismo se apossou desses novos adoradores do sol."[102]

O retrato fotográfico punha o indivíduo em pé de igualdade com as celebridades — parte do seu atrativo. Fotografias de pessoas famosas constituíam grande parte das *cartes de visites* vendidas pelos estúdios fotográficos, que as utilizavam em sua publicidade. Disdéri publicou uma *Galerie des contemporains*, fotografias de 120 celebridades em cartões emoldurados, com breve texto biográfico, reunindo-os num álbum de luxo em 1861.[103] Pauline Viardot era o número 69 nessa galeria. Era regularmente fotografada para *cartes* e álbuns comerciais, às vezes aparecendo como ela mesma, outras, caracterizada para um dos seus papéis famosos.[104] Ela também foi fotografada por Nadar (pseudônimo de Gaspard-Félix Tournachon), que exibia belíssimos retratos de celebridades (Balzac, Delacroix, Baudelaire, George Sand, Berlioz, entre outros) na vitrine de seu estúdio no Boulevard des Capucines. Por um pequeno valor, qualquer pessoa podia ter sua fotografia tirada por Nadar, assim se sentindo próxima dessas celebridades.

Fotografias de nobres famosos, heróis militares, chefes de Estado e políticos também eram muito vendidas. Napoleão III e a rainha Vitória não demoraram a reconhecer o valor propagandístico do novo meio. Foram os primeiros chefes de Estado europeus a posar para imagens comerciais. E não apareciam como monarcas coroados, com mantos e joias, mas nos universais trajes de classe média, terno ou saia rodada, cartolas e bonés, em ambientes domésticos e retratos de família. As fotografias eram muito populares, especialmente as da rainha Vitória e do príncipe Alberto, vendidas em milhões de exemplares, decoração essencial numa infinidade de casas e contribuindo para solidificar a popularidade da monarquia britânica.[105]

Nos seus primórdios, a fotografia em geral era considerada uma forma de registro, e não uma arte. Foi incluída na Grande Exposição na categoria ciência e tecnologia. Mas a nova tecnologia teria profunda influência nas artes literárias e visuais.

Os romancistas desenvolveram um estilo mais visual, carregando a prosa de imagens e detalhes descritivos e introduzindo efeitos óticos, como portas e janelas abertas, para ajudar na visualização das descrições. O famoso início de *A casa abandonada* (*Bleak House*, 1853), de Dickens, é um bom exemplo desse realismo fotográfico:[106]

Nevoeiro em toda parte. Nevoeiro rio acima, fluindo entre campinas e ilhotas verdes; nevoeiro rio abaixo, avançando maculado entre as fileiras da frota mercante e a poluição aquática de uma cidade grande (e suja). Nevoeiro nos pântanos de Essex, nevoeiro nos cumes de Kentish. Nevoeiro se insinuando nas cabines dos brigues de carvoeiros; nevoeiro pousando nas vergas e sobrepairando o cordame das grandes embarcações; nevoeiro descendo sobre as amuradas de botes e barcaças. Nevoeiro nos olhos e gargantas de velhos aposentados de Greenwich, ofegantes junto à lareira em suas alas de hospital; nevoeiro na piteira e no corpo do cachimbo vespertino do colérico capitão, encerrado em sua cabine; nevoeiro cruelmente beliscando dedos dos pés e das mãos do seu pequeno aprendiz que tirita no convés. Transeuntes nas pontes espiando por cima dos parapeitos um céu de nevoeiro mais abaixo, cercados de nevoeiro, como se estivessem lá em cima num balão, pendurados nas nuvens.[107]

Flaubert era obcecado com a ideia de tornar sua prosa visual. Declarou muitas vezes que seu objetivo era "*faire voir les choses*" (dar visibilidade às coisas), tornar objetos reais tangíveis para o leitor.[108] Por isto recusava violentamente quaisquer ilustrações em seus livros: sua função era exatamente fazer os leitores verem. Enchia sua prosa de detalhes visuais, acessórios dos atos e emoções que "eram quase tão vivos quanto os personagens", nas palavras dos Goncourt.[109] Até Emma Bovary nos é mostrada por meio de minúsculas características da aparência física — a brancura das unhas, as gotas de suor nas costas nuas, o contorno elegante dos pés, e assim por diante. Um bom exemplo desse estilo hipervisual é o seguinte trecho de *A educação sentimental*, no qual Frédéric Moreau, o herói do romance, para em frente à vitrine da loja dos Arnoux na esperança de ver Mme Arnoux:

A vitrine, alta e transparente, expunha ao olhar, em hábil disposição, estatuetas, desenhos, gravuras, catálogos e edições de *L'Art industriel*; e os valores da assinatura eram repetidos na porta, decorada no centro com as iniciais do editor. Nas paredes se viam grandes pinturas de verniz reluzente, duas arcas recobertas de

porcelana, interessantes curiosidades de bronze; uma pequena
escada fazia a separação, vedada no alto por uma cortina Wilkton;
e um lustre de velha porcelana da Saxônia, um tapete verde no
piso, com uma mesa de marchetaria, davam ao interior a aparência
antes de uma sala de estar do que de uma loja.

Frédéric fingiu examinar os desenhos [...].[110]

O caráter aleatório desses detalhes é que gerava o "efeito realista".[111]
Era onde o realismo dos anos 1850 diferia de anteriores práticas de verossimilhança literária: se no passado os escritores escolhiam e organizavam
os detalhes verossímeis por seu significado simbólico ou pela importância
para a narração, exatamente como um pintor podia dispor os elementos da
natureza para criar um efeito vívido, realistas como Flaubert enchiam seus
textos de detalhes incidentais dispostos como poderiam aparecer numa
fotografia. O desafio era capturar o que fosse real num momento em que a
própria realidade resistia a ser estruturada. Como escreveu Champfleury,

A vida cotidiana é feita de pequenos e insignificantes fatos, numerosos como os ramos de uma árvore — esses pequenos fatos
convergem e terminam num galho, e o galho, num tronco. Toda
conversa está cheia de detalhes supérfluos que aborreceriam o
leitor se fossem reproduzidos [...] Uma história precisa de início,
meio e fim. Mas a natureza não providencia uma disposição, uma
coordenação, um enquadramento, nenhum início nem fim. Pois
isto não torna altamente difícil contar a mais breve história que
seja? E não fica mais fácil com uma máquina de daguerreótipo?[112]

Os pintores também aceitavam o desafio de representar a realidade da
"vida cotidiana". O advento da fotografia dificultou as coisas em matéria
de verossimilhança nas artes visuais. O que mais se admirava na fotografia
— o claro reflexo de uma realidade nua, o registro de um momento preciso e a visceral sensação de "estar presente" — era assimilado à estética da
arte moderna. O impacto da fotografia questionava velhas ideias sobre a
representação.

Os críticos da fotografia se insurgiam contra um suposto efeito prejudicial
na apreciação da beleza e no papel da imaginação na arte. Segundo eles, havia

o risco de que a pintura se tornasse uma reprodução servil da realidade. "Se a arte não passasse de uma imitação da natureza", escreveu Louis Viardot, "a pintura mais perfeita seria um diorama bem feito, as estátuas mais perfeitas, um modelo de cera".[113] Baudelaire condenava as pressões comerciais que, segundo ele, levavam à "daguerreotipização" das artes visuais:

> Agora o nosso público, singularmente incapaz de sentir a felicidade de sonhar ou se maravilhar (sinal da sua pequenez de alma), quer ser levado a admirar por meios alheios à arte, e seus obedientes artistas se curvam ao seu gosto; tentam impressionar, surpreender, embasbacar mediante truques indignos [...]. Em matéria de pintura e escultura, o *credo* dos sofisticados hoje em dia, sobretudo na França, é este: "Creio na Natureza, e apenas na Natureza [...]. Creio que a Arte é e não pode ser senão a exata reprodução da Natureza [...]. Assim, uma indústria capaz de nos dar um resultado idêntico à Natureza seria a arte absoluta." Um Deus vingativo deu ouvidos às preces dessa multidão. Daguerre é o seu Messias.[114]

Sob o impacto da fotografia, os pintores buscavam aumentar a precisão pictórica das suas obras, muitos se valendo de câmeras como ferramenta auxiliar para capturar melhor a realidade. O hiper-realismo das pinturas de gênero finamente detalhadas de Ernest Meissonier era tão reminiscente dos daguerreótipos que ele foi acusado por vários críticos de usar imagens fotográficas como ponto de partida de seus quadros. Com o uso de câmeras como "ferramenta secreta" no estúdio de um pintor, escreveu certo crítico em 1851, o perigo era um abuso capaz de "matar a verdadeira arte", que dependia mais da imaginação que da precisão fotográfica.[115] O fascínio exercido por esta sobre o público explicava o extraordinário sucesso de Meissonier, segundo Zola:

> O valor artístico do seu trabalho nada tem a ver com a atração que exerce. A verdade é que o público está pura e simplesmente interessado na prestidigitação. Ele consegue ver os botões de um paletó, os amuletos numa corrente de relógio. São reproduzidos tantos detalhes que nenhum se perde; é o que provoca essa ad-

miração nunca antes vista. E o melhor é que ele pinta homens de quatro centímetros de altura que podem ser examinados com uma lupa. É o que excita a turba [...] Ele é o deus da burguesia incapaz de apreciar a verdadeira arte.[116]

Desde o século XVI, os artistas se socorriam de uma *camera obscura* para aperfeiçoar o traço. Mas a invenção da fotografia os ajudou a capturar os efeitos de luz e sombra de uma forma mais científica. E o impacto foi mais forte na pintura paisagística que em qualquer outro gênero. Em decorrência da longa exposição necessária nas primeiras décadas da fotografia, as paisagens eram um tema óbvio para os fotógrafos, especialmente os que queriam estabelecer o novo meio como forma artística. Havia uma relação estreita entre a fotografia artística e os pintores paisagistas reunidos em Barbizon, aldeia na floresta de Fontainebleau. Camille Corot frequentava o lugar desde os anos 1820. A ele se juntou Théodore Rousseau, ao ser rejeitado pelo júri do Salon em 1836. Na década de 1840, um grupo grande de artistas plásticos passava lá o verão, alguns, como Diaz, alugando chalés de camponeses, mas a maioria, como Millet, Troyon, Daubigny e Courbet, se hospedando numa pousada, o Auberge Ganne, que se transformou numa espécie de colônia de artistas. Nos anos 1850, Rousseau e Millet se fixaram em Barbizon, que "deu origem a uma nova ciência da pintura", segundo escreveu o crítico Albert de la Fizilière em 1853.[117]

A chave dessa ciência era a pintura na própria natureza — montar um cavalete *en plein air* e reproduzir paisagens tal como se apresentavam: cenas cotidianas e totalmente desprovidas de poesia, sem enfeites nem idealização romântica. A pintura em *plein air* era relativamente nova. Bosquejos a óleo de paisagens exteriores eram feitos há séculos; e se tornaram uma prática habitual em toda a Europa no fim do século XVIII. Mas as pinturas assim iniciadas não eram consideradas obras "acabadas", mas estudos a serem concluídos num ateliê. O óleo apresentava problemas que limitavam o tempo em que podia ser usado ao ar livre. Os pintores produziam tinta triturando pigmento e misturando-o em pequenas quantidades ao óleo de linho, e geralmente estocando tinta em bexigas de animais; mas a tinta a óleo secava tão rápido que eles não podiam trabalhar muito tempo sem precisar misturar mais.

A atitude em relação à pintura de *plein air* começou a mudar na virada do século, quando o paisagista Pierre-Henri de Valenciennes, que pintava estudos a óleo inspirados na natureza, fez a sua defesa na influente tese *Éléments de perspective pratique à l'usage des artistes* (1799). Nas primeiras décadas do século XIX, a pintura a óleo inspirada na natureza começou gradualmente a ganhar terreno. Os pintores alcançavam agora maior naturalidade nas cores, luzes e sombras pintando em campo aberto. John Constable foi o primeiro grande pintor paisagista a fazê-lo. Desde o início da carreira, fazia esboços a óleo, usando-os em seguida para desenvolver pinturas completas no ateliê. Em 1815, concluiu sua primeira pintura a óleo inteiramente ao ar livre, *Construção de barco perto do moinho de Flatford*. Os críticos ingleses elogiaram a obra pela naturalidade e veracidade, criticando, porém, uma certa falta de acabamento: o quadro não parecia "concluído". Constable não teve o reconhecimento merecido: em vida, vendeu apenas vinte pinturas na Grã-Bretanha. Mas foi bem recebido na França, onde três pinturas, entre elas *A carroça de feno*, foram exibidas no Salon de 1824, recebendo medalha de ouro. Seriam posteriormente vendidas a compradores franceses pelo marchand parisiense John Arrowsmith. Géricault ficou "deslumbrado" com *A carroça de feno*. E Delacroix, tão inspirado com suas cores que repintou partes de *O massacre de Quios* (1824), esperando alcançar efeito equivalente.

Os pintores de Barbizon sofreram profunda influência de Constable. Podem ter visto sua obra em várias exposições em Paris na década de 1830. Seu interesse pela pintura em *plein air* foi estimulado pela invenção dos tubos de tinta por John Rand, inventor e pintor amador americano, que patenteou seus "tubos metálicos dobráveis para tintas" nos Estados Unidos em 1841. Comercializados pelo fabricante londrino de materiais artísticos Winsor & Newton, os tubos apresentavam a vantagem de impedir o ressecamento da tinta, assim permitindo que os artistas concluíssem uma pintura *en plein air*. Rand era mais perspicaz como inventor do que como empresário. Ganhou muito pouco com a invenção, que não só transformou a pintura como viria a ser usada para pastas de dente e outros cremes.[118]

Liberados do ateliê, os pintores de Barbizon foram para a floresta e os campos abertos trabalhar diretamente na natureza e capturar os efeitos de luz sombra. Voltavam ao mesmo lugar muitas vezes, pintando em diferentes estações, horas do dia e condições de tempo. Foram acompanhados nesse interesse por um grupo de fotógrafos (Gustave Le Gray, Léandre Grandguillaume, Charles Marville, Constant Dutilleux e Adalbert Cuvelier), cujas cenas da floresta de Fontainebleau foram as primeiras fotografias aceitas como obras de arte no Salon, em 1859. Quase todos esses fotógrafos faziam experiências com o *cliché-verre*, processo de cópia fotográfica em que o artista grava um desenho numa lâmina de vidro coberta de colódio, expondo-a em seguida à luz solar sobre uma folha de papel fotossensível. Fascinados com os sutis contrastes de luz e sombra resultantes, Millet, Corot, Daubigny e Rousseau usavam esse método, que por sua vez influenciaria a sua pintura. Corot, em particular, encontrou nos efeitos da luz fotográfica um novo vocabulário visual: do bem delimitado realismo arquitetônico das pinturas paisagísticas da década de 1840, ele evoluiu para um estilo mais suave e tonal de pintura, com contornos indefinidos e sutis efeitos de claro-escuro.[119]

Turgueniev sentia grande afinidade com os pintores de Barbizon. Disse certa vez ao banqueiro e colecionador de arte russo Ivan Tsvetkov que se pudesse começar tudo de novo seria um pintor de paisagens trabalhando na natureza, onde "é tanta a beleza que o artista nunca fica sem assunto". Turgueniev foi o mais visual dos escritores russos do século XIX (Tolstoi considerava suas descrições da natureza as melhores de toda a literatura).[120] Esta descrição do episódio final das *Memórias*, em que o narrador resume os prazeres da caça, é o que há de mais próximo de uma paisagem de Corot (pode ser o trecho que Alphonse Daudet tinha em mente ao escrever que as evocações da natureza em Turgueniev falavam ao mesmo tempo a vários sentidos, "olfato, visão e audição"):

> E uma manhã de verão em julho! Alguém que não seja um ca-
> çador alguma vez experimentou as delícias de vagar em meio a
> arbustos ao alvorecer? Os pés deixam marcas verdes na grama
> pesada e esbranquiçada pelo orvalho. Afastamos com os braços
> os arbustos molhados — o perfume quente acumulado durante a
> noite quase nos sufoca; o ar está impregnado da fresca fragrância
> agridoce do absinto, do perfume adocicado do trigo-sarraceno e
> do trevo; mais adiante, uma floresta de carvalhos se ergue como
> um muro, reluzindo púrpura à luz do sol; o ar ainda está fresco,
> mas já se sente a aproximação do calor. A cabeça fica levemente

zonza com esse excesso de perfumes doces. E os arbustos não aca-
bam mais. Bem longe, o centeio que amadurece ganha coloração
amarela em meio a estreitas faixas de trigo-sarraceno vermelho
ferrugem. Até que se ouve o som de uma carroça; um camponês
vem nela a passos lentos, deixando o cavalo na sombra antes que
o sol esquente. Cumprimentamos, seguimos em frente e depois
de um tempo ouvimos por trás o som metálico e irritante de uma
ceifeira. O sol está cada vez mais alto, e a relva rapidamente seca.
Já está quente. Passa-se uma hora, depois outra. O céu escurece
nas extremidades e o ar parado abrasa no calor pinicante.[121]

Turgueniev conhecera os pintores de Barbizon por meio de Ary Scheffer,
grande admirador da arte de Rousseau desde a década de 1830. O escritor
formaria uma grande coleção de paisagens de Rousseau, Corot, Daubigny
e Courbet, compradas na maioria dos casos com a intermediação de Paul
Durand-Ruel e Alfred Sensier, principais marchands do grupo de Barbizon
nos anos 1850 e 1860, ou no Hôtel Drouot, a grande casa de leilões parisiense,
inaugurada em 1852.

Os pintores de Barbizon rapidamente trataram de aproveitar os serviços
comerciais oferecidos no novo mercado de arte pelos marchands e leiloeiros
em Paris, Londres, Amsterdã e até Boston, onde venderam muitos quadros
na década de 1850 por meio de William Morris Hunt, pintor americano
que estudara com Millet em Barbizon.[122] Apesar do isolamento rural, esses
pintores sabiam muito bem fazer negócios. Os maiores compradores eram
homens ricos quase sempre originários da classe média — o cantor de ópera
Paul Barroilhet e o negociante de miudezas Paul Collot estavam entre os
primeiros clientes — que se identificavam com eles porque também estavam fora do establishment artístico acadêmico dominado pela aristocracia.
Abaixo dos grandes clientes, vinham os compradores menores que queriam
paisagens para suas salas de estar e podiam pagar os preços moderados cobrados por esses pintores nos primeiros anos. Em 1850, Sensier promoveu
uma venda de 53 obras de Rousseau. Obtiveram, em média, menos de 300
francos por quadro.[123]

A ferrovia gerou um novo mercado para os pintores de Barbizon. Com
a inauguração da linha para Fontainebleau, em 1849, havia um afluxo de
visitantes de Paris nos fins de semana. A viagem levava apenas 65 minutos,

um passeio ideal para mudar dos ares da cidade visitando as atrações do palácio real e as belezas da floresta. Os *trains de plaisir* começaram a fazer o percurso em 1850. Nos meses de verão, eram oito trens por dia — doze em 1857, quando 135 mil pessoas passaram pela estação de Fontainebleau (entre elas, Turgueniev e Tolstoi, que assim passaram um dia juntos). A colônia de pintores de Barbizon era uma das atrações para esses visitantes. Eram carruagens lotadas chegando, e muitos almoçavam no albergue de Ganne, onde, segundo eram informados por um guia de Fontainebleau em 1853, "os painéis dos armários e as divisórias dos ambientes são cobertos pelos estudos e esboços pintados que transformaram esta modesta hospedaria numa espécie de museu, curioso sob não poucos aspectos". Os artistas protestaram contra essa intrusão. Em 1852, Rousseau recorreu a um expediente excepcional, enviando a Luís Napoleão uma petição em nome dos pintores, na qual pedia que protegesse a floresta da indústria do turismo. Dez anos depois, o governo estabeleceu na floresta uma área de proteção e uma "reserva" para os artistas.[124] Mas nessa demanda havia uma ironia, pois, a essa altura, o turismo é que lhes trouxera muitos compradores, tornando seu trabalho muito mais conhecido.

Dentre os pintores de Barbizon, nenhum estava mais sintonizado com o funcionamento do mercado que Courbet. Não que realmente fizesse parte do grupo. Ele era um verdadeiro homem-indústria. Mas estava mais próximo deles que de qualquer outra tendência, e não raro falava em seu nome como líder reconhecido do movimento realista na pintura. Nascido em 1819 numa família de proprietários de terras em Ornans, perto da fronteira com a Suíça, Courbet demonstrou tino comercial desde o início da carreira. "Se faço arte", escreveu a Gautier em 1846, "é antes de mais nada para ganhar a vida". Jovem artista em Paris, suas cartas para a família eram sempre cheias de observações sobre as flutuações de preços nos diferentes tipos de arte; sua decisão de se concentrar na pintura de paisagens era por saber onde estava o dinheiro.

Courbet foi o primeiro pintor a abrir caminho próprio como artista num mercado em desenvolvimento. Anos de rejeição por parte do Salon nos primeiros anos da carreira o haviam deixado ressentido com o establishment da arte acadêmica e igualmente decidido a ter sucesso como artista independente no âmbito comercial. Ele cortejava sistematicamente marchands e clientes. Ante o crescente poder da imprensa, deu-se conta do valor da publicidade — a única maneira de comercializar sua obra como artista independente, sem depender de patrocinadores nem do apoio de instituições como a Academia. Em carta de 1850 ao crítico Francis Wey, Courbet expôs seu credo de autopromoção recorrendo a um comportamento escandaloso:

> Sim, caro amigo, mesmo em nossa sociedade civilizada tenho de levar uma vida de selvagem. Preciso me libertar dos seus governos [...]. Serei tão ultrajante que todos terão motivos de me dizer as mais cruéis verdades. Sou perfeitamente capaz. E não pense que se trata de um capricho [...]. É um dever muito sério, não apenas para dar um exemplo de liberdade e caráter na arte, mas também para divulgar a arte a que me dedico.[125]

Courbet cultivava a companhia de jornalistas. Dava um jeito de estar sempre nos jornais. Ganhou publicidade pintando retratos de celebridades, entre elas, Proudhon e Berlioz, só então passando às paisagens. Conhecia bem o mercado e orientava sua produção para atender aos diferentes gostos. "Ele percebeu", comenta seu biógrafo, "que as mulheres da alta sociedade de Deauville e Trouville, aonde ia tomar banhos de mar no verão, não tinham o mesmo gosto que as burguesas que visitavam suas exposições nas províncias, e que os colecionadores alemães queriam paisagens diferentes das que interessavam aos britânicos." Sua vasta correspondência com os marchands está cheia de observações nesse sentido. "Para Londres", explicava, "o tema é mais importante que a técnica" — uma "paisagem nevada" e outros "temas agradáveis" sempre venderiam bem na capital inglesa —, ao passo que, em Viena, a demanda era de "pinturas muito coloridas e sérias".[126]

Essa obediência aos gostos comerciais contrastava com as obras de grandes dimensões pintadas por Courbet entre 1848 e 1855, quando se declarou um "realista". Os três grandes óleos que expôs no Salon de 1850 (*Enterro em Ornans* (imagem 8 do encarte), *Camponeses de Flagey voltando da feira* e *Os quebradores de pedra*) mostravam pessoas comuns com forte realismo, um equivalente visual da descrição literária do campesinato nas *Memórias* de Turgueniev. Não havia a menor intenção de sentimentalizar nem embelezar os retratados em nome da arte, como se esperava nesse tipo de obras de gênero. A maneira como ele apresenta as figuras em *Enterro em Ornans* — todas retratando pessoas presentes ao enterro de seu tio avô — não é nada lisonjeira. Seus críticos o atacavam pela feiura dos temas, considerando-os inadequados à arte. Equiparavam sua arte à fotografia. "Nesta cena, que poderia passar por um daguerreótipo mal impresso, encontramos a natural rusticidade que nos apresenta na natureza em qualquer momento ao acaso, reproduzida tal qual aparece", escreveu o pintor e crítico Étienne-Jean Delécluze sobre *Enterro em Ornans*.[127]

Indiferente às críticas, Courbet se afastou do establishment artístico e começou a promover suas próprias exposições no interior, contando com a divulgação oferecida por amigos jornalistas. Em Besançon, 250 pessoas apenas pagaram o ingresso de cinquenta centavos para ver suas obras. Em Dijon, a *exposition payante* foi encerrada em poucos dias por falta de público. Mas Courbet não desistiu da ideia de ganhar dinheiro por conta própria.

No outono de 1853, ele foi convidado a almoçar pelo conde de Nieuwerkerke, diretor de Belas Artes do governo, que lhe ofereceu uma comissão por uma pintura para a Exposition Universelle des Beaux-Arts, planejada pelo imperador para coincidir com a Exposition Universelle de produtos industriais em Paris, em 1855. A Exposition Universelle era a resposta francesa à Grande Exposição de 1851, incluindo, ao contrário dela, uma mostra de pintura, arte em que os franceses se destacavam. Courbet se sentiu insultado com a proposta de Nieuwerkerke, pois se exigia que ele apresentasse previamente os esboços para aprovação. Disse então ao diretor que era ele mesmo "o único juiz" de seu trabalho, que pintava por uma questão de "liberdade intelectual" e que, embora pudesse enviar *Enterro em Ornans*, no qual expunha seus princípios artísticos, pretendia na verdade montar uma exposição própria para concorrer com a do governo. Explicaria ele a seu amigo e cliente Alfred Bruyas: "Com minha exposição, eu ganharia 40 mil francos, o que certamente não conseguiria deles."[128]

Desejando ser aprovado pelo establishment artístico nos seus próprios termos, Courbet desafiou a comissão de seleção, enviando não uma, mas quatorze telas, entre elas, *Enterro em Ornans* e *O ateliê*, outra obra de grandes proporções, do tamanho de uma pintura histórica acadêmica ("a história moral e física do meu ateliê", explicava), representando sua rebelião contra o Salon (no quadro, ele aparece pintando em meio aos trabalhadores derrotados em 1848).[129] A comissão aceitou onze telas e rejeitou as demais, entre as quais, as duas de grandes dimensões. Inconformado com a recusa dos trabalhos mais ambiciosos, Courbet organizou uma exposição de suas obras numa construção provisória financiada do próprio bolso em frente à entrada da Exposition Universelle, no Palais des Beaux-Arts (ver imagem 47 do encarte). Espalhou por toda Paris cartazes da sua mostra, que intitulou *Du Réalisme*. Publicou um catálogo expondo seus pontos de vista sobre a arte realista e fez reproduções fotográficas dos trabalhos (os primeiros cartões-postais de arte), que também pôs à venda. A entrada custava um franco, preço do ingresso para a Exposition Universelle, que apresentava no Palácio de Belas Artes 5 mil obras, entre elas, uma grande retrospectiva de Delacroix e Ingres.[130]

A Exposition Universelle foi visitada por cinco milhões de pessoas entre maio e novembro. Durante seis meses, Paris se transformou no centro do mundo. A vasta maioria estava interessada apenas na Exposição de Produtos Industriais. Como observou o historiador Ernest Renan, "toda a Europa se abalou para contemplar mercadorias".[131] Não chegaram a um milhão os visitantes da Exposição de Belas Artes, apesar da redução dos preços dos ingressos.

Foi muito pequena a visitação da mostra de Courbet. Na inauguração, segundo Champfleury, amigo do pintor, os únicos que apareceram foram Gautier, Proudhon e "duas velhas senhoras na moda, esnobes e curiosas, e meio espantadas". Courbet teve um grande prejuízo financeiro. Mas conseguira se apresentar como artista independente, o primeiro a divulgar e comercializar a própria obra. Sua exposição marcou o nascimento da "vanguarda" como um ataque mercadológico ao establishment, pelo emprego de técnicas publicitárias de impacto. Serviria de inspiração a muitos outros — Manet, Monet, Gauguin, Rodin, Picasso e todos que vieram depois — empenhados em ganhar a vida com a própria arte.[132]

6

Ganhar dinheiro de verdade com obras de arte não era uma questão de vender as pinturas originais, mas de reproduzi-las para o mercado de massa. As novas técnicas de reprodução em massa — litografia e fotografia — transformavam as obras de arte em uma forma de capital, fonte de rendimentos a longo prazo para os detentores dos direitos autorais, o artista e o editor.

A reprodução de uma obra de arte por uma grande empresa como Goupil ou Gambart não só possibilitava uma boa renda como dava fama internacional ao artista, pois essas empresas dispunham de uma crescente rede de galerias e lojas em todas as principais cidades da Europa. Elas foram a força propulsora da internacionalização do mercado de arte nas décadas intermediárias do século XIX. A venda das reproduções significava abertura de mercados estrangeiros para os artistas.

Essas empresas também vieram a determinar o tipo de arte que era produzida. Goupil e Gambart diziam a um pintor que tipos de obras ficariam bem quando impressas ou teriam boas vendas entre a clientela; e para sobreviver nesse mercado, o artista adaptava seu trabalho a tais exigências. Com a influência dos imperativos da reprodução nos processos de produção artística, a própria natureza da obra de arte se transformou. Nas palavras de Walter Benjamim, em seu seminal ensaio *A obra de arte na era de sua reprodutibilidade técnica* (1935), "a obra de arte reproduzida é cada vez mais a reprodução de uma obra de arte concebida para a reprodutibilidade".[133]

A cópia da arte é tão velha quanto a própria arte. Os artistas e seus discípulos faziam cópias dos seus trabalhos para alcançar mais ampla circulação. Gravuras ou entalhes em cobre começaram a ser feitos para reproduzir obras dos grandes mestres já no século XV. No século XVIII, as cópias de obras de arte eram uma indústria em expansão. Pintores como William Hogarth ganhavam bom dinheiro com esse meio, controlando todo o processo de produção e comercialização. Mas o século XIX foi a grande época da cópia de obras de arte. O crescente poder aquisitivo das classes médias gerou uma insaciável demanda de reproduções baratas para a decoração da casa. Em toda a Europa, as paredes das residências burguesas eram cobertas com gravuras emolduradas, numa escala de produção em massa tornada possível pela Revolução Industrial. Nesse século, foram produzidas muito mais gravuras impressas que nos quatrocentos anos anteriores somados.[134]

Essa explosão de imagens impressas se escorava na invenção da litografia, que revolucionou os processos de reprodução das artes gráficas. Liberado do longo e laborioso processo de gravação da imagem numa lâmina de cobre, o gravurista precisava apenas desenhar numa pedra litográfica, processo muito mais rápido que permitia imprimir imagens em quantidades maiores, muito mais rapidamente e a custo muito menor. A técnica foi desenvolvida inicialmente no sul da Alemanha na década de 1790, mas rapidamente se disseminou na França, na Grã-Bretanha e nos Países Baixos. Os progressos técnicos feitos nos anos 1830, sobretudo a introdução das lâminas litográficas de aço, mais durável que o cobre, possibilitaram grandes tiragens, o que explica a multiplicação dos livros e periódicos ilustrados a partir dessa década.

A demanda de gravuras impressas era tão grande que fornecedores como Goupil e Gambart se dispunham a pagar valores altíssimos pelos direitos de reprodução de pinturas dos artistas mais conhecidos da época. Em 1860, por exemplo, Gambart pagou o valor recorde de 5.500 guinéus britânicos (5.775 libras, ou 144 mil francos) pelos direitos de *A descoberta do Salvador no templo*, de Holman Hunt — compreendendo tanto a obra em si quanto sua reprodução. Essa pintura era o tipo de composição que se prestava particularmente bem à reprodução para uso doméstico: cheia de gente e atividade, tinha uma narrativa cristã simples. Hunt tinha consciência do valor comercial dos direitos autorais: sabia que Gambart se saíra bem com a venda das reproduções de seu quadro *A luz do mundo*, de 1853; e foi estimulado pelos amigos Wilkie Collins e Dickens a fincar pé no preço mais alto. Ainda assim, Gambart tinha muito a lucrar. Tendo gasto cerca de 3 mil libras na gravura e impressão, ainda obteve um belo lucro de 83.475 libras (2.103.570 francos) com a cobrança do ingresso de um xelim para ver a pintura em sua Galeria Pall Mall (onde a obra ficou exposta durante dois anos), com valores menores cobrados numa exposição itinerante pela Grã-Bretanha e a venda das gravuras.[135]

O sucesso de Gambart estava ligado às habilidades de marketing. Sua Galeria Pall Mall, situada no centro da região das belas artes em Londres, conferia ao seu negócio o clima sofisticado de que precisava para conquistar a confiança de investidores ricos. Ele atraía um público grande cultivando o etos da Real Academia na organização das exposições. Para entrada na Galeria Francesa, como ficou conhecida, Gambart cobrava um xelim, o mesmo preço de ingresso da Real Academia, que na época ficava logo depois da esquina em Trafalgar Square, e mais seis pence pelo catálogo. As pinturas eram selecionadas por uma "comissão visitante" de membros da Real Academia. Por trás dessa emulação do establishment das artes, estava uma inteligente estratégia de marketing e precificação. O preço do ingresso tornava sua galeria acessível às classes médias, mas ainda assim mantendo um certo nível de exclusividade de que dependia o prestígio do negócio de venda de gravuras impressas. E ele não se mostrava menos hábil no recurso à publicidade. Anunciava suas exposições na revista *Art-Union*, referência de grande circulação e influência no mundo artístico vitoriano, que retribuía o favor publicando resenhas positivas. Gambart cultivava boas relações com os jornalistas, para aumentar o interesse da imprensa pelas suas exposições, com frequência exibindo bem à entrada "quadros sensacionais", cenas panorâmicas com multidões apresentadas em detalhes fotográficos, como *Vida à beira-mar* (1854) e *Um dia no derby* (1858), de William Frith, que podiam atrair multidões (ao ser exposto pela primeira vez, *Um dia no derby* teve de ser protegido por uma grade).[136]

O investimento nos direitos de reprodução de uma pintura envolvia toda uma série de medidas para protegê-las e promovê-las. Goupil e Gambart se mostravam intransigentes na defesa do copyright das obras artísticas. Seu negócio dependia da certeza de "autenticidade" das reproduções. No mercado mais exigente, isto podia significar uma edição limitada de cópias assinadas pelos artistas; mas na outra extremidade, sendo a marca da empresa estampada no papel o único sinal de autenticidade, havia os habituais riscos de pirataria enfrentados pela indústria editorial. As duas empresas se escoravam nas leis nacionais e nos tratados bilaterais para fazer valer seus direitos autorais. Um dos principais motivos que levaram Goupil a abrir filiais fora da França — em Nova York (1850), Berlim (1855), Londres (1857), Haia (1862) e Bruxelas (1863) — foi ajudar o escritório parisiense a proteger seus direitos autorais no exterior, impondo a presença da marca nos grandes mercados de arte (ver imagem 48 do encarte).

A Goupil, maior empresa de venda de cópias da Europa, construiu sua reputação como editora de Scheffer, Delaroche e Vernet, os três artistas que a fundaram. Na década de 1860, contudo, a importância dos três para a firma foi equiparada pela de Jean-Léon Gérôme, o mais popular dos pintores acadêmicos, que casou em 1863 com a filha de Goupil (casamento baseado não só no amor, mas também em interesses comerciais). Goupil comprava as obras desses pintores — muitas vezes antes de finalizadas — sobretudo pelos direitos de reprodução. Já proprietário das pinturas, ele então adquiria os direitos de reprodução a partir de cópias, reduções ou gravuras já existentes, que, segundo as leis francesas, eram consideradas obras originais se a pintura tivesse sido vendida sem que o artista retivesse os direitos de reprodução.[137] Em 1842, por exemplo, Goupil publicou a gravura de Louis Henriquel-Dupont baseada no *Christus Consolator* (1837) de Scheffer, uma das pinturas religiosas mais conhecidas na Europa no século XIX, comprada no Salon de Paris pelo duque de Orleans. Como obra de arte independente, a gravura abria para a empresa a brecha legal necessária para extrair lucro da famosa pintura. Havia cinco versões diferentes da gravura disponíveis no catálogo Goupil de 1848: da mais barata, por apenas trinta francos, até as edições de colecionadores, a sessenta ou oitenta francos, em função da qualidade do papel, e às primeiras provas, assinadas pelo artista, a 160 francos.[138]

Como Gambart, Goupil trabalhava em estreita colaboração com os artistas, para se certificar de que as pinturas renderiam boas gravuras, atendendo ao gosto dos clientes. Scheffer devia o enorme sucesso no mercado de gravuras ao desenho de figuras poéticas, uma vertente do seu trabalho estimulada por Goupil depois dos anos 1830. Seu primeiro grande sucesso de vendas impresso, *Francesca da Rimini* (1835), era uma figuração da cena da *Divina comédia* em que o narrador, Dante, e Virgílio encontram Francesca e seu amante Paolo no inferno. Igualmente bem-sucedidas foram *Dante e Béatrice* (1846), na qual a angélica musa contempla o paraíso, e *Fausto e Margarida no jardim* (1846), uma das muitas cenas que extraiu do *Fausto* de Goethe. Eram temas populares, que atraíam alguns dos melhores gravadores da Europa, ao encontro de um mercado, especialmente provinciano, daqueles "que quisessem adquirir e colocar diante dos olhos, na sala, uma imagem de sentimento e piedade", como diria Henri Béraldi em sua grande crônica *Les Graveurs du XIXe siècle* (1885-92).[139]

O mercado das gravuras era mais provinciano e convencional em seu gosto artístico que o mercado de pinturas, concentrado nas grandes cidades. Os temas mais populares eram cenas sentimentais da Bíblia, clássicos literários ou cenas históricas. "Não se encontra nas províncias", escreveu Zola em seu duro ensaio sobre Gérôme, "uma única sala de estar sem uma gravura na parede representando *Duelo após o baile de máscaras* (imagem 10 do encarte) ou Louis XIV; e na residência do solteiro, vamos encontrar *L'Almée et Phryné devant un tribunal* — são esses os temas picantes permitidos entre homens. Pessoas mais sérias têm *Les Gladiateurs* ou *La Mort de César*. Monsieur Gérôme trabalha para todos os gostos."

O que Zola mais lastimava nas pinturas de Gérôme era a impressão de terem sido especificamente concebidas "para a Casa Goupil. Ele faz uma pintura de maneira que possa ser reproduzida em fotografias e gravuras vendidas em milhares de cópias."[140]

A invenção da fotografia também transformou o negócio da reprodução de obras de arte. Goupil começou a trabalhar com esse meio no meado dos anos 1850, mas sua primeira edição de reproduções fotográficas em massa — uma série de pinturas de Delaroche — saiu em 1858. Nesse mesmo ano, ele lançou a "Galerie photographique" — série de reproduções fotográficas montadas de pinturas consagradas a serem emolduradas para uso doméstico. No fim do século, a série abrangia mais de 1.800 obras, cada uma disponível em formatos menores, como cartões-postais ou para colecionar em álbuns. Tinha início a era dos cartões-postais artísticos e dos livros de arte.

7

Em novembro de 1853, Turgueniev foi libertado da prisão domiciliar e autorizado a voltar a São Petersburgo sob vigilância policial, desde que fizesse uma "plena confissão" de culpa. O tsar concordara com a medida por motivos de saúde — os primeiros sinais da gota aguda de que Turgueniev sofreria pelo resto da vida. O escritor imediatamente partiu para a capital, se alojando em acomodações temporárias até se mudar para um amplo apartamento junto ao Palácio Anichkov, onde contratou os serviços de um criado e um cozinheiro.

Se acaso pretendesse deixar a Rússia para ir ao encontro dos Viardot na França, a ideia teria sido descartada em virtude da Guerra da Crimeia. O conflito começara no verão de 1853 com a ocupação russa dos principados do Danúbio, a Moldávia e a Valáquia (oficialmente sob soberania turca, mas, na verdade, controlados pelos russos). A ocupação tinha o objetivo de forçar os turcos a aceitar as exigências do tsar nas Terras Santas, onde os ortodoxos enfrentavam os católicos pelo direito de acesso aos Lugares Sagrados. A agressão russa levou a França e a Grã-Bretanha a enviar uma expedição militar para defender o Império Otomano e punir a Rússia, destruindo sua base naval em Sebastopol, na Crimeia. As forças francesas e britânicas desembarcaram em solo russo em setembro de 1854. Rechaçando os russos no rio Alma, elas passaram onze meses assediando Sebastopol, submetendo a cidade a bombardeios de artilharia em escala industrial. A invasão provocou sentimentos patrióticos até nos russos mais identificados com o Ocidente, como Turgueniev, que escreveu a Pauline no dia 30 de outubro: "Confesso que de bom grado daria meu braço direito para impedir que qualquer dos nossos invasores (me desculpe!) fugisse, e se de alguma coisa me arrependo no momento é de não ter seguido a carreira militar, pois assim talvez pudesse derramar meu sangue na defesa do meu país." Enquanto prosseguisse a guerra, escreveu a Pauline, ele não seria capaz de se concentrar na literatura, e ficaria feliz de trocar a pena por uma espada.[141]

Um escritor que fizera exatamente isto era Tolstoi, que entrara para o exército em 1852, o ano em que havia atraído a atenção do mundo literário com a publicação do texto autobiográfico *Infância*, em *O Contemporâneo*. Insatisfeito com seu frívolo estilo de vida de aristocrata em São Petersburgo e Moscou, o jovem conde decidira começar vida nova, indo ao encontro do irmão Nikolai no Cáucaso. Em 1853, foi transferido para o exército russo na frente do Danúbio, e no ano seguinte seria lotado na Crimeia, onde escreveu as *Crônicas de Sebastopol*, obra-prima da literatura realista, meio ficção meio reportagem de descrição da cidade assediada, publicada em 1855 em *O Contemporâneo*.

Tolstoi e Turgueniev se conheceram nesse outono em São Petersburgo, após a queda de Sebastopol e a derrota da Rússia. Turgueniev era dez anos mais velho. O poeta Fet, que na ocasião do encontro estava no apartamento de Turgueniev, ficou impressionado com a "automática oposição a qualquer opinião geralmente aceita" evidenciada por Tolstoi.[142] A convivência direta com os soldados na Crimeia abrira os olhos de Tolstoi para as qualidades simples do campesinato. Levara-o à incansável busca de um esteio moral para sua vida de nobre russo, um modo de vida livre da servidão — aspiração compartilhada por Turgueniev. Desde a morte de Nicolau I e a ascensão ao trono do seu filho, Alexander II, em março de 1855, aumentava a expectativa de reformas liberais. A censura foi abrandada. Alexander disse aos nobres que se preparassem para a libertação dos servos. A derrota militar o convencera de que a Rússia só poderia competir com as potências industriais mais avançadas se descartasse a economia da servidão e se modernizasse segundo o modelo europeu.

Turgueniev conviveu muito com Tolstoi nos anos seguintes. Os dois se sentiam unidos pela oposição à servidão. As respectivas propriedades na Rússia não eram distantes. A única irmã de Tolstoi, Maria, vivia a poucos quilômetros de Spasskoe com o marido infiel e os três filhos. Turgueniev a visitou com frequência, a partir de outubro de 1854, e teve início um breve romance entre os dois. "Ela é uma das mulheres mais atraentes que já conheci", escreveu Turgueniev a Annenkov a 13 de novembro de 1854. "Adorável, inteligente, direta — eu não conseguia tirar os olhos dela. Agora na velhice (completei 36 anos há quatro dias), quase me apaixonei."[143] O relacionamento serviria de inspiração ao *Fausto* (1856) de Turgueniev, narrativa epistolar de um caso de amor trágico, cuja heroína se assemelha a Maria. Infeliz no casamento, Maria deixou o marido em 1857, talvez na esperança de manter uma relação com Turgueniev, mas a essa altura ele viajara para o exterior, e ao retornar, em 1858, já não se sentia atraído por ela.

Terminada a Guerra da Crimeia, abria-se para Turgueniev a possibilidade de voltar à Europa. O clima de maior liberalismo na Rússia não o deteve por muito tempo. Em abril de 1856, menos de um mês depois do restabelecimento da paz entre a Rússia e as potências europeias, pelo Tratado de Paris, Turgueniev disse a Pauline que pedira um visto de saída. Para isto, precisava de algumas ligações nas altas esferas. "Se conseguir — o que longe está de ser uma certeza — espero estar em Courtavenel no início da temporada de caça em 1º de setembro", escreveu a Pauline. Eram tantos os russos viajando para a Europa que não havia mais lugar nos vapores até o fim de julho. Ele comprou passagem para o início de agosto, e a essa altura já estava de posse do passaporte. Na véspera da partida, escreveu à condessa Lambert, amiga e confidente capaz de entender que o subtexto da carta dizia respeito a Pauline:

> Fico feliz de poder viajar ao exterior, mas ao mesmo tempo não posso deixar de reconhecer que melhor seria não partir. Na minha idade, viver no exterior significa: enveredar por uma existência de cigano e descartar qualquer ideia de uma vida de família. Mas que fazer?! É óbvio ser este o meu destino. Talvez se possa dizer que as pessoas de temperamento brando dependem do "destino" — o que as exime da necessidade de exercer o livre-arbítrio, da necessidade de assumir responsabilidade por si mesmas. Seja como for, a garrafa foi aberta, e o vinho deve ser bebido.

Turgueniev dava a entender que permaneceria no exterior por pelo menos quatro anos, prazo estabelecido no passaporte pelo governo russo.[144]

Viajando num vapor até Stettin, ele chegou a Paris em meados de agosto, e de lá seguiu para Londres ao encontro dos Viardot, que estavam na capital inglesa desde junho para a temporada de concertos. Turgueniev não os via há três anos e meio, e os acompanhou de volta a Courtavenel no início de setembro. A relação com Pauline foi retomada então, e imediatamente eles se sentiram próximos de novo. Turgueniev foi aceito como membro da família, assim como sua filha, Paulinette, então com quatorze anos, menina teimosa e infeliz, autorizada a falar exclusivamente em francês e que não se dava bem com Pauline nem com a família adotiva. Havia noitadas musicais, encenações amadorísticas e o "jogo do retrato", no qual cada um desenhava um personagem fictício e os demais escreviam como devia ser sua biografia. "Nosso emprego do tempo em Courtavenel era impecável!", escreveu Turgueniev a Botkin pouco depois de voltarem a Paris no dia 6 de novembro. "Cada dia parecia uma dádiva — tudo era permeado por algo natural, totalmente independente da nossa vontade." Botkin era uma das poucas pessoas com quem ele se abria a respeito de Pauline. Teria entendido perfeitamente o que Turgueniev queria dizer ao escrever nessa mesma carta: "Realmente fiquei muito feliz esse tempo todo — talvez porque 'as derradeiras flores são mais perfumadas que as suntuosas primeiras flores do campo'."[145]*

Turgueniev alugou um apartamento na Rue de Rivoli. Mas passava o tempo todo na casa dos Viardot na Rue de Douai, onde Pauline abria as portas em noitadas musicais regulares às quintas-feiras e reuniões de amigos menores e mais informais nas tardes de domingo, no "grand salon" — o salão convertido do antigo conservatório, com o órgão de Aristide Cavaillé--Coll recém-exposto na Exposition Universelle de Paris. A principal atração do salão era o manuscrito original do *Don Giovanni* de Mozart, comprado por Pauline num livreiro de Londres em 1855. A partitura manuscrita tinha significado especial, pois Pauline era conhecida por cantar tanto o papel de Donna Anna quanto o de Zerlina, e além disso há muito sua família estava ligada a essa ópera. A proprietária anterior, Augustina André, herdara o documento do pai, o compositor e editor musical Johann Anton André, que o havia comprado de Constanze Mozart em 1800. Por meio do marido, Augustina tentara vendê-lo à Biblioteca Imperial de Viena, à Real

---

* Citação de um poema sem título escrito por Pushkin em 1825.

Biblioteca de Berlim e ao Museu Britânico, nenhum dos quais aceitou, por falta de fundos. Pauline o comprou por 180 libras. Guardava o precioso manuscrito numa bela caixa de madeira decorada em estilo neogótico. Com acabamento de metal, a caixa tinha um brasão em forma de "M" e uma inscrição na tampa. Mais parecia conter os restos de um santo do que uma partitura orquestral. Pousada numa mesa ao lado do órgão, transformava o salão numa espécie de santuário, local dedicado ao culto de Mozart, tendo Pauline como sacerdotisa.[146]

A lista dos que frequentavam as noitadas musicais das quintas-feiras mais parece um *Quem é quem* do mundo artístico de Paris na segunda metade da década de 1850: os compositores Berlioz, o jovem Saint-Saëns e o *bon-vivant* Rossini, que conhecia Pauline desde criança e por ela guardava a maior afeição; os pintores Delacroix, Corot, Doré e Scheffer; escritores diferentes como Augier, Renan e Turgueniev; e Daniele Manin, o líder republicano de 1848 em Veneza, exilado em Paris. As filhas dos Viardot também faziam música nessas recepções. Para Louise, a mais velha, então na adolescência e já uma pianista competente, os concertos eram uma "verdadeira tortura", pois era obrigada a ler à primeira vista o acompanhamento de grandes solistas, diante de um público de personalidades ilustres. "Naturalmente, era um bom treinamento para me tornar uma musicista", recordaria, "mas parecia um castigo".[147]

Entre os visitantes estrangeiros estavam Liszt e Anton Rubinstein, Chorley, Herzen e Bakunin, além de Dickens. Este último ouvira Pauline cantar em *Le Prophète* em Londres em 1849. Embora tivessem amigos comuns, ele não visitara os Viardot em suas viagens a Paris em 1850, 1851 e fevereiro de 1855. Só no outono de 1855, quando foi a Paris para a Exposition Universelle, eles finalmente se encontraram. Dickens ficou vários meses em Paris. Dias depois de chegar, foi visitado por Scheffer, que o convenceu a posar para um retrato em seu ateliê na Rue Chaptal, na esquina da residência dos Viardot. Dickens achava cansativas as longas sessões de pose. Era um momento de grande pressão no seu trabalho. "Nem consigo expressar como me sinto desconfortável e inquieto ficando ali sentado, sentado, sentado, com *A pequena Dorrit* na cabeça", escreveu ao amigo John Forster. A pintura não ficou muito boa. Scheffer considerou que o retratado mais parecia um almirante holandês que um romancista inglês, e Dickens, apesar de feliz com o resultado, achou que em absoluto se parecia com ele. Foi numa dessas sessões que Dickens conheceu Pauline. Ele fez uma leitura de *O grilo da lareira* para sessenta convidados no ateliê de Scheffer. Pauline foi às lágrimas com a leitura — a história de fidelidade conjugal e acusações de traição devem ter ferido uma nota em sua sensibilidade. Numa segunda noite, Pauline cantou para o escritor inglês, que lhe enviou um episódio de *A pequena Dorrit* em sinal de gratidão pelo "prazer" que seu "grande gênio" lhe proporcionara.

Dickens passou a visitar regularmente a Rue de Douai. Lá esteve para o que chamou de "um excelente e incrivelmente despretensioso" jantar com Scheffer e George Sand, que se deslocara especialmente de Nohant, em janeiro de 1856. "Os Viardot têm uma casa distante, na nova parte de Paris, que parece exatamente como se tivessem se mudado semana passada, e se preparassem para partir na próxima semana", escreveu Dickens a Forster. "Mas, apesar disso, moram nela há oito anos. A ópera é a última coisa neste mundo que alguém associaria à família. O piano sequer foi aberto." O encontro de Dickens e Sand não foi exatamente um sucesso. Sand ficou entediada, nada impressionada com o escritor, que não conhecia os romances dela; e ele, por sua vez, a considerou uma "mulher singularmente comum na aparência e nas maneiras" — em outras palavras, algo bem distante da ideia preconcebida que tinha a seu respeito, como uma livre pensadora perigosamente imoral. "Gorducha, ares de matrona, pele morena, olhos negros. Nada a ver com uma mulher intelectual", escreveu a Forster, "exceto um jeitinho no fim das contas de adequar todas as nossas ideias às dela, o que a meu juízo decorre da vida no campo e da autoridade sobre um pequeno círculo".[148]

Quem faltava no círculo dos Viardot era Gounod. Pauline brigara com ele em 1852, quando ele inesperadamente anunciou seu casamento com Anna Zimmermann, filha de um professor de piano do Conservatório de Paris. O casamento seria celebrado no fim de maio, quando estava previsto o nascimento da filha de Pauline, Claudie, de maneira que a presença dos Viardot estava fora de questão. Mas Pauline ficou contrariada por sequer ter sido convidada. Vários convites dos Viardot foram cancelados pelos Zimmermann à última hora, sem motivo aparente. Pauline enviara um presente de casamento, uma valiosa pulseira para a noiva, mas Gounod a devolveu no dia seguinte, acompanhada de breve carta explicando que já pretendia oferecer uma pulseira à esposa, não sendo, portanto, necessário o presente de Pauline.[149] Na verdade, Gounod recusava o presente por insistência dos Zimmermann, que queriam se distanciar dos Viardot: haviam circulado boatos sobre o caso entre Pauline e Gounod, e eles tinham recebido uma carta anônima ameaçando revelá-lo. O fato de Gounod, que tanto devia a Pauline, se ter envolvido nessa afronta indignou sobretudo Louis, que escreveu ao compositor em nome da mulher, rompendo relações. Ary Scheffer interveio, instando Gounod a dedicar aos Viardot sua primeira visita de cortesia com a esposa, mas como ele não o fez, os Viardot ficaram furiosos. Consideraram um insulto que Gounod não tomasse as medidas necessárias para defender a honra de Pauline. Louis proibiu definitivamente a entrada do compositor em sua casa. Pauline escreveu a George Sand longas e desconsoladas cartas se dizendo ofendida. Turgueniev aproveitou a oportunidade para voltar a cair nas graças de Pauline. "O comportamento dele foi repugnante", escreveu a Pauline em agosto, "está tudo acabado entre nós. Nunca mais quero pensar nele".[150]

4. Os europeus na estrada

*Cartões como este chegavam diariamente, de Innsbruck, Vero-
na, Vicenza, Pádua, e todos começavam com "Hoje visitamos a
famosa galeria de arte local", ou quando não fosse uma galeria,
era um estádio ou uma igreja. Santa Maria de alguma coisa.*

THEODOR FONTANE, *EFFI BRIEST*

1

Turgueniev viajou constantemente entre 1857 e 1861. Não conseguia ficar
parado muito tempo em lugar algum. Em boa parte, essas viagens se destinavam a encontrar tratamentos para diferentes enfermidades, mas havia
tormentos emocionais também. Em fevereiro de 1857, queixando-se de dores
na bexiga, ele viajou de Paris a Dijon para se consultar com um médico recomendado por Louis Viardot. "Pretendo passar uma semana lá", escreveu
a Annenkov em São Petersburgo, "retornar durante três semanas ao meu
lugar de tortura, chamado Paris, visitar Londres e depois voltar para casa".[1]

A inquietação das viagens adiou por mais dezoito meses o retorno à
Rússia. Depois de breve estada em Londres para encontrar Herzen, que lá se
estabelecera em 1852, Turgueniev seguiu para Berlim e Dresden; deteve-se
então na estação termal de Sinzig sobre o Reno, acorreu a Baden-Baden em
socorro de Tolstoi, que perdera todo o seu dinheiro no cassino, passou três
semanas com ele à beira-mar em Boulogne, voltou a Paris e Courtavenel,

onde permaneceu no mês de setembro, passou os seis meses seguintes viajando pela Itália e levou mais três viajando de volta à Rússia, passando por Viena, Praga, Dresden, Leipzig, Paris, Londres e Berlim.

Turgueniev se sentia indesejado em Paris. Era o motivo da inquietação. "Não vou falar de mim mesmo — uma pessoa completamente falida", escreveu a Botkin antes de viajar para Dijon. "Sinto como se fosse um resto de lixo que eles esqueceram de varrer — é o meu permanente estado de ânimo. Talvez passe quando deixar Paris." Dois meses depois, o estado de ânimo não melhorara. Turgueniev escreveu a Annenkov que estava passando por uma "crise moral e física" da qual "sairia destruído ou restabelecido! [...] Querendo dizer escorado, como uma cabana desmoronada é escorada com toras".[2]

A causa da depressão era um súbito rompimento nas relações com Pauline. Eles haviam estado próximos no outono anterior, quando ele retornou da Rússia. Tinham passado juntos cerca de um mês de "enlevo" em Courtavenel, onde Turgueniev ficara "muito feliz", como havia escrito a Botkin, por se sentir próximo dela. Mas de repente tudo mudou. Ela se tornou distante, até fria. Raramente respondia a suas cartas. Para ter notícias suas, ele precisava escrever à filha, cuja relação com Pauline tampouco era das melhores.[3] O rompimento foi uma catástrofe para Turgueniev. Ele ficou doente. Incapaz de produzir, destruía suas escritas, dizendo aos amigos que estava acabado como escritor. Tinha, na época, 39 anos. "Dá pena ver Turgueniev", observou Tolstoi. "Não o julgava capaz de um amor assim."[4]

A atitude de Pauline mudou quando engravidou do quarto filho, Paul, em novembro de 1856. A coincidência pode ser explicada de duas maneiras. Pauline costumava romper com os admiradores do sexo masculino depois de encorajá-los. Foi o que fez com Gounod, e voltaria a fazê-lo com Berlioz. Era como se gostasse do flerte e da admiração desses homens famosos, mas se assustasse quando se aproximavam demais, ameaçando o compromisso do seu casamento, do qual dependia mais do que se davam conta esses admiradores. Turgueniev pode ter ficado magoado com o fato de Pauline ter concebido um filho com Louis num momento em que se sentira mais próximo dela que nunca. Pode mesmo ter visto nisso uma traição. Sentindo-se rejeitado, Turgueniev passou a viajar. "Não é possível viver assim", escreveu a Nekrasov. "Chega de ficar sentado à beira do ninho dos outros." A Tolstoi, confessou em carta de 20 de dezembro: "Estou velho demais para não ter meu próprio ninho, para não ficar em casa. Na primavera voltarei à Rússia

— embora me afastando daqui tenha de dizer adeus aos últimos sonhos da chamada felicidade."[5]

Outra explicação seria que Turgueniev fosse o pai de Paul, ou pelo menos o suspeitasse, afastando-se para proteger os Viardot de boatos que já começavam a circular. É possível que Pauline se tenha retraído nas manifestações de afeto para estimulá-lo a partir. O que certamente explicaria um curioso comentário feito por ela em carta a Rietz, seu confidente, em janeiro de 1859: "O amor mata, quando não pode explodir em chamas. Apagá-lo — que cruel tortura! — triste, mortal e terrível."[6]

Há indícios circunstanciais de que essa seria uma boa explicação, embora a fonte que mais provavelmente poderia confirmá-lo, o diário de Turgueniev, mantido por ele desde 1851, tenha sido destruída pelo escritor pouco depois de Pauline ficar grávida, provavelmente por conter provas comprometedoras do relacionamento, que poderiam vir à luz à sua morte.[7] Ao nascer Paul, em julho de 1857, Turgueniev escreveu a Pauline uma carta extraordinariamente arrebatada, muito mais jubilosa que qualquer das que escrevera pelo nascimento das três filhas anteriores. Aos três anos, Paul contraiu uma pneumonia grave. Pauline pediu a Turgueniev, então na Alemanha, que viajasse imediatamente a Courtavenel para cuidar dele enquanto ela cumpria o compromisso de um concerto em Londres. Ele largou tudo para viajar. O fato de ela ter recorrido a ele, apesar do esfriamento na relação, parece indicar que reconhecia um vínculo entre Turgueniev e seu filho. Turgueniev sempre tratou Paul com forte afeto paterno — de tal maneira que Louis se queixou certa vez de sentir que sua condição de pai lhe fora usurpada. O menino tocava violino, tornando-se mais tarde um solista conhecido. Dizia-se que o seu Stradivarius fora comprado por Turgueniev, substituindo assim uma eventual herança a ser deixada em testamento — e valia muito mais que as modestas somas legadas por Turgueniev às filhas de Pauline. Igualmente significativo parece um estranho aparte no testamento de Louis, exortando os filhos, "inclusive meu filho Paul", a respeitar a mãe depois da sua morte.[8]

O próprio Paul nunca negou os boatos de que fosse filho de Turgueniev. Costumava contar um incidente na infância em que fora repreendido pela mãe por ter sido rude com Turgueniev. Exortado a apertar a mão do amigo da mãe, Paul queixou-se de que Turgueniev lhe dera um tapa no ouvido por causa de anterior episódio de mau comportamento, acrescentando que só aceitava ser castigado pelo pai. O comentário provocou um "olhar muito significativo" entre a mãe e Turgueniev, que pareceu estranho a Paul.[9]

Se Turgueniev era o pai, fazia sentido que desaparecesse à notícia da gravidez de Pauline. O distanciamento era a maneira mais óbvia de minimizar o risco de um escândalo que pudesse arruinar sua carreira. As obras de Turgueniev estão cheias de viajantes inquietos, russos sem raízes como ele próprio percorrendo a Europa sem destino. O herói sem nome que narra *Ássia* (1857), Lavretsky em *Um ninho de nobres* (1859), Sanin em *Águas da primavera* (1871) — todos esses viajantes apaixonados e infelizes são seus alter egos dos anos de separação de Pauline. Como Turgueniev, nenhum deles tem seu ninho.

Longe de estar acabado como escritor, Turgueniev se mostrava produtivo nesse período de perambulações, concluindo três dos seus melhores romances* e três obras menores, entre elas, a novela *Ássia*, o que parece indicar, nas palavras do seu biógrafo, "que essa explosão de energia literária era uma maneira de se reconciliar com o sofrimento a que se via agora condenado". *Ássia* foi iniciada na tranquila estação termal de Sinzig (e claramente a tem como cenário), onde Turgueniev se hospedou no Badehaus, aninhado à beira de uma floresta de pinheiros, de onde ele descortinava da janela, como escreveu a Tolstoi, "um amplo vale de campos de trigo e plantações de frutas — e no horizonte uma linha irregular de colinas à margem direita do Reno". O narrador conta a história de seu amor não correspondido por uma jovem chamada Ássia, que se despede da estação termal da Renânia deixando-lhe um bilhete melancólico, até que ele encontra coragem para se declarar. O relato era um reflexo da indecisão de Turgueniev e do seu arrependimento em relação a Pauline. O escritor concluiu a novela em Roma, onde também trabalhou em *Um ninho de nobres*, outra história melancólica de amor não correspondido. Seu herói, Lavretsky, que não deixa de se parecer com Turgueniev, volta de Paris para casa, na Rússia, depois de tomar conhecimento da infidelidade da esposa. Apaixona-se por Liza, uma jovem de forte sentimento religioso, com quem espera se casar depois de saber da morte da mulher por meio de uma notícia num jornal francês. Mas a notícia era falsa. A mulher de Lavretsky aparece, pedindo perdão, e volta para Paris com uma promissória de alto valor entregue pelo próprio Lavretsky, enquanto Liza entra para um convento. A novela pode ser lida como uma evocação dos sentimentos de ansiedade provocados em Turgue-

---

* *Um ninho de nobres* (1859), *Na véspera* (1860) e *Pais e filhos* (1862).

niev pela relação com Pauline: tendo vinculado sua felicidade a ela, o que significaria voltar para Paris, não se negava ele a oportunidade de encontrar um amor mais estável no seu país?

Turgueniev adiou a volta à Rússia porque estava "seduzido pela ideia de passar o inverno na Itália, especialmente em Roma, antes de chegar aos quarenta e morrer", como explicou em carta aos amigos de São Petersburgo. Também tinha a expectativa de conseguir escrever lá. "Em Roma é impossível não trabalhar — e não raro trabalhar bem."[10] A ideia de viajar para a Itália começara a atraí-lo na primavera de 1857, quando escreveu a Botkin, em Moscou, propondo que fosse ao seu encontro em Paris para seguirem de trem até Londres, para aproveitar a temporada, e depois viajarem para o Reno, a Suíça e a Itália: "Você estará nos lugares mais interessantes no melhor momento possível: Paris em maio, a Inglaterra em junho, o Reno e Baden-Baden em julho, a Suíça em agosto" — estando a Itália na época nos planos para o outono. Botkin era um viajante experiente. Filho de um dos maiores comerciantes de chá da Rússia, era um diletante rico, crítico de arte e de música, autor de relatos de viagem e de certa forma um especialista em arte espanhola e italiana, sendo portanto, sob muitos aspectos, um ideal companheiro de viagem. Os planos foram adiados por causa da viagem de Turgueniev a Sinzig, mas, no fim de setembro, os dois estavam a postos. "Então lá vamos nós!", escreveu Botkin.

> Serei um companheiro tranquilo e paciente, e só lhe peço que seja paciente também. Para mim é muito difícil viajar à noite, e numa carruagem ou vagão. Mesmo de Paris a Marselha, prefiro descansar uma noite em Lyon [...]. De Marselha teremos de dar um jeito de chegar a Nice, e depois pelas montanhas até Gênova. Sim! Esqueci de dizer que faço o possível para evitar viagens pelo mar [...]. Só pegaremos navio de Gênova a Livorno. E a partir de Florença por terra, passando por lugares onde se desenvolveu toda a arte cristã.[11]

A viagem começou tranquilamente. A seção final da ferrovia Paris--Marselha fora inaugurada em 1856, permitindo fazer o percurso de 862 quilômetros em apenas dezessete horas. A travessia para a Itália foi muito mais lenta. A estrada litorânea entre Nice e Gênova era sabidamente difícil.

A partir de 1857, ficou ainda mais complicada por causa de obras na ferrovia liguriana ao longo da cadeia de montanhas. Mas o percurso era lindo. "Já entrei na Itália por diferentes pontos, mas nenhum com uma vista tão encantadora", escreveu Botkin a Fet, que recusara convite para se juntar a eles na viagem. "Bosques de palmeiras e enormes arbustos e pomares de árvores, e tudo bem perto do mar azul claro. Em certos lugares a gente fica em êxtase." Em Gênova, onde a queda de um tronco provocou atraso de três dias, eles visitaram os palácios da cidade com um guia — o *Guia para viajantes no norte da Itália* de John Murray (1854) — e foram à ópera à noite. "Gênova é uma cidade muito bonita", escreveu Turgueniev a Pauline no dia 27 de outubro, "mas as mulheres são repugnantes, não importa o que digam os guias [...] Há magníficos palácios e algumas ruas imundas (por sinal, encontrei o original do Ribera de Viardot no Palácio Balbi);* o retrato do marquês de Brignoles por Van Dyck, montado num cavalo portentoso, é 'uma maravilha'".[12]

Em Roma, eles ficaram no Hotel d'Inghilterra, residência aristocrática do século XVI recém-convertida num hotel muito procurado por visitantes ingleses, em parte, porque havia hospedado Byron e John Keats. Botkin deixava Turgueniev sozinho para escrever, mas jantava com ele e os dois passavam a noite na ópera, jogando xadrez ou falando de arte no Café Greco, perto da Piazza di Spagna, ponto de encontro de um grupo de artistas russos, entre eles, Alexander Ivanov, que, na época, concluía a grande pintura em que trabalhava há mais de vinte anos, *Aparição de Cristo para o povo*. Turgueniev se sentiu rejuvenescido com a estada em Roma. "Roma é maravilhosa", escreveu Annenkov. "Em nenhuma outra cidade temos constantemente essa sensação de que a Grandeza, a Beleza e a Importância estão sempre próximas, constantemente ao nosso redor, de modo que a qualquer momento podemos entrar na esfera do divino. À Condessa Lambert, sua confidente nesses anos de separação de Pauline, Turgueniev confessou que era "uma cidade onde é mais fácil ficar sozinho" — ideia que desenvolveu em carta à escritora ucraniana Maria Markovich, ao escrever que "Roma é

---

* Turgueniev se enganava. Devia estar confundindo um dos quadros de Ribera retratando um *Velho filósofo*, de propriedade da família Balbi, com o retrato de *Platão*, na época, propriedade de Louis Viardot. "O meu Ribera não tem original, pois é um original", respondeu Viardot irritado (Zvig., p. 182).

uma cidade surpreendente, capaz de substituir qualquer coisa — a sociedade, a felicidade e até o amor".[13]

A viagem pela Itália também serviu de consolo. Tendo Botkin como guia, Turgueniev visitou a Villa Madama e a Villa Pamphili, o pitoresco lago Albano e Frascati, aonde se podia chegar de Roma por uma ferrovia recém-inaugurada, uma das primeiras da Itália, pela qual os visitantes eram transportados em apenas meia hora até a encantadora cidade sobre a colina. Eles também fizeram uma viagem mais longa até Nápoles e Pompeia. Separando-se de Botkin, Turgueniev seguiu sozinho para Florença, onde se valeu do *Guia* de Murray para se orientar pelos tesouros artísticos da cidade; e de Florença para Pisa, Milão e Veneza a caminho de Viena para consultar um médico antes de voltar à Rússia. "Florença é deslumbrante", escreveu a Botkin a 28 de março, acrescentando recomendações do guia de Murray:

> preste atenção, por sinal, numa pintura de Rafael no Palácio Pitti, N° 245 no Salão "Educação de Júpiter"; é um modelo das suas Madonnas, especialmente as de Dresden.
>
> Cuide da saúde e até nos encontrarmos na Rússia, o seu I. Turgueniev
>
> P.S. Compre um Murray para Florença.[14]

2

Esse tipo de viagem era possibilitado pelas ferrovias. Turgueniev recorria a elas sempre que possível em suas andanças pela Europa. Aprendeu até a escrever nessas viagens.

Menos de um ano depois de voltar à Rússia, em 1859, ele partia de novo para Londres e Paris, com viagens mais curtas às estações termais de Vichy e Ostend no retorno a São Petersburgo. Voltaria à Europa na primavera seguinte, viajando de trem da capital russa para Berlim, Paris, Munique e Bad Soden, margeando o Reno até Colônia e Aachen a caminho de Londres e finalmente chegando a Ventnor na ilha de Wight, balneário muito procurado pela aristocracia russa que lhe fora recomendado por Botkin e Herzen, e onde passou três semanas em agosto de 1860, trabalhando nos esboços de *Pais e filhos*.

Dedicada a Belinski, a novela é uma obra-prima de forma realista e técnica narrativa. Mais lida no exterior que qualquer outra obra de Turgueniev, elevou a novos patamares o status da literatura russa, em pé de igualdade com a ficção inglesa ou francesa, dando fama internacional ao autor. O principal interesse da narrativa é o herói trágico Bazarov, o primeiro "niilista", que rejeita todo princípio ou instituição que não sirva ao bem-estar social do povo. Estudante de medicina, Bazarov é hospedado pelo amigo Arkady na propriedade paterna quando ambos se formam pela Universidade de São Petersburgo. Suas opiniões revolucionárias, compartilhadas sem muita convicção pelo amigo, geram um conflito entre os rapazes e o pai e o tio de Arkady, de pontos de vista mais liberais. O confronto entre as duas gerações levou a novela ao centro das discussões políticas na Rússia na década de 1860, quando estudantes e jovens radicais questionavam o sistema tsarista, rejeitando o quietismo político da geração dos pais (os "homens de quarenta") e exigindo mais ação para melhorar as condições de vida do campesinato. Cáustico, grosseiro, muito intelectualizado e cheio de si, Bazarov é sob muitos aspectos um típico exemplo dos estudantes radicais, especialmente os conhecidos como *raznochintsy*, desprovidos de origem nobre, que desempenharam papel determinante no movimento revolucionário nessa década. Mas ele não é apenas um tipo, é mais complexo. Apresentado por Arkady a Anna Odintsova, uma elegante viúva, ele se apaixona, mas se sente incomodado com as próprias emoções, que parecem confrontar seus princípios. De qualquer maneira, esse sentimento não é correspondido por Anna, fria e autocentrada. Quem sabe, se fosse correspondido, o temperamento de Bazarov não teria abrandado; talvez ele tivesse largado de mão a furiosa paixão destruidora. O efeito moderador do amor é evidenciado em Arkady, cujo noivado com Katya, irmã menor de Anna, marca o fim do fascínio por Bazarov e suas ideias radicais. Separando-se do amigo, Bazarov volta ao encontro dos pais humildes no interior e passa a trabalhar como médico, vindo a morrer de infecção sanguínea contraída ao se cortar quando fazia a autópsia de uma vítima de tifo.

Turgueniev concebeu o personagem de Bazarov durante a estada em Ventnor. A ideia do herói lhe veio de um jovem médico do interior, ao qual passou a se referir pela letra "D", mas que seria um certo Dimitriev, que conhecera num trem, viajando em segunda classe, entre Moscou e São Petersburgo. Em suas *Reminiscências literárias* (1869), Turgueniev comenta que "tomava banhos de mar em Ventnor" quando começou a delinear seu personagem, que, como todos os seus heróis de ficção, tinha como ponto de partida uma pessoa real, à qual ele ia acrescentando elementos inventados que combinassem. Na origem de Bazarov "está a personalidade de um jovem médico do interior que muito me impressionou. (Ele morreu pouco antes de 1860.) Nesse homem extraordinário eu via a encarnação desse princípio que mal ganhara vida mas na época começava a impressionar, o princípio que mais tarde receberia o nome de niilismo".[15]

É mesmo uma das mais estranhas ironias da história literária que a maior criação de Turgueniev — a encarnação fictícia do revolucionário russo do século XIX — tomasse forma no refinado balneário de Ventnor. Os círculos russos da ilha de Wight certamente tiveram influência na invenção de Bazarov. Estavam mergulhados em debates sobre a iminente emancipação dos servos e a necessidade que certamente geraria de reformas sociais na Rússia, para tirar os camponeses da pobreza e da ignorância. Dessas discussões com certeza fazia parte o surgimento de uma nova geração de radicais na Rússia — jovens escritores reunidos no jornal *O Contemporâneo*, que se tornou porta-voz da intelligentsia revolucionária, alienando liberais como Turgueniev, até então colaborador regular. Turgueniev passou a flertar com a ideia de fundar uma Sociedade para a Propagação da Alfabetização e da Educação Primária, e apresentou um projeto a ser discutido pela colônia russa. Segundo Annenkov, que o visitou em Ventnor, o programa "foi examinado em detalhes em reuniões noturnas no chalé de Turgueniev, reescrito, e depois de muitas discussões, correções e acréscimos adotado por uma comissão formada por membros seletos do grupo". Mas não foram tomadas medidas práticas para criar escolas ou recrutar professores, e Annenkov ficou com a impressão "de que o plano se baseava simplesmente na ideia de demonstrar a necessidade, a utilidade e o caráter patriótico da sociedade".[16]

Turgueniev fora a Ventnor para tomar banhos de mar. Esperava desfrutar de um descanso na companhia de Annenkov e de Maria Markovich, 26 anos, que prometera ir ao seu encontro. Mas ela não apareceu, e os outros prazeres do repouso à beira-mar logo seriam estragados pelo clima inglês, que se tornou frio e chuvoso, descartando a possibilidade dos banhos. Turgueniev descreveu o cenário consternador em carta à condessa Lambert no dia 18 de agosto:

> A ampla faixa de areia amarelo-marrom da praia, ligeiramente inclinada, sem qualquer elevação nem vegetação, se estende muito além dos limites da cidade. Na maré alta, ondas verde-garrafa, frias, ondas do norte chegam até o limite das casas uniformes. Na maré baixa, as figuras empertigadas da gente inglesa saindo para passear podem ser vistas na areia úmida, firme e coberta de algas.[17]

Confinado no chalé por causa do tempo, Turgueniev sentou à escrivaninha no quarto e deu início à sua obra-prima. Não tinha mais nada a fazer.

Turgueniev estava acostumado a viajar de trem. Com tantas viagens pela Europa e de volta à Rússia, deve ter andado mais de trem que qualquer outro escritor da época. Na década de 1860, era possível fazer viagens ferroviárias para quase todas as grandes cidades Europa e muitas menores também. O ritmo da construção de ferrovias nos anos 1850 e 1860 era impressionante. Em toda parte, elas eram consideradas a chave do crescimento econômico, da estabilidade política e da unidade nacional. Na Alemanha, onde eram encaradas como uma força propulsora da unificação, interligando todos os Estados alemães, a extensão das linhas concluídas passou de 5.856 quilômetros em 1850 a 17.612 em 1869. Os gastos com ferrovias representaram um quarto de todos os investimentos (governamentais e privados) nesses anos. Na França, a expansão ferroviária não foi menos impressionante — de 2.915 para 16.465 quilômetros.[18] As linhas férreas desceram em direção a Madri e Roma, subiram para Copenhague e Estocolmo, se estenderam a leste até Moscou e São Petersburgo e a oeste para Cornualha e Galway.

Tornando as viagens ao exterior mais fáceis e acessíveis, as ferrovias estimularam as pessoas a viajar mais e mais longe. Os britânicos tomaram a frente. Praticamente impulsionaram a crescente indústria turística na Europa. Toda grande cidade no caminho mais usual para a Itália, passando pela França, a Renânia e a Suíça, ostentava hotéis suntuosos com nomes como Hôtel d'Angleterre, Hôtel des Anglais, Hôtel de Londres, Hotel d'Inghilterra, e assim por diante. Os Goncourt se queixavam de que era difícil para os franceses viajar no próprio país, pois os empregados dos hotéis só queriam atender turistas da Grã-Bretanha.[19] As classes médias britânicas eram as mais ricas da Europa. Distantes do continente, sentiam maior necessidade de viajar que os outros europeus. O Grand Tour fora dominado pela aristocracia britânica. E estabelecera um modelo de viagem pela Europa como meio de aprimoramento intelectual.

No auge da voga britânica do Grand Tour, nos anos 1780, o historiador Edward Gibbon estimara em até 40 mil — famílias inteiras, com filhos, tutores e criados — o número de britânicos viajando anualmente pelo continente. Os rapazes ricos iam direto à Itália para completar seus conhecimentos dos clássicos, descobrir as modas do continente e buscar aventuras sexuais. Nas primeiras décadas do século XIX esses números aumentaram muito. Os viajantes eram mais diversificados, muitos das classes profissionais tendendo a fazer viagens mais curtas pelos Países Baixos e o Reno até a Suíça, mais acessível às viagens por causa dos vapores. Mas esse crescimento ainda era pequeno em comparação com o súbito aumento das viagens ferroviárias nas décadas de 1850 e 1860. Após a conclusão das linhas ferroviárias de Londres e Paris até os portos do canal da Mancha, o número de travessias registradas no canal subiu de 165 mil em 1850 para 238 mil em 1860 e para 345 mil em 1869. No fim desse período, era possível viajar de Londres a Paris em apenas metade de um dia.[20]

A indústria do turismo era uma criação da era da ferrovia. Até a palavra "turista" era relativamente nova, entrando na língua francesa e na inglesa a partir da década de 1810, mas ganhando generalizada circulação nos anos 1840, graças à disseminação no continente de ferrovias, hotéis, restaurantes, lojas de lembranças, guias de viagem e assim por diante.[21] Se antes viajar era um prazer de poucos, o trem tornou esse sonho possível para muitos. As elites culturais tinham lá suas dúvidas quanto a essa revolução do movimento. "A enorme extensão das viagens continentais é uma das grandes características dos últimos dez anos", comentava o *Edinburgh Review* em 1873:

> Nos meses de outono, toda a Europa parece em estado de perpétua movimentação. Há sempre uma multidão em cada pequena estação ferroviária. Os novos hotéis (como por exemplo em Lucerna) são construídos para receber quinhentos, seiscentos ou setecentos hóspedes, e os mais procurados recusam diariamente cerca de duzentos interessados, por falta de espaço. Cada lugar,

por mais difícil o acesso, é atacado. O distante lago de Köenigssee, na Baviera, aonde talvez chegasse antes uma dúzia de estrangeiros ao longo de um mês, agora recebe quatro embarcações, enquanto as carruagens à espera na margem podem ser contadas aos cinquenta. O cume do Rigi já não tem mais relva, cheio de garrafas quebradas e fragmentos do *Daily Telegraph*.

Em contraste com as antigas elites, que podiam viajar por vários meses e até anos, os novos turistas ferroviários concentravam suas viagens em algumas poucas semanas das férias de verão. "O mundo inteiro está viajando", escreveu Fontane em *A viagem moderna* (1873):

Assim como nos velhos tempos, as pessoas se entretinham conversando sobre o tempo, agora o fazem viajando. 'Aonde foram neste verão?' é só o que se sabe dizer entre outubro e o Natal. 'Aonde vão no próximo verão?' é só o que se diz entre o Natal e a Páscoa. Muitas pessoas passam onze meses do ano se preparando para o décimo segundo [quando viajam], como se subissem a escada para uma existência mais elevada. As pessoas vivem para esse décimo segundo mês.[22]

O que os turistas queriam era uma versão compacta do Grand Tour. E desejavam muitas coisas: visitar os pontos mais famosos da Europa, culturalmente importantes e pitorescos; focar a atenção nos aspectos de determinado lugar considerados nacionalmente "autênticos", únicos, aqueles que não podiam encontrar no próprio país; e voltar com o orgulho de saber que "de qualquer modo, viram tanto quanto os vizinhos" — na frase de Trollope em seus *Esboços de viagem* (1866). O "verdadeiro prazer" da "família que viaja ao exterior" só começa quando volta para casa, prosseguia Trollope:

O espírito que os instiga a vagar longe de casa não é mero desejo de estar na moda [...]. Os dias em que ouvíamos que

A Sra. Grill está muito mal,
E não terá melhoria,
Se não visitar as Tulherias,
Nem bater perna no Louvre,

já quase ficaram para trás, e certamente já passaram para pessoas sensíveis como essas que descrevo. Não é a moda que buscam, nem especialmente se divertir. O chefe de família, no começo, sabe que não vai se divertir, e já gostaria que a viagem tivesse acabado e pudesse voltar ao seu clube. Mamãe está com um certo receio, mais apreensiva que na expectativa de algo agradável. Ela não é muito feliz quando papai está zangado, e, em geral, ele fica zangado quando incomodado. E além do mais, o pessoal nas hospedarias muitas vezes é descortês; e ela tem medo das camas! E as meninas não têm nenhuma expectativa de plena satisfação. Sabem que têm trabalho muito duro pela frente, e o pavor daquelas escorregadelas no francês não lhes é nada agradável. Mas não há o que fazer. Não ter visto Florença, Roma, Munique e Dresden, não se sentir à vontade sobre tudo que diga respeito ao Reno, não ter cavalgado no Gemini nem conversado com escaladores dos Alpes em Zermatt é ser deixado para trás pelo mundo.

A "cultura" era a maior atração. Viajando ao exterior, os turistas queriam se cultivar vendo as maiores obras de arte da Europa e visitando seus famosos lugares e prédios históricos; encaravam a cultura como aquisições ou mercadorias a serem ticadas numa lista de coisas vivenciadas. Os museus e galerias nacionais eram os principais pontos de referência no planejamento dos itinerários. Exposições internacionais como as de Londres (em 1851 e 1862), Paris (1855 e 1867) e Viena (1873) também atraíam visitantes estrangeiros, embora seja difícil precisar em que quantidade.*

Em 1857, Turgueniev visitou a Exposição de Tesouros Artísticos em Manchester, uma das maiores do gênero, com 16 mil obras de arte, entre elas muitas dos grandes mestres. A exposição atraiu mais de 1,3 milhão de visitantes de toda a Europa à cidade industrial do norte da Inglaterra, muitos

---

* Estima-se que passaram pela Grande Exposição de 1851 50 mil visitantes estrangeiros, a maioria da França, num total de 6 milhões de pessoas. Na época da Exposition Universelle de Paris em 1867, havia mais de 200 mil estrangeiros registrados nos hotéis da cidade, mas não há como saber quantos outros ainda haveria entre os estimados entre 11 e 15 milhões de pessoas que passaram pela exposição (Angela Schwartz, "'Come to the Fair': Transgressing Boundaries in World's Fairs Tourism", in Eric Zuelov (ed.), *Touring beyond the Nation: A Transnational Approach to European Tourism History* (Farnham, 2011), pp. 79-102).

viajando de Londres, como Turgueniev, com uma passagem de excursão. A elite industrial de Manchester, liderada pelo crítico de arte George Scharf, promovera a mostra para equiparar a cidade no mapa cultural a Londres e Paris, para cujas recentes exposições internacionais havia contribuído. Turgueniev ficou encantado com as "muitas coisas maravilhosas", os Rafael, os Rembrandt, os Michelangelo, expostos em ordem cronológica para mostrar o desenvolvimento da arte — na época, uma forma relativamente nova de organizar galerias públicas, inaugurada no Museu Real de Berlim por Gustav Waagen, um dos especialistas por trás da exposição de Manchester, mas ainda não aplicada na National Gallery de Londres.[23]

O século XIX foi a época de ouro dos museus e das galerias públicas. Coleções reais foram abertas ao público em palácios que em geral se tornaram mais acessíveis também — processo iniciado nas últimas décadas do século XVIII — ou transferidas para as novas galerias nacionais. Não foi por coincidência que o desenvolvimento de um comércio turístico europeu ocorreu simultaneamente à fundação das coleções nacionais em todo o continente: o Victoria and Albert Museum (1852) e a National Portrait Gallery em Londres (1856); o Ermitage em São Petersburgo (1852); a Neue Pinakothek em Munique (1853); a Galeria Semper de Antigos Mestres em Dresden (1854); a Galeria Nacional Escocesa em Edimburgo (1859); a Galeria Nacional em Berlim (1876); e o Kunsthistorisches Museum em Viena (inaugurado em 1891 mas planejado já na década de 1850).[24]

Residências de escritores e pontos de referência da literatura também se tornavam grandes atrações turísticas. As excursões a relicários literários representavam grande parte do tráfego turístico inicial no interior da Grã-Bretanha: as "terras das Brontë" nos Peninos, o distrito dos Lagos de Wordsworth, a terra natal de Shakespeare em Stratford — pontos de atração abertos aos turistas graças às ferrovias nas décadas de 1840 e 1850. O mesmo se aplicava no continente às casas de escritores como Rousseau, Voltaire, Petrarca, Schiller e Goethe, cuja residência em Frankfurt foi adquirida em 1863 para ser aberta ao público.[25]

No caso dos turistas britânicos em visita ao continente, eram os escritos de Byron que determinavam, mais que quaisquer outras obras literárias, os destinos escolhidos. Os que viajavam ao Reno e à Itália eram guiados por sua poesia, que lhes dizia como deviam se sentir nesses lugares descritos em seus versos. Os guias Murray escolhiam os itinerários levando em conta o maior número possível de lugares mencionados por Byron, sem esquecer de citar sua poesia a cada oportunidade (John Murray também era seu editor) e chegando a publicar uma edição de bolso dos seus poemas para viajantes. Se o poeta tivesse apreciado determinada pintura ou alguma construção, certamente seria indicada aos leitores dos guias. No caso de certos sítios, como a cascata de Terni, na Itália, onde o viajante devia ter a experiência do sublime, o *Guia* de Murray cedia completamente seu espaço a Byron, limitando-se a adicionar "fatos históricos e de outra natureza que possam ser úteis", como suplemento ao "lindo trecho de Lorde Byron, em cuja opinião ela se equipara, seja de cima ou de baixo, a todas as cascatas e torrentes da Suíça juntas; em comparação, Stàubach, Reichenbach, Pisse Vache, as Quedas de Arpenaz e muitas outras não passam de simples córregos".

> The roar of waters! — from the headlong height
> Velino cleaves the wave-worn precipice;
> The fall of waters! rapid as the light
> The flashing mass foams shaking the abyss;
> The hell of waters! where they howl and hiss,
> And boil in endless torture; while the sweat
> Of their great agony, wrung out from this
> Their Phlegethon, curls round the rocks of jet
> That guard the gulf around, in pitiless horror set...*

A Peregrinação de Childe Harold (1816)

A indústria italiana do turismo não demoraria a reconhecer as oportunidades comerciais dessa trilha byrônica pelo país. Por toda parte, havia Hotéis Byron e restaurantes Lorde Byron. Em suas *Imagens da Itália* (1846), Dickens relata um episódio em Bolonha, na época "muito cheia de turistas",

---

* O estrondo das águas! — das escarpadas alturas / do Velino atravessa o precipício envolto em ondas; / A queda das águas! rápidas como a luz / Com a brilhante massa de espuma sacudindo o abismo; / O inferno das águas! onde uivam e assobiam, / E fervem em infindável tortura; enquanto o suor / De sua grande agonia, arrancado a esse / Seu Flegetonte, se enrosca nas rochas de azeviche / Que guardam o abismo ao redor, em impiedoso horror posto... [N. do T.]

em que o garçom de uma pousada, percebendo que ele era inglês,* começou a se referir a "Milord Beeron" a todo momento:

> Ele sabia tudo a seu respeito, segundo dizia. Para prová-lo, associava seu nome a todo e qualquer possível tema, do vinho do monte Pulciano [sic] do jantar, produzido numa propriedade que lhe pertencera, ao grande leito, reproduzindo exatamente o seu. Quando me despedi, ele complementou a mesura final no pátio com uma despedida assegurando que a estrada que eu percorreria fora o percurso a cavalo favorito de Milord Beeron.[26]

Os guias Murray influenciavam mais que quaisquer outros os destinos escolhidos pelos turistas britânicos, o que consideravam "digno de ser visto" e como viam essas atrações. Havia outros guias de bolso para os turistas na Europa: os de Karl Baedeker, inspirados nos de Murrays, embora mais voltados para a alta cultura, e que começaram a ser publicados na Alemanha em 1839 (seriam traduzidos para o inglês a partir de 1861); os *Guides Joannes*, lançados em 1841 pelo geógrafo e autor de narrativas de viagem francês Adolphe Joanne, primo de Louis Viardot, que mais tarde seriam encampados pela Hachette com o nome de *Guides Bleus*; e os *Guias Satchel* para americanos na Europa, publicados em Nova York por Hurd and Houghton a partir da década de 1870.[27] Mas os de Murray eram os que faziam mais sucesso. Tornaram-se o modelo dos modernos guias de turismo e eram amplamente usados pelos viajantes europeus, entre eles Turgueniev, de preferência aos equivalentes alemães e franceses.

O primeiro guia Murray, *Um guia para viajantes no Continente*, saiu em 1836, vendeu 10 mil exemplares nos cinco primeiros anos e em 1871 já estava na décima sétima edição. A essa altura havia guias Murray específicos para cada país europeu, de Portugal e Espanha à Grécia, Turquia, Rússia, Polônia e Finlândia, alcançando os de maior sucesso, como os do Reno, da Suíça e da Itália, vendas de dezenas de milhares de exemplares nos anos 1850 e 1860. Como observaria um comentarista em 1855, "desde Napoleão nunca foi tão extenso o império de um só homem".[28]

---

* Os ingleses não eram os únicos a ter esse privilégio. Viajando à Itália em 1831, Berlioz conheceu um marinheiro veneziano que também fazia questão de lhe falar de Byron, afirmando que o conhecera (Cairns [trad. e ed.], *Memoirs of Hector Berlioz*, pp. 174-5).

A inovação mais importante de Murray — copiada pelos guias de Baedeker e Joanne — foi o estabelecimento de um itinerário, que tornava seus guias mais compactos e de mais fácil uso. O guia suíço de Johann Gottfried Ebel, por exemplo, um dos mais usados no circuito do Grand Tour, publicado inicialmente em alemão em 1793 e posteriormente traduzido para o inglês, o francês e outras línguas, saiu em dois pesados volumes. Os pontos de interesse eram relacionados em ordem alfabética, necessitando o uso de um mapa separado.[29] Os livros de Murray, em contraste, organizavam os pontos a serem visitados em rotas convenientes, assim dispensando a necessidade de consultar um mapa. As rotas eram escolhidas segundo a facilidade e velocidade de viagem entre os principais pontos de interesse, desse modo canalizando o tráfego turístico pelas principais ferrovias, rodovias e linhas de embarcação a vapor. E assim o mapa cultural da Europa foi redesenhado.

Os novos guias eram leitura essencial para um público que não estava acostumado a viajar ao exterior. A maioria dos leitores viajava pela primeira vez, se aventurando em países estrangeiros cujas línguas não falavam. Precisavam dos manuais para saber aonde ir e o que ver; planejar as rotas para ver o máximo possível e não desperdiçar os dias nas poucas semanas de que dispunham para viajar. Como diria Baedeker em carta a Murray em 1852:

> O número de turistas aumenta a cada ano. Não apenas os ricos saem em viagem assim que o tempo melhora, as classes inferiores competem com eles nesse sentido. Os estudantes e outros integrantes dessas classes querem saber antecipadamente mais ou menos quanto a viagem vai lhes custar, o que terão de pagar em hotéis, gorjetas etc. etc.[30]

Assim como os guias Baedeker e Joanne, os de Murray se concentravam em fornecer informações práticas e descritivas a respeito dos principais pontos turísticos. Murray dizia aos leitores o que precisavam ver. Como escreveu no *Guia para viajantes no Continente* em 1858, seus guias tinham como princípio limitar-se "a descrições objetivas do que *deve ser visto* em cada lugar", em vez de confundir os leitores "com um relato do que *pode* ser visto". Tendo em vista o objetivo de atrair o "viajante inglês inteligente", isto significava, como observou um historiador, "delinear possíveis itinerários, evitando o excesso de detalhes cronológicos, incluindo criteriosamente anedotas sobre monumentos e outros pontos de interesse, adotando um texto sucinto e fazendo citações interessantes de Scott, Byron e outras figuras literárias que tivessem escrito bem e de maneira elegante sobre determinados lugares".[31]

Os guias ajudavam os turistas a superar suas inseguranças, fornecendo--lhes opiniões graças às quais podiam reagir de maneira correta aos sítios e artefatos culturais encontrados nas viagens. Os turistas sérios seguiam religiosamente as recomendações, às vezes se privando de alimentação ou sono para não deixar de ver nada. Durante uma viagem pela Suíça em 1863, Jemima Morrell, autora do famoso *Diário suíço*, se irritou com os companheiros de viagem que pararam para admirar louças artesanais de barro, dizendo-lhes muito séria que não podiam perder tempo "quando a cem metros daqui se encontra a vista que, segundo Murray, vale por si só o custo de uma viagem de Londres". Heine queixou-se de que não era possível circular na Itália por haver turistas ingleses "formigando para todo lado; não se encontra um limoeiro sem uma dama inglesa por perto apreciando o perfume, nenhuma galeria de arte sem pelo menos sessenta ingleses, cada um com um guia nas mãos, verificando se tudo está onde deveria estar". O filósofo e historiador da literatura polonês Michal Wiszniewski se divertiu, mas ao mesmo tempo ficou horrorizado com os ingleses na Itália, "caminhando em toda parte com o *Guia Murray* na mão, percorrendo boquiabertos galerias e templos, engolindo tudo que ouvem do mais estúpido cicerone". Observando um grupo de compatriotas numa igreja na Itália, James Bryce, professor em Oxford, concluiu que aqueles turistas viam "as atrações com o único objetivo de confirmar o que dizia o seu Murray, o que fazem com louvável perseverança diante de uma multidão de fiéis ajoelhados".[32]

Ao direcionar os turistas para os roteiros mais populares, os guias Murray contribuíram mais que qualquer outra coisa para padronizar a experiência da viagem ao exterior. Os turistas viajavam na expectativa de encontrar o que era mencionado nos manuais, e essas atrações se transformavam em mercadorias — "objetos de valor cultural" adquiridos pelos turistas no ato de visitá-los.[33] Os souvenirs lhes permitiam materializar essas aquisições simbólicas. Nas rotas turísticas da Itália, as lojas vendiam réplicas em terracota das esculturas dos museus, imitações de vasos de vidro de Murano, reproduções fotográficas de mestres da pintura, modelos de templos romanos e incontáveis outros souvenirs manufaturados especialmente para o mercado turístico. Em *A pequena Dorrit* (1857), de Dickens, a casa dos Meagle em Twickenham está cheia deles:

> Havia antiguidades do centro da Itália, feitas pelas melhores casas modernas nesse setor da indústria; pedaços de múmias do Egito (e talvez de Birmingham); modelos de gôndolas de Veneza; maquetes de aldeias da Suíça; pedaços de pisos em mosaico de Herculano e Pompeia, parecendo carne moída petrificada; cinzas extraídas de tumbas e lava do Vesúvio; leques espanhóis, chapéus de palha de La Spezia, chinelos mouros; grampos da Toscana, esculturas de Carrara, xales do Trastevere, veludo e filigrana de Gênova, corais napolitanos, camafeus romanos, joias de Genebra, lanternas árabes, rosários abençoados pelo papa em pessoa e uma infinita variedade de badulaques.[34]

As agências de viagens também foram importantes na padronização das rotas turísticas. Muitas empresas se apressaram no meio do século a participar do aumento das viagens ferroviárias pelo continente — Thomas Bennet, que organizava excursões à Noruega; Henry Gaze, que promovia excursões ao campo de batalha de Waterloo e à Suíça; a firma de Carl Stangen na Alemanha —, mas nenhuma fez tanto sucesso quanto Thomas Cook and Son. Militante do movimento da temperança, Cook começara no início da década de 1840 organizando viagens de um dia pela ferrovia de Midland, como forma de entretenimento sóbrio para artesãos, mecânicos e a classe operária. A grande virada veio em 1851, quando ele vendeu 165 mil passagens de ida e volta para a Grande Exposição de Londres em trens especiais de excursão. Em 1855, para a Exposition Universelle de Paris, Cook organizou e conduziu suas primeiras excursões à Europa, duas "grandes visitas circulares" de Harwich a Antuérpia, Bruxelas, Waterloo, Colônia, subindo pelo Reno num vapor até Heidelberg, Baden-Baden e Estrasburgo, para afinal seguir de trem para Paris e voltar a Londres, numa viagem de duas semanas por 10 libras. Perdendo dinheiro com essas turnês, só seis anos depois, em 1861, ele voltou ao continente, organizando viagens à Suíça e à Itália que viriam a se tornar o esteio do seu negócio por muitos anos.

Cook considerava que sua missão era facilitar as viagens independentes para o maior número de pessoas possível. Comprando no atacado, conseguia tarifas menores para os percursos ferroviários em rotas turísticas especiais, ou "tours", anunciadas em *The Excursionist*, o jornal da sua companhia, lançado em 1851, que pelo meado da década seguinte tinha circulação mensal de 58 mil exemplares. Em 1863, uma viagem de três semanas pela Suíça custava 9 libras (230 francos) em tarifas, estimando-se hotéis e alimentação em mais 6 libras por pessoa, dependendo da escolha, pois nenhuma das duas coisas era fornecida pela companhia, embora Cook, que acompanhava pessoalmente algumas dessas turnês, fizesse suas recomendações (em 1868 ele introduziu um sistema de cupons para os viajantes em certos hotéis, origem do moderno pacote de férias). Esses preços tornavam suas excursões não só acessíveis às classes médias como altamente atraentes, considerando-se que queriam ver as coisas mais importantes num período curto. "Existe uma classe, uma classe grande capaz de apreciar com gratidão — e que efetivamente aprecia — a nossa organização", escreveu Cook, referindo-se em 1865 aos seus excursionistas à Suíça e à Itália. "Eles querem ver algo definitivamente escolhido para eles, se assegurar da sua viabilidade e segurança; e partem tanto mais encorajados se puderem contar com a presença de alguém que mereça sua confiança." As mulheres eram estimuladas a viajar sozinhas, sabendo que era "seguro e adequado" se o fizessem com a empresa de Cook; a mulher solteira, a governanta e a professora se tornaram figuras habituais em suas excursões.[35]

Em 1865, o romancista Charles Lever, que vivia na Itália como vice-cônsul britânico em La Spezia, lançou um ataque contra os "Cookies". "Parece que um sujeito empreendedor e inescrupuloso concebeu o projeto de conduzir cerca de quarenta ou cinquenta pessoas, não importando idade nem sexo, de Londres a Nápoles e de volta a Londres por um valor fixo", escreveu na *Blackwood's Magazine*.

> A coisa "pegou" — o projeto é um sucesso; e no momento em que escrevo as cidades da Itália estão inundadas de manadas dessas criaturas, pois nunca se separam, e podemos vê-las se derramando em grupos de quarenta por uma rua com seu diretor — ora à frente, ora atrás — rodando em torno delas como cão pastor — e o processo todo de fato não poderia se parecer mais com a condução de um rebanho. Já me deparei com três dessas manadas, e

nunca vi nada tão grosseiro — os homens, em sua maioria idosos, acabrunhados, tristonhos, obviamente entediados e cansados — as mulheres, relativamente mais jovens, fatigadas e amarrotadas [...]. Quero deixar deliberadamente registrado que será praticamente impossível viver no exterior se essas invasões continuarem; pois não é apenas o fato de a Inglaterra nos subjugar com tudo que é barato, vulgar e ridículo, mas também que essa gente, a partir do momento em que parte em viagem, acha que tem direitos adquiridos sobre os países estrangeiros e seus habitantes. Pagaram pelo continente e pagaram por Cremorne [os jardins recreativos de Chelsea] e *vão* se apropriar de tudo pelo que pagaram.[36]

Muitos observadores manifestaram horror com os turistas que "faziam a Europa", embora nenhum com esnobismo equivalente ao de Lever. O crítico de arte John Ruskin foi impiedoso na condenação dos ingleses que percorriam a Europa de trem durante algumas semanas. "Mudar de lugar a cento e cinquenta quilômetros por hora não vai nos fazer nem um pouquinho mais fortes, felizes ou sábios. Sempre houve no mundo mais do que os homens alcançavam ver, por mais lentamente que caminhassem; e não haverão de ver melhor por andarem rápido", escreveu. Em 1864, ele repreendeu industriais reunidos num auditório em Manchester por construírem ferrovias, que em sua opinião estavam arruinando Europa com a indústria do turismo:

> Os senhores lançaram uma ponte ferroviária sobre a cachoeira de Schaffenhausen. Abriram túneis sob os penhascos do lago de Lucerna, junto à capela de [Guilherme] Tell; destruíram a praia de Clarens no lago de Genebra; não se encontra na Inglaterra um vale tranquilo que não tenham invadido com o bramido das chamas, nem cidade estrangeira em que a disseminação da vossa presença não seja marcada pela desgastante lepra de novos hotéis e perfumarias.[37]

A idiotice das viagens turísticas também impressionou Fontane. Em *Viagens modernas*, ele escreveu com sarcasmo sobre um grupo de turistas de um "clube de tiro de uma cidade pequena" que visitava o castelo de Reinhardsbrunn, antiga sede dos ducados ernestinos perto de Gotha. Eles ficam embasbacados ao saber que o eleitor Ernesto abateu 50.157 animais de caça em 25 anos; tomam nota do número impressionante e já antegozam o momento em que poderão calcular quantas cabeças por dia isto significa.[38]

Turgueniev também zombava dos turistas observados na Itália. Ridicularizava os ingleses, que, "vendo uma mulher ruiva numa cidade pequena, anotam em suas cadernetas que a população feminina da cidade é ruiva". Observando os turistas russos, em particular, ele afirmava que nove décimos estavam morrendo de tédio, pois seu turismo era superficial. Viam apenas as características exteriores da cidade e reuniam fatos sobre os lugares visitados, mas não interagiam com as pessoas ou sua cultura. Iam "de palácio em palácio, sem jamais sair da própria esfera ou ambiente, circunscritos por hotéis, garçons, contas, sinos, criados, carruagens de aluguel, burros de aluguel e seus guias". Viajar "sem entrar na vida e na cultura dos estrangeiros" não "vale a pena", concluía, pois não faz sentido ir ao exterior "só para respirar o ar banal de quartos banais em vários Hôtel Vittoria, des Princes, Stadt Berlin etc".[39]

Por trás dessas críticas ao turismo, estava a ideia da viagem como um estado mais elevado da experiência no exterior. Os "viajantes" se distinguiam dos vulgares "turistas" dizendo-se imbuídos de um conhecimento e de uma apreciação mais profundos da vida e da cultura dos países visitados. Enquanto os "turistas" andavam em grupos, sem se misturar com a população local nem permanecer tempo suficiente para tentar uma aproximação, os "viajantes" gostavam de pensar que estavam explorando lugares "desconhecidos" de um país, vivenciando sua cultura "real" e "autêntica" de uma forma espiritualmente enriquecedora.[40]

As narrativas de viagem estimulavam essa ideia. O primeiro grande período de construção de ferrovias coincidiu com uma época de ouro das narrativas de viagem na Europa. Houve um aumento na publicação de livros de viagem nos anos 1850, enquanto novos periódicos, como *Tour du monde*, lançado na França em 1860, faziam enorme sucesso, propiciando o surgimento de outras revistas de viagem.[41] Escritores importantes e conhecidos contribuíram para a popularidade do gênero, entre eles Stendhal, com sua narrativa de viagem pela França, a Suíça e a Itália, *Mémoires d'un touriste* (1838); Fontane, com os escritos de uma viagem à Inglaterra, *Ein Sommer in London* (1854), além de cinco volumes de perambulações pela Prússia, *Wanderungen durch die Mark Brandenburg* (1862-89); Dostoievski, com suas observações críticas da Europa a partir das viagens feitas em 1862, *Anotações de inverno sobre impressões de verão* (1863); e Flaubert e du Camp, com uma rica evocação da vida no interior da França e do seu folclore, *Par les champs et par les grèves*, publicada em 1881 com base numa viagem pela Bretanha em 1847.

Os textos de Ruskin sobre a arte italiana inspiraram muitos viajantes. Mais talvez que qualquer outra obra literária do século XIX, eles transmitiam a ideia da viagem como uma experiência estética de determinado lugar, distinguindo-a do turismo. Horrorizado com os passeios apressados e superficiais estimulados pelas ferrovias e os guias Murray, Ruskin lançou livros sobre arte e arquitetura com o objetivo de ajudar os viajantes sérios a cultivar uma apreciação da arte e da cultura de determinado lugar. Em *As Pedras de Veneza* (1851-3), publicado originalmente em três volumes mas condensado "para uso dos viajantes", e mais adiante em *Manhãs em Florença* (1875), Ruskin procurava dar conselhos práticos sobre o que realmente valia a pena ver. Fornecia informações eruditas sobre os prédios e as obras de arte mais importantes, indicava os melhores horários para visitá-los e recomendava o tempo ideal para gastar em cada um, assim como o tempo para descansar entre uma visita e outra, para preservar o frescor dos sentidos. Os livros de Ruskin tornaram-se guias essenciais para a experiência cultural da Itália. Com frequência eram citados nos guias Baedeker e Murray, servindo-lhes também de complemento para muitos viajantes. Sua influência contribuiu para mudar o mapa cultural do turismo, estimulando os britânicos a viajar para os Alpes e Veneza, por exemplo, em maior número que antes. *As Pedras de Veneza*, em particular, contribuiu para aprimorar a compreensão da arte e da arquitetura da cidade. Fez mais que qualquer outra obra no sentido de que Veneza deixasse de ser uma parada rápida do Grand Tour para se tornar um importante destino turístico em si mesmo (o livro inspirou Marcel Proust, cujo narrador em *Em busca do tempo perdido* visita Veneza com a mãe por causa do seu entusiasmo por Ruskin).[42]

Também muito usados pelos viajantes eram os variados guias dos museus de arte da Europa preparados por Louis Viardot. Ele acumulara seu vasto conhecimento das recém-inauguradas coleções públicas de arte do continente durante as viagens com Pauline. Acompanhando-a nas turnês europeias, passava o dia nos museus das principais cidades catalogando as obras e escrevendo artigos sobre as coleções para a imprensa de diferentes países. Louis foi o primeiro a levar ao conhecimento público o conteúdo desses novos museus. Entre 1852 e 1855, compilou cinco guias de museus, cada um deles publicado pela Hachette nas edições de viagem de bolso com o título *Guide et memento de l'artiste et du voyageur*, com descrições detalhadas das coleções: *Les Musées de France, Les Musées d'Italie, Les Musées d'Espagne, Les Musées d'Allemagne, Les Musées d'Angleterre, de Belgique, de Hollande et de Russie*. Os guias fizeram enorme sucesso. Dezenas de milhares de exemplares foram vendidos em várias edições francesas e em muitas outras línguas. Só Gautier talvez fosse mais conhecido por seus textos sobre as grandes coleções de arte da Europa.[43]

Metódicos e eruditos, os trabalhos de Louis tiveram grande influência na reorganização das grandes coleções de arte da Europa. Ele tinha opiniões firmes sobre a maneira como as pinturas deviam ser exibidas. Era ainda uma época em que as recém-abertas galerias públicas expunham as pinturas sem maior lógica, cobrindo as paredes com obras heterogêneas da altura da cintura até o teto. Os livros de Louis contribuíram para o estabelecimento dos modernos princípios de curadoria. Seus guias eram organizados em escolas nacionais e períodos da história da arte — esquema pedagógico que seria adotado até as últimas décadas do século XIX pela maioria das galerias. Ele não suportava ver cópias misturadas com originais, ou mediocridades com obras-primas, e ficava furioso quando as pinturas eram expostas sem critério — peças pequenas penduradas muito alto ou quadros detalhados colocados perto de janelas, impedindo os reflexos que fossem vistos adequadamente. Corrigia erros de atribuição, inclusive alguns da National Gallery de Londres, que tinha confundido seus Zubarán e seus Ribera. Assinalava lacunas nas grandes coleções (não havia pintura russa alguma no Louvre, por exemplo, nem obras de pintores ingleses como Turner, Gainsborough, Hogarth e Reynolds). Chamava a atenção sempre que achasse que um artista ou uma escola de pintura estivesse merecendo espaço demais. E não hesitava em dar sua opinião. Defensor intransigente da liberdade artística, detestava qualquer coisa que cheirasse ainda que de longe a arte oficial ou de corte. Boa parte de suas críticas mais ácidas visava Charles Le Brun, que fora o pintor favorito da corte de Luís XIV, de reputação segundo ele não merecida. Desdenhava igualmente obras artísticas de origem não europeia (queria que toda a seção etnográfica do Louvre fosse fechada por conter apenas "bric-à-brac"). Mas era um ardoroso propagandista de pintores que considerasse injustamente esquecidos ou negligenciados (Vermeer e Rembrandt, por exemplo), e desempenhou papel importante na redescoberta da arte espanhola nas décadas do meado do século. Ajudou o Louvre a organizar sua Galeria Espanhola, aberta ao público em 1838, e assessorou o Prado na reorganização da sua coleção real nos anos 1840 e 1850.[44]

De que maneira as ferrovias terão afetado as rotas escolhidas pelos turistas nas viagens pela Europa? Eles acaso procuravam os mesmos lugares visitados no Grand Tour? Ou terão sido estimulados a sair dos caminhos muito batidos graças à ampliação da malha ferroviária?

Antes das ferrovias, os viajantes do norte da Europa tinham uma meta clara e direta no Grand Tour: chegar à Itália o mais rápido possível. Para a maioria, a península italiana era *sinônimo* de cultura. Quase sempre os turistas britânicos viajavam via Paris e Lyon, em seguida cruzando os Alpes ou se arriscando numa travessia por mar bravio de Marselha ou Toulon a Livorno ou qualquer outro porto italiano do litoral mediterrâneo. Na volta, podiam pegar uma rota diferente, talvez passando por Veneza e Viena, ou percorrendo o Reno. Mas basicamente todos esses lugares eram paradas a caminho da Itália e de volta. Poucos turistas se desviavam das rotas consagradas. Pelo fim do século XVIII, cresceu o tráfego turístico em direção à Itália passando pela Alemanha — Hanôver, Mannheim, Heidelberg e Dresden se tornaram destinos secundários do Grand Tour —, mas globalmente a procura era muito pequena. Praticamente ninguém visitava a Espanha ou Portugal, a Escandinávia, a Europa oriental, a Rússia ou os Bálcãs. A escolha das rotas era determinada basicamente pelas preferências culturais. Os meios de transporte não influíam muito. Foram poucas as mudanças no sistema de transportes antes do século XIX — alguns aprimoramentos notáveis nas rotas postais passando pela França, que diminuíram o tempo de percurso de Paris a Marselha, mas fora isto viajar à Itália levava tanto tempo na década de 1780 quanto cem anos antes.[45]

As possibilidades mudaram a partir da década de 1820, quando a introdução das embarcações a vapor transformou as viagens rio acima, abrindo o Reno e os lagos suíços aos viajantes que demandavam a Itália. Os percursos de barco a vapor pelo Reno se tornaram muito populares — chegando a um milhão os passageiros que anualmente viajaram só na Companhia Prussiano-Renana de Vapores no meado da década de 1830 —, não só por ser uma rota fácil até Basileia e atravessando os Alpes para chegar à Itália, mas como um belo passeio em si mesmo. Até então a rota do Reno era evitada pelos passageiros do Grand Tour. Em comparação com as francesas, as estradas alemãs eram muito ruins, as hospedarias, desconfortáveis, e as cidades tinham fama de sujas e malcheirosas. O poeta William Wordsworth se queixou de todos esses inconvenientes em suas viagens pela Alemanha em 1820 e 1828. Até Samuel Taylor Coleridge, ardente admirador da Alemanha, não pôde se eximir de comentar a sujeira e o fedor de Colônia.[46] As viagens de navio a vapor pelo Reno eliminavam alguns desses problemas. Mas também atendiam a uma crescente indústria turística do Reno, fomentada por várias tendências culturais.

Para os viajantes ingleses, as atrações do Reno eram suas belezas naturais, o grande rio serpenteando entre montanhas escarpadas e rochas salientes, com castelos medievais, igrejas góticas, velhos mitos e lendas conhecidos das leituras dos autores românticos. O *Frankenstein* (1818) de Mary Shelley era uma dessas obras. Mary Godwin (como se chamava então) descera o Reno com o futuro marido, Percy Bysshe Shelley, ao voltarem da Suíça em 1814. Como o dinheiro acabou, tiveram de optar pela rota mais barata do Reno, em vez de voltar pela França. Viktor Frankenstein, o herói do romance, fica pasmo com "a combinação de belezas" do trecho do rio entre Mogúncia e Bonn, que se tornaria o centro da indústria turística do Reno:

> O curso do Reno abaixo de Mayence [o nome francês de Mogúncia, ou Mainz, em alemão] torna-se muito mais pitoresco. O rio desce rapidamente, mudando de direção entre as colinas, não altas, mas íngremes, e de belas formas. Vimos muitos castelos em ruínas à beira de precipícios, cercados de florestas densas, altas e inacessíveis. Em determinado ponto, vemos colinas acidentadas, castelos em ruínas dando para tremendos precipícios, com as águas escuras do Reno correndo lá embaixo; e à súbita virada de um promontório, vinhedos em flor, com verdejantes bordas inclinadas e um rio serpenteante, e o cenário é tomado por cidades populosas.

Mas a maior influência no turismo inglês do Reno foram as famosas estrofes de Byron sobre o castelo neogótico de Drachenfels ao sul de Bonn, em *A peregrinação de Childe Harold*:

The castled crag of Drachenfels
Frowns o'er the wide and winding Rhine,
Whose breast of waters broadly swells
Between the banks which bear the vine.
And hills all rich with blossomed trees,
And fields which promise corn and wine,
And scattered cities crowning these,
Whose far white walls along them shine,
Have strewed a scene, which I should see
With double joy wert thou with me.[47]*

Para os viajantes alemães, que constituíam parte cada vez maior desse tráfego turístico, os mitos do Reno eram uma fonte cultural vital da identidade nacional. A lenda da Donzela de Lorelei, cujo canto de sereia atraía os marinheiros para a morte embaixo da "rocha sussurrante", íngreme colina de ardósia na margem direita do rio, perto de St. Goarshausen, inspirou muita poesia romântica, em grande parte originada nas canções e poemas folclóricos compilados por Clemens Brentano e sua irmã Bettina von Arnim em *Des Knaben Wunderhorn* (1805-8). Um desses poemas, *Die Lorelei* (1824), de Heine, seria por sua vez musicado por vários compositores, entre eles, Liszt e Friedrich Silcher, cuja versão entrou para a cultura popular alemã. Ponto de atração turística, a rocha da Lorelei inspirou com sua lenda mais de vinte óperas alemãs entre 1840 e 1890. Muitas incorporavam o mito dos Nibelungen, associado na imaginação romântica à Lorelei e à Renânia — em particular, como se sabe, *Der Ring des Nibelungen*, ciclo operístico no qual Wagner começou a trabalhar em 1848, ponto alto do sentimento patriótico alemão em relação ao Reno. Apenas oito anos antes, o governo francês reivindicara a margem esquerda do rio como fronteira oriental da França. A margem esquerda fora conquistada pelo exército revolucionário francês em 1795, sendo, no entanto, devolvida aos alemães, na maior parte à Prússia,

---

* O penhasco encastelado de Drachenfels / Carranqueia sobre o largo e serpenteante Reno / Que estufa o peito de águas / Entre margens onde crescem videiras. / E as colinas de árvores floridas, / E os campos prometendo milho e vinho, / E as cidades espalhadas coroando a paisagem, / Reluzindo ao longe em paredes brancas, / Oferecem um cenário que eu contemplaria / Com redobrada alegria, se estivesses aqui comigo. [*N. do T.*]

no Congresso de Viena de 1815. A reiteração da pretensão francesa suscitou fortes sentimentos nacionalistas do lado alemão. Marchas patrióticas foram compostas musicando "O Reno alemão" (1840), poema muito conhecido do jurista renano Nikolaus Becker, que começava assim:

Eles não terão o Reno,
O Reno alemão livre.
Embora, corvos gananciosos,
Clamem roucos por ele.
Enquanto fluindo calmo
Ele vestir seus trajes verdes.
Enquanto remos sonoros
Baterem em suas ondas.

Ao qual Musset respondeu pelos franceses em 1841:

[...]
Que vosso Reno alemão corra em paz —
Para nele se refletirem modestas
nossas catedrais góticas;
Mas ai se despertardes com cantos bêbados
Os mortos em repouso sangrento.[48]

A navegação a vapor também aumentou o tráfego turístico para os lagos suíços e os Alpes, que, como o Reno, tinham se transformado em destinos populares pelos românticos e seu culto do sublime. Até então, as montanhas eram consideradas um obstáculo para chegar à Itália. Nas décadas que se seguiram à publicação de La Nouvelle Héloïse (1761), de Rousseau, que se passa às margens do lago de Genebra, assistiu-se a um constante afluxo de turistas — sendo Shelley e Byron os mais famosos no verão de 1816 —, na expectativa de identificar os belos cenários descritos no romance. O castelo de Voltaire em Ferney podia ser visitado no mesmo percurso. De Genebra, era fácil o acesso ao vale de Chamonix, que logo se consolidou como rota turística para contemplar a natureza em seu estado mais divino. Outras regiões também seriam abertas às embarcações a vapor: as cachoeiras do Reno em Schaffhausen, de fácil acesso pelo rio a partir de Basileia, onde várias gerações de turistas ingleses contemplaram maravilhados a beleza selvagem das cascatas; o Oberland Bernês, com balneários ao redor do lago Thun e do lago Brienz atraindo turistas ingleses; e as margens do lago de Lucerna, aonde muitos turistas iam escalar o monte Rigi, com sua vista alpina panorâmica.[49]

As linhas férreas se aproveitaram desses novos desdobramentos, levando turistas ao Reno e à Suíça em número muito maior do que era possível até então, colocando esses destinos no centro da indústria turística europeia, em pé de igualdade com a Itália.

O impacto das ferrovias foi complexo. A rota do Grand Tour para a Itália continuava sendo a maior preocupação dos viajantes vitorianos. Mas as ferrovias significavam novas maneiras de chegar até lá, permitindo-lhes visitar várias cidades pelo caminho, além de fazer a viagem em diferentes épocas do ano (os trens eram menos afetados pelas condições climáticas no inverno do que as antigas carruagens). Elas facultavam aos viajantes planejar o percurso de maneira a estar nos lugares certos no melhor momento — Veneza no carnaval, Roma na Páscoa e assim por diante —, como haviam feito Turgueniev e Botkin em 1857. As ferrovias também ofereciam trens especiais para as grandes companhias de turismo, como a Thomas Cook, principal fornecedor britânico de passagens ferroviárias no continente, cujo negócio central era a organização de viagens à Suíça e à Itália para o maior público possível. Isso implicava concentrar-se nas rotas mais populares e consolidadas — em vez de abrir novos mercados organizando excursões a lugares menos conhecidos da Europa. Só em 1867, a empresa se aventurou até a Áustria, mais tarde oferecendo excursões à Escandinávia (a partir de 1875), à Espanha (1876) e aos Bálcãs (1889).

Mas as ferrovias de fato abriram a possibilidade de novos destinos no continente. Direcionaram o tráfego turístico para estações termais e balneários, por exemplo. Estações como Baden-Baden, Wiesbaden e Bad Sem, na Alemanha, se transformaram em movimentados centros turísticos por serem servidas por linhas férreas. Estações de veraneio frequentadas pela aristocracia e eventualmente membros da realeza, elas atraíam uma clientela rica de todo o continente construindo hotéis de luxo, restaurantes, cassinos, salas de concerto e parques. O mesmo ocorria em Ostend na Bélgica, Bad Ischl na Áustria e Vichy, Aix-les-Bains e Plombières na França, assim como em cidades à beira-mar transformadas em elegantes pontos de atração por imperadores e reis em outros tempos, mas democratizadas pelas ferrovias: Scheveningen no litoral holandês do mar do Norte; Norderney no litoral de Hanôver; Heringsdorf na Prússia banhada pelo mar Báltico; Trouville, Deauville e Cabourg (imortalizada como Balbec em *Em busca do tempo perdido*, de Proust) na costa da Normandia; Cannes, Nice e Biarritz no sul da França; e San Sebastian na Espanha. Outros pontos de veraneio eram criações das ferrovias, mais democráticos desde o início — as estações termais de Karlsbad e Marienbad na Boêmia, por exemplo, frequentadas sobretudo por judeus, que deviam seu rápido crescimento a uma posição central no mapa ferroviário do continente.[50]

Mas a maior mudança gerada pelas linhas férreas ocorreu talvez na rota favorita para a Suíça e a Itália: se antes os viajantes passavam sobretudo pela França, contando com estradas melhores que as da Alemanha, o desenvolvimento das ferrovias alemãs redirecionou os turistas pela Renânia, a caminho do sul.

O caminho de Londres passando pela Holanda, a Bélgica, o Reno e a Alemanha até chegar à Suíça foi aberto pelas ferrovias nos anos 1850, a primeira década de turismo de massa no continente. Logo se consolidaria como a mais frequentada rota britânica para a Itália. Fazendo esse percurso, os turistas podiam incluir os pontos da Renânia celebrados pelos românticos e tornados famosos pela rainha Vitória e pelo príncipe Alberto, que viajaram pelo Reno em 1845; seguiam então pela Baviera, onde muitas vezes se encontravam membros da realeza britânica, ou tomavam um caminho mais direto para Basileia, de onde podiam visitar as cachoeiras do Reno e atravessar os Alpes para a Itália. A rota francesa para a Itália era menos usada, em comparação, embora a linha Paris-Marselha, concluída em meados dos anos 1850, fosse tão eficiente quanto a rota alemã.

Era uma completa reviravolta em relação à época do Grand Tour, quando a rota francesa era de longe a favorita. As preferências culturais britânicas tinham muito a ver com isso. Ainda prevalecia um forte sentimento antifrancês do período das guerras contra a França napoleônica. O que ia de par com uma acentuada germanofilia na sociedade vitoriana, reforçada pelas raízes alemãs da família real, a orientação pró-germânica dos movimentos anglicano e não-conformista e a moda do estilo arquitetônico neogótico, encontrado em Londres nas construções do Albert Memorial (1861), da Estação St. Pancras (1868) e das novas Casas do Parlamento (entre 1840 e

1870). Se por um lado, se mostravam, em geral, desconfiados em relação aos franceses papistas, por outro, os britânicos consideravam os alemães como seus parentes anglo-saxões.[51] Mas a ascensão da cultura alemã no mapa turístico britânico também pode ser explicada pelo simples fato de que as ferrovias tornaram mais fácil explorá-la.

3

> Como é agradável, à medida que viajamos, ver a queda das muralhas divisoras do preconceito, o amortecimento das paixões perversas e dos temperamentos infelizes, a expansão do intelecto, o anseio pela informação, o desejo de livros e a avidez de percorrê-los, as simpatias benevolentes excitadas por um conhecimento mais amplo das circunstâncias e sofrimentos dos semelhantes.

Era Thomas Cook comentando as consequências benéficas das viagens ao exterior. A abertura dos caminhos europeus graças às ferrovias deu novo significado à antiga ideia de que as viagens abrem a mente. Dizia-se que as linhas férreas acabavam com ódios e divisões por removerem barreiras. "A viagem é fatal para o preconceito, o fanatismo e a intolerância", escreveu Mark Twain em *Inocentes no exterior* (1869), relato de suas viagens de trem pela Europa em direção à Terra Santa. Esta ideia tornou-se um lugar-comum da literatura novecentista.[52]

Mas não se tratava apenas de superar horizontes estreitos. O sentimento de ser "europeu" estava ele próprio vinculado ao espírito de abertura que acompanhava as viagens internacionais. As ferrovias permitiram que gente de toda a Europa se considerasse "europeia" de formas que antes não estavam ao seu alcance — mais para uns, menos para outros, dependendo da história e da geografia de cada um. Essa sensação de fazer parte da "Europa" estava ligada à possibilidade de viajar de trem para qualquer parte do continente. Qualquer cidade pequena com uma estação para o seu ramal secundário podia se sentir no centro de uma malha ferroviária que se expandia pelo continente.

"Trinta anos atrás, nem sequer um em cem homens do campo tinha visto a metrópole", declarava *The Times* em 1850. "Pois hoje mal encontraremos um nesse mesmo número que não tenha passado um dia por lá."[53] No fim de 1851, 6 milhões de homens e mulheres do interior da Grã-Bretanha tinham viajado a Londres para a Grande Exposição, onde puderam ver produtos e artefatos de cinquenta diferentes países e quarenta colônias de todos os recantos do planeta. Em torno da exposição, em qualquer dos restaurantes que brotaram para alimentar a multidão, também podiam experimentar diferentes pratos da França, da Alemanha e da Itália, e até curries indianos. O famoso chef Alexis Soyer montou um Simpósio de Todas as Nações, uma versão gastronômica da exposição, na qual 1.500 pessoas podiam sentar-se a uma mesa gigantesca e inspecionar a cozinha, onde trabalhavam cozinheiros de diferentes países, alguns inclusive da China. Para a maioria dos visitantes da exposição, era um primeiro vislumbre da vida em terras estrangeiras.

Na Exposition Universelle de Paris, em 1855, os visitantes puderam ver não só manufaturas, mas obras de arte de quase todos os países da Europa. Pela primeira vez uma coleção internacional de pinturas modernas era reunida num mesmo lugar, pela primeira vez, artistas de tantos países tinham um ponto de encontro e podiam comparar seus trabalhos. No Palais des Beaux Arts, observou Gautier em seu levantamento das obras de arte exibidas, o público "podia aprender mais em quatro horas do que em quinze anos" de viagens ao exterior. O resultado dessa convergência de artistas europeus, concluía Gautier, era um ecletismo cosmopolita dos estilos artísticos, que tinha seu centro natural em Paris, a capital artística do mundo.[54] O crítico Théophile Thoré (mais conhecido pela redescoberta das pinturas de Vermeer) considerava que as trocas internacionais davam origem a uma "escola europeia" de arte. "Quando as artes de todos os países, com suas qualidades nativas, se acostumarem às trocas recíprocas", escreveu em 1855, "o caráter da arte se enriquecerá em toda parte num grau incalculável, sem que se altere o gênio particular de cada nação. Dessa forma, uma escola europeia será formada, no lugar das seitas nacionais que ainda dividem a grande família dos artistas; e, então, uma escola universal, familiar de todo o mundo, para a qual nada que seja humano possa ser estranho".[55]

Essa sensibilidade europeia emergente era mais fortemente sentida nas elites culturais. Para elas, fazia parte de uma visão de mundo cosmopolita formada pelas viagens internacionais, o aprendizado de idiomas e a abertura a culturas estrangeiras, sem que sua identidade nacional fosse necessariamente enfraquecida. Turgueniev era um exemplo vivo desse cosmopolitismo. Viajava constantemente. A capacidade de se sentir em casa em Berlim, Paris, Baden-Baden, Londres ou São Petersburgo (e ele viveria em todas essas cidades) era a essência da sua europeidade. A Europa em que vivia era uma civilização internacional, uma República das Letras baseada nos ideais iluministas da razão, do progresso e da democracia. Era o que pretendia dizer ao proclamar: "Sou um europeu, e amo a Europa; minha fé está vinculada à sua bandeira, que carrego desde a juventude." Sua personalidade literária foi formada por Goethe, Shakespeare e Cervantes antes que conhecesse Gogol. Em sua biblioteca em Spasskoe, havia livros em nove línguas europeias. Embora se sentisse russo, e em momentos como o da Guerra da Crimeia pudesse se exaltar em seu patriotismo, opunha-se ao nacionalismo em todas as suas formas e se recusava a aceitar que os deveres em relação a qualquer país pudessem se sobrepor aos da humanidade. A longa ausência do país natal suscitou recriminações de compatriotas que, nas palavras de Annenkov, escrevendo em suas memórias em 1880, viam nessa escolha "uma falta de convicções nacionais, o cosmopolitismo de um homem de recursos, desejoso de trocar suas obrigações civis pelo conforto e os entretenimentos da vida no exterior". Annenkov defendia Turgueniev:

> Não foi a falta de empatia nacional na sua alma nem algum arrogante desdém pelas tendências da vida na Rússia que transformou a Europa numa necessidade para sua existência, mas o fato de que lá a vida intelectual flui mais generosamente, engolfando ambições frívolas, e de que, na Europa, ele se sentia mais simples, mais eficaz, mais verdadeiro consigo mesmo e mais livre de tentações insignificantes do que frente a frente com a realidade russa.[56]

As tensões entre o sentimento nacional e o cosmopolitismo não influenciavam apenas a identidade de europeus como Turgueniev, mas também a política europeia. Embora se assistisse no século XIX à ascensão dos movimentos nacionalistas no continente, havia ao mesmo tempo uma forte contracorrente de sentimento internacionalista, enraizada no ideal iluminista kantiano de uma comunidade política mundial, dando origem a expectativas otimistas de unificação europeia. O sonho dos Estados Unidos da Europa foi articulado por Napoleão, que chegou perto de concretizá-lo na Confederação do Reno, formada em 1806 por dezesseis Estados alemães sob a proteção do Império francês, com posterior adesão de outros Estados clientes europeus. Segundo um dos seus admiradores, o historiador Emmanuel de Las Cases, que acompanhou Napoleão ao exílio na ilha de Santa Helena depois da derrota e registrou suas reflexões, o ex-imperador pretendia criar um sistema jurídico europeu e uma moeda europeia. "A Europa nada mais seria que um único povo, e todos, aonde quer que fossem [na Europa], se encontrariam numa pátria comum."[57]

Nas três décadas seguintes, revolucionários e movimentos de libertação nacional europeus se inspiraram nas ideias de unidade europeia lançadas pelos jacobinos. Uma fraternidade internacional seria a melhor forma de luta contra o status quo conservador. Esse internacionalismo foi um aspecto importante das revoluções de 1848. Sua voz mais importante era a de Giuseppe Mazzini, líder da Jovem Itália (Giovine Italia), movimento revolucionário que pretendia fundar uma república italiana, e cujo nacionalismo democrático serviu de inspiração a sociedades semelhantes na Itália, na Polônia e na Alemanha. Na visão de Mazzini, o estabelecimento de nações democráticas fortaleceria a fraternidade internacional, levando a uma união europeia de democracias para promover a paz. O sentimento nacional e o cosmopolitismo eram complementares, desde que a força moral do internacionalismo fosse capaz de impedir que os sentimentos patrióticos se tornassem agressivos.[58]

Victor Hugo desenvolveu a ideia numa conferência de paz em Paris em agosto de 1849. As revoluções democráticas do ano anterior o haviam levado a acreditar que os diferentes povos dos Estados europeus se organizariam numa república internacional, à qual ele deu, em diferentes momentos, os nomes de "*les États-Unis d'Europe*", "*la République d'Europe*", "*les Peuples--Unis d'Europe*" e "*la Communauté européene*". A fundação do Segundo Império não o fez mudar de opinião, embora o forçasse a se exilar em Bruxelas, Jersey e mais tarde Guernsey. Horrorizado com a carnificina da Guerra da Crimeia — durante a qual os "transportes a vapor e ferrovias [da Europa], em vez de transportar de um lado a outro os generosos dons da natureza, como trocas amistosas entre os homens, estavam carregando soldados e máquinas de destruição" —, ele reiterou sua crença na "fraternidade europeia" como antídoto ao nacionalismo e sua tendência a levar a guerras.

Mas havia aí uma ironia, pois o ideal de fraternidade de Hugo contemplava uma dominação dos franceses. Na sua visão, a França estava destinada a liderar qualquer união europeia em virtude do alcance internacional de seus princípios republicanos. Na introdução a um guia de Paris para a Exposition Universelle de 1867, ele vislumbrava no século XX "uma nação extraordinária" no continente chamada "Europa", tendo Paris como capital.[59] Paris pode não ter-se tornado a capital de uma Europa unida no século XX, mas era, de fato, o centro do mundo europeu em que vivia a geração de Hugo — como diria Walter Benjamin, a "capital do século XIX".[60]

4

Nos anos de perambulação de Turgueniev, Pauline também circulava pela Europa. Em decorrência da oposição do marido a Napoleão III, suas chances de se apresentar na Opéra de Paris tinham praticamente desaparecido (sua única apresentação num palco parisiense desde o golpe de Estado de 1851 fora em *Il Trovatore* no Théâtre Italien em 1855). Para sustentar a carreira de cantora de ópera, ela era forçada a fazer turnês. Em novembro de 1857, estando Turgueniev na Itália, Pauline deixou Paris para um percurso de quatro meses por Berlim, Varsóvia e Leipzig, onde conheceu o regente Julius Rietz, que se tornaria seu confidente nesse período de separação de Turgueniev. Foi uma programação exaustiva, não propriamente facilitada pelo fato de as ferrovias na Polônia não estarem concluídas e por problemas com os cantores, que só cantavam em polonês — o que significava que Pauline precisava treiná-los para os papéis.[61]

Pela primeira vez em sua carreira, Pauline fez toda a turnê sem a companhia de Louis. "Sabe para onde estou indo?", escreveu excitada a Turgueniev no dia 21 de novembro, numa das poucas cartas que lhe enviou nesses anos. "Para Varsóvia! E sozinha! Quer dizer, só com uma criada. Não é corajoso para alguém que nunca saiu dos braços do marido?"[62] O casal decidira que Louis ficaria em casa para cuidar dos filhos enquanto a prima-dona excursionava: Paul tinha apenas 6 meses de idade e Marianne, com 3 anos, e Claudie, 5, ainda eram muito pequenas para ficar sem nenhum dos pais.

Pauline escrevia diariamente a Louis. Essas cartas constituem uma espécie de diário da turnê.[63] Ela sentia terrível falta dos filhos. Mãe dedicada, escrevia também diariamente aos seus *"petits monstres"*; dizia o quanto os amava e pedia para Louis "abraçar todo mundo até ficarem vermelhos".[64] Dizia também sentir falta dele. O que não era totalmente verdade. Na realidade, ela se sentia liberada viajando sozinha, longe do peso do amor do marido, que não era capaz de corresponder, como confidenciou a Rietz em março de 1859:

> Vou confessar num sussurro, um sussurro muito, muito baixinho perto do seu ouvido, que essas pequenas viagens que tenho feito sozinha neste inverno têm sido férias muito salutares para mim. Por um lado, são um repouso para o coração, de certa forma cansado da expressão de um amor que não pode compartilhar; e por outro, a ausência só pode fortalecer minha amizade, minha estima e meu grande respeito por esse homem tão nobre e dedicado, que seria capaz de dar a vida para atender ao menor dos meus caprichos, se eu tivesse algum.[65]

Sem Louis a seu lado, Pauline passou a gerir os próprios negócios. Isso não era nada comum para uma mulher numa época em que, pelo Código Napoleônico, as mulheres não podiam assinar um contrato sem o consentimento do marido ou do pai. Deixando Paris sem qualquer garantia de contrato, ela tomou todas as providências relativas à viagem, entrou em contato com administradores de teatros e salas de concertos, negociou contratos e tomou todas as decisões sozinha, informando Louis por carta dos seus progressos. Sem manifestar a mais leve dúvida quanto à própria capacidade nesse sentido. Tendo passado a vida em turnês como musicista independente, ela era perfeitamente capaz de cuidar de tudo sem a orientação de um homem. Mas sentia falta do apoio e do estímulo do marido, como escreveu nesta tocante carta de 17 de dezembro, depois de uma récita de *Norma* em Varsóvia:

> Sim, fiquei satisfeita comigo mesma esta noite. Querido amigo, acho que você também teria ficado, você, meu melhor juiz, cuja severidade benevolente, cujo gosto confiável são tão valiosos para mim, você, a quem gosto tanto de agradar. Oh, meu bom Louis,

como sinto falta do seu aperto de mão bom e encorajador no momento de pisar no palco. Como é bom ouvir uma voz amiga dizendo coragem, e também ver olhos bondosos dizendo todo tipo de coisas boas — e depois, voltando para casa, receber um beijo de satisfação de um amigo.[66]

O princípio básico de Pauline nas turnês era ganhar o máximo possível. Ela excursionava com sucessos operísticos garantidos (*Norma*, *Trovatore* e *O barbeiro de Sevilha* a acompanharam a Berlim e Varsóvia) e acrescentava canções locais para agradar ao público, como fizera na Rússia, inserindo uma ária russa na cena da aula do Ato II de *O barbeiro de Sevilha*. Em Varsóvia, por exemplo, introduziu sua adaptação de seis Mazurkas de Chopin na cena da aula, saudada com aplausos delirantes, e, em seguida, cantou a canção "Hulanka" do compositor polonês, que fez a casa vir abaixo. Sua decisão de adiar a partida de Varsóvia foi determinada por considerações de ordem financeira. Devendo originalmente partir em 16 de janeiro, ela postergou a viagem por cinco dias porque "a sociedade inteira está organizando um concerto para mim, o que vai me garantir 500 rublos [2 mil francos] adiantados", como explicava a Louis em 15 de janeiro.[67] A essa altura, já havia ultrapassado o objetivo inicial de voltar de Varsóvia a Paris com 5 mil rublos (20 mil francos). Disso se certificara desde 21 de dezembro, ao escrever a Louis que estaria de volta em fevereiro: "Terei alcançado mais que o meu objetivo, e poderei me despreocupar de todos aqueles concertos insignificantes de dois tostões ou até dos concertos de 300 francos, se me der vontade."[68]

Nessa altura da carreira, quando a voz já dava claros sinais de declínio, Pauline precisava dessas turnês para maximizar os ganhos antes de se aposentar. Seis semanas depois de voltar de Varsóvia, empreendeu uma nova excursão pela Alemanha, se apresentando em Berlim, Weimar, Leipzig e Colônia, seguindo depois para Londres para a temporada de 1858, apresentando-se em *La Sonnambula* em Drury Lane e então embarcando numa turnê de dois meses pelo interior da Inglaterra. O ponto alto da turnê foi o Festival Coral de Birmingham, evento popular para a apresentação de oratórios com coros amadores, onde ela cantou no *Messias* de Handel, no *Elias* de Mendelssohn e na *Criação* de Haydn, obras que atraíam verdadeiras multidões.[69] De Londres, viajou para Budapeste, onde Liszt, antigo professor e velho amigo, promovera uma temporada para ela no Teatro Nacional. Os húngaros não se mostraram amistosos. "Não pusemos os pés numa única residência húngara, e não vimos um só húngaro em nossas recepções", escreveu Pauline a Turgueniev em 18 de novembro de 1858. Mas a turnê foi lucrativa, rendendo cerca de 5 mil francos.[70]

Na primavera seguinte, Pauline excursionou pelo Reino Unido com a companhia de ópera Beale, uma trupe de quase trinta artistas. A programação era pesada — setenta récitas em mais de trinta cidades, entre elas Brighton, Birmingham, Wolverhampton, Northampton, Sheffield, Leeds e Liverpool de trem, em seguida atravessando o mar da Irlanda de vapor até Dublin. Muitas vezes a companhia viajava durante a noite para chegar numa nova cidade na manhã seguinte, tendo tempo durante o dia para recrutar a ensaiar um coro antes da récita noturna. Beale fez um relato indulgente da turnê em suas memórias. "A companhia viajava de trem e sempre se hospedava nos 'melhores hotéis'. O jantar era às três da tarde, seguido de um concerto ou uma ópera à noite, e depois ceia" — na qual sempre bebiam os melhores vinhos. O único inconveniente, segundo Beale, era a monotonia cinzenta da comida inglesa e o terrível café ("nem francês nem sequer italiano"), o que enlouquecia os cantores europeus. Sendo a única fluente em inglês, Pauline muitas vezes era usada como intermediária, papel que achava exaustivo, como escreveu a Rietz de Dublin em abril de 1859:

> Como geralmente tenho de assumir o papel de diretora de cena nas óperas em que canto, sendo a única que fala inglês bem, eu sirvo de intérprete entre os colegas e os figurinistas, maquinistas, coristas, extras etc. É muito mais cansativo que cantar — depois de quatro horas de trabalho no palco, estou exausta.

Essas turnês pelo interior representavam uma espécie de rebaixamento para Pauline. Se prevalecer da antiga fama era algo que a aborrecia, especialmente na Inglaterra, onde as artes eram prisioneiras de uma cultura da celebridade. "Eu adoro cantar quando sinto que dá prazer ao público", escreveu a Rietz de Londres.

> Mas devo admitir que esse prazer mútuo nunca é tão completo na Inglaterra quanto em outros lugares. O público desta noite, por

exemplo, sabia que eu sou uma 'cantora famosa' — e assim aplaude tudo que faço com o mesmo entusiasmo. Se eu não tivesse cantado tão bem, não ficaria menos satisfeito, e se estivesse cantando melhor, não ficaria mais satisfeito! E é exatamente o que esfria o entusiasmo de um artista. Sim, decididamente, em questões de arte, os ingleses são grandes especuladores.

Essa contrariedade pode explicar seus comentários ácidos sobre o público do interior da Inglaterra. Comparecendo a um concerto regido por Michael Costa na Câmara Municipal de Leeds (por ela considerada "a mais bela e melhor da Europa"), Pauline o considerou um "bom músico", porém obrigado a "sacrificar o bezerro de ouro ao gosto inglês":

> ele sabe que para fazer com que certas coisas penetrem nos ouvidos do público inglês, é preciso falar muito alto. Eles exigem pimenta caiena em todos os alimentos, sejam morais ou físicos. Por isto, Costa se viu obrigado a acrescentar instrumentos de banda militar à sua orquestra para os oratórios no Palácio de Cristal. De resto, eles, junto com o órgão, eram tudo que se ouvia no imenso salão. Transportado para a Alemanha, Costa seria uma pessoa medíocre; na Inglaterra, é um homem ao qual todo o público e os músicos devem se sentir profundamente gratos.[71]

O ano de 1859 se revelou na verdade o auge da carreira de Pauline. No início do verão, ela foi procurada por Léon Carvalho, diretor do Théâtre Lyrique de Paris, querendo saber se cantaria o papel-título do *Orfeu* de Gluck, que fazia parte de uma série de obras clássicas retomadas na época, rearranjadas para o palco por Berlioz (imagem 49 do encarte).[72] Carvalho ficara impressionado com a voz de Pauline ao ouvi-la num concerto beneficente para sua mulher, a soprano Caroline Miolan. Audacioso e disposto a correr riscos, ele não era o tipo de empresário suscetível de se impressionar com o veto ao nome de Pauline por causa das tendências políticas republicanas do marido: o Théâtre Lyrique não recebia subvenções do Estado, dependendo exclusivamente da venda de ingressos. Carvalho apostou que ela faria sucesso no retorno à cena operística parisiense — da qual estivera quase totalmente ausente desde *Sapho* em 1851 — assumindo o papel de Orfeu, que, na opinião dele, seria perfeito para sua voz de contralto. Originalmente escrito para um *alto castrato* (na versão italiana de 1762) ou tenor agudo (na adaptação francesa feita por Gluck em 1774), o papel exigia extraordinária tessitura vocal e versatilidade, sonora no grave, ágil no agudo, além de um marcante talento trágico — qualidades que Pauline tinha para dar e vender. Deve ter sido uma grande satisfação pessoal ser escolhida para o papel, que anteriormente Berlioz pensara oferecer a Stolz, antiga rival de Pauline na Opéra de Paris.[73]

O clima cultural em 1859 era perfeitamente favorável a essa retomada. O interesse pela mitologia grega estava no auge na França. A história do poeta Orfeu e sua lira, que tenta trazer de volta do submundo a mulher morta, Eurídice, era muito conhecida e até estudada nas escolas como exemplo antigo da virtude burguesa da fidelidade conjugal. O que explica o enorme sucesso da opereta burlesca *Orfeu no inferno*, de Jacques Offenbach, paródia da ópera de Gluck que estreou nos Bouffes-Parisiens em 21 de outubro de 1858.

Entusiástico admirador de Gluck, que equiparava como compositor a Beethoven, Berlioz queria se vingar de Offenbach levando *Orfeu* novamente ao palco. Havia também motivos pessoais para seu envolvimento na retomada. Tentando agradar a Carvalho, ele esperava conseguir uma produção de *Les Troyens* no Théâtre Lyrique. Tinha concluído sua obra-prima em abril de 1858, mas não conseguira convencer a Opéra de Paris a montá-la. E havia também sua crescente paixão por Pauline. Os dois há muito eram amigos. Berlioz frequentava regularmente o salão dos Viardot às quintas--feiras na Rue de Douai, a poucas ruas da sua residência na Rue de Calais. Estimulava Pauline a compor. Muitas vezes ela discutia suas composições com ele, a quem dedicara sua encantadora canção "En Mer" (1850). Em meados da década de 1850, Pauline podia considerar Berlioz um dos seus quatro "verdadeiros amigos" (sendo os outros Turgueniev, Sand e Scheffer). Berlioz se encantava com os Viardot. Em carta de janeiro de 1859 à irmã, ele falava do enorme prazer de:

> Jantar na casa dos meus vizinhos M. e Mme Viardot, família encantadora em cuja companhia respiro com mais facilidade. Eles são tão inteligentes e bons, todos dois, seus filhos tão polidos e educados! E além disso, a flor da arte enche a casa com seu perfume. Eles amam o que eu amo, admiram o que eu admiro em música, literatura e em questões da alma.[74]

Mais tarde nesse ano, no festival de música de Baden-Baden, onde ambos se apresentaram em agosto, Pauline cantou trechos de *Les Troyens* acompanhada de uma orquestra. E brilhou nas árias de Cassandra e Dido — levando Berlioz a declarar que seu ânimo fora "elevado ao céu" e que Pauline seria ideal para qualquer dos papéis, talvez até para ambos. Em setembro, ele passou dois dias com Pauline em Courtavenel para começarem a trabalhar juntos em *Orfeu*. Berlioz estava doente, sofrendo de dores nevrálgicas agudas, e emocionalmente atormentado pelas dificuldades na relação conjugal com a cantora Marie Recio. Pauline se compadeceu, estimulando-o a abrir o coração, como escreveria a Rietz:

> A visão daquele homem, presa de semelhante angústia mental e física, tão infeliz em espírito, tão tocado com a acolhida humana que lhe oferecemos, dilacerado por terríveis torturas do coração, a violência dos esforços que faz para escondê-las [...] — tudo isso, devo dizer, me parte o coração. Fizemos uma longa caminhada juntos, durante a qual ele, de certa maneira, se acalmou e reconfortou. "Minha vida inteira", disse-me, "nada mais tem sido que uma longa e ardente aspiração por um ideal que eu mesmo concebi. Meu coração, sedento de amor, fez sua escolha diretamente ao encontrar uma qualidade solitária, uma das graças, pertencendo a esse ideal — mas, ai, a desilusão logo trouxe a convicção de que me enganara. E assim prosseguiu minha vida, e, no momento em que sinto estar perto da extinção, esse ideal, do qual não abrira mão, como se fosse o sonho fantástico de uma imaginação inflamada, imediatamente se manifestou no meu coração moribundo! Como poderia esperar então que não o adorasse! Que eu possa passar os últimos dias que me restam abençoando-a, agradecendo-lhe por ter vindo provar que eu não estava louco."

Pauline tentou cuidar dele sem despertar expectativas românticas. "No fim das contas", explicou a Rietz, "haverá de entender que me esforço neste exato momento com uma sensação muito dolorosa, pois meu coração está cheio de bondade, e a dor (perfeitamente involuntária) que lhe provoco me causa profunda tristeza. Quando tivermos superado a violência desse estado de ânimo (Deus permita que seja em breve!), espero ser capaz de devolver alguma paz a sua alma."[75]

No retorno a Paris no outono, a intimidade entre os dois aumentou enquanto colaboravam nos preparativos para a montagem de *Orfeu*. Cartas eram trocadas diariamente — e até duas vezes por dia — entre a Rue de Calais e a Rue de Douai. "Estou pronto a lhe recomendar que aceite todas as minhas sugestões, e vamos nos reunir a este respeito às seis horas", escreveu Berlioz pelo fim de setembro.

> Eu não sabia que podia ser considerado tão bom conselheiro; mas sei menos ainda que tipo de conselheiro sou. Serei um conselheiro privado, um conselheiro real, um conselheiro íntimo, um conselheiro de Estado ou um conselheiro municipal? Eu não sou um conselheiro íntimo? Sim, sempre disposto a dar conselhos íntimos, os melhores possíveis, ainda que não os mais fáceis de seguir. E que tipo de conselheira é você? Você é uma conselheira musical, e sabe Deus com que alegria aceito seus conselhos.[76]

Pauline teve grande influência na revisão da partitura, especialmente no desenho e ornamentação das linhas vocais. Também participou da redução de *Les Troyens* para voz e piano, tarefa de que não soube dar conta um pianista a que Berlioz tinha recorrido. Pauline se ofereceu para cuidar da "missão impossível" e se lembrou de Saint-Saëns, que na época também ajudava em *Orphée*. "Vi com meus próprios olhos Mme Viardot, a pena em punho, os olhos brilhando, o manuscrito de *Les Troyens* no piano, anotando o arranjo da *Chasse royale* [Caçada real]" no segundo ato.[77]

Orphée estreou a 18 de novembro de 1859. Foi um triunfo para Pauline, apesar de sofrer no momento de um mal-estar na garganta que comprometeu em parte a qualidade e a força da voz. Chorley considerou que "a irregularidade da voz, sua eventual asperidade e fraqueza" foi "transformada por ela num bom resultado com rara felicidade", e que uma "voz [mais] doce" talvez fosse inadequadamente feminina para o papel título. "Cabe duvidar que um representante tão perfeito de Orfeu quanto Madame Viardot jamais tenha pisado num palco. O fato de não ter traços regulares, de não ser bonita, antes contribuiu para a expressão de tristeza e solenidade no rosto do enlutado personagem", concluía o crítico londrino.[78] George Sand se entusiasmava: "Trata-se sem dúvida da expressão artística mais pura e perfeita *a que assistimos no último meio século, esse seu Orfeu — entendido, vestido, representado, expresso, cantado, falado* e *pranteado* da maneira como ela o interpreta." Flaubert achou que seu Orfeu era "uma das maiores coisas que eu já vi".[79]

O triunfo de Pauline se devia tanto a seu talento dramático quanto à musicalidade. Ela levava o público a acreditar na sua encarnação do personagem, expressando à perfeição a evolução emocional do medo, da dúvida e das expectativas desapontadas na busca de Eurídice à alegria sublime ao encontrá-la. "A interpretação de Mme Viardot superou todas as minhas expectativas", registrou Marie d'Agoult em seu diário. "Nunca vi nada [...] que chegasse perto dessa beleza plástica, dessa liberdade, na sensibilidade em relação à antiguidade. Não havia a menor impressão de que fosse estudado, forçado, nada nem de longe escolar. Ela me fazia pensar constantemente nos mais belos baixos relevos e vasos gregos."[80]

O sucesso se devia em parte aos figurinos por ela desenhados com Delacroix (ver imagem 50 do encarte). Pauline estudou atentamente textos clássicos, tentando reconstruir o vestuário do herói antigo.[81] Sand, Dickens, Flaubert e Ingres consideraram o resultado uma obra de gênio. "Como está linda, Madame!", escreveu-lhe Ingres. "Como uma bela figura da Antiguidade, veste seus trajes gregos com a graça nobre e a familiaridade que os pintores buscam em suas pinturas" — uma concepção escultural do corpo em cena que levou muitos artistas plásticos (entre eles Gustave Moreau e Camille Corot) a tratar o tema de Orfeu.[82] Pauline mencionava os figurinos em seu relato a Rietz sobre a estreia, em carta de 21 de novembro:

Sim, meu amigo, *Orphée* saiu vitorioso, triunfante, do profundo esquecimento em que estava mergulhado. Foi de fato um enorme sucesso. Sua amiga foi aclamada, chamada freneticamente ao palco. Minha casa não se esvazia desde as nove horas da manhã de sábado. Subirei ao palco esta noite, e também na quarta-feira, e na sexta, e depois três vezes por semana até o público e eu não aguentarmos mais. Os cenários são muito bons, mas sem tentar distrair a atenção da música. Meu figurino foi considerado muito bonito — uma túnica branca caindo até os joelhos, um manto branco apanhado nos ombros *à l'Apollon*. Cabelos soltos, encaracolados, e a coroa de louros. Uma corrente dourada para sustentar a espada, de bainha vermelha. Uma corda vermelha na cintura — borzeguins brancos de cadarços vermelhos. Cada frase, cada palavra foi compreendida por um público inteligente formado por tudo que pode haver em Paris em matéria de músicos, apreciadores, pedantes, carecas, o mundo do tédio, os jovens leões etc. etc. Pois bem, as pessoas se abraçavam nos corredores durante os intervalos, choravam, riam de prazer, batiam com os pés no chão — numa palavra, um tumulto, uma festa como nunca vi em Paris. O papel de Orfeu me convém como se tivesse sido escrito para mim.[83]

A previsão de Pauline estava certa. Ela interpretaria Orfeu até o público "não aguentar mais". No fim de 1859, se apresentara vinte vezes no papel; até o fim da temporada da primavera de 1861, 121 vezes; e em três anos, cantaria 150 vezes no total. O que era extraordinário para qualquer ópera na época. Para essa demanda sem dúvida contribuiu o interesse dos que procuravam o Théâtre Lyrique achando que se tratava do *Orfeu no inferno* de Offenbach, na época ainda em cartaz nos Bouffes-Parisiens, ficando "surpresos ao constatar que a ópera de Gluck não era engraçada".[84] Mesmo assim, esse tempo de permanência em cartaz só seria superado pelo *Fausto* de Gounod, que havia estreado no Théâtre Lyrique em março de 1859, sendo apresentado em noites alternadas com *Orphée* até 1862. *Fausto* chegou a 314 récitas até 1869, quando foi transferido para a Opéra de Paris, onde subiu ao palco mil vezes até o fim do século.[85] Esses dois casos de longa permanência em cartaz foram os primeiros sinais de um repertório que se tornava estável.

A fama de *Orphée* se espalhou pelo continente, renovando o interesse pela música de Gluck em toda a Europa. Arranjos da ópera e partituras avulsas das principais arias eram vendidos em edições com o nome de Pauline. Chegava a Paris gente de toda a Europa para ouvi-la cantar. Para a noite de estreia da temporada de 1862 no Théâtre Lyrique, Dickens viajou especialmente de Londres para ver *Orphée*. Henry Chorley e o jovem Arthur Sullivan viajavam com ele. A temática de perda e ressurreição — temas que desempenham papel tão importante em vários dos seus romances — comovia Dickens. Como também o canto de Pauline. Dickens sentou-se na plateia com vários membros da família. De um camarote próximo, onde se encontrava com Louis Viardot, Turgueniev observava o romancista inglês, "os braços cruzados na altura do peito e o rosto molhado de lágrimas". A cortina caiu e Dickens se dirigiu à saída, deparando-se no caminho com Turgueniev e Viardot acompanhados de Carvalho. O rosto do escritor ainda estava visivelmente molhado das lágrimas. Carvalho se aproveitou daquela homenagem viva a Pauline. *"Madame, apresento-lhe um chafariz!"*, exclamou. No dia seguinte, Dickens enviou uma carta à cantora:

> Prezada Madame Viardot,
>
>   Não posso deixar de fazê-lo. Preciso agradecer-lhe pelo maravilhoso desempenho da noite passada. Quando Monsieur Viardot me encontrou por acaso, eu estava comentando o primeiro ato com minha filha e minha cunhada, e lágrimas rolando pelo rosto. Aproximei-me da senhora em condições nada melhores. E quando tudo se acabou, fui embora pior ainda. Nada pode ser mais magnífico, mais verdadeiro, mais terno, mais belo, mais profundo!
>
> Sinceramente seu sempre,
> Charles Dickens.[86]

5

Berlioz continuou apaixonado por Pauline durante cerca de um ano. "Se eu tivesse a inteligência de um escritor, seria capaz de articular as muitas qualidades de coração e espírito que a tornam uma pessoa à parte", escreveu-lhe em 13 de julho de 1860, "mas sou, como você mesma disse muitas vezes, alguém que apenas sente. Gostaria de estar com você agora, convocaria todos os jovens que tanto ama, implorando que tomassem suas duas mãos, que as pusessem na minha e me deixassem adorá-las em silêncio por algum tempo... que tesouro!".[87]

Em seguida houve uma interrupção de onze meses na correspondência dos dois. Ao ser retomada, Berlioz se mostrou mais frio nas cartas a Pauline. Não obstante o que ela fizera por *Les Troyens*, ele não permitiu que cantasse o papel de Dido ou de Cassandra na produção marcada para o outono de 1861. Provavelmente com razão, concluiu que sua voz estava em declínio ao ouvi-la no papel de Leonore em *Fidelio*, no Théâtre Lyrique, produção em que Carvalho tentava capitalizar o sucesso comercial de *Orphée*, em julho de 1860; e sua impressão seria confirmada quando ela cantou para ele em Baden em agosto. Mas não era apenas este o motivo do esfriamento de Berlioz.

Ele se aborrecera com acontecimentos dos primeiros meses de 1861, quando Pauline cantou com grande repercussão trechos da ópera *Alceste*, de Gluck, num concerto no Conservatório de Paris, sendo então convidada pela Opéra de Paris a montar a ópera, juntamente com Berlioz. Pauline pediu que ele fizesse algumas alterações na partitura para torná-la mais fácil de cantar, mas Berlioz se recusou, acusando-a de querer apenas mudanças que a ajudassem a "vender depois os arranjos para voz e piano, como fez com a ária de Orfeu". Indignado com a atitude mercenária de Pauline, Berlioz queixou-se ao diretor da Opéra, Alphonse Royer, em carta de 31 de março de 1861:

> Uma interpretação de total fidelidade é tão necessária nas óperas de Gluck quanto nas obras dos grandes poetas dramáticos, não sendo menos absurdo e revoltante perverter suas melodias e recitativos, com acréscimo de notas e alteração de cadências finais, do que seria acrescentar palavras e alterar rimas nos versos de Corneille. Os únicos artistas aos quais pode ser útil dar conselhos são os que assumem uma atitude verdadeiramente moral em relação a sua arte, evidenciando sincero respeito pelos grandes mestres [...]. Quanto aos demais, não obstante o desejo que possam ter de levar em conta certas opiniões, seus vulgares instintos de vocalista sempre levarão a melhor.

A Opéra criou uma comissão para examinar suas queixas, corroborou algumas, mas decidiu que *Alceste* devia ser montada com Pauline no papel--título. Berlioz acabaria sendo convencido a dirigir os ensaios. *Alceste* estreou a 21 de outubro de 1861; foi um grande sucesso; mas a relação de Berlioz com Pauline nunca mais seria a mesma.[88]

Um último acontecimento levara ao afastamento. Em dado momento da primavera de 1860, Pauline ofereceu uma recepção a Wagner em sua casa na Rue de Douai, em homenagem à protetora do compositor alemão, a condessa Marie Kalergis, sobrinha do ex-ministro do Exterior russo Karl Nesselrode, que recentemente fornecera 10 mil francos a Wagner para cobrir suas dívidas. Nessa ocasião, se deu a primeira apresentação do dueto de amor do Ato II de *Tristão e Isolda*, com Wagner e Pauline nos dois papéis, acompanhados pelo pianista Karl Klindworth e na presença exclusivamente da condessa Kalergis e de Berlioz, convidado por Pauline na tentativa de melhorar suas relações estremecidas com Wagner. Berlioz tinha inveja do sucesso de Wagner, da proteção que recebia de gente como a condessa Kalergis, o que o liberava da necessidade de ganhar a vida, como precisava Berlioz, escrevendo críticas e fazendo turnês de concertos.[89] Berlioz considerava que a ópera *Tannhäuser*, de Wagner, encomendada pela Opéra de Paris por ordem do imperador em março, havia impedido a montagem de sua obra-prima *Les Troyens*. A própria origem da encomenda — uma aposta perdida por Napoleão III para a princesa Metternich, que o obrigava a concordar com a exigência dela de montar *Tannhäuser* — acentuava ainda mais a inutilidade dos anos de campanha para tentar levar *Les Troyens* ao palco. E se *Tannhäuser* fizesse sucesso, *Tristão* viria em seguida. Era de se esperar, assim, que o apoio de Pauline a Wagner irritasse Berlioz, que talvez tivesse motivos para considerá-lo uma traição. Antes, ela manifestara seu desapreço pela música de Wagner. "Que monotonia mortal!", declarara ao ouvir *Lohengrin* (1850) pela primeira vez. Mas agora começava a apreciar essa nova música, que dividia tanto a opinião da crítica e do meio musical. Dá para imaginar o que Berlioz sentiu naquela noite ouvindo-a cantar o dueto de amor com seu maior inimigo. Segundo Wagner, "Berlioz só se manifestou calorosamente quanto à *chaleur* da minha interpretação, que pode perfeitamente ter oferecido um forte contraste com o da minha parceira na obra, que apresentou quase todo o seu papel em tons baixos". Quanto à condessa, "manteve-se calada".[90]

Em termos emocionais, ao longo dos anos de inquieta perambulação, Turguaniev nunca se afastou de Pauline. Por mais distantes que estivessem, por causa das viagens dele pela Europa, as longas viagens de volta à Rússia ou o empenho dela no sentido de manter essa distância, ele continuava apaixonado. Era ela a única mulher que jamais amaria, confessou a Annenkov em março de 1857, no momento mais doloroso da separação, quando resolveu fugir para a Itália.[91]

Às vezes, nessas viagens, ele lhe escrevia, não com a paixão anteriormente manifestada, mas dando notícias, tomando providências para a filha e pedindo que lhe escrevesse também, o que ela raramente fazia. Em março de 1858, ele viajou de Viena para ouvi-la cantar na Gewandhaus de Leipzig, embora não a encontrasse pessoalmente, voltando direto para Viena no fim do concerto. Sabia que correriam boatos se fosse visto em público com Pauline, que fora a Leipzig sem o marido.

Mas, apesar disso, todo ano Turgueniev passava algum tempo em Courtavenel. Pauline nem sempre estava presente. Em geral, estava excursionando. Mas os dois de fato passaram dois meses juntos no verão de 1859, período que marca a retomada da relação. Naturalmente, foi difícil para Turgueniev estar com Pauline e sua família — Louis e os filhos estavam presentes. "Minha saúde vai bem, mas meu espírito está triste", escreveu à condessa Lambert. "Estou cercado de vida normal de família. Para que estou aqui? E por quê? Será que devo realmente voltar atrás? Você entenderá o que quero dizer, e minha posição."[92]

"Voltar atrás", naturalmente, significava retomar sua velha posição de devoção a Pauline, resignado e submisso como sempre fora. Aos poucos ele foi reconquistando seu afeto. A virada ocorreu no verão de 1860. Pauline passou a escrever com mais frequência, com maior ternura do que em muitos anos. O fato de tê-lo chamado da Alemanha para cuidar de Paul em Courtavenel foi um sinal do desejo de voltar a ocupar um lugar nas suas emoções. "Madame Viardot quer que eu vá, e o seu desejo é a minha lei", escreveu Turgueniev a Annenkov, explicando a decisão de partir imediatamente, no início de julho. "Seu filho quase morreu de pneumonia, e ela sofreu muito. Precisa se recuperar em companhia tranquila e amistosa."[93] No mês seguinte, ela deu sinais de ciúme quando ele disse que esperava se encontrar na ilha de Wight com Maria Markovich, a jovem escritora ucraniana, que, no fim, não apareceu.

Estaria Turgueniev feliz de voltar à vida de Pauline? Ele próprio não sabia. Como escreveu à condessa Lambert em 1862, descobrira a essa altura que a felicidade não era algo que uma pessoa pudesse esperar da vida.* A ideia de felicidade lhe era tão estranha quanto a aparência que tinha quando jovem. Ele sabia ter "deixado escapar a grande recompensa da loteria da vida", referindo-se ao tipo de amor que ambicionava com Pauline, mas reconhecia que o que tivera com ela serviria de base para o seu bem-estar pelo resto da vida. Seu estado de espírito era de resignação, aceitação da sua parte (ideia que está na raiz da palavra que designa "felicidade" em russo, schast'ye), aceitação do seu destino. Nesse espírito é que se reconciliou com a atitude de devoção a Pauline (sua "necessidade de viver para alguém", segundo disse à condessa Lambert) como sendo o mais próximo que chegaria da satisfação. "Estar aproximadamente satisfeito com uma felicidade aproximada", recomendava então, "a única coisa na Terra que está além da dúvida e se faz clara é a infelicidade".[94]

O relacionamento de Pauline e Turgueniev chegou a um novo ponto alto no outono de 1852. Todo dia passavam algum tempo juntos, só os dois, no apartamento dele na Rue de Rivoli. Numa dessas ocasiões, ela desenhou no caderno de anotações dele o símbolo teosófico de um pentagrama formado por dois triângulos (imagem 51 do encarte). O desenho foi importante para Turgueniev, que acrescentou a inscrição: "Esta figura foi feita por P[auline] em 6 nov./25 out. 1862 no meu quarto, à noite, na Rue Rivoli, 210." O símbolo aparece na folha de rosto de vários dos seus manuscritos.[95] A figura simbolizava a relação triangular entre Pauline, Louis e Turgueniev com a qual ela agora se comprometia.

---

* Foi esta a sua atitude a vida inteira. Em 1882, um ano antes de morrer, Turgueniev escreveu ao escritor russo Mikhail Saltíkov-Chedrin, que se dizia infeliz: "Deixe-me consolá-lo (embora não sirva de grande consolo) com as palavras de Goethe pouco antes de morrer. Embora tivesse uma vida cheia das alegrias que a vida pode proporcionar — levara uma vida gloriosa — fora amado pelas mulheres — e detestado pelos tolos — e suas obras haviam sido traduzidas para o chinês — e a Europa inteira se prosternara a seus pés em adoração — e o próprio Napoleão dissera a seu respeito: "C'est un homme!" [...] — e apesar disso ele disse, aos 82 anos, que durante a vida inteira sentira felicidade apenas por um quarto de hora!" (Turg., vol. 11, pp. 89-90).

5. A Europa se diverte

Tem todos os requisitos para um lugar de preguiçosa indolência. Aparentemente não há nada a fazer (senão jogar), e é o que as pessoas fazem. Nunca terá havido tal mistura de verde, dourado, luz do sol, flores, jantares, roupa formal, flertes e indolência promíscua quanto em Baden.

Charles Clark, "Baden-Baden in 1867"

1

Em 1863, os Viardot deixaram a França e se estabeleceram em Baden-Baden, a sofisticada estação termal alemã à beira da Floresta Negra. Tinham passado quatro meses em Baden (como era mais conhecida) no verão de 1862, quando Pauline tinha um contrato para cantar durante a temporada, e haviam gostado tanto que decidiram se mudar para lá. Pelo fim da estada, tinham comprado uma ampla casa cercada de grande terreno na região de Tiergarten, colina arborizada logo ao sul de Baden, de onde se descortinavam encantadoras campinas tendo mais além o velho castelo em ruínas que dominava a cidade do alto. Deixando ordens de uma grande reforma e a construção de uma sala de concerto acoplada a uma galeria, os Viardot voltaram a Paris para passar o inverno, mas retornaram no início de maio, depois da última récita de Pauline em *Orphée*.

Turgueniev os acompanhou com Paulinette, então com 20 anos, e a governanta, alugando acomodações para os três em Lichtental, não longe da mansão dos Viardot, embora a filha não gostasse de estar ali, não suportasse os Viardot e logo voltasse a Paris, morando inicialmente no velho endereço deles na Rue de Rivoli, e ao vencer o contrato de aluguel, num apartamento menor em Passy. Seria difícil dizer se Pauline se sentia culpada pelo seu afastamento. Em seu diário, em julho de 1863, ela observava apenas que Paulinette era "uma má menina" cujo principal defeito era não apreciar o "adorável pai".[1]

Depois de anos de separação, Turgueniev e Pauline tinham se reencontrado nos últimos meses. A relação era mais calma e estável, mais próxima de um casamento que de um *affair*, e a mudança para a Alemanha representou um novo começo. "Estamos no paraíso", escreveu Turgueniev a seu amigo, o poeta Louis Pomey, pouco depois de chegar a Baden: "a região é deliciosa, o clima é delicioso, a atmosfera é deliciosa e eu encontrei um delicioso apartamentozinho onde pretendo lhe oferecer uma deliciosa noite."[2]

A mudança foi decisão sobretudo de Pauline. Sua voz perdera força, cansada por anos de uso numa tessitura tão ampla, e "não era mais bela", segundo a filha de Clara Schumann, Eugenie. Rejeitada para um papel importante em *Les Troyens*, Pauline decidira se afastar da Opéra de Paris e dos outros principais teatros da Europa para se concentrar no ensino e na composição, limitando suas apresentações a pequenos teatros do interior, que na sua opinião eram de um padrão mais alto na Alemanha que na França. "Em Paris me é impossível fazer algo satisfatório", escreveu a Rietz. "Eu teria de cantar música ruim de um jeito bonito (detesto o que é considerado bonito em arte) e fazer outras coisas que mulheres honradas não devem fazer. Ah, querido amigo, você não faz ideia da baixeza que atualmente domina aqui, na arte e em todas as esferas da vida pública."[3]

A seriedade da cultura musical alemã era um atrativo para os Viardot, mas a política também contribuía para afastá-los da França. Para Louis, republicano convicto, a mudança tinha raízes num "grande ódio" por Napoleão III, segundo comentário de Turgueniev em carta a Flaubert. Ao contrário de outros radicais de 1848, que haviam feito as pazes com o autoritarismo do Império, Louis continuava se opondo implacavelmente ao regime imperial, cuja repressão contra a liberdade de imprensa e acadêmica ainda ofendia seus princípios democráticos bem entrada já a década de 1860, quando a censura foi abrandada, sendo introduzidas reformas liberais. Apesar disso, enquanto houvesse chances de Pauline cantar nos palcos parisienses mais importantes, ele permanecia com ela na capital, se eximindo de escrever qualquer coisa que pudesse tornar a vida mais difícil para ela. Depois do triunfo em *Orphée*, ela se apresentou no Théâtre Lyrique por mais duas temporadas, e até retornou à Opéra de Paris, cantando em *Alceste*, *Il Trovatore* e *Les Huguenots*, esta última numa récita para Napoleão III e o rei da Suécia em agosto de 1861. No ano seguinte, teve uma bem-sucedida temporada com *La Favorite* na Opéra.[4] Mas assim que Pauline se despediu dos palcos parisienses, a oposição de Louis a Napoleão acabou por levá-los a um exílio voluntário.

Quanto a Turgueniev, nunca tinha gostado de Paris, embora seja difícil dizer até que ponto isto se devia à condição de estrangeiro. "Nem saberia dizer como detesto profundamente tudo que é francês e especialmente parisiense", escrevia ao amigo Fet em 1860. Os franceses acham que "tudo que não é deles é selvagem e estúpido", disse também a Tolstoi; tinham a cabeça cheia de clichês e ideias preconcebidas.[5] A Alemanha lhe agradava mais. Ele fora estudante em Berlim, falava a língua fluentemente e sentia estreita afinidade com a cultura alemã. Mas teria acompanhado Pauline aonde quer que fosse. Não podia viver sem os Viardot, dizia aos amigos, e iria aonde quer que eles estivessem — a Copenhague ou Estocolmo, "as duas cidades mais tediosas do mundo", ou até à Austrália.[6]

Havia outro motivo para a disposição de Turgueniev de acompanhá-los a Baden, que no seu caso envolvia um rompimento definitivo com a Rússia. Em 1862, seu romance *Pais e filhos* fora recebido com hostilidade no país natal. Todo mundo atacou o livro — a esquerda por achar que Turgueniev tinha tomado partido dos pais e por ver em Bazarov uma caricatura monstruosa dos estudantes radicais; a direita por considerar, pelo contrário, que ele se alinhara com os filhos, por não denunciar o herói radical do romance. Turgueniev ficou consternado com os ataques. Por um momento, chegou a pensar em parar de escrever. Ficou particularmente contrariado com a violência dos ataques dos radicais russos, que tinham jogado nele "uma quantidade impressionante de lama e imundície (e continuam a jogar)", como explicou a Pietsch em 1869. Eles haviam chamado Turgueniev de "Judas, idiota e burro", e até de "espião da polícia". Esses ataques estavam na origem da decisão de se instalar na Europa em 1863. Foram o motivo da sua permanência lá — com apenas breves visitas à Rússia — nos vinte anos seguintes.

Baden era uma excelente escolha para os três. Ficava perto da fronteira francesa, dispondo de um bom serviço ferroviário para Paris, desde a inauguração da ponte sobre o Reno perto de Estrasburgo em 1861; tinha uma vida cultural e social ativa; além de excelentes expedições de caça na linda região campestre ao redor. "Na verdade", escreveu Louis, "tem todas as vantagens da natureza — um campo fértil e bonito, com fazendas bem conservadas, florestas montanhosas, ar saudável e águas termais benéficas, caça, pesca e os mais variados tipos de divertimento — e além disso está no centro da Europa, numa região para onde convergem todas as rotas principais, sendo facilmente alcançada por visitantes que talvez não a tenham como destino final, mas de bom grado podem se dispor a se deter um momento, pelos prazeres que oferece."[7] Sendo uma das principais estações termais da Europa, famosa por seus médicos, os banhos sulfurosos e as águas curativas, Baden era um habitat ideal para Louis, então na casa dos sessenta, com problemas hepáticos, e também para Turgueniev, que sofria terrivelmente com a gota. Com seus hotéis de luxo, parques e passeios ajardinados, cassino, teatro de ópera e festival de música, era um dos balneários mais elegantes da Europa, lugar de recreação da aristocracia, visitado regularmente por reis e rainhas, grandes estadistas e embaixadores. Eram tantos os políticos que lá passavam o verão que a cidade ficou conhecida como "a capital de verão da Europa". Segundo um guia francês de 1858, "quando alguém quer saber qual é a capital da Europa, a resposta é: no inverno, Paris, no verão, Baden".[8]

Baden era uma cidade internacional, de perspectivas cosmopolitas e atitudes liberais — sob muitos aspectos um símbolo da cultura europeia antes da era nacionalista desencadeada pela Guerra Franco-Prussiana e a unificação da Alemanha empreendida por Bismarck.

A cidade fazia parte de uma rede europeia de estações termais e balneários litorâneos que atraíam o interesse de uma clientela internacional na temporada do verão. No inverno, a população era de 8 mil habitantes, três quartos deles alemães, mas na temporada entre abril e outubro, a cidade abrigava 50 mil visitantes de toda a Europa. Os mais numerosos eram os franceses, que chegavam subindo o Reno em barcos a vapor ou em trens que levavam apenas dez horas de Paris. A capital do verão tinha um clima franco-alemão. Falava-se francês; o jornal local, o *Badenblätter*, era impresso em francês e em alemão; e todos os restaurantes serviam comida francesa. Mas os russos também chegavam em grande número, em torno de 5 mil por ano. A casa grã-ducal de Baden tinha com os Romanov vínculos fortes que remontavam ao casamento, arranjado por Catarina a Grande, entre seu neto, o futuro tsar Alexander I, e a princesa Louise de Baden, em 1793. A partir de então, a cidade se transformou num dos principais destinos europeus para a aristocracia russa, que ali construiu mansões, além de um retiro para escritores como Vassili Jukovski e Gogol.[9]

A cidade existia exclusivamente para o prazer. As manhãs eram dedicadas aos banhos minerais, mas à tarde os veranistas passeavam pela Avenida Lichtentaler, um parque natural em que os homens jogavam dominó ou xadrez e passavam o tempo conversando com outros transeuntes. A conversação era uma atividade muito apreciada — sendo os prazeres simples da sociabilidade um dos principais atrativos de estações termais como Baden. A arte da conversa era tão valorizada que o marco central da cidade, o cassino, ficava na Konversationshaus, ou Salle de Conversation, para onde todos convergiam e faziam pequenas refeições nos cafés do jardim em frente ao cassino, ouvindo a orquestra que tocava o dia inteiro no coreto. É a cena de abertura de *Fumo* (1867), o romance de Turgueniev que se passa em Baden, com a orquestra tocando "um pot-pourri de *La Traviata*, seguido de uma valsa de Strauss, depois "Diga a ela", romança russa musicada por um diligente kapellmeister" — esta última para agradar aos muitos russos ali presentes. Os passeios de carruagem com piqueniques no bosque, tiro ao alvo e pescarias também eram atividades populares. Toda tarde havia corridas de cavalo na localidade próxima de Iffezheim, a "Goodwood do continente", na avaliação de um visitante inglês, onde "príncipes, barões, duques e duquesas" se acomodavam nas tribunas, ouvia-se "a melhor música" entre as corridas e "um excelente restaurante" fornecia "vinho branco, champanhe, frutas e os confortos materiais tão necessários para se refazer do cansaço da excitação". À noite, a principal excitação era encontrada no cassino de Baden, mas também havia óperas e concertos no Teatro de Baden, e às vezes na Salle de Conversation, quando os salões de jogo eram fechados.[10]

O cassino era a chave da proliferação dessas atrações culturais. Seus lucros ajudavam a financiar os parques e passeios de Baden, os hotéis suntuosos, pavilhões, teatros, festivais de música, bandas e orquestras permanentes. Um imigrante francês, Jacques Bénazet, foi quem primeiro atinou para seu potencial financeiro, na década de 1830. Ele seguia o exemplo de Barbaja, que usara concessões de jogo para financiar teatros de ópera em Nápoles vinte anos antes. Recebendo a concessão para o cassino de Baden em 1838, Bénazet investiu pesado numa suntuosa reforma dos salões de jogo. Transformou-o em grande atração internacional, especialmente para visitantes da vizinha França, onde o jogo fora tornado ilegal pela Monarquia de Julho. À morte de Bénazet, em 1848, a concessão foi assumida pelo filho Édouard, astuto homem de negócios e empresário artístico que estudara no Conservatório de Paris e era muito bem relacionado no mundo musical. Em 1855, ele construiu novos salões no cassino, luxuosamente mobilados em estilo francês clássico, e três anos depois abriu a pista de corridas em Iffezheim. Com os lucros do cassino, Bénazet financiava o festival de música anual, para cuja direção convidou Berlioz, com um orçamento que permitia atrair os maiores músicos da Europa. Também financiou a construção de um teatro de ópera. Concluído em 1862, o teatro Baden-Baden foi inaugurado em agosto daquele ano com a estreia da ópera *Béatrice et Bénédict*, de Berlioz.

Berlioz esteve em Baden pela primeira vez para uma série de concertos em 1853, e desde 1856 era o esteio do festival de música da cidade. Gostava da beleza natural do lugar, um "paraíso", em suas palavras, com seus "bosques, montanhas, regatos e seu ar perfumado". Sentia-se no seu elemento em sua sociedade, "gente inteligente e cultivada que fala francês". Mas gostava sobretudo do dinheiro que ganhava, 2 mil francos pela organização de apenas um concerto por ano. Bénazet era o empresário ideal para Berlioz. Sua generosidade "superou em muito tudo que tenha sido feito por mim pelos príncipes da Europa aos quais mais devo", escreveu Berlioz em suas *Memórias*. O que mais o satisfazia era o fato de ser deixado em paz por Bénazet. Como escreveu em 1859,

> "tudo se organiza a favor do regente que está à frente; ele não precisa contar tostões, nem se depara com obstáculos de qualquer natureza. Na convicção de que o melhor a fazer é deixar o regente agir com total liberdade, M. Bénazet não interfere de maneira alguma e considera que sua única função é pagar as contas. 'Faça tudo num estilo digno da realeza', diz, 'dou-lhe carta branca.' Três vivas! Em música, é a única maneira de alcançar algo elevado e belo."

Não se mediram gastos na opulenta decoração da Salle de Conversation quando foi "transformada numa sala de concerto, ornamentada com arbustos e flores, feericamente iluminada e ocupada pelo público mais elegante da Europa", nas palavras de Berlioz.[11] Os melhores cantores e os maiores virtuoses instrumentais iam a Baden para o festival — entre eles Clara Schumann e Anton Rubinstein, o violinista Henri Vieuxtemps e Pauline Viardot, a principal estrela convidada a cada ano, de 1859 a 1864.

A mansão dos Viardot logo se tornou o centro dessa comunidade musical. Era uma construção de três andares no estilo chalé suíço, ampla o suficiente para acomodar as onze pessoas da casa, entre elas os criados. Tinha estábulos e um galpão para carruagens, aviário e um jardim arborizado na descida para a sala de concerto e a galeria, longo prédio em forma de basílica onde Louis conservava seus grandes mestres e Pauline oferecia soirées musicais. O magnífico órgão Cavaillé-Coll foi trazido da residência parisiense e instalado na sala de concerto entre dois pianos de cauda. A partitura de *Don Giovanni* também foi trazida em caixa especial e depositada numa mesa junto ao órgão, exatamente como na Rue de Douai.

Os Viardot gastaram uma fortuna na casa. Os 108 mil francos empatados na compra quase dobraram com os custos da reforma, entre eles a construção da sala de concerto. E havia o mobiliário que tiveram de comprar, pois a residência de Paris fora alugada com os móveis. Louis vendeu ações das ferrovias e, num leilão realizado no Hôtel Drouot a 1º de abril de 1863, cerca de cinquenta das suas melhores pinturas, entre elas paisagens de Poussin, Bruegel, Ruysdael, Wouwerman e Van der Neer, além de obras de Ribera e Zurbarán e um retrato por Velázquez da infanta Maria Teresa (provavelmente o que se encontra hoje no Museu Metropolitano de Nova York).[12] Desde meados da década de 1850, ele vinha aos poucos vendendo quadros, à medida que a renda de Pauline declinava. Em 1857, vendera um dos seus dois Rembrandt, *Boi dissecado* (1655), recebendo apenas 5 mil francos do Louvre, pois o quadro estava danificado.[13] As constantes vendas não davam conta dos custos crescentes de manutenção da nova casa. Em 1864, os Viardot puseram Courtavenel à venda. A velha mansão no campo foi demolida pelo comprador para aproveitamento dos materiais.[14] A casa de Baden, uma vez concluída, representava uma bela vitrine da riqueza e do status de Pauline no mundo refinado da capital de verão da Europa. Financiada eminentemente com dinheiro ganho por ela, a mansão era um símbolo das suas realizações.

Turgueniev também estava ganhando dinheiro com seu trabalho. Juntara o suficiente para comprar um terreno e construir uma casa. Em 1864, o bosque junto à mansão dos Viardot foi posto à venda à morte do dono. Turgueniev o comprou por 50 mil francos. Encomendou a um arquiteto de Paris a construção de uma mansão de estilo Luís XIII — mistura de elementos góticos e renascentistas de velhos castelos franceses —, muito em voga entre opositores do Segundo Império. Um jardim foi traçado com um passeio "à beira-rio" em meio às árvores, levando à sala de concerto.* Turgueniev ficou encantado com o projeto. Viver tão perto dos Viardot era o seu sonho. Depois de anos de constante perambulação, ele agora se sentia lançando raízes, finalmente no seu próprio "ninho" (ver imagem 52 do encarte).[15]

A grandiosidade do projeto de Turgueniev assinalava sua entrada no cenário europeu como grande escritor. Mas o custo da construção em ritmo acelerado foi além dos seus ganhos. O dote da filha também lhe drenava as finanças. Em fevereiro de 1865, Paulinette casou com Gaston Bruère, dono de uma fábrica de vidro em Rougemont, perto de Besançon, no leste da França, onde os recém-casados passaram a ocupar um anexo no pátio da fábrica. Turgueniev havia prometido um dote de 100 mil francos quando ela se casasse, mais 50 mil francos alguns anos depois. Também lhe pagava uma pensão mensal de 2.500 francos. Para comprar a casa de Baden, vira-se forçado a se desfazer das ações de ferrovias que comprara em 1858 justamente para poupar para o dote. A filha o acusou de se preocupar mais com o próprio conforto.[16]

Suas propriedades fundiárias não rendiam o suficiente para cobrir custos cada vez mais altos. Teriam rendido mais se ele não tivesse sido tão generoso com os antigos servos no momento da emancipação, em 1861. Em Spasskoe, Turgueniev deixou para seus camponeses o dobro das terras a que estava

---

* Turgueniev se orgulhava do seu "rio" (na verdade, um simples regato) e se ofendia quando os visitantes não o notavam (Ostrovskaia, *Vospominaniia o Turgeneve*, p. 9).

obrigado nos termos do Decreto de Emancipação. Entregou-as gratuitamente, abrindo mão do direito de receber pagamento por elas. Era o que
se poderia esperar do autor das *Memórias*, que tanto haviam contribuído
para voltar a opinião pública contra a servidão, mas ainda assim um gesto
de generosidade. A renda auferida por Turgueniev nas várias propriedades
que manteve — 6 mil hectares de terras férteis — nunca passou de 5 mil
rublos (20 mil francos) por ano, e nos anos de má colheita caía muito (seu
irmão Nikolai, que administrava as próprias propriedades, ganhava quatro
vezes mais com a mesma extensão de terras). As propriedades de Turgueniev
foram terrivelmente mal administradas pelo tio, sujeito "velho, negligente
e preguiçoso", na descrição de Botkin, que ganhava um salário anual de 2
mil rublos (8 mil francos) mas fraudulentamente recebia muito mais trapa-
ceando o sobrinho ausente a cada oportunidade. Turgueniev era ingênuo.
Como gostava do tio, confiava nele. Também era descuidado com o dinheiro, que não o interessava se suas necessidades estivessem atendidas. Levou
quinze anos para se dar conta da má administração e das malversações do
tio, calculando que, num único ano, havia perdido a espantosa soma de
36.500 rublos (146 mil francos) em dinheiro, ferramentas e gado. Em 1867,
finalmente decidiu se livrar dele, o que lhe custou 80 mil francos — valor
que, segundo o tio, Turgueniev lhe prometera se viesse a morrer, e que ele
agora exigia.[17] Um novo administrador foi designado, um jovem e dinâmico
empresário local chamado Kichínski, que se revelaria ainda mais desonesto.

A renda de Turgueniev com seus escritos compensava apenas em parte
as perdas com as terras. Na década de 1860, ele recebia polpudos adiantamentos dos editores russos pelos seus trabalhos. Mikhail Katkov pagou-lhe
4.300 rublos (17.200 francos) para publicar *Na véspera* no jornal literário
Mensageiro russo em 1860; e 5 mil rublos (20 mil francos) por *Fumaça*. Era
um valor equivalente a 400 rublos (1.600 francos) por página impressa — o
quíntuplo do que ele costumava auferir dez anos antes. Os russos eram grandes leitores de periódicos literários, e a renda recebida por Turgueniev pelo
Mensageiro russo podia ser considerada alta em qualquer país da Europa.
À medida que sua necessidade de dinheiro aumentava, ele pressionava por
pagamentos sempre mais altos, exigindo ao *Mensageiro russo*, em fevereiro
de 1863, 500 rublos por página impressa do conto "Fantasmas". Outros escritores russos escreviam longos romances para os periódicos, e ganhavam

bem por serem pagos por folha impressa. Mas os romances de Turgueniev eram curtos. Ele simplesmente não sabia escrever de outro jeito.[18]

Turgueniev não ganharia muito mais com os romances publicados em forma de livro, para os quais o mercado era menor, na Rússia, que o dos folhetins. Ele disse aos Goncourt que, na Rússia, um livro "rendia muito pouco, no máximo 4 mil francos".[19] Teria mais lucro com as edições completas de suas obras, três das quais foram publicadas para o mercado russo na década de 1860. Pela primeira, em 1861, ele recebeu um adiantamento de 8 mil rublos (32 mil francos), e conseguiu negociar valores mais altos para as posteriores. Mas não podia esperar nenhuma outra fonte de renda dos próprios livros. Não recebia quase nada do exterior. Embora muitas das suas obras tivessem sido traduzidas, ele não era remunerado pelos editores dos países que não tinham acordo de direitos autorais com a Rússia. Turgueniev amaldiçoava os "editores ladrões" dessas edições piratas, não só por privarem-no de renda, mas porque as traduções com frequência eram tão ruins que prejudicavam sua reputação.[20] Nos anos subsequentes, ele passaria a fazer campanha por um copyright internacional. Mas mesmo em países como a França, nos quais já havia acordos bilaterais com a Rússia e, portanto, esses direitos deviam ser aplicados, os editores demoravam a pagar aos autores estrangeiros e às vezes nunca o faziam.

No geral, Turgueniev tinha uma renda anual de cerca de 10 mil rublos (40 mil francos), mais ou menos metade originada nas propriedades e a outra, nos escritos. Era um valor substancial para qualquer cavalheiro, praticamente uma fortuna para um escritor sério,* mas insuficiente para dar conta dos custos da casa em Baden e dos pagamentos que devia a Paulinette. Turgueniev estava permanentemente endividado. Vendia pedaços de terra, quase sempre barato, por causa das trapaças e da incompetência do administrador; hipotecava partes da propriedade; e implorava empréstimos aos editores, contra promessa de futura entrega de manuscritos. O dinheiro levava muito tempo para sair da Rússia, e ele era obrigado a tomar empréstimos com os amigos para resolver problemas mais imediatos. Cada vez

---

* A comparar com os ganhos estimados de Gautier, sobre os quais os Goncourt escreviam em 1868: "Nosso bom Gautier é o mais rico desses modernos esfaimados da literatura, com seu cargo de bibliotecário, digamos, 6 mil francos, a pensão dos rendimentos privados do imperador, digamos, 3 mil, e quase 20 mil por ano do *Moniteur* e dos direitos autorais de seus livros. Que outro escritor seria tão rico hoje?" (GJ, vol. 2, p. 187).

mais pedia aos Viardot. Mas ainda assim não conseguia apurar o suficiente para pagar o dote da filha; chegou a se atrasar nos pagamentos da pensão. O ritmo das obras de construção da mansão diminuiu. Os pagamentos ao tio foram a gota d'água, deixando-o tão sem dinheiro que ele foi obrigado a vender a casa de Baden a Louis Viardot — perdendo na transação 60 mil francos. Quando a construção finalmente foi concluída, em abril de 1868, Turgueniev mudou-se para a casa como locatário do amigo.[21]

Turgueniev e os Viardot se instalaram numa agradável rotina. "Estou feliz com minha vida em Baden", escreveu Turgueniev a Botkin em 3 de outubro de 1863. "Nunca antes me senti tão bem. Saio para caçar com frequência — e trabalho muito pouco." Ele costumava escrever de manhã, e depois do almoço passava o resto do dia com os Viardot, ou ia caçar com seu cão Pegasus, de que todo mundo gostava na região de Baden.[22] Havia constante afluxo de visitantes em busca de conselhos ou ajuda, ou simplesmente querendo encontrá-lo.

Louis levava uma vida tranquila. Já agora na casa dos sessenta, mergulhou em Baden nas serenas alegrias da erudição. Escreveu dois livros nesses anos: *Espagne et les beaux-arts* (1866), coleção de ensaios sobre arte; e *Apologie d'un incrédule* (1867), uma declaração de princípios da sua filosofia ateísta, que o distinguia tanto de Turgueniev (antes indiferente que adversário da religião) quanto de Pauline (livre pensadora, mas nunca ateia). A única declaração que nos chegou de Pauline a respeito foi numa carta a Julius Rietz em 1859:

> Não sou capaz de expor nenhuma fórmula quanto a minha fé, mas tenho a firme convicção de que a alma é imortal, e de que todos os amores um dia voltarão a se unir — os grandes amores, qualquer que seja sua natureza, desde que tenham sido dignos disso [...] Não ria de mim, querido amigo; não sei mais que ninguém sobre essas coisas, e, acima de tudo, não sou capaz de dar forma definitiva a meus pensamentos num tema tão difícil, tão impossível de explicar. Só sei de uma coisa — que existe em nós uma centelha divina que não morre, e que, no fim, haverá de se tornar uma parte da grande luz.[23]

A *Apologie* foi escrita no contexto de um debate de alcance europeu sobre a divindade do Cristo, desencadeado na França pela publicação da *Vie de Jésus* (1863) de Renan, na qual o filósofo retratava Jesus como figura humana e histórica, de condição divina inventada pelos seguidores. Renan era amigo de Louis Viardot. Em 1856, casara com Cornélie Scheffer, sobrinha de Ary Scheffer, o que o aproximara ainda mais do círculo dos Viardot. Em prosa expressiva e acessível, *Vie de Jésus* tornou-se um *succès de scandale*. Até o fim de 1864 haviam sido vendidos 168 mil exemplares na França, e logo o livro seria traduzido para todas as principais línguas europeias. O sucesso, segundo Sainte-Beuve, se devia ao interesse despertado na "grande e indecisa massa flutuante de mentes" — as inclinações religiosas da maioria de pessoas que, no século XIX, "não acreditava nem desacreditava" na Bíblia, mas a aceitava como fonte de valores morais enquanto cuidava da busca da felicidade mundana. Os católicos criticaram o livro. Certos dirigentes da Igreja tentaram conseguir sua proibição. Outros condenaram a publicação como sinal da imoralidade decadente da cultura liberal do Império, pedindo normas mais rigorosas de censura.[24]

O livro de Viardot foi escrito em grande medida para defender Renan, cuja aprovação consta numa nota de pé de página ao texto. "Meu querido amigo", escreveu-lhe Renan a 17 de abril de 1867, "li a sua *Apologie*, que não devia ser chamada assim, pois o homem sábio nada tem a defender. É um relato das suas convicções, escrito não para os outros, mas para si mesmo, e me parece exato e rigoroso". Como Renan, Viardot considerava a divindade de Cristo uma invenção humana. Desde as épocas mais remotas, a humanidade precisara de mitos divinos para explicar o universo, mas agora a ciência respondia às questões da criação, sustentava Viardot, afirmando que a teoria da "autocriação" exposta por Darwin também podia ser aplicada ao cosmo: os planetas não foram formados por Deus, mas pelo calor das respectivas estrelas solares, que também poderia destruí-los.[25]

No cerne do ateísmo de Louis, estava a crença na ação humana. "Não é Deus que me dirige, mas minha própria liberdade, minha consciência", concluía. Era esta a verdadeira mensagem do livro, que, como a *Vie de Jésus*, constituía igualmente uma afirmação de liberdade — a liberdade de questionar e rejeitar a ortodoxia religiosa — e um exame das afirmações da Bíblia. Uma defesa da liberdade de expressão, contra a Igreja e o Estado.

Louis passava a maior parte do dia no escritório, só se juntando à família nas refeições ou às vezes para participar de caçadas com Turgueniev. Pauline era a mais ocupada dos três. Enchia a casa com suas diferentes atividades. De pé ao alvorecer, passava duas horas com os filhos, ensinando italiano, música e desenho, para, em seguida, se dedicar aos alunos.[26] Cantores do mundo inteiro vinham estudar com a famosa soprano, que cobrava vinte francos por hora de aula. A reputação de Pauline como professora foi consolidada pela publicação em 1863 do seu livro *L'École classique du chant*, recomendado pelo Conservatório de Paris, e que se tornou obra de referência.[27] Seus alunos a consideravam rigorosa e exigente mas generosa com o próprio tempo e sempre disposta a ajudar a lançar carreiras, dando conselhos e escrevendo a seus contatos no mundo musical. "Ela tem alguma coisa de hussardo no temperamento", observava a soprano Aglaja Orgeni, que começou a ter aulas com Pauline em maio de 1863. "É arrojada, decidida, franca, às vezes até rude, e totalmente destituída de sentimentalismo, mas tem um bom coração."[28]

À tarde, Pauline recebia visitas, escrevia cartas, praticava ou compunha. As noites eram da família e dos amigos. Eram ocupadas com música, teatro amador, brincadeiras, adivinhações e o jogo do retrato, exatamente como na casa da Rue de Douai e em Courtavenel, com a diferença de que agora o entretenimento podia ocorrer toda noite, pois Pauline não estava mais no teatro. A casa dos Viardot estava quase exclusivamente voltada para o prazer e a frivolidade, segundo a muito séria Clara Schumann, que comprara um chalé em Lichtental, perto dos Viardot, para passar o verão descansando das turnês de concertos do inverno na companhia dos sete filhos.[29]

Nas tardes de domingo, Pauline promovia na sala de concertos um salão musical para o qual convidava a alta sociedade de Baden. A rainha da Prússia, Augusta, velha amiga de Pauline, comparecia regularmente, muitas vezes com o marido, o nada musical rei Guilherme, que viria a se tornar o imperador da Alemanha, embora a amizade com os Viardot, republicanos convictos, fosse tratada com discrição na imprensa alemã, por determinação da corte.[30] A rainha da Holanda, o grão-duque e a duquesa de Baden, a grã-duquesa russa, Elena Pavlovna, e até a imperatriz da França, Eugénie, compareciam para ouvir a anfitriã se apresentar com Clara Schumann, Johannes Brahms e Nikolai e Anton Rubinstein, entre outros, inclusive alunos de Pauline, que assim ganhavam experiência. Na opinião de Clara Schumann, Pauline se revelava uma esnobe com esses concertos. Escrevendo sobre o primeiro deles, em 1864, ela se queixava a Brahms, que acabava de passar o primeiro de vários verões numa pensão em Lichtental para ficar perto dela:

> Madame Viardot sagrou outro dia o Palácio das Artes (como ela própria o chama), e para a primeira cerimônia convidou a alta sociedade (a rainha da Prússia etc.), mas naturalmente não quis a minha presença; e depois ofereceu uma recepção ao populacho, para a qual eu já fui considerada adequada. A coisa toda não pareceu muito digna [...]. [31]

Clara Schumann não circulava nas altas esferas frequentadas por Pauline. Sem dinheiro para ter uma casa em Baden, sentia-se excluída desses círculos, tornando-se ressentida e invejosa. Outros viam o salão dos Viardot de uma perspectiva mais idealista. Ludwig Pietsch, por exemplo, o considerava uma audaciosa tentativa "de realizar o conceito de uma sociedade cosmopolita, unindo pessoas de diferentes origens nacionais em torno dos ideais da Arte".[32]

A escritora alemã Adelheid von Schorn recordaria uma das noitadas musicais mais informais de Pauline, na qual "foram reunidos todos do seu círculo artístico". Entre eles, estava Turgueniev, incomodado com a gota e "estendido numa grande poltrona, a perna enfaixada repousando numa banqueta [...] A figura impressionante do escritor, com seus cabelos brancos, era o principal foco de atenção de toda aquela sociedade".[33]

A mudança para Baden permitira a Turgueniev se integrar à vida cotidiana dos Viardot — praticamente um membro da família — de maneiras que não haviam sido possíveis até então. Em Paris, ele não passava de uma visita. Corriam comentários sobre sua relação com Pauline, e poucos consideravam que fosse platônica. Para evitar um escândalo, eles precisavam manter as aparências de respeitabilidade — provavelmente o motivo do afastamento de Turgueniev na última gravidez de Pauline. Mas em Baden a atitude em geral era de maior descontração. Pauline foi aceita nos círculos mais altos, apesar de vir do mundo da música e do teatro, não tendo sofrido os insultos e afrontas amargados por muitos cantores em Paris. Quem ia a Baden estava em busca de prazer. Grandes homens eram vistos na companhia das amantes. Cortesãs como Cora Pearl, famosa beldade inglesa, amante de Charles de Morny, meio irmão do imperador, levava em Baden uma vida de luxo. Numa cidade assim pautada pela liberalidade, era mais fácil para Pauline e Turgueniev manter seu relacionamento nada convencional. Não havia tanta fofoca a seu respeito quanto em Paris. O único sinal de um certo mal-estar, se assim pode ser considerado, se encontra no diário de Pauline, em entrada de 23 de julho de 1863 na qual relata ter comparecido com Turgueniev a uma recepção oferecida no velho castelo pelo grão-duque e a duquesa de Baden. Pauline observa que Turgueniev parecia nervoso, e que "há sempre um certo mal-estar com ele [*il y a toujours un certain gêne avec lui*]" nas reuniões sociais — observação que mandou apagar nos últimos anos de vida, ao preparar seus papéis para a posteridade.[34]

Turgueniev e Pauline agora viviam juntos mais livremente, praticamente como marido e mulher, num ambiente doméstico ao lado de Louis. Ao se estabelecerem em Baden, estavam ambos na casa dos 40, Turgueniev com 45 e Pauline com 42, idade em que ainda podiam ter a expectativa de uma vida sexual ativa, ao passo que Louis, com 63, ficava mais feliz com os prazeres da mente que com os do corpo, até onde se sabe. Turgueniev não se esforçava por esconder das visitas seus sentimentos por Pauline nem a natureza da relação. Natália Ostrovskaia, mulher de um velho conhecido dele, recorda uma visita à casa do escritor em 1863. Levada pela governanta a uma sala pouco mobiliada, ela ficou esperando Turgueniev, que tinha sido chamado por Madame Viardot. Sentada à escrivaninha, Ostrovskaia passou os olhos pela sala: havia uma pintura na parede, um retrato desenhado bem acima da mesa, uma fotografia emoldurada e um busto de bronze sobre ela — todos retratando Pauline Viardot.[35]

Nem todos os filhos de Pauline sabiam do verdadeiro relacionamento de Turgueniev com a mãe, que só confessava seus sentimentos por ele no diário.* Paul, o menor, que tinha apenas 6 anos quando a família se mudou para Baden, o considerava um amigo da mãe. Mas a mais velha, Louise, então com vinte e poucos, detestava profundamente sua constante presença na família. Obstinada e crítica, se sentia negligenciada pela mãe desde a

---

* São várias as entradas em seus diários expressando medo e saudade dele quando viajava para o exterior, especialmente a Rússia, para onde foi em 1864 e 1868. Ver por exemplo HL, MUS 264 (365), Diário de Pauline Viardot, 13 jan. 1864, 23 de junho de 1868.

infância e frequentemente discutia com ela. Pouco depois da transferência para Baden, Louise casou com Ernest Héritte, diplomata francês lotado em Berna, e partiu com ele para a Colônia do Cabo no sul da África, para onde fora destacado em novo posto.[36]

Turgueniev gostava particularmente da segunda filha de Pauline, Claudie, a "Didie", que na época entrava na adolescência. Bonita e cheia de vida, apresentando impressionante semelhança com a mãe, ela era afetuosa e às vezes parecia até flertar com Turgueniev, que a cobria do afeto paternal nunca demonstrado à própria filha. Enquanto Claudie tinha talento para a pintura e falava várias línguas, Paulinette era uma menina comum. "Não tenho nada em comum com minha filha", escreveu ele à condessa Lambert; "ela não gosta de música nem de poesia nem da natureza — nem sequer de cães —, as únicas coisas que eu amo".[37]

Louis encarava com benevolência a relação de Turgueniev com seus filhos. Assumira sempre uma atitude mais retirada e modesta na casa. Mas, em certos momentos, sofria com a impressão de que seu papel de pai e marido fora usurpado pelo amigo. Em novembro de 1865, Louis escreveu uma carta a Pauline assegurando que jamais suspeitara uma única vez de qualquer coisa indigna dela, mas advertindo que certas "aparências" haviam dado origem a comentários. Fazia-se necessária portanto uma certa prudência. Sem mencionar Turgueniev, Louis manifestava tristeza por sentir muitas vezes — em conversas sobre música, por exemplo, ou mesmo nas relações com os filhos — que o papel que devia desempenhar estava sendo desempenhado por outro.[38]

2

A década de 1860 foi o auge das estações termais no continente europeu. Vinte anos antes apenas, as mais conhecidas estações de águas minerais da Europa — Vichy, Plombières, Aix-les-Bains, Bad Ems, Davos — eram simples retiros rurais frequentados exclusivamente pela aristocracia e a realeza do continente, cuja necessidade de curas e tratamentos era reforçada pela tendência a comer e beber demais. As ferrovias abriram essas estações termais para a burguesia e as classes profissionais, que engordavam com a prosperidade. Esse novo dinheiro dava origem a hotéis de luxo, cassinos, teatros, restaurantes, bordéis de alta classe e outras formas de entretenimento nessas estâncias de cura. A ligação a alguma linha férrea era a maior garantia de popularidade: novas estações termais como Karlsbad e Semmering prosperaram graças à localização em alguma linha importante, enquanto outras mais antigas, como as de Plombières e Vichy, ganhavam vida nova com a chegada de novos trechos. Na década de 1870, as ferrovias tinham ligado as grandes estações termais da Europa numa rede de balneários oferecendo cada um o mesmo tipo de cultura do prazer.[39]

Em todos eles dominava a música ligeira. Era tocada pela orquestra do spa, de manhã, de tarde e de noite, em coretos e pavilhões; por grupos de câmera e conjuntos nas salas de concerto; por pianistas e cantores em cafés e restaurantes. Não havia como escapar.

Strauss II era onipresente nessas estâncias hidrominerais. Sua música para dançar era a trilha sonora de uma sociedade que apreciava a diversão. Johann Strauss I tinha conquistado a Europa com suas valsas, começando em Viena nos anos 1820. Sua orquestra enchia o Sperl, o maior salão de dança da cidade. Como significava contato corporal entre os dançarinos, a valsa foi condenada pelos defensores da moral, mas foi precisamente o risco sexual (descrito de maneira memorável por Flaubert na cena da valsa de *Madame Bovary*) que garantiu sua popularidade. Toda a família Strauss participava do negócio musical — Johann e a mulher, Anna, além dos três filhos, Johann, Josef e Eduard. Eles exportaram a "mania da valsa" para a Alemanha, os Países Baixos, a França e a Grã-Bretanha em suas turnês das décadas de 1830 e 1840. Com a morte de Johann Strauss I em 1849, o negócio de família foi assumido pelo filho mais velho, Johann Strauss II, então com vinte anos, que o conduziu a novos patamares de projeção internacional. Sua orquestra estava em demanda em toda parte — salões de dança e cassinos, cafés, restaurantes e jardins recreativos como o *Volksgarten*, em Viena. Nos anos 1850, o negócio dos Strauss tinha duzentos empregados, entre eles, copistas, cocheiros e contadores. Era uma empresa sofisticada, com estratégias de marketing e publicidade bastante inteligentes. Strauss II, por exemplo, que até os 44 anos compunha apenas valsas, usava temas e títulos ligados à atualidade ou fazia uso de efeitos especiais para ajudar a "pegarem" junto a um público sempre ávido de novidades. Muitas de suas melodias foram inspiradas pelas novas tecnologias: "Telegraphische Depeschen" (1858) imitava os sons da máquina de telégrafo; ao passo que "Accelerationen" (1860), composta para o Baile dos Estudantes de Engenharia, tinha seu tema de valsa acelerado como um trem. Strauss controlava cada aspecto do negócio da família. Desentendendo-se com seu editor Carl Haslinger, por exemplo, montou uma editora própria.[40]

Em 1853, Strauss sofreu um colapso de exaustão. Transferindo o controle do negócio aos irmãos, foi se recuperar no spa de Bad Gastein. Lá, foi abordado por um empresário russo, o novo diretor da Companhia Ferroviária de Tsárskoie Selô, que lhe ofereceu um lucrativo contrato no balneário de verão de Pavlovsk, perto de São Petersburgo. A companhia queria aumentar seu tráfego oferecendo, em viagens de ida e volta no mesmo dia, a atração dos concertos de Strauss no "Pavilhão de Vauxhall", nome escolhido em referência aos Jardins de Vauxhall de Londres, espaço de entretenimento público que remontava ao século XVII, e no qual se baseariam muitas estações termais do século XIX (Spa, na Bélgica, tinha o seu próprio *Waux-hall* para concertos e bailes). Em Pavlovsk, o Pavilhão Vauxhall servia ao mesmo tempo como estação ferroviária e entrada do parque (daí derivaria a palavra russa que designa estação, "*vokzal*"). Os concertos eram oferecidos toda noite, de maio a setembro, prosseguindo por muitos anos. Revelaram-se extremamente populares, gerando uma explosão de negócios para a ferrovia. Strauss suspendia abruptamente os concertos quando o último trem para São Petersburgo apitava, embora em certas ocasiões o público se recusasse a ir embora, insistindo para que o conjunto continuasse a tocar.[41]

Strauss excursionava muito pela Europa. Se aproveitou bem das linhas férreas para circular pelas estações termais dos territórios de língua alemã, mercado importante para a sua orquestra. Durante muitos anos manteve uma temporada de verão em Baden, onde tinha uma luxuosa mansão. Jogador compulsivo, era visto frequentemente no cassino, não raro perdendo feio, mas sempre presente. Brahms era grande admirador de sua música. Os dois foram apresentados em Baden, em 1862, por Richard Pohl, crítico de música e editor do *Badenblätter*, o jornal da cidade (ver imagem 53 do encarte). A presença de Strauss em Baden era, assim como a de Clara Schumann, um atrativo importante para Brahms, que lá passou vários verões, alugando quartos numa pensão em Lichtental. À noite ele caminhava até o parque para ouvir a orquestra de Strauss.[42] Seu interesse por música de dança foi influenciado por Strauss. As dezesseis Valsas Op. 39 foram compostas em 1865, as valsas Liebeslieder (Op. 59), em 1868, ao passo que as Danças húngaras datam de 1869.

A influência de Strauss era sentida em toda parte. Suas valsas eram o principal motivo da febre de dança que tomava conta da Europa. Em Paris, os dançarinos acorriam ao Jardin Mabille, que chegou ao auge da popularidade na década de 1860. Para os turistas, era local de encontro com prostitutas e admiração das dançarinas de cancã, que, na época, não usavam anágua.[43] A música de dança também dominava em lugares como o Jardin Turc, café do bairro do Marais com um jardim musical decorado inexplicavelmente em estilo chinês, onde o jovem e alinhado regente Louis-Antoine Jullien (usando luvas brancas e uma batuta cravejada de pedras preciosas) estabelecera a tradição de concertos populares com polcas e quadrilhas acompanhadas de fogos de artifício, tiros de canhão, espetáculos de luzes e assim por diante. Era uma combinação perfeita, em grande parte copiada de seu amigo Philippe Musard, e exportada por Jullien para Londres como base de seus concertos promenade — eventos visualmente espetaculares, com orquestras enormes, bandas militares e coros, atraindo milhares de pessoas do "público de um xelim" (classe média inferior e artesãos) a jardins recreativos e parques como Vauxhall e Cremorne, ou o Jardim Zoológico de Surrey.

Os concertos de Jullien eram parte de uma revolução nas décadas intermediárias do século XIX: o surgimento de uma indústria da música popular. Em toda a Europa uma nova geração de regentes-empresários e compositores atendia a uma demanda crescente de música de entretenimento. Jullien e Musard em Paris e Londres, Strauss em Viena, Josef Gung'l em Berlim e Munique, Hans-Christian Lumbye (o "Strauss do Norte") em Copenhague, Joseph Labitzky em Karlsbad — todos produzindo em série valsas, polcas e quadrilhas.[44] Em todo lugar havia oportunidades comerciais para a música ligeira. Paris tinha desde 1861 os *concerts populaires*, concertos dominicais baratos com a orquestra de Jules Pasdeloup na enorme rotunda do Cirque d'Hiver, nos quais um novo público era introduzido aos clássicos populares. Uma combinação musical mais eclética — de *chansons* a miscelâneas operísticas — podia ser ouvida nos *café-concerts*, que se popularizaram nas décadas de 1850 e 1860, quando a abertura dos grandes bulevares, por iniciativa do barão Haussmann, atraiu multidões em busca de entretenimento à noite. Cafés foram abertos em todos os principais bulevares. Atraíam uma multidão diversificada, desde cavalheiros de cartola com as esposas de saia-balão a visitantes estrangeiros e uma nova categoria de prostitutas, segundo os Goncourt, que anotaram em seu diário em 1864 que as meretrizes de Paris "agora sentam por baixo dos lampiões a gás nas mesas dos cafés dos bulevares".[45] A principal atração do *café-concert* era ser permitido ao público fumar e beber. Não se cobrava pela entrada, mas os preços eram aumentados nas noites de concerto e os garçons circulavam pelas mesas pressionando os frequentadores a fazer pedidos. Cantores e músicos recebiam por apresentação um valor (5% a 6% da renda) regulamentado e recolhido pelo Syndicat des Auteurs, Compositeurs et Éditeurs de Musique. Em sua maioria, eram músicos de rua, mas alguns vinham das casas de ópera e opereta — estando desempregados ou fazendo um bico —, pois as grandes estrelas podiam ganhar muito, atraindo muita gente.[46]

Nenhuma estrela brilhava como Thérésa — nome artístico adotado por Emma Valladon em torno de 1863, quando, vinda dos teatros e cafés populares do Boulevard du Temple, começou a cantar *chansons* no recém--aberto Café Eldorado por 200 francos ao mês. Logo seria atraída por Arsène Goubert, dono de um estabelecimento rival, o Café Alcazar, que lhe ofereceu 300 francos por mês. Não demorou, e toda Paris queria vê-la. "É uma mulher bastante agradável, totalmente natural, com uma voz incisiva que lhe permite expressar claramente o significado das palavras que canta", escreveu Henri Dabot, que a ouviu cantar no Alcazar em 1865. Seu repertório não era obsceno, mas certas canções humorísticas — especialmente a famosa "Rien n'est sacré pour un sapeur!" (Nada é sagrado para um sapador) — eram cheias de insinuações sexuais, que ela transmitia pela expressão corporal, a voz e a interpretação (desempenho capturado por Degas numa série de pinturas na década de 1870 (ver imagem 17 do encarte)).[47]

Até 1867, os *café-concerts* eram proibidos pelas leis francesas de imitar os teatros. Não podiam ter palco nem cantores vestidos como atores, e deviam dar início à função mais cedo que o horário dos teatros. Mas a partir de 1864, quando teve fim o controle estatal sobre os teatros, as regras dos *café-concerts* foram liberalizadas, e eles passaram a se assemelhar mais aos teatros, vaudevilles e music halls. Os irmãos Goncourt descreveram como era o Eldorado nessa época:

Um grande auditório circular com duas fileiras de camarotes, ornamentado com dourados e imitação de mármore; candelabros deslumbrantes; um café no interior, cheio de chapéus masculinos; gorros de mulheres das *barrières* [bairros afastados]; soldados, crianças de boinas; alguns chapéus de prostitutas acompanhadas de caixeiras; algumas fitas cor-de-rosa nos camarotes; o hálito visível de toda essa gente, uma nuvem de poeira e fumaça de tabaco.

No fundo, um palco com ribalta: e nele, um comediante de traje a rigor. Entoava cantigas intercaladas com ruídos de curral, sons de animais no cio e gesticulações epiléticas — uma dança de São Guido dos idiotas. O público delirava.[48]

Outro vaudeville muito conhecido, o Bataclan (1864), começou como *café-concert* no estilo *chinoiserie* popularizado pela campanha militar francesa na Indochina entre 1858 e 1862, mas gradualmente mudaria, com acrobatas e malabaristas, dos concertos para o vaudeville. As Folies Bergère (1869) tomaram um rumo diferente. Cobravam ingresso, como no teatro, mas permitiam que os clientes bebessem (ver *Um bar nas Folies-Bergère*, de Manet) e entrassem e saíssem a qualquer momento, como acontecia num *café-concert*, onde não era cobrado ingresso. O espetáculo nas Folies Bergère era uma mistura de operetas cômicas, canções populares, dançarinas e acrobatas. Embora estivessem voltadas para um público eminentemente burguês, também ofereciam um gostinho do *demi-monde* do music hall. Muito imitada na década de 1870, essa forma híbrida de entretenimento, conhecida como "*théâtre promenoirs*", marcou o início da indústria do sexo em torno de Pigalle, a poucas ruas de distância da residência dos Viardot na Rue de Douai. As atendentes do bar nas Folies Bergère também eram prostitutas, abordando abertamente os homens e negociando preços.[49]

A indústria da música comercial desenvolveu-se com a mesma rapidez na Grã-Bretanha. Os music halls londrinos evoluíram de maneira semelhante aos vaudevilles parisienses, embora em sua maioria tivessem começado como bares ou salões de entretenimento nos fundos de um pub, permitindo que os clientes continuassem a beber. Pagando pequeno valor pela entrada ou um valor mais alto pelas bebidas, os clientes eram entretidos com canções, cenas de comédia e uma ampla variedade de "números especiais", do engolidor de espadas a artistas drags. O Canterbury Hall (1852), primeiro music hall com taberna, com 700 assentos, foi convertido pelo proprietário, Charles Morton, de uma antiga pista de boliche. Semelhante a um *café-concert* com assentos ao redor das mesas, especializou-se em números de opereta e baladas. Fez tanto sucesso que foi substituído em 1856 por um salão com o dobro do tamanho e imponente entrada com escadaria levando a um bar no andar superior. Encorajado pelo sucesso, Morton abriu o Oxford Music Hall, enorme complexo de entretenimento combinando music hall e taberna no ponto de Oxford Street onde ficava uma cervejaria demolida. "Alegre e deslumbrante, o grande salão com balcões ficava completamente cheio", registrou Arthur Munby, que visitou o recém-reaberto music hall em 1862; "mal havia lugar para se posicionar no meio da multidão, formada sobretudo por homens; homens de negócios, funcionários, e outros de aspecto não muito refinado".

> Em termos sociais, os frequentadores estavam razoavelmente acima dos que tenho visto em Salões semelhantes em Islington e outros lugares. Uma consequência disso era que as mulheres presentes eram prostitutas, e não respeitáveis esposas e namoradas. Desse modo, outro resultado é que não havia nada sadio nem afável na diversão dos rapazes: bebiam seu grogue com ar melancólico ou fazendo caretas lascivas; e o inútil temor do vizinho gerado por uma respeitabilidade sem verdadeira formação os mantinha calados e autocentrados.

Esse tipo de excitação soturna era considerado prazer na Grã-Bretanha, onde foram abertos quatrocentos music halls em cidades do interior na década de 1860.[50]

Os editores de música desempenharam papel importante no desenvolvimento da indústria do entretenimento. Na década de 1860, foram introduzidas prensas litográficas mecânicas capazes pela primeira vez de combinar palavras e música na mesma impressão. Foi um enorme avanço para o negócio das partituras, permitindo que os editores produzissem edições baratas, mas de qualidade de obras clássicas e arranjos populares de canções e baladas, em tiragens de dezenas e centenas de milhares. A maioria dos grandes editores organizava ou patrocinava concertos para promover suas partituras. Novello foi um dos primeiros. Inspirado pelo sucesso no

1. Retrato de Pauline Viardot, por Ary Scheffer (óleo sobre tela, 1840).
A respeito dela, Scheffer disse que era "terrivelmente feia, mas, se voltar a vê-la,
vou me apaixonar perdidamente".

2. O garboso Manuel Garcia no papel de Otelo, de Rossini. Gravura de Pierre Langlumé, c. 1821.

3. Louis Viardot, c. 1839, quando diretor do Théâtre Italien.

4. Maria Malibran como Desdêmona no *Otelo* de Rossini (óleo sobre tela, c. 1830).

5. A mais antiga fotografia conhecida de Ivan Turgueniev, da época em que conheceu Pauline Viardot. Daguerreótipo de Josef Weninger, São Petersburgo, 1844.

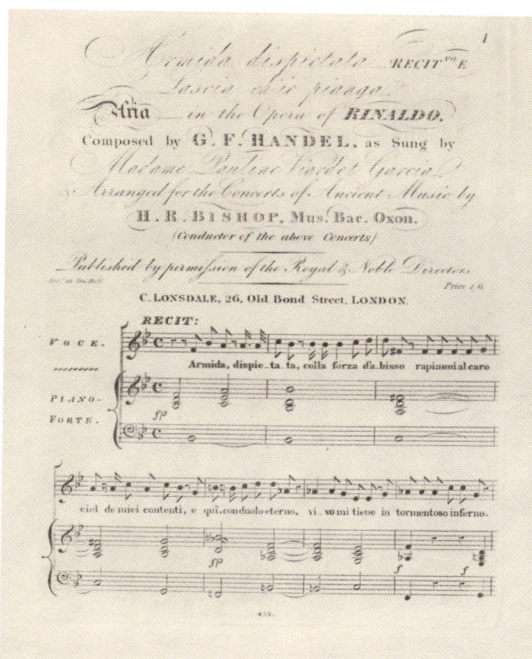

6. Nenhuma ópera de Handel foi montada na íntegra em todo o século XIX, mas Pauline Viardot manteve vivo o interesse pelas árias, cantando-as em recitais. Este arranjo de sua famosa versão de "Lascia ch'io pianga", em *Rinaldo*, foi publicado em Londres em 1840, pouco depois de a ária ter sido cantada por ela na cidade.

7. O culto de Beethoven chegou ao auge na Europa na década de 1840. Em *Franz Liszt improvisando ao piano*, de Josef Danhauser (óleo sobre tela, 1840), George Sand e Rossini (de pé junto a Liszt) aparecem em um grupo de artistas reunidos em momento de veneração ao compositor alemão.

8. *Enterro em Ornans*, óleo sobre tela de grandes proporções pintado por Courbet em 1849-50, foi atacado pela crítica por mostrar pessoas comuns em um estilo de realismo cru, considerado inadequado em arte. Para Courbet, o quadro representava, "na verdade, o enterro do romantismo".

9. Cézanne, *Menina ao piano* (óleo sobre tela, 1868). O piano promoveu uma autêntica transformação da condição feminina no lar.

10. *Duelo após o baile de máscaras*, de Gérôme (óleo sobre tela, 1857), foi uma das pinturas mais copiadas e gravadas no século XIX.

11. *Clair de lune à Valmondois*, de Daubigny (1877). Exemplar do método *cliché--verre* usado inicialmente pelos pintores e fotógrafos de Barbizon: o artista traça um esboço numa lâmina de vidro revestida de colódio e a expõe à luz contra uma folha de papel sensível. Os sutis efeitos assim obtidos influenciaram a pintura.

12. Daguerreótipo de Pauline Viardot, São Petersburgo (1853). Turgueniev mandou enquadrá-lo em moldura de madeira.

13. Louis Viardot (fotografia, 1868). De uma série de cartões-postais de escritores europeus vendidos individualmente e publicados em oito volumes entre 1855 e 1890.

14. O salão musical de Pauline Viardot em Paris (gravura, 1858). Pauline está sentada ao seu órgão Cavaillé-Coll.

15. Pauline com as filhas Claudie (*à esquerda*) e Marianne (*à direita*) (fotografia, Baden-Baden, 1870).

16. A Konversationshaus em Baden-Baden (gravura em aço colorida à mão, 1858).

17. Degas, *La Chanson du chien* (guache, pastel e monotipo sobre papel, 1875-77), esplêndida evocação do estilo de canto de Thérésa (Emma Valladon), a mais famosa cantora de *café-concert* nas décadas de 1860 e 1870.

18. Tissot, *Visitantes de Londres* (óleo sobre tela, 1874). Turistas elegantemente trajados e munidos de um guia impresso, decidindo na entrada da National Gallery que atração da cidade visitar em seguida. Os dois meninos são alunos da Christ's Hospital School que atuavam como guias.

19. Retrato de Turgueniev por Repin (óleo sobre tela, 1874), encomendado por Tretiakov para seu Museu de Arte Russa de Moscou. Os Viardot não gostaram do retrato e Repin teve de fazer alterações, o que azedou sua relação com Turgueniev.

20-21 (*abaixo*). O retrato pintado por Kharlamov (óleo sobre tela, 1875) agradou a Turgueniev e aos Viardot, que o exibiam ao lado dos retratos de Pauline e Louis Viardot (lâmina 21, óleo sobre tela, 1875), pintados pelo mesmo artista, em sua galeria de retratos na Rue de Douai.

22. Corot, *Camponesa colhendo lenha* (óleo sobre tela, Itália, c. 1870). Turgueniev tinha várias paisagens de Corot. Gostava da "impressão" sensorial que proporcionavam de efetivamente estar na natureza.

23. *Le Givre* ("Geada", óleo sobre tela, 1845), de Rousseau, um dos quadros mais caros da Europa, ao ser vendido por 60 mil francos em 1873.

24. Renoir, *La Grenouillère* (óleo sobre tela, 1869). Pintado também por Monet, o restaurante Grenouillère, à beira-rio perto de Bougival, foi "o berço do impressionismo", segundo Kenneth Clark.

25. Retrato de Zola por Manet (óleo sobre tela, 1868). Na parede acima da escrivaninha, uma reprodução de *Olympia* (1863), de Manet, e na mesa o panfleto de Zola sobre Manet, que contribuiu para promover a obra do pintor.

26. Degas, *A orquestra da ópera* (óleo sobre tela, 1870). O compositor Chabrier, amigo e um dos primeiros benfeitores dos impressionistas, está no camarote, o único membro do público que aparece.

27. Renoir, *Madame Charpentier et ses enfants* (óleo sobre tela, 1878). O editor e sua mulher, Marguérite, foram grandes patronos dos impressionistas, ajudando a divulgá-los em seu salão.

28. Monet, *Gare St.-Lazare* (óleo sobre tela, 1877), uma das várias pinturas da estação incluídas por Monet na Terceira Exposição dos Impressionistas, onde foi elogiada por Zola: "Ouvimos o ronco dos trens, com a fumaça se propagando no vasto espaço sob o telhado de vidro. Nossos pintores devem encontrar a poesia dessas estações, assim como seus pais encontraram nos rios e florestas."

29. "O editor pirata — burleta internacional que mais tempo ficou em cartaz" (caricatura, *Puck*, 24 de fevereiro de 1886). Escritores da Europa e da América do Norte (entre eles Wilkie Collins, Tennyson, Browning, Verne, Daudet, Zola, Bjørnson, Freitag e Mark Twain) acusam o editor de imprimir suas obras no exterior sem remunerá-los, ao passo que o editor insiste no fato de que está escorado na lei. A Convenção de Berna, adotada por dez países em setembro de 1886, foi a primeira efetiva lei internacional de direitos autorais.

30. A Villa Viardot, em Bougival (fotografia, c. 1900).

31. A datcha de Turgueniev ("Les Frênes"), em Bougival (fotografia, 2018).

32. Detalhe dos vitrais da porta de entrada de "Les Frênes": cenas em que Turgueniev aparece caçando no interior da Rússia (fotografia, 2018).

33. Medalhão com retrato de Pauline Viardot usado por Turgueniev, com suas iniciais no verso. Musée Ivan Tourguéniev, Bougival (fotografia, 2018).

34. O quarto de Turgueniev em "Les Frênes" (fotografia, 2018).

35. Retrato de Turgueniev momentos depois da morte, feito a lápis por Claudie Viardot, 3 de setembro de 1883.

36. Pauline Viardot na velhice (fotografia, c. 1900).

37. O Théâtre Italien (gravura, c. 1840).

38. Parte da charge de Musset satirizando a corte de Louis Viardot a Pauline. Nas legendas: (*imagem da esquerda*) "Magnífico discurso de Indiana [heroína do primeiro romance de George Sand] provando como 2 e 2 são 4 que, quanto mais um homem não tem nada, mais se deve entregar-lhe a própria filha. O Sr. V repousa o nariz no tabuleiro de gamão"; (*imagem da direita*) "O nariz do senhor V se desfaz em poeira no fim do discurso de Indiana".

39. Meyerbeer, 1847.

40. A mãe de Turgueniev, Varvara Petrovna Lutovinova (daguerreótipo, c. 1845).

41. Clara e Robert Schumann, c. 1850.

42. O Gewandhaus de Leipzig (gravura, c. 1880).

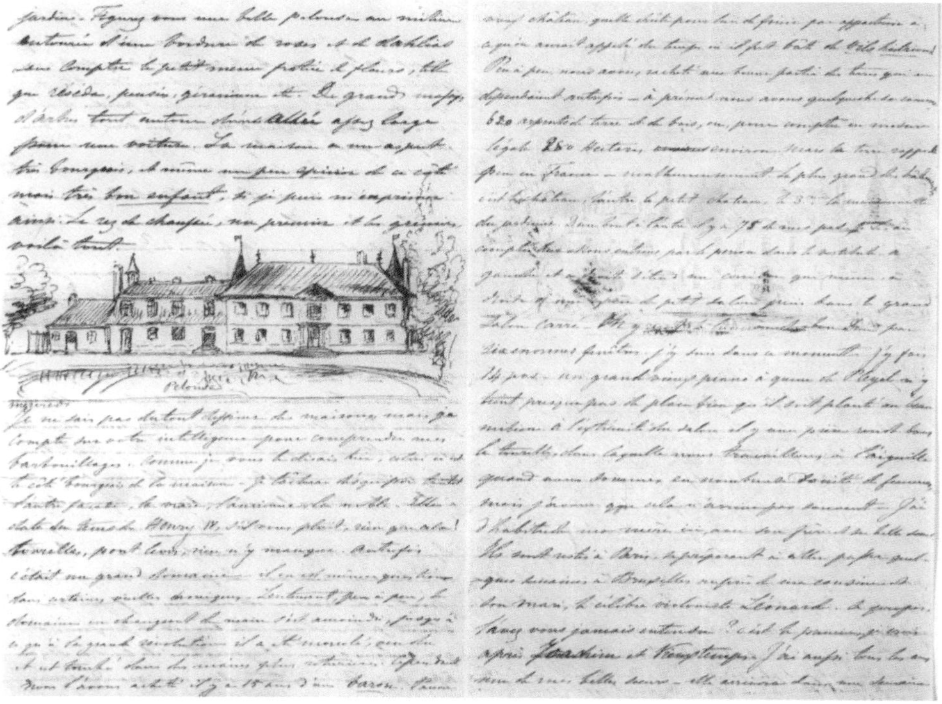

43. O castelo de Courtavenel, desenhado por Pauline Viardot em carta escrita em francês e alemão a Julius Rietz, em 5 de julho de 1859. O castelo seria demolido depois de vendido pelos Viardot em 1864.

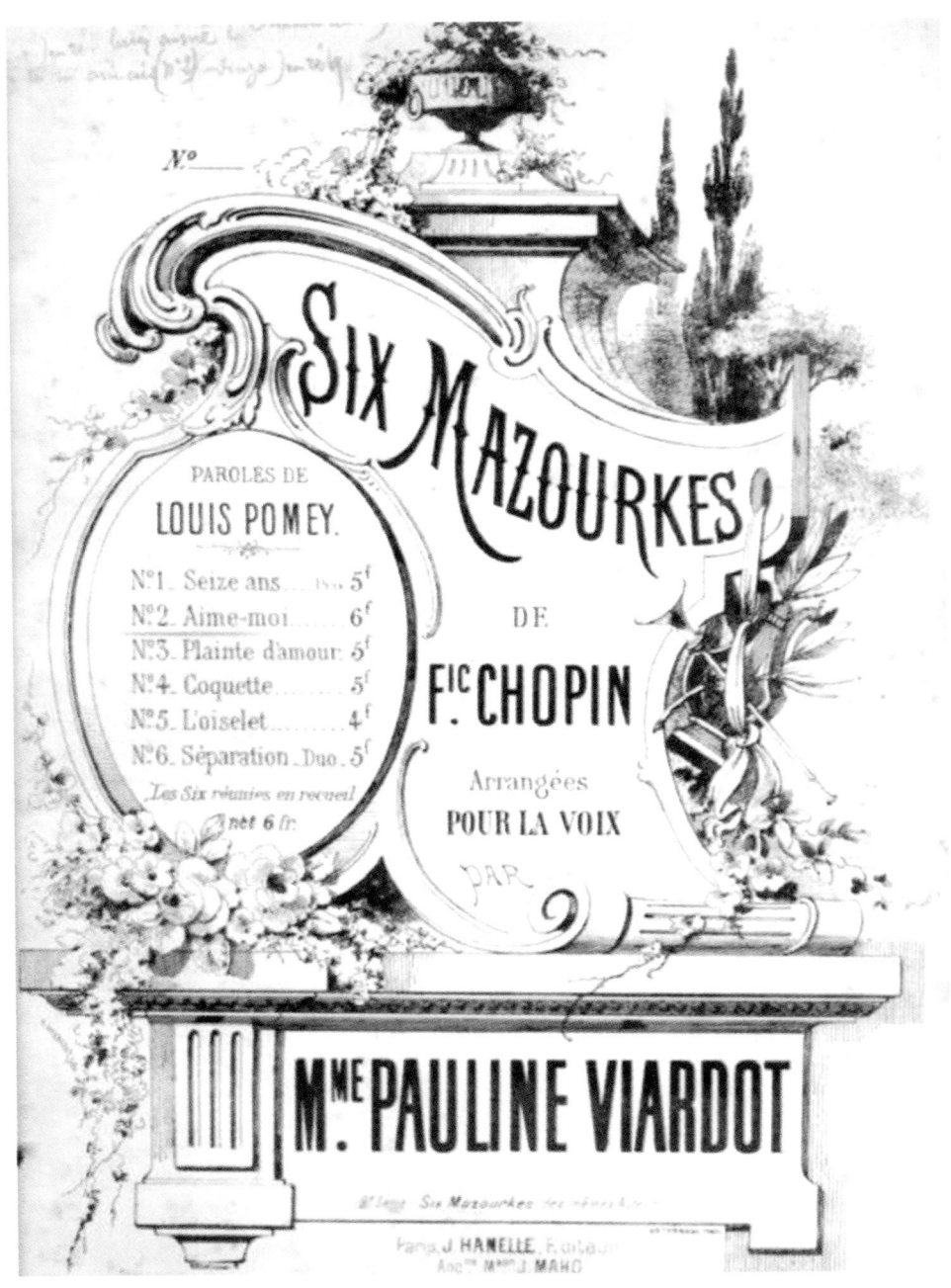

44. Arranjo de seis Mazurkas de Chopin por Pauline Viardot, com letras de Louis Pomey, edição E. Gérard & Cie., de 1866.

45. O "balé sobre patins" de *Le Prophète*, de Meyerbeer (fotografia de modelos de argila pintados à mão, década de 1860).

46. Gounod, c. 1850.

47. A exposição de Courbet foi montada numa construção provisória, entre um quartel de bombeiros e uma refinaria de açúcar (fotografia, 1855).

48. A gráfica de Goupil fora de Paris (gravura, 1873).

49. Berlioz, 1857.

50. Pauline Viardot em *Orphée*, fotografia de Disdéri, 1859.

51. O símbolo desenhado por Pauline Viardot no caderno de Turgueniev.

52. A mansão de Turgueniev em Baden vista do jardim. Fotografia, 1986, por Nicholas Žekulin. A casa vizinha dos Viardot foi demolida há muito tempo.

53. Strauss e Brahms na estância hidromineral de Ischl, Áustria, 1894.

54. Primeira apresentação de *Le Dernier Sorcier*, na mansão de Turgueniev em Baden, 20 de setembro de 1867. Desenho de Ludwig Pietsch.

55. Jacques Offenbach, c. 1870.

56. Flaubert, c. 1870.

57. Devonshire Place, 30, onde os Viardot viviam.

58. "Os ingleses nunca deviam se meter com pintura." Trecho de carta de Turgueniev a Pauline Viardot, com esboço das figuras descritas de uma pintura em Grosvenor House.

59. Sala de Exposições do Hôtel Drouot (gravura com base em Daumier, 1862).

Une salle de l'hôtel Drouot, un jour d'exposition. (Dessin de M. Daumier.)

60. "Os pintores impressionistas podem duplicar o efeito de sua exposição no público mandando executar a música de Wagner." Caricatura de Cham (Amédée de Noé) em *Le Charivari*, 1877.

Les peintres impressionnistes pouvant doubler l'effet de leur exposition sur le public, en y faisant exécuter de la musique de Wagner.

61. Para a visitação pública, antes do funeral em 1° de junho de 1885, o corpo de Victor Hugo foi colocado sobre um monumental catafalco sob o Arco do Triunfo, em Paris.

62. Rodin e a estátua de Hugo no jardim do Palais-Royal, 1902.

63. O funeral de Verdi, Milão, 30 de janeiro de 1901.

64. Loja da editora Ricordi em Londres, c. 1900.

65. A edição de Reclam de *Fausto,* de Goethe, 1867.

66. Depósito da Universal-
-Bibliothek, 1930.

67. Pauline Viardot na varanda de seu apartamento no Boulevard Saint-Germain, Paris, c. 1900.

68. Entrada da Exposition Universelle, Paris, 1900.

Festival Handel de 1859, Novello lançou uma série de concertos corais e orquestrais com ingresso a um xelim, nos quais era possível adquirir seus populares arranjos e edições a preço baixo. Os editores Chappell e Cramer financiaram juntos a construção do St James Concert Hall (1858) em Piccadilly, onde vendiam partituras e instrumentos em concertos "Pops". Boosey lançou seus Ballad Concerts no St James Hall. A companhia se dera conta de que os maiores lucros advinham da venda de partituras de baladas no estilo cantado nos music halls, e começou a concentrar nelas as suas atividades. Para promover suas canções, Boosey contratava cantores famosos para esses concertos. Muito dinheiro podia ser ganho no circuito dos concertos de baladas, especialmente pelas mulheres, pois os arranjos para voz feminina eram de longe o maior mercado de baladas.

Uma das artistas de maior sucesso era Antoinette Sterling, americana que estudou com Pauline Viardot em Baden e com seu irmão, Manuel Garcia, em Londres, nos anos 1860. Sterling ganhou uma fortuna optando por royalties nas vendas das partituras que promovia, em vez de um valor fixo para se apresentar nos concertos, como acontecia com a maioria das outras cantoras. Boosey foi o primeiro a favorecer esse sistema de direitos autorais, como forma de compartilhar os riscos de publicação com os cantores, além de interessá-los na promoção da música, se apresentando no maior número possível de concertos. Inicialmente os ganhos de Sterling com royalties foram modestos, mas ela encontrou um tesouro ao promover "The Lost Chord" (O acorde perdido, 1877), balada sentimental e piedosa de Arthur Sullivan, da qual foram vendidos meio milhão de exemplares no primeiro quarto de século. Com direitos autorais de 62 centavos por unidade, Sterling ganhou 12.500 libras (315 mil francos), ou 500 libras por ano, só com esta canção.[51]

3

A mudança para Baden permitiu a Pauline passar mais tempo compondo. Desde a década de 1830, ela compunha canções e música de câmara, mas agora se voltava para outras formas, escrevendo operetas com Turgueniev, para serem apresentadas pelos alunos no teatro que construíam no jardim da casa. Turgueniev trabalhava desde 1859 no libreto de uma opereta, *Le Dernier Sorcier*. A intriga não podia ser mais boba, mesmo para os padrões da *opéra bouffe*. Gira em torno de Krakamiche, velho feiticeiro outrora poderoso, mas que perdeu a magia, e cuja presença na floresta perturba os elfos; há um romance entre sua filha, Stella, e o príncipe Stelio, e os dois casam por intervenção da Rainha dos Elfos. Cheia de humor e sátira, a opereta seguia a longa tradição de entretenimento doméstico na casa dos Viardot — teatro amador, adivinhações e paródias —, onde Pauline e Turgueniev se entregavam ao seu gosto de brincadeiras infantis (Louis era sério e rígido demais para participar, e geralmente se retirava para seu escritório).*

A primeira apresentação de *Le Dernier Sorcier* ocorreu em 20 de setembro de 1867, para amigos, na mansão de Turgueniev, concluída mas ainda não habitada (ver imagem 54 do encarte). Lanternas no caminho de chegada orientavam os convidados até o saguão de entrada, fortemente iluminado, do qual passavam ao salão, onde, na descrição de Ludwig Pietsch, "uma simples cortina verde presa à parede e encimada por folhas de espirradeira" delimitava a área do palco. Em torno dele, os trinta convidados se acomodaram em cadeiras e poltronas dispostas informalmente, e havia um piano, ao qual Pauline se sentou. Enquanto ela tocava a abertura, as cortinas se abriram, revelando o cenário: "vasos de flores e espirradeiras representam uma floresta e a parede de papelão com janela no canto representa a cabana em ruínas [do feiticeiro]". Louis Pomey desempenhou o papel de Krakamiche, embora numa récita de gala em outubro, na presença do rei da Prússia, o feiticeiro tivesse sido interpretado por Turgueniev. "Eu não cantei, apresso-me a esclarecer, apenas atuei, e não tão mal quanto poderia ter esperado", explicou ele a Annenkov. "Os convidados gostaram da fala de Krakamiche e a entenderam como paródia de Sua Alteza Imperial Napoleão III, o que provocou fortes gargalhadas do rei Guilherme." Uma aluna de Pauline, Marie Hasselmans, cantou o papel de Stella — pois um dos objetivos das operetas era proporcionar aos seus alunos a experiência de se apresentar para o público. Mas as estrelas da produção foram os três filhos menores de Pauline — Claudie, 15 anos, como a Rainha dos Elfos, Marianne (13) como

---

* Turgueniev era a alma dessas festas domésticas, quando não sofria com a gota, entretendo com suas histórias divertidas, danças ridículas e imitações de animais (seu número favorito para divertir as crianças à mesa do jantar era tomar a sopa como se fosse uma galinha).

o principal elfo e Paul (10) como o criado de Krakamiche, Prelimpinpin. Sua participação conferiu à opereta o clima informal de uma encenação em família, com seu encanto muito próprio. No centro, estava Pauline, não apenas a compositora, mas piano-orquestra, regente e encenadora. "Minha mãe", recordaria Paul, "acompanhava ao piano, supervisionava tudo, corria aos bastidores nos intervalos para prender a asa de uma fada ou ajeitar um alfinete".

> Depois da récita, os artistas faziam uma ceia consistindo invaria-velmente em pratos frios e salada de batata. A ceia era oferecida na nossa casa, sendo necessário atravessar toda a extensão dos dois jardins; essas procissões noturnas, estando todos ainda caracterizados, não era o aspecto menos pitoresco dessas noites memoráveis.[52]

Viriam outras operetas com a assinatura Viardot-Turgueniev — *Trop de Femmes*, *L'Ogre* (com Turgueniev no papel-título) e *Le Miroir* —, todas apresentadas no Teatro Thiergarten, no jardim de Turgueniev, em 1868-9. Mas nenhuma fez o sucesso de *Le Dernier Sorcier*, cujas récitas se sucederam em duas temporadas, até a estreia pública no Teatro da Corte de Weimar em 8 de abril de 1869, aniversário da princesa Sophie, grã-duquesa consorte de Saxe-Weimar-Eisenach (em Weimar, havia uma longa tradição de comemoração dos aniversários do casal grão-ducal com um festival de óperas e peças no Teatro da Corte).[53] A imprensa europeia deu repercussão a esse sucesso. Um dos convidados numa récita no Teatro Thiergarten foi Sextius Durand, correspondente de *La France musicale*, que disse aos seus leitores que a opereta valia "cem vezes mais que aquelas que veem nos nossos teatros parisienses". Turgueniev ficou encantado. Seu ponto de partida fora a admiração por Jacques Offenbach (imagem 55 do encarte), cujas *opéras bouffes* vira muitas vezes, e nas quais adorava o humor e a sátira. Desde a primeira viagem a Paris, em 1845, Turgueniev era um entusiasta dos teatros de bulevar. Era visto com frequência no Variety e no Théâtre de la Porte Saint-Martin. Pauline compartilhava esse entusiasmo por Offenbach. Desde a década de 1850, frequentava o Théâtre des Bouffes-Parisiens, o teatro do compositor, muitas vezes com Turgueniev. Louis não os acompanhava. Os *bouffes* não eram o seu gênero. Era, portanto, um interesse que Turgueniev abraçava de bom grado, sabendo que o uniria a Pauline num casamento artístico muito próprio deles. "'Viva Offenbach!'", escrevera a Pauline depois de uma récita de *La Grande-Duchesse* no Teatro Variety em Paris. "Viardot vai me esmagar de desprezo, mas devo confessar que me diverti à larga [...]. O humor e a animação são impressionantes."[54]

Offenbach era frequentador habitual das estações termais de Bad Ems e Baden, distantes apenas 250 quilômetros uma da outra, e nelas ostentava uma figura de dândi de calças amarelas e colete, paletó de veludo azul claro, luvas e chapéu cinzentos. Passava a maior parte do tempo livre no cassino, mas visitou em pelo menos duas ocasiões a mansão dos Viardot, uma delas para uma récita de *Le Dernier Sorcier*, de que gostou.[55] Ele começou a ir a Bad Ems em 1858, por causa do reumatismo, mas gostou tanto de lá estar, longe da mulher e da família, livre para trabalhar e visitar o cassino e as amantes, que seriam no total dez temporadas (ele gracejou certa vez, no curioso jargão franco-alemão que lhe era característico, que teria ficado tão rico quanto Meyerbeer não fossem suas três paixões: *"le cigare, la femme, und dann noch, un peu le jeu!"*). As operetas de Offenbach eram o ponto alto cultural da temporada de verão em Bad Ems, e muita gente fazia a viagem exclusivamente por elas. Em 1863, um ano excepcional, ele tinha dez operetas em cena em Bad Ems, entre elas, *Lischen et Fritzchen*, que se tornou um grande sucesso comercial, com sua ária mais conhecida, "Je suis Alsacienne, je suis Alsacien", cantada por todo mundo. Dizem que Offenbach compôs a opereta em uma semana, para ganhar uma aposta.[56]

A atmosfera cosmopolita das estações termais atraía Offenbach. Judeu nascido em Colônia em 1819, ano do último grande pogrom na Alemanha do século XIX, ele se estabelecera na França. Seu estilo de composição era uma mistura eclética de influências, de Mozart e Rossini, da ópera cômica francesa, de música de cancã e danças de muitas nacionalidades. Sua carreira evoluíra num ziguezague para contornar os obstáculos do antissemitismo, que continuou encontrando, mesmo quando estava no auge do seu sucesso. Nas caricaturas, suas origens judaicas eram enfatizadas, com um longo nariz recurvado, e muitos críticos seguiam Wagner na caracterização de sua música como "comercial" e "judaica".[57] Segundo os Goncourt, o jornalista Ernest Daudet gostava de dizer que Offenbach era "o pior tipo de judeu", pois mantinha a esposa "com os trocados que caíam do bolso" enquanto levava uma vida de *bon vivant*.[58]

O jovem Jakob (como era conhecido na Alemanha) se sentira atraído pela França porque lá os judeus desfrutavam de maior liberdade. Formado no Conservatório, Offenbach não demorou a fazer nome nos salões, estabelecimentos de dança e teatros de *comédie en vaudeville* de Paris, na década de 1840, com música ligeira para dançar e esquetes burlescos. Mas o que queria realmente era escrever para a Opéra-Comique, o palco onde haviam estreado as obras de Auber, Adam e Donizetti. Durante vários anos, tentou convencer o diretor, mas as encomendas não vinham, e ele então trabalhava como compositor na Comédie-Française. Em situação financeira desesperadora, em 1854 chegou a pensar em emigrar para os Estados Unidos. Mas então pensou em "abrir meu próprio teatro musical":

> Me convenci de que a Opéra-Comique não era mais o teatro da ópera cômica, e de que a ideia de uma música realmente alegre, animada, espirituosa — em suma, a ideia de uma música com vida — aos poucos estava sendo esquecida. Os compositores que escreviam para a Opéra-Comique compunham pequenas *grand opéras*. Eu tinha certeza de que alguma coisa podia ser feita pelos jovens músicos que, como eu, eram mantidos em inatividade às portas do teatro lírico.[59]

Um precedente fora estabelecido por Hervé (nome artístico de Florimond Ronger). Hervé abrira seu teatro no Boulevard du Temple em 1854, e lá montava operetas cômicas em um ato (chamando-as de *Folies concertantes*).* Encomendou uma opereta a Offenbach, uma obra de nonsense, *Oyayaye, ou La Reine des îles*, sobre um contrabaixista (interpretado por Hervé) cuja embarcação naufraga; ele vai dar numa ilha de canibais e consegue escapar navegando no contrabaixo. Estimulado pelo sucesso, Offenbach alugou a Salle Lacaze, teatro abandonado nos Champs Élysées, em frente à entrada da Exposition Universelle, que acabara de ser inaugurada quando o teatro abriu, a 5 de julho de 1855. A Salle Lacaze era minúscula, mas equipada de suntuosas

---

* As rigorosas leis francesas de autorização para o funcionamento de teatros permitiam a Hervé apresentar apenas óperas em um ato, com não mais que dois personagens. Ele encontrou várias maneiras engenhosas de contornar essas restrições. Numa das obras, por exemplo, apresentou um cadáver que cantava como um dos personagens.

cadeiras forradas de veludo, o que as fazia parecer de grande nobreza para os frequentadores burgueses. O teatro era em grande parte financiado pelo editor de *Le Figaro*, Hippolyte de Villemessant, que comprara o jornal em 1854, ano em que fez amizade com Offenbach, enchendo o periódico com histórias espirituosas, anedotas e fofocas para atrair o mesmo público a que o compositor se dirigia nas *opéras bouffes*. Villemessant investiu no teatro e passou a promovê-lo nas páginas de *Le Figaro*.[60]

O Théâtre des Bouffes-Parisiens foi inaugurado com Offenbach regendo quatro das suas *opéras bouffes*, farsas satíricas em um ato. A Salle Lacaze estava superlotada. Boa parte do público era formada por turistas estrangeiros e visitantes da Exposition que buscavam entretenimento à noite. Mas muita gente vinha das *banlieues*: agora esses moradores dos subúrbios podiam viajar a Paris para passar apenas uma noite, valendo-se dos trens para se juntar ao público de frequentadores dos bulevares.

Offenbach recorria ao humor subversivo do bulevar. Zombava da arrogância, da hipocrisia e da falsa santidade — alvos fáceis na França do Segundo Império. E assunto não lhe faltava. Numa sociedade em que era possível ganhar dinheiro rápido e perdê-lo com a mesma facilidade em especulação na bolsa de valores, não faltavam oportunidades de sátira, e Offenbach explorou quase todas elas. Seus enredos muitas vezes giram em torno de fortunas sendo ganhas, para então serem perdidas de novo. Os personagens gastam em demasia, se perdem no luxo e no prazer, vivendo o dia de hoje por saberem que o que ganharam na especulação pode desaparecer amanhã com a mesma facilidade.

O próprio Offenbach fugia de credores ao compor sua primeira opereta em mais de um ato, *Orfeu no inferno* (1858). Paródia subversiva da mitologia grega, ela usava a história de Orfeu para mostrar os deuses se comportando mal, sujeitos à mesma luxúria, aos mesmos ciúmes e intrigas que os seres humanos. Orfeu e Eurídice não são amantes marcados pelo destino, mas um irritante casal em matrimônio. Júpiter é retratada fazendo amor com meninas na presença da enciumada esposa. Os outros deuses seguem seu exemplo, fingindo adotar um comportamento correto quando a Opinião Pública, personagem narrador introduzido por Offenbach para representar o coro grego, se manifesta, defendendo os interesses da Moral. No fim, a Opinião Pública é descartada por Júpiter e os deuses descem ao inferno numa orgia enquanto dançam o "Galope Infernal", com música de cancã.

O enredo parece indicar que Offenbach pretendia que *Orfeu no inferno* fosse uma sátira de Napoleão III (Júpiter) e seguidores (os outros deuses), o que, no entanto, passou despercebido na noite de estreia. Embora as críticas fossem boas, a procura do público inicialmente foi decepcionante. Offenbach temia ser obrigado a tirar a obra de cartaz depois de apenas oitenta récitas. Mas a sorte se manifestou por meio de Jules Janin, o imperador dos críticos, que publicou uma resenha de *Orfeu* no *Journal des débats* seis semanas depois da estreia. Em geral favorável a Offenbach, ele se mostrou ligeiramente crítico. O compositor então enxergou uma oportunidade de causar polêmica: publicou em *Le Figaro* uma carta provocadora a Janin defendendo sua obra. Janin mordeu a isca, respondendo com uma invectiva contra *Orfeu*, verdadeira profanação da "antiguidade sagrada e gloriosa", e denunciando-a como obra "blasfema". Era exatamente do que Offenbach precisava para animar a temporada da opereta. Ser atacado pelo pedante Janin era a melhor publicidade possível. O público imediatamente aumentou, o Théâtre des Bouffes-Parisiens ficava lotado toda noite, a renda subiu para 60 mil francos por mês e, em vez de sair de cartaz depois de oitenta récitas, *Orfeu* chegou a 228. Os trechos de música para dançar eram ouvidos em toda parte, do Jardin Mabille às tabernas do subúrbio e até nos realejos de rua. Até que a temporada foi encerrada, mas, em abril de 1860, a opereta voltou a ser montada numa noite de gala no Théâtre-Italien. Ironicamente, Napoleão III concordara em comparecer com a única condição de que *Orfeu* fosse a obra apresentada. Por essa récita única, Offenbach recebeu 22 mil francos, uma escultura de bronze das Tulherias, presente do imperador, e um bilhete de agradecimento de Sua Imperial Majestade por uma "noite inesquecível".[61]

Orfeu no inferno fez tanto sucesso, viajando por toda a Europa, que serviu de modelo para as cinquenta operetas compostas posteriormente por Offenbach. Dinheiro, sexo e guerra são os temas constantes em suas paródias. Em *La Belle Hélène* (1864), que subiu ao palco setecentas vezes só em Paris, ele recontava a história da fuga de Helena de Troia com Paris em ambientação contemporânea. Helena é apresentada como uma elegante dama da sociedade que foge com o atraente Paris por estar entediada; ela não se importa com o que os outros acham, nem com as consequências do seu comportamento, desde que esteja se divertindo. Como entoa o coro quando os amantes estão juntos,

Il faut bien que l'on s'amuse,
Qu'on se donne du bon temps,
Et que de la vie on use
Jusqu'à trente ou soixante ans!
La la la la la la la la...[62]

[É preciso se divertir,
Ter lá seus bons momentos,
E fazer bom uso da vida,
Até 30 ou 60 anos!
Lá lá lá lá lá lá lá lá]

Em *La Vie parisienne* (1866), o alvo da sátira já estava no presente, e em certo sentido era o próprio público, pois ele zombava dos turistas em Paris. A opereta começa na Gare du Nord (que acabara de ser construída dois anos antes, em 1864) e acompanha as aventuras dos Goldremarck, um barão sueco e sua mulher, que, como tantos turistas do mundo inteiro, se abalaram para desfrutar dos prazeres da "*gay Paree*". O barão está louco para beber champanhe na companhia de cortesãs, e a baronesa, para admirar as estrelas do canto nas casas de ópera e nos cafés da cidade:

Je veux, moi, dans la capitale
Voir les divas qui font fureur,
Voir la Patti dans *Don Pasquale*,
Et Thérésa dans *Le Sapeur*!

[Pois eu, na capital, quero
Ver as divas fazendo furor,
Ver a Patti em *Don Pasquale*,
E Thérésa em *Le Sapeur*]

E o tempo todo o coro entoa:

Du plaisir à perdre haleine
Oui voilà la vie parisienne![63]

[Prazer até perder o fôlego
Sim, esta é a vida parisiense!]

Em 1867, quando o mundo inteiro foi a Paris para a Exposition Universelle, as *opéras bouffes* de Offenbach não se haviam tornado apenas uma das principais atrações da cidade para os visitantes estrangeiros; já estavam entre os grandes artigos de exportação para a Europa e para o resto do mundo. Londres, Bruxelas, Frankfurt, Viena e Budapeste — todas estas cidades estavam tomadas pela mania de Offenbach. O compositor excursionava permanentemente, entregando partituras, recebendo direitos autorais, colaborando nas produções de suas obras. Nesse mesmo ano de 1867, *La Belle Hélène* era montada em todo o continente, de Constantinopla a São Petersburgo; estreou nos Estados Unidos, no Japão, na Indochina e na Austrália. Tivera início a era do entretenimento global.

4

Paris, hôtel Byron,
Sábado, 15 de junho de 1867, 8h.

Minha querida madame Viardot, exatamente às cinco horas nós desembarcamos na estação; às seis, fui instalado num quarto em que mal posso me movimentar; e às sete, tomei um banho [...] pois temos de reconhecer que só Paris oferece confortos assim.[64]

Turgueniev foi a Paris para a Exposition Universelle no Champ de Mars. Para lá se dirigiu depois de tomar seu banho. O gigantesco salão de exposições, um complexo de forma oval com seis galerias concêntricas, tendo a mais exterior quase dois quilômetros de comprimento, estava tomado de máquinas de todos os tipos e tamanhos, cujo ruído se sobrepunha à algazarra da multidão, enquanto a fumaça das máquinas subia em direção ao telhado de vidro. Depois de algumas horas caminhando pelas galerias, Turgueniev

estava exausto. "Meus pés se recusavam a continuar", informava ele a Pauline, "eu estava completamente desnorteado com o caos [tohu-bohu] das
máquinas, móveis, diamantes, esmeraldas do tamanho de um melão, tecidos
de todas as cores, cristais, armas, palácios, quiosques, objetos de cerâmica,
porcelanas, cavalos, cães, pinturas, estátuas, homens e mulheres chineses,
letreiros, banheiros (entrei neles quatro vezes)... etc. etc.".[65]

Turgueniev só estava realmente interessado nas pinturas, que foi inspecionar novamente no dia seguinte. Não poupava elogios aos quatorze quadros de Meissonier ("com certeza o melhor pintor do mundo no momento"),
opinião que hoje pode parecer ridícula (Meissonier saiu de moda há pelo
menos cem anos), mas que certamente era compartilhada pelas multidões
que passavam à frente deles. Também ficou decepcionado por não ter dinheiro para comprar uma "linda paisagem" do pintor bávaro Karl von Piloty
(outro artista hoje considerado incrivelmente ruim).[66] Nem chegou a visitar
a exposição individual de Édouard Manet. Mais de cinquenta pinturas suas
eram expostas no pavilhão que ele próprio mandara construir na Avenue
d'Alma, em frente a uma das entradas da Exposition Universelle, exatamente
como Courbet em 1855. Embora Turgueniev fosse amigo e aliado literário
do jovem Émile Zola, grande defensor da arte de Manet, seu gosto era mais
conservador nas artes plásticas.

Para Napoleão III, a Exposition era uma oportunidade de mostrar ao
mundo o esplendor da recém-reformada capital francesa. O barão Haussmann
dispunha de verbas especiais para que seus principais projetos — uma
rede de grandes bulevares, terminais ferroviários, blocos de prédios de
apartamentos uniformes, praças, parques e jardins, um sistema de esgotos
e tubulações subterrâneas para a iluminação a gás das ruas — estivessem
concluídos para a inauguração da Exposition a 1º de abril. A velha Paris de
ruas estreitas foi em grande parte demolida; as classes trabalhadoras que
nelas viviam foram expulsas pelos preços dos novos imóveis construídos
no centro. A cidade mal podia ser reconhecida por aqueles que se tivessem
ausentado por alguns anos. Turgueniev, que era um deles, achou que Paris
ficara maior, mais monumental, de tal maneira que, mesmo com um milhão
de visitantes para a Exposition Universelle, não "parecia mais cheia" que
nas suas lembranças.[67]

A Paris de Haussmann tornou-se um modelo dos projetos de reforma
de outras capitais na década de 1860: a Ringstrasse em Viena, o projeto de

Hobrecht para a reconstrução de Berlim, o projeto de Cerdà em Barcelona, o de Lindhagen em Estocolmo, a "via radial" e os bulevares de Budapeste, a reestruturação de Bruxelas, Cairo com seus bulevares e parques construídos por ordem de Ismail Paxá — todas essas iniciativas foram mais ou menos inspiradas pelo exemplo da capital francesa.[68] A Paris de Haussmann lhes dava uma ideia de como deveria ser uma cidade.

Haussmann costumava dizer que a cidade que estava construindo não era apenas dos parisienses: devia ser uma capital internacional, pertencendo igualmente ao povo do Império Francês e aos visitantes estrangeiros, que podiam chegar de trem de todos os recantos do continente. "Paris é uma capital do consumo, uma gigantesca oficina, uma arena de ambições, um ponto de encontro do prazer", declarou num banquete de financistas.[69]

A ideia de Paris como mercado do prazer há muito fazia parte da identidade da cidade. Mas se tornou um fator central da sua imagem a partir dos anos 1860, quando a reforma urbanística de Haussmann gerou novos espaços comerciais nos bulevares, destinados especificamente ao divertimento: restaurantes, cafés, lojas e galerias, vaudevilles e teatros. Valorizado e promovido pelos parisienses, o culto de Paris como capital do prazer era uma valiosa ferramenta de propaganda para a indústria do turismo. Havia guias para orientar os visitantes sobre os melhores hotéis da cidade, as lojas de departamentos e galerias de compras, os teatros, pistas de corrida e até clubes noturnos e bordéis; todos asseguravam aos leitores que estavam na maior cidade de prazeres do mundo. Escreveu, por exemplo, Alfred Delvau em seu guia turístico *Les Plaisirs de Paris*, publicado a tempo de ser usado pelos frequentadores da Exposition Universelle em 1867:

> Pode-se dizer qualquer coisa de Paris, menos que seja uma cidade tediosa. É, pelo contrário, a capital do prazer, oferecendo mais prazeres que qualquer outra cidade; em nenhum outro lugar um homem pode se divertir tanto e de maneiras tão variadas, e aquele que não encontrar divertimento será um homem que não sabe procurar por ele.

Era esta a Paris do *flâneur* — o andarilho ocioso ou espectador anônimo no bulevar de grande movimento, para o qual, nas palavras de Baudelaire, era "uma imensa alegria montar praça no coração da multidão, no vai e vem do movimento [...] no efêmero e infinito".[70] Sentar num café e observar os transeuntes era um prazer em si mesmo.

Paris era uma festa permanente, com bailes e recepções para altos dignitários chegados do mundo inteiro para a abertura da Exposition Universelle. Os hotéis estavam lotados, e muitos, como Turgueniev, tiveram de se acomodar em quartos minúsculos. Cafés, restaurantes, clubes noturnos e bordéis funcionavam sem parar e os teatros dobravam o número de récitas para entreter os turistas: o Vaudeville reapresentava seu maior sucesso recente, *La Dame aux camélias*; a Opéra deu a estreia do *Don Carlos* de Verdi; o Théâtre Lyrique oferecia *Romeu e Julieta*, de Gounod. Em 12 de abril, enquanto isso, *La Grande-Duchesse de Gérolstein*, de Offenbach, estreava no Teatro Variety com a estrela Hortense Schneider no papel-título.

Em sua primeira noite em Paris, Turgueniev foi com amigos ver a opereta. E adorou a energia do espetáculo, assim como a sátira da guerra. *La Grande-Duchesse de Gérolstein* foi a grande atração teatral durante a Exposition Universelle, faturando mais de 5 mil francos por noite com a venda de ingressos (ao fim da primeira temporada, em 30 de novembro, tivera duzentas récitas, com renda de 870 mil francos).[71] Parodiando a mesquinhez no exercício do poder real, a opereta tivera problemas com a censura francesa, que enxergava no libreto referências a Bismarck, aos Romanov e à rainha da Espanha, Isabel, além de, ainda mais significativo, um retrato satírico de Napoleão III e sua corte; mas o enredo foi transposto para um século XVIII relativamente distante, e o espetáculo teve sinal verde para continuar em cartaz. Todas as cabeças coroadas em visita à Exposição parisiense foram ver a *opéra bouffe*. O imperador da França compareceu no dia 24 de abril, e foi visto "rindo e sorrindo, mas também enrolando as pontas do bigode — infalível sinal de perplexidade". O tsar Alexander II, informado de que a corte de Gérolstein era uma paródia de Catarina a Grande, telegrafou da Alemanha ao embaixador em Paris para que reservasse um assento, e ele assim pudesse verificar pessoalmente. Bismarck assistiu à opereta pouco depois, entendeu-a como uma paródia da pequenez dos soberanos alemães e achou tudo muito divertido. "Exatamente! É exatamente assim", teria dito. "Vamos nos livrar dos Gérolstein, em breve, não restará mais nenhum. Sou grato aos seus artistas parisienses por mostrarem ao mundo como eram ridículos."[72]

O alvo da sátira mais dura de Offenbach era a estupidez dos generais que forçavam os reis a entrar em guerras inúteis. A mensagem vinha a calhar.

As tensões entre a França e a Prússia aumentavam. A derrota militar da Áustria pelos prussianos em 1866 desestabilizara o equilíbrio de poder na Europa, na visão dos franceses, que temiam a ascensão de uma Alemanha unida sob a liderança prussiana. Em abril de 1867, a constituição de uma Confederação da Alemanha do Norte foi adotada por 22 Estados até então independentes, alguns dos quais tinham sido anexados pela Prússia depois da vitória sobre os austríacos. Bismarck, o ministro-presidente da Prússia, tornava-se o chanceler da Confederação. A chegada do rei da Prússia a Paris ("sem o exército", observava Mérimée sarcasticamente em carta a Turgueniev) parecia indicar que pelo menos por enquanto a ameaça de guerra podia ser esquecida. Mas ela não desaparecia. "Se estourar uma guerra, será terrível — e ninguém sabe onde nem como terminará", escreveu Turgueniev a Pauline de São Petersburgo, onde se encontrava em abril para breve estada. "Esperemos não ouvir o canhão em Baden."[73]

Além de *La Grande-Duchesse de Gérolstein*, o grande acontecimento cultural da Exposição de Paris foi o sucesso instantâneo do "Danúbio azul" de Strauss ("An der schönen blauen Donau", no título original em alemão). Ao ser tocada pela primeira vez em Viena, em fevereiro, a valsa fora um fracasso, sendo bisada apenas uma vez. O problema tinha sido o coro incluído por Strauss na versão original: falando da proteção que o rio oferecia aos austríacos, a letra da canção mexia numa ferida muito recente, depois da derrota para a Prússia. Mas a melodia era linda, e Strauss foi persuadido a fornecer uma versão puramente orquestral a ser executada em Paris, onde o imperador Francisco José ofereceria um baile na embaixada da Áustria. Os austríacos estavam interessados em relações mais estreitas com a França, para que exercesse influência nos Estados alemães meridionais, fazendo frente ao avanço do inimigo comum, a Prússia. E também queriam reviver um pouco o orgulho nacional, promovendo Strauss nesse grande baile internacional. O salão de baile da embaixada e o jardim adjacente foram decorados com cetim branco e dourado, os candelabros, com flores vermelhas, brancas e azuis; e uma enorme cascata caía sobre rosas no salão de recepção. "Danúbio azul" causou sensação.

Villemessant, que estava no baile, viu ali uma oportunidade de ganhar influência política, contribuindo para estreitar as relações entre a França e a Áustria. Durante semanas, ocupou páginas de *Le Figaro* com artigos de louvor a Strauss. E lhe ofereceu na redação um jantar para o qual também foram convidados Turgueniev e Flaubert, além de Alexandre Dumas (o filho), Gautier e o pintor James Tissot, que descreveu a música de Strauss no *Figaro* como "um delicado bordado, cheio de boas energias, liberando o riso sufocado, pontuado de pequenas árias, piruetas [...] Strauss! Quanta magia neste nome!" A propaganda de Villemessant contribuiu para fazer do "Danúbio azul" um sucesso tocado em cafés e salões de dança em toda parte. O editor de Strauss recebeu tantas encomendas do arranjo para piano que as chapas de cobre da sua gráfica logo se desgastaram — só imprimiam 10 mil exemplares de cada vez. Ele então encomendou mais cem placas para imprimir um milhão de exemplares — na época, a maior tiragem de uma partitura de piano jamais feita —, que seriam vendidos no mundo inteiro.[74]

5

Clara Schumann escreveu a Brahms no dia 3 de outubro de 1867:

> Tenho uma pequena fofoca musical para contar.
> Mme Viardot compôs algumas pequenas operetas, duas das quais foram representadas pelos filhos e alunos. Ouvi cada uma delas três vezes, sempre com o mesmo prazer. Que arte, que delicadeza, que graça, que inteligência! São maravilhosas.[75]

Ao morrer, Pauline deixou centenas de composições. Elas não entraram para o cânone musical, mas eram tidas em alta conta na época.[76] Escrevendo em 1850 sobre suas *Dez canções*, Henry Chorley, amigo de Pauline, as considerava "melhores que muita coisa que passa por boa música: têm um estilo próprio — certamente não italiano — nem rigorosamente alemão — ou precisamente francês. Sua originalidade não reside nas 'melodias', mas na estrutura global."[77] Chopin elogiou suas canções espanholas. Como George Sand, ele se interessava pela música folclórica, e apreciava a maneira como Pauline a adaptara para o formato da canção de arte. Liszt considerou que ela era a primeira "mulher compositora de gênio". Em 1859, escreveu no *Neue Zeitschrift für Musik*:

Suas obras encerram tantos sentimentos ternos e delicados, tanta arte nas sutilezas harmônicas (dignas de inveja de muitos compositores famosos), que só podemos lamentar que Mme Viardot não tenha investido mais esforço em seu talento de compositora; nossa esperança é que essas centelhas de gênio tão próximas da inspiração de Chopin se transformem em chama.[78]

Turgueniev estimulava Pauline a compor. Enfrentando sua falta de autoconfiança, não poupava elogios a suas composições e fazia o possível para promovê-las. Contando com sua ajuda na tradução, Pauline compôs um álbum de doze canções sobre poemas russos de Pushkin, Fet e do próprio Turgueniev, que seria publicado por August Johansen em São Petersburgo em 1864. Cinco outros álbuns de canções russas compostas por Pauline seriam editados por Johansen nos anos seguintes, todos com intenso envolvimento de Turgueniev, que se empenhava em conseguir publicidade favorável, financiou a publicação dos últimos álbuns e até convencia amigos a comprar estoques encalhados, sem que Pauline jamais soubesse.[79]

Em 1865, Julius Rietz, velho amigo de Pauline, se hospedou com ela e Louis em Baden, ouvindo-a cantar suas canções russas. De volta a Dresden, Rietz escreveu a Pauline, sugerindo que compusesse uma sonata para piano e insistindo que devia explorar as grandes formas, tentando por exemplo uma sinfonia, que ele teria prazer em reger num concerto em Dresden, onde era *Hofkapellmeister*. Turgueniev ficou encantado com a carta de Rietz. Escreveu a Pauline de sua propriedade em Spasskoe, onde se encontrava para breve estada, estimulando-a:

Que possa assim ganhar asas — é muito mais do que qualquer um de nós, diletantes, poderia lhe dizer — e se não concluir a sua sonata, se na volta eu não encontrar sequer um adorável adagio quase pronto — terei de repreendê-la. Suponho que seja mais fácil desenvolver amplamente uma ideia musical se sua forma não for predeterminada [...]. E, portanto, ao trabalho! Quero estimulá-la, mas não escrevi praticamente nada recentemente. Mas não! Dou minha palavra de honra: se sentar para compor sua sonata, vou retomar meu trabalho literário [ele não escrevia nada substancial desde *Pais e filhos*] [...]. Um romance por uma sonata. Que lhe parece?[80]

Pauline de fato escreveu uma sonata — na verdade três, para violino e piano, que chegaram até nós. Mas não compôs nenhuma sinfonia nem um concerto. Como tampouco se arriscou em formas operísticas maiores, embora também neste caso o convite lhe tenha sido feito mais de uma vez. Depois do sucesso de *Le Dernier Sorcier* no Teatro da Corte de Weimar, Pauline foi convidada pelo grão-duque de Weimar a compor uma Grand Opéra, o que, no entanto, não ocorreu. Também chegaram a ser feitos planos para que compusesse uma ópera em mais de um ato com base no romance *La Mare au diable*, de George Sand. Pauline recebera o libreto da própria escritora em 1859. Em 1862, concluíra dois dos três atos pretendidos. Mas o trabalho foi interrompido. Por fim, em longa carta datada de 7 de junho de 1869, Louis, e não Pauline, explicava à amiga comum:

> Pauline nunca se considerou uma compositora, compôs bom número de pequenas peças musicais, sempre em função de circunstâncias que se apresentavam [...]. Em suas operetas, por exemplo, encontramos um coro de elfos provocando o feiticeiro, uma canção da chuva, uma canção de ninar para fazer o ogro dormir; Pauline encontra com facilidade a equivalência musical dos personagens. Mas não é propriamente uma compositora, não é capaz de encontrar em si, em grau suficiente e sem ajuda de circunstâncias específicas, as ideias musicais necessárias para ter êxito em todos os temas. Por encantadora que possa ser, uma comédia *La Mare au diable* oferece apenas duas circunstâncias assim [...]. As demais cenas pertencem à categoria daquelas em que o compositor precisa extrair de si mesmo [*sic*] as ideias melódicas e os recursos harmônicos. Pauline o tentou em várias oportunidades, em diferentes momentos; não ficou satisfeita com o que fez e destruiu essas tentativas inúteis.

Louis sugeria que o libreto fosse entregue a "alguém que seja realmente um compositor, por exemplo, Bizet".[81]

Fosse um reflexo do juízo de Pauline sobre sua própria música ou apenas expressão de uma opinião pessoal de Louis, o fato é que a carta chama a atenção para vários dos obstáculos que impediam que as mulheres compusessem obras de projeção e entrassem para o cânone em igualdade de condições com os homens.

Pauline não tivera educação formal em nenhuma academia de música. A mãe a mandara estudar composição com Anton Reicha na adolescência, mas ela não chegara a estudar contraponto e orquestração, disciplinas fundamentais para compor em grande escala. As mulheres eram excluídas das classes de composição na maioria dos conservatórios. Mesmo quando eram admitidas numa academia de música, frequentavam aulas separadas dos homens, se especializando quase sempre como cantoras ou pianistas para seguir carreira como intérpretes ou professoras. Se acaso aprendessem harmonia, era num nível inferior ao dos homens. No Conservatório de Paris, por exemplo, as mulheres desde 1859 podiam ter aulas de harmonia para executantes no teclado, mas só vinte anos depois passariam a receber instrução em harmonia para composição. Até então, só dois conservatórios europeus — de Bruxelas e Leipzig — ofereciam aulas de composição para mulheres.[82]

Existia a possibilidade de providenciar aulas de composição particulares, mas eram raras as famílias que se dispunham. As filhas de talento musical podiam ser estimuladas a tocar piano ou cantar bem, mas poucas recebiam apoio para compor, o que era visto como uma profissão exclusiva de homens.

A jovem Fanny Mendelssohn (1805-47) talvez não fosse tão dotada quanto o irmão, Felix, na adolescência, quando ele compôs suas primeiras obras-primas, como o Octeto e a Abertura de *Sonho de uma noite de verão*, mas tinha um talento precoce, que não foi tão estimulado quanto o dele. O pai, Abraham, financiou apenas os estudos musicais de Felix. "A música talvez venha a se tornar a profissão dele", escreveu a Fanny quando ela tinha 15 anos, "ao passo que no seu caso só pode e só deve ser um ornamento". Ela casou com o pintor Wilhelm Hensel, que a estimulava a compor e encontrava textos para que musicasse. Felix também a apoiava. Mas considerava que as mulheres deviam ser antes de mais nada esposas e mães, e não achava que o empenho da irmã fosse suficientemente sério para embarcar numa carreira de composição de música para publicação, o que implicaria em trabalho em tempo integral. Dizia ele numa carta à mãe em 1837:

> Pelo que conheço de Fanny, devo dizer que ela não tem inclinação nem vocação para a criação artística. É por demais o que uma mulher deve ser, para isto. Cuida da casa e não pensa no público nem no mundo musical, nem sequer em música, enquanto seus

principais deveres não estiverem cumpridos. A preocupação de publicar só serviria para perturbá-la, e não posso dizer que aprovo.[83]

Ante tantos obstáculos, Fanny se sentiu forçada a esconder a própria identidade ao publicar suas primeiras peças — três Lieder que saíram com o nome de Felix Mendelssohn (Opus 8 e 9).* Talvez, como achava Pauline, simplesmente lhe faltasse autoconfiança para competir com o irmão como compositora.[84]

Clara Schumann publicou alguns dos seus primeiros Lieder numa coletânea reunindo também canções do marido, Robert. As peças foram dispostas de maneira a que os críticos não pudessem distinguir quais eram dela e quais, dele. Vivendo à sombra do gênio do marido, Clara não tinha muita confiança na própria capacidade como compositora. Em 1839, dois anos depois do noivado com Robert, escrevera em seu diário que devia deixar de lado a crença, estimulada pelo pai, de que tinha talento para compor ("uma mulher não deve querer compor — nunca houve nenhuma capaz disso"). A essa altura, ela compusera várias peças para piano e um Concerto para piano e orquestra. As resenhas das obras que publicava com seu nome eram polidas, mas condescendentes. Nunca deixavam de frisar sua condição de "compositora mulher", em geral recomendando que se concentrasse nas pequenas formas (peças para piano e de câmara), pois as mulheres não eram capazes de compor obras de grande porte (sinfonias e concertos). Até Robert compartilhava esse ponto de vista. Escrevendo em 1846 sobre seu Trio para piano e cordas em sol menor (Op. 17), Schumann elogiava certos trechos, mas acrescentava: "Naturalmente ainda é obra de uma mulher, o que sempre carece de força e eventualmente de imaginação." Recebendo um retorno de má vontade do próprio marido, Clara perdeu toda confiança. Um ano depois, quando Robert publicou seu primeiro Trio para piano e cordas (Op. 63), ela própria fez uma comparação desfavorável ao seu trabalho anterior, chegando à conclusão de que "soava muito efeminado e sentimental" (qualidades femininas inferiores). A partir daí, sempre escre-

---

* Sua autoria só seria revelada em 1842, quando a rainha Vitória recebeu Felix Mendelssohn no Palácio de Buckingham e manifestou o desejo de cantar para ele sua canção favorita dentre as que ele compusera, "Italien", e ele confessou que era de Fanny.

veria sobre a própria música como se sentisse vergonha; e praticamente não compôs mais. Depois da morte de Robert, em 1856, tendo sete filhos para criar, a carreira de pianista não lhe permitiria mesmo pensar em compor. Pauline certamente a desencorajou nesse sentido, advertindo que pouco se ganhava compondo música e que "até os maiores talentos morreriam de fome se vivessem apenas da pequena renda da composição".[85]

A falta de autoconfiança também tolhia Pauline. Segundo a cantora Anna Eugénie Schoen-René, que estudou com ela em Baden, Pauline escondia suas composições "como se fossem um pecado".[86] Cantava uma ária composta por ela mesma e dizia aos convidados que era uma composição de Mozart recém-descoberta. Só na década de 1880, lhe passou pela cabeça fazer valer seus direitos autorais e receber royalties pelas obras publicadas.[87] Sua insegurança certamente explica o fato de Turgueniev ter se empenhado tanto em estimulá-la. E também os problemas que encontrou ao tentar compor uma ópera em vários atos, e por que teria incumbido Louis de anunciar seu "fracasso". Pauline ficara "assustada e paralisada" ante a "necessidade de igualar ou quase igualar o nível criativo do ilustre parceiro", explicava Louis a George Sand, a libretista, o que tinha em mente. Pauline não se sentia à altura.[88] Ficava mais à vontade compondo obras menores: canções e danças para piano, as sonatas para violino e as operetas de salão que escreveu com Turgueniev em Baden.

A música de salão certamente era o gênero em que as mulheres mais compunham no século XIX. Era um terreno de criatividade acessível a "amadores" sem educação formal nas ferramentas de composição necessárias para criar obras de grande porte (exatamente como as pintoras do sexo feminino, excluídas das academias de arte, onde os homens aprendiam a pintar nus e cenas históricas, atuavam sobretudo nos gêneros "menores", como paisagens e retratos). Na visão dos críticos sérios, a expressão "música de salão" era praticamente sinônimo de "música de mulheres" — uma "forma menor" de música para uso doméstico. A maior parte da música de salão composta por mulheres não foi publicada, e suas compositoras foram esquecidas. Loïsa Puget compôs centenas de romanças, que ela mesma cantava com grande sucesso nos salões de Paris na década de 1840. Josephine Martin tocava muitas de suas obras para piano em programas apresentando também obras de Liszt, Thalberg e outros. Mas só uma pequena parte dessas composições foi publicada.

A música de uso doméstico era um grande mercado, e algumas mulheres conseguiram chegar lá. Charlotte Barnard ("Claribel") foi uma fecunda compositora de hinos e baladas que faziam enorme sucesso, ocupando um espaço comercial entre a opereta e o music hall. Sua canção mais famosa, "Come Back to Erin", se tornou tão conhecida que ganhou status de canção folclórica irlandesa nos vaudevilles de Nova York, onde as melodias sentimentais irlandesas eram muito populares. A pianista e compositora polonesa Tekla Bądarzewska-Baranowska também se fez com a sua "Oração de uma donzela" ("A Maiden's Prayer"), publicada originalmente em Varsóvia e relançada em forma de suplemento à *Revue et Gazette musicale de Paris* de Schlesinger. Banal em termos pianísticos, com efeitos brilhantes de fácil execução, a peça se manteve como um best-seller até o início do século XX, quando se transformou em verdadeiro símbolo de mediocridade provinciana ("E amanhã de manhã não terei mais de ouvir essa 'Oração da donzela'", diz Irina ao partir para Moscou no último ato de *As três irmãs*, de Anton Tchekhov, enquanto a melodia açucarada chega ao jardim proveniente de uma sala próxima).[89]

Louise Farrenc (1804-75) e Louise Bertin (1805-77) eram exceções nesse panorama por terem superado os obstáculos que impediam as mulheres de criar música em grandes formas — Farrenc compunha obras orquestrais e Bertin, óperas —, mas contavam com vantagens consideráveis. Ambas foram estimuladas pela família: Farrenc vinha de uma dinastia de artistas ilustres, os Dumont, e casou com um compositor amador e editor musical que promovia sua obra; ao passo que o pai de Bertin era o editor do influente *Journal des débats*. Ambas estudaram composição desde cedo (Farrenc foi aluna de Reicha, também professor de Pauline; Bertin, do crítico e compositor belga François-Joseph Fétis). As primeiras composições de Farrenc foram bem recebidas por ninguém menos que Schumann, em seu papel de crítico; sua primeira Abertura foi elogiada por Berlioz. Ela foi nomeada professora titular de piano no Conservatório de Paris em 1842, e até venceu a batalha para ganhar o mesmo que o colega Henri Herz. Mas suas peças orquestrais não eram executadas com frequência — fato atribuído por Fétis, escrevendo três anos depois da morte de Farrenc, aos problemas enfrentados pelas mulheres para conquistar o reconhecimento necessário para que um empresário justificasse os custos de um concerto. E sem execuções regulares era praticamente impossível conseguir que uma obra de grande escala fosse publicada:

> Infelizmente, o gênero da música instrumental de grande escala ao qual Madame Farrenc, por natureza e formação, se sentia chamada envolve recursos de performance que um compositor ou uma compositora só com enorme esforço podem adquirir. Outro fator é o público, em geral não muito conhecedor, e que tem como único padrão para avaliar a qualidade de uma obra o nome do autor. Se o compositor for desconhecido, o público não se mostra receptivo, e os editores, especialmente na França, tapam os ouvidos quando alguém lhes oferece uma obra minimamente decente.[90]

6

Em 1863, Turgueniev começou a fazer viagens curtas entre Baden e Paris, onde mantinha seu apartamento na Rue de Rivoli. Ia visitar a filha, comprar e apreciar obras de arte e encontrar os amigos escritores, Mérimée, Flaubert, Sainte-Beuve e os Goncourt, que se encontravam regularmente em longos jantares no restaurante Magny, à margem esquerda do Sena. Turgueniev foi apresentado ao círculo de Magny no dia 28 de fevereiro de 1863 por Charles-Edmond Chojecki, escritor e tradutor polonês emigrado que trabalhava como bibliotecário no Senado francês. Grande cultor da arte da conversa, o escritor russo causou forte impressão nos irmãos Goncourt, que registraram em seu diário:

> Ele é um adorável colosso, amável gigante de cabeça branca; parece um velho e afável feiticeiro da floresta ou da montanha, com ares de druida ou do bondoso velho monge de *Romeu e Julieta*. Bem apessoado, mas de um jeito estranho e venerável, solenemente bem apessoado como Nieuwerkerke. Mas os olhos de Nieuwerkerke são

de um azul sedoso, ao passo que Turgueniev tem o azul do céu
nos olhos. A bondade do olhar combina à perfeição com a carícia
e os pequenos sons cantantes do sotaque russo, algo parecido com
o sussurro de uma criança.[91]

Foi nesse jantar que Turgueniev conheceu Flaubert (imagem 56 do encarte),
com quem nutriria longa e estreita amizade. Turgueniev imediatamente se
afeiçoou ao romancista francês, cujas obras conhecia e admirava talvez mais
que as de qualquer outro escritor na época. No dia seguinte, mandou-lhe duas
traduções de livros seus, *Memórias de um caçador* e *Rudin*, prometendo enviar
também as traduções de *Pais e filhos* e *Primeiro amor* feitas por Mérimée, que
saíram em 1863. Convidou-o a jantar com Pauline, também muito interessada
em conhecê-lo, no seu apartamento da Rue de Rivoli. Flaubert não pôde aceitar
o convite, mas escreveu uma resposta calorosa, cheia de elogios aos textos de
Turgueniev, que o deixou "encantado": "Há muito o considero um mestre.
Mas quanto mais o estudo, mais o seu talento me deixa espantado. Admiro o
caráter vigoroso, mas sóbrio do seu texto, a empatia que se estende até as cria-
turas humanas mais baixas e dá vida às paisagens. Nós vemos e sonhamos."[92]
Pouco depois, Turgueniev partiu para Baden. Convidou Flaubert a visitá-lo,
mas o francês era sabidamente um recluso e raramente se aventurava fora de
Rouen ou Paris, e mais uma vez o convite não foi aceito. Mas em suas viagens
a Paris, Turgueniev fazia questão de procurá-lo.

Uma profunda afinidade recíproca fez Turgueniev e Flaubert se aproxi-
marem. Os dois compartilhavam uma visão semelhante da arte, admiravam
os mesmos escritores e encaravam o ofício literário de maneira parecida,
antes empenhados em mostrar a realidade que em comentá-la. "Quantas
coisas não encontrei em suas obras que eu mesmo também senti e viven-
ciei!", escreveu Flaubert a Turgueniev em março de 1863. Ambos tinham
uma visão de mundo pessimista: já não alimentavam qualquer expectativa
de encontrar soluções racionais para os problemas do mundo por meio da
política (lição que cada um havia aprendido com o fracasso de 1848) ou
de encontrar a felicidade no amor conjugal (tema que permeia a obra de
ambos).* E encontravam consolo no trabalho, o principal fator de conver-

---

* "Você não acha", escreveu Flaubert certa vez a um amigo, "que a vida seria mais tolerável
se a ideia de Felicidade não existisse? Ficamos na expectativa de coisas que a vida não pode
oferecer" (Flaubert, *Correspondance*, vol. 5, p. 419).

gência. A correspondência entre eles não era mera troca de elogios. Os dois se ajudavam como escritores. Flaubert, em particular, tinha uma dívida para com Turgueniev, que podia ler suas obras em francês (Flaubert, por sua vez, não lia russo). Entre 1868 e 1870, Turgueniev fez várias viagens à casa de Flaubert em Croisset para ajudar em seu problemático romance *A tentação de Santo Antônio*. "Que ouvinte, e que crítico!", relatava Flaubert a George Sand:

> Ele me desconcertou com a profundidade e firmeza das ponderações. Se pelo menos todo aquele que se mete a escrever livros pudesse ouvi-lo, que lição! Não deixa passar nada. No fim de uma sessão de leitura de uma centena de linhas, é capaz de se lembrar de um adjetivo mais fraco; fez duas ou três excelentes sugestões de detalhe para *Santo Antônio*.[93]

Intelectualmente isolado, Flaubert dependia cada vez mais de sua amizade com Turgueniev. "Você é, creio, o único homem com quem posso ter uma conversa", escreveu-lhe. "Não encontro mais ninguém que esteja interessado em arte ou poesia." O sentimento dessa ligação entre os dois era mútuo. Turgueniev escreveu a Flaubert em 1868:

> Desde a primeira vez que o encontrei (deve lembrar, numa espécie de taverna na margem esquerda do Sena) senti uma grande afinidade — são poucos os homens, especialmente franceses, com os quais me sinto tão descontraído e à vontade e ao mesmo tempo tão estimulado. Tenho a impressão de que poderíamos conversar semanas a fio sem parar, mas o fato é que somos mesmo um par de toupeiras escavando na mesma direção.[94]

Turgueniev foi um dos poucos no mundo literário a entender a importância das obras tardias de Flaubert. Quando *A educação sentimental* recebeu críticas não muito favoráveis ao ser publicada em 1869, Turgueniev tentou elevar o moral do amigo enviando recortes de resenhas mais positivas da imprensa alemã, em sua maioria providenciadas por ele mesmo. "Sim, com certeza têm sido injustos com você, mas é precisamente o momento de se preparar e jogar uma obra-prima na cara dos seus leitores", escreveu para encorajá-lo, recordando os anteriores sucessos com *Madame Bovary* e *Salammbô*. "Não esqueça que o julgam pelos padrões que você mesmo estabeleceu, e que está carregando o peso do seu passado."[95]

Turgueniev entrou em campanha para conseguir a publicação dos romances de Flaubert na Rússia. Na verdade, atuava como seu agente literário, divulgador e tradutor. O clima liberal de reformas na Rússia nos anos 1860 estimulava os editores a traduzir livros da Europa ocidental. Os leitores russos haviam sido privados desse tipo de leitura no reinado repressivo de Nicolau I. Em 1866, Mikhail Stasiulevich, um professor de história liberal, começou a publicar *O mensageiro da Europa* (Vestnik Evropy), batizado em homenagem ao escritor e historiador russo Nikolai Karamzin, que fundara em 1802 um jornal literário de mesmo nome, pelo qual chegavam aos russos as novas ideias em circulação na Europa. O objetivo de Stasiulevich era publicar traduções de obras europeias paralelamente a novas criações de autores russos. Ele também publicava artigos sobre política e literatura de correspondentes na Alemanha, na França, na Itália e na Suíça. Como os despachos do exterior não estavam sujeitos à censura tsarista, esses artigos eram um efetivo canal de divulgação de ideias europeias de progresso na Rússia, onde eram vendidos mensalmente 8 mil exemplares da publicação, já em si um número elevado, embora o número de leitores devesse ser três ou quatro vezes maior, pois os exemplares passavam de mão em mão. Stasiulevich fazia questão de pagar pelos direitos de tradução, embora não estivesse legalmente obrigado, pois na Rússia não vigorava qualquer proteção de copyright de obras estrangeiras, e outros editores publicavam regulamente traduções piratas. Mas só pagava por provas antecipadas, insistindo na necessidade de publicar primeiro na Rússia, pois uma vez que o livro fosse lançado nada poderia proteger seu investimento. "Você pode reclamar seus direitos sobre cada página, o que não impedirá ninguém na Rússia de publicar uma tradução própria, bastando para isto que seu original esteja à venda numa livraria", explicou ao escritor alemão Berthold Auerbach, cujo romance *A casa no Reno* (publicado na Alemanha em 1869) saiu em forma de folhetim em *O mensageiro da Europa* entre 1868 e 1870.[96]

Turgueniev logo se tornaria um importante intermediário entre o jornal em São Petersburgo e o mundo literário europeu. Desempenhou papel ativo na seleção de obras a serem traduzidas (às vezes com base no esperado impacto nas atitudes sociais na Rússia, mais que no valor literário). Foi

Turgueniev quem providenciou a tradução de *A casa no Reno* e escreveu um prefácio ao romance, que, apesar de maçante como história, apresentava interesse moral particular para os leitores russos, como exploração do legado da escravidão (o herói, Sonnenkamp, cujo verdadeiro nome é Banfield, é um proprietário de escravos da Louisiana no fim da vida, com um passado sombrio). Como agente de Stasiulevich, Turgueniev introduziu alguns dos mais importantes escritores europeus aos leitores russos. Flaubert foi um dos primeiros. Graças ao empenho de Turgueniev, um longo artigo sobre *A educação sentimental* foi publicado na edição de janeiro de 1870 de *Mensageiro*, seguido um mês depois de uma resenha de toda a obra de Flaubert. Turgueniev enquanto isso fazia a tradução de *A tentação de Santo Antônio*, para ser publicada por Stasiulevich.

Além de introduzir escritores europeus na Rússia, Turgueniev atuava como embaixador da literatura russa na Europa. Colaborava com tradutores, assessorava seus editores estrangeiros quanto aos livros que valeria a pena traduzir e publicava artigos sobre as obras russas mais recentes em periódicos franceses e alemães (em 1868, anunciou a chegada de uma obra-prima chamada *Guerra e paz*). Como primeiro dos grandes escritores russos do século XIX a exercer apelo popular em outras línguas, Turgueniev teve grande influência na tradução de escritores russos na Europa — tanto em termos da linguagem usada pelos tradutores para transmitir uma sensação de "russidade" quanto no que dizia respeito aos tipos de livros considerados adequados a um público ocidental. Os pontos de vista de Turgueniev eram levados a sério pelos editores europeus, ansiosos por explorar essa nova fonte de talento literário. Pierre-Jules Hetzel, seu editor francês, era dos mais entusiásticos, tendo publicado *Os cossacos* (1863), de Tolstoi, *O príncipe Serebrenni* (1862), de Aleksei Tolstoi, e os *Contos populares* de Maria Markovich, traduzidos do ucraniano para o russo por Turgueniev em 1859. Essas traduções eram em sua maioria de Mérimée, que, como Turgueniev, se empenhava na divulgação da literatura russa na França. Ambos encaravam esse empenho como um meio de curar feridas remanescentes entre os dois países desde a Guerra da Crimeia, e também de promover seus ideais cosmopolitas frente à ascensão do nacionalismo na Europa.[97]

Na Alemanha, Turgueniev era considerado um escritor importante, em certa medida porque lá vivia (chegando mesmo a se considerar alemão) na década de 1860. Pelas traduções de suas obras e artigos a seu respeito na imprensa, ele se tornou conhecido e popular — talvez mais ainda que muitos dos romancistas alemães mais conhecidos, como Raabe e Keller. Até Theodor Storm, que venerava Turgueniev, ficou à sua sombra.[98] O crítico Viktor Hehn falava com irritação de um "culto a Turgueniev" na Alemanha. Turgueniev se valia dessa influência para conseguir que outros autores russos fossem publicados na Alemanha: Gogol, Dostoievski e Tolstoi. Tinha excelentes relações com editores e tradutores alemães, entre eles Friedrich Bodenstedt, conhecido autor de letras de canções e relatos de viagem que também era professor de línguas eslavas na Universidade de Munique. Turgueniev ficou encantado com a tradução de seu conto *Fausto* (1862) feita por Bodenstedt, considerando-o um "grande estilista", e se ofereceu para remunerá-lo pela tradução de suas outras obras, para que atraíssem editores e se tornassem mais conhecidas na Alemanha. Dois grandes volumes de obras de Turgueniev em tradução de Bodenstedt foram publicados na década de 1860. *Pais e filhos* saiu em traduções diferentes de Wilhelm Wolfsohn e Claire von Glümer em 1865 e 1868, respectivamente. E em 1869 as obras reunidas de Turgueniev começaram a ser publicadas em doze volumes por Eric Behre, que editava livros em língua alemã em Mitau, na Letônia.[99]

Turgueniev não ganhava nada com essas traduções. Embora houvesse um acordo bilateral entre a França e a Rússia, ainda era difícil fazer valer direitos autorais. O máximo a que um escritor podia ambicionar (sem realmente acreditar) era um pequeno pagamento como gesto de boa vontade pela publicação da sua obra por um editor estrangeiro. Turgueniev com frequência advertia aos colegas russos que não esperassem auferir renda com traduções. Em 1868, quando seu amigo Mikhail Avdeev pediu ajuda para encontrar um editor na França para seus últimos romances, Turgueniev respondeu:

> Em Paris, as traduções de línguas estrangeiras são mal publicadas e com relutância, pois não remuneram bem. Dickens é um caso excepcional — e mesmo assim nenhum dos seus romances teve uma segunda edição, enquanto uma coisa como *Monsieur, Madame et Bébé*, de G[ustave] Droz, já mereceu vinte edições. Meus livros foram traduzidos — mas eu pessoalmente nunca recebi um copeque — ao passo que o tradutor, num gesto de grande bondade, não recebe mais que 300 ou 400 francos, e às vezes absolutamente nada.[100]

Não era tanto o dinheiro que importava a Turgueniev, mas se tornar conhecido no exterior. Embora se queixasse da perda de rendimentos a editores estrangeiros que imprimiam versões piratas de suas obras, o que realmente o incomodava era a baixa qualidade da maioria dessas traduções, o que também fugia ao seu controle. Ele estava mais interessado nos direitos morais — a preservação da integridade das obras — que na proteção de sua propriedade econômica por meio da cobrança de direitos autorais. A luta do artista pelos direitos morais — campanha iniciada por Verdi nos anos 1840 — foi levada adiante por escritores como Turgueniev com maior premência nas décadas de 1860 e 1870, quando o desenvolvimento de um comércio livreiro internacional tornou ainda mais importante que um escritor pudesse contar com boas traduções, a bem da sua reputação em mercados estrangeiros. Turgueniev não hesitava em se queixar quando sua prosa era desfigurada em traduções por editores piratas. No dia 1º de dezembro de 1868, por exemplo, escreveu à *Pall Mall Gazette*, protestando que o fato de seu romance *Fumaça* ter sido mutilado pelo tradutor certamente o prejudicaria "aos olhos do público inglês, cuja opinião não pode deixar de ser valorizada no mais alto grau por todo aquele que se sirva da pena". E exigia que o jornal londrino publicasse seu protesto. Dois dias depois, a carta foi reproduzida na íntegra com o título "M. Tourgueneff e seu caluniador* inglês".[101]

No fim dos anos 1860, todos os livros de Turgueniev tinham sido traduzidos para o francês e o alemão (os ingleses levavam mais tempo para traduzir de línguas estrangeiras). Ele gostava de gracejar com os russos que seu capital literário valia mais na Europa que na Rússia.

Turgueniev e Pauline também contribuíram para tornar a música russa mais conhecida na Europa. Seu contato mais próximo no mundo musical russo era o pianista e compositor Anton Rubinstein, que costumava ir a Baden no verão, em parte para visitar sua poderosa protetora, a grã-duquesa russa Elena Pavlovna, que lá recebia em sua mansão, mas sobretudo para ceder a seu fraco pelo jogo. "Ele está sempre jogando na roleta e perdeu tudo, até algumas roupas, e no dia seguinte teve de vestir uma sobrecasaca velha e

---

* No original, *traducer*. A palavra, em inglês, tem significativa semelhança com *translator* (tradutor). [*N. do T.*]

sair sem luvas", escreveu Mily Balakirev a outro compositor russo, César
Cui, em 1863. Nesse verão, Rubinstein visitou quase diariamente a Villa
Viardot. Ajudou Pauline na composição de canções sobre poemas russos
e começou a fazer esboços para uma ópera baseada no romance *Rudin*, de
Turgueniev — até que este, tendo concordado em escrever o libreto, desistiu. No mês de janeiro seguinte, em São Petersburgo, Turgueniev voltou a
se encontrar com Rubinstein. Os dois promoveram as canções de Pauline.
Turgueniev compareceu a um dos recitais de Rubinstein na Filarmonia, a
nova sala de concertos do Conservatório, fundado pelo compositor em 1862
com apoio da grã-duquesa. Turgueniev não era um admirador do estilo
virtuosístico do pianista. "Ele toca como sempre faz", escreveu a Pauline
depois do concerto, "começa nos dando vertigens e acaba nos entediando,
ou pelo menos nos exaurindo".[102] Mas aplaudia a campanha de Rubinstein
para elevar os padrões musicais na Rússia.

Com este objetivo, Rubinstein fundara em 1859 a Sociedade Musical
Russa. A instituição apresentava sobretudo concertos de música alemã e oferecia cursos de música no Palácio Mikhailovsky, residência da grã-duquesa
Elena Pavlovna, que era alemã e fazia proselitismo das virtudes de sua nação.
Dessas atividades iniciais surgiu a ideia de um conservatório, concebido
como uma escola de música europeia pautada pelas convenções desen-
volvidas na música de Bach, Haydn, Mozart e Beethoven. Essa orientação
acadêmica alemã foi violentamente criticada por um grupo de compositores
nacionalistas, os chamados "Cinco Grandes" (Balakirev, Cui, Mussorgski,
Borodin e Rimski-Korsakov), todos eles jovens autodidatas, quase sempre
filhos da pequena aristocracia que se ressentiam dos vínculos "estrangeiros"
alimentados na corte por compositores formados no conservatório, como
Tchaikovski (um dos seus primeiros formandos), e se consideravam pioneiros de um estilo musical mais "autenticamente russo". Se por um lado
Rubinstein desdenhava o amadorismo dos compositores russos (chamando
Glinka, por exemplo, de diletante), eles retaliavam acusando-o de denegrir
a Rússia do alto de sua "pompa europeia de conservatório". Havia um forte
elemento de animosidade pessoal e até antissemitismo nessas batalhas contra Rubinstein. Chamavam-no de "Tupinstein" ("maçante"), "Dubinstein"
("néscio") e "Grubinstein" ("grosseiro"). Criticavam seu cosmopolitismo
(sinônimo de "desenraizamento judaico" no discurso nacionalista russo),
que segundo eles poderia sufocar as formas russas "autênticas". Em 1862,

em direta oposição ao Conservatório de Rubinstein, os compositores nacionalistas fundaram a Escola Livre de Música, destinada a cultivar o talento nativo com base nos princípios "puramente russos" estabelecidos pelo seu herói, Glinka (cuja música na verdade é impregnada de influências italianas e alemãs). Nas palavras de Vladimir Stasov, o influente crítico que atuava como grande promotor da causa, estava na hora de "as anáguas e os fraques" das elites europeizadas de São Petersburgo abrirem caminho para "os sobretudos russos" do interior.[103]

Turgueniev simpatizava com a ambição artística de romper com as convenções acadêmicas, mas não podia concordar com esses ataques ao Conservatório, que considerava essencial para a educação dos músicos profissionais na Rússia. Mostrava-se crítico em relação ao amadorismo que em sua opinião caracterizava as artes na Rússia, e mais ainda frente aos eslavófilos que tentavam apresentá-lo como "genialidade" e "espontanei-dade" russas. Considerava que os artistas da Rússia precisavam ser alçados ao nível dos equivalentes europeus, mergulhar na civilização europeia e assim transcender sua influência, imprimindo um caráter nacional à própria arte: não bastava se alimentarem da cultura popular, como sustentavam os eslavófilos. Turgueniev também se mostrava impaciente com a maneira como os nacionalistas apresentavam Glinka como um gênio "maior que qualquer outro compositor desde Beethoven", como escreveu Cui em 1864. Glinka era um compositor de talento, reconhecia Turgueniev, mas afirma-ções bombásticas dessa natureza eram perigosas, estimulando delírios de grandeza que em nada contribuiriam para a integração da Rússia à Europa. O ponto de vista de Turgueniev é expresso pelo personagem Potuguin em seu romance *Fumaça*, quando declara que a Rússia não tem grandes artistas, descartando o exemplo de Glinka:

> Como sabe, as exceções confirmam a regra, mas mesmo assim não deixamos de nos vangloriar. Se alguém dissesse, por exemplo, que Glinka foi um músico realmente notável impedido pelas circuns-tâncias, tanto externas quanto internas, de se tornar o fundador da ópera russa, não haveria o que discutir. Mas não, isto não basta. Ele precisa ser imediatamente promovido a general da mais alta patente e nomeado Mestre da Música real. Outros países serão colocados em seu devido lugar; não dispõem de nada parecido,

dirão, enquanto algum colossal gênio autodidata, cuja obra não passa de lamentável imitação de artesãos estrangeiros de segunda categoria, logo é exaltado. Verdadeiramente segunda categoria. São mais fáceis de imitar.[104]

Turgueniev ouvira pela primeira vez a música de Mussorgski e Balakirev num concerto em São Petersburgo em 1867. Inicialmente, mostrou-se cético, escrevendo a Pauline:

> Esta noite fui a um solene concerto da música do futuro — russa — pois agora temos isto também.* Mas ela é absolutamente patética, desprovida de ideias ou originalidade: simplesmente uma cópia ruim do que é feito na Alemanha. E essa insolência toda é reforçada por total ausência da civilização que nos distingue. Tudo jogado no mesmo saco — de Rossini e Mozart a Beethoven. Ora, vamos, patético.[105]

Na década de 1870, Turgueniev mudaria de opinião a respeito dos Cinco Grandes. Foi apresentado a eles por Stasov, que conhecia como fértil escritor sobre temas da arte na Rússia e diretor da Biblioteca Pública de São Petersburgo. Turgueniev discutia muito com Stasov, cujo dogmatismo na promoção da escola nacionalista entrava em conflito com suas opiniões liberais ocidentalizantes, mas o respeitava por chamar a atenção do Ocidente para a cultura russa. Ao se familiarizar mais com a música dos Cinco Grandes, Turgueniev reconheceu sua originalidade, e passou a se empenhar, com Pauline, para que suas obras fossem incluídas no repertório europeu. Não concordava com seu ideário nacionalista, nem com qualquer forma de nacionalismo nas artes, mas admirava a vitalidade dessa música.

Não foi apenas na Rússia que o nacionalismo começou a ganhar terreno na década de 1860. Um fenômeno semelhante ocorria no Império Austro-Húngaro. A derrota militar da Áustria frente à França e a perda da maior parte das possessões italianas que ainda tinha, em 1859, ocasionou um

---

* Referência ao ensaio de autopromoção de Wagner intitulado "A música do futuro" ("La Musique de l'avenir"), publicado originalmente em tradução francesa em 1860 e em alemão ("Zukunftsmusik") em 1861.

abrandamento dos controles governamentais sobre as atividades culturais de outras nacionalidades dependentes do império, na expectativa de assim evitar que também surgissem nelas movimentos de independência. Nesse espaço cultural de maior abertura, os tchecos se mostraram particularmente ativos. Publicaram coleções de canções folclóricas boêmias, criaram grupos corais e organizaram subscrições para financiar a construção de um teatro nacional para montar maior número de peças e óperas tchecas do que era permitido pelas autoridades austríacas no Teatro de Estado, cujo repertório era dominado por obras alemãs e de outros países.

Um teatro nacional provisório foi concluído em 1862, e a pedra fundamental do futuro Teatro Nacional seria lançada seis anos depois, em cerimônia assistida por 60 mil subscritores e visitantes do interior levados a Praga em trens especiais. A inauguração do Teatro Provisório levou o patriota tcheco conde Jan Harrach a anunciar um concurso para uma ópera nacional — a ser cantada na língua tcheca, fazendo uso de canções e danças folclóricas para criar um sentimento de "tchequidade". A vencedora foi *Os Brandenburguianos na Boêmia*, de Bedrich Smetana (1824-84), contando a história da liberação do país da ocupação alemã no século XIII. Como a maioria dos integrantes da intelligentsia de Praga, Smetana fora educado na Alemanha: escrevia seu diário e suas cartas em alemão, e em 1860, ao adotar o tcheco pela primeira vez, cometia muitos erros. Estimulado pelo fim das restrições à expressão cultural tcheca, ele deixou de ser conhecido sobretudo pelas obras lisztianas para piano e se tornou um compositor de música tcheca. Sua ópera cômica *A noiva vendida* (1866) tornou-se a mais frequentemente executada do repertório operístico tcheco. A música e as danças de caráter popular, os trajes coloridos e os cenários faziam dela muito mais que uma ópera: era um entretenimento popular, atraindo um público nacional de todas as classes, além de um símbolo cultural da nacionalidade tcheca.

A popularidade de *A noiva vendida* — não só em Praga, mas em toda a Europa — repousava em grande medida numa suposta "autenticidade", a ideia um pouco fantasiosa de que seus elementos folclóricos estavam profundamente enraizados na antiga cultura camponesa da Boêmia. Na verdade, muitas das melodias folclóricas da ópera eram tão alemãs quanto boêmias, sendo em sua maioria relativamente novas, ao passo que "danças tchecas" como a polca e a beseda, empregadas por Smetana para conferir um caráter nacional à *Noiva vendida*, eram tocadas em todo o continente.[106] Os nacionalismos do século XIX se escoravam em "tradições inventadas" — na força unificadora dos mitos nacionais e da crença popular nas antigas ("autênticas") tradições culturais, que na realidade eram na maioria dos casos criações recentes.[107]

A invenção da "música húngara" foi semelhante, sob esse aspecto. O *"style hongrois"* era uma evocação estilizada de músicas ciganas e turcas criada por compositores como Haydn no século XVIII. Liszt a desenvolveu em suas *Rapsódias húngaras*, dezenove peças para piano compostas entre 1846 e 1885, assim como Brahms nas suas *Danças húngaras*. Os dois compositores consideravam os ciganos os principais disseminadores da música folclórica húngara. Achavam que a escala cigana (com duas segundas aumentadas), os ritmos e melodias ciganos eram o fundamento das canções folclóricas entoadas pelos camponeses húngaros. Na versão desenvolvida para a música culta, o *"style hongrois"* se popularizou em toda a Europa, tocado por bandas em estações termais como Baden, onde o elemento cigano exótico era apreciado pelo público cosmopolita. Liszt nunca aprendera a falar húngaro. Nascido na Áustria, falava e escrevia em francês e alemão, línguas dos países onde viveu a maior parte da vida. Mas se considerava magiar e foi um dos grandes defensores da causa nacional húngara, cujos líderes políticos consideravam as antigas tribos magiares como a base étnica dos húngaros. A música "húngara" de Liszt foi apropriada pelos nacionalistas, críticos e compositores, que negavam seu conteúdo cigano, alegando que ela se enraizava nas canções folclóricas do campesinato magiar. Sobre essa tradição inventada é que se construiria a música húngara.[108]

7

No verão de 1867, Dostoievski foi a Baden, numa desesperada tentativa de inverter a sorte na roleta. Muito endividado e pressionado pelos credores, ele deixara São Petersburgo com sua nova mulher, Anna Grigorievna, que havia empregado anteriormente como estenógrafa para apressar o trabalho na novela *O jogador* (1866), escrita às pressas para pagar dívidas de jogo.

A própria Anna levantou o dinheiro para a viagem, na esperança de que alguns meses no exterior ajudassem o marido a se recuperar do estresse das preocupações financeiras, que já começava a deixá-lo doente. Seus ataques epiléticos se tornavam mais frequentes.

Os Dostoievski viajaram de trem até Dresden, mas depois de três semanas o escritor, entediado, convenceu Anna o deixá-lo passar alguns dias sozinho em Homburg para tentar a sorte no cassino. Dois dos seus muitos credores na Rússia haviam formalizado queixa contra ele, que agora justificava a paixão pelo jogo (o verdadeiro motivo pelo qual quisera viajar à Europa) invocando a necessidade urgente de saldar as dívidas para não correr risco de ser preso ao voltar para casa. Em dez dias de frenesi na jogatina, ele perdeu muito. Anna lhe mandou dinheiro, que ele voltou a perder. Dostoievski penhorou o relógio e o perdeu também. Voltou a Dresden cheio de remorso, furioso por ter perdido o controle e estragado tudo na relação com a nova mulher, mas ainda assim, como todo viciado, convencido de que poderia voltar a ganhar. Conseguindo um empréstimo com Katkov, que estava publicando seu romance de sucesso *Crime e castigo* em folhetim no *Mensageiro russo*, Dostoievski partiu com ela para Baden, convencendo-a de que, podendo agora passar mais tempo juntos, ele não cometeria os erros cometidos em Homburg, onde havia apostado às pressas. Chegados a Baden, alugaram dois pequenos quartos no segundo andar de uma ferraria, onde o barulho do trabalho começava às quatro da manhã. Não tinham como pagar por algo melhor. Dostoievski começou imediatamente a jogar. Anna recordaria que as cinco semanas seguintes foram "uma espécie de pesadelo que se apoderou completamente do meu marido".[109]

Em seu romance *Fumaça*, Turgueniev descreve os salões de jogo aos quais Dostoievski se juntava

> às mesmas conhecidas figuras que se aglomeravam em torno das mesas verdes com a mesma expressão embotada, avarenta, meio perplexa, meio amargurada e basicamente predatória que a febre do jogo imprime até às feições mais aristocráticas; o mesmo proprietário rural Tambov, rechonchudo e vaidosamente trajado, com a mesma incompreensível pressa convulsiva, os olhos sempre à espreita, o peito reclinado sobre a mesa, ignorando o frio escárnio dos crupiês, espalhava aos quatro cantos da mesa, com a mão

suada, os discos dourados de luíses de ouro, no exato momento em que anunciam *"rien ne va plus"*, assim se privando de qualquer possibilidade de ganhar alguma coisa, mesmo tocado pela sorte.[110]

Dostoievski não teve sorte. Perdeu todo o dinheiro em uma semana e começou a empenhar objetos. Chegava até o último táler, conseguia ganhar, perdia de novo e retornava ao homem do prego. O casal se endividou com a senhoria. Anna escreveu aos pais pedindo dinheiro. Empenhou o anel de diamantes, o broche e os brincos de rubis, presentes de casamento de Dostoievski, que também os perdeu. Ele caía de joelhos, soluçando e implorando perdão pela vergonha que passavam — e voltava ao salão de jogo. Comportava-se como um personagem dos seus romances.

Dias depois da chegada a Baden, os Dostoievski encontraram o escritor Ivan Goncharov, que lhes disse que Dostoievski tinha sido visto por Turgueniev, que não o havia abordado por saber que "os jogadores não gostam que lhes dirijam a palavra". Turgueniev era a última pessoa que Dostoievski queria encontrar. Tinha tomado emprestado a ele cinquenta rublos (200 francos) depois de perder muito em Wiesbaden (cenário de *O jogador*), e não saldara a dívida. Agora era obrigado a procurá-lo para não dar a impressão de que temia sofrer uma cobrança.[111]

Dostoievski e Turgueniev tinham uma longa relação de altos e baixos que remontava à década de 1840, quando surgiram ao mesmo tempo no cenário literário de São Petersburgo. No início dos anos 1860, davam-se relativamente bem. Dostoievski fora uma das poucas pessoas a entender *Pais e filhos*, de Turgueniev. Agradecido, este concordara em escrever um conto ("*Fantasmas*") para o jornal *Tempo* (Vremia), de Dostoievski. Como a publicação acabou fechada pelo governo tsarista, entregou o texto a sua sucessora, *Época* (Epokha), onde ele saiu em 1864. Os crescentes problemas financeiros de Dostoievski (exacerbados pela morte do irmão em 1864, que lhe legou dívidas e uma mulher e filhos a serem apoiados) alimentavam um certo ressentimento em relação a Turgueniev, aristocrata fundiário bem de vida, em comparação, e que, segundo ele achava, podia escrever tranquilamente, não precisando se apressar para cumprir prazos.

Dostoievski fez a visita a Turgueniev no dia 28 de junho. Como escreveria ao poeta russo Apollon Maikov, "mesmo antes eu já não gostava do sujeito pessoalmente". A situação embaraçosa de ter uma dívida não honrada contribuía para isso, reconheceu, mas "também detesto aquele abraço aristocraticamente farsesco com que ele faz que vai beijá-lo, mas oferece o rosto. Horríveis ares de general". A conversa começou em torno da recepção crítica do romance de Turgueniev, *Fumaça*, mas logo evoluiu para uma discussão sobre a Rússia e a Europa, o velho debate entre eslavófilos e ocidentalistas, um dos temas centrais do romance. Segundo Dostoievski, que simpatizava com os eslavófilos, Turgueniev declarou que seu ponto de vista era expresso pelo personagem Potuguin, ocidentalista radical segundo quem a Rússia em nada contribuíra para a civilização europeia. Turgueniev havia insultado "monstruosamente" a Rússia e os russos e tinha "dito que devíamos rastejar diante dos alemães", prosseguia Dostoievski. Quando Turgueniev disse que estava escrevendo um artigo contra os eslavófilos, Dostoievski retrucou que comprasse um telescópio, pois a Rússia ficava muito longe de Baden e Paris: "Treine o seu telescópio na Rússia e nos examine, caso contrário é realmente muito difícil nos entender." A ilação do sarcástico insulto era óbvia: optando por viver no exterior, Turgueniev perdera contato com a Rússia, o que transparecia em seu mais recente romance. A partir desse momento as luvas de pelica foram esquecidas. Dostoievski perdeu o controle — as humilhações sofridas na Alemanha nos três últimos meses afloraram em ataques ao povo alemão, "ladrões e trapaceiros [...] muito piores e mais desonestos que os nossos". De que lhes servira a civilização europeia? Estas palavras enfureceram Turgueniev, relataria Dostoievski. "Ele ficou pálido (literalmente: não estou exagerando nada, nem um pouquinho!) e disse: 'Falando assim você me ofende *pessoalmente*. Devia saber que me estabeleci aqui definitivamente, que me considero alemão, e não russo, e me orgulho disto!'" Dostoievski se desculpou, dizendo que, embora tivesse lido *Fumaça*, não sabia que se sentia assim. E se despediu, jurando que nunca mais visitaria Turgueniev.[112]

Às dez horas da manhã seguinte, quando Dostoievski ainda dormia, Turgueniev foi até a casa onde o casal se encontrava e deixou um cartão com a empregada. Como lhe dissera que nunca saía da cama antes das onze, Dostoievski deduziu que Turgueniev tampouco queria encontrá-lo, mas retribuía a visita cavalheirescamente. Os dois voltaram a se ver na estação ferroviária de Baden a 13 de agosto, quando os Dostoievski partiam para a Suíça, mas sequer se cumprimentaram a distância.

O desentendimento entre os dois não chegou ao fim em Baden. A carta de Dostoievski a Maikov foi encaminhada ao jornal *Arquivo Russo* (*Russkii*

Arkhiv) com o pedido de ser guardada para a posteridade mas não ser publicada até 1890. Informado disso por Annenkov, Turgueniev escreveu ao editor do jornal, negando que tivesse dito o que Dostoievski afirmava ter ele dito sobre a Rússia e alegando que jamais compartilharia suas "convicções íntimas" com um homem como Dostoievski, considerando-o "uma pessoa que, em consequência de ataques mórbidos e outras causas, não está no pleno controle das próprias capacidades racionais".[113] Dostoievski remoeu seu ódio de Turgueniev e se vingou satirizando-o em *Os demônios* (que começou a escrever em 1869) na figura do personagem Karmazinov, escritor vaidoso, pomposo, "com modos de estadista", cuja "voz estridente" lhe conferia ares afetados de "cavalheiro inato". Karmazinov "zomba desdenhosamente da Rússia", declara que "vai sair do país para sempre" porque "o clima é melhor e as casas são de pedra e tudo é muito mais forte" e afirma que a instalação de um novo cano d'água em Karlsruhe, onde se estabeleceu há sete anos, é "muito mais cara a mim que todas as questões da minha amada pátria mãe — durante todo o período dessas chamadas reformas [depois de 1861]". A parte mais cruel da paródia era a muito esperada leitura, feita por Karmazinov, do seu conto mais recente, para um público provinciano entediado:

> Imagine mais de trinta páginas do mais pretensioso e inútil palavreado; além do mais, o cavalheiro fazia a leitura num tom de voz pesarosamente condescendente, como se estivesse fazendo um favor, de tal maneira que mais parecia um insulto ao nosso público. O tema... Mas quem seria capaz de decifrá-lo — aquele seu tema? Era uma espécie de relato de certas impressões e reminiscências. Mas de quê? E sobre o quê? Por mais que franzíssemos nossas sobrancelhas provincianas na primeira metade da leitura, não parecia ter pé nem cabeça, e ouvimos a segunda parte por uma simples questão de polidez. É verdade que se falava muito de amor — o amor do gênio por uma dama —, mas devo confessar que causou impressão bem estranha no público. Pois o grande gênio nos falar do seu primeiro beijo parecia ao meu entendimento de certa forma incoerente com aquela figura baixinha e gordota.[114]

Turgueniev ficou profundamente magoado. Sentiu-se traído por Dostoievski, que elogiara "*Fantasmas*" (a história parodiada) quando a publicou em *Época* (ele não sabia que Dostoievski escrevera ao irmão que o conto "continha muito lixo: há nele algo sórdido, mórbido e senil; evidencia *falta de fé* decorrente de impotência — numa palavra, todo Turgueniev e suas convicções"). Turgueniev acrescentava que, antes de difamá-lo, Dostoievski bem que poderia ter-lhe pago o dinheiro tomado emprestado anos antes.[115]

O romance no centro dessa longa disputa assinalava um novo momento ruim nas relações de Turgueniev com seus críticos na Rússia. Há anos ele vinha trabalhando em *Fumaça*. Em meio à história de amor e à sátira dos russos em Baden, o livro é permeado dos pontos de vista de Turgueniev sobre o lugar da Rússia na Europa, influenciados pela hostilidade com que seu romance anterior, *Pais e filhos*, fora recebido no país natal. Doeram-lhe em especial as críticas dos círculos estudantis de esquerda, nos quais foi atacado por apresentar, na figura de Bazarov, uma caricatura desse meio.

Fumaça foi a resposta de Turgueniev aos radicais, especialmente aqueles que, como seu velho amigo Herzen, ainda vivendo no exílio, acreditavam na ideia populista de que o igualitarismo da comuna camponesa surgido no país mostrava um caminho para que a Rússia se tornasse uma democracia socialista sem precisar seguir o caminho burguês da Europa. Turgueniev a considerava uma bobagem. Os camponeses que vira na viagem à Rússia em 1862 eram muito miseráveis para se tornarem agentes de uma mudança democrática. A repressão policial das manifestações estudantis desse ano em São Petersburgo o convencera de que nada basicamente havia mudado na Rússia — ou poderia mudar — com as novas reformas. Era o pessimismo que impregnava os discursos de Potuguin, condenando tanto o atraso da Rússia quanto os delírios eslavófilos de que o país podia ser mais que uma cópia da Europa. Como ele diria a Herzen: "Nós russos pertencemos pela língua e pela natureza à família europeia, '*genus Europeum*', e portanto, de acordo com as leis inalteráveis da fisiologia, devemos percorrer o mesmo caminho".[116]

Ao ser publicado no *Mensageiro russo* em abril de 1867, o romance foi criticado de todos os lados na Rússia. O fato de ter saído no momento em que Moscou sediava um Congresso Pan-Eslavo que instigava justamente o sentimento nacionalista russo não ajudou. Annenkov informava que o público leitor ficou indignado com um romance "que o convidava a acreditar que toda a aristocracia russa, na verdade, toda a vida na Rússia é uma abominação". Os críticos acusavam Turgueniev de ter abandonado a Rússia — e até de odiá-la —, culpando os Viardot por essa traição. Os jornais publicavam cartas de leitores do interior afirmando que o livro era "um ataque do Ocidente à Rússia". Os membros do exclusivo Clube Inglês de Moscou decidiram em moção enviar uma carta a Turgueniev expulsando-o em caráter perpétuo (embora ele nunca tivesse posto os pés em seu precioso clube). Em Baden ele passou a ser malvisto pela comunidade russa. "A julgar pelas resenhas e cartas", escreveu Turgueniev a Annenkov, "sou amaldiçoado por todo mundo de uma extremidade a outra de nossa grande pátria. 'Insultei nossa nação — sou um mentiroso caluniador — não tenho a menor ideia do que seja a Rússia.'" Mas Turgueniev não se deu por vencido, acrescentando em outra carta ao amigo que estava feliz com seu "perseguido Potuguin, que só acreditava na civilização europeia".[117]

Em 1864, a condessa Lambert escrevera a Turgueniev censurando-o por não viver na Rússia. Ela o acusava de faltar a seu dever cristão, como escritor russo, de servir a seu povo, preferindo os confortos e prazeres do Ocidente. Turgueniev respondeu que não era cristão, não pelo menos no sentido que ela conferia ao termo, nem aliás em qualquer outro, e que a única forma que tinha de servir ao seu país era "como escritor, artista":

> Um escritor não precisa viver permanentemente em seu país e escrever sobre as mudanças que nele ocorrem — pelo menos não o tempo todo [...]. Quem sabe um dia eu tenha vontade de escrever uma obra sem qualquer significado especial para a Rússia — para ambicionar uma meta de mais longo alcance [...]. Não vejo motivo que me impedisse de me estabelecer em Baden. Não o faço por desejo de buscar prazeres (isto fica para a juventude) mas simplesmente para tecer um pequeno ninho para mim e nele esperar a chegada do fim inevitável.[118]

8

Em novembro de 1868, a família Viardot se mudou para Karlsruhe, lá permanecendo durante o inverno. Baden era uma cidade sonolenta nessa época do ano, e eles queriam estar num centro urbano maior, com uma escola de artes que pudesse ser frequentada por Claudie. Na opinião de Pauline, não havia bons professores de arte em Baden.[119] A distância de uma hora de trem para o norte, Karlsruhe tinha 30 mil habitantes, quatro vezes mais que Baden, com um palácio ducal, o teatro da corte, uma galeria e uma série de sociedades culturais, entre elas seis corais, uma Sociedade Filarmônica, uma Associação do Museu, uma sociedade literária e um clube de artes. Três semanas depois, Turgueniev juntou-se a eles, se hospedando num hotel junto à estação ferroviária, a distância de uma breve caminhada do amplo apartamento dos Viardot na Lange Strasse. Pauline mantinha um animado salão frequentado pelas principais figuras culturais da cidade, entre elas os pintores Karl Lessing, diretor da galeria, e o paisagista norueguês Hans Gude, que ensinava na Escola de Artes.

No dia 29 de janeiro, Turgueniev ofereceu uma festa à comunidade russa para apresentar a mais recente ópera de Wagner, *Os mestres cantores de Nuremberg*, no Teatro da Corte de Karlsruhe. Pauline também compareceu. Ela pretendera estar em Munique para a estreia dos *Mestres cantores* em junho, mas não pudera viajar por motivo de doença. E ficou encantada com a ópera. Em fevereiro, conseguiu viajar a Munique e a ouviu mais uma vez, anotando em seu diário que a música lhe agradava cada vez mais.[120] Pauline escreveu a Wagner uma carta cheia de elogios à obra, recebendo em resposta uma cópia da partitura na qual ele anotou: "*An der Meistersängerin Mme Viardot* [À Mestra Cantora Mme Viardot]". No Teatro Nacional de Munique, Pauline ficara tão absorta na música que repreendeu severamente pessoas que começaram a conversar durante a récita num camarote vizinho. O incidente foi relatado ao compositor, que lhe escreveu com a habitual arrogância: "Isso me deu quase tanto prazer quanto os *Mestres cantores* lhe deram."[121]

Deixando para trás suas restrições à música de Wagner, Pauline tornara-se nos últimos anos uma convicta "wagneriana". Mantinha relações estreitas com o compositor, que mandou sua sobrinha estudar canto com ela em

Baden, recomendou a outros cantores que fizessem o mesmo e frequentemente pedia a Pauline que enviasse alunos para participar de suas óperas.*
Em fevereiro de 1869, Pauline escreveu a Turgueniev de Weimar, aonde fora
assistir a uma récita de *Lohengrin*, ópera que anteriormente havia detestado:
"Decididamente, sim, decididamente Wagner é o único compositor cujas
obras têm algum interesse para mim. Oh, não posso negar, sou wagneriana
até a ponta dos dedos, meu pobre amigo! É uma atração a que não consigo
resistir."[122]

Turgueniev demorou mais a se entender com essa "música do futuro".
Seus gostos musicais eram, como os de Louis, instintivamente conservado-
res. Wagner era o "fundador da escola dos grunhidos" em música, provocava
ele em carta a Pauline. Depois de assistir a um ensaio de *O Ouro do Reno* em
Munique, ele relatava a um amigo russo: "A música e o texto são igualmente
insuportáveis, mas você sabe que entre os alemães há pessoas para as quais
Wagner é praticamente o Cristo." Turgueniev era hostil ao culto de Wagner.
Apreciava apenas pequenos trechos de suas óperas (foi "levado a gostar" da
"Cavalgada das Valquírias", por exemplo, ouvida num concerto em 1863).
Mas as opiniões musicais de Pauline para ele eram lei, e ele tentou aceitar
também as que diziam respeito a Wagner. "Sinto que a música poderia ser
muito bonita", escreveu-lhe, "mas não se parece com nada de que eu tenha
gostado até agora, e ainda gosto, e assim preciso de um certo esforço para
mudar meu *Standpunkt*. Não sou de maneira nenhuma como Viardot —
ainda sou capaz disso — mas é preciso um esforço".[123]

Ironicamente, Pauline se convertera a Wagner no pior momento para
ele — o fiasco da estreia de *Tannhäuser* em Paris, em março de 1861. Pauline
gostou da ópera, que, no entanto, foi vaiada, num protesto dos jovens sócios
do Jockey Club. Esses aristocratas parisienses costumavam jantar antes da
ópera e chegar ao teatro a tempo de assistir ao balé do segundo ato (muitos
tinham uma amante no corpo de baile); em geral se retiravam imediatamente
depois. Wagner não pretendia incluir nenhuma cena de balé em *Tannhäuser*,
mas acabou concordando (e inseriu a "Bacanal de Venusberg", nada propícia
a um balé) quando o diretor da Opéra, Alphonse Royer, o informou de que

---

* A grande cantora wagneriana Marianne Brandt estudou com Viardot em Baden-Baden
na década de 1860. Ela dividiu o papel de Kundry com Amalie Matema e Therese Malten
na estreia de Parsifal em Bayreuth em 1882.

uma cena de dança era obrigatória. Insistindo em que uma dança só faria sentido no início do primeiro ato, Wagner rechaçou os pedidos de Royer para inseri-la no segundo ato e assim atender aos sócios do Jockey Club. Para se impor, Wagner recorreu a sua protetora austríaca, a princesa Metternich, que havia conseguido que a obra fosse encomendada por Napoleão III. Ela então interferiu em sua defesa. Os membros do Jockey Clube ficaram furiosos com a alteração, que os obrigava a chegar no início. Encararam o episódio como um gesto de arrogância alemã da parte do compositor e da princesa Metternich. Depois de três noites de protestos nas récitas, Wagner retirou *Tannhäuser* de cartaz. "Foi sobretudo o homem que eles vaiaram, muito mais que a composição", escreveu Pauline a Rietz:

> Wagner se fez desde logo tão detestado, pelos artistas e o público, que foi tratado injustamente, de maneira revoltante. Eles não queriam ouvir a música. Se a tivessem ouvido, talvez tivessem vaiado da mesma maneira! Wagner não terá ganhado nada com a lição, mas sempre pode se vangloriar de ter sido vítima de uma cabala.[124]

Era o segundo revés de Wagner na Opéra de Paris, depois do fracasso da tentativa de montar *Rienzi* em 1841. Significou um ponto final na antiga ambição de se tornar figura de destaque no mais importante palco operístico da Europa, o que serviu para voltar sua atenção para a Alemanha. Agora ele se esforçava por promover sua "música do futuro" como uma forma de arte mais elevada, com a sublime missão de expressar o espírito nacional alemão, liberando sua cultura da civilização francesa e outras influências. Em seu ensaio "A obra de arte do futuro" (1849), escrito no exílio em Zurique depois do fracasso da Revolta de Dresden, Wagner recorreu ao termo *Gesamtkunstwerk* — a junção das artes num drama musical — para definir seus princípios artísticos e distinguir sua obra da Grand Opéra francesa, com suas "monstruosidades" em matéria de canto virtuosístico, seus efeitos sensacionais e a tentativa de transformar o mero entretenimento em obra de arte.[125]

Finalmente perdoado por sua participação na Revolta de Dresden, Wagner voltou à Alemanha em 1862 e fixou como objetivo encontrar um patrono alemão rico para a causa nacionalista. A sorte virou em 1864, quando o jovem rei bávaro Ludwig II, admirador apaixonado da música de Wagner, o convidou a ir a Munique, onde todas as suas dívidas foram saldadas pelo admirador real e *Tristão e Isolda* estreou em junho de 1865. O talento de Wagner para extrair enormes somas de dinheiro de Ludwig e seu escandaloso caso com a filha de Liszt, Cosima, na época casada com o regente Hans von Bülow, provocou tanta agitação na corte bávara que o compositor foi obrigado a deixar Munique. Sustentado por Ludwig numa mansão em Tribschen, à beira do lago de Lucerna, foi lá que ele concluiu *Os Mestres cantores.*

Wagner teve a ideia dessa ópera na estação termal de Marienbad, aonde fora para se tratar em 1845. Leu a respeito dos mestres cantores e de Hans Sachs (1494-1576), poeta, autor de canções, sapateiro e reformador luterano, na história da poesia alemã escrita em 1835-42 por Georg Gottfried Gervinus. Nessa mesma época, Wagner escreveu em prosa a primeira versão daquela que deveria ser uma ópera cômica girando em torno do concurso de canto promovido pelos mestres cantores, poetas e músicos da cidade que exerciam diferentes ofícios. Mas o grosso do trabalho na ópera se deu na década de 1860, quando sua concepção mudou de duas maneiras principalmente: primeiro, o personagem de Hans Sachs tornou-se mais heroico e nobre, em parte por influência do conceito de renúncia à vontade desenvolvido por Schopenhauer em *O mundo como vontade e representação*, obra lida por Wagner em 1854; depois, a ópera foi impregnada de um significado nacionalista, tal como desenvolvido por Wagner em seus ensaios "O que é a Alemanha?" (1865) e "Arte alemã e política alemã" (1867), passando os mestres cantores a representar os valores tradicionais e o espírito criativo do povo alemão. O apelo de Hans Sachs ao povo no fim da ópera advertia contra o perigo da influência estrangeira na Alemanha:

> Atenção! Pérfidos ardis nos ameaçam; se o povo e o reino alemães um dia viessem a se desintegrar, sob um falso domínio estrangeiro, muito em breve nenhum príncipe seria capaz de entender seu povo; e névoas estrangeiras com presunções estrangeiras seriam plantadas por eles em nossas terras alemãs; o que é alemão e verdadeiro ninguém saberia, se não fosse vivificado em honra dos Mestres Alemães.

Um ano depois da estreia em Munique, os *Mestres cantores* haviam subido ao palco em Dresden, Dessau, Karlsruhe, Mannheim, Hanôver e Weimar, seguindo-se em 1870 para Viena, Königsberg, Berlim e Leipzig. A ópera tornou-se um dos pontos focais do movimento nacionalista alemão na Guerra Franco-Prussiana e na unificação da Alemanha.

Wagner considerava seus dramas o ponto de partida de uma nova arte alemã. "Sou o mais alemão de todos eles, eu sou o espírito alemão", anotou em seu diário em setembro de 1865. Para se apropriar de sua nacionalidade, os alemães precisavam ver a si mesmos, ao seu drama nacional, no palco. As óperas de Wagner estão cheias de mitos alemães, lendas folclóricas (algumas autênticas, outras tomadas de empréstimo), paisagens e figuras históricas da nação. Por meio dos seus propagandistas, ele divulgava sua música como arte puramente "alemã" — espiritualmente mais elevada que as formas comerciais da arte operística na França e na Itália. Havia uma ironia nessa campanha: o movimento em torno de Wagner fazia uso de todos os métodos da moderna "indústria cultural" — manifestos artísticos, autopromoção e publicidade, culto do artista pioneiro como profeta e celebridade — para promover sua "música do futuro" como uma marca.[126]

O foco do movimento era a criação de um teatro para as óperas de Wagner. Em 1848, o compositor fizera planos de um "teatro nacional alemão do reino da Saxônia" — patrocinado pelo Estado mas independente da corte — em Dresden e Leipzig. A partir dos anos 1860, sua preferência era ter um teatro em que dramas musicais alemães fossem apresentados sem custo para o público — ideia próxima dos festivais de música que se haviam multiplicado na Alemanha nas primeiras décadas do século XIX, mas também copiada do ideal grego do teatro a serviço da comunidade. Ele imaginava um festival numa pequena cidade alemã, "totalmente livre da influência do sistema de repertório em voga em nossos teatros permanentes", e no qual um simples anfiteatro seria construído "exclusivamente para propósitos artísticos", segundo explicou em 1862 no prefácio ao poema *O anel dos Nibelungos*. Em certa medida ele era influenciado pelo moderno tipo de teatro burguês que conhecera em Riga, onde fora diretor musical de 1837 a 1839, no qual não havia camarotes enfileirados, como nas casas de ópera europeias para a aristocracia, mas um amplo auditório de plateia inclinada e visão direta do palco de todos os pontos, um fosso afundado para deixar a orquestra invisível e iluminação baixa durante a récita, para concentrar a atenção do público. Em 1864, Wagner foi a Munique, com a promessa de Ludwig de construir um teatro com essas características para o *Anel*, no qual começou a trabalhar. Gottfried Semper, que tinha projetado o Teatro de Ópera de Dresden, foi levado a Munique para trabalhar no projeto de um anfiteatro monumental que atendesse a essas exigências. Mas ao ser obrigado a deixar Munique, Wagner começou a procurar uma cidade alemã menor para construir um teatro próprio. O lugar escolhido foi Bayreuth. O próprio compositor explicou que quis permanecer na Baviera para contar com o apoio de Ludwig. Também queria que a cidade escolhida ficasse aproximadamente no centro da Alemanha, mas não numa estação termal muito procurada, o que poderia atrair um tipo inconveniente de público urbano, nem numa cidade que já dispusesse de um teatro comercial.[127] Bayreuth devia se tornar um lugar de peregrinação à sua "nova arte".

No dia 28 de janeiro de 1870, as duas primeiras récitas de *Der letzte Zauberer* — a versão alemã de *Le Dernier Sorcier* — subiram ao palco do Teatro da Corte de Karlsruhe. A produção fora encomendada pelo grão-duque Frederico e a grã-duquesa Luísa de Baden, que haviam assistido à opereta em Baden e ouvido falar do seu triunfo no Teatro da Corte de Weimar. Queriam que tivesse um sucesso semelhante no teatro de Karlsruhe.

Eduard Devrient, o diretor do Teatro da Corte de Karlsruhe, então com 69 anos, estava no fim da carreira, e como não tinham em alta conta sua capacidade, nem Pauline nem Turgueniev se aproximaram realmente de sua companhia desde que haviam chegado à cidade cerca de um ano antes.[128] Musicalmente conservador, Devrient era inimigo de Wagner e sabidamente se opunha à insistência do grão-duque no sentido de que suas óperas fossem incluídas no repertório do teatro. Tinham produção cara e eram muito exigentes para os cantores, sendo frequentemente necessário adiar a estreia. Embora os *Mestres cantores* tivessem sido apresentados em Karlsruhe (Turgueniev assistira a uma récita em janeiro de 1869), Devrient considerava a ópera "um monstro atormentado, contraditório e tedioso, superestimado e imposto à estupidez do mundo com incrível insolência. O fato de ter conseguido se disseminar é uma questão de moda, como os coques e os trajes chineses; ninguém os considera bonitos, mas todo mundo usa".[129]

A animosidade entre Devrient e Wagner tornou-se pública em março de 1869, quando o compositor publicou uma edição revista, dessa vez com sua assinatura, do famigerado ensaio de 1850, "A Judeidade na música". Devrient denunciou o texto como um amontoado de mentiras e respondeu publicando suas memórias a respeito de Mendelssohn. Pauline também ficou indignada com a nova publicação do artigo antissemita. Seu grande protetor Meyerbeer, principal alvo do texto, morrera em Paris cinco anos antes — o corpo fora levado de trem da Gare du Nord a Berlim para ser enterrado no cemitério judaico, e em ambas as cidades multidões se perfilaram nas ruas para saudar o compositor, que, nas palavras do estadista francês Émile Ollivier, tanto contribuíra para o estabelecimento de uma "ligação harmônica" entre a França e a Alemanha.[130] Agora, mais que nunca, sua morte simbolizava o fim de uma certa ideia cosmopolita da cultura europeia, por ele encarnada em sua vida e obra. Pauline ficou horrorizada com a diatribe racista de Wagner. Podia ser uma admiradora da sua arte, mas detestava suas opiniões políticas e não o apreciava muito como homem. E enviou a Wagner uma carta de protesto, o que veio a público. Wagner respondeu afirmando que sua simpatia por Mendelssohn e Meyerbeer fazia dela "uma judia" também.[131]

Der letzte Zauberer foi recebido com frieza pelo público de Karlsruhe, e no fim se ouviram algumas vaias. Os aplausos foram "escassos", segundo Devrient, e nenhum dos cantores foi chamado para aplausos. Turgueniev encarou o fracasso com altivez, afirmando, em carta a Pietsch, que estava "longe de ser um fiasco". Mas a imprensa alemã foi impiedosa. "Total fracasso", informava um semanário musical de Leipzig. "As altas expectativas de modo algum foram atendidas. Os aplausos, fracos desde o início, aos poucos diminuíram e acabaram em perceptível vaia." No influente jornal musical de Leipzig, o *Allgemeine Musikalische Zeitung*, a 9 de fevereiro, um comentarista anônimo se mostrou extremamente duro com Pauline, que interpretara o principal papel feminino: "Só o silêncio é adequado, não só pela impressão que essa artista, tão justificadamente festejada décadas atrás, causa no momento, mas também pelo texto e a música de toda a obra." A reação do público foi agressiva. Turgueniev foi abordado na rua por um oficial do exército alemão indignado com a elevada remuneração que diziam ter sido paga a ele e a Viardot, o que, segundo o queixoso, o privara de ouvir os melhores tenores do momento.[132]

Não restava muita dúvida de que a opereta tinha sido sabotada, numa campanha orquestrada — o que seria confirmado em artigo no *Allgemeine*

Musikalische Zeitung, informando em 23 de fevereiro que "certos círculos" haviam espalhado "terríveis boatos" sobre a opereta durante os ensaios, círculos que também haviam organizado a recepção fria e as vaias durante a récita. Em outras publicações na imprensa surgiam fortes indícios de que as pessoas responsáveis por isso eram Wagner e seus partidários nacionalistas em Karlsruhe. Eles haviam interpretado a sátira cômica sobre o feiticeiro e os elfos da floresta como um ataque à ópera *O ouro do Reno*, de Wagner, vingando-se de Viardot e Turgueniev. Mas era o nacionalismo que estava por trás de tudo. Os nacionalistas alemães que seguiam Wagner se opunham violentamente ao cosmopolitismo representado pela presença dos Viardot em Baden. Como escreveu Turgueniev a Pietsch, de todos os fatores por trás da hostilidade enfrentada, o mais importante era "o profundo menosprezo dos estrangeiros e sua presunção", ao montarem uma ópera na Alemanha.[133]

9

Em fevereiro de 1870, Turgueniev e os Viardot se mudaram para Weimar, acomodando-se durante três meses no Hôtel de Russie. A escola de artes de Karlsruhe fora uma decepção para Claudie, que agora dava prosseguimento aos estudos na Escola de Artes Grã-Ducal de Weimar, onde o pintor belga Charles Verlat, velho amigo de Ary Scheffer, se interessou por seus trabalhos.[134] Contando com o apoio de Liszt, que fora *Kapellmeister* na corte de Weimar e se fazia presente com frequência, Pauline foi convidada pelo grão--duque, grande apreciador de música, a levar seus desempenhos em *Orphée* e *Le Prophète* ao palco do Teatro da Corte de Weimar. Ela decidiu então que seriam suas últimas apresentações em público. Também se apresentou em alguns concertos na região de Weimar, entre eles o concerto do dia 3 de março em Jena, onde se deu a estreia da *Rapsódia para contralto* de Brahms.

Em maio eles voltaram para Baden, e de lá Turgueniev logo partiu para São Petersburgo, onde encontrou Stasiulevich, e em seguida viajou para Spasskoe, se empenhando em "fazer dinheiro" com a venda de uma boa extensão de suas terras e concluindo seu novo conto, "Um rei Lear das estepes".[135] No dia 12 de julho, Turgueniev iniciou o percurso de volta da

Rússia para Baden. Parando em Berlim, ele se viu comendo no restaurante do hotel "bem em frente ao general Moltke", chefe do estado-maior geral prussiano.[136] Era a noite de 15 de julho. Nesse mesmo dia o exército alemão tinha sido mobilizado para entrar em guerra com a França. Conhecido por considerar que não era possível planejar uma guerra antes do primeiro confronto com o inimigo, Moltke certamente tinha muito em que pensar, mas com sua aparência calma, as maneiras refinadas e a evidente inteligência, parecia a Turgueniev a própria personificação do poder.

A causa imediata da Guerra Franco-Prussiana fora o Despacho de Ems, versão habilmente alterada por Bismarck, para divulgação à imprensa, de um telegrama que recebera do secretário do rei Guilherme no dia 13 de julho. O telegrama o informava do encontro do rei com o conde Benedetti, embaixador francês na Prússia, durante sua caminhada matinal pelo Kurpark de Bad Ems. As relações entre a França e a Prússia andavam tensas por causa da questão da sucessão espanhola: temendo o aumento do poderio prussiano e não querendo se ver cercada por uma aliança entre a Alemanha e a Espanha, a França protestara contra a oferta do trono espanhol ao príncipe Leopoldo, das terras prussianas de Hohenzollern-Sigmaringen. Em 2 de julho, Leopoldo desistira de aceitar a coroa, mas agora os franceses queriam mais do rei da Prússia: a garantia de que nenhum membro da dinastia Hohenzollern viesse a reinar na Espanha. Esta garantia é que Benedetti buscava no encontro com Guilherme no passeio do Kurpark, em conversa na verdade perfeitamente polida e amistosa. O rei rejeitou o pedido em termos firmes, mas diplomáticos, transmitidos no telegrama de seu secretário a Bismarck. Este, no entanto, queria provocar uma guerra com a França, segundo ele necessária para consolidar o controle da Prússia sobre os Estados do sul alemão. O chanceler divulgou a resposta do rei a Benedetti de uma forma que parecesse uma recusa fria, um insulto aos franceses. Mal traduzida para o francês por uma agência de notícias, de uma forma que o fazia parecer ainda pior, o despacho foi publicado na França no dia seguinte, 14 de julho, dia da Queda da Bastilha, provocando nas multidões que estavam nas ruas de Paris exaltadas proclamações de guerra. E, no dia 19 de julho, o imperador de fato declarou guerra.

No momento em que Turgueniev deixou Berlim, a 16 de julho, as tropas prussianas já estavam em marcha, destruindo pontes e cortando linhas de comunicação através do Reno. Turgueniev chegou a Baden pouco antes de as viagens ferroviárias de civis para a cidade se tornarem impossíveis. Dias depois, Brahms foi impedido de lá chegar vindo de Viena, via Bad Wildbad, para dar apoio a Clara Schumann, apavorada com os "bárbaros [soldados] turcos" que haveria no exército francês, segundo se comentava. De Baden, ela lhe escreveu:

> Todo mundo que tem uma casa (os Rosenhayn, os Viardot, os Guaita) me aconselha a ficar quieta aqui mesmo, pois se eles não conseguirem alojar um número suficiente de soldados em casas habitadas vão abrir as desabitadas para usá-las, e aí será destruição total. De modo que vou ficar, apesar de ainda me sentir muito ansiosa, pois não temos aqui nenhum homem para nos proteger.[137]

Turgueniev e os Viardot também decidiram ficar. "Baden está completamente deserta", ele escreveu ao irmão Nikolai no dia 27 de julho, "mas vou ficar aqui, e ficarei mesmo se os franceses romperem as linhas — que poderiam fazer comigo?" A vida seguiu num clima irreal. Turgueniev estava decidido a participar de um torneio de xadrez marcado para a primeira semana de agosto em Baden. Era jogador de alto nível, membro do clube de Baden, e fora nomeado vice-presidente da comissão do torneio. A competição se realizou na Salle de Conversation, tendo como fundo sonoro os canhões franceses e prussianos ao longe. "Era estranho e triste ver naquela bela e tranquila planície, sob a suave luminosidade de um sol meio encoberto, a indecorosa fumaça da guerra", escreveu Turgueniev.[138]

Ao ter início a guerra, Turgueniev e os Viardot esperavam uma vitória da Prússia. Seus amigos na França, e a maioria dos que estavam na Rússia, se posicionavam do lado da França. Mas eles encaravam o conflito como uma luta pela liberdade frente ao imperialismo de Napoleão, e, como residentes alemães que tinham Bismarck e os reis da Prússia entre seus amigos, sentiam uma certa lealdade em relação à Prússia. O que tinham sobretudo em mente era que uma derrota da França ocasionaria o fim do regime de Napoleão III. "Nem preciso lhe dizer", escreveu Turgueniev a Ludwig Friedländer, "que estou por completo do lado alemão. O que temos é de fato uma guerra da civilização contra a barbárie — mas não no sentido que os franceses pensam. O bonapartismo *precisa* ser derrotado, a qualquer custo, para que a moral pública, a liberdade e a independência tenham um futuro na Europa". Uma lição precisava ser dada à França, "assim como nós aprendemos uma lição em Sebastopol [na Guerra da Crimeia]", escreveu Turgueniev nas "Cartas da Guerra Franco-Prussiana", obra de ficção publicada na Rússia.[139]

Na primeira fase da guerra, Turgueniev e os Viardot temiam uma invasão dos franceses, que tinham juntado tropas em Estrasburgo para avançar para leste em direção a Baden, na esperança de contar com a adesão da Áustria-Hungria para ocupar os Estados do sul alemão. Pauline e as filhas tricotavam roupas e cobertores para os soldados prussianos em Baden, além de entretê-los em recitais de canto. A invasão francesa, afinal, não aconteceu. Os prussianos é que rapidamente avançaram na direção de Metz, importante fortaleza em pleno território francês, onde Napoleão III assumiu o comando do recém-intitulado Exército do Reno, que logo seria obrigado a bater em retirada pelas tropas mais combativas da Prússia. Os prussianos assediaram Estrasburgo, usando trens para o transporte de duzentos canhões pesados com os quais deram início, em 23 de agosto, a um bombardeio da cidade que durou um mês. Da altura do Velho Castelo em Baden, Clara Schumann e os filhos viam a torre da Catedral de Estrasburgo e ouviam a canhonada, que "fazia nosso chalé tremer", recordaria Eugenie.[140] Em 2 de setembro, os franceses foram derrotados em Sedan, o que resultou na captura de Napoleão III e seu exército, na formação de um Governo de Defesa Nacional e de uma Terceira República em Paris. Bizet, Fauré e Saint-Saëns se alistaram na Guarda Nacional, que levou adiante a luta contra as tropas prussianas atacando a capital.

Turgueniev ficou encantado com a vitória prussiana. "Toda a família Viardot está feliz e bem de saúde", escreveu a Pietsch em 9 de setembro.

> Estamos organizando concertos e leituras em benefício dos feridos — e é assim que passamos os dias. A queda do Império foi motivo de grande satisfação para o pobre Viardot, mesmo assim de coração partido — embora se dê conta de que tudo isso foi uma punição merecida pela França. De minha parte, devia me sentir completamente alemão, pois uma vitória francesa teria sido a derrota da Liberdade — mas o fato é que realmente não era necessário destruir Estrasburgo. Foi deselegante e inadequado. O que acontecerá agora em Paris?

Durante quatro meses, a partir de 19 de setembro, os prussianos assediaram Paris. Atacaram os franceses em Orleans, Le Mans e Amiens e tomaram Rouen (a casa de Flaubert em Croisset foi ocupada por dez soldados das forças invasoras, obrigando o escritor a se mudar com a mãe idosa para acomodações em Rouen). O prolongamento da guerra fez com que Turgueniev e os Viardot se voltassem contra os prussianos. "A queda do império causou muita alegria", escreveu Turgueniev a um amigo russo no dia 18 de setembro, "mas a agressiva avidez de conquista que se apoderou da Alemanha não é uma visão reconfortante". Quatro semanas depois ele escreveu a seu amigo alemão, o escritor e tradutor Paul Heyse: "Vocês estão satisfeitos com a Alsácia ou também estão de olho na Lorena? Começo a não entender mais nem a reconhecer os alemães que um dia amei."[141] Parecia-lhe que os alemães se haviam tornado os agressores militares, pretendendo destruir a nova república na qual ele próprio e os Viardot tinham depositado todas as suas esperanças.

Em Baden, enquanto isso, eles começaram a sentir toda a força do nacionalismo alemão, à medida em que a vitória dava lugar ao triunfalismo na população local. "Não ouvimos mais os canhões em Estrasburgo", escreveu Turgueniev a William Ralston no dia 9 de outubro, "mas vemos centenas de milhares de alemães viajando para lá em peregrinação para ver sua nova conquista". Bandeiras alemãs começaram a aparecer nos prédios de Baden. Clara Schumann instalou a sua e rezou pela unidade alemã. Brahms ficou exultante com a vitória prussiana. Patriota alemão, idolatrando Bismarck, ele celebrou a vitória com um tonitruante *Triumphlied* para orquestra e coro. Paradas nacionalistas eram promovidas em Baden. Os extremistas dificultavam a vida dos habitantes franceses, na tentativa de expulsá-los. Toda noite uma multidão se juntava na entrada da Villa Viardot para fazer *Katzenmusik*, ameaçando com muito barulho de tambores e cornetas.[142]

A guerra provocara fortes sentimentos nacionalistas de ambos os lados do Reno. A perda da Alsácia para os alemães causou grande ressentimento entre os franceses. Alemães foram expulsos da França, e os franceses, da Alemanha. A vitória prussiana representou uma virada na história europeia. Em termos políticos, fortaleceu as crescentes correntes nacionalistas que atuavam contra o cosmopolitismo cultural que ganhava corpo no continente — acabando por levar, a longo prazo, à desintegração dessa cultura europeia na Primeira Guerra Mundial. Em caráter mais imediato, a fundação do

Império Alemão foi uma catástrofe para a cultura cosmopolita de estações termais franco-alemãs como Baden, que passou a fazer parte do império em 1871. Já evitadas pelos franceses, que preferiram se voltar para spas em seu próprio território, elas perderam a anterior atmosfera internacional, e, com ela, boa parte dos seus atrativos e do seu significado cultural.

Foi um desastre também para os artistas que haviam se beneficiado dessa cultura cosmopolita. Nenhum deles foi mais prejudicado que Offenbach, atacado por nacionalistas de ambos os lados. Na Alemanha, ele era acusado de traição por compor canções antigermânicas, ao passo que na França era denunciado por tomar partido do país de origem. Nenhuma das duas acusações se justificava. Apesar de ter nascido na Alemanha, Offenbach escolhera a França. Era cidadão francês. Não reconhecia o critério alemão de estabelecer a nacionalidade pelo sangue e o país de nascimento. Para esclarecer sua posição e proteger a família de possíveis ataques na Alemanha, escreveu uma carta aberta a Villemessant, para ser publicada em *Le Figaro*:

> Certos jornalistas alemães espalharam a calúnia de que eu compus muitas canções contra a Alemanha. Tais afirmativas foram acompanhadas dos mais terríveis insultos. Na Alemanha, tenho família e amigos que ainda me são caros — e é em nome deles que lhe rogo que imprima isto: Desde os 14 anos eu vivo na França; recebi os documentos de naturalização; fui nomeado *Chevalier de la Légion d'honneur*; devo tudo à França e julgo merecer o título de francês, que conquistei pelo meu trabalho e a minha honra, mas reconheço uma certa fraqueza pelo meu país de origem.[143]

Em setembro, Offenbach fugiu com a família da França para San Sebastian, a cidade real à beira do mar, no norte da Espanha.

Na França, enquanto isso, o sentimento antigermânico chegava ao auge. "Eles querem que odiemos os alemães, que nós amamos", escreveu George Sand a Louis a 8 de setembro. "Que teste para a civilização europeia!"[144] O clima de nacionalismo tornava a vida impossível para os Viardot. Eles eram criticados pela imprensa francesa por terem escolhido viver em Baden, por serem amigos dos reis prussianos e por não terem retornado à França ao estourar a guerra. Recebiam cartas com acusações de traição. Uma delas, enviada a Louis por Adolphe Crémieux, ministro da Justiça republicano, deixou Pauline tão furiosa que ela se sentiu na obrigação de defender o marido, exatamente como ele mais de uma vez a defendera de ataques injustificados. Em obediência às regras da etiqueta social, não escreveu ao ministro, mas a sua esposa, Madame Crémieux:

> Será por causa da minha amizade de quase trinta anos com a Rainha da Prússia que o patriotismo do meu marido cai sob suspeita? Um homem que sacrificou sua carreira para me ajudar na carreira de artista? Um homem que, por amor à França, por seu ódio ao governo imperial, viveu comigo exilado no Ducado de Baden, na fronteira do nosso amado país? E por isto estão considerando o quê? Que escolhemos ser alemães? Oh, que piada de mau gosto [*oh la mauvaise plaisanterie*]![145]

A guerra foi um desastre para Pauline em termos financeiros. A vida de concertos em Baden estava suspensa, e ela perdeu os alunos, que voltaram para suas famílias. No dia 18 de outubro, estando Paris ainda sitiada, ela viajou com os filhos para Ostend, de onde embarcaram para a Inglaterra. Como aconteceu com muitos outros, Londres se tornou um refúgio para os Viardot. Manuel lá vivia desde 1848, e tinha muitos contatos influentes no mundo da música. Pauline podia contar com alunos, concertos e compromissos na capital.

Louis permaneceu em Baden, tendo adoecido na semana anterior, e assim Turgueniev acompanhou Pauline e as crianças a Ostend. Viajaram de carruagem até Mannheim e de barco a vapor desceram o Reno até Colônia — pois as ferrovias estavam em poder das forças armadas prussianas, que impediam a circulação de passageiros civis —, em seguida rumando de trem para Antuérpia e Ostend. De lá, os Viardot atravessaram o canal da Mancha e foram recebidos em Dover por Manuel, que os conduziu a acomodações provisórias em Seymour Street, perto de Portman Square. No dia seguinte, Pauline foi ao Union Bank, onde deixara 100 libras numa conta, e depositou o dinheiro que havia guardado em Baden: 970 francos (38 libras). Dava para viver alguns meses.[146]

De Ostend, Turgueniev imediatamente voltou pelo mesmo percurso para Baden, para cuidar de Louis e supervisionar a desmontagem das duas residências. Três semanas depois, a Villa Viardot foi fechada com tábuas. A casa de Turgueniev também foi fechada — até onde era possível, pois uma chaminé derrubada por uma tempestade tinha "furado o telhado e praticamente destruído toda a construção", segundo escreveu a Annenkov a 28 de outubro. "Quando a casa foi construída, eu disse ao meu arquiteto, um patife francês, que com os ventos que temos aqui em essas chaminés altas podiam ser perigosas: 'Monsieur' — ele respondeu — 'essas chaminés são sólidas como a França.'" No início de novembro, Turgueniev estava pronto para deixar Baden com Louis. "Partirei dentro de alguns dias e pretendo ficar em Londres até o Ano Novo", escreveu a Annenkov. "De Londres, mandarei meu endereço. O resto da família Viardot já está em Londres: a guerra os deixou arruinados e Madame Viardot precisa tentar ganhar a vida na Inglaterra, o único país onde esse bem ainda pode ser encontrado."[147]

6. O PAÍS SEM MÚSICA

Os ingleses são a única raça cultivada sem música própria (à parte canções de music hall). Refiro-me a uma música própria, pois o fato é que na Inglaterra as músicas estrangeiras talvez sejam mais tocadas que em qualquer outro país.

OSCAR SCHMITZ, 1904

1

Louis e Turgueniev chegaram a Londres no dia 13 de novembro de 1870. Pauline e os filhos ainda estavam acomodados em Seymour Street, mas depois da chegada de Louis se mudaram para uma confortável casa georgiana em Devonshire Place, Marylebone. Turgueniev alugou um apartamento na esquina da residência dos Viardot em Devonshire Street, mas não suportou o frio e a umidade, como tampouco a fumaça das fogueiras de carvão, e logo se mudou para acomodações que tinha esperanças de serem melhores em Bentinck Street, a pouca distância. Mas ainda não ficou satisfeito. Queixava-se amargamente da comida da proprietária. "Neste país não se sabe fazer nada com uma batata ou um ovo", escreveu a Henry James, que se mudara para Londres em 1869.[1]

Turgueniev ficava pouco tempo em Bentinck Street, passando o dia inteiro na casa dos Viardot. Era uma residência de cinco andares com compartimentos amplos nos inferiores (imagem 57 do encarte). Havia uma governanta, uma cozinheira e duas criadas morando na casa, segundo o censo de 1871. Mas em comparação com as acomodações de Paris e Baden, eles consideravam que ali se mantinham apenas com o básico — ponto de vista compartilhado por Clara Schumann, que escreveu a Brahms depois de visitá-los em Devonshire Place em fevereiro:

> Madame Viardot me causou a mais triste impressão aqui. Encontrei-a outro dia na mais desconfortável e suja residência e ela me falou dos pavorosos alunos que tem aqui. Que indignidade para uma artista como ela, e que tristeza ser obrigada a isso [...]. Fiquei com lágrimas nos olhos estando em sua casa, mas felizmente ela não se deu conta, pois teria rido de mim.

Paul Viardot — na época com 13 anos — evocaria a "casa sombria" em suas memórias: "A névoa amarela e as lâmpadas a gás das ruas acesas no meio do dia, quando já estava escuro como a noite; o frio e a umidade, as refeições em silêncio, pontuadas pelos passos apressados e gritos dos vendedores de jornal anunciando as vitórias alemãs."[2]

Os Viardot levavam uma vida de limitações em Londres. A maior parte do dinheiro fora investida na mansão de Baden. Não tinham tentado vendê-la, para o caso de voltarem à Alemanha depois do fim da guerra — possibilidade que se tornou cada vez menos desejável durante a permanência em Londres. Enquanto isso, tinham de se virar para chegar ao fim do mês. Louis vendeu mais alguns Grandes Mestres, entre eles, o segundo Rembrandt, *Um velho em traje militar* (1631), tendo Turgueniev interessado na compra a grã-duquesa Maria Nikolaevna, irmã do tsar Alexander II, em janeiro de 1871.[3]

Londres era cara. Os gastos com a escola de Paul e a criadagem eram mais altos que em Baden, e Pauline não abria mão de receber com a generosidade a que estava acostumada. A tradição das *soirées* musicais dos Viardot teve prosseguimento em Devonshire Place. Havia recitais informais de música de câmara, noites de canções espanholas e as cenas de ópera mais famosas de Pauline, além de algumas récitas de *Le Dernier Sorcier* para um novo círculo de amigos do meio artístico e político, o creme da sociedade londrina: Charles Hallé, Arthur Sullivan, Frederic Leighton, Anthony Trollope, Robert

Browning, George Eliot e seu "marido", George Lewes,* Richard Monckton
Milnes (Lorde Houghton) e, pelo menos numa ocasião, o então primeiro-
-ministro William Gladstone.[4] A eles se juntaria o amigo Saint-Saëns, que
fugira de Paris em abril de 1871. Charles Gounod, que tinha se transferido
para Londres em setembro, era outro visitante frequente. Ele e os Viardot
se haviam reconciliado depois do rompimento causado pela rejeição do
presente de casamento oferecido por Pauline em 1852. Pauline entrara em
contato com ele em 1864, e desde então haviam mantido correspondência
amistosa.[5] Agora, em Londres, o infortúnio voltava a aproximá-los.

Os Viardot dependiam da renda de Pauline com as aulas. Ela atraía alunos
não só por sua fama de cantora e professora, mas também pela presença do
irmão, igualmente um dos mais procurados professores de bel canto da Europa. Em 1854, Manuel Garcia inventara o laringoscópio — dispositivo para
ver a laringe e a glote com o uso de espelhos —, que lhe rendeu notoriedade
mundial no mundo científico e musical. O aparelho permitia conferir um
caráter científico ao treinamento da voz. Entre as estrelas que estudaram
com ele estavam Jenny Lind, Giulia Grisi, Antoinette Sterling e o tenor Julius
Stockhausen. Quando Pauline chegou a Londres, ele lhe transferiu muitos
alunos mais jovens. Pauline se queixava de que não eram tão bons quanto
seus alunos em Baden, mas eram numerosos e ajudavam a pagar as contas.[6]

Pauline complementava sua renda se apresentando em concertos e, não
obstante a anterior decisão de se retirar dos palcos, em teatros do interior,
pois sua voz não era mais considerada forte o suficiente para os palcos
operísticos em Londres. Ela retomou as turnês com a companhia de ópera
de Willert Beale, e passava semanas inteiras viajando para cidades como
Derby, Northampton, Manchester e Newcastle. Nesses períodos, Turgueniev
sentia sua ausência como um "mal-estar físico", como explicou no dia 5 de
dezembro de 1870, quando ela se encontrava em Edimburgo:

> É como se me faltasse ar, fico com uma ansiedade secreta, tor-
> turante, da qual não consigo escapar e que nada é capaz de in-
> terromper. Quando você está aqui, sinto uma alegria tranquila
> — sinto-me em casa— e nada mais preciso. Ah, *theuere Freundin*

---

* Pauline Viardot provavelmente foi o modelo da prima-dona no poema dramático Arm-
gart (1870), de George Eliot.

[querida amiga], tenho todo o meu belo e querido passado de 27 anos para apreciar e respeitar. E as coisas voltarão a ser iguais para nós, como para "Joe Anderson, My Jo", de Burns — desceremos juntos a colina.*⁷

A ideia de que já estivessem na encosta descendente da vida dificilmente se justificava em termos cronológicos (Turgueniev estava com apenas 52 anos, e Pauline, com 49, enquanto Louis chegara aos setenta), mas provavelmente era assim que se sentiam, tendo perdido a vida feliz que levavam em Baden.

Os ganhos de Pauline não cobriam os custos de vida da família, mesmo com o dinheiro da venda dos Grandes Mestres. Os Viardot dependiam da ajuda financeira de Turgueniev, exatamente como ele precisara contar com eles em anos anteriores. O fiel amigo fazia constantes visitas ao Coutts' Bank, em Strand, para providenciar transferências para Louis. Em sua viagem à Rússia, nos primeiros meses de 1871, chegou a vender um pedaço de terra para levantar os 80 mil francos em dinheiro do dote de Claudie em ações das ferrovias. O investimento foi "suficiente para obter uma renda anual de 5½ ou mesmo 6 mil francos", como explicou a Pauline.⁸

Ao voltar da Rússia, Turgueniev se mudou para Beaumont Street, que ficava logo atrás da residência dos Viardot em Devonshire Place. Estava recriando o arranjo do *ménage à trois* que mantinham em Baden — lado a lado, mas separados. A preocupação de viver numa casa à parte era sobretudo pelas aparências. Ele sofria com o frio e a umidade e não demorou a

---

* Turgueniev refere-se ao poema "John Anderson, My Jo" (1789), de Robert Burns: "John Anderson, my jo, John, / When we were first acquent; / Your locks were like the raven, / Your bonie brow was brent; / But now your brow is beld, John, / Your locks are like the snaw; / But blessings on your frosty pow, / John Anderson, my jo. // John Anderson, my jo, John, / We clamb the hill thegither; / And mony a cantie day, John, / We've had wi' ane anither: /Now we maun totter down, John, / And hand in hand we'll go, / And sleep thegither at the foot, / John Anderson, my jo." [John Anderson, meu querido, John, / Quando nos conhecemos; / Teus cachos eram como o corvo, / Tua linda fronte era lisa; / Mas agora tens a fronte calva, John, / Teus cachos são como a neve; / Mas abençoada seja tua cabeça branca, / John Anderson, meu querido. // John Anderson, meu querido, John, / Subimos juntos a colina; / E em muitos dias felizes, John, / Tivemos um ao outro: / Agora temos de descer, John, / E de mãos dadas seguiremos, / E dormiremos juntos lá embaixo, / John Anderson, meu querido.]

cair doente, com gripe e gota. De Beaumont Street, escreveu a Flaubert a 6 de maio:

> Estou na Inglaterra — não pelo prazer de estar aqui — mas porque meus amigos, quase arruinados pela guerra, vieram para cá tentar ganhar algum dinheiro. Os ingleses têm algumas belas qualidades — mas todos eles — até os mais inteligentes — levam uma vida muito dura. É preciso algum tempo para nos acostumarmos — como no caso do clima deles. Mas para onde mais se poderia ir?[9]

Londres tinha uma comunidade grande de exilados franceses. Haviam chegado em ondas sucessivas, a começar pela grande massa de realistas que fugiam do terror revolucionário depois de 1793; e novamente em 1848, quando Napoleão, então presidente, reprimiu os socialistas e republicanos radicais. Uma quantidade ainda maior, em torno de 4 mil inimigos políticos de Napoleão, fugira para a Inglaterra depois do golpe que ele deu para derrubar a Segunda República em dezembro de 1851. Entre eles, estava Victor Hugo, que primeiro foi para Jersey, de onde foi expulso por ter apoiado um jornal crítico da rainha Vitória, se estabelecendo então com a família em Guernsey, onde viveu de 1855 a 1870. A maioria de seus compatriotas não permaneceu muito tempo na Grã-Bretanha, mas em meados da década de 1850, havia cerca de mil exilados em Londres, concentrados essencialmente em Soho e Fitzrovia. Leicester Square era o centro cosmopolita da Londres francesa, servindo o Sablonière Hotel de centro de operações e recepção para as chegadas. Uma "encardida França moderna", dizia Thackeray, referindo-se a essa zona. "Há cafés, bilhares, bistrôs, garçons, mercados franceses, franceses pobres, e franceses ricos..." A terceira e maior onda de emigrados chegou depois do início da Guerra Franco-Prussiana. Em meados da década de 1870, estima-se que havia 8 mil franceses vivendo em Londres. Exilados sem dinheiro, entre eles, muitos artistas, se estabeleciam em Soho, porém os que estavam melhor de vida, querendo evitar as prostitutas de Soho, se transferiram para os bairros elegantes de Fitzrovia e Marylebone.[10]

A Grã-Bretanha de maneira geral era um paraíso para exilados políticos europeus. Não havia leis impedindo a entrada de imigrantes, independentemente de nacionalidade ou crenças, nem meios legais de barrar suas atividades políticas uma vez que estivessem vivendo na Grã-Bretanha. A Lei dos Estrangeiros, de 1848, de fato permitia ao governo deportar indivíduos considerados uma ameaça à segurança do Estado por algum tribunal, mas caducou em 1850 sem ter sido usada. O gosto britânico pela liberdade se estendia à proteção de revolucionários militando contra governos estrangeiros. Mazzini, Marx e Engels, Louis Blanc, Ledru-Rollin e Herzen usavam Londres como base de propaganda. Em 1858, depois de uma tentativa do revolucionário italiano Felice Orsini de assassinar Napoleão III, o governo francês cobrou medidas contra os colaboradores de Orsini na Grã-Bretanha, onde haviam sido fabricadas as bombas jogadas contra a carruagem do imperador. O governo de Palmerston então apresentou um projeto de lei pelo qual passariam a ser consideradas crimes quaisquer conspirações para assassinar alguém fora da Grã-Bretanha. Mas o projeto foi derrotado na Câmara dos Comuns, que ainda aprovou um voto de censura ao governo por ceder às exigências de Napoleão, forçando Palmerston a renunciar.[11]

A saúde econômica da Grã-Bretanha também a tornava fortemente atrativa para migrantes econômicos do continente. A maioria se estabelecia em Londres, onde havia demanda para seus negócios e atividades: costureiros, joalheiros e engenheiros franceses, encontrados sobretudo em Soho; padeiros, relojoeiros e músicos alemães, especialmente em Fitzrovia; importadores de alimentos, fabricantes de sorvete e tocadores de realejo italianos na Little Italy de Clerkenwell.[12]

Ninguém migrava para a Grã-Bretanha pelo clima ou pela comida. Os estrangeiros se queixavam de ambos. Enxergavam o país pelo prisma dos clichês anglofóbicos de ampla circulação no continente: o melancólico *fog* londrino, a frieza do temperamento inglês, seu materialismo e hipocrisia, a "pérfida Albion" e assim por diante.[13] As *Promenades dans Londres* (1840) de Flora Tristan provavelmente contribuíram mais que qualquer outro livro para disseminar esses estereótipos, pelo menos entre os franceses:

> Em Londres, respiramos melancolia, ela entra por todos poros. Não existe nada mais lúgubre [...] que o aspecto desta cidade num dia nevoento ou na chuva e no escuro [...]. Sentimos um profundo desespero [...] repugnância de tudo, e um irresistível desejo de pôr fim à vida pelo suicídio [...]. Nesses dias insalubres, o inglês cai sob o feitiço do clima e se comporta como um animal.[14]

Era comum na Europa associar o clima da Inglaterra ao temperamento inglês. Victor Schoelcher, o militante francês contra a escravidão, considerava a Inglaterra "o país mais frio do mundo em todos os sentidos". Fontane, que viveu quatro anos em Londres na década de 1850, chegou à conclusão de que a hospitalidade "se tornara extinta" nos corações ingleses: "O país deles está aberto, mas as casas estão fechadas."[15]

O formalismo asfixiante da classe alta inglesa era notado por visitantes de todas as nacionalidades, especialmente os russos, cuja aristocracia era conhecida pela vivacidade e a informalidade na vida privada. Em seu primeiro dia em Londres, Turgueniev foi levado pelo amigo russo Nikolai Jemchujnikov para almoçar num dos clubes de Pall Mall. Irritado com o excesso de formalismo dos garçons, que serviam cada escalope numa bandeja de prata, Turgueniev não resistiu e acabou batendo na mesa e rosnando palavras em russo — "Rabanetes! Abóbora! Nabo! Kasha!" — para se divertir. "Ele zombou de mim, dos ingleses e da Inglaterra" depois que os garçons se retiraram, recordaria Jemchujnikov.[16]

Herzen, o amigo de Turgueniev, que vivia em Londres desde 1852, conheceu um inglês que trabalhara como criado na residência dos Viardot em Paris. Chocado com as maneiras informais da família, ele não demorou a se demitir. Perguntado sobre o que o havia ofendido, o inglês respondeu: "Eles não são gente *comme il faut*: não era só a esposa que se dirigia a mim no jantar, o marido também."[17]

As excentricidades inglesas eram outro lugar comum. Os europeus tendiam a explicá-las pela separação do continente. O *Guide Joanne* de Londres advertia os leitores:

> Privados durante muito tempo de contato com os povos do continente, ou acostumados por seu orgulho a considerá-los bárbaros, os ingleses criaram um código de etiqueta próprio e muito peculiar, rígido e pomposo como eles, cujas leis absolutamente inflexíveis são cumpridas com servilismo [...]. Esperam que todo estrangeiro as conheça e observe, sob pena de não ser reconhecido como um *gentleman*.[18]

Os Viardot estavam acostumados com os ingleses e suas excentricidades. Há trinta anos frequentavam o país. Louis os achava esquisitos. Em seus

Souvenirs de chasse, comparava a Inglaterra a um "vasto convento", de tal maneira se submetia a absurdas regras de etiqueta. "Um estrangeiro que não tirasse o chapéu ao cumprimentar alguém na rua ou ousasse usar uma faca para comer peixe era considerado mal nascido." Convidado para um fim de semana de caça numa grande propriedade em Gloucestershire, ele constatou que, mesmo no frio úmido de um mês de maio inglês, as mulheres se vestiam para jantar "como se fossem a um baile", com vestidos de musselina branca que deixavam pescoço e braços expostos — e trêmulos. Pensando que estavam vestidas tão absurdamente por causa de sua presença, Pauline disse que não precisavam, mas uma delas respondeu que não era por sua causa — vestiam-se daquele jeito toda noite: se o pai delas estivesse sozinho em casa, ainda assim jantaria de traje a rigor.[19]

Mesmo depois de trinta anos, os Viardot tinham dificuldade de simpatizar com os ingleses. Como muitos europeus da sua classe social e da sua visão de mundo cosmopolita, achavam os ingleses convencionais, frios e presunçosos. Pauline ficava exasperada com sua falta de musicalidade, o apego à moda e à celebridade, e com a constante necessidade de atender ao seu "mau gosto". Comentando um jantar com a rainha Vitória no Palácio de Buckingham, depois de um concerto em 1850, queixou-se a Turgueniev de que a realeza inglesa não sabia se vestir nem sustentar uma conversa sobre música:

> A rainha estava vestida como um bastão de bala de cevada (*bâton de sucre de pomme de Rouen*) embalado em azul e prata, apertada no tronco e bem rígida. Debaixo daquilo tudo, ela não estaria, de forma alguma, confortável ao comer. Quando veio falar com os artistas, não tinha ideia do que dizer, mas disse o mesmo tipo de coisa a todos — e assim me disse, por exemplo, "Eu a admirei muito recentemente em *O profeta* — deve ter sido cansativo — mas foi encantador, especialmente a cena da igreja." E seguiu em frente.[20]

Os franceses, naturalmente, estavam sempre predispostos a ser críticos em relação aos ingleses, do alto de seu inato sentimento de superioridade cultural, como observou Herzen, sarcástico, em *Meu passado e meus pensamentos* (1870):

O francês não perdoa o inglês, em primeiro lugar, por não falar francês; em segundo, por não entendê-lo quando ele chama Charing Cross de Sharan-Kro, ou Leicester Square de Lesesstair-Skooar. Além do mais, seu estômago não é capaz de digerir os jantares ingleses consistindo em duas enormes peças de carne e peixe, em vez de cinco pequenas porções de guisados variados, frituras, ragus e assim por diante. E ele jamais poderia se conformar com a "selvageria" de restaurantes fechados aos domingos, e pessoas se entediando pela glória de Deus, embora a França inteira se entedie pela glória de Bonaparte sete dias por semana.[21]

Herzen, na verdade, concordava com os franceses neste último ponto. "A vida aqui é tediosa como a dos vermes num queijo", escreveu de Londres a um amigo russo. Os europeus em sua maioria pensavam o mesmo. "As noites de Londres para um estrangeiro são muito deprimentes", escreveu Edmondo de Amicis ao visitar a cidade pela primeira vez no início da década de 1870:

> Uma cruel melancolia se abatia sobre mim. Eu estava acostumado ao esplendor dos bulevares parisienses e às multidões festivas que neles encontramos; as ruas de Londres, em comparação, eram escuras e tristes. Eu sentia falta dos cafés lotados, das lojas luxuosas e até dos estranhos espetáculos de lanterna mágica do Boulevard Montmartre, esquecendo muito convenientemente a indignação que também sentia ante a ostensiva e descarada prostituição comum em toda Paris.

Para o dirigente socialista francês Jules Vallès, que fugira para Londres em 1871, o domínio da religião protestante acabava com qualquer alegria na vida londrina. "O adultério aqui é impossível. A religião é praticamente compulsória e altamente desagradável. O deus inglês é feio, antipático e amarelo, de velhice [...] Os êxtases católicos representam um perigo para a castidade feminina. A religião reformada, assim, não é algo suscetível de enlouquecer as louras."[22] A tirania da inatividade que governava os domingos ingleses tirava Louis Viardot do sério:

Domingo é o dia do descanso e dos festejos em todo o continente, de Cádiz a Arkhangelsk; mas, na Inglaterra, o domingo é o dia do nada. Foi apagado do calendário, removido da vida. O domingo não existe. Vai querer comer como sempre? Melhor comprar provisões na véspera, pois não haverá nada à venda. Quer visitar os amigos? As casas estão fechadas, só as igrejas abrem nos horários de oração. Quer escrever ou receber cartas? Os serviços postais não funcionam. Que estupidez! Quanta hipocrisia! Os ingleses criticam os papistas que comem peixe ou preferem sapos na sexta-feira em vez de rosbife, e, no entanto, permitem esse fetichismo do domingo, a tal ponto que toda semana o Parlamento recebe uma petição assinada por milhares de pessoas exigindo imperativamente a proibição de todo e qualquer serviço ferroviário ou de navegação a vapor, como abominável profanação do dia santo.[23]

Para Louis, como para muitos visitantes europeus, o protestantismo dos ingleses tinha a ver com seu temperamento prático, prosaico, desprovido de paixão e voltado para os negócios. "O interior da cabeça de um inglês pode ser perfeitamente comparado a um *Guia Murray*", escreveu o crítico e historiador francês Hippolyte Taine em suas *Anotações sobre a Inglaterra* (1872): "Muitos fatos mas poucas ideias; uma boa quantidade de informações exatas e úteis, estatísticas, números, mapas confiáveis e detalhados, notas históricas curtas e secas, recomendações úteis e morais à guisa de prefácio, mas nenhuma visão abrangente nem o prazer da bela escrita."[24]

A ideia de que os ingleses seriam um povo dado ao comércio, mas não artístico era comum entre os europeus, especialmente os românticos. Heine detestava a Inglaterra, "a seriedade de tudo, a colossal uniformidade, o movimento mecânico" — era possível enviar um filósofo a Londres, escreveu, "mas não um poeta, sob pena de perder a vida". Clara Schumann escreveu a Brahms durante uma turnê de concertos em Londres, em 1865, que "aqui todo interesse artístico, na verdade, todo idealismo de qualquer espécie é sacrificado aos 'negócios'".[25] Apesar disso, visitaria a Inglaterra dezenove vezes.

Chopin também considerava que os ingleses tinham mais sensibilidade para o dinheiro que para a música. Durante visita a Londres em 1848, ele ofereceu aos amigos em Paris um relato de uma típica conversa com uma senhora da sociedade inglesa:

Dama: Sr. Chopin, quanto o senhor custa?

Chopin: Meu cachê é de 20 guinéus, senhora.

Dama: Oh! Quero apenas que toque uma pecinha.

Chopin: Meu cachê é o mesmo, senhora.

Dama: Então vai tocar muitas peças?

Chopin: Durante duas horas se quiser, senhora.

Dama: Pois estamos combinados. Devo pagar os 20 guinéus adiantados?

Chopin: Não, senhora. Depois.

Dama: Perfeitamente razoável, certamente.[26]

2

Os britânicos se mostraram solidários com os exilados franceses de 1870. Em sua maioria, tinham tomado partido da França na Guerra Franco-Prussiana, considerando que era o lado vulnerável, como Clara Schumann explicou a Brahms em carta de Londres, em fevereiro de 1871:

> É quando estou aqui que me dou conta do meu profundo apego à Alemanha. O que o torna ainda mais forte desta vez é o sentimento antialemão dos ingleses, que manifestam sua simpatia pelo lado mais fraco, vale dizer, os franceses. De início achei que era uma questão de inveja dos ingleses em relação aos alemães, que acabam de demonstrar sua grandeza, mas certos alemães que vivem aqui me garantem que os ingleses são motivados por compaixão.[27]

Para ajudar os exilados franceses, os britânicos criaram uma Sociedade Nacional de Ajuda aos Doentes e Feridos, que viria a se tornar a Cruz Vermelha britânica. Para os emigrados em Londres, o Fundo de Assistência de Mansion House foi criado por um grupo de músicos, como os compositores William Sterndale Bennet e Arthur Sullivan, que promoveram uma série de concertos beneficentes, entre eles, um no qual Pauline se apresentou para um Exeter Hall lotado.

A atitude dos britânicos em relação à Alemanha mudou definitivamente em razão da guerra. Até então, os vitorianos viam os alemães como a nação europeia mais próxima: as mesmas origens saxãs, a religião protestante, pelo menos no norte da Alemanha, e a seriedade moralizante. Sua monarquia também tinha vínculos com a Alemanha. Todos esses pontos de contato geravam uma forte germanofilia vitoriana. Mas os pontos de vista mudaram depois de 1870. A vitória alemã frente à França — até então a maior potência do continente — deu origem entre os britânicos a temores de uma agressão militar por parte da Alemanha. O que se expressou no best-seller *A Batalha de Dorking* (1871), de George Chesney, o primeiro romance de um gênero que surgiu então, o da "literatura de invasão", contando a história da conquista da Grã-Bretanha por um país de fala alemã, identificado apenas como "O Inimigo".[28]

Os britânicos relutavam em se envolver na política europeia. Certos de que seus valores de livre mercado se espalhariam pela Europa e preocupados em manter baixos os impostos, os governos da rainha Vitória sustentavam uma política de não intervenção no continente, a menos, claro, que os interesses do Império Britânico estivessem em jogo, como no caso da Guerra da Crimeia, o único conflito europeu de que a Grã-Bretanha participou nesse período. A ideia de que, sendo a maior potência do continente, a Grã-Bretanha tinha o dever moral ou religioso de defender as causas justas nos países vizinhos raramente encontrava muito apoio no público ou na imprensa.[29]

Quando os britânicos se interessavam por alguma causa estrangeira — os movimentos de libertação nacional dos poloneses, italianos e húngaros foram encarados na Grã-Bretanha com um sentimento de empatia —, era por considerarem a nação envolvida como a mais vulnerável, enfrentando opressores e tiranos, o que provocava neles uma projeção de seus valores liberais. Numa visita à Grã-Bretanha em 1864, Garibaldi foi saudado como herói do movimento antipapista, reconhecido como portador de todas as virtudes de um cavalheiro inglês e comparado a Sir Walter Raleigh e Sir Francis Drake. A unificação da Itália — concluída com a tomada de Roma em 1870 — foi vista pelos britânicos como uma vitória dos seus próprios princípios constitucionais frente ao autoritarismo dos austríacos e do papado.[30]

A insularidade dos britânicos não era apenas política. Também culturalmente eles se mantinham distantes dos europeus do continente. Viajavam em grupos, com seus guias Murray nas mãos, raramente interagindo com populações locais e criticando tudo aquilo que lhes parecesse por demais "estrangeiro" (vale dizer, diferente da maneira como as coisas eram organizadas em casa). Ignorantes das demais línguas europeias, esperavam ser entendidos por comerciantes, garçons, porteiros e todo aquele com quem tivessem de lidar, bastando para isto dirigir-lhes a palavra em voz alta e lentamente em inglês.

Os guias de viagem estimulavam os britânicos a adotar uma atitude colonial em relação aos nativos dos países europeus que visitavam. "Em geral um comportamento firme, cortês e um pouco reservado é o mais eficaz", recomendava Richard Ford em seu popular *Guia para viajantes na Espanha* (1855). "Sempre que alguma obrigação tiver de ser cumprida, deixe claro que não está para brincadeiras. A frieza do comportamento de um inglês, quando sincera, é algo a que poucos estrangeiros resistem."[31] Nenhum país europeu estava isento de críticas, e nenhuma área da vida no continente era mais sujeita a esse tipo de repreensão que os sistemas de esgoto e encanamento — que, para dizer a verdade, de fato deixavam a desejar em comparação aos padrões alcançados na Grã-Bretanha nas décadas intermediárias do século XIX. Em 1846, o *Guia Murray* sobre a Suíça mencionava recentes melhorias nas estradas do país, nas acomodações e o nas condições de viagem de modo geral, mas observava que:

> mesmo nas melhores hospedarias, as acomodações são deficientes em matéria de drenagem adequada e carecem de ventilação, sendo os corredores e escadas insalubres e desagradáveis pelo mau cheiro. Deve-se tomar o cuidado de deixar claro para os proprietários o quanto esse inconveniente é repulsivo e intolerável para as concepções inglesas. Não pode haver desculpa.[32]

Os britânicos acreditavam firmemente em sua superioridade em relação aos europeus, e na verdade a todo e qualquer estrangeiro. Achavam que o mundo inteiro invejava a Grã-Bretanha por suas já antigas liberdades e tradições de governo parlamentar e o império da lei. Eram ideias centrais na formação de sua identidade nacional. Essa autoconfiança se enraizava nas vitórias militares do país frente a potências continentais, especialmente a França, nas conquistas do Império Britânico e na condição de primeira sociedade industrial alcançada pela Grã-Bretanha. Isolados do continente pela geografia, os britânicos tinham forte sentimento do seu caráter especial, com base na história de uma ilha que nunca foi conquistada e, acima de tudo, em sua religião protestante, que os diferenciava da "Europa católica", que nesse escopo era considerada moralmente atrasada.[33] Era uma narrativa estimulada pelos grandes historiadores de interpretação whig da era vitoriana, como Lorde Macaulay em sua *História da Inglaterra* (1848-61), que apresentava a história do país como uma marcha do progresso, da Carta Magna à moderna monarquia constitucional — a mais alta forma de evolução social e política possível.

As viagens pelo continente corroboravam para os britânicos essa visão do atraso moral da Europa. "Há muito parece ao autor", escrevia Henry Mayhew em *Vida e costumes dos alemães* (1864):

> Que viajar para o sul partindo da Inglaterra é como andar para trás no tempo — cada dez graus de latitude correspondem a cerca de cem anos em nossa história; pois, assim como na França, vemos uma sociedade no mesmo estado de corrupção e desconforto que prevalecia na nossa nação no início do atual século, assim também na Alemanha encontramos a população, no mínimo, um século atrás de nós em todos os refinamentos da civilização e nos avanços sociais e domésticos do progresso; ao passo que, na Espanha, o cidadão leva claramente uma vida medieval, em meio à mesma sujeira e obscuridade intelectual, à mesma pobreza e fanatismo religioso que prevalecia antes da Reforma em nosso país. Na Rússia também observamos o estado de servidão persistindo praticamente até hoje, como aconteceu conosco na época feudal da Conquista; enquanto na África Central alcançamos a condição primitiva da natureza — o ponto zero da escala civilizatória —, a barbárie absoluta, nem mais nem menos.[34]

3

No fim de junho de 1871, Turgueniev foi com William Ralston, estudioso britânico da cultura russa e tradutor de Turgueniev para o inglês, visitar

Alfred Tennyson, o poeta laureado. Passaram dois dias em sua casa, mansão imitando o estilo Tudor em Blackdown, na fronteira entre Sussex e Surrey. Depois de uma longa caminhada, uma partida de xadrez e do jantar, os dois grandes homens começaram a falar de literatura. Turgueniev não gostava muito da poesia de Tennyson — remetendo um pouco demais às ideias de Império Britânico e Progresso —, mas pelo menos tinha lido. Também pôde se estender sobre a obra de Byron, Shelley, Scott, Swinburne, Dickens e Eliot, todos autores que lera em inglês. Tennyson, em contraste, mostrou muito pouca familiaridade com a literatura europeia, e, para surpresa do convidado, não mantinha contato nem de longe com colegas do continente, apesar de suas longas viagens pela Europa. Tennyson confessou que não lera uma única obra de Hugo, Sand ou Musset, embora, por recomendação de Turgueniev, viesse a ler mais tarde *Consuelo* e *La Petite Fadette*, livros escritos por George Sand quase trinta anos antes. Quanto aos russos, Tennyson não lera um único, nem mesmo o próprio Turgueniev.[35]

Tennyson não destoava no panorama nacional. Turgueniev pôde constatar que os escritores britânicos em geral não eram familiarizados com a literatura europeia contemporânea. As duas principais exceções, que havia conhecido na época em que viveu em Londres, eram Thomas Carlyle, que tinha bom conhecimento da literatura francesa e alemã, e George Eliot, que vivera na Alemanha, era uma ilustre tradutora e havia lido muito os grandes escritores modernos europeus, entre eles Goethe, Balzac, Keller e Sand.

No terreno da literatura, os britânicos eram a nação mais insular da Europa. A língua inglesa era tão dominante, sua literatura, tão rica, e seu alcance global tão grande que os leitores dificilmente se interessavam por obras estrangeiras. Em comparação com outros países europeus, a Grã-Bretanha fazia importações insignificantes de literatura estrangeira. Tinha um próspero comércio livreiro próprio; eram publicados mais títulos em inglês que em qualquer outra língua do continente, e assim não havia grande demanda de literatura em línguas estrangeiras. Com o crescimento do comércio de livros, contudo, o número de traduções para o inglês passou a aumentar constantemente. Dos 2.600 títulos estrangeiros traduzidos para o inglês anualmente no meado do século, o número das traduções publicadas chegou a quase 4 mil na década de 1870, quando as edições populares de obras estrangeiras clássicas de ficção passaram a ser oferecidas regularmente nas livrarias das estações ferroviárias da Standard and Railway.

Mas globalmente era uma parte minúscula do comércio livreiro inglês, em comparação com o número de traduções em outros mercados europeus. As obras traduzidas representavam apenas 2,88% dos livros publicados em inglês em 1870 — menos ainda que os 3,78% de 1800 —, ao passo que nos principais países importadores de livros (Escandinávia, Alemanha, Países Baixos, Espanha e Itália) a literatura estrangeira correspondia a quase metade da produção total de livros na década de 1870. Até a França — o único outro país com uma língua literária tão dominante quanto o inglês — tinha maior apetite por literatura estrangeira: as traduções representavam cerca de 12% da produção francesa de livros em 1870.[36]

Embora não lessem muita literatura estrangeira, os britânicos importavam artes plásticas, ópera e música em escala muito maior que qualquer outro país do continente. Em termos culturais, eram mais dependentes dos europeus do que gostariam de admitir. A riqueza da Grã-Bretanha lhe permitia comprar o que havia de melhor das artes europeias, em vez de produzir a sua própria.

Em 1870, a Grã-Bretanha era o país responsável pelo maior volume de comércio no mundo. O porto de Londres, onde 40 mil navios do mundo inteiro descarregavam seus produtos anualmente, já era em si mesmo maior que uma cidade. O comércio exterior era a base da riqueza do país. A Grã-Bretanha tinha uma classe média maior e mais rica que a de qualquer outro país europeu. Os salários nas profissões liberais eram muito mais altos que no continente. Segundo Taine, escrevendo no início da década de 1870, uma visita médica custava entre cinco e dez francos em Paris, mas um guinéu (cerca de vinte e sete francos) em Londres; um professor da Sorbonne ganhava 12 mil francos por ano, mas um professor de Oxford tinha um salário anual de até 3 mil libras (75 mil francos); um jornalista recebia 200 francos por uma página redigida para a *Revue des deux mondes*, mas 500 em publicações inglesas equivalentes, ao passo que *The Times* pagava nada menos que 100 libras (2.500 francos) por um artigo. Taine não mencionava industriais e nobres, cujos rendimentos anuais ficavam na ordem de 200 mil libras (5 milhões de francos), nem as famílias ricas com residências de grande porte em Londres e imediações, que ganhavam vários milhares de libras por ano. "Ganhar muito, consumir muito — é esta a regra", concluía. "O inglês não poupa, não pensa no futuro, no máximo faz um seguro de vida. O contrário do francês, que é frugal e abstêmio."[37]

A riqueza de Londres atraía compositores e músicos estrangeiros desde o início do século XVIII, quando Handel se estabeleceu na cidade ainda jovem. Eles podiam ganhar mais numa única temporada em Londres do que em muitos anos de trabalho no continente. Handel teve lá seus altos e baixos, mas na maioria dos anos conseguiu excelentes ganhos com suas óperas e oratórios. Na década de 1760, o pai de Mozart, Leopold, fez "uma bela pescaria de guinéus". Haydn ganhou uma fortuna em suas duas visitas na década de 1790, auferindo cerca de 15 mil gulden (40 mil francos), doze vezes mais que seu salário anual na corte do príncipe Esterházy.[38]

"Aqui eles praticam a música como um negócio, calculando, pagando, barganhando", observou Mendelssohn em sua primeira visita a Londres, em 1829. A cidade oferecia oportunidades lucrativas. Berlioz foi atraído a Londres em 1847 por Jullien (que tentara sem sucesso recrutar Pauline Viardot), com a promessa de cachês enormes por cada performance. Jullien foi levado à falência e Berlioz nunca recebeu nada. Mas o compositor francês continuou considerando a capital inglesa como a Meca endinheirada da música. Em 1853, escreveu:

> Depois da Temporada Francesa, "a Temporada Londrina! a Temporada Londrina!" é o grito de alegria de todo cantor italiano, francês, belga, alemão, boêmio, húngaro, sueco e inglês; e os virtuoses de todas as nações o reiteram com entusiasmo ao embarcar no vapor, como os soldados de Enéas repetindo 'Itália! Itália!' quando entravam em seus navios.[39]

Os músicos de origem estrangeira desempenhavam um papel fundamental na vida musical da Grã-Bretanha vitoriana. Por mais que os britânicos gostassem de se considerar distantes e diferentes dos europeus, culturalmente dependiam deles. Os imigrantes contribuíram mais para botar as ilhas no mapa da música europeia no século XIX do que qualquer músico britânico. O regente de origem italiana Michael Costa (1808-84) chegou a Londres em 1830 e por lá trabalhou durante cinquenta anos, elevando os padrões de execução musical com uma série de reformas, entre elas mudanças na disposição dos músicos numa orquestra, rígida disciplina dos profissionais e introdução do sistema moderno de um regente único com batuta (no lugar do velho sistema adotado pelos britânicos, no qual o controle era compartilhado entre o primeiro violino, o diretor musical e um *Maestro al Cembalo*). O maestro de origem alemã August Manns (1825-1907) trabalhara como diretor de banda para o exército prussiano em Berlim antes de assumir a direção dos concertos do Palácio de Cristal de 1855 a 1901, tendo introduzido um amplo leque de obras novas no repertório inglês de concertos, além de divulgar a música de jovens compositores britânicos como Charles Stanford, Edward Elgar e Arthur Sullivan. O terceiro imigrante importante foi Charles Hallé (1819-95), ou Karl Halle, como se chamava antes de se mudar para Londres. Nascido em Hagen, na Vestfália, Hallé ganhou fama como regente em Paris, onde frequentava o círculo de Chopin, Liszt, Sand e do casal Viardot na década de 1840. A revolução de 1848 o levou a se mudar para Londres, onde se apresentava como pianista, introduzindo muitas obras no repertório de concerto (ele foi o primeiro pianista a tocar todas as sonatas de Beethoven na Grã-Bretanha). Em 1853, Hallé mudou-se para Manchester, onde fundou a Orquestra Hallé e promoveu no Free Trade Hall concertos que elevariam a novos patamares o padrão de música orquestral na Grã-Bretanha.

Ao chegar a Londres com sua ópera *I Masnadieri*, em junho de 1847, Verdi ficou impressionado com os enormes ganhos que podia auferir. Em vez de receber 20 mil francos por uma nova ópera, como acontecia na Itália, podia ganhar até 80 mil, ou mesmo 100 mil francos. "Oh, se pelo menos pudesse ficar aqui um par de anos, voltaria com um saco cheio dessas santas moedas", escreveu a um amigo em Milão.[40] Com sua riqueza, Londres era uma das cidades mais importantes da Europa para a indústria da ópera. Todos os melhores cantores lá se apresentavam, atraídos por remuneração mais alta do que podiam ganhar em praticamente qualquer outra cidade da Europa.[41]

Em 1847, Londres contava com três principais teatros de ópera: o Her Majesty's Theatre (onde foi montada *I Masnadieri*), antes conhecido como King's Theatre; a Royal Italian Opera em Covent Garden; e o Theatre Royal em Drury Lane. Havia também casas de ópera menores como o Lyceum, onde eram apresentadas sobretudo óperas inglesas. A base desse animado mercado eram as numerosas e sólidas classes médias londrinas: havia pelo menos 200 mil famílias com renda anual de 300 libras ou mais vivendo a pouca distância dos teatros da cidade no início da década de 1860, quando a inauguração do Underground, o metrô de Londres, e de novas linhas férreas para os subúrbios gerou uma área de captação ainda maior para o negócio da ópera.

Ao contrário da maioria das companhias de ópera da Europa continental, onde as produções eram subvencionadas por monarcas, Estados ou mecenas ricos até a década de 1860, os teatros de ópera de Londres, apesar de licenciados pelo Estado, há muito eram obrigados a se virar por conta própria como empreendimentos privados. Os rendimentos de assinaturas e bilheteria representavam 85% da renda anual de Covent Garden entre 1861 e 1867.[42] Essas pressões comerciais eram intensificadas pela rivalidade entre as duas principais casas de ópera — Her Majesty's e Covent Garden —, que competiam pelos melhores cantores. James Mapleson e Frederick Gye, os respectivos administradores, eram astutos homens de negócios. Escolhiam o repertório exclusivamente por critérios econômicos (custos de produção e prováveis lucros de bilheteria), o que significava programar óperas de popularidade garantida, testadas e aprovadas no continente. Em consequência, o repertório operístico de Londres era exclusivamente formado de obras estrangeiras.[43]

A dominação estrangeira no cenário musical londrino tornava a vida difícil para os compositores britânicos. Nem uma única obra britânica foi montada na temporada principal do Her Majesty's ou de Covent Garden até a década de 1870. As duas tentativas de consolidar uma ópera nacional inglesa em Covent Garden fora da temporada — uma por iniciativa da Pyne-Harrison Company entre 1858 e 1864 e outra pela Royal English Opera Company em 1864-6 — fracassaram comercialmente. Nenhuma das óperas apresentadas por essas duas companhias entrou para o repertório. *A Flor do deserto*, de Vincent Wallace, ficou em cartaz apenas duas semanas em 1863, e *Blanche de Nevers*, de Michael Balfe, também foi um desastre.[44]

Era igualmente difícil para um compositor britânico entrar para o repertório de concerto. Eram muito poucas as encomendas de novas obras, muito poucas as orquestras para executá-las e muitas as obras de compositores estrangeiros mais conhecidos. Excluídos do panorama da chamada música séria, os principais compositores britânicos se voltavam para formas mais populares, especialmente, as baladas para o music hall ou o consumo doméstico, com as quais podiam fazer um bom dinheiro. Duas das baladas britânicas de maior sucesso na época vitoriana foram compostas para óperas: "I Dreamt I Dwelt in Marble Halls" [Sonhei que morava em salões de mármore], de *A cigana* (1843), de Michael Balfe; e "Scenes That are Brightest" [As cenas mais brilhantes], de *Maritana* (1845), de Vincent Wallace. Até Arthur Sullivan, o talento mais promissor da música britânica nos anos 1870, não conseguia ganhar a vida compondo música séria, e se voltou para a criação de hinos, canções de uso doméstico e operetas no estilo de Offenbach. Sua mais antiga composição que chegou até nós, a ópera cômica em um ato *Cox and Box* (1866), se impôs firmemente no repertório vitoriano, com canções de forte apelo como "Rataplan", fáceis para cantores amadores e que eram vendidas às dezenas de milhares de exemplares. Sua colaboração com o dramaturgo William Gilbert teve início em 1871 com uma burleta em dois atos intitulada *Téspis, ou Os deuses na velhice*, encomendada como entretenimento de Natal pelo Gaiety Theatre. A semelhança com *Orfeu no inferno* foi notada pelos críticos, embora mais não se possa dizer, pois a partitura se perdeu.[45]

Os britânicos tinham plena consciência de sua inferioridade musical. Com frequência eram debatidos na imprensa musical os possíveis motivos de não haver nenhum grande compositor nativo. Os estrangeiros já não tinham tanta dificuldade para explicar o fenômeno. Fontane se perguntava se os ingleses tinham algum "ouvido para a harmonia", já que não só toleravam tanta "música medíocre" como a buscavam persistentemente em tabernas e music halls. O crítico francês Henri Moulin considerava que os ingleses tinham força na literatura, mas eram "o único povo não musical da Europa — não geraram um único grande músico, fosse compositor ou intérprete".[46] Até que Elgar irrompesse no cenário musical internacional na virada para o século XX, esta continuou sendo a visão europeia sobre os ingleses. Sua expressão mais famosa seria externada pelo escritor alemão Oscar Schmitz, visitante frequente de Londres, em *O país sem música* (*Das Land ohne Musik*, 1904). Schmitz afirmava que entre as muitas virtudes inglesas — praticidade comercial e bom senso, gentileza, humor e assim por diante —, uma coisa faltava, e era a musicalidade. "Os ingleses", escreveu, "são o único povo cultivado sem música própria (à parte canções de music hall). Refiro-me a uma música própria, pois o fato é que na Inglaterra as músicas estrangeiras talvez sejam mais tocadas que em qualquer outro país. O que significa não só que seus ouvidos são menos exigentes como também que sua vida interior deve ser mais pobre".[47]

O mesmo desequilíbrio era evidente no terreno das belas artes. Ao lado de Paris, Londres era o centro do mercado internacional de artes. As grandes galerias londrinas tinham representantes de vendas e compradores em todas as capitais europeias. Londres era permanentemente inundada com obras de arte do continente. De acordo com dados fiscais de importação da Aduana londrina, o número de pinturas estrangeiras importadas para a Grã-Bretanha subiu de uma média de 11.585 por ano na década de 1840 para mais de 50 mil nos anos 1870. Esse aumento de importações se devia quase exclusivamente ao crescente poder aquisitivo da classe média britânica (o preço médio das pinturas importadas na década de 1870 ficava abaixo de 10 libras).[48] O interesse pela arte estrangeira era crescentemente influenciado pela proliferação de galerias públicas e comerciais e de exposições interna- cionais, pelas viagens ao exterior, as publicações de arte e o fato de críticos influentes como Ruskin voltarem sua atenção para a arte europeia.

Nos anos 1860, o tamanho e a riqueza do mercado de arte londrino atraíam um número cada vez maior de artistas plásticos. James McNeill Whistler mudou-se para Londres em 1859. "Aqui se ganha muito mais num mês (mas não espalhe) do que lá [em Paris] em um ano", ele escreveu ao pintor Henri Fantin-Latour. Durante anos, tentou convencê-lo a se mudar para a Inglaterra.[49] Fantin-Latour não o fez, mas quatro anos depois Whis- tler conseguiu convencer seu amigo Alphonse Legros a se estabelecer em Londres. Legros fizera sucesso apenas moderado na juventude em Paris, na década de 1850, mas suas águas-fortes e pinturas foram muito bem recebi- das na Inglaterra, ganhando medalhas da Royal Academy. Ele casou com uma inglesa e ensinou na Escola Nacional de Formação Artística (como era conhecido na época o Real Colégio de Artes), até ser nomeado titular da Cátedra Slade de Belas Artes no University College de Londres em 1876.

Gustave Doré fez sua fortuna nas galerias londrinas. Já conhecido por suas ilustrações, ele fez enorme sucesso com uma exposição em Londres em 1867, o que o levou a se mudar para a cidade e abrir uma galeria própria em Bond Street no ano seguinte. Suas pinturas de grandes proporções com temas religiosos encontraram um mercado lucrativo junto a um público privado de manifestações artísticas nas igrejas protestantes. Entre 1868 e 1892, dois milhões e meio de visitantes pagaram um xelim por cabeça para ver as pinturas moralizantes na Galeria Doré. A popularidade do pintor lhe rendeu um contrato de enorme lucratividade — valendo 10 mil libras por ano — para fornecer duzentas gravuras com cenas urbanas para o livro *Londres: uma peregrinação* (1872), que fez tanto sucesso que Doré recebeu encomendas de outros editores britânicos, tornando-se colaborador regular do *Illustrated London News*.

Manet também pensou em tentar a sorte em Londres, onde o sucesso de Doré e seu amigo Whistler contrastava com sua má sina em Paris. "Acho que será possível fazer alguma coisa por lá", escreveu Manet a Fantin-Latour depois de uma visita a Londres em 1869. "A sensação que temos na cidade, a atmosfera, gostei de tudo e vou tentar mostrar meu trabalho lá no ano que vem." Os planos de Manet foram frustrados pela Guerra Franco-Prussiana, durante a qual teve de se alistar na Guarda Nacional.[50]

A guerra levou muitos outros artistas a Londres. James Tissot, outro amigo de Whistler, chegou em junho de 1871, tendo combatido na defesa de Paris frente aos prussianos no outono de 1870. Tissot era um artista rico, famoso em toda a Europa, e graças a seus muitos contatos no mercado de arte de Londres pôde rapidamente encontrar compradores na cidade. Passou onze anos muito bem-sucedidos na cidade, produzindo em série o tipo de pintura que agradava à alta sociedade inglesa: retratos de damas muito bem vestidas, cavalheiros de gravata borboleta branca em recepções e assim por diante. Goncourt deu conta de um boato segundo o qual seu ateliê londrino tinha "uma antecâmara onde os visitantes sempre encontravam champanhe gelado à disposição, e, junto à oficina, um jardim onde um criado com meias de seda passava o dia inteiro escovando e polindo as folhas das árvores".[51]

Gérôme chegou em 1870 com um tipo de arte igualmente lucrativo, sob medida para o mercado inglês. Suas pinturas de requintado acabamento tinham vendido bem na Galeria Francesa de Gambart, em Pall Mall, nos anos 1860. Ao chegar a Londres, Gérôme produziu uma série de pinturas no estilo realista moralizante inglês, que lhe valeram verdadeira consagração nas exposições da Academia Real em 1870 e 1871.

O pintor Daubigny, do grupo de Barbizon, também chegara a Londres com a reputação consolidada em duas anteriores visitas, e contando com um amplo leque de contatos artísticos, do qual faziam parte Whistler, Legros e Leighton. Daubigny vendeu muitas pinturas em Londres, sobretudo com a intermediação de Durand-Ruel, que fugira para a capital inglesa em setembro com o grosso de sua coleção parisiense, pegando o último trem que saiu da cidade antes de os prussianos cortarem as ligações ferroviárias.

Durand-Ruel era o principal marchand dos pintores de Barbizon em Paris. A galeria do seu pai trabalhava com eles desde a década de 1840, e ao assumir o negócio, em 1865, ele praticamente passou a comprar apenas obras do grupo. Em Londres, Durand-Ruel alugou uma galeria em New Bond Street — que infelizmente já se chamava "Galeria Alemã" — e promoveu uma exposição de 144 obras francesas que trouxera de Paris. Como não era conhecido em Londres, inventou uma comissão da Sociedade de Artistas Franceses (que em sua maioria nem sabiam ser membros dela) e usou seu nome para fazer propaganda da galeria.[52]

Durand-Ruel abriu o mercado londrino para os pintores de Barbizon. Mas os impressionistas, cujos primeiros trabalhos divulgou, não conseguiram abrir caminho na Inglaterra.

Quando a Guerra Franco-Prussiana começou, Monet estava em lua de mel com a mulher e o filho pequeno no balneário de Trouville, na Normandia. Os três fugiram para Londres, onde o pintor apresentou *A praia de Trouville* numa exposição promovida por Daubigny para a organização Campesinato em Dificuldades na França. A pintura foi admirada por Durand-Ruel, que vinha acompanhando o trabalho de Monet. Outra obra pintada em Trouville (*O Porto de Trouville*) foi incluída por Durand-Ruel na primeira exposição anual da Sociedade dos Artistas Franceses, em dezembro de 1870. Seriam onze essas exposições nos cinco anos seguintes, durante os quais Durand-Ruel intensificou laços com os pintores franceses, formando uma rede de clientes em Londres. Por meio de Monet, ele conheceu Camille Pissaro, que ao estourar a Guerra Franco-Prussiana fugira com a família para Norwood, na época uma aldeia nas proximidades de Londres, onde começou a pintar cenas de *plein air* em estilo impressionista. Durand-Ruel incluiu pelo menos duas das pinturas feitas por Pissaro em Norwood na sua segunda exposição, em março de 1871, tornando-se a partir de então seu principal marchand e divulgador e adquirindo grande quantidade de obras suas. Nem Monet nem Pissaro venderam muitas pinturas em Londres. O gosto britânico era por demais conservador — excessivamente enquadrado nas convenções da Academia Real — para apreciar aqueles vanguardistas experimentais que brincavam com a luz em suas pinturas. Durand-Ruel afirmaria mais tarde que não vendeu uma única obra dos impressionistas durante o ano que passou em Londres.[53]

Os artistas franceses refugiados, por sua vez, não tinham os colegas britânicos em tão alta conta. "Como é horrível a pintura inglesa moderna!", declarou Daubigny. "Eles certamente precisam da nossa influência [...]. Quando pintam frutas ou flores, parecem de vidro ou açúcar. As paisagens aparentam ser de chenille ou pinceladas com fios de cabelo. As figuras são rígidas como ferro." O escultor Jules Dalou, que chegou a Londres em julho de 1871, se queixava de que o público britânico não gostava de nus, a menos que fossem esterilizados e cheirassem a "sabão inglês". Pissaro era cruel com a arte britânica, atitude determinada em grande parte por seu fracasso comercial na Grã-Bretanha. "Minha pintura não agrada", escreveu de Londres ao crítico de arte Théodore Duret em junho de 1871. "Aqui, só encontramos desprezo, indiferença e até grosseria; sentimos a inveja e a oposição mais egoísta dos colegas — aqui não há arte: tudo é uma questão de negócios."[54]

A ideia de que os britânicos não eram bons nas artes plásticas era lugar comum na Europa, assim como a total falta de jeito para a música. Moulin o atribuía ao fato de a escola inglesa de pintura ter apenas um século (ele datava seu início de Reynolds e Gainsborough). Não havia senso do sublime, nenhum transportamento transcendental na arte britânica, afirmava; o céu cinzento e sem graça era uma limitação; a aristocracia inglesa dava preferência a pinturas de gênero representando seus cavalos e cães de caça, o que, na opinião do crítico, "bem dava a medida do autêntico gênio industrial desse povo".[55]

Louis Viardot desprezava a arte britânica, especialmente as esculturas públicas, tendo passado boa parte do ano em Londres em visita a essas coleções. Ridicularizava as estátuas de mármore de Sir Richard Westmacott, "o mais renomado escultor da Inglaterra", no frontão do Museu Britânico. As figuras deviam representar "o avanço da civilização", mas "careciam de harmonia, graça e dignidade", pensava Viardot, e melhor estariam "na entrada principal das docas de Londres, no arsenal naval de Woolwich, no observatório de Greenwich ou na ferrovia do norte". Em *Les Merveilles de la sculpture* (1869), traduzido para o inglês em 1872 (*The Wonders of Sculpture*), Viardot concluía não haver nenhuma escultura inglesa digna de ser incluída em seu livro:

Não encontrei uma só obra de um escultor local digna de ser mencionada, em qualquer coleção pública ou privada ou residência particular. O mesmo no que diz respeito a parques, praças e jardins públicos. Seria eu capaz de redigir uma descrição da estátua equestre de bronze do duque de Wellington, erguida em Piccadilly diante da sua residência e em frente a uma outra estátua grotesca representando esse ilustre estadista e guerreiro em pé, na figura de um Aquiles Combatente, perfeitamente nu e perfeitamente preto? A estátua equestre [...] mais se assemelha a Polichinelo montado no traseiro de Balaão — ou pelo menos é como foi caricaturada na brilhante *Charivari* de Londres, a cujas páginas pertence na verdade.[56]

Turgueniev tampouco teve boa impressão de uma exposição de pintura inglesa contemporânea em Grosvenor House — uma "pavorosa, terrível câmara de horrores!", como escreveu a Pauline Viardot:

Cores deprimentes, traço infantil; esses cavalheiros acham necessário carregar na expressão, o que, pretendendo ser profundo e poético, é apenas indefinido, tolo e enjoativo. Há uma donzela medieval com perneiras colhendo damascos numa plantação — tudo no céu — (pelo rosto, Mlle Spartalis)* — o que nos faz achar graça — ou chorar como um bebê! E que temas ridículos! Por exemplo, uma pintura de dois metros de comprimento e meio metro de largura: no alto, um anjo com asas esquisitas segurando mais abaixo um cavaleiro de armadura — que, por sua vez, segura abaixo dele uma mulher vestida de gaze lilás: as três figuras flutuando no céu como neste meu desenho [imagem 58 do encarte]. O quadro se intitula Rosamunda!! Não! Os ingleses nunca deviam se meter com pintura.[57]

4

Os Viardot não pretendiam fazer de Londres mais que um refúgio temporário. Terminada a guerra e sendo novamente seguro voltar ao continente, eles retornariam a Baden ou a Paris.

---

* Turgueniev se refere à pintora pré-rafaelita Marie Spartali Stillman (1844-1927).

Nos primeiros meses de 1871, as forças prussianas deixaram Paris de joelhos. Muitos viviam nas ruínas de prédios destruídos pelos bombardeios diários. Os estoques de víveres estavam em níveis perigosamente baixos. Foi adotado o racionamento: 400 gramas de pão por dia para cada cidadão, embora fosse difícil definir até que ponto a ração era de pão mesmo. Os parisienses se acostumaram a comer carne de cavalo. "Quanto aos dois itens principais da dieta das classes mais pobres, batata e queijo", observava Edmond de Goncourt em seu diário de 7 de janeiro, "o queijo é só uma lembrança, e será preciso ter amigos muito bem posicionados para conseguir batatas a vinte francos o pote."[58] A autoridade pública entrou em colapso. Os líderes esquerdistas da Guarda Nacional tomaram o poder, forçando o governo de Thiers e suas forças armadas a deixar a capital rumo a Versalhes; houve uma revolta dos trabalhadores parisienses, uma revolução urbana para resgatar sua cidade caída em poder da burguesia da era Haussmann; e se estabeleceu uma Comuna para apresentar exigências revolucionárias, entre as quais o controle dos trabalhadores sobre os meios de produção. O governo arregimentou suas tropas e partiu de Versalhes para atacar Paris. Enquanto as tropas se aproximavam da capital, os *communards* ergueram barricadas e deram início a uma campanha de terror contra os "contrarrevolucionários". No fim de maio, depois de uma semana de combates nas ruas, as forças governamentais tinham voltado a ocupar a capital. Seguiram-se julgamentos sumários e execuções de *communards*; mais de 400 mil foram feitos prisioneiros, muitos deles posteriormente deportados por tribunais militares.

A essa altura, os Viardot ainda pretendiam voltar para Baden. Turgueniev estava entusiasmado com o plano. Retornara à casa deles em fevereiro, para verificar se estava tudo em ordem, e recordara os "anos felizes" que lá haviam passado.[59] De volta a Londres, no dia 6 de maio, ele escreveu a Flaubert que lá permaneceria até 1º de agosto, quando então retornaria a Baden, parando em Paris para encontrá-lo. "Talvez você possa vir a Baden, onde viveremos um tempo como toupeiras, nos escondendo em buracos, onde poderia se esconder conosco."[60] A notícia da derrota da Comuna não os fez mudar de ideia, embora se preocupassem com a segurança da residência da Rue de Douai, numa zona afetada pelos combates. No dia 29 de julho, os Viardot desocuparam sua casa em Devonshire Place e partiram com Turgueniev para Boulogne, onde passaram alguns dias à beira-mar. Seguiram então viagem para Baden, enquanto Turgueniev retornava a Londres para encerrar todas as pendências.

Ao cruzarem o canal da Mancha, os Viardot deviam se sentir aliviados, não obstante a preocupação com os riscos que poderiam enfrentar. Pauline não gostava muito dos ingleses. Achava-os provincianos, frios e rígidos — nada "continentais", numa palavra. No fim das contas, não eram realmente europeus. Louis era infeliz em Londres. Não falava inglês. A saúde não ia bem, com seu reumatismo, e o clima não ajudava. Ele andava preocupado com dinheiro, com as propriedades em Baden e Paris, ambas afetadas pelos combates, e ficava deprimido com as notícias que chegavam da França.[61]

Turgueniev só andava um pouquinho mais satisfeito. Nos dez meses que passou na Inglaterra, trabalhou muito pouco. Para escrever, precisava se sentir bem instalado. A única coisa em que conseguiu trabalhar mais, a novela *Águas da primavera*, não chegou a ser concluída na Grã-Bretanha — "Minha maldita história está se esticando mais que tira de borracha; só o diabo sabe quando vou terminá-la!", queixava-se a Annenkov[62] — e nem de longe deixava transparecer qualquer traço de sua permanência no país. Vagamente baseada em acontecimentos da juventude do escritor na Alemanha, a história de amor está impregnada, na verdade, de nostalgia da vida de despreocupação que levava nesse país.* Mas em Londres, Turgueniev tinha uma vida social ativa, fez novas amizades no mundo literário e artístico e até entrou para os clubes Athenaeum e Garrick. O estilo de vida da aristocracia fundiária inglesa lhe convinha — especialmente o amor aos esportes campestres. Em agosto ele pôde desfrutar de uma caçada em Pitlochry, na Escócia, onde foi recebido pelo industrial Ernst Benzon em Allean House, embora não tivesse muito boa opinião sobre o poeta Robert Browning, que também estava presente com o filho, entusiasta das caçadas. "Browning é extremamente vaidoso e nada divertido", informava a Pauline. "O filho dá

---

* A novela pode ser considerada uma evocação do anseio, em Turgueniev, de um romance inocente — algo que havia sacrificado em nome da devoção a Pauline. O narrador, Sanin, recorda o noivado com uma alemã que conhecera trinta anos antes em Frankfurt, numa de suas viagens pela Europa. Para financiar o casamento, procura a mulher de um conhecido russo em Wiesbaden, na esperança de que compre sua propriedade na Rússia. Encantado com sua beleza e sedução, ele a acompanha a Paris e passa a viver como seu "escravo", até ser descartado por ela.

a impressão de um rapaz muito gentil com uma grande verruga vermelha na ponta do nariz."[63]

Turgueniev também se sentia atraído pelo liberalismo dos ingleses. Se identificava mais com seu pensamento político gradualista do que com as ideias de Louis Viardot, com suas simpatias radicalmente republicanas, quase socialistas. No fim de maio, Turgueniev foi com Ralston a Cambridge, onde ficaram no Trinity College. Depois do jantar na Mesa Principal do salão da faculdade, eles abriram mão do tradicional vinho do porto no Master's Lodge e foram à Cambridge Union Society assistir a um debate entre os estudantes, então em plenas festividades de comemoração do fim dos exames. O tema era: "Na opinião desta Casa, a Comuna de Paris merece simpatia e respeito." A proposição foi derrotada por 102 votos a 14, levando Turgueniev a comentar com Ralston ao se retirarem: "Agora pelo menos eu sei por que vocês, ingleses, não têm medo de uma revolução."[64]

Enquanto Turgueniev estava na Escócia, os Viardot retornaram a Baden. Encontraram a casa destruída, com várias alas arrasadas — certamente por nacionalistas alemães que sabiam serem franceses os proprietários. A guerra e a integração do grão-ducado de Baden ao Império Alemão haviam modificado o caráter da estação termal. Nada mais do cosmopolitismo do pré-guerra, e em seu lugar o que havia era um clima uniformemente alemão. Não se sentindo bem-vindos, os Viardot decidiram vender a casa de Baden e voltar para Paris, onde a recém-proclamada república estava mais alinhada com suas convicções. A aristocracia de Baden ficou "furiosa" com a decisão, alegando que haviam "insultado" o recém-proclamado imperador Guilherme e a imperatriz Augusta, até então amigos e protetores deles em Baden.

Embora não gostasse de Paris, Turgueniev aceitou a decisão dos amigos de voltar à França. "Estou feliz e acho que é uma boa ideia voltar à Rue de Douai", escreveu a Pauline de Edimburgo, onde participou das comemorações do centenário de Walter Scott em 12 de agosto, fazendo um discurso que, apesar de efusivamente aplaudido e reproduzido na imprensa, o deixou com a impressão de que "ninguém tinha a menor ideia" de quem ele era, nem "qualquer interesse" pelo que dizia. "E como estamos falando do assunto [da Rue de Douai], por que não me instalam lá, já que têm alguns cômodos para alugar? Para mim seria mais barato que um hotel. É uma ideia que acabei de ter. Pensem a respeito e vamos conversar."[65]

No fim de agosto, Turgueniev fora ao encontro dos Viardot em Baden. Eles levaram algum tempo para encontrar comprador para as propriedades. A mansão acabaria sendo vendida a Moritz Karo, o cônsul da Hungria, por 123 mil francos — um grande prejuízo, considerando-se o dinheiro que haviam investido na propriedade. A casa de Turgueniev (por ele vendida aos Viardot) foi comprada por um empresário alemão estabelecido em Moscou, Hermann Achenbach. Louis e Pauline voltaram para Paris em outubro para se mudar para a residência da Rue de Douai e prepará-la para a família — a casa precisava de reparos —, enquanto Turgueniev ficava com os filhos deles em Baden. Na época era difícil encontrar engenheiros e mestres-de-obras em Paris — eram muitos os prédios danificados nos combates —, e só no fim de novembro as obras já estavam suficientemente adiantadas para que Turgueniev e as crianças se juntassem a Pauline e Louis. Nessas últimas semanas em Baden, Turgueniev supervisionou a mudança dos móveis de sua mansão — a única residência que realmente amara. "Estou triste por perder meu ninho", escreveu a Annenkov, "mas não será à toa que tenho sangue tártaro nômade.* Não tenho em mim o espírito do assentamento — e qualquer casa que eu tenha, para mim é como uma tenda."⁶⁶

---

* Os Turgueniev de fato descendiam de tribos tártaras que invadiram a Rússia no século XIII. No século XV, passaram a ocupar cargos no serviço militar e civil de Moscóvia.

7. A CULTURA SEM FRONTEIRAS

Vivendo em Paris por motivos pessoais, ele servia ao seu país na Europa. Nós o apelidamos de embaixador da intelligentsia russa. Não havia um só homem ou mulher russo ainda que de longe ligado à escrita, à arte ou à música que não tenha tido um benefício Turgueniev por intermédio de Turgueniev.

MAKSIM KOVALÉVSKI, "MEMÓRIAS DE TURGUENIEV"

(1908)

1

Os Viardot voltaram para Paris no fim de outubro de 1871. Ficaram chocados com os danos causados à cidade pelos bombardeios prussianos e os combates entre as tropas de Thiers e os *communards*. Batalhas tinham sido travadas na zona adjacente a Montmartre, onde eles encontraram as casas cheias de buracos de balas e as ruas ainda com restos das barricadas. A mansão de Thiers, próxima à Place Saint-Georges, tinha sido incendiada pelos *communards*, restando apenas estruturas calcinadas. A casa deles na Rue de Douai estava incólume, porém arruinada, depois de anos alugada a uma família com muitos filhos, que havia partido durante os conflitos na cidade. Retornando de Baden com os filhos dos Viardot, Turgueniev encontrou a casa em situação caótica, como escreveu a Annenkov no dia 24 de novembro. "Está cheia de trabalhadores decorando, limpando, jogando fora, transportando móveis — nada que seja propício ao meu trabalho."[1]

A residência aos poucos recobrou o luxo e esplendor de dez anos antes, quando os Viardot a tinham habitado pela última vez. O órgão Cavaillé-Coll de Pauline foi trazido de Baden e novamente instalado no *Grand Salon*, onde Louis tinha sua galeria de quadros. Apesar de ter vendido muitas pinturas para cobrir as despesas em Baden, ele ainda tinha obras importantes, entre elas, várias de Velázquez e de Ribera. Os cômodos do térreo, onde o casal fazia recepções, foram ricamente decorados com tapetes orientais, pesadas cortinas e colgaduras de caxemira e grandes vasos de flores. Experimentava-se neles uma "exótica sensação oriental", segundo o escritor Hjalmar Boyesen. Pauline recebia os alunos na sala do primeiro andar, onde estava seu piano de cauda Pleyel. Nas paredes de cor café havia retratos de George Sand, Gounod, Saint-Saëns e Turgueniev, além de uma pintura em tamanho real da irmã de Pauline, a grande cantora Malibran.[2]

Inicialmente, Turgueniev ficou com dois quartos no sótão. Pela primeira vez ele vivia na mesma casa que os Viardot — o momento em que sua relação com Pauline e Louis se tornou mais ou menos aberta. Em 1874, quando Claudie, a filha do casal, se casou, ele ficou com quatro pequenos quartos que ela ocupava no segundo andar. Turgueniev tinha um escritório, um "quarto apertado e abafado" com duas janelas pequenas e um teto baixo demais para a altura dele; havia uma escrivaninha coberta de papéis, uma poltrona, uma banqueta e pinturas cobrindo as paredes. Ao lado, na biblioteca, um piano de armário, a tampa coberta de uma espessa camada de poeira, e, depois de um corredor estreito, uma sala e um quarto de dormir, onde o jurista Anatoli Koni, que visitou Turgueniev, notou por uma porta aberta que "tudo estava em desordem", a cama por fazer, uma cortina caindo do trilho. Turgueniev se vestia de forma despojada em casa: faltavam botões em suas roupas segundo Elena Repchanskaia, uma das alunas russas de Pauline, que o visitava com frequência. Ela o interpretava como indicação de uma vida triste, sem uma mulher para cuidar dele. Mas apesar do relaxamento ele tinha um "porte impecável", recordaria Louise, que sentia sua presença na casa pelo cheiro da água-de-colônia.[3]

Os visitantes ficavam chocados com as acomodações modestas do grande escritor, que vivia como um inquilino na casa dos velhos amigos. Os russos se sentiam ofendidos em seu nome. "O apartamento parecia um humilde conjunto de cômodos mobilados — as mesmas passagens e corredores, as mesmas portas, aquecedores e móveis. Não era digno de um nobre rico",

pensava o jornalista e memorialista russo Petr Boborikin. "Quem mais, sofrendo de gota, seria capaz de subir tantas escadas até os andares superiores e
lá viver com o som, a partir de dez horas toda manhã, dos trinados e solfejos
altos e estridentes cantados pelos alunos de madame Viardot na sala de estar
abaixo? Não consigo imaginar como ele trabalhava."* A Boborikin parecia
simplesmente trágico que Turgueniev vivesse em "bivaques e acomodações
temporárias", como se fosse um "nômade".⁴

Apesar de estar instalado no andar de cima, Turgueniev passava a maior
parte do tempo embaixo, lendo, jogando xadrez com Louis, ouvindo Pauline
fazer música, fazendo refeições com a família, em cuja vida diária desempenhava um papel central. Sob muitos aspectos se comportava como um
segundo pai dos filhos da família Viardot, especialmente Claudie e a irmã
menor, Marianne. Turgueniev e os Viardot não tentavam mais manter as
aparências, fingindo viver separados, como acontecera em Baden e Londres.
Nada faziam para esconder o relacionamento, o que deu origem a comentários públicos maliciosos e equivocados, alguns chegando até a polícia, que
mantinha os Viardot sob constante vigilância por causa de suas simpatias
esquerdistas e suposta imoralidade. As autoridades acreditavam que Turgueniev tinha sido "expulso da Rússia" como "revolucionário" depois da
publicação de seu "panfleto niilista", *Pais e filhos*. Os agentes incumbidos
de ler sua correspondência e segui-lo em Paris informavam à Prefeitura de
Polícia que ele era "considerado pelos niilistas um dos seus líderes".⁵ Louis
Viardot também era seguido, sob suspeita de divulgar ideias socialistas
na Sorbonne, que na verdade frequentava apenas para usar a biblioteca. O
seguinte relatório sobre Turgueniev e os Viardot era bem característico do
serviço de informações da polícia:

> Madame Viardot vive a maior parte do tempo sozinha com Mon-
> sieur Tourguéneff na casa da Rue de Douai. Monsieur Viardot,
> que tem uma relação fria com a mulher, vive quase permanen-
> temente com o filho na propriedade da família em Bougival. Só
> vem a Paris por alguns dias nos feriados, sobretudo por hábito,
> mais do que para passar os feriados no círculo familiar. Não se

---

* Turgueniev mandou instalar um tubo acústico para ouvir as aulas de canto enquanto
escrevia.

sabe por que permite a presença de Tourguéneff em sua casa: apesar dos boatos de que sua mulher e Tourguéneff são amantes, Monsieur Viardot se mantém em termos muito amistosos com ele: nenhum dos vizinhos sabe o que se passa entre eles e em nada mais seria possível basear conclusões sobre o caráter das relações entre essas três pessoas.[6]

Boatos desse tipo — e piores — continuaram a acompanhar os Viardot, especialmente Louis, que tinha ambições políticas quando retornaram à França.[7] Em outubro de 1874, ele se apresentou como candidato radical independente nas eleições municipais pelo distrito de Madeleine, em Paris. Sua campanha foi comprometida por intrigas — espalhadas com força suficiente para chegarem aos ouvidos de uma polícia inepta — segundo as quais ele seria um "velho cafetão (*macq*) vivendo dos ganhos da mulher", por sua vez uma "prostituta lésbica" que tinha relações sexuais com os alunos. Louis não se elegeu. No ano seguinte, foi convidado a se apresentar novamente como candidato, pela Sorbonne, mas recusou o convite, invocando como motivo sua idade (estava com 75 anos), embora na verdade temesse mais uma vez expor Pauline e a si a esse tipo de boatos (ele voltaria a se candidatar aos 81 anos, em 1881, porém mais uma vez perdeu).[8]

Quando retornaram a Paris, Pauline estava com 50 anos e Turgueniev, com 53. Nenhum dos dois podia ser considerado além da idade de um relacionamento sexual, mas não parece provável que ele tenha se concretizado. Turgueniev se dizia impotente, ou pelo menos foi o que declarou a amigos num longo jantar regado a álcool no apartamento de Flaubert, pouco depois de voltar a Paris. Muitas vezes ele dissera nos últimos anos que sua relação com Pauline agora era mais fácil porque a paixão sexual cedera. Com a barba e os cabelos brancos, Turgueniev parecia consideravelmente mais velho do que realmente era (quando estava em público com Louis, os estranhos muitas vezes achavam que eram irmãos). Sofria terrivelmente com dores da gota e na bexiga (provavelmente efeito de uma doença venérea contraída muitos anos antes). Não tinha como ser o ardente amante de Pauline. Era um amigo dedicado, admirador, alma gêmea artística, financista, apoiador e conselheiro, garoto de recados, ajudante com os filhos — em suma, seu "escravo", segundo os amigos. Entre eles, estava Flaubert, que se perguntava "como um homem podia se degradar a esse ponto".[9] Ele chamava Turgueniev de "pera mole" (*poire molle*) — cruel, talvez, tendo-se em vista sua declarada impotência —, o que acabou se tornando o apelido do russo na casa dos Viardot.[10] Segundo Henry James, que morou em Paris em 1875-6, Turgueniev estava constantemente a serviço de Pauline, chegando a se retirar cedo de jantares para estar em casa às 21h30 e lhe dar boa noite antes de ela se recolher.[11]

James via em Turgueniev um homem "afligido por alguma coisa que o deixa infeliz, mais do que ele imagina". Era uma impressão compartilhada por alguns amigos, entre eles Flaubert, embora outros, como George Sand, vissem as coisas de maneira ligeiramente diferente. A essa altura uma velha reclusa em Nohant, Sand desenvolvera uma calorosa amizade com Turgueniev quando ele se hospedou em sua casa com os Viardot, em outubro de 1872. Ainda não lera nenhuma obra sua ao conhecê-lo em Courtavenel na década de 1840, mas agora o considerava um "grande poeta", e nos três dias em que estiveram juntos passou a adorá-lo, pela conversa animada e o amor infantil aos jogos.[12] Depois de uma posterior visita de Turgueniev acompanhado de Flaubert, em abril de 1873, Sand escreveu a este último, que se queixara de não poder encontrar o russo tanto quanto gostaria porque Pauline o mantinha em rédea curta: "Não, esse gigante não faz o que quer, já pude observar. Mas pertence à classe das pessoas que encontram a felicidade em serem dominadas, e eu entendo totalmente. Desde que se esteja em boas mãos — e ele está."[13]

Nessa época, o próprio Turgueniev frequentemente se queixava de se sentir sozinho. "Tenho amigos muito próximos que eu amo, gente que me ama", comentou com um visitante russo, "mas nem tudo que me é caro e próximo é também caro e próximo para eles; nem tudo que me interessa é de interesse para eles; e há longos períodos em que me sinto isolado e sozinho".[14] Era o preço pago por viver à margem do ninho de Pauline. A intensidade da devoção não era compartilhada por ela, e assim esse amor minguou, ou melhor, mudou de natureza com o tempo, mais se parecendo com uma amizade profunda. Foi desse lugar de solidão, no desespero da idade avançada, que Turgueniev se apaixonou por uma série de mulheres muito mais jovens — todas russas — na década de 1870.

Os Viardot reataram com o hábito de manter um *salon*. Nas noites de quinta-feira, ofereciam uma *soirée* musical no *Grand Salon*, onde se encontrava a elite cultural parisiense, e, nas tardes de domingo, uma reunião

mais informal, com jogos, encenações, adivinhações, canções humorísticas
e música de modo geral, entre amigos e a família. Saint-Saëns certa vez se
exibiu como bailarina, numa sátira das tentações diabólicas enfrentadas
por Robert em *Robert le diable*, a Grand Opéra de Meyerbeer. Em seguida,
a famosa "Dança das Freiras" foi apresentada pelos convidados, cobertos de
lençóis brancos e marcando o ritmo com panelas enquanto Pauline tocava
o arranjo da partitura para piano.[15]

Escrevendo ao irmão, Henry James fazia o seguinte relato de uma *soirée*
musical no salão de Madame Viardot, "mulher das mais fascinantes", observava, "tão feia quanto possível para alguém com olhos nas laterais da cabeça
e um lábio superior interminável, e, no entanto, muito bem apessoada, ou,
pelo menos no sentido francês, *très belle*".

> Suas reuniões são rigidamente musicais e, portanto, para mim,
> rigidamente tediosas, especialmente porque ela canta muito
> pouco. Noite dessas, fiquei sobre minhas pernas durante três
> horas (das 23h à 2h) numa sala sufocante, ouvindo um miserável
> violino, com o consolo de que Gustave Doré, de pé ao meu lado,
> parecia igualmente entediado. Mas quando Mme Viardot canta,
> é magnífico.[16]

Caroline Commanville, a sobrinha de Flaubert, recordaria "Madame
Viardot, usando um vestido preto simples mas elegante, movimentando-
-se graciosamente pelo salão, cumprimentando cada grupo de convidados,
inclinando-se para se dirigir a certas pessoas [...]. De pé, sozinho numa das
entradas, Turgueniev a observava o tempo todo, e quando ela passava por
ele, trocavam sorrisos".[17]

Essas noites de quinta-feira eram um dos principais adornos do cenário
musical parisiense. Eram frequentadas pelos compositores franceses de
maior destaque na época, entre eles, Gounod, Saint-Saëns, Fauré, Lalo,
Bizet (vizinho na Rue de Douai), Massenet e Franck (contratado como
professor de música de Paul Viardot na década de 1870). Muitas das obras
de câmara desses compositores foram estreadas na residência dos Viardot
para um público de convidados influentes: patronos das artes, empresários
e administradores do mundo musical, políticos, escritores e seus editores,
críticos e donos dos respectivos jornais. Grande parte dessas figuras voltava

a aparecer nos encontros musicais promovidos por Saint-Saëns às segundas-
-feiras na casa da mãe, no Faubourg Saint-Honoré, e nas reuniões de Lalo
às sextas-feiras. Desse modo, começaram a formar uma rede de ligações
pessoais que influenciava os gostos artísticos, fazendo as coisas acontecerem
no mundo cultural de Paris a partir dos anos 1870.[18]

Turgueniev e os Viardot estavam no centro desse movimento. Promoviam jovens compositores, artistas plásticos e escritores graças a suas relações
no mundo musical, no establishment das artes plásticas, no meio jornalístico
e editorial, na verdade, desempenhando um papel que evoluiria para a profissão do agente, no sentido moderno.* Personalidades internacionalmente
influentes, eles também serviam de intermediários entre diferentes culturas
europeias, introduzindo a música, as artes plásticas e a literatura russas na
França, na Grã-Bretanha e na Alemanha, as artes e a música espanholas aos
franceses, os escritores franceses e alemães na Rússia, e assim por diante.
Graças a seus contatos internacionais, contribuíam para o avanço da integração cultural do continente.

Havia muitos russos em Paris. Em sua maioria, eram residentes tem-
porários, nobres em viagem e turistas; mas também havia emigrados por
tempo prolongado, exilados políticos e revolucionários, estudantes, escritores e artistas. Turgueniev era um intermediário crucial nessa comunidade.
"Nós o apelidamos de embaixador da intelligentsia russa", recordaria o
sociólogo Maksim Kovalévski, aluno do Collège de France em meados da
década de 1870. "Não havia um só homem ou mulher russo ainda que de
longe ligado à escrita, à arte ou à música em cujo benefício Turgueniev não
tivesse interferido."

> Ele se interessava pelos alunos russos de Mme Viardot, chamava
> sua atenção para certos músicos russos, atuava como secretário do
> clube de artistas russos de Paris, tomava providências para expor
> seus trabalhos, mandava material publicitário a seu respeito para

---

* Os agentes existiam informalmente, como intermediários, pelo menos desde o início
do século XIX, mas o moderno agente profissional começou a surgir na década de 1870,
inicialmente no mundo de fala inglesa sobretudo. Originário de Glasgow, A. P. Watt
provavelmente foi o primeiro deles, datando sua agência do fim dos anos 1870, quando se
estabeleceu em Londres, apresentando-se como agente literário e cobrando comissão de
10% sobre a renda auferida pelos clientes.

a imprensa de Paris, escrevia cartas de apresentação para os que
o procuravam, dava dinheiro aos que considerasse necessitados,
geralmente sem retorno, e intercedia pessoalmente ou por meio
de conhecidos em nome de correspondentes estrangeiros [russos],
chegando a pôr em risco suas relações com as autoridades, o que
podia tê-lo impedido de voltar à Rússia.[19]

O clube de artistas russos (oficialmente denominado Sociedade de Ajuda
Mútua e Apoio aos Artistas Russos de Paris) foi fundado por Turgueniev
e pelo pintor paisagista Aleksei Bogoliubov, que se fixou em Paris em 1872
por motivo de saúde. Os membros do clube se reuniam nas noites de terça-
-feira na mansão de um banqueiro e filantropo judeu russo, o barão de
Günzburg, na Rue de Tilsitt. Os pintores leiloavam suas obras e Turgueniev fazia leituras (com um pincenê balançando no nariz) para atrair os
expatriados. Turgueniev também desempenhava um papel de liderança no
Salão de Leitura Russo, por ele criado com o revolucionário exilado German
Lopatin, e que promovia concertos e leituras para levantar dinheiro para
emigrados políticos e estudantes em Paris. Turgueniev doou grande parte de
sua biblioteca ao Salão de Leitura, e Pauline deu vários concertos privados
para levantar dinheiro para a instituição, encantando o público russo com
canções russas, sobretudo.[20] Os agentes da polícia secreta tsarista estavam
sempre de olho nesses encontros.[21]

A carreira de Pauline efetivamente chegara ao fim. A estreia da *Rapsódia
para contralto* de Brahms em Jena, em 1870, fora sua última apresentação
pública importante. Ela deu vários concertos privados na década de 1870,
mas na voz restavam apenas traços da antiga potência e intensidade.[22]
Sua importância central no mundo musical se confirmava agora no papel
exercido como educadora e promotora de jovens músicos e compositores
em cujo talento acreditava. Ao voltar para Paris em 1871, ela foi nomeada
professora de canto no Conservatório, função que exerceu até 1875, quando
se demitiu, frustrada com a orientação pedagógica rígida dos colegas. Mas
seu manual de ensino, *L'École classique du chant* (1864), um guia do estilo
bel canto com anotações sobre trezentas árias e canções, continuou sendo
usado no Conservatório até o século XX.

A casa dos Viardot se transformou numa espécie de centro de operações
informal de um grupo de compositores franceses, todos integrantes da

Société Nationale de Musique, fundada na época da derrota para a Prússia, em fevereiro de 1871, para promover a causa da música francesa "séria", especialmente a música de câmara, liberando-a do domínio da tradição alemã.[23] Como cofundador e presidente da sociedade, Saint-Saëns fazia a intermediação entre os compositores e Pauline, nessa época, uma velha e querida amiga (ele dedicou *Sansão e Dalila* a Pauline, que, em 1874, cantou o papel principal numa récita em forma de concerto com o compositor ao piano, embora três anos depois, quando a ópera finalmente estreou em Weimar, ela já não tivesse idade para o papel).[24]

Foi Saint-Saëns quem primeiro levou Fauré à casa dos Viardot, em 1872. O jovem compositor ainda desconhecido, então com 27 anos, tivera Saint-Saëns como professor de piano na École Niedermeyer, a austera instituição parisiense de ensino de música religiosa que Fauré frequentara a partir dos 9 anos, e foi apresentado aos Viardot como pupilo favorito de Saint-Saëns. Fauré tornou-se um visitante frequente da Rue de Douai. Tímido, ganhou confiança no acolhedor ambiente familiar e apreciava as atenções maternais de Pauline, que o encorajava a compor. Suas canções Op. 4 e Op. 7 são dedicadas a ela, as canções dos Op. 8 e Op. 10, a Marianne e Claudie, e sua Sonata para violino (Op. 13), a Paul Viardot — todas obras dessa época. Fauré se apaixonou por Marianne, oito anos mais moça, e os dois noivaram.[25] Mas Marianne rompeu o noivado. Não poderia ser a esposa maternal que ele queria. Pouco depois, casou com o compositor Victor-Alphonse Duvernoy. Fauré demorou para se recuperar da decepção. Houve quem dissesse que seu *Requiem* tenha sido composto para prantear esse amor. Mas, em termos musicais, é possível que o rompimento com Marianne tivesse sido benéfico, como o próprio Fauré reconheceria mais tarde: Pauline o teria induzido na direção da ópera e da música coral (como aconteceu com Duvernoy), ao passo que o maior talento de Fauré era como compositor de obras de câmara e para piano.

Dentre os jovens compositores apoiados por Pauline, Massenet era o mais conhecido pelas obras operísticas e corais. Em 1872, foi apresentado por Saint-Saëns a Pauline, que o convidou a jantar na Rue de Douai e propôs que mostrasse sua música. O compositor, então com 30 anos, ainda desconhecido, tocou trechos de seu oratório em três partes, *Marie-Magdaleine*. Pauline ficou impressionada. Baseado em *Vie de Jésus* de Renan, o oratório era musicalmente moderno, fugindo às convenções clássicas, como o emprego de fugas, e optando por uma forma operística de colorido orientalizante que capturava idealmente o impacto dramático da história de Jesus contada por Renan, um Jesus que não era visto como Deus, mas como ser humano. Pauline decidiu se empenhar para que a peça fosse executada, oferecendo-se para interpretar o principal papel feminino. *Marie-Magdaleine* estreou em Paris, em abril de 1873, num dos concertos "nacionais" promovidos pela Société. E causou sensação, lançando a carreira de Massenet e merecendo os mais altos elogios de Gounod, Bizet e Tchaikovski, que o ouviu durante uma viagem a Paris no verão do mesmo ano. Mais tarde, Massenet escreveria que devia "toda a [sua] carreira" a Pauline Viardot.[26]

Para esses jovens compositores franceses, a oportunidade de ouvir música espanhola era um dos principais atrativos do salão de Pauline Viardot. Ela se consagrara como uma das maiores expoentes da canção espanhola na França, país em que a música hispânica pouco era conhecida antes do início de sua carreira nos anos 1830. Pauline incluíra canções espanholas em seu repertório de concerto, pesquisando-as, promovendo transcrições e publicações e levando-as ao conhecimento dos compositores, entre eles Berlioz e Gounod, que se interessavam cada vez mais pela música da "Espanha exótica".[27] Os jovens compositores filiados à Société, que a ouviam cantar essas canções em seu salão, se sentiam atraídos pela música espanhola em parte por seu apelo popular (nos anos 1860, a música folclórica e de dança do país era constantemente usada em *óperas comiques*, vaudevilles e *café--concerts* em Paris),[28] e em parte por se interessarem por tradições folclóricas "autênticas" ligadas ao sul da França e capazes de afastar os franceses da influência da música alemã. Na época, a ideia do pan-latinismo ganhava influência na França, em certa medida como reação à força crescente do pan-germanismo e do pan-eslavismo.[29] Saint-Saëns, Bizet, Massenet e Lalo tomavam de empréstimo características das danças e canções folclóricas espanholas em várias de suas obras.

Inspirado na música espanhola que ouvia na casa dos Viardot, Saint--Saëns compôs "El desdichado" (1871), dueto dedicado a Marianne e Claudie, sobre um poema espanhol e em forma de bolero, dança que se tornou muito disseminada nas capitais europeias nessa época. A *Symphonie espagnole* (1875) de Lalo, menos sinfonia que concerto para violino, foi composta para o violinista e compositor espanhol Pablo Sarasate, frequentador das reuniões musicais de Pauline, assim como a obra anterior de Saint-Saëns em estilo espanhol, a *Introdução e rondó caprichoso* (1863), para violino e orquestra.

Bizet também se sentiu atraído pela música espanhola que aprendia com Pauline, especialmente a habanera, dança de compasso 2/4 sincopado que chegou à Espanha proveniente de Cuba no século XIX. A habanera foi popularizada pelo compositor basco Sebastián Iradier (1809-65): "La Paloma" (1860), versão da dança que compôs em estilo folclórico, era tocada em todo o mundo hispânico. Desde os anos 1850, Pauline interpretava canções suas. Correspondia-se com Iradier com frequência, perguntando por suas criações mais recentes, com a vontade de apresentá-las nas salas de concerto.[30] Foi por meio dela que Bizet tomou conhecimento da música de Iradier. Em sua biblioteca havia muitas partituras do compositor basco.[31] Bizet tomou contornos melódicos de empréstimo a sua canção "El Arreglito" (1864) ao compor "L'amour est un oiseau rebelle", a famosa ária da ópera Carmen (1875), supondo equivocadamente que se tratava de uma canção folclórica (advertido do plágio, ele acrescentaria um reconhecimento da autoria de Iradier em posteriores versões da partitura). A habanera não foi a única contribuição do círculo dos Viardot à ópera de Bizet. Turgueniev fora o responsável por levar a Carmen (1845) de Mérimée ao conhecimento dos libretistas da ópera, Ludovic Halévy e Henri Meilhac, e por convencê-los, frente a suas reservas iniciais, de que a novela daria uma boa história para uma ópera. Louis Viardot orientava Bizet no panorama da literatura espanhola, falando-lhe especialmente da peça Las mocedades del Cid (baseada na lenda medieval de "El Cid"), do autor quinhentista Guillén de Castro, usada por Bizet numa obra homônima inacabada.* E Pauline, por sua vez, o familiarizou com as óperas espanholas do próprio pai. Ela guardava dezenas de partituras inéditas de Garcia. Uma das canções de sua ópera cômica O homem disfarçado de criado (1804), um palo andaluz, "Cuerpo bueno, alma divina", serviu de inspiração ao famoso entreato do quarto ato da ópera de Bizet. Uma versão muito alterada da canção fora publicada num álbum, Échos d'Espagne (1872), do qual Bizet tinha um exemplar, mas Pauline lhe mostrou o original e o ajudou a reconstituir seu caráter espanhol.[32]

A Carmen de Bizet era a suprema expressão do culto francês novecentista da Andaluzia exótica, iniciado na década de 1820 quando Louis Viardot publicou seu primeiro livro, Lettres d'un Espagnol. A ópera apresentava

---

* Massenet usaria partes do libreto em sua ópera "espanhola" Le Cid (1885). Ver Hugh Macdonald, "Bizet Catalogue" (http://digital.wustl.edu/bizet/works/Don_Rodrigue.html).

todos os estereótipos do "espanholismo" — ciganos, contrabandistas, toureiros, dançarinos de flamenco, guitarristas, castanholas — que já se haviam consolidado como componentes populares das artes dramáticas na França. A moda nos teatros de bulevar eram as peças de tema espanhol. A dança de estilo espanhol aparecia regularmente nas *opéras comiques*, nos vaudevilles e *café-concerts*. Dançarinos, cantores e guitarristas de flamenco se apresentavam nos salões de Paris. A metade da década de 1870 representou o ponto alto do interesse cultural francês pela Espanha (na Exposition Universelle de Paris em 1878, o maior público se concentrava nos estandes espanhóis). Estereótipos exóticos à parte, havia um crescente apetite de visões realistas da Espanha, como fica evidente no enorme sucesso do relato do barão Charles Davillier sobre suas viagens, *L'Espagne* (1874), ilustrado por Gustave Doré, de cuja arte o autor fazia uso, segundo explicou, para "poder nos familiarizar, não com a Espanha da *opéra comique* e dos souvenirs, mas com a verdadeira Espanha".[33]

As incursões de Bizet pela cultura espanhola estavam em sintonia com esse novo interesse dos franceses pela Espanha "autêntica". Mas os elementos de música, temática, estilo e colorido espanhóis que ele introduziu em *Carmen* foram talhados para se adequar à forma da *opéra comique*, na qual eram esperados os velhos estereótipos da Espanha. Só uma parte da novela de Mérimée foi aproveitada no libreto, um drama trágico mais compacto sobre a desventura do soldado Don José, que abandona a namoradinha da infância e o dever militar pela fogosa cigana Carmen, que vem a matar quando ela o troca pelo *toreador* Escamillo.

A estreia se deu na Opéra-Comique no dia 3 de março de 1875. Os Viardot e Turgueniev estavam na plateia, assim como Gounod, Offenbach e Massenet. A recepção inicial foi fria. Os críticos se mostraram indignados com o caráter "imoral" dos personagens, o realismo sórdido com que as classes inferiores eram apresentadas na ópera e (numa época em que ainda era forte o sentimento antialemão na França) um suposto "wagnerismo" da partitura.[34] A bilheteria não ia bem. Nas primeiras récitas, a casa estava meio vazia. Bizet ficou muito abalado, até com ideias suicidas, segundo o amigo Gounod. Há muito em busca do sucesso, encarou mais esse revés como um golpe fatal em sua carreira. Retirou-se para Bougival, adoeceu por ter nadado na água fria do rio e morreu no dia 3 de junho de ataque do coração, sem dúvida provocado pelo estresse originado no fracasso da ópera. Tinha apenas 36 anos. A comoção causada por sua morte mudou a sorte da ópera. A venda de ingressos melhorou. Ela voltou a subir ao palco no outono e teve uma temporada de sucesso (entre os que a viram então estava Tchaikovski, que a considerou "uma obra-prima em todos os sentidos da expressão"). Embora só voltasse a ser montada em Paris em 1883, *Carmen* triunfou em Viena, Bruxelas, Londres, Dublin, Nova York e São Petersburgo. E se tornou imensamente popular na Alemanha (Bismarck a viu 27 vezes).[35]

Na Espanha, a recepção foi complexa. Apresentada pela primeira vez em tradução espanhola no Teatro de la Zarzuela de Madri em 1887, a ópera foi atacada por muitos críticos por remastigar os velhos estereótipos românticos — toureiros, ciganos, contrabandistas e assim por diante — para apresentar a Espanha do "oriente" europeu como uma sociedade primitiva e violenta. Eles consideravam que a Espanha moderna — tornando-se agora mais ligada ao resto da Europa pelas comunicações e as viagens de massa — merecia ser mais bem conhecida pelos estrangeiros. Mas outros ficaram encantados com o caráter verdadeiro da ópera, elogiando a música e as danças, a encenação e os costumes realistas como reflexos verídicos da Espanha "autêntica". Na verdade, a habanera da *Carmen* seria arranjada em muitas versões diferentes, circulando pela península Ibérica como uma obra quintessencial da "hispanidade".[36] Já não era possível, nem fazia muito sentido, distinguir entre o que fosse "autêntico" de um ponto de vista nacional e o que era estrangeiro ou internacional — de tal maneira se intensificavam as trocas além-fronteiras no mundo moderno.

2

A música russa também alcançou nova popularidade na Europa. Turgueniev e Pauline eram os intermediários, conectando gente do mundo musical europeu à nova geração de compositores que surgia na Rússia.

Ao longo da década de 1870, ele fez breves viagens à Rússia, o que era possibilitado pelo avanço do sistema ferroviário. Na década anterior, a Rússia assistira a uma verdadeira explosão na construção de ferrovias — estimulado pela derrota do país na Guerra da Crimeia, que tinha exposto a vulnerabilidade militar da Rússia frente às potências industriais, e também pela necessidade de melhorar o sistema de transportes para as exportações de alimentos para o Ocidente, principal meio de obtenção de capitais para a industrialização. Turgueniev investira pesado nas ações de ferrovias russas recém-cotadas na bolsa de valores. E também tinha um interesse pessoal envolvido. O tempo que levava para viajar de Paris a sua propriedade foi drasticamente reduzido com a abertura, em 1871, de uma linha férrea de Varsóvia a Vilnius, passando por Smolensk. Ele podia assim viajar para Orel sem precisar passar por Moscou ou São Petersburgo, levando apenas cinco dias de Paris a sua propriedade em Spasskoe — percurso que fazia em até três semanas na década de 1850.[37]

Nas viagens à Rússia, ele retomou contato com Stasov e os "Cinco Grandes", além de outros compositores russos, como Dargomyzhsky, promovidos pela crítica nacionalista. Ficara sabendo por Stasov que os compositores desse círculo costumavam se encontrar para executar peças nas quais ainda estavam trabalhando. No início, os cinco relutaram em permitir que Turgueniev se juntasse a eles. Mesmo reconhecendo seu gênio literário, tinham certa desconfiança de sua atitude em relação a eles e do apoio que dava a seu arquirrival, Anton Rubinstein. Mas Stasov os convenceu a mudar de ideia, e durante a visita de Turgueniev a São Petersburgo em maio de 1874 um concerto foi organizado para ele na casa do crítico. Com acompanhamento de piano a quatro mãos, foi apresentado o último ato da ópera ainda incompleta *Angelo* (1876), de Cui, que agradou a Turgueniev, e *O convidado de pedra* (1872), de Dargomyzhsky, de que ele não gostou. Foi nessa viagem que Turgueniev conheceu Mussorgski. Encontrou-o num jantar, achou-o simpático ("tem o nariz completamente vermelho, um beberrão, de maneiras completamente naturais") e o ouviu "cantar, ou melhor, gemer vários trechos de sua ópera [*Bóris Godunov*] e de outra que está compondo [*A Khovantchina*], que me pareceu forte e interessante, palavra de honra", informava a Pauline. "*Allons, allons, messieurs les Russes!!*"[38]

Entusiasmado com o potencial desses compositores russos, Turgueniev comprou uma quantidade de partituras e as enviou a Pauline, exortando-a a oferecê-las a seus contatos musicais em Paris. Os Cinco Grandes começavam a ficar conhecidos fora da Rússia, graças em parte a iniciativas de Liszt, grande divulgador de sua música, e em parte por interferência de Jules de Brayer, organista da catedral de Chartres, que fazia transcrições de suas obras. Vinte e sete dessas partituras importadas foram para o Conservatório — obras de Tchaikovski, Rimski-Korsakov, Cui e Mussorgski, entre elas *Bóris Godunov*, que acabara de estrear em São Petersburgo em janeiro de 1874. É muito provável que Claude Debussy, há anos aluno do Conservatoire, conhecesse essas partituras ao se formar em 1879, quando se mudou para a casa de Nadejda von Meck — viúva de um magnata das ferrovias russas e protetora de Tchaikovski — como professor de piano de seus onze filhos e acompanhante em suas atividades musicais. Graças a von Meck, com quem passou um ano na Rússia, Debussy veio a conhecer bem a música de Tchaikovski, Rimski-Korsakov e Borodin.[39]

Turgueniev se entusiasmou sobretudo com o jovem Tchaikovski, fazendo questão de ouvir sua música durante as visitas à Rússia. Ficou particularmente impressionado com as *Six Romances*, Op. 6, que ouviu num concerto integralmente dedicado a obras de Tchaikovski em Moscou em 1871. Enviou as partituras a Pauline em Londres, e ela gostou tanto das canções, especialmente a última, "Apenas um coração solitário", que imediatamente passou a cantá-las nas reuniões musicais em Devonshire Place.[40] Mais tarde, em Paris, introduziu as *Romances* no repertório de concerto, tornando-as muito conhecidas. No verão de 1874, novamente na Rússia, Turgueniev enviou a Pauline um arranjo para piano do poema sinfônico *Romeu e Julieta* (1871), de Tchaikovski, que ela veio a tocar nos recitais de piano que constituíam seu principal contato com o público em Paris nessa época.

Tchaikovski sabia do empenho de Pauline na divulgação de sua música. Ficara noivo de uma antiga aluna sua, a cantora belga Désirée Artôt, que afinal rompeu o noivado em 1869. Tchaikovski ia com frequência a Paris na década de 1870, mas não se encontrou com Pauline. No fim de 1876, começou a pensar em promover um concerto em Paris no mês de março seguinte. E escreveu ao compositor russo Sergei Taneiev, que então se encontrava em Paris: "Por acaso seria uma loucura da minha parte se convidasse Viardot, por meio de Turgueniev, a participar do meu concerto? Afinal, ela tem cantado minhas canções, não é? Se for loucura, simplesmente jogue fora a carta anexa. Mas se achar que tudo bem, por favor procure Turgueniev e lhe entregue esta carta." O concerto não se realizou porque Tchaikovski não conseguiu levantar fundos. Mas nessa mesma primavera, num concerto na casa de Pauline, Taneiev a acompanhou ao piano em "Apenas um coração solitário", numa interpretação em que ficaram evidentes, no dizer de um dos convidados, "sua característica paixão e expressividade e sua dicção impecável". Lopatin, que a ouviu cantar a canção numa das reuniões, recordaria: "Ela já estava velha. Mas quando cantava 'Ia strajdu' ["Estou sofrendo"], eu me arrepiava. Quanta expressividade! Os olhos, o rosto pálido e cavado! Você devia ter visto o público!"[41]

Os franceses se mostravam receptivos à cultura russa na década de 1870. A derrota para a Prússia aproximou a França da Rússia, como aliado diplomático frente à Alemanha. Uma aproximação que prosseguiu, com altos e baixos, até culminar na Aliança Franco-Russa de 1894. Os franceses investiam pesado na economia russa, especialmente nas ferrovias, e à medida que a Rússia se abria para o Ocidente, aumentava o interesse dos ocidentais por ela. Houve um aumento grande na publicação de livros de viagem sobre a Rússia, entre eles o best-seller *Voyage en Russie*, de Gautier. Entusiasmo que era compartilhado pelos escritores britânicos. Lewis Carroll visitara Moscou e a descrevia como um mundo de sonhos ("vemos imagens distorcidas da cidade, como num espelho") em seu diário de viagem, que serviria de inspiração para *Alice através do espelho* (1871). Dois viajantes que se aprofundaram em visitas à Rússia — Donald Mackenzie Wallace e Anatole Leroy-Beaulieu — publicaram nos anos 1870 aquelas que terão sido as primeiras histórias objetivas da Rússia redigidas por estrangeiros, ambas com excelentes vendas.[42] Em suma, a Rússia não era mais vista meramente como terra de "barbárie asiática" — um "outro" oriental, em contraste com a "civilização europeia" — como acontecia trinta anos antes, na época do marquês de Custine. Começava a ser entendida como parte da própria Europa.

O interesse europeu pela Rússia aumentou com as exposições internacionais desse período — em Londres (todos os anos entre 1871 e 1874), Viena (1873) e Paris (1878) —, nas quais as artes e ofícios da Rússia atraíam multidões. Na Exposição de Paris de 1878 houve também uma série muito frequentada de concertos de música russa conduzidos por Nikolai Rubinstein, apresentando obras de Tchaikovski, Glinka, Anton Rubinstein e Dargomyzhsky, mas não a música dos Cinco Grandes, que em muitos provocava decepção e perplexidade. A imprensa parisiense se mostrava unida na reação crítica: considerava a música interessante mas nada original, de estilo excessivamente alemão ou italiano. Esperava ouvir algo mais exoticamente "russo" em seu caráter nacional. *Romeu e Julieta* de Tchaikovski encontrara reação semelhante, tendo sido vaiado nos *concerts populaires*.[43]

A expectativa de um estilo nacional característico era central na crescente receptividade dos públicos ocidentais às culturas da "periferia" do continente europeu (Rússia, Espanha, Escandinávia, os territórios tchecos, Hungria etc.). Eles queriam que a música russa parecesse "russa", que a música espanhola parecesse "espanhola", a húngara, "húngara" (mesmo tendo sido composta pelo alemão Brahms), de um jeito que não esperavam, por exemplo, da música alemã, italiana ou mesmo francesa (que só precisava *não* soar alemã). Queriam que a música desses países fosse exoticamente diferente, cheia de motivos folclóricos, com danças ciganas e boêmias. Tais expectativas estimulavam a geração de um "estilo nacional de exportação" nesses países. Os nacionalistas, por sua vez, promoviam mitos de autenticidade por meio da inspiração folclórica nas artes e na música, não apenas no empenho da construção de uma nacionalidade, mas para afirmar as características próprias do seu país entre as nações da Europa. Era o programa de Stasov e seguidores. Cui escreveu *La Musique en Russie* (1880) para promover a consciência da música nacionalista russa na Europa, onde o livro teria influência duradoura nas expectativas do público a respeito de como devia ser a música russa.

Turgueniev ficou horrorizado com a exotização da cultura russa no Ocidente. Queria que os artistas russos passassem a integrar a "civilização europeia", acreditando que a expressão do caráter nacional devia estar subordinada a isso — internalizada na sua arte, e não ostentada. Por isto via grande arte em Pushkin, Tolstoi e Tchaikovski: em cada um deles, a russidade não militava contra a europeidade.

A visão de Turgueniev também se opunha à de Stasov na promoção dos artistas plásticos russos. Havia muitos pintores russos em Paris. Os mais jovens eram sobretudo da Academia das Artes, com bolsas para se aperfeiçoar nos ateliês de artistas consagrados (como Bonnat, Gérôme ou Lefebvre) sob a direção de Bogoliubov, o pintor russo emigrado designado para supervisionar seu trabalho. Em sua maioria, eram influenciados pela pintura francesa paisagística e de gênero, especialmente os pintores de Barbizon, embora também fossem introduzidos em Paris a correntes mais amplas da pintura europeia: Bogoliubov os estimulava no conhecimento da obra da pintora espanhola Marià Fortuny, como contrapeso aos franceses.

Turgueniev ficou impressionado com o jovem pintor Aleksei Kharlamov, o mais ocidentalizante dentre os estudantes russos de Paris, que pintava sobretudo obras de gênero e retratos. Exagerou um pouco nos elogios, comparando-o a Rembrandt, cuja técnica Kharlamov havia estudado no Ermitage. Encomendou a Kharlamov retratos de Pauline, Louis e dele próprio (imagens 20 e 21 do encarte), que de fato eram excepcionalmente bons do ponto de vista técnico. Os três foram pendurados próximos uns dos outros na galeria de pintura da Rue de Douai, e Turgueniev fazia questão de mostrá-los detidamente aos amigos (até Victor Hugo participou do ritual). Os retratos dos Viardot foram expostos em excelentes posições no Salon de 1875 (no qual Louis fez parte do júri) e o de Turgueniev teve posição de destaque no Salon do ano seguinte, quando Zola, em sua resenha anual, reservou a Kharlamov os mais altos elogios, embora achasse que seu estudo coferira ao amigo "uma expressão dura e triste" que "de modo algum era sua aparência habitual".[44]

Graças aos muitos contatos em Paris, Turgueniev lançou Kharlamov no mercado de arte. Goupil vendeu algumas pinturas dele em sua galeria mais luxuosa, em frente à nova Opéra de Paris, o Palais Garnier, e mandou muitas outras para a filial londrina, onde os marchands ingleses rapidamente trataram de comprar as "imagens bonitas" de Kharlamov, segundo um amigo invejoso, o pintor estoniano Ernst Liphart, que o considerava corrompido pela definição de sucesso cara a Turgueniev. "Quando um marchand de arte vai ao ateliê de um artista e oferece bom dinheiro por uma pintura, convencido de que poderá imediatamente revendê-la com enorme lucro para determinado colecionador que já tem em mente, é isto que significa sucesso", ouviu Liphart da boca de Turgueniev. Se a afirmação for verdadeira, fica muito longe dos pontos de vista até então defendidos por Turgueniev; talvez refletisse sua própria evolução como escritor no mundo comercial da edição. "Pobre Kharlamov", escrevia Liphart, "tornou-se vítima dessa teoria do seu protetor. A mania das pinturas italianizantes de pequenas dimensões que os marchands ingleses o estimularam a produzir em série matou o Kharlamov que nos era prometido pelos retratos dos Viardot".[45]

Turgueniev promovia outros artistas plásticos russos em Paris. Publicava artigos na imprensa, punha-os em contato com marchands e os ajudava a encontrar compradores. Intermediou a venda de quatro pinturas de Arkhip Kuindhzi ao marchand austríaco Charles Sedelmeyer, estabelecido em Paris.

Com a ajuda de Louis Viardot, que as elogiou na imprensa francesa e belga, conseguiu que duas esculturas de Mark Antokolski fossem incluídas na Exposition Universelle de 1878 em Paris, onde receberam medalha de ouro, o que rendeu a Antokolski muitas encomendas do exterior.[46]

Ele se mostrava particularmente ativo no apoio a Vassili Vereschaguin, cujos quadros de grandes dimensões, com batalhas e paisagens da Ásia central, vira pela primeira vez numa visita a Moscou em 1876. Dois anos depois, visitou o ateliê do pintor nas Maisons Laffitte, perto de Paris, e ficou tão impressionado com a originalidade de Vereschaguin que pensou em escrever sua biografia. Turgueniev promoveu uma grande exposição de seus trabalhos, a primeira individual de um pintor russo em Paris, publicando anúncios nos jornais, escrevendo artigos para promovê-la e conseguindo que mais de trinta críticos resenhassem a mostra, todos eles extremamente favoráveis, na imprensa francesa e internacional. A exposição foi um enorme sucesso, com 50 mil visitantes e longas filas no *Cercle artistique de la rue Volney* para ver as enormes telas, que causavam impacto pela luz e as cores brilhantes e as invulgares cenas das estepes da Ásia central. Vereschaguin faria sucesso semelhante em Viena, onde cerca de 130 mil pessoas, um sexto da população adulta da cidade, visitaram a exposição na Künstlerhaus em apenas três semanas no outono de 1881; em Berlim, na primavera seguinte, quando a mostra foi vista por 134 mil pagantes (e muitos outros não pagantes); e em Hamburgo, Dresden, Budapeste e Bruxelas em 1882.[47]

As relações de Turgueniev com o pintor Ilia Repin eram mais problemáticas, dada a estreita ligação do artista com Stasov. O crítico nacionalista o adotara como a mais brilhante estrela do grupo dos Viandantes (*peredvijniki*) — pintores que haviam rompido com a Academia das Artes no início da década de 1860 e, como os Cinco Grandes na música, se empenhavam em criar obras num "estilo russo". Reconhecendo o talento de Repin, Turgueniev não aprovava a arte nacionalista e politicamente engajada que ele era estimulado a abraçar por Stasov. Criticou seus *Compositores eslavos* (1872), encomenda do Hotel Slav Bazar de Moscou para sua sala de concertos, por considerar "falso e artificial" representar compositores mortos e vivos na mesma cena. Também se insurgiu contra o fato de Repin ter escrito a Stasov (em carta publicada pelo crítico) argumentando que havia "abandonado" Rafael.[48] Para Turgueniev, que se prosternava ante o altar da Civilização Europeia, era o mesmo que dizer que havia abandonado Cristo.

Repin foi para Paris desfrutando de um prêmio da Academia em 1873 e lá permaneceu por três anos. Aprofundando-se na arte ocidental, começou a se libertar da escola nacional russa e a pintar num estilo influenciado pelos impressionistas, cuja primeira exposição, em 1874, teve lugar enquanto ele trabalhava em *Um café parisiense* (1875), um de seus trabalhos mais impressionistas. Repin recebeu do fabricante de tecidos e mecenas Pavel Tretyakov, de Moscou, uma encomenda para pintar um retrato de Turgueniev em Paris (ver imagem 19 do encarte). O quadro devia ser exposto na galeria de russos famosos que Tretyakov pretendia abrir em seu museu de arte nacional. A pintura não ficou boa — não foi apreciada pelos Viardot — e Repin foi obrigado a fazer alterações, que em sua opinião pioraram o retrato. Não estando convencido do talento de retratista de Repin, Turgueniev voltou-se para Kharlamov e sempre deixou clara sua preferência pelo retrato pintado por ele.[49]

O lugar de destaque atribuído a Kharlamov no Salon enfureceu Repin, cujo *Café parisiense* foi pendurado tão alto que passou completamente despercebido (três semanas depois, quando ele exerceu seu direito de pedir que a pintura fosse pendurada mais abaixo, o comitê a colocou em posição mais alta ainda). "Aqui a gente precisa de proteção e relações", escreveu ele ao pintor Ivan Kramskoi na Rússia. Ao contrário de Kharlamov, Repin tinha dificuldade de vender suas pinturas na Europa. "Os russos não compram, nem os franceses", queixava-se a Stasov. Turgueniev não ajudava. Escreveu a Stasov que seria melhor para Repin "voltar sob suas asas, melhor ainda para Moscou. É de onde ele veio, o seu meio". Esse fracasso na tentativa de abrir caminho no mercado de arte de Paris — a capital do mundo das artes — deixou Repin profundamente amargurado, e mais tarde ele o atribuiria ao desapreço de Turgueniev pela escola nacionalista russa: "Éramos todos idealistas, com preocupações sociais, e Turgueniev, afinal, era um esteta."[50] Um ressentido reconhecimento do crucial papel do escritor como intermediário entre os artistas russos e o establishment artístico parisiense.

3

Turgueniev comprava muitas obras de arte na década de 1870. Marcava presença constantemente no Hôtel Drouot (ver imagem 59 do encarte), a grande casa de leilões parisiense, uma *bourse* de arte e bricabraque onde sua figura alta e elegante, em geral sentada nas primeiras fileiras — de onde podia ver melhor os quadros com seu lornhão — era bem conhecida dos leiloeiros. Comprava também em galerias particulares, especialmente a de Durand-Ruel, e às vezes nos ateliês dos artistas. Flaubert se divertia com a "mania de comprar quadros" de Turgueniev, como escreveu a George Sand em maio de 1874: "Nosso amigo agora passa o tempo todo em casas de leilão. É um homem de paixões: tanto melhor para ele."[51]

Turgueniev estava cheio de dinheiro na época desse furor de compras. Em carta de agosto de 1874 a Claudie, dizia ter o toque de Midas ("estou afundado em gota e ouro") e desenhou uma caricatura de si mesmo vergando ao peso de bolsas cheias de dinheiro. Seus livros vendiam bem. Ele recebia polpudos adiantamentos pelos direitos de serialização de novas obras. Pelo novo romance, *Terras virgens*, recebeu 9 mil rublos (36 mil francos) do *Mensageiro da Europa*, o que fazia dele o romancista mais bem pago da Rússia. E ganhou bem por suas obras reunidas em oito volumes, cuja terceira edição foi publicada em Moscou em 1874-5.[52]

Turgueniev não dispensava a assessoria de Louis Viardot na compra de obras de arte. O mercado era arriscado. Havia muitas falsificações e atribuições equivocadas, mesmo nas galerias mais respeitáveis. Turgueniev meteu os pés pelas mãos mais de uma vez — por exemplo, quando comprou uma pintura apresentada como obra de Jules Dupré pelo marchand Oudrat, que a vendia em nome do banqueiro Alphonse de Rothschild, mas se recusou a recebê-la de volta ao se revelar que era falsa.[53] Quando gostava de uma pintura, Turgueniev pedia a opinião de Louis. Segundo Bogoliubov, sempre dependia de Louis em matéria de artes plásticas, e não tinha opinião própria — informação reiterada por Repin, segundo quem Viardot era um "grande especialista" de pintura, embora "exclusivamente preocupado com o virtuosismo da pincelada", que examinava microscopicamente, "segurando um pincenê diante dos olhos". Esta avaliação do discernimento

de Turgueniev não é inteiramente justificada. O gosto de Louis se voltava
para os Grandes Mestres do passado, especialmente da escola espanhola,
da qual era grande autoridade, ao passo que Turgueniev tinha uma coleção
mais eclética, mistura de obras antigas e contemporâneas, típica de muitas
coleções de amadores na época. O ensaísta Émile Bergerat a considerava "a
coleção ideal de um poeta", com algumas obras boas e outras nem tão boas,
"como toda coleção feita às pressas (uma coleção de qualidade é obra de uma
vida) [...]. Ele colecionava quadros aleatoriamente, sem motivação financeira,
exclusivamente pelo prazer de ter objetos bonitos e familiares por perto".[54]

O coração da coleção era a arte francesa do paisagismo, com muitas obras
dos principais pintores de Barbizon. Ele tinha paisagens de Corot, Rousseau,
Millet, Diaz, Dupré, Daubigny, Courbet, Boudin, Chintreuil. Mas, talvez
surpreendentemente, num uma única pintura dos impressionistas. Não era
incomum que os colecionadores de obras do grupo de Barbizon evoluíssem
para a compra de impressionistas, ainda que tardiamente. As duas escolas
eram expostas lado a lado na galeria de Durand-Ruel. Eram próximas em
termos artísticos e semelhantes na abordagem da arte da paisagem, campo
em que Corot, admirado por Turgueniev em particular, era o artista que
mais se podia considerar um precursor dos impressionistas (em 1896 o pintor
Henri Matisse ainda considerava Corot um impressionista). Para Turgueniev, era dever do pintor capturar as "impressões causadas pela natureza",
em vez de copiá-la com exatidão fotográfica. Era também o objetivo das
descrições de paisagens em sua prosa. Certa vez ele explicou a um amigo
russo, o poeta Yakov Polonski, que as pinturas de Corot apresentavam um
resultado realista se não fossem observadas de perto, pela reprodução literal
da realidade, mas a distância de alguns metros, pela "impressão" sensorial
de se estar em plena natureza, graças aos efeitos de cor, luz e sombra.[55] Era
basicamente o que os impressionistas buscavam.

A ausência de obras impressionistas era tanto mais surpreendente na
medida em que, em 1874, Turgueniev comprara uma casa com os Viardot
em Bougival, aldeia à beira do Sena nas imediações de Paris, onde Renoir,
Monet, Sisley e Morisot (amiga dos Viardot) não só residiam como pinta-
vam cenas estivais à beira-rio. Bougival era um dos *banlieues* (subúrbios)
de Paris em que o campo vinha sendo invadido por casas de veraneio da
classe média urbana; um refúgio de artistas desejosos de fugir à agitação de
Paris; e nos fins de semana era tomado por visitantes que chegavam de trem

para desfrutar de atividades às margens do rio, com locais para piqueniques, aluguel de barcos, restaurantes e cafés. Os irmãos Goncourt deixaram um relato de uma caminhada à beira do rio numa tarde de domingo em Bougival, em junho de 1862. As áreas gramadas estavam tomadas de gente fazendo piquenique, pintores, casais "lendo Le Figaro em voz alta", mas por fim eles "encontraram um recanto onde não havia nenhum pintor de paisagens sentado diante do cavalete nem nenhum pedaço de melão jogado no chão [...]".[56]

Todo esse trecho do rio Sena, de Bougival a Argenteuil, atraía os pintores parisienses de plein air. Muitos impressionistas ainda tentando abrir caminho decidiram morar nesses banlieues porque o aluguel era mais barato que em Paris, aonde podiam chegar facilmente de trem. No início da década de 1870, Monet vivia em Argenteuil, Pissarro em Pontoise, Sisley e Renoir em Louveciennes-Voisins, perto de Bougival. Os irmãos Goncourt se referiam a esse trecho do rio como "o ateliê de paisagens da moderna escola francesa" (Kenneth Clark situa "o berço do impressionismo" no café La Grenouillère, à beira do rio perto de Bougival, onde Monet e Renoir pintaram cenas ribeirinhas em 1869 (ver imagem 24 do encarte) com banhistas, barqueiros, mulheres passeando em radiantes vestidos brancos e a cena toda banhada na luminosidade suave e nos reflexos ondulantes das árvores e do céu nas águas do Sena).[57]

Turgueniev e os Viardot tinham alugado uma casa de veraneio em Bougival em 1873 e gostaram tanto do lugar que decidiram comprar um imóvel. A casa que escolheram no ano seguinte — típico exemplo da residência neoclássica ("pavillon de plaisance") construída na década de 1830 — ficava num vasto terreno arborizado que fizera parte das propriedades da imperatriz Josephine, mas agora pertencia a um médico. Eles compraram o imóvel por 80 mil francos, dois terços pagos por Turgueniev, e gastaram mais 15 mil nas melhorias. Pauline não gostou da casa, achando-a "burguesa" e "banal", a casa de um "feirante" sem qualquer "sentimento artístico nem gosto" — e também a considerava pequena. Mas Turgueniev gostava da impressão de rusticidade. Pensava nas caçadas que poderia fazer com Louis e planejou construir um chalé no bosque, para escrever. "Les Frênes" (Os freixos), nome que deu à casa, tinha algo do estilo suíço mas estava mais próxima de uma datcha, e tudo no interior, da mobília simples de madeira aos vitrais das portas, com cenas da vida campestre na Rússia (ver imagem 32 do encarte), servia para lembrá-lo do país natal. Foi o lugar onde escreveria todas as suas obras restantes, o lugar onde se sentia mais feliz nos últimos anos de vida. "Bougival", escreveu, "é para mim o que Meca é para os muçulmanos".[58]

O sucesso dos pintores de Barbizon se refletia nos preços altos alcançados por suas obras. Durand-Ruel, detentor do maior número de títulos, sabia como elevar o valor. "O bravo Durand não conhece obstáculos e declara que suas pinturas devem chegar aos preços de Meissonier", escreveu Sensier a Millet em 1873. Os preços de Millet ultrapassariam os de Meissonier. Valores superiores a 20 mil francos eram pagos por seus quadros no início dos anos 1870 (*O pastor* foi vendido por 40 mil francos em 1872), o que o tornava um dos pintores mais caros na época, embora certos preços de obras de Rousseau fossem ainda mais altos (*Le Givre*, imagem 23 do encarte, obteve 60 mil francos em 1873).[59]

Os impressionistas, enquanto isso, mal conseguiam vender quadros. Muitos colecionadores, como Turgueniev, os evitavam. Eram vanguardistas, e, por outro lado, não representavam um investimento seguro, como as obras dos pintores de Barbizon. Os impressionistas foram ridicularizados em sua primeira exposição no estúdio fotográfico de Nadar, no Boulevard des Capucines, na primavera de 1874. "A opinião pública foi tão intensamente insuflada [pela imprensa] contra esses perigosos inovadores", recordaria Durand-Ruel, "que os visitantes chegavam com o firme propósito de rir, e nem se davam ao trabalho de olhar".[60] Um leilão de obras desses pintores no Hôtel Drouot no ano seguinte causou tanta comoção, com insultos gritados contra as obras, que o leiloeiro, Charles Pillet, teve de chamar a polícia para proteger os quadros, na maioria, vendidos por somas irrisórias, em muitos casos menos de 100 francos. Segundo o *procès verbal* (as atas) da venda, 73 obras passaram pelo martelo, somando 11.496 francos — em média 157 francos por peça —, mas muitas foram readquiridas por Durand-Ruel a preços mais altos, apenas para valorizá-las. Na segunda exposição, na galeria de Durand-Ruel em abril de 1876, os impressionistas novamente foram alvo de zombaria (ver imagem 60 do encarte). "Acaba de ser inaugurada na galeria do Sr. Durand-Ruel uma exposição do que dizem ser pinturas", escreveu o crítico de *Le Figaro*. "Cinco ou seis lunáticos, um dos quais uma mulher, decidiram exibir seus trabalhos. Certas pessoas caem na gargalhada em frente a esses objetos. Pessoalmente, me entristece. Esses supostos artistas se dizem Intransigentes, Impressionistas." Durand-Ruel foi criticado pelo establishment das artes plásticas por apoiá-los. "Fui tratado como um louco, uma pessoa de má-fé", escreveu. "Aos poucos a confiança que havia inspirado desapareceu, e meus melhores clientes começaram a me questionar. 'Como é que pode', diziam, 'tendo sido um dos primeiros a apreciar a escola de 1830 [os pintores de Barbizon], elogiar agora esses quadros sem a menor sombra de qualidade?'"[61]

Os impressionistas alegavam uma incapacidade do público de reconhecer seu valor para explicar o fracasso. O escândalo das duas primeiras exposições passou a fazer parte da mitologia de gênios incompreendidos que os cercava (no século XX, essa ideia era central na "marca" impressionista). Diria Monet a Durand-Ruel em 1881: "Dificilmente haverá quinze colecionadores amadores em Paris capazes de apreciar uma pintura sem a aprovação do Salon. Existem 80 mil compradores que não comprarão absolutamente nada que não tenha passado pelo Salon." O problema enfrentado pelos impressionistas tinha menos a ver com as paisagens do que com a representação da figura humana, que, nos seus quadros, parecia uma afronta aos conceitos estabelecidos de beleza (Courbet também tivera problemas por causa dessas convenções artísticas). Levou tempo para que as sensibilidades aceitassem os princípios estéticos dos impressionistas. Henry James, por exemplo, se revelou totalmente incapaz de apreciar o que propunham, ao visitar a segunda exposição. Achou que tentavam ser realistas, que tratavam de forma vaga uma "realidade sem enfeites" e que nenhum deles dava "qualquer sinal de ser possuidor de um talento excepcional". O efeito, segundo ele, era "levar-me a valorizar mais que nunca as boas e velhas regras segundo as quais beleza é beleza e feiura é feiura, nos advertindo contra a sofisticação da fartura". Mas oito anos depois, em *A arte da ficção*, James começou a aceitar esse novo empreendimento estético, fazendo a famosa declaração de que "um romance é, em sua definição mais ampla, uma impressão pessoal da vida". Mais tarde ainda, mudaria totalmente de opinião a respeito dos impressionistas. Em seu ensaio "Nova Inglaterra: Uma impressão de outono", de 1905, ele fazia o elogio dos "maravilhosos" Manet, Degas e Monet por oferecerem "o efeito momentâneo de um doce escorregadio inserido sem aviso prévio entre os lábios comprimidos de uma inanição meio inconsciente".[62]

O gosto não evolui sozinho. É moldado por intermediários — mecenas influentes, críticos, marchands e colecionadores — que dão o exemplo comprando e promovendo obras novas e difíceis para serem aceitas pelo establishment e o público em geral. Esses intermediários desempenhariam o papel decisivo na mudança de atitude em relação aos impressionistas. Os primeiros sinais de mudança puderam ser detectados na reação crítica à terceira exposição, em 1877, mas a verdadeira transformação só começou na década seguinte, quando Durand-Ruel encontrou um mercado para eles nos Estados Unidos.

A crítica teve importância vital nessa transformação do gosto artístico. Um dos primeiros campeões da causa foi Théodore Duret, amigo e promotor de Manet a partir de 1865, que começou a comprar obras de Pissarro e Monet em 1873. Duret não escreveu muito sobre eles até seu folheto *Les Peintres impressionnistes*, de 1878, mas passava muito tempo convencendo amigos e contatos a comprar suas obras, entre eles, o escritor e dândi Étienne Baudry e Charles Ephrussi, crítico de arte e colecionador de uma família de banqueiros de Odessa que foi um dos modelos do personagem de Swann em *Em busca do tempo perdido*, de Proust. Duret orientava Sisley e Pissarro sobre temas suscetíveis de interessar compradores e o valor que podiam pedir pelas pinturas, às vezes atuando como agente de vendas (mais tarde ele atuaria como comprador e assessor de Louisine e Henry Havemeyer, o barão americano do açúcar, cuja grande coleção de pinturas impressionistas foi legada ao Metropolitan Museum of Art à morte de Louisine, em 1929).[63]

Por sua influência, Zola foi o mais importante crítico a defender a causa dos impressionistas nos anos 1870. Coube a ele vencer as resistências de Turgueniev no fim dessa década, embora a essa altura o escritor russo não comprasse mais obras de arte.[64] Zola promovera Manet e seus seguidores artísticos já em 1863, quando as pinturas dele, entre as quais, *Le Déjeuner sur l'herbe*, tinham sido rejeitadas pelo Salon, causando sensação, no entanto, por serem apresentadas no chamado "Salon des Refusés" autorizado por Napoleão III. Zola se identificou com Manet e os outros pintores recusados (entre eles, Courbet, Pissarro, Cézanne, Whistler e Fantin-Latour), considerando-os pioneiros de uma forma de arte verdadeiramente moderna, liberta das convenções da "pintura de *boudoir*" e do establishment conservador da Academia. Via neles aliados da sua campanha por uma literatura moderna. Seu apoio a Manet, em particular, foi vigoroso e insistente. "Manet será um dos mestres do amanhã", escreveu em *L'Évènement* em maio de 1866, "e se eu tivesse uma fortuna, faria um excelente negócio comprando todas as suas pinturas. Dentro de cinquenta anos, valerão vinte vezes o preço de hoje, ao passo que certas pinturas hoje avaliadas em 40 mil francos nem chegarão a 400." O artigo, novamente publicado em 1867 com um segundo estudo sobre Manet, significou o início de uma longa amizade, cimentada quando os dois finalmente se conheceram graças ao círculo artístico do Café Guerbois, onde Zola foi introduzido por Cézanne, seu amigo de infância. Pissarro, Monet, Renoir, Degas, Fantin-Latour e o belga Alfred Stevens frequentavam o café, que funcionava como uma espécie de quartel-general em que esses artistas cortejavam os jornalistas.[65] A gratidão de Manet pelos artigos de Zola se manifestou no conhecido retrato do escritor sentado à sua mesa (ver imagem 25 do encarte). Na parede atrás, vê-se a *Olympia* (1863) de Manet, e na mesa se distingue claramente o panfleto de Zola sobre Manet.

Zola persistiu na promoção dos impressionistas ao longo da década de 1870. Defendia-os como realistas na arte do retrato — exatamente aquela pela qual haviam sido ridicularizados — usando o mesmo argumento que Turgueniev empregara no caso das paisagens de Corot. "A vinte passos de distância", escreveu, numa resenha sobre a Terceira Exposição dos Impressionistas, "não podemos distinguir claramente o nariz ou os olhos no rosto de uma pessoa. Para reproduzir um rosto tal como o vemos, não é necessário pintar as rugas da pele, mas sua expressão viva". Elogiando todos os pintores da exposição, Zola se mostrava particularmente entusiasmado com Monet e suas sete telas retratando a Gare Saint-Lazare (imagem 28 do encarte): "Ouvimos o ronco dos trens, com a fumaça se propagando no vasto espaço sob o telhado de vidro. Nossos pintores devem encontrar a poesia dessas estações, assim como seus pais encontraram nos rios e florestas."[66]

O lugar onde Zola encontrava os impressionistas com mais frequência era o salão do seu editor, Georges Charpentier, entusiástico mecenas dos impressionistas desde a primeira hora. Nas noites de sexta-feira na casa dos Charpentier, eles conviviam com escritores, atores, jornalistas e políticos, entre os quais, eventualmente, Léon Gambetta, Jules Ferry e Jules Grévy, três dos mais destacados dirigentes da República. Charpentier assumira a direção do negócio da família, famoso pela publicação de uma série de livros de bolso, a Bibliothèque Charpentier, quando seu pai, Gervais, morreu em 1871, logo tratando de lhe conferir contornos modernos, com a contratação de Zola e Flaubert. Ele era o editor que Zola buscava, capaz de pagar 500 francos por mês para lhe dar a segurança de que precisava, como explicou em 1868, para "fazer algo grande" (vale dizer, escrever a série de vinte romances dos Rougon-Macquart, que teria início três anos depois com *La Fortune des Rougons*). A gratidão de Zola era tanta que havia quem pensasse que ele defendia os impressionistas para se insinuar junto a Charpentier.[67]

O editor comprara sua primeira pintura impressionista no Hôtel Drouot em 1875, pagando 180 francos por *Le Pêcheur à la ligne* (O Pescador), de Renoir. Renoir passaria a frequentar a casa dos Charpentier na Rue de Grenelle, onde pintou o famoso retrato *Madame Charpentier et ses enfants* (imagem 27 do encarte), quadro que Proust, frequentador na juventude do salão das sextas-feiras, mencionaria como lembrança da "poesia de uma residência elegante e de mulheres belamente vestidas" em sua obra, *Em busca do tempo perdido*.[68] Por meio de Renoir, os Charpentier começaram a comprar obras de outros pintores impressionistas, que frequentemente lhes pediam empréstimos, contra garantia de vendas futuras. Em 1879, Charpentier fundou o semanário *La Vie moderne* para promover suas ideias e ajudá-los financeiramente, remunerando-os pela publicação de artigos. Por insistência da mulher, cujas opiniões em matéria artística eram ouvidas pelos impressionistas, ele abriu uma galeria para eles na Passage des Princes, uma das galerias comerciais construídas por Haussmann, perto do Boulevard des Italiens. Na primeira exposição, com obras de Manet, em 1880, o catálogo foi distribuído gratuitamente aos passantes, mas nenhuma pintura foi vendida.[69]

O salão de Charpentier foi fundamental por fazer com que outros mecenas investissem nos impressionistas. Muitos dos primeiros colecionadores de obras impressionistas o frequentavam (por exemplo, Duret e o cantor de ópera Jean-Baptiste Faure) ou faziam parte da elite parisiense que nele convivia. Ainda assim, na década de 1870, não havia mais de cinquenta compradores de quadros impressionistas em Paris. Alguns eram amigos dos pintores, como o compositor Emmanuel Chabrier, amigo de Manet e Degas, que o retratou em *A orquestra da ópera* (1870; imagem 26 do encarte) como o único membro do público que aparece. Outros também eram artistas, particularmente o pintor expressionista Gustave Caillebotte, que herdara uma renda anual de 100 mil francos do negócio de materiais militares do pai. Ele não só comprava muitos quadros dos impressionistas como lhes emprestava dinheiro. Em sua maioria, no entanto, os primeiros compradores eram homens que haviam vencido na vida por esforço próprio — industriais, financistas, profissionais liberais que se identificavam com a arte moderna (pois mostrava o mundo em que viviam, em particular, a margem direita do Sena em Paris). Os motivos do interesse em comprar obras de arte eram variados: decorar a casa com pinturas de agrado pessoal; especular; e deixar claro seu status de mecenas das artes. Esse apoio contribuiu para a construção social de uma imagem mais burguesa dos impressionistas.

Entre os primeiros colecionadores da pintura impressionista estava Ernest Hoschedé, dono de uma grande loja de departamentos. Foi ele o primeiro comprador de *Impressão, nascer do sol*, de Monet, a obra que deu nome ao movimento, pagando na ocasião um preço alto pelas pinturas, 800 francos, negociados por Durand-Ruel. Henri Rouart, outro comprador, era um engenheiro e fabricante de tubos metálicos de tinta para pintura usados pelos impressionistas. Rouart era um velho amigo de Degas, que o retratou em frente à fábrica por volta de 1875, e frequentava os leilões do Hôtel Drouot, comprando inicialmente obras dos pintores de Barbizon, mas acumulando aos poucos uma grande coleção de impressionistas. Outro comprador desses leilões era Victor Choquet, funcionário do Ministério das Finanças, onde recebia um salário anual de 4 mil francos, além de desfrutar de uma renda da fábrica de tecidos do pai. Choquet era amigo de Monet, Renoir e Cézanne, cuja pintura defendia apaixonadamente (na terceira exposição, para a qual cedeu muitas pinturas, ele "abordava [na galeria] aqueles que rissem, levando-os a se envergonhar de seus comentários indelicados, castigando-os com observações irônicas", segundo o crítico de arte Georges Rivières). Um quarto comprador, Paul Gachet, era filho de um dono de moinho que trabalhava como médico em Auvers-sur-Oise, espécie de colônia de artistas onde costumava receber os impressionistas e às vezes cuidar deles profissionalmente (por recomendação de Pissarro, Vincent Van Gogh se consultou com ele em suas últimas semanas de vida). Gachet comprou muitos quadros (também tinha trinta obras do pós-impressionista Cézanne) e não poucas vezes foi retratado por eles. Um quinto colecionador, mais inesperado, era Eugène Murer, dono de uma pastelaria em Paris, onde conheceu os impressionistas por intermédio de Gachet e do pintor Armand Guillaumin, seu amigo de infância. Murer comprou cem quadros, muitas vezes aceitando que os impressionistas saldassem dívidas com obras de arte, em vez de dinheiro, e era conhecido por pechinchar nos preços, recusando-se a pagar mais de 200 francos por um quadro.[70]

Mais do que ninguém, contudo, foi Durand-Ruel o responsável pela entrada dos impressionistas no mercado. Sem ele, é muito provável que não se tornassem amplamente conhecidos e que a história da arte moderna fosse totalmente diferente. No início dos anos 1870, Durand-Ruel era o único marchand de Paris a apoiar os impressionistas. Encarava seu trabalho como um desdobramento da obra dos pintores de Barbizon e achava que poderia repetir o sucesso que alcançara com eles empregando as mesmas estratégias. A ideia básica do seu plano de negócios (que se generalizaria no mercado de arte moderno) era comprar uma quantidade grande de obras de determinado artista e promovê-las para aumentar seu valor. Ele foi o primeiro marchand a reorientar o gosto do público estimulando o interesse por um tipo de arte desconhecido, no lugar da prática consagrada de oferecer obras conhecidas e em demanda.

Durand-Ruel comprava obras dos pintores impressionistas em quantidade, tomando empréstimos bancários, e, quando necessário para dominar o mercado, entrando em sociedade com outros marchands, como Hector Brame, com o qual praticamente passou a monopolizar as obras de Corot e Rousseau a partir de 1865. Investindo a longo prazo em seu trabalho, Durand-Ruel era ao mesmo tempo marchand e mecenas para os impressionistas. Emprestava-lhes dinheiro e os estimulava quando mais precisavam. Houve momentos em que quase faliu porque os quadros não eram vendidos. Para elevar o valor de mercado, Durand-Ruel recorria a estratégias inovadoras tomadas de empréstimo a investidores da bolsa de valores. Forçava lances pelas obras dos seus artistas para parecerem importantes (exatamente como Saccard, o especulador do romance *Dinheiro*, de Zola, compra ações do próprio banco para aumentar seu valor). Tal como fizera com os pintores de Barbizon, fundou um periódico de arte para promover os impressionistas. Especializou-se em exposições individuais, prática que se tornou mais comum a partir da década de 1880, à medida que outros marchands constatavam seu sucesso e, em vez de pendurar quadros amontoados como se fazia na época, abriam espaço ao redor de cada um para enfatizar sua importância. Entrou em obstinada campanha para conseguir que as obras fossem aceitas em galerias e museus públicos, reconhecendo que seria esta "nossa melhor publicidade". Emprestava os quadros para exposições internacionais e estabeleceu uma rede de relações com agências e marchands para fomentar vendas no exterior. O mercado de arte se internacionalizou crescentemente a partir dos anos 1870, quando as reproduções fotográficas baratas, o telégrafo e a maior rapidez do sistema postal permitiram que as informações sobre as novas pinturas atravessassem fronteiras mais facilmente. Durand-Ruel foi um dos primeiros marchands a explorar plenamente essas possibilidades com agências da Europa e dos Estados Unidos. Nestes e na Rússia é que, graças a ele, os impressionistas encontrariam seus maiores mercados nas duas últimas décadas do século.[71]

Problemas financeiros obrigaram Turgueniev a vender sua coleção de arte em 1878. As dificuldades haviam começado dois anos antes. A Crise dos Bálcãs, que levou à Guerra Russo-Turca em 1877, desvalorizou o rublo, dificultando a troca por francos. "Minhas finanças estão totalmente paralisadas", queixava-se Turgueniev a Flaubert. Suas propriedades, enquanto isso, também rendiam menos. Eram ainda mais mal administradas por Kichinsky do que pelo seu tio anteriormente — o que Turgueniev levou nove anos para admitir, finalmente demitindo-o em agosto de 1876, quando já lhe havia roubado 130 mil francos, "uma grande parte da minha fortuna", como explicou a Flaubert. "Eu era um homem de consideráveis recursos (rico nunca fui) e agora me transformei numa pessoa que mal consegue chegar ao fim do mês." Louis recomendou que Turgueniev deixasse o irmão à frente das propriedades, ou que as vendesse, passando a viver como qualquer burguês da capital: "Chega de administradores, fazendas, atrasos, preocupações e contas." Mas Turgueniev não conseguia abrir mão da casa dos antepassados, e preferiu arrendar suas terras, passando a receber modesta renda anual de 5 mil rublos (cerca de 20 mil francos depois que a taxa de câmbio melhorou a seu favor). Com o acréscimo dos ganhos com a literatura, teria sido suficiente para suas necessidades, não fosse o problema da filha Paulinette, cujo marido se revelara péssimo homem de negócios e perdia muito dinheiro em sua fábrica de vidro. Já havia dissipado o capital enviado por Turgueniev com instruções para que fosse reservado para os netos, George e Jeanne, como lhe permitiam as leis francesas. Turgueniev tentou obter emprestado do irmão — Nikolai recusou — e então tomou um empréstimo de 15 mil francos ao barão Günzburg, dando como garantia suas ações das ferrovias russas. Mas nem isto foi suficiente para salvar a filha da ruína. E assim, relutante, ele pôs os quadros à venda.[72]

O leilão ocorreu no Hôtel Drouot em 20 de abril. Turgueniev estava de cama com gota, e pediu que Antokolski comparecesse para tentar elevar os lances. O catálogo da venda enumera 46 pinturas, em sua maioria, paisagens dos pintores de Barbizon, com uma dúzia de obras holandesas mais antigas. O momento não era propício. Com a morte recente de vários pintores do grupo de Barbizon, o mercado foi inundado de obras suas, após as obras escoarem dos ateliês, e concomitantemente os preços caíram. Hoschedé e Faure tinham vendido as respectivas coleções no Hôtel Drouot nesse mesmo ano, ambos sofrendo perdas consideráveis — Faure retirou a maioria dos quadros por não terem alcançado o preço mínimo, e Hoschedé, obrigado a vender por ter falido, entregou sua coleção a preço de banana (117 pinturas, entre elas cinco Manet, nove Pissarro, treze Sisley e dezesseis Monet, mudaram de dono por apenas 70 mil francos). *Impressão, nascer do sol*, de Monet, foi para Georges de Bellio, um romeno estabelecido em Paris, por 210 francos, um quarto do valor pago por Hoschedé quatro anos antes, enquanto uma paisagem de Sisley, *O aqueduto de Marly*, caiu nas mãos do pasteleiro Murer por ridículos 21 francos.[73]

Turgueniev enfrentou igual desastre. As pinturas oferecidas lhe haviam custado 50 mil francos. Foram arrematadas por apenas 37 mil. Onze delas foram adquiridas pelo marchand parisiense Jules Féral, e quase todo o resto, por marchands estrangeiros. Turgueniev comparou seu prejuízo à derrota francesa na batalha de Sedan.[74]

4

Ao voltar de Londres para Paris, Turgueniev tinha retomado o convívio com os escritores do círculo de Magny, Flaubert, Zola, Renan e Goncourt, que não se encontravam mais nesse local, mas no Le Brébant e outros restaurantes. A eles se juntaram escritores mais jovens, Alphonse Daudet e, a partir de 1873, Guy de Maupassant, que mal saíra do colégio — um protegido de Flaubert, que conhecera sua mãe desde a infância. George Sand, que comparecia nas ocasiões importantes, se referia a eles como "a escola de Flaubert".[75]

Uma vez por mês, os amigos se encontravam no Café Riche para o seu "jantar dos autores vaiados" (*"dîner des auteurs sifflés"*), ou "jantar dos cinco", com lugares à mesa limitados aos que tivessem sofrido alguma catástrofe literária: Flaubert, Zola, Goncourt, Turgueniev e Daudet. Uma vez por semana, nas tardes de domingo, o grupo maior se reunia no apartamento de Flaubert, três pequenos cômodos no último andar de uma casa da Rue Murillo, com esplêndida vista para o Parc Monceau, e, a partir de 1875, quando os recursos encolheram e ele foi obrigado a se mudar para instalações mais baratas, as espartanas acomodações de um sótão dando para telhados e chaminés na parte elegante do Faubourg Saint-Honoré. Vestido "como um turco", com túnica, calças de listras vermelhas e brancas e *calotte*, Flaubert recebia cada convidado calorosamente, recorda Zola, e o conduzia à sala, onde fumava o tempo todo pequenos cachimbos de argila feitos por ele mesmo e dispostos numa prateleira; "quando realmente gostava da pessoa, até lhe oferecia um deles". A conversa durava muitas horas, abarcando todo tipo de assunto — sexo, amor, morte, aventuras em bordéis —, mas sempre voltando aos livros mais recentes e temas literários em geral; a linguagem muitas vezes era grosseira, e "nem homens nem coisas eram poupados".[76]

Henry James, que se mudara para Paris como colunista do *New York Tribune*, às vezes se juntava ao círculo de Flaubert, mas achava que nenhum deles se comparava a Turgueniev, seu ídolo como escritor e como encarnação do cosmopolitismo europeu com o qual se identificava.* James considerava os escritores franceses bitolados e ignorantes de tudo que não fosse francês. Turgueniev certamente era visto como o mais internacional do grupo. Costumava introduzir os amigos à literatura estrangeira e causava impressão improvisando traduções de Goethe para o francês.[77]

Flaubert estava num mau momento. Na década de 1870, os episódios de depressão eram frequentes. Vários amigos próximos tinham morrido nos últimos anos, entre eles, Louis Bouilhet, seu amigo de infância, e Gautier. "Nos três últimos anos", escreveu a Turgueniev à morte de Gautier, em outubro de 1872, "meus amigos vêm morrendo um depois do outro, sem

---

* Algo próximo da visão de mundo do autor russo foi expresso na cena de *Os europeus* (1878), seu romance mais turguenieviano, em que Gertrude conversa com o primo distante Felix ao encontrá-lo pela primeira vez depois que ele volta a Boston vindo da Europa:
— Você não deixa de ser uma espécie de estrangeiro — disse Gertrude.
— Uma espécie... concordo; acho que sim. Mas quem pode dizer que espécie? Acho que não tivemos oportunidade de esclarecer esta questão. Você sabe que há pessoas assim. Em se tratando do próprio país, da própria religião, da própria profissão, elas têm lá suas dúvidas.

pausa! Hoje só resta no mundo inteiro um homem com quem eu possa conversar, e é você. De modo que se cuide, para que eu não o perca junto com os outros". A reputação de Flaubert como autor estava em declínio. Depois do fracasso de *A educação sentimental*, ele perdera a confiança. Sempre em busca da perfeição, levou cinco anos para concluir o livro seguinte, *A tentação de Santo Antônio*, ideia em que vinha trabalhando desde a década de 1840, afinal publicado, em sua terceira versão, em 1874. E as críticas também foram terríveis. Flaubert tornou-se um recluso, passando meses seguidos na casa de campo de Croisset acompanhado apenas de uma criada, Émile, e do galgo Julio, e indo eventualmente a Paris para encontrar o círculo mais próximo de amigos escritores.[78] Sentia repulsa pela sociedade da época, o mundo moderno das ferrovias e do comércio, a burguesia e seus valores "filisteus", a "estupidez" do público e a "barbárie emergindo debaixo da terra" — males contra os quais invectivava o tempo todo. Escreveu ele certa vez a Turgueniev: "Eu sempre tentei viver numa torre de marfim; mas um mar de merda vem bater nas paredes, e é capaz de derrubá-la."[79]

Desde meados da década de 1870, Flaubert enfrentava crescentes problemas financeiros, pois os ganhos com o que escrevia diminuíram e ele gastou o que restava de uma herança para apoiar a amada sobrinha, Caroline Commanville, a única parenta ainda viva, casada com o dono de uma serraria que havia falido. Havia o risco de terem de vender a casa de Croisset, deixada por sua mãe para Caroline. "Pobre Flaubert", escreveu Turgueniev a Zola. "É uma abominável brutalidade do destino atingir assim o homem menos capaz em todo o mundo de ganhar a vida com o próprio trabalho."[80]

Os amigos de Flaubert tentaram conseguir uma sinecura para ele na Biblioteca Mazarine do Institut de France, cujo bibliotecário se aposentava por motivo de doença. Vários escritores ocupavam cargos assim.* Inicialmente Flaubert recusou qualquer ajuda, por simples orgulho, mas Turgueniev o convenceu a aceitar o cargo se lhe fosse oferecido. Encorajado por Madame Charpentier, que falara a respeito com Gambetta, recebendo dele uma vaga promessa de que "queria fazer algo" por Flaubert, Turgueniev fez algumas tentativas de pressionar o grande dirigente republicano, que, como presidente da Câmara dos Deputados, podia fazer a nomeação.[81] Depois de dar

---

* Jules Troubat era bibliotecário no Palácio de Compiègne, Louis Ulbach, no Arsenal, e Leconte de Lisle e Anatole France eram empregados da Biblioteca do Senado.

com portas fechadas, Turgueniev encontrou Gambetta na casa da escritora Juliette Adam, fundadora e editora de *La Nouvelle Revue* e anfitriã de um dos principais *salons* republicanos em Paris. "Explico-lhe a questão", contaria Turgueniev em carta a Flaubert.

> Mas Gambetta está aqui — acabamos de jantar e ele está fumando — vamos saber de tudo isto diretamente. Dois minutos depois ela retorna: "Impossível, meu querido senhor! Gambetta já tem alguém em mente."* O ditador se aproxima a passos lentos: nunca vi cães amestrados dançando ao redor do dono como os ministros e senadores etc. em torno dele. Ele começa a falar com um deles. Mme Adam me pega pela mão e me conduz a ele: mas o grande homem declina da honra de ser apresentado a mim, e repete — alto o suficiente para que eu ouça: "Não quero — já foi dito —, não é possível.

"Vamos, meu bom amigo", prosseguia Turgueniev, consolando Flaubert, "precisamos deixar tudo isso para trás — e voltar ao trabalho, ao trabalho literário, a única coisa digna de um homem como você."[82]

Embora não conseguisse fazer grande coisa por Flaubert na França, Turgueniev muito fez para ajudá-lo a se tornar mais conhecido no exterior. Atuava na verdade como seu agente internacional, conseguindo contratos de publicação, supervisionando traduções, enviando suas obras a contatos literários e conseguindo que críticos favoráveis escrevessem sobre suas publicações na Rússia, na Alemanha e em outros países do continente.**

---

* Frédéric Baudry, velho amigo de Flaubert, vice-diretor da Biblioteca Mazarine e intelectual reconhecido com ligações políticas, fora nomeado para o cargo, que ambicionava há vinte anos. Flaubert ficou humilhado com o incidente, cujo resultado foi relatado em *Le Figaro*. Segundo Maupassant, que visitou Baudry para descobrir o que acontecera com Flaubert, a culpa seria de Turgueniev, por ter pressionado Gambetta sem tentar descobrir antes qual era realmente a situação (Kerandoux [ed.], *Gustave Flaubert, Guy de Maupassant*, p. 167). Mais tarde, Flaubert aceitaria um outro cargo na Mazarine, criado para ele por Baudry. Não apareceu por lá uma vez sequer.

** Os britânicos levaram mais tempo para apreciar Flaubert. A primeira tradução de *Madame Bovary*, por Eleanor Marx-Aveling, filha de Karl Marx, só sairia em 1887, trinta anos depois da publicação original na França. O romance era muito escandaloso para os recatados vitorianos. Uma adaptação aguda, *A mulher do médico*, feita por Mary Braddon, foi publicada em 1864.

Quando Flaubert finalmente concluiu *A tentação de Santo Antônio*, pelo fim de 1873, Turgueniev deu início a uma incansável campanha para conseguir que cópias das provas chegassem às mãos de editores e críticos em Viena, Munique, Berlim, Londres, Estrasburgo e São Petersburgo. Logo foram lançadas traduções em alemão, em Estrasburgo, e em russo, em São Petersburgo, mas esta com cortes consideráveis da censura, que via no livro um ataque à religião (Flaubert queixou-se a Sand de que os cortes lhe custaram 2 mil francos, pois o contrato com *O Mensageiro da Europa* estipulava, como de hábito, pagamento em função do número de páginas impressas). A tradução russa foi um "terrível fiasco", informava Turgueniev a Pauline em carta de 25 de maio de 1874. "O público russo não se sentiu tentado pelo seu *Antônio*", acrescentava, em carta a Zola, "e este fato não deve ser revelado a ele". A edição alemã, em contraste, foi resenhada favoravelmente em vários periódicos importantes, sendo todas as críticas assinadas por amigos de Turgueniev, entre eles, Julian Schmidt, "o Sainte-Beuve da Alemanha", conforme dizia Flaubert a Charpentier, certamente repetindo o que ouvira de Turgueniev. "O bom Turgueniev [...] enviou de Berlim um artigo favorável sobre *Santo Antônio*", escreveu Flaubert a Sand. "Não é o artigo que me agrada, mas ele. Já o conheço bem [...] e gosto cada vez mais."[83]

Além de promover as obras de Flaubert no exterior, Turgueniev as traduzia. Era um tradutor muito produtivo, tanto de obras francesas para o russo quanto, com a ajuda de Louis Viardot e Mérimée, do russo para o francês, embora seja difícil dizer quantos livros traduziu, pois só um foi incluído em suas obras reunidas e raramente o nome do tradutor era impresso na folha de rosto dos livros. Depois do fracasso de *Santo Antônio* na Rússia, Turgueniev se imbuiu da missão de traduzir para o russo a obra seguinte de Flaubert, *Três contos* (1877), sendo estes "A lenda de São Juliano, o hospitaleiro", "Um coração simples" e "Herodíade". Era intenção de Turgueniev que os contos fossem publicados em *O Mensageiro da Europa* antes de saírem na França, o que permitiria a Flaubert ganhar em dobro (Stasiulevich, o editor do *Mensageiro*, só pagava por obras traduzidas se não tivessem sido publicadas na língua original, pois uma vez impressas, outros editores poderiam livremente traduzi-las e publicá-las na Rússia, onde não havia proteção dos direitos autorais de obras estrangeiras). Turgueniev negociou um bom contrato para Flaubert com Stasiulevich, que concordou em pagar 750 rublos de prata (cerca de 3 mil francos) pelas três histórias, desde que Turgueniev prometesse publicar seu próximo romance no *Mensageiro*. Flaubert concordou com o plano de Turgueniev, que, em 1876, passou três dias com ele em Croisset para falar da obra (antes da visita, Flaubert escreveu duas vezes à sobrinha, de Paris, pedindo que verificasse o comprimento das camas, por causa do "tamanho gigante" do hóspede).[84]

Precisando desesperadamente de dinheiro, Flaubert estava ansioso pela conclusão da tradução. Mas Turgueniev (que cedeu sua remuneração a Flaubert) se revelou muito lento para seu gosto. Ele tomava extremo cuidado, conseguindo reproduzir em russo a sutileza do estilo de Flaubert, e a considerava um dos seus melhores trabalhos literários (foi a tradução que incluiu na edição das obras reunidas em 1880). Até que se ficou sabendo que Stasiulevich só imprimiria a tradução de Turgueniev depois de publicado seu romance *Terras virgens*, que começou a sair em folhetim em *O Mensageiro da Europa* em janeiro de 1877. Dois dos contos acabaram sendo publicados nas edições de abril e maio do *Mensageiro* nesse mesmo ano. "Um coração simples" foi recusado por Stasiulevich, que achou a história da velha criada afeiçoada a um papagaio empalhado "menos bem-sucedida" que as outras duas; como Turgueniev, ele previa problemas por causa da cena em que ela confunde o pássaro com "a pomba do santo espírito". As sensibilidades religiosas certamente se ofenderiam. "É fácil imaginar os gritos dos censores!!", concordou Turgueniev.[85]

Zola foi outro escritor promovido por Turgueniev na Rússia. Muitos dos seus livros foram publicados em tradução no *Mensageiro da Europa* antes de sair em francês — solução inusitada que o isolava dos críticos parisienses no momento em que escrevia, tornando-o ainda mais ousado em seus "romances experimentais" da década de 1870.[86] Havia na personalidade de Zola muita coisa que não agradava a Turgueniev. Considerava-o egocêntrico, muito preocupado com o sucesso; mas reconhecia seu talento e de bom grado o ajudou a ganhar fama na Rússia, numa época em que ele mal começava na França.[87]

Com apenas 28 anos ao ser introduzido no círculo de Flaubert em 1868, Zola não se mostrava apenas ambicioso, mas praticamente descarado no recurso ao jornalismo e à publicidade para se promover. Ele começara como agente publicitário na Hachette em 1862, e dominava a técnica de venda de livros por meio de notas e artigos nos jornais e publicações do interior, usando seus contatos no mercado livreiro e na imprensa para se lançar como escritor. Ao comprar os direitos de seu primeiro livro, *Contos a Ninon*, em 1864, o editor Lacroix impôs como condição que Zola cuidasse da publicidade; a tiragem de quinhentos exemplares (nada mau para uma primeira obra) não era apenas um voto de confiança em seu talento literário, mas também em sua capacidade de vender o livro recorrendo aos habituais métodos publicitários. A partir de 1866, quando deixou a Hachette, Zola publicou uma coluna sobre livros (sobretudo fofocas) em *L'Évènement*, o suplemento literário de *Le Figaro*, onde ganhou reputação polêmica com seus artigos sobre as pinturas de Manet, alimentando-a para se promover. Quando passou a frequentar o grupo de Magny, ele vinha de um grande sucesso com o brilhante romance de crime e suspense *Thérèse Raquin* (1867). Charpentier era exatamente o editor que buscava, disposto a lhe pagar 30 mil francos por dez romances em cinco anos, equivalendo a 500 francos mensais, em troca dos direitos autorais, inclusive vendas a editores estrangeiros. O acerto era muito bom, mas não cobria o custo de vida de Zola, e ele precisava complementá-lo trabalhando como jornalista, com isto deixando de entregar dois romances todo ano. A situação piorou depois de 1872, quando um de seus artigos, polemizando a crise do desemprego a partir de um ponto de vista de esquerda, levou à proibição do diário parisiense *Le Corsaire*, o que fez com que os jornais de Paris se voltassem contra Zola. Quando, afinal, Turgueniev veio salvá-lo graças ao contrato com Stasiulevich, Zola estava em situação tão difícil que se viu obrigado a vender seu colchão no mercado de pulgas.[88]

O contrato estabelecia que Zola escrevesse uma "Carta de Paris" mensal para *O Mensageiro da Europa*, ao preço de 15 francos por página impressa, o que lhe renderia entre 400 e 500 francos por mês. Ele podia abordar o tema que quisesse, embora muitos dos artigos tratassem de assuntos sugeridos por Turgueniev, que tinha "faro" para os que mais poderiam interessar aos leitores russos. Da primeira carta, sobre a eleição de Alexandre Dumas para a Academia Francesa em abril de 1875, à última, tratando da cena artística da capital francesa em 1880, Zola publicou 64 cartas sobre enorme variedade de temas, desde cenas leves e humorísticas da vida do clero francês e diferentes tipos de casamento na França a um longo e polêmico artigo sobre o idealismo romântico de George Sand, depois de sua morte em junho de 1876, em consequência de dolorosa oclusão intestinal. Flaubert e

Turgueniev ficaram arrasados com a morte de Sand. Turgueniev estava na Rússia, mas Flaubert acorreu a Nohant para o funeral, um serviço religioso organizado na igreja da aldeia, contra a vontade da escritora, por sua filha, Solange Clésinger, com o comparecimento de figuras de vulto. Os Viardot se recusaram a comparecer, não porque estivessem indispostos com a velha amiga, mas porque Louis era ateu: homem de convicções fortes e inabaláveis, ele considerou uma hipocrisia que ela tivesse um enterro cristão, levando-se em conta a vida que levara, e não quis se envolver.

As eloquentes cartas parisienses de Zola conquistaram imensa popularidade na Rússia. A intelligentsia democrática identificava nelas algo da sua própria tradição radical de crítica literária e social, remontando a Belinski. Esse sucesso atraiu a atenção de outros editores, que tentaram recrutar Zola. Em 1876, por recomendação de Turgueniev, ele recusou um adiantamento de Saltíkov-Chedrin, o editor de *Anais da Pátria*, para escrever quatro artigos por ano, a cem rublos (cerca de 380 francos) por página impressa; mas se valeu da generosa oferta para aumentar a remuneração no *Mensageiro*, embora chegando a apenas um quinto do valor que havia recusado. Tendo assim provado sua lealdade, Zola, em troca, sistematicamente pedia que Stasiulevich devolvesse os manuscritos das cartas para vendê-los de novo, e assim 47 das 64 seriam publicadas também em periódicos franceses.[89]

O sucesso das cartas de Zola por sua vez tornou seus romances comercialmente atraentes para Stasiulevich, que lhe ofereceu um contrato muito semelhante ao que tinha assinado com Flaubert, significando pagamento por uma primeira cópia do manuscrito enviado por etapas, para mandar traduzir e publicar em forma de folhetim no *Mensageiro da Europa* antes do lançamento na França. Tudo dependia do envio dos episódios a tempo, pois se houvesse atrasos e o livro fosse impresso primeiro na França, seria publicado também numa tradução feita às pressas (e cheia de erros) por outros periódicos russos, que não eram legalmente obrigados a pagar um copeque sequer pelos direitos. Stasiulevich se dispunha a correr o risco, dado o sucesso de Zola, e investiu de bom grado. Zola vendia muitos livros na Rússia muito antes de consegui-lo na França também. O terceiro romance da série dos Rougon-Macquart, *O ventre de Paris*, foi publicado em tradução por seis diferentes periódicos de São Petersburgo, e também saiu em duas edições em livro meses depois da publicação na França em 1873 (antes do acordo com Stasiulevich). Na década de 1870, as vendas foram maiores em russo do que em francês. Globalmente, os periódicos literários de São Petersburgo publicaram entre 1871 e 1881 51 traduções diferentes de romances de Zola, tornando-o o autor estrangeiro mais traduzido na Rússia. Pelo quinto romance da série dos Rougon-Macquart, *O pecado do padre Mouret*, Stasiulevich concordou em pagar 30 rublos (120 francos) por página impressa das cópias adiantadas das três partes. O romance tinha 80 mil palavras, equivalendo a dezesseis páginas impressas (Zola tinha a habilidade de um jornalista na exatidão do cálculo do tamanho de um texto), o que lhe rendeu 480 rublos, ou 1.920 francos. Os episódios saíram nas três primeiras edições de *O Mensageiro da Europa* em 1875, meses antes de qualquer publicação na França. O mesmo trato foi feito para o sexto romance, *O senhor ministro* (1876), que saiu em folhetim no *Mensageiro* antes da publicação na França.[90]

L'Assommoir (1877), o sétimo livro da série, foi recusado por Stasiulevich porque já tinha sido vendido para o semanário *Le Bien public** — Zola não resistira a um adiantamento de 10 mil francos —, o que significava que seria publicado antes que *O Mensageiro da Europa* tivesse tempo de traduzi-lo. Quando o romance saísse nas páginas do *Mensageiro*, outros periódicos russos já o estariam publicando. A conselho de Turgueniev, Zola ofereceu a Stasiulevich trechos do romance, que foram impressos no *Mensageiro* antes da publicação do livro na França. *L'Assommoir* fez tanto sucesso na França — pois o escândalo provocado pelas cenas de alcoolismo, sexo e violência na classe operária parisiense fez as vendas dispararem — que rapidamente enriqueceu Zola. Ele não precisava mais trabalhar como jornalista nem ser publicado na Rússia, onde as relações com Stasiulevich ficaram tensas porque este equivocadamente considerava em declínio a qualidade do seu trabalho. O editor não gostava do uso frequente de gírias e tampouco apreciou as cenas sexualmente explícitas de *Nana* (1880), o nono romance da série dos Rougon-Macquart, que seria muito arriscado lançar na Rússia, em vista da censura tsarista, embora ele publicasse trechos do best-seller, que na França teve cinquenta edições, somando 55 mil exemplares, em apenas um ano.[91]

A essa altura, Turgueniev também começava a fazer reservas ao naturalismo de Zola, no qual a descrição detalhada das condições de vida da classe operária beirava a "indecência". "Mergulhei em *L'Assommoir*", escreveu o

---

* *Le Bien public* acabou desistindo da publicação do folhetim por causa de queixas dos assinantes, ofendidos com o chocante retrato da classe operária apresentado por Zola.

russo a Flaubert; "não estou gostando muito (que fique estritamente entre nós dois). Encontro muito talento, mas a leitura é bem árdua, e muito se mexe em penicos". Em carta a Stasiulevich, Turgueniev comentava que "as palavras 'foder', 'mijar', 'merda' e 'nádegas' (*foutre, pisser, merde, fesses*) foram contadas por alguém no romance — aparecem 720 vezes".[92]

Já Flaubert considerava o romance "magnífico" em certos trechos e contendo muitas "verdades incontestáveis", mas ressalvava que Zola fora longe demais na busca da polêmica para se promover e conseguir publicidade — métodos totalmente alheios a Flaubert, que acreditava na literatura como arte, e não como negócio. Ele não suportava as colunas semanais de Zola em *Le Bien public*, com seu proselitismo das ideias da escola naturalista. Como escritor independente, Flaubert não se envolvia com nenhum movimento artístico, acusando Zola de usar o seu para fazer marketing. Certa noite, no Le Brébant, tendo Flaubert criticado o fato de ele promover a escola naturalista nos jornais, Zola respondeu, segundo Goncourt, atacando por sua vez a classe social de Flaubert:

> Esta noite, Flaubert, ao mesmo tempo em que homenageava o gênio do colega, atacou os prefácios, as doutrinas, as profissões de fé naturalistas, numa palavra, todas as chamativas imposturas com as quais Zola contribui para aumentar as vendas dos seus livros. Zola respondeu mais ou menos da seguinte maneira: "O fato é que você dispunha de recursos que lhe permitiram se manter independente de muitas coisas. Mas eu tinha de ganhar a vida exclusivamente com minha pena; tive de ser triturado no moinho do jornalismo e escrever as coisas mais vergonhosas; o que me deixou — como direi? — um certo gosto do charlatanismo [...]. Considero a palavra *Naturalismo* tão ridícula quanto você, mas vou continuar a repeti-la incansavelmente, pois é necessário dar novos nomes às coisas para que o público pense que são novas [...] Veja bem, costumo dividir o que escrevo em duas partes. De um lado, estão meus romances, pelos quais serei julgado e pelos quais quero ser julgado; e do outro estão meus artigos para o *Bien public*, para a Rússia e para Marselha, que não passam de charlatanismo para promover meus livros.[93]

Turgueniev foi responsável pela publicação de outros escritores na Rússia. Conseguiu que Daudet fosse designado correspondente em Paris do diário russo *Novos Tempos* (*Novoe Vremia*), de 1878 a 1879. Esse periódico conservador publicou vinte e sete artigos de Daudet, vários contos seus e trechos do romance autobiográfico *Le Petit chose* (1868). Turgueniev descobrira a história sobre a infância de Daudet numa livraria de estação ferroviária no interior da Rússia pouco depois de ser lançada em francês (perfeita ilustração da maneira como as ferrovias internacionalizaram o comércio livreiro), e desde então não se cansava de elogiá-la para os amigos na Rússia. Também foi Turgueniev quem lançou Jules Vallès como correspondente em Londres do jornal russo *Palavra* (*Slovo*) desde a fundação em 1878, embora o nome do *communard* exilado não pudesse ser impresso porque "assustaria os censores", como explicou Turgueniev a Zola (esse jornal populista foi fechado pelo governo tsarista em 1881). À parte isto, os russos se deliciavam com os artigos de Vallès, "hostis aos ingleses, a sua arrogância e grosseria", como os descrevia o francês.[94] Os artigos saíam numa época de hostilidade recíproca entre a Rússia e a Grã-Bretanha por causa da Guerra Russo-Turca. Turgueniev acompanhava de perto os desdobramentos da guerra. Ficou furioso com o apoio da Grã-Bretanha à Turquia, não obstante o massacre dos búlgaros otomanos pelos turcos, e em seu poema satírico "Um jogo de croqué em Windsor" culpava a rainha Vitória pelo derramamento de sangue.

Como representante de *O Mensageiro da Europa*, Turgueniev também introduziu as obras de Maupassant, Goncourt, Taine, Auerbach e Storm a seus leitores. Negociou os contratos de cada autor e em geral supervisionava a tradução da obra. Atuava como uma espécie de agente do sindicato de tradutores da Rússia, em sua maioria estudantes ganhando uma miséria, cujo trabalho considerava essencial ao ideal de levar a civilização europeia aos russos. Quando se revelava impossível encontrar alguém para fazer uma tradução de qualidade das obras que considerava mais importantes (uma coleção de poemas de Heine, contos de Markovich, a poesia de Walt Whitman), ele mesmo traduzia.[95]

Sendo o escritor russo mais conhecido no Ocidente, Turgueniev também servia de embaixador da literatura do seu país. Negociou contratos para muitos escritores russos, não apenas na França, mas na Alemanha e na Grã--Bretanha. Ostróvski, Goncharov, Aleksei Tolstoi e Saltíkov-Chedrin deviam sua entrada no mercado literário europeu à interferência de Turgueniev.[96]

O mais importante serviço que prestou, contudo, foi chamar a atenção dos leitores europeus para o romance *Guerra e paz*, de Tolstoi.

Turgueniev se indispusera com Tolstoi em 1861. Um choque de personalidades dera origem ao desentendimento. Dez anos mais velho que Tolstoi, Turgueniev nutria um sentimento paternal em relação a ele; entretanto, como o admirava muito, e talvez por inveja, tentava encontrar defeitos em seus textos, o que feria Tolstoi (que mais tarde escreveria que achava que Turgueniev estava "rindo" do seu trabalho, o que o deixava "com medo e envergonhado"). Os dois discutiam constantemente, se reconciliavam e finalmente romperam de vez em consequência de uma violenta discussão acerca da filha de Turgueniev, Paulinette, quando Tolstoi zombou da atitude arrogante de Turgueniev em relação aos servos e — apesar de ter ele mesmo gerado vários filhos com servas da sua propriedade — o insultou com uma referência à ilegitimidade da filha.[97]

Os dois ficaram sem se falar por dezessete anos. Mas Turgueniev reconhecia a importância da realização de Tolstoi em *Guerra e paz*, que leu pela primeira vez em 1868, um ano depois da publicação (ele leu o livro seis vezes nos dez anos subsequentes). Escreveu a respeito da obra-prima aos amigos europeus, declarando-a o maior romance do século XIX e exortando-os a conseguir publicação em seus respectivos países. Dada a extensão do romance, Turgueniev primeiro providenciou a tradução de uma obra muito menor, *Dois hussardos*, e conseguiu sua publicação em *Le Temps* em 1875, redigindo uma introdução para despertar interesse por *Guerra e paz*. A novela não suscitou muito interesse entre os franceses e ninguém se candidatou a lançar uma tradução de *Guerra e paz*, para o francês ou para qualquer outra língua (os leitores britânicos tampouco tinham apreciado muito uma tradução de *Infância e juventude*, o que levou Turgueniev a se queixar de que não eram capazes de apreciar uma literatura psicológica mais fina, achando que Tolstoi seria mera "imitação de Dickens"). Turgueniev queria se encarregar pessoalmente da tradução de *Guerra e paz*, cortando as digressões filosóficas que em sua opinião podiam alienar o interesse dos leitores europeus, mas desistiu da ideia por causa da frieza das relações com Tolstoi.[98]

Tudo isto mudou em abril de 1878, quando Turgueniev recebeu em Paris uma carta de Tolstoi. Fazendo referência à velha amizade, Tolstoi dizia não sentir mais qualquer hostilidade, esperando que o mesmo se desse com Turgueniev. Invocava tudo que havia de bom nele, declarava dever sua "celebridade literária" a ele e se propunha, "se puder me perdoar", a "oferecer toda a amizade de que sou capaz". Turgueniev respondeu encantado por constatar que "os mal-entendidos entre nós são coisa do passado" e declarando sua boa vontade em relação a Tolstoi, "como pessoa a quem me sentia sinceramente afeiçoado e como escritor cujos primeiros passos saudei antes dos outros, e por cujas novas obras sempre senti o mais vívido interesse".[99] Dois meses depois, ao voltar à Rússia, ele imediatamente procurou Tolstoi.

No ano seguinte, uma tradução francesa de *Guerra e paz* foi impressa em São Petersburgo. Com a marca editorial da Hachette de Paris, a folha de rosto não dava o nome da tradutora, a princesa Irène Paskévitch, apenas informando: "Traduit par une russe." Turgueniev pediu a Annenkov que lhe enviasse dez exemplares — novos pedidos logo seriam feitos, resultando afinal no envio de quinhentos exemplares — e os distribuiu entre os amigos mais influentes do mundo literário, editores e críticos em Paris, advertindo que a tradução não fazia justiça ao original, cortado em muitos pontos. Ele não estava muito certo se o livro despertaria interesse entre os leitores franceses. "O significado global está muito longe do que os franceses gostam e buscam num livro", escreveu a Tolstoi, "mas, no fim das contas, a verdade prevalecerá. Conto, senão com um brilhante triunfo, pelo menos com uma vitória sólida, ainda que gradual".[100]

A influência de Turgueniev deu um decisivo empurrão ao livro no caminho dessa vitória. A cada oportunidade ele falava da obra para as pessoas que encontrava nas *soirées*, nos jantares e *salons*, e foram muitos os que assim tomaram conhecimento do livro. "Nenhum de nós ouvira falar de Tolstoi até então", recordaria o jornalista V. P. Semenov, "mas Turgueniev não tinha outro assunto". Renan, Taine, Anatole France tornaram-se admiradores de Tolstoi porque Turgueniev insistiu que lessem sua obra-prima. Mas era a opinião de Flaubert que mais importava para Turgueniev. "Obrigado por me fazer ler o romance de Tolstoi", escreveu Flaubert finalmente em janeiro de 1880.

> É da maior qualidade. Que pintor e que psicólogo! Os dois primeiros [volumes] são sublimes; mas o terceiro se despedaça terrivelmente. Ele se repete e filosofa! Na verdade, o homem, o autor, o russo estão visíveis, ao passo que até então só víamos a Natureza e a Humanidade. Parece-me que em certos pontos ele tem alguns

elementos de Shakespeare. Dei gritos de admiração durante a leitura [...] e é longa! Fale-me do autor. É seu primeiro livro?

Turgueniev respondeu sem demora:

Meu bom e velho amigo,
Não pode imaginar o prazer que sua carta me deu e o que diz sobre o romance de Tolstoi. Sua aprovação confirma minhas ideias a respeito dele. Sim, é um homem de grande talento, e, no entanto, você põe o dedo no ponto fraco: também construiu um sistema filosófico próprio, que é ao mesmo tempo místico, infantil e pretensioso, e que comprometeu terrivelmente o terceiro volume [...]. Não sei o que os críticos dirão. (Enviei *Guerra e paz* a Daudet e Zola também.) Mas para mim a questão está resolvida: *Flaubertus dixit*. O resto não tem importância.[101]

5

As obras do próprio Turgueniev eram traduzidas para outras línguas europeias com frequência cada vez maior nos anos 1870. Na década anterior, ele já era muito lido na Alemanha, em parte por viver lá e ser visto pelo público leitor como um escritor importante vivendo no seu meio. Uma edição alemã de suas obras reunidas foi publicada em doze volumes entre 1869 e 1883. Na França e na Grã-Bretanha, onde poucos dos seus livros tinham sido traduzidos até então, houve um boom das traduções de Turgueniev. Na Grã-Bretanha, suas obras seriam lançadas até o fim do século em mais de sessenta traduções, em formato de livro ou em periódicos, além de uma edição em quinze volumes dos romances, traduzidos por Constance Garnett, e, na França, o avanço foi semelhante.[102]

Os editores tinham mais pressa de traduzir seus livros, geralmente em prazo de um ano, e as obras mais curtas saíam em tradução semanas depois de serem publicadas na Rússia. O conto "O fim de Chertopkhânov",

publicado originalmente na edição de *O Mensageiro da Europa* de novembro de 1872, saiu em tradução francesa (com o título *"Le Gentilhomme de
la steppe"*) na *Revue des deux mondes* de 1º de dezembro. Dada a limitada
proteção contra traduções piratas, Turgueniev considerava importante enviar prontamente uma cópia do manuscrito aos editores estrangeiros nos
quais confiava, para supervisionar a tradução e garantir a qualidade. Com a
primeira publicação de uma tradução "autorizada", o mercado de traduções
não autorizadas seria drasticamente reduzido, pois até os editores piratas
prefeririam copiar a tradução oficial do que pagar por um novo tradutor.
Foi a estratégia adotada por Turgueniev no caso do romance *Terras virgens*
(1877), transposto com suas correções para o alemão, o francês, o inglês, o
italiano e até o sueco, diretamente do manuscrito; essas traduções foram
lançadas quase ao mesmo tempo que a publicação do romance na Rússia.
Em questão de um ano, ele fora traduzido para nove línguas estrangeiras,
entre elas, o polonês, o tcheco, o sérvio e o húngaro, com traduções para o
croata, o romeno e o dinamarquês já em andamento.[103]

O que Turgueniev constatava com o aumento das vendas no exterior
fazia parte de uma expansão geral do mercado europeu de traduções a partir
da década de 1870. O principal fator por trás desse movimento era o acentuado crescimento do número de novos leitores, à medida que a educação
obrigatória se estendia à maioria dos Estados europeus (na Grã-Bretanha, a
Lei da Educação entrou em vigor em 1870, na Alemanha, as principais leis
foram introduzidas depois da fundação do Império em 1871, e na França,
as "Leis Ferry" foram promulgadas em 1881-2). A demanda de livros supe-
rava o fornecimento na maioria das línguas europeias, especialmente em
países pequenos, mas de alto padrão de alfabetização como a Holanda e os
da Escandinávia, que dependiam muito da tradução de obras estrangeiras,
embora até culturas literárias dominantes, como a Grã-Bretanha, a França
e a Alemanha, estivessem abrindo seus mercados a mais importações.

Os movimentos de construção nacional representavam outra força propulsora por trás do negócio das traduções. Na Rússia, por exemplo, onde
eram publicadas mais traduções de obras estrangeiras que em qualquer
outro país europeu, a disseminação da literatura ocidental era considerada
uma forma de superar o atraso cultural do país e implantar valores democráticos na sociedade por todos aqueles que viam na Europa uma fonte de
progresso e esclarecimento — a intelligentsia ocidentalizante e a nobreza

liberal. Mas a abertura do mercado literário também ajudava novas nações a se libertar da dominação cultural de regimes imperiais. No Império dos Habsburgo, as nascentes culturas literárias dos tchecos, dos croatas, dos húngaros e dos sérvios eram extremamente receptivas a obras traduzidas do francês, do inglês ou do russo, como forma de se emancipar da dominação da língua e da literatura alemãs. As estatísticas mostram que nas últimas décadas do século, os eslavos do império eram muito mais ativos que os alemães na tradução de literaturas estrangeiras. E também traduziam cada vez mais as literaturas uns dos outros — os tchecos do húngaro e do polonês, os húngaros do tcheco, os croatas do sérvio, e assim por diante —, sempre como alternativa à leitura de literatura alemã.[104]

O mercado das traduções deslanchou numa ampla gama de formas literárias. As traduções representavam um acréscimo lucrativo para as bibliotecas "padrão" e "ferroviárias", as edições de bolso em tiragens de massa criadas por Routledge, Hachette, Charpentier e outros editores nas décadas intermediárias do século. Também eram atraentes para editoras recém-fundadas, sem um catálogo de autores nem capital para investir em direitos autorais. Grande parte do mercado de traduções era ocupado por ficção popular, histórias policiais e de crime, literatura infantil e ficção científica, especialmente as *voyages extraordinaires* de Jules Verne, o autor mais traduzido do século XIX e o primeiro criador de autênticos "best-sellers internacionais". *A volta ao mundo em 80 dias* (1873) realmente deu a volta ao mundo — em 57 línguas até o fim do século.

Os periódicos literários se tornavam cada vez mais importantes como veículo de traduções. Na década de 1870, se assistiu ao início de um acentuado aumento do número de jornais em toda a Europa, à medida que as tecnologias de publicação, a mecanização e a rede ferroviária reduziam os custos de impressão e distribuição. Periódicos consagrados como a *Revue des deux mondes*, importante veículo de traduções, tiveram suas vendas substancialmente aumentadas; imitações da *grande revue* eram encontradas em outros países (por exemplo, o *Deutsche Rundschau* em Berlim e *España moderna* em Madri). Proliferavam publicações culturais menores, as *petites revues*, que por estarem começando dependiam das traduções como alternativa barata a pagar por textos originais, embora muitos desses periódicos também estivessem comprometidos com um horizonte cosmopolita do qual as traduções representavam parte fundamental. A Bélgica era um bom exemplo. O número de periódicos literários lançados no país aumentou de menos de vinte por ano na década de 1850 para até sessenta nos anos 1890. Muitas dessas novas publicações ofereciam traduções entre o flamengo, o francês e o alemão, as três principais línguas do país, com o objetivo de promover o "espírito belga", definido pelo jornal *L'Art moderne* como um espaço cultural para a fecundação recíproca das sensibilidades latina e germânica.[105]

Essas revistas se transformaram em foco de atração de grupos literários e artísticos, o que as associava a publicações de filosofia semelhante no cenário europeu. Desse modo, passaram a constituir uma importante rede para o desenvolvimento de movimentos culturais internacionais como o naturalismo, o simbolismo, o impressionismo e assim por diante. A *Revue des deux mondes*, por exemplo, compartilhava o compromisso com uma literatura socialmente progressista com *España moderna* e *O Mensageiro da Europa*, ambas publicações seguindo o modelo da *grande revue*, o que naturalmente aumentava a circulação de traduções entre elas. *España moderna* publicava regularmente traduções de obras de Zola e Daudet, particularmente porque seu fundador, o financista e mecenas das artes José Lázaro Galdiano, tinha como mentora a romancista Emilia Pardo Bazán, pioneira na Espanha do movimento naturalista lançado por Zola. Foi graças a este que ela descobriu a literatura russa, primeiro Turgueniev, depois Dostoievski e Tchekhov, cujas obras muitas vezes eram traduzidas em *España moderna*.[106]

Os periódicos eram importantes como plataforma para que os críticos promovessem a causa dos escritores estrangeiros. Turgueniev devia boa parte de seu sucesso no Ocidente ao apoio de críticos influentes. Na Alemanha, foi insistentemente promovido pelo escritor Julian Schmidt, que o apresentou em 1870, num dos primeiros perfis biográficos de Turgueniev publicados fora da Rússia, como um igual de Dickens e Schiller.[107] O outro grande divulgador de suas obras nos territórios de fala alemã foi Friedrich Bodenstedt, que conhecera em Baden em 1863. Bodenstedt não atuou apenas como tradutor de Turgueniev, mas também como seu agente, ou intermediário, escolhendo para traduzir obras com maior probabilidade de agradar aos leitores alemães. A reputação de Bodenstedt como escritor e professor de línguas eslavas na Universidade de Munique garantia a mais ampla cobertura de resenhas para as obras de Turgueniev na imprensa alemã.[108]

Na França, esse papel foi desempenhado por Mérimée, o principal tradutor de Turgueniev nos anos 1860, e pelo poeta e estadista Lamartine, cujo verbete sobre Turgueniev no *Cours familier de littérature*, obra em vários volumes por ele publicada no fim dessa mesma década, foi na verdade a primeira biografia do escritor russo lançada na França. No mundo de fala inglesa, Turgueniev devia sua fama aos incansáveis esforços de William Ralston, seu tradutor, que se valia de uma ampla rede de contatos nos círculos literários londrinos para conseguir que as obras fossem resenhadas em publicações importantes como *The British Quarterly Review*, *The Athenaeum* e *The Contemporary Review*. Foi também graças a Ralston que Turgueniev recebeu diploma de doutor *honoris causa* na Universidade de Oxford em 1879.[109]

No Estados Unidos, enquanto isso, Turgueniev era promovido pelos críticos William Dean Howells (editor de *The Atlantic Monthly*), Thomas Sergeant Perry (resenhista dos livros estrangeiros em *The Atlantic Monthly* e *The Nation*) e Henry James (que escrevia sobre o mundo literário europeu em *The North American Review*, *The Atlantic Monthly* e *The Nation*). Turgueniev já era conhecido nos Estados Unidos. As *Memórias de um caçador*, com a sutil condenação da servidão, tinha significado óbvio para um país em que a escravidão ainda era uma questão polêmica. James lia Turgueniev desde a adolescência, quando sua família viajou à Europa, e os romances dele se tornaram uma parte importante de sua educação cosmopolita. Mas foi em Harvard, onde conheceu Howells e Perry, que James identificou uma nova filosofia literária nos escritos de Turgueniev. Os três tinham vívido interesse pela literatura europeia continental. Liam a *Revue des deux mondes*, absorvendo sua estética literária. Perry, em particular, foi influenciado pelos ensaios de Julian Schmidt, coeditor do periódico vienense *Grenzboten*. Graças a Schmidt, eles descobriram os autores alemães que privilegiavam temas da vida no interior, como Auerbach, e os contos noruegueses de Bjørnson, a que davam preferência como alternativa mais realista aos melodramas ingleses de Dickens e Trollope. Também tomaram de empréstimo a Schmidt o argumento de que Turgueniev seria "o maior romancista vivo" — tese sustentada por Perry com base num artigo do crítico alemão comparando favoravelmente as *Memórias* a *A cabana do pai Tomás*, dado o maior impacto afetivo da isenção evidenciada por Turgueniev na exposição dos detalhes, frente ao "arrebatamento e sentimentalismo autorais" de Beecher Stowe. Em

Turgueniev eles haviam encontrado um modelo do novo tipo de realismo poético que promoviam em seu país.[110]

Graças a essas redes literárias internacionais, os periódicos desempenharam um papel vital na integração cultural da Europa, aproximando das grandes capitais os escritores da periferia do continente, e os escritores provincianos, dos centros metropolitanos. Também foram importantes para tornar escritores de outros países francófonos (Bélgica e Suíça) e das culturas de fala alemã fora da Alemanha (Áustria, Boêmia e os países bálticos) mais conhecidos nos principais mercados literários dessas línguas.

Foi assim que começou o sucesso dos romances russos em traduções francesas na década de 1880. Zola e Turgueniev tinham preparado o terreno, mas o súbito impulso do interesse dos franceses pela literatura russa se devia sobretudo à influência de Le Roman russe (1886), best-seller de Eugène-Melchior de Vogüé originalmente publicado como uma série de ensaios sobre escritores russos na Revue des deux mondes e na Revue bleu por volta de 1883. Como embaixador francês na Rússia de 1875 a 1882, de Vogüé viajara muito pelo país, impregnando-se de sua cultura. Escreveu sobre a Rússia na Revue des deux mondes durante muitos anos, e conhecia pessoalmente Turgueniev, Dostoievski e Tolstoi, cujos perfis traçava com vividez. O maior impacto de Le Roman russe decorria da ideia de que os russos podiam estar revivendo a tradição realista, que segundo de Vogüé se perdera na França: os romances russos tinham um aspecto espiritual de que carecia o realismo materialista de Zola ou Flaubert. A mensagem feriu uma nota num público que começava a se cansar do naturalismo e queria algo novo e diferente, e o efeito foi imediato. A tradução francesa de Guerra e paz, da qual haviam sido vendidos menos de mil exemplares desde a publicação seis anos antes, tornou-se um best-seller, com 20 mil exemplares vendidos entre 1886 e 1889. Nesse mesmo período, se verificou acentuado aumento do número de traduções de outros romances russos para o francês.[111]

As redes de apoio nos periódicos europeus também foram decisivas para a penetração dos três grandes dramaturgos escandinavos, Ibsen, Bjørnson e Strindberg. Seu divulgador mais importante foi um diplomata russo na Suécia, o conde Maurice Prozor, escritor e tradutor do russo e do norueguês para o francês. Ele ficou tão impressionado na estreia europeia dos Espectros, de Ibsen, no Teatro de Estado de Helsingborg, no sul da Suécia, em 1882, que tomou a iniciativa de traduzir a peça e conseguiu a publicação de trechos em *La Revue indépendante*, periódico parisiense recém-fundado (não confundir com a publicação homônima criada por George Sand e Louis Viardot e há muito extinta) que se tornou uma tribuna dos naturalistas e simbolistas. Essa publicação o pôs em contato com outro diplomata, Edouard Rod, embaixador francês na Suíça e admirador de Ibsen, que publicara artigos sobre o dramaturgo norueguês em *Le Temps*. Com a ajuda de Rod, Prozor conseguiu que a peça fosse montada em Paris em 1890, numa produção baseada em sua tradução completa publicada em *La Revue* no ano anterior. *Espectros* logo seria produzida em todos os grandes teatros do continente. Da versão francesa de Prozor, seria vertida para muitas línguas. Ibsen fora lançado em escala internacional. No futuro, todas as suas peças seriam publicadas em traduções simultaneamente com o lançamento em dinamarquês, permitindo que tivessem estreias concomitantes nas capitais europeias. A literatura se internacionalizara.[112]

A aceleração das traduções não ocasionou maior diversidade das culturas nacionais, como se poderia esperar, mas exatamente o oposto: uma crescente uniformidade ou padronização das formas literárias, com "toda a Europa lendo os mesmos livros".[113]

Os observadores há muito distinguiam o fenômeno. Escrevendo na *Revue des deux mondes* em 1846, o crítico francês Saint-René Taillandier lastimara o desaparecimento da diversidade nas culturas literárias nacionais da Europa. "Quase se poderia dizer que as literaturas estrangeiras não existem mais", escreveu, "como se o mundo estivesse envolto numa triste uniformidade". O filólogo francês Jean-Jacques Ampère, escrevendo na *Revue* em 1853, diagnosticou as causas dessa uniformidade de um modo tipicamente francês. Tudo começara, sustentava, como uma "cópia servil" da França pelas outras nações da Europa. "No início, as literaturas das nações da Europa eram inteiramente diferentes, mas se tornaram semelhantes pela imitação, e hoje, sem imitação, são todas parecidas."[114]

Ampère ignorava o romance britânico, que tinha seus imitadores na Dinamarca e na Holanda, e até na Alemanha e na França. Mas o modelo francês se tornou dominante no sul e no centro da Europa, da Espanha e da Itália até a Hungria e a Boêmia, onde o mercado livreiro foi inundado de traduções do francês. Os escritores locais imitavam as importações de sucesso.[115] As culturas nacionais desses países, assim, não se desenvolveram por meios próprios, como sustentavam os mitos nacionalistas, mas pelos empréstimos tomados a meios de expressão estrangeiros. O romance "espanhol" não era espanhol, o "italiano" não era italiano, o "húngaro" não era húngaro: eram todos imitações do francês.

Nenhum autor francês era mais imitado que Zola, que tinha um público literário verdadeiramente global. A influência de Zola diferia em cada país, de acordo com as condições sociais, mas em toda parte seus romances eram considerados fator de progresso e modernidade. Na Itália, onde o "zolaismo" foi adotado pelos progressistas liberais como aliado na causa contra a influência da Igreja, havia "milhares de candidatos a zolaístas [zolistes de lendemain]", segundo escreveu Felice Cameroni, um dos críticos que o promoviam, ao próprio Zola em 1879, não sem certo exagero. Giovanni Verga e Luigi Capuana, ambos sicilianos, eram imitadores conscientes de Zola, vendo no seu estilo documental uma forma moderna de escrever sobre a vida real dos pobres. Na Espanha, o impacto de Zola quase se equiparava a uma revolução cultural, aderindo os intelectuais radicais ao seu movimento como forma de subverter o conservadorismo da sociedade católica. Um grupo deles fundou um jornal, Germinal, assim batizado em homenagem à obra-prima de Zola sobre uma greve de mineiros. Seu estilo de realismo social foi adotado por muitos dos principais escritores do país, entre eles Benito Pérez Galdós e Bazán.[116]

Os escritos de Zola tiveram um impacto radical nas pequenas e provincianas culturas literárias da Suécia, da Noruega e da Dinamarca. Promovidas pelo crítico Georg Brandes, cujas conferências na Universidade de Copenhague deram início à "moderna penetração" da literatura escandinava, as obras de Zola eram muito comentadas na década de 1880. Os jovens autores, segundo Strindberg, que se incluía entre eles, "adoravam Zola", e todos tentavam escrever como ele.[117]

Na Holanda, os escritores mais promissores da época, Frans Netscher e Lodewijk van Deyssel (pseudônimo de Karel Thijm), eram influenciados pelo tratamento direto da sexualidade em Zola — algo muito distante do opressivo calvinismo da sociedade holandesa — e suas tentativas de permear as obras de pontos de vista científicos. Encaravam sua abordagem científica como a chave de uma literatura moderna a serviço da sociedade e do progresso. Na Alemanha, onde os romances de Zola eram os mais lidos de qualquer autor estrangeiro na década de 1880, o público mais interessado era o que buscava um novo tipo de literatura realista. Suas narrativas eram muito lidas pela classe operária alemã, que via nelas um reflexo fiel da vida que levava.[118] Era um tipo de romance social que essa classe logo encontraria na produção dos imitadores alemães do estilo de Zola. Entre eles estava Gerhart Hauptmann, cujo primeiro livro, *Bahnwärter Thiel* (1888), história de um sinaleiro ferroviário que mata a mulher, não podia ser mais zolaesco.

A Grã-Bretanha era o único país europeu onde Zola quase não tinha seguidores, sendo George Moore, o "Zola irlandês", o único que reconhecia sua influência. Os motivos não são difíceis de entender. A Grã-Bretanha contava com sua própria versão de Zola — Thomas Hardy —, e, na obra de Dickens e Eliot, com uma consolidada tradição realista que a tornava independente de influências do continente.

6

Paris voltou a ser centro do mundo com a abertura da Exposition Universelle, a maior do gênero até então, a 1º de maio de 1878. Treze milhões de pessoas compraram ingresso, cerca de meio milhão do exterior (Flaubert queixou-se que as prostitutas da cidade ficariam exaustas). Eram duas enormes sedes, a construção principal no Champ de Mars e, ligado a ela pela Pont d'Iéna, do outro lado do Sena, o Palácio do Trocadéro especialmente construído para o grande acontecimento, em estilo meio bizantino, meio mouro.[119] Entre as invenções exibidas, os visitantes encontravam uma máquina de voar de alumínio concebida por Félix du Temple, um telefone inventado por Alexander Graham Bell e o fonógrafo de Thomas Edison, o primeiro mecanismo capaz de registrar e reproduzir sons.

A exposição era um símbolo da ressurreição francesa depois da derrota de 1871. Em contraste com a exposição anterior, que conferira prestígio ao Império francês em 1867, esta era vista como uma celebração do povo francês e dos valores republicanos — vitória simbolizada pelo presente da França aos Estados Unidos, a Estátua da Liberdade, cuja cabeça foi descerrada nos jardins do Palácio do Trocadéro em 30 de junho.

Os frisos por cima da entrada principal mostravam a França convocando as nações do mundo. Na Avenida das Nações, no Champ de Mars, se alinhavam construções representando exemplos típicos do estilo arquitetônico de quase todos os países da Europa, e não poucos da Ásia, das Américas e da África. O público, observava Zola, "acorria quase sempre em busca de diversão": queria "curiosidades, bazares tropicais e cafés, restaurantes onde pudesse experimentar bebidas extraordinárias e ouvir músicas estranhas". Multidões eram atraídas às exposições chinesa, japonesa e persa, e foi grande o interesse pelas cabanas de lenha construídas por camponeses russos sem um único prego. O próprio Zola ficou tão impressionado com o pavilhão norueguês que o comprou, mandou desmontá-lo no fim da exposição e reconstruí-lo no jardim de sua mansão em Médan, recém-adquirida com a fortuna que havia ganho com *L'Assommoir*.[120]

Seis semanas depois da abertura da exposição, reuniu-se em Paris um Congresso Internacional de Escritores, para discutir propostas de um tratado internacional de proteção dos direitos autorais. Com o comparecimento de duzentos escritores de países de todo o mundo, o congresso elegeu Victor Hugo para a presidência das sessões solenes e Turgueniev para as de trabalho. A ideia do congresso remontava à conferência de 1858 em Bruxelas, a primeira tentativa de estabelecer leis internacionais de copyright. Um segundo congresso se realizara em Antuérpia em 1861, e outro em Manchester em 1866, mas a conferência que se pretendia promover paralelamente à exposição de 1867 em Paris não se concretizou, e assim o comitê organizador da Société des Gens de Lettres convocou novo congresso para o período da próxima feira mundial, imaginando que muitos escritores visitariam a cidade. Turgueniev ajudou a estabelecer a lista dos escritores estrangeiros convidados. Mas as delegações do exterior não eram grandes, e para cada delegado estrangeiro havia dois franceses. Estes, em sua maioria, eram escritores freelance de *feuilletons*, trabalhadores de uma indústria de ficção popular que ajudava a vender jornais, segundo o chefe da delegação russa, Petr Boborikin. Um deles não tinha a menor ideia de quem fosse Flaubert. Goncourt, Zola, Maupassant e Flaubert não participaram da conferência.[121]

O congresso começou com uma sessão pública no Théâtre du Châtelet no dia 11 de junho. Depois das formalidades iniciais, Hugo fez um longo e altissonante discurso, louvando a literatura como o legislador da civilização e declarando o congresso seu parlamento internacional. Declamando com voz forte e apaixonada, em meio a longas pausas de efeito, ele parecia a Boborikin um velho ator. Acomodados nos camarotes, os delegados ouviam com fervor religioso. O culto de Victor Hugo estava no auge na França. O escritor — que só retornara do exílio depois da queda de Napoleão III — era considerado a consciência moral da República. Assumia o papel de grande sábio nacional, com a barba e os cabelos brancos. E era cortejado em seu salão na Rue de Clichy: os admiradores iam ouvir suas opiniões, que ele de bom grado distribuía a respeito de tudo e nada, e suas palavras de sabedoria eram reproduzidas na imprensa.[122]

Turgueniev não apreciava muito Hugo — considerava *Les Misérables* "falso do início ao fim" — e ficava irritado com essa universal reverência. Nas conversas com amigos, como Flaubert e Zola, que em certa medida compartilhavam esse incômodo com o culto, zombava da pomposidade de Hugo (tendo inventado a palavra "*hyperbombifocasse*" — "hiperbombificação" — para designá-la).[123] E gostava de contar a história de uma visita ao seu salão, provavelmente em 1875:

> Certa vez, estando em sua casa, conversávamos sobre a poesia alemã. Victor Hugo, que não gosta que ninguém fale em sua presença, me cortou e começou a traçar um perfil de Goethe.
>
> — Sua melhor obra — disse, em tom olímpico — é *Wallenstein*.
>
> — Perdão, caro mestre [obtemperou Turgueniev]. — *Wallenstein* não é de Goethe. É de Schiller.
>
> — Não importa. Não li Goethe nem Schiller, mas os conheço melhor que qualquer um que os saiba de cor.

Turgueniev também contava que, em outra ocasião, um grupo de jovens escritores franceses conversava na casa de Hugo sobre a possibilidade de dar seu nome a uma rua próxima. Todos concordaram que a rua era pequena para lhe fazer justiça e começaram a competir para ver quem propunha ruas maiores. Até que um deles sugeriu que a cidade devia ser rebatizada de Hugo. O grande homem fez uma pausa, pensou e respondeu ao admirador: "*Ça viendra, mon cher, ça viendra!*" [Vai chegar a hora, meu caro, vai chegar a hora!].[124]

O discurso de Turgueniev foi modesto. Em cinco minutos, ele lembrou em linhas gerais como os grandes escritores franceses dos últimos du-

zentos anos tinham contribuído para o surgimento da literatura russa no
cenário europeu, afirmando que Pushkin, Lermontov e Gogol não eram
mais discípulos dos franceses, mas seus colegas (ouvindo-se então gritos
de "Turgueniev! Turgueniev também!").[125]

Turgueniev não era bom orador, incapaz de dominar uma assembleia
com sua voz aguda e fraca. Como presidente das sessões de trabalho, que se
realizavam na Loja Maçônica do Grande Oriente da França, tinha dificuldade de manter os delegados sob controle, e não raro precisava da ajuda do
romancista francês Edmond About, o verdadeiro organizador do congresso.

Os franceses fincaram pé na resolução há muito tomada: os direitos do
autor eram uma forma de propriedade natural, independente de fronteiras
nacionais. Segundo About, o objetivo do congresso era "formular uma
legislação internacional pela qual o escritor estrangeiro goze em todos os
países das mesmas vantagens que em seu país — não podendo suas obras
serem reimpressas nem traduzidas ou encenadas sem seu consentimento".[126]
As delegações estrangeiras em sua maioria concordaram com os franceses,
mas alguns países menores, grandes consumidores de literatura importada,
queriam maior liberdade para as traduções; decidiu-se assim dividir as delegações em grupos nacionais que levariam suas propostas a votação (com
a vitória dos franceses assegurada, já que tinham maioria de delegados). O
grupo dos eslavos (russos, poloneses e tchecos) se reunia na casa dos Viardot
na Rue de Douai.

Turgueniev estava em posição difícil. A delegação russa se opunha
frontalmente à proposta francesa: sua preocupação era proteger os meios de
subsistência dos tradutores russos, e como era menor o número de autores
russos traduzidos para línguas estrangeiras que o de autores estrangeiros
para o russo, não viam vantagem em aceitar as garantias pretendidas pelos
franceses. Posição semelhante foi adotada pelos outros eslavos. Mas Turgueniev compartilhava o ponto de vista dos franceses. Há muito se queixava
dos "editores ladrões" e das traduções piratas de suas obras. Essas traduções
não autorizadas não só o privavam dos royalties que receberia no exterior
se houvesse proteção internacional como eram de tão baixa qualidade que
podiam prejudicar sua reputação onde fossem publicadas. Muitas vezes ele
escreveu a periódicos estrangeiros para se queixar e advertir os leitores.
Os que mais o indignavam eram aqueles que alegavam ter traduzido com
sua autorização. Um editor alemão lançou uma tradução do seu romance

A Véspera com um falso prefácio "Do Autor". Mais irritante ainda foi um incidente ocorrido em 1877, quando uma tradução francesa de "Uma história estranha", originalmente publicada em *O Mensageiro da Europa*, foi retraduzida para o russo e publicada em *Novos Tempos* como "uma história original de Turgueniev", com outro título ("O Filho do padre"). Havia muitos erros na nova edição, e o tom original do relato se perdera. Turgueniev queixou-se com Stasiulevich, pedindo que assinasse com ele uma carta a Aleksei Suvorin, editor de *Novoe Vremia*, apesar de reconhecer que, na ausência de leis russas de copyright internacional, nada mais havia a fazer: "A lei está do lado de cavalheiros desse tipo, mas pessoas honestas não tirariam vantagem de leis assim."[127]

Turgueniev acreditava firmemente na necessidade de leis internacionais: um comportamento honrado não bastava para proteger os direitos dos escritores quando os textos impressos atravessavam fronteiras nacionais. Em maio de 1878, o arquiteto e escritor sueco-finlandês Jac Ahrenberg, delegado ao congresso, visitou Turgueniev em Bougival, registrando suas opiniões muito francas a respeito dos direitos autorais:

> Turgueniev se disse vergonhosamente explorado por editores suecos, que traduziram suas obras sem consultá-lo, quase sempre de edições alemãs e francesas. Dias atrás, ele próprio vira na vitrine do Sr. Nilsson um exemplar de *Águas da primavera* sem indicação do nome do tradutor e sem que ele sequer tivesse sido consultado por qualquer editor sueco. Bem, é verdade que um editor o consultou, e consultou de tal maneira que Turgueniev nem se deu ao trabalho de responder à carta.
>
> A carta aparentemente começava com "embora ele, o editor, tivesse legalmente o direito de fazer o que quisesse, em caso de traduções [...] de qualquer maneira oferecia ao autor" — o que Turgueniev chamava de "*un pourboire*" [uma gorjeta], supostamente algumas centenas de coroas. Nilsson lamentava pela sua contrariedade, dizia que as edições suecas eram pequenas, que não valia a pena publicar um livro se o autor tivesse de ser remunerado, que os russos tinham o mesmo direito em relação aos escritores suecos, embora a Suécia, infelizmente, não tivesse nem nunca tivesse tido alguém como Turgueniev; que ele, Nilsson,

nada tinha a ver com essa *bellum omnium inter omnes* [guerra de todos contra todos], sendo apenas um intermediário comissionado para vender o que lhe entregavam. A conversa se prolongou por muito tempo, e, no fim, a *causa mali* foi apresentada, uma carta do editor russo de Turgueniev, afirmando (com certeza equivocadamente) que as obras de Turgueniev eram impressas, vendidas e lidas na Suécia mais até mesmo que as de qualquer escritor sueco, e concluindo com o pedido de que Turgueniev, valendo-se de sua grande reputação, tomasse as medidas necessárias para impedir tal iniquidade e obter, pelo menos em seu caso pessoal, compensação pelo trabalho. A coisa toda me deu a impressão de que, por mais que o velho homem certamente tivesse razão em seus reclamos de compensação, igualmente precisava muito do dinheiro.

Turgueniev criticava ferozmente e com justificada indignação essas traduções para línguas estrangeiras. Suas duras falas a "esse novo comércio e esses saques de varegues" eram mais permeadas de humor que satíricas ou irônicas. Entre outros, ele fez um comentário que me chamou a atenção: "Se esse direito de traduzir sem compensação não for revogado, os países pequenos serão sufocados pela concorrência no mercado literário. Sempre será mais vantajoso para um editor escolher uma obra-prima por nada (não estou mais falando das minhas obras) que encontrar algo entre as poucas obras nacionais originais consideradas satisfatórias. Mas as obras-primas estrangeiras são menos necessárias para a vida espiritual de uma nação que os trabalhos nacionais de nível inferior. A consequência é que os editores enriquecem e os escritores desaparecem, e assim a literatura nacional sofre um duro golpe. Mais que as outras, as nações pequenas são forçadas a se proteger de influências estrangeiras. Melhor dispor de alguns editores pobres e de uma literatura pequena porém viável. Veja a Itália e a Espanha! São literaturas mortas. Por quê? Bem, antes mesmo que a mais recente edição de um romance francês saia da gráfica, já está sendo explorada por um editor nesses países."[128]

Turgueniev esperava que a delegação russa "aprovasse silenciosamente as propostas francesas", como escrevera a Stasiulevich. O risco que identificava no caso dos países pequenos também podia ser aplicado à Rússia, onde temia que os jovens escritores tivessem dificuldade de publicar por causa do influxo de traduções. Também desejava que "os russos não dessem motivos aos franceses de nos acusar de mesquinhez por não desejarmos direitos iguais [entre os países] — acusação plenamente justificada". Na reunião na Rue de Douai, ele convenceu os eslavos de que, como os franceses descartariam liminarmente qualquer proposta de liberdade de traduzir, deviam propor uma solução intermediária de proteção dos copyrights por período limitado (entre dois e cinco anos, dependendo da categoria da obra).[129]

Foi a proposta que apresentou em nome deles no congresso. Turgueniev frisou que, para países de literatura jovem como a Rússia, especialmente aqueles em que havia censura, era importante preservar a liberdade de acesso a obras literárias e científicas estrangeiras: era a maior garantia de disseminação da civilização europeia nessas sociedades menos afortunadas. Ele também defendia a tolerância em nome da equidade: "Nós, russos, ainda não podemos remunerar financeiramente os autores pelas traduções do francês. Vocês, franceses, não nos traduzem, e praticamente nos ignoram, mas nós sempre traduzimos suas obras mais recentes. E quem são nossos tradutores? Estudantes pobres, que têm nesse trabalho seu único meio de vida." Neste momento, um dos delegados franceses gritou: "Então que me paguem pelo menos dois tostões! O importante é o reconhecimento dos meus direitos!" — sendo aplaudido pela maioria dos franceses. Turgueniev teve o apoio da maioria das delegações de países pequenos — romenos, holandeses e portugueses —, alegando que em seus países era impossível ganhar a vida escrevendo, que não havia escritores locais e que os escritores dos países mais ricos deviam encarar a tradução de seus trabalhos como uma forma de publicidade nesses mercados. Turgueniev fez um último apelo: "Esses tradutores não são bandidos. De certa forma são pioneiros da civilização no nosso país. Vocês podem dizer que o que lá introduzem é tirado de vocês. O que é verdade, mas existem antecedentes. Se Pedro o Grande não tivesse sido um ilustre bandoleiro, eu não lhes estaria falando aqui hoje." Houve risos e aplausos. Mas na votação sua proposta só não foi rejeitada por vinte delegados.[130]

O congresso aprovou uma série de propostas dos franceses para a proteção dos direitos autorais, abarcando traduções e adaptações da mesma
forma em todos os países. E se encerrou com um banquete e mais discursos
exortando os governos nacionais a promulgar as necessárias leis internacionais. Turgueniev não compareceu ao banquete, preferindo ir às Folies
Bergère com os Viardot. Estava farto do congresso, uma "comédia", segundo
disse, que produzira "algumas frases genéricas", mas nenhum resultado com
qualquer significado real ("*patati et patata*"). "Não aguento mais", escreveu
a Flaubert, "e vou para Karlsbad".[131]

Turgueniev permitiu que seu nome fosse incluído na comissão de honra
da Associação Literária e Artística Internacional (ALAI), que promoveu
uma série de conferências em Londres (em 1879), Lisboa (1880) e Viena
(1881) para redigir propostas de leis internacionais de copyright. Mas
não compareceu a nenhuma delas. Achou que seu papel em Londres seria
"deplorável", e mesmo em Viena, onde foi declarado presidente de honra,
não via propósito em sua presença: os russos davam todos os sinais de que
recusariam qualquer acordo de copyright internacional.[132]

Turgueniev se equivocava ao dizer a Flaubert que o congresso "não vai
nem pode produzir qualquer resultado". As resoluções aprovadas foram incluídas num projeto de convenção internacional de copyright durante a Conferência da ALAI em Berna em 1883, debatidas por governos em conferências
diplomáticas na mesma cidade em 1884 e 1885 e formalmente adotadas por
dez Estados (França, Bélgica, Grã-Bretanha, Alemanha, Haiti, Itália, Libéria,
Espanha, Suíça e Tunísia) na Convenção de Berna para a Proteção de Obras
Literárias e Artísticas (documento fundador de uma união de copyright que
hoje abarca 172 países), no dia 9 de setembro de 1886. A maioria dos países
menores da Europa, os que predominantemente importavam livros, ficou
de fora da convenção, embora muitos aderissem posteriormente: Noruega
(em 1896), Dinamarca (1903), Suécia (1904), Portugal (1911) e Países Baixos
(em 1912). O Império Austro-Húngaro foi mantido de fora por suas partes
não germânicas, as principais importadoras de traduções estrangeiras, que
tinham maioria no Reichsrat, a câmara alta do parlamento. Os russos também se recusaram a aderir à convenção. Mas havia uma ironia. Eles tinham
baseado sua oposição às propostas francesas na alegação de que traduziam
mais obras de outras línguas europeias do que o inverso, mas a decisão de
não aderir contribuiu em muito para reverter esse desequilíbrio. Depois

de 1886, verificou-se um acentuado e constante aumento do número de traduções de livros russos na Europa. O que resultava em parte do maior interesse ocidental pela literatura russa, mas, sobretudo, o aumento se dava por conta do fato de os livros russos não serem protegidos pela convenção, revelando-se, portanto, mais baratos para traduzir e publicar que obras cobertas pelo copyright internacional.

A Convenção de Berna foi uma das grandes realizações do direito internacional no século XIX. Ocorria num ponto alto do internacionalismo, uma época em que a Cruz Vermelha Internacional foi criada em todos os principais países da Europa, os socialistas se organizaram na Segunda Internacional e o movimento feminista internacional adquiriu forma substancial. A força do direito internacional aumentava, os Estados europeus aderiam a normas e convenções internacionais: uma União Telegráfica Internacional (1865); uma União pelo Sistema Métrico (1875); uma União Postal Universal (1875); uma Conferência Internacional do Meridiano para estabelecer a hora padrão (1884); e um Acordo sobre Transporte Ferroviário de Bens (1890), coordenando horários e exigências técnicas para as empresas ferroviárias de nove Estados europeus continentais.[133]

A Convenção de Berna ainda não era suficiente para erradicar o problema da pirataria internacional. Estados que não haviam aderido — particularmente os Estados Unidos e a Rússia — continuaram proporcionando uma brecha jurídica para os editores piratas.* A redação da convenção era ambígua em certas áreas — direitos de execução cênica, por exemplo —, originando disputas legais entre criadores de música e obras dramáticas e agentes de concertos e administradores de teatros. Mas globalmente o tratado era um passo crucial, e seus princípios norteadores ainda hoje prevalecem. Estimulou editores de música, literatura e artes plásticas a expandir seus negócios internacionalmente e permitiu aos artistas obter rendimentos do seu trabalho em todo o mundo.

---

* Os Estados Unidos aderiram em 1952, em Genebra, a um tratado menos protetor, a Convenção Universal do Copyright. Só em 1988, entrariam para a Convenção de Berna. A União Soviética assinou a Convenção de Berna em 1975, e a Rússia reafirmou sua adesão em 1995.

8. A MORTE E O CÂNONE

Nunca houve grandes homens vivos. A posteridade é que os fez.

FLAUBERT, 1870

1

Turgueniev voltava todo ano à Rússia no fim da década de 1870, em geral para cuidar da propriedade e dos negócios, que oscilavam de um desastre a outro. Suas breves estadas não despertavam grande interesse entre os russos, que já o consideravam um emigrado, senão um perfeito estrangeiro. À publicação de seu romance *Terras virgens*, em 1877, ele fora atacado por críticos russos de todas as tendências, segundo os quais perdera contato com a Rússia, onde se passa o enredo do romance — complicada história sobre um grupo de populistas da nobreza que deixam suas residências para "simplificar" a vida e disseminar propaganda socialista entre os camponeses. Cabe notar que os personagens carecem da vívida naturalidade encontrada nos personagens de seus romances anteriores; mais parecem tipos traçados para transmitir uma mensagem política: por melhores e mais sinceros que sejam esses jovens revolucionários, como seres humanos, a causa que defendem é falsa e está fadada ao fracasso. Turgueniev aceitara as críticas. "Não resta dúvida de que *Terras virgens* fracassou", escreveu ao irmão Nikolai:

E começo a pensar que seu destino é merecido. Não dá para imaginar que todos os jornais entraram em alguma conspiração contra mim; seria antes o caso de reconhecer que cometi um erro: tomei a braços uma missão que estava além das minhas forças e caí sob seu peso. Na verdade, é impossível escrever sobre a Rússia sem viver lá.

Como era impossível escrever sobre outro lugar, ele pensava agora em abrir mão da ficção.[1]

Mas tudo mudou durante sua visita ao país nos primeiros meses de 1879, depois da súbita morte de Nikolai, que, por testamento, deixou uma pequena parte de sua grande fortuna, em torno de 250 mil francos, para o irmão em dificuldades financeiras. Turgueniev teve uma recepção de herói de volta à pátria, numa série de banquetes em sua homenagem promovidos por grandes representantes da ciência, da educação e das artes em Moscou e São Petersburgo. Agora a prolongada ausência era encarada como uma forma de protesto contra a autocracia. Estudantes se aglomeravam em frente às residências onde se hospedava na esperança de ver ainda que brevemente o gigante de cabelos brancos que agora saudavam como a própria encarnação das esperanças democráticas. Turgueniev estava de volta a uma sociedade em que fermentavam expectativas de reforma: aumentava a pressão por uma constituição e, não obstante os atentados terroristas promovidos pelos revolucionários, o tsar Alexander II começava a se convencer dessa necessidade.

Turgueniev entendeu por que era recebido com tanto entusiasmo. No dia 4 de março, leu um trecho das suas *Memórias de um caçador* num concerto em benefício de estudantes pobres no Salão de Reuniões da Nobreza de Moscou. E o evento se transformou em manifestação política. "Imagine mais de mil estudantes nesse salão colossal", escreveu ele a Pauline no dia seguinte.

Quando entro, começa um alvoroço tão barulhento que poderia derrubar o prédio, gritos de "hurra!", chapéus jogados para o alto. São trazidas então duas enormes coroas de flores, e um representante dos estudantes berra um discurso no meu ouvido — e cada frase provoca nova gritaria; na primeira fila, o reitor da universidade está pálido de medo; e eu, mesmo tentando não jogar óleo na fogueira, respondo na esperança de não dizer apenas chavões. Mais tarde, depois da leitura, sou escoltado à saída do salão por uma multidão. Das salas próximas bradam meu nome

vinte vezes. Mocinhas tentam agarrar minhas mãos para beijá-
-las! Uma cena de loucura. Se um coronel da gendarmaria não
me tivesse escoltado com a maior polidez, fazendo-me entrar
na carruagem, eu ainda estaria lá. O motivo de todo esse frenesi
eu entendo perfeitamente: às vésperas de reformas eternamente
prometidas e adiadas, todos esses jovens estão carregados de
eletricidade como uma garrafa de Leyden; e eu servi de máquina
de descarga. E nisto meus pontos de vista liberais eram tão importantes quanto qualquer texto meu. Se esses pobres jovens não
se tivessem manifestado, explodiriam![2]

Demonstrações dessa natureza não eram bem vistas pelo governo russo.
Espiões da polícia relatavam ao tsar cada passo do escritor. Os reacionários
o acusavam de estar incitando uma revolução. Não demorou, e Turgueniev
seria abordado por um dos cortesãos do tsar, segundo quem Sua Alteza
estava interessada em saber quando ele pretendia voltar para o exterior.
Preocupado em não se indispor com o tsar e ver ameaçada suas chances
de futuras visitas à Rússia, e talvez com medo de uma possível detenção,
Turgueniev sem demora fez as malas e se foi. Na fronteira, ouviu do oficial
tsarista: "Estávamos à sua espera."[3]

Mesmo assim abreviada, Turgueniev ficou encantado com sua visita à
Rússia. Se sentia reconciliado com a juventude russa e as camadas progressistas da sociedade. O tempo abrandara as polêmicas provocadas por seus
romances da década de 1860, *Pais e filhos* e *Fumaça*; uma nova geração de
russos crescera com ideias próximas das suas concepções liberais; e agora
ele era afetuosamente lembrado como autor das *Memórias de um caçador*,
que tanto haviam contribuído para acabar com a servidão. Pela primeira
vez sentia estar numa Rússia onde poderia viver. Pauline percebeu que
talvez acabasse por perdê-lo. "Meu bom, querido Tourgline", escreveu-lhe
a 25 de março:

Acabo de receber sua carta com a fotografia. Obrigada. Estou
respondendo na certeza de que minha carta ainda o encontrará
muito satisfeito em São Petersburgo, onde seus recentes triunfos
podem estimulá-lo a assentar raízes. O que está muito bem, desde
que não fique com '*Heimweh*' [saudade] quando estiver em Paris.

Por acaso pretende nos abandonar? Receio que se entedie em
Paris, onde não se vê cercado por esse frenesi de admiradores —
onde só conta com os mesmos velhos de sempre, cada dia mais
velhos, olhando para você com a mesma tranquila alegria [...]
meu Deus, que felicidade será voltar a vê-lo aqui. Temo que não
tenha forças para se afastar de toda essa juventude que ronda e
pula ao seu redor![4]

A única representante da juventude cuja ronda Pauline de fato temia
era Maria Savina, uma atriz que Turgueniev conhecera naquele mesmo
mês de março, depois de um sensacional desempenho numa peça dele
há muito esquecida, *Um mês no campo,* no Teatro Alexandrino em São
Petersburgo. Jovem e bela, Savina era o talento mais promissor dos palcos
russos. Turgueniev se apaixonou. E a encontrava constantemente. Depois
de voltar a Paris, mandava-lhe cartas apaixonadas, declarando seu amor.
Essas cartas expressavam o desejo sexual de um homem de idade por uma
mulher jovem (ele tinha 61 anos e ela, 25), mas em nada davam a entender
que já o tivessem consumado.

A paixão certamente decorria de um crescente sentimento de solidão, em
sua dupla condição de exilado da Rússia e solteiro. Antes do relacionamento
com Savina, ele encontrara na afeição de outras mulheres jovens, todas russas, consolo para os momentos em que se sentia isolado ou abandonado por
Pauline. A partir de 1873, houve um longo namoro com a jovem viúva de
um general russo, a baronesa Julia Vrevskaia, só interrompido no início da
Guerra Russo-Turca, em 1877, quando ela se apresentou como voluntária na
frente de batalha para trabalhar como enfermeira. Morreria de febre tifoide
num hospital militar em janeiro de 1878.

A insensatez de um velho que fracassa na tentativa de conquistar uma
jovem sempre foi material de comédia. Mas havia algo triste no anseio de
Turgueniev pelo amor de uma mulher mais nova. Talvez fosse nostalgia
da juventude, de suas possibilidades românticas, que havia sacrificado por
devoção a Pauline. O amor ardente por Pauline diminuíra — mudando de
forma — com o envelhecimento dos dois. Tornara-se uma amizade íntima
na qual cabia toda a vida emocional do escritor. Ele não era capaz de romper
esse relacionamento. Tornara-se dependente de Pauline, embora soubesse
que sua paixão era correspondida apenas com uma "tranquila alegria". Ele

precisava dela emocionalmente, apesar (e talvez por causa) do tormento que lhe causava.

Segundo Anatoli Koni, o jurista com quem se confidenciava em questões do coração, Turgueniev não era homem de se casar: ficaria entediado com uma esposa amorosa (ou talvez com as banalidades cotidianas da vida conjugal). "Para amar durante muito tempo, e se acostumar com o amor, ele precisava de alguém que o fizesse sofrer, duvidar, hesitar, sentir-se secretamente enciumado e desanimado — alguém, numa palavra, que o atormentasse."[5] Pauline era essa pessoa. Sentia por ela uma devoção servil.

Koni recordava uma conversa que teve com Turgueniev no outono de 1879, quando, aos 35 anos, o visitou em Paris. Turgueniev o aconselhou a se casar. E explicou que era impossível imaginar "como a velhice pode ser solitária e monótona quando alguém tem de se agarrar à beira do ninho de um estranho, aceitar a bondade como se fosse caridade e estar na posição de um velho cão que não é posto para fora porque as pessoas se acostumaram com ele e têm pena". Segundo Savina, Turgueniev experimentava profunda decepção, e mesmo ressentimento, pelos sacrifícios que tivera de fazer em nome do casamento informal com Pauline. Ele expressou seus sentimentos num poema que leu para ela, a voz trêmula de emoção, de um "livro grande encadernado com couro verde" que mantinha trancado numa gaveta da escrivaninha em Spasskoe. O poema, que não chegou até nós, falava de "um amor avassalador por uma mulher a quem uma vida inteira havia sido entregue e que não foi capaz de levar uma florzinha ou derramar uma única lágrima no túmulo do autor". Como Savina lhe perguntasse o que pretendia fazer com esse poema, Turgueniev respondeu que o queimaria para impedir que fosse publicado após sua morte: "Poderia feri-la."[6]

Turgueniev voltou à Rússia em fevereiro de 1880. Queria retomar o relacionamento com Savina. Encontrou-a com frequência nos cinco meses que passou na Rússia, de fevereiro a julho, seu período mais longo de permanência em quase vinte anos. Houve encontros fugazes, momentos roubados no camarim da atriz no teatro e troca de bilhetes amorosos. Numa ocasião que ficou famosa, ele se deslocou até a estação ferroviária de Mtsensk, a vinte quilômetros da propriedade de Spasskoe, para acompanhá-la em sua cabine no trem durante viagem de uma hora até Orel. Pela carta que lhe enviou depois de descer do trem para passar a noite num hotel, pode parecer que se beijaram ("Ainda que viva cem anos jamais esquecerei esses beijos"), mas ela rejeitou seus avanços, e, em consequência, Turgueniev, certamente se dando conta de que fizera papel de bobo, se distanciou ("Se o ferrolho vai ficar fechado, é melhor não me escrever, mas beijo suas mãos, seus pés e tudo que me permitir beijar — e também o que não permitir").[7] O esfriamento foi temporário. A paixonite recomeçou. No verão seguinte, Savina passou cinco dias com ele em Spasskoe — onde Pauline nunca esteve —, embora a essa altura estivesse para se casar.

Um dos motivos da longa permanência de Turgueniev na Rússia foi seu envolvimento num festival Pushkin que culminou na inauguração de um monumento ao poeta russo em Moscou, a 6 de junho. A ideia de uma estátua pública vinha sendo promovida desde a década de 1840, quando Belinski concluíra sua série de artigos sobre Pushkin contemplando o momento futuro em que o poeta "clássico" da Rússia seria homenageado com um monumento. A partir dos anos 1860, quando a campanha foi retomada, primeiro pelos antigos colegas de Pushkin no liceu de Tsárskoie Selô, depois pela Sociedade dos Amigos da Literatura Russa (OLRS), especializada em comemorações literárias, o clamor por uma estátua de Pushkin começou a assumir importância simbólica nacional. Não havia monumentos públicos a heróis literários ou artísticos em Moscou ou São Petersburgo: apenas estadistas e figuras militares compartilhavam essa honra com os tsares. A inauguração de um monumento a Pushkin era vista por muitos como um novo começo para a Rússia. Assinalaria o momento do seu renascimento como nação no sentido europeu, uma sociedade independente do Estado, como a Alemanha de Goethe e a Inglaterra de Shakespeare. Num momento de reformas liberais, o fato também seria visto como uma virada nas relações do Estado com a sociedade, uma oportunidade de reunificação do país pelos valores da sua literatura.[8]

Turgueniev desempenhou papel decisivo nos preparativos do festival. Atuando como embaixador itinerante da OLRS, ajudou na aquisição de souvenirs de Pushkin para a exposição principal, comunicou-se com escritores do mundo inteiro para convidá-los a comparecer (poucos o fizeram, mas Hugo, Tennyson e Auerbach enviaram telegramas de congratulações) e aceitou a encomenda de Stasiulevich para escrever um panfleto sobre Pushkin "para o povo", a ser lido em voz alta e distribuído gratuitamente em salas de leitura de Moscou no dia da inauguração do monumento. No fim das contas, o panfleto saiu em tom elevado demais. "Não sei escrever para as pessoas comuns", reconheceu ele, em carta a Stasiulevich. Pouco antes do início das comemorações, informado de que Tolstoi não compareceria, ele viajou a sua propriedade em Yasnaya Polyana, numa última tentativa de fazê-lo mudar de ideia. Tolstoi não deu ouvidos aos argumentos de Turgueniev. Tornara pública sua intenção de abrir mão da literatura e levar uma vida cristã mais simples com os camponeses. Recusava-se a se envolver com a "comédia" daquelas homenagens a um homem de moral fácil como Pushkin, cuja poesia nada significava para os camponeses.[9]

Uma multidão acorreu à inauguração da estátua esculpida por Alexander Opekushin em Moscou, no dia 6 de junho de 1880. Souvenirs de Pushkin dos mais variados tipos eram vendidos nas ruas: retratos, bustos e estátuas de argila, edições baratas de sua poesia, álbuns de canções e arranjos musicais dos seus versos. Ao som de uma orquestra tocando a "Marcha da Coroação" de Le Prophète, de Meyerbeer (Pushkin escrevera um poema de título idêntico), delegações de toda a Rússia se sucediam na deposição de coroas de flores no monumento. Houve banquetes, leituras públicas, reuniões solenes e discursos.

O discurso de Turgueniev na sessão de abertura da OLRS era ansiosamente aguardado por um público curioso do que ele teria a dizer sobre o grande poeta nacional. Como famoso expoente da filosofia ocidentalizante, ele deixara os eslavófilos e nacionalistas terrivelmente ofendidos ao minimizar as realizações culturais da Rússia. Mas o discurso de Turgueniev foi uma decepção para o público. Apesar de reconhecer que Pushkin era o maior e melhor poeta nacional, ele não chegou a equipará-lo aos maiores poetas europeus — Shakespeare, Goethe e Homero — dotados de mais elevadas qualidades universais. Foi uma fala comedida e nuançada, reconhecendo o grande salto que Pushkin representara na criação de uma literatura russa, mas não satisfez naquele clima de euforia nacionalista que exigia a elevação do poeta a patamares mais elevados de importância.

Dostoievski roubou a cena, atendendo a esse reclamo em seu explosivo panegírico na sessão de encerramento da OLRS no dia seguinte, 8 de junho. Esse discurso significou o ponto de partida da fama de Dostoievski como profeta nacional. Ele louvava em Pushkin um gênio da história mundial, maior até que Shakespeare, Cervantes ou Schiller, por ser detentor da qualidade singularmente "russa" de encarnar o espírito de toda a humanidade: "Os maiores poetas europeus jamais seriam capazes de encarnar com tanta força em si mesmos o gênio de um povo estrangeiro ou sequer vizinho [...]. Mesmo os italianos de Shakespeare, por exemplo, quase sempre são ingleses. Pushkin foi o único dentre os poetas do mundo a ter essa capacidade de se identificar plenamente com outra nacionalidade." Seu espírito universal, afirmava Dostoievski no clímax messiânico do discurso, era uma revelação do destino russo de unir todos os povos da Europa numa fraternidade cristã. "O salão ficou histérico", relataria Dostoievski à mulher, "e quando acabei, nem posso descrever o estrondo, o gemido de êxtase [...]. Durante meia hora me chamaram de volta, acenando com lenços [...]. 'Profeta! Profeta!', gritavam na multidão. Turgueniev, a quem fiz uma referência simpática no meu discurso, veio correndo me abraçar, em lágrimas". Ao relatar a Stasiulevich o discurso de Dostoievski, Turgueniev o considerava "falso do início ao fim, mas extremamente agradável para a autoestima russa".[10]

2

Quando preparava o discurso sobre Pushkin em Spasskoe, Turgueniev recebeu a terrível notícia da morte de Flaubert. "Recebi o golpe da maneira mais brutal", escreveu a Zola no dia 23 de maio, "lendo o obituário em *Golos* [diário de São Petersburgo]. Nem preciso dizer o pesar que me causa: Flaubert era o homem que eu mais amava neste mundo. Não é apenas um grande talento que se foi, mas um espírito raro, e um centro para todos nós". Os detalhes da morte chegaram dias depois numa longa carta de Maupassant, que havia recebido um telegrama da sobrinha de Flaubert no dia 8 de maio, pedindo que acorresse o mais rápido possível, pois o escritor sofrera um colapso durante um ataque de epilepsia. Mas ele já estava morto quando Maupassant chegou pelo trem Paris-Rouen.[11]

O funeral foi três dias depois, em Croisset. Depois de uma missa como outra qualquer na igreja da paróquia, os presentes seguiram o caixão de Flaubert até o Cemitério Monumental de Rouen, num percurso de alguns quilômetros. Zola ficou chocado com o pequeno número de pessoas do mundo literário que viera de Paris (além dele próprio, apenas Goncourt, Daudet, Maupassant, Théodore de Banville, Huysmans e alguns outros, mas não Hugo nem Dumas) e sobretudo com a exiguidade da congregação de Rouen — não mais que cem pessoas no total. "O que parece inexplicável, imperdoável, é que Rouen, toda Rouen não tenha acompanhado o corpo de um dos seus filhos mais ilustres", escreveu Zola. "Talvez se pudesse dizer que todo o povo de Rouen se dedica ao comércio e não leva a literatura a sério. Mas esta grande cidade deve ter professores, advogados, médicos, uma população que lê livros, que pelo menos ouviu falar de *Madame Bovary*."[12] O enterro propriamente podia ter saído das páginas desta obra-prima. O buraco cavado pelos coveiros não tinha comprimento suficiente para o caixão de Flaubert, que media quase 1,81 metro de altura. Baixando à terra, o ataúde ficou preso num ângulo, os pés mais altos que a cabeça, e assim permaneceu durante os últimos rituais.

Ao voltar da Rússia, Turgueniev reuniu uma comissão de escritores para levantar fundos para um monumento a Flaubert em Rouen. Goncourt, Daudet, Maupassant e Zola aderiram, assim como Charles Lapierre, editor do diário *La Nouvelliste* de Rouen e velho amigo de Flaubert, mas o orgulho não permitiria a Victor Hugo participar da mesma comissão que Zola, que havia criticado sua obra. Dos 12 mil francos cobrados pelo escultor Henri Chapu, apenas 9 mil foram coletados junto ao público em cinco anos. Os escritores tiveram então de juntar o resto do próprio bolso. E o monumento finalmente foi inaugurado em 23 de novembro de 1890. O tempo estava péssimo. Goncourt, Zola e Maupassant se espremiam entre os poucos dignitários parisienses abrigados do vento e da chuva debaixo de uma marquise, enquanto a estátua era descerrada aos acordes de uma banda de parque de diversões — outra cena que podia ter saído de *Madame Bovary*.[13] Goncourt foi encarregado do discurso:

> Agora que está morto, o pobre Flaubert começa a ter reconhecida sua condição de gênio, como merece sua memória. Mas os senhores sabem acaso que em vida os críticos relutavam em admitir sequer que ele tivesse talento? Que foi que lhe granjearam todas as suas obras-primas? Rejeição, insultos, crucificação moral. Seria possível escrever um bom livro sobre os erros e injustiças cometidos pelos críticos contra os escritores, de Balzac a Flaubert. Lembro-me de um artigo de um jornalista político afirmando que a prosa de Flaubert era uma vergonha para o reinado de Napoleão

III, e de outro num jornal literário em que ele era recriminado por escrever num *estilo epilético* — e só agora podemos entender o veneno contido nesse epíteto, para o homem ao qual se dirigia [...].

"Numa época em que o dinheiro transforma a literatura e a arte em comércio, Flaubert se destaca como um dos últimos de uma velha geração de artistas nunca motivados pelo dinheiro, resistindo a suas tentações mesmo ao custo do próprio sucesso e escrevendo apenas livros que satisfaziam ao próprio gosto artístico, livros que o remuneravam mal em vida mas lhe valeram a glória póstuma.[14]

Muito tempo se passaria até que Flaubert tivesse o reconhecimento merecido. Só no centenário de nascimento, em 1921, o Estado francês admitiu sua importância, inaugurando um monumento em sua homenagem no Jardim de Luxemburgo. Mas, nos anos 1880, a morte de outros escritores seria marcada por imponentes funerais de Estado com participação cívica.

Dostoievski morreu de hemorragia pulmonar em janeiro de 1881. Se o discurso de homenagem a Pushkin dera origem a sua condição de profeta nacional, o funeral representou o início de um culto nacional. Foi o mais parecido com um funeral de Estado que qualquer escritor já tivera na Rússia, encarregando-se a Igreja e o governo das providências, além de enviarem representantes. Uma enorme multidão acompanhou o cortejo em São Petersburgo. Estudantes deixaram as salas de aula e se perfilavam, chorando, nas ruas, da casa de Dostoievski na Travessa Kuznechny até o Mosteiro Alexander Nevsky. Representantes de 67 delegações carregavam coroas de flores atrás do caixão. Quinze coros cantavam em diferentes pontos do caminho. Ao se aproximar o cortejo, os portões do mosteiro se abriram e os monges saíram em procissão para homenagear o morto — num tipo de cerimônia normalmente reservado ao enterro de um tsar.[15]

"Nunca antes se vira algo parecido na Rússia", escreveu Stasov. Poucas décadas antes, o público não tivera acesso ao funeral de Pushkin, cujo corpo fora levado de São Petersburgo pela polícia para evitar multidões. Mas agora o Estado reconhecia oficialmente Dostoievski. O tsar ordenou que o Ministério das Finanças concedesse pensão vitalícia de 2 mil rublos anuais (8 mil francos) à viúva, a primeira vez que uma pensão dessa natureza era concedida na Rússia, e vagas foram reservadas para os filhos de Dostoievski no Corps des Pages e no Instituto Smolny, embora não fossem ocupadas. Criou-se um fundo público para a publicação da primeira edição completa das obras de Dostoievski, e outro para erguer um monumento ao escritor. Turgueniev contribuiu com um valor modesto, 50 rublos (200 francos). Não esquecera a dívida de Dostoievski e as críticas cruéis que lhe endereçara ao longo de muitos anos.[16]

O funeral de Victor Hugo, em 1º de junho de 1885, foi ainda mais imponente — uma das maiores cerimônias de Estado que a capital francesa jamais viu. Assim que a notícia da morte se espalhou, uma multidão se aglomerou em frente à sua casa na Avenue d'Eylau. O jovem Romain Rolland estava entre os muitos estudantes que faltaram às aulas para se juntar aos admiradores de Hugo, entre eles muitos trabalhadores, aguardando anúncios a serem feitos da sacada. Desde a comemoração do aniversário do escritor em 1881, tornara-se uma tradição a aglomeração de admiradores na rua em frente, esperando que ele aparecesse. Hugo levou cinco dias morrendo. Desempenhou à perfeição o papel da morte romântica, não poupando esforços na produção de declarações à família e aos amigos ao redor da cama ("Estou pronto!", "É um homem morto que lhes fala!", "Se a morte tiver de chegar será bem-vinda!" etc.), sabendo que chegariam também aos jornais. A imprensa internacional publicava atualizações diárias do seu estado.[17]

Quando afinal morreu, o governo decidira homenageá-lo com um funeral de Estado e a "panteonização". Hugo dizia querer ser enterrado num caixão de homem pobre. Mesmo morto, não esquecia a necessidade de cultivar sua imagem de homem do povo. Para a visitação pública, o modesto ataúde de Hugo foi colocado sobre um monumental catafalco com suas iniciais, debaixo do Arco do Triunfo ornado com um véu negro, cercado de uma dúzia de tochas ardentes e iluminado com luz elétrica (ver imagem 61 do encarte). Maurice Barrès comparou a dramática *mise-en-scène* às cerimônias fúnebres dos imperadores romanos. Nietzsche achou tudo aquilo uma "orgia de mau gosto". Na noite anterior ao funeral, uma enorme multidão se formou no Arco do Triunfo e nos Champs Elysées, disputando lugares para ver melhor o cortejo fúnebre em direção ao Panteão. Toda a região já parecia um enorme parque de diversões, com camelôs vendendo souvenirs baratos — imagens do leito de morte, silhuetas de Hugo, partituras, panfletos com seus poemas, modelos dos seus personagens em madeira. Ao amanhecer havia dois milhões de pessoas no percurso do cortejo, mais que toda a população de Paris, e é possível que mais um milhão se tenha juntado mais tarde. Preocupado com a possibilidade de o funeral se transformar numa revolta de trabalhadores, o governo mobilizou mais policiais e soldados nas ruas. A multidão mais compacta se encontrava na Rue Soufflot, na chegada ao Panteão. Nas colunatas da entrada, representantes de dezenove delegações se sucederam fazendo elogios fúnebres e depositando coroas de flores nos degraus, antes da chegada do corpo de Hugo para ser conduzido ao cemitério.[18]

Seu sepultamento no Panteão era uma vitória simbólica da secular tradição de homenagear os "grandes homens" da nação. Uma tradição inaugurada pelos revolucionários em 1791, quando a Assembleia Nacional ordenou a criação do Panteão na igreja de Sainte-Geneviève. Designado como local para os enterros cívicos, o Panteão foi batizado em referência ao modelo romano. Os restos mortais de Descartes, Voltaire e Rousseau foram transferidos para sua cripta. O monumento se tornara objeto de disputa entre a Igreja e o Estado ao longo do século XIX. Durante a Restauração dos Bourbon, foi devolvido à Igreja; os "restos infiéis" de Voltaire e Rousseau foram retirados da cripta e escondidos por trás de uma porta sem qualquer identificação, embaixo do pórtico. Depois da Revolução de Julho, o Panteão foi restabelecido, os "infiéis" foram expostos novamente, mas não houve mais enterros. Luís Filipe acrescentou o frontão *"Aux grands hommes, la patrie reconnaissante"*, com a imagem da França distribuindo ramos de loureiro aos homens famosos da nação (a primeira mulher ali enterrada seria Marie Curie, mas somente em 1995). Napoleão III devolveu o prédio mais uma vez à Igreja, e ele se tornou local de peregrinação. Continuaria como santuário religioso até 1885, quando Hugo se tornou o primeiro homem enterrado na cripta desde Jacques-Germain Soufflot (1713-80), o arquiteto do Panteão, em 1829. A morte de Hugo serviu de impulso para a retomada do prédio pelo governo republicano, que o reconverteu no Panteão, para que o poeta e livre pensador pudesse ser enterrado num local devidamente secular.

Hugo foi o primeiro de muitos escritores enterrados no Panteão. A ele se juntariam Zola (enterrado na cripta em 1908) e Dumas pai (em 2002). Das oitenta pessoas que mereceram da Terceira República um funeral de Estado entre 1878 e 1940, um quarto era de grandes figuras das artes. A morte de Hugo assinalou o momento em que os valores seculares da República foram devidamente estabelecidos como uma força motivadora da união nacional. A vitória republicana nas eleições de outubro de 1877 acabara com as expectativas conservadoras de uma restauração da monarquia. O republicanismo moderado podia agora construir sua infraestrutura intelectual — baseada nos ideais iluministas da Revolução — como ideologia nacional. O culto de artistas e filósofos representava uma parte essencial dessa campanha. Tivera início com as celebrações de Voltaire e Rousseau no centenário de morte de ambos em 1878. Louis Viardot fez parte do comitê organizador das celebrações nos dois casos.[19] Houve banquetes para líderes cívicos em todas as cidades principais, estátuas dos dois pensadores foram inauguradas e suas obras foram publicadas em edições comemorativas e panfletos. No centenário de Voltaire (organizado, ironicamente, pela fábrica de chocolates Menier), houve uma cerimônia solene no Théâtre de la Gaieté em 30 de maio. Hugo fez um discurso que se tornaria lendário, sendo publicado amplamente na imprensa e distribuído em forma de panfleto; nele, apresentava o grande escritor e filósofo como encarnação da sua fé no progresso, na revolução e na democracia. Para reforçar o elo simbólico entre a Revolução e Rousseau, o principal evento do centenário, uma cerimônia solene à qual compareceram 6 mil pessoas no Cirque Américain em Paris, não se realizou no dia da morte do escritor, 2 de julho, mas doze dias depois, a 14 de julho, aniversário da tomada da Bastilha, que a partir de então seria comemorado sempre (tornando-se feriado nacional em 1880).[20]

O culto oficial de Hugo fortaleceu esse vínculo entre os grandes escritores da nação e os princípios intelectuais da Revolução, dos quais, segundo se dizia nos elogios fúnebres publicados à sua morte, Hugo fora o principal campeão nos muitos testes que enfrentaram no século XIX. Sua panteonização foi declarada uma vitória dos ideais seculares da República frente à velha "Ordem Moral" do clero e dos monarquistas. Mas foi uma vitória duramente contestada. A Igreja passou a atacar o culto "pagão" que consistia em venerar um homem, em vez de Deus.

Para consolidar essa vitória, o Ministério das Belas Artes deu início a um grande programa de esculturas monumentais para o Panteão em 1889, centenário da Revolução, marcado também pela inauguração da Torre Eiffel na Exposition Universelle em Paris. A principal peça encomendada para o Panteão era um conjunto escultural de revolucionários, com uma figura representando a Convenção Nacional, mas havia também esculturas individuais dos grandes filósofos que tinham lançado as bases intelectuais da Revolução (Descartes, Voltaire e Rousseau), dos estadistas que a concretizaram (como Mirabeau), e se pensava ainda numa estátua de Hugo, que encarnara os valores republicanos no século XIX. Coube a Auguste Rodin a encomenda de uma estátua de Hugo. O escultor decidiu retratar o poeta no exílio, sentado junto à Musa da Tragédia nas rochas de Guernsey, uma mão na cabeça, perdido em contemplação, a outra estendida na direção do mar, em gesto de desafio à ditadura de Napoleão III. O projeto foi rejeitado pelo ministério, que encontrou outro lugar para o bronze de Rodin no jardim do Palais-Royal (imagem 62 do encarte), e assim Rodin trabalhou em duas alternativas — um Victor Hugo sentado, exposto em gesso no Salon de 1897, e outro em pé para o Panteão, que nunca foi concluído.[21]

O nome de Hugo estava em toda parte. A morte o transformara em santo nacional. Edições dos seus livros em tiragens de massa eram encontradas em todas as livrarias e bibliotecas públicas. Nas escolas, as crianças decoravam seus poemas; nos manuais era contada a história do exílio e resistência ao Segundo Império como forma de instrução moral nos princípios republicanos. Houve várias iniciativas no sentido de criar um Museu Victor Hugo. O prefeito do 16º *arrondissement*, onde Hugo morava, na Avenue d'Eylau, encaminhou ao governo de Paris uma petição para que sua casa fosse preservada como lugar "sagrado", e muitas pessoas escreveram no mesmo sentido. Em 1889, um grupo de empresários alugou a antiga residência de Hugo para montar uma "Peregrinação nacional e universal à casa e ao Museu Victor Hugo" (*Pélerinage national et universel à la Maison et au Musée Victor Hugo*), que deveria ser basicamente uma atração para os visitantes da Exposition Universelle.[22] A casa não foi preservada pela cidade de Paris. Nem viria a ser usada como museu (hoje fica acima de uma loja de roupas íntimas).* Mas no aniversário de Hugo em 1881, a Avenue d'Eylau foi rebatizada com seu nome.

Antes de meados do século XIX, era raro que uma personalidade artística fosse celebrada por um organismo público ou pelo Estado. As ruas e praças das cidades europeias estavam cheias de monumentos a monarcas e heróis militares, mas eram muito poucas as estátuas em homenagem a heróis culturais da nação. Só a partir da década de 1860 os Estados começaram a dar mais importância à comemoração de heróis nacionais da cultura.

---

* Um Museu Victor Hugo seria criado mais tarde na casa da Place des Vosges onde ele viveu entre 1832 e 1848.

Em toda a Europa aumentaram consideravelmente as comemorações públicas de aniversários artísticos: o centenário de Schiller (1859), o tricentenário de Shakespeare (1864), o aniversário de seiscentos anos de nascimento de Dante (1865), as comemorações do centenário de Walter Scott (nas quais Turgueniev havia falado, em 1871), o quinto centenário da morte de Petrarca (1874), os centenários de Voltaire, Rousseau (1878) e do poeta irlandês Thomas Moore (1879) e o tricentenário de Luís de Camões, o grande poeta português do século XVI (1880). Monumentos a escritores, artistas plásticos e compositores surgiam com crescente frequência, quase se equiparando ao número de monumentos a estadistas e soldados, que eram em muito maior número na primeira metade do século. Entre 1800 e 1840, os Estados europeus ergueram 75 monumentos a monarcas, políticos e heróis militares — o triplo dos que homenageavam figuras da esfera da cultura, da ciência e da filosofia (23). Nas quatro últimas décadas do século, quando a voga das estátuas públicas chegou ao auge, os números se distribuíam melhor: 512 para os homens de poder contra 401 para os das ideias, ciências e artes.[23]

Ruas e praças, bibliotecas, salas públicas e teatros recebiam nomes de homens famosos dos campos da cultura e da ciência. Placas comemorativas eram afixadas em prédios onde tinham vivido. O sistema londrino de placas azuis, o mais antigo do mundo, começou com o descerramento de uma placa homenageando Byron no local onde nascera, em Holles Street (o prédio viria a ser demolido). As casas-museus se tornaram parte de um negócio turístico crescente, com peregrinações a santuários literários e artísticos. Em 1900, mais de 30 mil turistas viajavam anualmente de trem para Stratford, a cidade onde nasceu Shakespeare. Os horários dos trens coincidiam com o início e o fim das récitas no Shakespeare Memorial Theatre, inaugurado em 1879, para que os londrinos pudessem ir e voltar no mesmo dia e assistir a uma matinê antes de retornar à capital.[24] As ferrovias também encaminhavam o crescente tráfego turístico para destinos sacralizados por alguma associação com "gênios" criativos (a "Terra das Brontë", o Distrito do Lago de Wordsworth, as margens do Lago de Genebra associadas a Rousseau, Weimar como cadinho de criação em Goethe e Schiller etc.). Esses monumentos e pontos de atração eram ao mesmo tempo nacionalistas e europeus em sua importância cultural: boa parte do orgulho nacional com essas personalidades se fundamentava na ideia do seu "universalismo" — uma "contribuição" do país aos demais países e ao mundo.

A casa-museu era o foco desse culto. A Casa Museu de Schiller foi uma das primeiras, inaugurada em 1847. Em sua visita a Weimar em 1869, Turgueniev lá esteve para "a peregrinação obrigatória", registrando a exiguidade do quarto em que Schiller morreu ("qualquer artesão bem de vida hoje em dia se recusaria a viver nele"). Mas foi uma decepção encontrar fechada a casa de Goethe.[25] O neto se recusava obstinadamente a vendê-la. Quando ele morreu em 1885, contudo, o ducado de Saxônia-Weimar se apropriou da casa e a abriu ao público. A essa altura, surgiam casas-museus de escritores em toda parte — o Musée Pierre Corneille perto de Rouen, a casa de Dante em Florença, a de Cervantes em Madri —, e muitas outras estavam em funcionamento quando estourou a Primeira Guerra Mundial.

Por que aumentou tanto o interesse em celebrar figuras artísticas nessa época? O culto romântico do gênio artístico fazia parte da cultura europeia desde o século XVIII. Mas nas últimas décadas do século XIX, tornou-se um elemento do marketing da arte, numa cultura em que escritores, artistas plásticos e músicos de sucesso eram tratados como celebridades, com as biografias examinadas nos meios de comunicação, na tentativa de explicar sua criatividade. Essa preocupação com a vida privada e a personalidade do artista facilmente era transposta para as figuras canônicas do passado. Multiplicavam-se as biografias de grandes pintores, escritores e compositores, tornando-se um dos principais gêneros literários até o fim do século.

Estados e movimentos nacionais reivindicavam esses gênios para si e seus objetivos. Goethe era o gênio "alemão", Dante, o poeta "italiano", sua criatividade era interpretada como expressão do caráter nacional, sua poesia era a base da língua nacional. Era uma época de construção da nacionalidade e movimentos nacionalistas em toda a Europa. Surgiram novas nações (Itália, Romênia, Alemanha), outras lutavam por se libertar de impérios multinacionais (Hungria, os territórios tchecos, Sérvia, Croácia, Polônia, Ucrânia, Irlanda e assim por diante). Todos os Estados europeus precisavam cada vez mais da cultura — e sobretudo da ampla disseminação de uma literatura nacional — para unificar a sociedade.

A disseminação dos meios de comunicação de massa possibilitou esse uso da cultura: escritores, pintores e compositores eram agora conhecidos de um público mais amplo do que se poderia imaginar antes das ferrovias ou da litografia; eram heróis nacionais e celebridades. Quando Victor Hugo morreu, a França inteira parou. Quando Verdi morreu, em 27 de janeiro de

1901, lojas e teatros fecharam as portas em sinal de luto nacional. Três dias depois, naquela que é considerada a maior demonstração do povo italiano na história do país, 30 mil pessoas lotaram as ruas, na temperatura gelada do início da manhã, para acompanhar o cortejo fúnebre em Milão, e em certos pontos — pelo menos é o que se diz — a multidão começou espontaneamente a cantar o coro "*Va pensiero*" da ópera *Nabucco*, de Verdi, uma espécie de segundo hino nacional[26] (ver imagem 63 do encarte).

O culto a Verdi era fundamental na identidade nacional cultivada pelo novo Estado italiano. Embora *Nabucco* tivesse estreado em 1842, só depois da unificação da Itália o famoso coro dos escravos hebreus — um lamento pela perda do solo pátrio, com paralelismos simbólicos para os italianos então sob domínio estrangeiro — alcançou significado nacional e popularidade. A partir dos anos 1860, o Estado italiano estimulou a ideia do Risorgimento como revolta popular e renascimento da nação. Promovia as óperas de Verdi, especialmente as de tema patriótico, como *Nabucco*, *I Lombardi* e *Ernani*, que podiam ser usadas para cultivar uma consciência nacional. A música de Verdi era promovida como inspiração e expressão da unidade da nação — Verdi como "o bardo do Risorgimento" passou a ser parte integrante do mito nacional italiano.[27]

A celebração pública de artistas importantes desempenhou um papel vital nos projetos de construção nacional dos Estados europeus. Na Itália, em 1865, o sexto centenário de nascimento de Dante foi comemorado em Florença, a nova capital do rei Vítor Emanuel II. O que se anunciava era uma homenagem ao "poeta nacional" do país, cuja *Divina comédia* (1320), que não fora escrita em latim, mas no vernáculo toscano, era considerada o início da tardia unificação cultural da Itália. Na Alemanha, o centenário de nascimento de Schiller foi um momento importante no desenvolvimento de um sentimento nacionalista liberal. Foi festejado em 93 cidades alemãs, e em mais de vinte fora da Alemanha. Estátuas de Schiller foram erguidas em Weimar (em 1857), Jena e Marbach (1859), Mannheim e Mogúncia (1862), Hanôver e Munique (1863), Frankfurt (em 1864 e 1880), Hamburgo (1864), Marbach-am-Neckar (1867), Berlim (1871), Viena (1876), Ludwigsburgo (1883), Wiesbaden (1905), Nüremberg (1909), Königsberg (1910), Stuttgart (1913) e Dresden (1914).[28]

Na Bélgica, a morte de Hendrik Conscience, em 1883, deu início a um verdadeiro culto do fecundo e popular escritor flamengo, "o homem que ensinou o povo a ler", segundo a inscrição no belo monumento memorial na Antuérpia natal. Para a população de fala flamenga, dominada durante muito tempo pela cultura francófona da Bélgica, Conscience era motivo de orgulho nacional e mereceu dois funerais de Estado, um em Bruxelas, outro em Antuérpia. Em muitas cidades flamengas, foram inauguradas estátuas de Conscience, ruas e praças receberam seu nome.[29]

Em outros países sob domínio estrangeiro, a celebração de um "poeta nacional" vinha acompanhada de movimentos de libertação nacional. Na Eslovênia, o culto nacionalista de Valentin Vodnik (1758-1819), o "primeiro poeta esloveno", culminou na inauguração de um monumento em sua homenagem na Praça Vodnik de Liubliana, em 1889. Na Hungria, o movimento nacionalista se uniu numa longa campanha de homenagens ao poeta revolucionário e patriótico Sándor Petofi (1823-49), que afinal teve êxito com a construção de um monumento em Budapeste em 1882. Na Polônia, sob domínio russo, estátuas do "poeta nacional" Adam Mickiewicz (1798-1855) só começaram a ser erguidas nas comemorações do centenário de nascimento.

Se os anos 1880 representaram um ponto alto nas celebrações públicas dos heróis nacionais nas artes, foi também nessa época que o conceito de um "cânone" de grandes obras e artistas dignos de serem exaltados se enraizou nas sociedades de toda a Europa.

A palavra "cânone" ainda não era usada nesse sentido secular. Aplicava-se exclusivamente a santos e textos de escrituras sagradas aprovadas pela Igreja. Mas a ideia do cânone no sentido moderno — uma relação das obras clássicas reverenciadas no sistema de valores das sociedades — começou a ser expressa nas décadas intermediárias do século XIX. Durante muitos anos, foi articulada por meio da expressão "literatura mundial", empregada por Goethe pela primeira vez em 1827 para se referir, não a um cânone estabelecido, mas à circulação internacional de obras literárias na Europa, inclusive obras de origem não europeia. As trocas culturais entre as nações enriqueceriam as respectivas literaturas, levando a uma fusão híbrida entre elas — o que ele chamava de "literatura mundial". Goethe chegou a esse raciocínio pela observação da realidade do seu tempo. Impressionado com o crescimento do comércio internacional, via um paralelo entre o desenvolvimento do mercado global de bens materiais e algo equivalente na literatura, decorrendo este daquele. Influenciados por Goethe, Marx e Engels chegaram à mesma conclusão no *Manifesto comunista* (1848). Em todos os países, sustentavam, a globalização do mercado capitalista conferia "um caráter cosmopolita à produção e ao consumo" de criações intelectuais, exatamente como no caso dos bens materiais:

> Em vez do antigo isolamento e da autossuficiência local e nacional, temos intercâmbio em todas as direções, uma universal interdependência das nações. E assim como na produção material, também na produção intelectual. As criações intelectuais das nações individuais se tornam propriedade comum. O caráter unilateral e tacanho da perspectiva nacional se torna cada vez mais impossível, e das numerosas literaturas nacionais e locais surge uma literatura mundial.[30]

A essa altura, a ideia de uma literatura mundial era muito usada para se referir a uma coleção de obras-primas literárias de toda a Europa e do mundo. Começaram a ser feitas listas dessas obras. Em 1849, Auguste Comte publicou seu *Calendário positivista*, um almanaque de 558 "grandes homens" de todos os países e épocas históricas, por ele proposto como alternativa ao calendário de santos. Dois anos depois, no *Catéchisme positiviste*, ele compilava uma lista de 150 livros que em sua opinião deviam constituir um curso básico de leitura para os cidadãos educados. A lista teve grande influência no norte da Europa, especialmente na Grã-Bretanha, onde foi traduzida e inspirou outros registros, entre eles, o que foi produzido em 1886 por John Lubbock, diretor do Working Men's College. Sua relação dos cem melhores livros do mundo (vários deles em árabe, chinês, persa, sânscrito e outras línguas) circulou amplamente na imprensa. Exerceu enorme impacto nos hábitos de leitura da classe trabalhadora empenhada em se cultivar, gerando um mercado de massa para os "clássicos".

A ideia de compilar uma lista consensual dos maiores livros do mundo ganhou terreno mais amplamente no continente por volta dessa época. Ela fora debatida no Congresso Internacional de Escritores em 1878. O escritor polonês Wacław Szymanowski fazia campanha nesse sentido, na esperança de obter reconhecimento e cotas numa lista assim para as literaturas de menor projeção, como a do seu país. Turguéniev se sentiu atraído pela ideia. Ela falava ao seu cosmopolitismo europeu, a sua convicção de que as traduções e as trocas entre as nações contribuíam para o enriquecimento cultural. E estava em sintonia com o ideal goethiano de uma literatura mundial, que a vida inteira havia abraçado. Sua militância na área da tradução e nas atividades como intermediário entre culturas tinha como objetivo contribuir para a criação, senão de uma literatura mundial, pelo menos de uma literatura europeia. Ele queria promover um corpus internacional de obras literárias em torno das quais as nações da Europa pudessem se unir. Favorecendo a compreensão entre diferentes nacionalidades, a literatura podia desempenhar um papel na criação de uma identidade cultural europeia.

Nos últimos anos de vida, Turgueniev pensou seriamente em publicar uma coleção de obras clássicas, não só para a Rússia, mas para a Europa. Ao visitar São Petersburgo em 1879, anunciou que gostaria de organizar um grupo de pintores russos para ilustrar uma série de publicações de clássicos russos destinadas ao público mais amplo. Mencionou como modelo as edições ilustradas de Goethe e Schiller que acabavam de sair na Alemanha. Em novembro de 1880, recrutou Maupassant para um projeto literário que há muito planejava e pretendia estender a todos os grandes países europeus. Queria que ele:

> Escrevesse uma série de artigos no *Gaulois* [um jornal de Paris] sobre os grandes escritores da Europa — projeto que aprovo enfaticamente e para o qual estarei à sua inteira disposição, para orientações e conselhos. No caso da Rússia, por exemplo, comece com Pushkin e Gogol; na Inglaterra, Dickens, na Alemanha, Goethe, e a partir daí, pegando o jeito, continuar para os deuses dos países menores. Tenho certeza de que fará um esplêndido trabalho.[31]

Durante seis meses, Maupassant mergulhou em pesquisas para uma "Galeria de Escritores Europeus", conforme explicou a Turgueniev, mas o projeto gorou, e ele publicou no *Gaulois* apenas uma série de esboços sobre algum escritores importantes, na maioria dos casos, mortos.[32]

3

Além das comemorações oficiais e das listas de melhores livros, um cânone europeu ia sendo formado pelas forças econômicas nas últimas décadas do século XIX. A movimentação de pessoas, dinheiro e bens pelas fronteiras nacionais, as novas tecnologias de impressão e reprodução fotográfica, a comunicação e o transporte de massa e a adoção de mais eficazes leis internacionais de copyright convergiram na geração, pela altura da década de 1880, de um repertório relativamente estável de obras "clássicas" de música, ópera, balé, drama, artes plásticas e literatura em todo o continente.

Esse cânone se desenvolveu primeiro no repertório de concerto, no qual, já na década 1840, o movimento em prol da música séria liderado por Schumann, Berlioz e outros críticos e compositores estabelecera uma programação de clássicos orquestrais e de câmara dominada pelos três mestres mortos mais venerados, Beethoven, Haydn e Mozart. E isso era uma novidade. Em 1800, o repertório de concerto consistia sobretudo em música de compositores vivos — 80% da música executada em salas de concerto de Viena, Leipzig, Paris e Londres; mas, em 1870, nessas quatro cidades, a mesma proporção do repertório era de música de compositores mortos.[33] A sala de concerto se transformou num museu em que a música já conhecida era infindavelmente repetida. Tornava-se cada vez mais difícil para compositores jovens ou mesmo para os compositores vivos conseguir que suas obras fossem apresentadas, especialmente se fossem difíceis ou experimentais, requerendo orquestra e coro de grandes proporções — preocupação manifestada por Liszt e Berlioz, ambos prejudicados nesse sentido. Em visita a Paris em 1863, um crítico de música informava:

> Obras mais recentes [que as de Beethoven] só muito raramente são ouvidas aqui, e só há poucos anos o próprio Mendelssohn foi aceito na programação dos concertos do Conservatório. Schumann e Schubert são muito pouco conhecidos como compositores instrumentais; [...] algumas cautelosas tentativas foram feitas, em concertos promovidos especialmente com este objetivo, para apresentar ao público obras de compositores vivos [...] mas essas

tentativas não encontraram real receptividade, e o público, muito satisfeito em não sair do mesmo lugar, preferiria poder admirar todo ano praticamente as mesmas peças de mestres famosos; os músicos, por sua vez, consideram a situação tão cômoda que não se sentem compelidos a alterar essa rotina.[34]

Comodidade e familiaridade certamente explicavam em grande parte o crescente conservadorismo musical, que, no entanto, não decorria de uma rejeição generalizada das músicas novas (atitude que só surgiria no século XX). Na verdade, ele se originou na economia da sala de concerto. As obras conhecidas eram de produção mais barata — requeriam menos ensaios da orquestra e dos solistas; e as partituras mais antigas não pagavam copyright. Havia também maior garantia de encher a casa, pelo motivo perfeitamente legítimo de que eram obras já apreciadas. Com o crescimento das cidades, mais acessíveis a maior quantidade de pessoas em virtude dos aperfeiçoamentos nas ferrovias suburbanas, eram construídas salas de concerto maiores, tornando ainda mais arriscada a programação de músicas desconhecidas e reforçando a predominância das obras clássicas: os promotores de concertos podiam lucrar facilmente oferecendo um repertório conhecido a esse público ampliado, em boa parte, constituído de artesãos e membros da classe média baixa, que, não conhecendo ainda a chamada música séria, se interessavam sobretudo pelas obras famosas.

As ferrovias, mais uma vez, foram decisivas na abertura do mercado, permitindo a realização de turnês de concertos mais extensas. Solistas e orquestras podiam levar os clássicos ao público de província ou financiar excursões mundo fora tocando as obras familiares. Em 1885-6, Anton Rubinstein excursionou pela Europa, começando em São Petersburgo e Moscou e viajando a Viena, Berlim, Leipzig, Praga, Dresden, Paris, Bruxelas, Utrecht, Londres, Liverpool e Manchester; apresentou-se em mais de cem concertos, "recitais históricos" nos quais ambicionava abarcar a evolução do cânone clássico do piano. Na mesma década, o agente musical, empresário e editor Albert Gutman levava orquestras inteiras a Viena. "Uma orquestra em turnê, tocando não música de dança, mas as maiores obras do repertório sinfônico, é uma novidade reservada a nossa era das ferrovias", maravilhava-se Eduard Hanslick, o principal crítico de música da cidade, com isto ajudando Gutman a encher a Sala Filarmônica.[35]

As edições musicais foram um fator determinante na disseminação popular do cânone clássico. Os aperfeiçoamentos técnicos da impressão litográfica na década de 1870 permitiram aos editores lançar edições com tiragem de massa das novas obras de grande aceitação, a preços acessíveis. A seleção de música clássica da Edition Peters foi lançada em Leipzig em 1867, um importante "ano clássico" na história da edição alemã: foi quando, em obediência a leis anteriormente promulgadas pelo parlamento prussiano, a proteção do copyright deixou de cobrir obras de autores mortos há mais de trinta anos. O mercado foi inundado de edições baratas de obras de Mozart, Haydn, Schubert e Beethoven, todos mortos antes de 1837. A Edition Peters foi o empreendimento mais bem-sucedido do gênero, embora enfrentasse concorrência direta da série Volksaugabe (Edição Popular) da Breitkopf & Härtel, também lançada no "ano clássico" de 1867, e das coleções Clássicos Baratos e In-Octavo da Novello, mais antigas.[36] As capas inconfundíveis da Edition Peters (verdes no caso de compositores mortos não cobertos por copyright, cor-de-rosa para obras mais recentes dentro do copyright) podiam ser encontradas em toda casa onde houvesse um piano. A ideia de que os clássicos deviam estar ao alcance de todos era levada muito a sério por Max Abraham, que assumiu a direção da Peters em 1880. Nas suas próprias palavras, tratava-se de "um dever sagrado garantir que as obras dos grandes mestres estejam disponíveis num estilo facilmente legível". Ele empregava especialistas na produção de edições definitivas das obras consagradas e as preparava para imediato lançamento assim que o copyright caducasse e elas caíssem em domínio público. Em 1894, à morte de Abraham, a Biblioteca Musical Peters foi legada à cidade de Leipzig.[37]

A economia também contribuía para consolidar um repertório operístico estável. Entre 1860 e 1885, um pequeno número de óperas mais lucrativas se destacou das centenas produzidas no último século, passando a dominar o repertório dos teatros europeus. No mesmo período, a produção de óperas novas diminuiu muito, com a programação focando cada vez mais nos sucessos garantidos. No Covent Garden londrino, por exemplo, o total das produções em estreia absoluta caiu de 23% das récitas na década de 1850 para apenas 8% entre 1861 e 1878. Declínio semelhante se verificou no Her

Majesty's Theatre, cujo diretor, James Mapleson, sempre preocupado com a lucratividade, se viu forçado a competir com Covent Garden apresentando as obras mais populares — "o inevitável Trovatore, a sempre bem-vinda Lucrezia, a universalmente apreciada Martha, a majestosa Norma, os magníficos Huguenots e o inigualável Don Giovanni", como se referia à programação o crítico do *Times*, James Davison, em 1861.[38]

O mesmo acontecia em todo o continente. Na década de 1860, La Scala produzia em Milão apenas uma ou duas novas obras anualmente, em vez das cinco ou seis que costumava apresentar nos anos 1820 e 1830. No Teatro San Carlo de Nápoles, o número de estreias caiu de seis nos anos 1820 para apenas uma na década de 1870. No Teatro Real de Madri, a queda foi de oito novas óperas por ano no início da década de 1850 para apenas uma ou duas na de 1870. A história era a mesma na Hofoper de Viena, onde havia oito estreias por ano nas décadas de 1830 e 1840, mas apenas duas na de 1870.[39]

O surgimento de um repertório padrão pode ser constatado mais claramente no Théâtre Italien de Paris, onde o número de novas óperas declinou para uma média de menos de uma por ano na década de 1870. O número de títulos se reduziu dramaticamente, de 72 no repertório nos anos 1810 para apenas 28 em toda a década de 1870. As óperas tendiam a ficar mais tempo no repertório. Apenas 10% das produzidas nos anos 1810 continuavam voltando ao cartaz no teatro na década de 1840; mas dentre as que foram apresentadas nos anos 1870, dois terços se mantiveram no repertório por mais de trinta anos. O repertório do teatro era dominado pelos grandes cavalos de batalha da ópera italiana: *O barbeiro de Sevilha* de Rossini, *Norma* e *Sonnambula* de Bellini, *Lucia* de Donizetti, *Rigoletto, Traviata, Trovatore* e *Aida*, de Verdi.[40]

Um repertório operístico padrão se consagrava no mundo inteiro. No último quartel do século, era provável que um visitante de Paris tivesse em oferta os mesmos títulos que encontraria em Londres, Milão, Nápoles, Madri, Berlim, Viena ou São Petersburgo — e por sinal também em Buenos Aires ou Nova York. Com poucas exceções, como as obras-primas há muito esquecidas de Meyerbeer, as óperas apresentadas em toda a Europa nas últimas décadas do século XIX ainda constituem o cerne do repertório hoje em dia.[41]

As leis do mercado explicavam essa orientação. Não contando mais com subvenções reais ou de Estado, os grandes teatros de ópera da Europa tinham de se sustentar com a venda de ingressos, uma fonte de renda incerta para os administradores. Deste ponto de vista, os teatros londrinos estavam à frente. Nunca haviam contado realmente com grandes subvenções e estavam mais acostumados a funcionar como empreendimentos comerciais que os teatros do continente, onde os subsídios oficiais só seriam revogados ou reduzidos nas décadas de 1850 e 1860. Na Itália, o declínio da riqueza e do poderio dos Habsburgo e dos Bourbon levou ao corte dos subsídios antes de 1861. Mas depois da unificação da Itália, a ideia de financiar teatros de ópera com o orçamento de Estado foi considerada incompatível com a ideologia de livre comércio do parlamento nacional, que aboliu completamente a prática em 1867. Os teatros ainda podiam ser subvencionados pelos governos municipais, mas essas dotações eram pequenas e variáveis, o que levou a uma crise das casas antes apoiadas por cortes ricas, como os teatros de Nápoles, Módena e Parma.[42]

Na França, uma reforma promovida em 1864 pôs fim a todas as subvenções de Estado, exceto no caso dos teatros nacionais de Paris: a Opéra, a Opéra-Comique e o Théâtre Lyrique. Agora cabia às *communes* (municípios) decidir se deviam subsidiar seus teatros. A reforma levou a um período de incertezas e crises financeiras em muitos teatros regionais, que se viram forçados a concorrer com formas mais comerciais de entretenimento, como a opereta e os *café-concerts*. Nesse ambiente competitivo, não fazia sentido correr o risco de montar óperas desconhecidas. Nos casos em que a licença de funcionamento os obrigava a apresentar determinado número de novas obras anualmente, eles davam um jeito de contornar as regras. No Lyrique, por exemplo, onde deviam ser montadas duas novas óperas todo ano, Carvalho se valia de uma brecha no alvará para incluir traduções para o francês de obras consagradas.[43]

Enquanto isso, os custos crescentes da montagem de uma ópera, especialmente se fosse Grand Opéra, desestimulavam as encomendas de obras novas e arriscadas. Os cantores se tornavam mais caros, à medida que aumentava a demanda internacional de seus serviços. Graças à navegação a vapor e às ferrovias, as grandes estrelas podiam fazer longas turnês (a grande soprano Adelina Patti tinha um trem próprio), e os administradores dos teatros de ópera eram obrigados a pagar mais para contratá-las.[44] Era grande, em particular, a demanda de cantores italianos no exterior, especialmente nos Estados Unidos, onde podiam cobrar cachês mais altos. "Os melhores

cantores italianos raramente são vistos e ouvidos no país natal", queixava-
-se o empresário britânico Walter Maynard na década de 1860. "Assim que
podem, vão correr atrás da sorte em outros países, onde são mais bem remunerados."[45] O fato de o berço da ópera ser relegado à segunda divisão do
mercado global a partir do momento em que o dinheiro passou a impor as
regras não deixava de ser uma irônica consequência do seu próprio sucesso.

Havia um outro motivo para o menor número de novas obras no repertório operístico: falta de abastecimento. Como observou Gye em seu
programa para a temporada de 1867 em Covent Garden, tornava-se cada vez
mais difícil para o diretor de um teatro de ópera comprar novas obras, pois
os compositores que tinham sido responsáveis pela expansão do repertório
nas décadas de 1830 e 1840 — Rossini, Donizetti, Bellini, Auber, Meyerbeer e Verdi — estavam mortos, não compunham mais ou compunham
menor número de óperas.[46] O avanço das garantias de copyright foi um
dos principais motivos dessa queda na produção. Ganhando a vida agora
com os direitos autorais, os compositores podiam simplesmente trabalhar
menos que na época em que recebiam um pagamento único por cada ópera.
O melhor exemplo é Verdi, possivelmente o primeiro compositor a fazer
fortuna com royalties, que há muito havia declarado a intenção de deixar
para trás os "anos de galé", quando era forçado a compor uma ópera por
ano. Sua sorte mudou depois de 1860, quando foram promulgadas na Itália
novas leis de direitos autorais. Entre 1839 e 1859, Verdi compôs 24 óperas;
mas entre 1860 e 1893 foram apenas cinco.

Por trás dessas pressões comerciais estava a ampliação do público capaz
de comparecer à ópera, o que permitia aos teatros sobreviver com a venda
de ingressos, programando óperas populares. A população das grandes
cidades dotadas de teatros de ópera aumentou rapidamente entre 1860 e
1900: a de Londres passou de 2,5 milhões a 6,8 milhões, a de Paris, de 1,8
a 3,3 milhões, e a de Milão, de um quarto de milhão para meio milhão. As
ferrovias abriram as portas dessas cidades a visitantes das províncias e das
regiões suburbanas, que passaram a fazer viagens de ida e volta no mesmo
dia ou nos fins de semana, permitindo que os teatros mantivessem em cartaz
por mais tempo as óperas de maior sucesso. Foi possível construir teatros
maiores, com maior número de assentos na plateia, cujos ingressos podiam
ser comprados para uma única récita, em contraste com os camarotes particulares, comprados ou alugados por temporada, e nos quais a capacidade

era limitada. Os ingressos podiam ser comprados e enviados por correio e surgiram as agências, oferecendo descontos aos grandes hotéis para as compras em quantidade.

Mapleson foi o primeiro diretor de teatro de ópera a voltar sua programação para esse público mais amplo na Grã-Bretanha. A partir de 1862, prolongou a temporada no Her Majesty's pelos meses de verão, quando as elites de Londres tradicionalmente viajavam para o interior e o teatro fechava. Baixou os preços para atrair as classes médias, ofereceu récitas vesperais, permitindo que o público dos subúrbios voltasse para casa no trem noturno, estabeleceu um horário mais cedo à noite e acabou com a exigência de trajes formais. Um dos seus objetivos era atrair "os numerosos visitantes estrangeiros e do interior" que chegavam a Londres para a exposição internacional de 1862. Mas os lucros foram tão grandes que ele expandiu a nova política. A partir de 1863, Mapleson substituiu uma fileira de camarotes particulares por assentos públicos mais baratos, passou a anunciar as produções na imprensa regional e deu início à venda de ingressos por correio e telégrafo. O gosto musical desse público suburbano era decididamente conservador: ele pegaria o trem para uma noite na ópera querendo ouvir clássicos conhecidos, mas não faria a viagem por uma obra desconhecida.

Por todos esses motivos, os teatros europeus adotaram uma política mais cautelosa, cada vez mais optando por uma programação de óperas consagradas para lucrar com a venda de ingressos. O repertório de tal maneira se padronizou que de fato passou a constituir um "cânone", embora só no século XX os críticos e historiadores passassem a usar a expressão. As óperas "canônicas" — *Don Giovanni, O barbeiro de Sevilha, Robert le diable, Lucia di Lammermoor, Norma, Rigoletto, Traviata, Faust* — eram elas próprias verdadeiras instituições, um certificado de Civilização Europeia que todo teatro nacional de ópera, na Europa e fora dela, adotava como distintivo de europeidade.

Os editores de partituras tinham forte influência no repertório operístico. As principais casas editoras estavam em condições de determinar que obras seriam montadas, assim como os padrões que as produções deveriam seguir. Como proprietário de uma partitura, o editor controlava os termos em que era arrendada a um teatro. Não era incomum que Ricordi e Edoardo Sonzogno, os dois grandes editores de Milão, alugassem uma partitura lucrativa com a condição de que o teatro não apresentasse na mesma temporada uma ópera publicada por editora rival — prática possibilitada porque muitos teatros dependiam de um grande sucesso para equilibrar as finanças. Desse modo, se empenhavam em conquistar um lugar no mercado. Ricordi, por exemplo, praticamente tinha o monopólio das óperas montadas no La Scala na década de 1880 (um quarto delas era de Verdi, compositor editado pela Ricordi). Seu domínio só foi interrompido na década de 1890, quando Sonzogno alcançou sucessos no La Scala com *Le Cid*, de Massenet, e *Cavalleria Rusticana*, de Mascagni.[47]

No contrato de aluguel de uma partitura, o editor podia estabelecer condições rigorosas sobre a produção (escolha dos cantores para os principais papéis, tamanho da orquestra, encenação, costumes, objetos de cena e cenários, e até instruções detalhadas sobre gestos e expressões dos cantores). Eram estes em geral os termos exigidos pelo compositor, como parte do seu direito moral de proteger a integridade da obra. Com frequência vinham detalhados num manual de encenação, conhecido em italiano como "*disposizioni sceniche*" e em francês como "*livret de la mise-en-scène*". O cumprimento dessas condições por exigência do editor desempenhou papel vital na fixação da forma canônica das obras operísticas. Nas primeiras décadas do século, os teatros podiam alterar como quisessem uma ópera: cenas inteiras eram eliminadas, canções eram inseridas para agradar ao público; ao passo que cantoras como a jovem Viardot ou Malibran ornamentavam a linha vocal e às vezes até improvisavam. Um exemplo extremo desse tipo de adulteração ocorreu em 1834, quando a Opéra de Paris montou o *Don Giovanni* de Mozart como uma Grand Opéra em cinco atos, com direito a um balé combinando melodias das obras mais conhecidas do compositor no primeiro ato e uma dança no fim, durante o funeral de Donna Anna, que nessa versão se apaixonava por Don Giovanni para em seguida se suicidar.[48] Adaptações menos radicais seriam comuns nos cinquenta anos seguintes. Só quando os editores passaram a impor os direitos morais do compositor esse tipo de prática teve fim, estabelecendo-se no repertório uma versão padrão de cada obra operística (ver imagem 64 do encarte).

Os editores também controlavam as produções internacionais. Isso certamente estava na expectativa de Verdi, que constantemente lembrava a Ricordi sua obrigação de garantir que suas óperas fossem traduzidas fielmente e produzidas no resto do mundo como especificado na partitura, no libreto e nas *disposizioni sceniche*. Em todos os contratos da casa Ricordi, uma cláusula estipulava que os teatros eram legalmente obrigados a comprar ou arrendar suas partituras, em nome da precisão e fidelidade às determinações do compositor, estabelecendo-se multas pesadas para diferentes casos de descumprimento.[49] O editor fazia valer esses direitos morais graças a uma rede de agências que distribuíam as partituras, coletavam direitos autorais, fiscalizavam o andamento das produções e tomavam medidas para impedir montagens piratas, se necessário por meios legais. A empresa milanesa tinha escritórios em Nápoles, Roma e Londres em meados da década de 1870, em Palermo e Paris (a partir de 1888), Leipzig (1901) e Nova York (a partir de 1911).[50] Com o advento do telégrafo submarino transatlântico, Ricordi podia facilmente supervisionar de Milão a administração do seu império global.

Milão era o centro de uma indústria operística que se estendia pela Europa e o resto do mundo. A presença de Ricordi e do La Scala era fundamental para a influência internacional da cidade. Agentes de teatros e empresários artísticos viajavam a Milão dos mais variados pontos para negociar direitos de execução, comprar partituras e contratar cantores, que gravitavam em torno da cidade em grande quantidade, assim como os melhores professores de canto, dançarinos, cenógrafos e figurinistas, por sua importância como mercado de contratações. Em 1890, havia 4.500 cantores vivendo em Milão (cuja população total era de aproximadamente 400 mil). Poucos encontravam trabalho nos principais teatros de ópera europeus. Boa parte dos demais formava companhias para excursionar de trem pelas cidades menores do continente, enquanto outros atravessavam o Atlântico para fazer turnês na América do Norte e do Sul, onde todas as grandes capitais tinham teatros de ópera na década de 1870. Havia companhias itinerantes de cantores italianos de Milão até na Índia, na Nova Zelândia e na Austrália.[51]

Os cantores de ópera excursionavam pelo mundo desde a época de Rossini, quando Manuel Garcia deixou a Europa com a família para se estabelecer em Nova York e no México. Nessa época, os grupos itinerantes consistiam em poucos cantores. Levavam o que cabia em poucos baús, roupas e objetos cênicos, e se apresentavam em salões ou teatros com cenários simples e improvisados, contratando uma orquestra local ao chegar ou desempenhando os papéis com a ajuda de um instrumento de teclado. Com o advento das ferrovias e da navegação a vapor, mudou completamente a natureza das turnês operísticas. Agora uma companhia inteira podia excursionar, não apenas os principais cantores, mas também a orquestra e o coro, com todos os cenários, exatamente como especificados no manual de produção do compositor e seu editor. Desse modo, o trem contribuiu para a disseminação do repertório padrão, de tal modo que, quando uma ópera era apresentada numa pequena cidade do interior, fosse, por exemplo, Lecce, Graz ou Baden, o que se via era o mesmo que podia ser encontrado num palco de Milão, Viena ou Berlim: cenários, adornos e efeitos, objetos de cena e figurinos eram idênticos.

O Teatro Richard Wagner, companhia itinerante internacional de Angelo Neumann, foi provavelmente o primeiro a fazer amplo uso das ferrovias. Desempenhou papel importante na disseminação europeia do cânone wagneriano nos anos 1880. Tendo participado como cantor das produções de *Tannhäuser* e *Lohengrin* montadas pelo próprio Wagner, Neumann formou sua companhia itinerante em 1882, quando administrava o Teatro de Ópera de Leipzig. Aproveitando-se de uma crise financeira que mantinha o Teatro de Bayreuth fechado desde 1876, Neumann comprou de Wagner os direitos de execução, os figurinos, os cenários e demais objetos cênicos do ciclo do *Anel* e fretou um trem com cinco vagões, no qual pôde promover várias turnês de verão com os cenários, uma orquestra completa e os cantores, entre eles muitos dos principais artistas do Festival de Bayreuth. O empresário levou *O anel dos nibelungos* a Londres, à Rússia, à Austrália e à Itália, onde coube a sua companhia a estreia italiana absoluta do *Anel*, no Teatro La Fenice de Veneza, em 1883. A partir de 1885, quando se tornou seu diretor, Neumann transformou o Teatro Alemão de Praga num centro de irradiação wagneriana, inclusive porque um jovem e brilhante maestro chamado Gustav Mahler, discípulo apaixonado da "música do futuro", dirigiu várias óperas de Wagner durante seu breve período como regente principal a partir desse mesmo ano. Antes de morrer em 1883, Wagner reconheceria relutantemente que Neumann, um judeu, tinha contribuído mais que ninguém para firmar sua reputação na Europa.

No mundo da ópera, como em outras esferas culturais, as ferrovias fortaleceram as redes internacionais entre as cidades. Essas conexões interurbanas às vezes eram mais importantes que os Estados-nação na criação de um repertório padrão. Partituras operísticas, estilos de produção, cantores e regentes circulavam de trem de Milão a Palermo e Cairo; de Berlim a Praga e Budapeste, passando por Leipzig, Dresden e Viena; de Praga a Liubliana,

Zagreb, Lemberg e Kiev; e de São Petersburgo a Odessa e Tbilisi. Graças
a essas redes de comunicação e trocas musicais, desenvolveu-se um estilo
europeu de ópera que transcendia as fronteiras nacionais.[52]

Os teatros de ópera também começaram a ter uma arquitetura parecida.
Os elementos básicos — colunatas com pórtico na entrada, saguão e escadaria monumentais conduzindo à galeria e ao auditório, o estilo clássico-bar-
roco e a impressão geral de riqueza e esplendor — foram adotados em toda
parte como distintivo de europeidade. Os arquitetos vienenses Ferdinand
Fellner e Hermann Helmer construíram cerca de quarenta teatros com esses
elementos no Império dos Habsburgo e nos territórios de fala alemã entre
1881 e 1913. A distribuição geográfica dos seus teatros poderia ser usada
para mapear a disseminação da cultura alemã na Europa.

Os principais critérios eram tamanho e segurança. A iluminação a
gás tinha provocado uma série de incêndios devastadores em teatros nos
anos 1870, culminando em 1881, quando o Théâtre Municipal de Nice foi
destruído pelo fogo causado por uma explosão e o incêndio do Teatro da
Ringstrasse em Viena provocou a morte de 450 pessoas na plateia. Medidas
mais rigorosas de segurança foram introduzidas em toda a Europa. Teatros
foram construídos com palco de ferro em vez de madeira, uma cortina de
segurança, mais saídas, iluminação e energia elétricas (em Londres, o Savoy
Theatre, sede da D'Oyly Carte Opera Company, era o primeiro todo iluminado com energia elétrica ao ser inaugurado em 1881). A riqueza crescente
e o orgulho cívico das cidades europeias implicavam na construção de teatros de grandes proporções, símbolos da condição de capital "europeia". Às
vezes o efeito era mesmo monumental. O Teatro de Estado de Graz (1899),
construído pelos ubíquos Fellner e Helmer, foi concebido nas proporções de
um teatro nacional, e não municipal (os 1.800 assentos eram demais para
a modesta população da cidade).[53] O Teatro Massimo de Palermo (1897), o
maior teatro de ópera da Itália e o terceiro maior da Europa, era uma colossal
afirmação da entrada triunfal da Sicília no cenário europeu.

A ópera foi a primeira forma de expressão cultural europeia que efetivamente se globalizou. O cânone novecentista de obras operísticas era levado
a todos os recantos do planeta por companhias itinerantes, governantes
coloniais e entusiastas da ópera, do quediva do Egito, fã de Offenbach, aos
expatriados italianos das Américas do Norte e do Sul. A ópera *Il Trovatore*,
de Verdi, provavelmente foi a primeira a alcançar circulação mundial. Três

anos depois da estreia em Roma, em 1853, tinha sido apresentada em sessenta cidades, entre elas, Constantinopla, Alexandria, Rio de Janeiro, Porto Rico, Buenos Aires, Montevidéu, Havana e Nova York; em 1860, chegara ao México, Peru, Chile, Venezuela, Colômbia, Guatemala, Canadá e Austrália; em 1870, havia estreado na Índia, China, Índias Orientais holandesas, Filipinas e Colônia do Cabo, no sul da África. Verdi ficou encantado com a fama mundial. "Esteja na Índia ou nas profundezas da África, você vai ouvir *Il Trovatore*", gabava-se com um amigo em 1862.[54]

Teatros de ópera no estilo europeu foram abertos em todo o mundo — de Argel ao Cairo, onde um novo teatro foi construído para celebrar a abertura do Canal de Suez em 1869, com a estreia absoluta da *Aída* de Verdi; de Calcutá, onde os britânicos contavam com um teatro de ópera desde 1867, a Xangai, Hong Kong e Hanói, onde os franceses ergueram em 1901 um teatro copiado do Palais Garnier. Até em plena floresta amazônica, em Manaus, no Brasil, havia um teatro de ópera, distante posto avançado da civilização europeia, construído entre 1884 e 1896 com mármores da Toscana, aço de Glasgow e ferro fundido de Paris, tudo pago pelos barões brasileiros da borracha. Dizia-se que o teatro fora construído para atrair a Manaus o tenor mais famoso do mundo, Enrico Caruso. Na inauguração em 1897, Caruso se apresentou cantando o papel de Enzo em *La Gioconda* (1876), de Amilcare Ponchielli, ópera editada pela Ricordi e estreada no La Scala. A história do Teatro Amazonas (ponto de partida do filme *Fitzcarraldo*, de Werner Herzog) é um grande símbolo do alcance mundial da ópera.

4

A disseminação de um cânone comparável nas artes plásticas também ocorria em toda a Europa. Nesse sentido, Louis Viardot desempenhou um papel pequeno mas digno de nota.

Os populares guias de museu que ele havia publicado com a Hachette se tornaram obras de referência, usados por milhares de visitantes das grandes coleções de arte europeias e reeditados muitas vezes nas últimas décadas do século XIX. Suas apreciações sobre as obras de arte mais importantes eram citadas com frequência nos manuais — de Murray e Baedeker, assim como nos *Guides Joannes* — que encaminhavam um número cada vez maior de turistas para as principais galerias. No século XIX, não era prática dos museus registrar o número de visitantes, mas os dados fragmentários de que dispomos indicam claramente que nas últimas décadas do século a visitação de museus e galerias de arte se tornara uma atividade de massa, com centenas de milhares de pessoas passando anualmente pelas portas das coleções europeias mais visitadas: o Louvre, a National Gallery londrina, o Rijksmuseum e a Galeria dos Velhos Mestres em Dresden. A maior frequência se dava no Rijksmuseum, onde o número anual de visitantes aumentou de uma média de 37 mil na segunda metade da década de 1870, quando a coleção nacional ainda era exibida no Trippenhuis em Amsterdã, para 427 mil em média entre 1885 e 1889, quando passou a ser abrigada na nova sede.[55]

O sucesso dos guias levou Viardot a produzir novos livros, *Les Merveilles de la peinture* (1869) e *Les Merveilles de la sculpture* (1872), ambos traduzidos para o inglês e para o alemão, fazendo um compêndio histórico das grandes obras de arte de todos os países europeus, da Grécia e da Roma antigas ao Renascimento italiano, e abrangendo as escolas espanhola, alemã, flamenga, francesa e inglesa. Reimpressos muitas vezes, eles provavelmente contribuíram mais que qualquer história da arte anterior para definir um cânone das obras de arte europeias e torná-lo amplamente conhecido. Em 1877, uma segunda versão inglesa ampliada de *Les Merveilles de la peinture* foi lançada com o título inglês de *A Brief History of the Painters of All Schools* [*Uma breve história dos pintores de todas as escolas*]; continha reproduções em woodburytipia, técnica mecânica recém-inventada (com patente do fotógrafo inglês Walter Woodbury depositada em 1864) para a impressão de imagens fotográficas de qualidade muito maior nas tonalidades que a conseguida até então.[56]

O método de organização dos guias de Viardot — divisão cronológica das obras em diferentes escolas nacionais — também foi adotado pelos museus. No início do século XIX, as galerias públicas exibiam as pinturas desorganizadamente — Watteau ao lado de Tintoretto, e assim por diante —, sem qualquer método. Mas a partir de meados do século, as ideias pedagógicas dos guias de museus como os de Viardot se refletiam crescentemente na disposição das obras nas galerias, com salas organizadas em ordem histórica, da Antiguidade à era moderna, para assim apresentar a evolução da história da arte. Grande conhecedor, Gautier observou o início dessa transformação no Louvre em 1849. "Hoje, uma caminhada pelo Museu é um curso completo de história da arte", escreveu. "A parede longa é uma aula, e cada passo do percurso ensina alguma coisa nova: vemos o nascimento, o desenvolvimento e o amadurecimento das grandes escolas da Itália, de Flandres e da Holanda, gradativamente substituídas pela francesa, a única escola viva hoje em dia."[57]

Os livros ilustrados e os guias de museu desempenharam nessa época um papel vital na definição e disseminação de um cânone artístico. Começaram a ser lançados num mercado de massa a partir da década de 1860, quando a introdução de novas técnicas fotomecânicas, como a woodburytipia, a colotipia, a fotogravura e a fotolitografia reduziram espetacularmente o custo das reproduções impressas em livros de arte, em comparação com as edições de luxo do início do século, com suas estampas impressas de obras de arte. Na época da fotografia em preto e branco, a melhor maneira de reproduzir fotograficamente uma pintura não era diretamente da pintura, cujas cores gerariam um efeito borrado, mas de uma reprodução da obra em gravação entalhada. Os álbuns fotográficos de gravuras vendiam muito na década de 1870, contribuindo em especial para fazer com que as obras de Dürer e Rembrandt adquirissem um status canônico que até então não tinham.[58]

As reproduções fotográficas dos Grandes Mestres eram lançadas em grande variedade de formatos comerciais — desde estampas de grandes proporções montadas em papelão e emolduradas para pendurar na parede até cartões-postais, *cartes de visites* e pequenas fotografias a serem colecionadas em álbuns. Marchands como Goupil e Gambart tinham impressões fotográficas das grandes obras para todos os orçamentos. Lançada em 1858, a "Galerie photographique" de Goupil oferecia no fim do século reproduções de 1.802 pinturas em três edições diferentes cada. Fotografias das grandes obras de arte tornaram-se artigo popular de venda por subscrição. O pintor russo Alexander Benois lembraria que na infância, na década de 1870, "duas ou três vezes por ano" um novo quadro de Rafael chegava a sua casa em São Petersburgo, onde era "gulosamente apreciado pela família inteira".[59]

Nessa mesma década de 1870 começaram a ser lançados periódicos de artes plásticas com ilustrações fotográficas, que rapidamente encontraram um mercado de massa. Do mensário *The Picture Gallery* (1872-80) se dizia que era "tão apreciado pelas classes artesanais do norte da Inglaterra que há uma verdadeira corrida para comprá-lo no dia em que chega a uma ou duas das principais cidades manufatureiras".[60]

Na França, a mais popular publicação desse tipo era a revista quinzenal *Galerie contemporaine* (1876-86), publicada em Paris por Ludovic Baschet, pintor e dono de uma galeria. Seu conteúdo consistia em fotografias e breves biografias de celebridades literárias, com woodburytipos de obras de arte exibidas no Salon. A popularidade da mostra do Salon, que em 1876 atraíra meio milhão de visitantes, alertou Baschet para o potencial comercial da reprodução barata de obras nele apresentadas. Impressas pela empresa de Goupil, as reproduções fotográficas eram luxuosamente montadas num quadro que podia ser destacado da revista para colecionar e emoldurar. Os leitores eram estimulados a formar em casa sua galeria particular de obras de arte. Não sabemos hoje qual era precisamente a circulação da *Galerie contemporaine*, mas o preço módico (1,5 franco por número) e o fato de ser possível tirar até 50 mil cópias de um molde de woodburytipia parecem indicar que as vendas chegavam a dezenas de milhares de exemplares. Encorajado pelo sucesso da revista, Baschet lançou uma versão semanal mais barata, *Musée pour tous: Album de l'art contemporain* (1877-9), que em geral consistia em quatro grandes reproduções de obras contemporâneas, acompanhadas de breve texto sobre o artista na folha de rosto. Ele também publicava livros mais caros com reproduções fotográficas das obras de arte mais importantes do país — as que eram exibidas na Exposition Universelle de Paris, por exemplo, ou as pinturas em exposição permanente no Musée du Luxembourg, a coleção nacional de arte contemporânea. Anunciando--as em sua revista, o objetivo de Baschet era estimular os leitores da *Galerie contemporaine* a passar a adquirir essas *éditions-de-luxe*, que lhes ofereciam uma síntese do cânone artístico que se formava nos museus.[61]

Em 1880, Baschet fundou sua editora, a Librairie d'Art Ludovic Baschet, totalmente voltada para livros de arte com ilustrações fotográficas de obras do cânone. Mais tarde ele passaria a produzir guias ilustrados e catálogos para museus de arte, galerias e o Salon anual, cuja popularidade continuava a aumentar. Foi ele um dos primeiros editores a explorar esse novo mercado (a origem do mercado de livros e cartões-postais de arte que hoje conhecemos nas lojas dos museus). Ele entendeu que a aspiração do visitante de um museu não era apenas apreciar uma obra-prima, mas, conforme diria mais tarde Walter Benjamin, "se apropriar" dela e possuí-la como objeto "por meio da sua representação" numa impressão fotográfica. A reprodução de massa transformava obras de arte em produtos ou bens de consumo.

A reprodução das obras de arte começou a influenciar o cânone. Depois de ver uma pintura no museu, era mais provável que as pessoas comprassem sua reprodução como lembrança, e se por outro lado conhecessem uma obra de arte por meio de uma reprodução, tinham muito maior probabilidade de visitar um museu para ver o original. A disposição das obras nos museus refletia cada vez mais essa relação: as obras mais conhecidas eram colocadas em posições de destaque, sendo suas reproduções postas à venda à entrada ou na loja do museu. Ao selecionar as obras de arte a serem reproduzidas e canalizar o fluxo de leitores para os museus, editores como Baschet contribuíram para o estabelecimento do cânone artístico.

Ao anunciar seus planos de criar uma biblioteca ilustrada de clássicos russos, Turgueniev sabia que isso significava competir num mercado muito concorrido de livros baratos para o público mais amplo. Cinco anos antes, em 1874, Stasiulevich lançara a sua "Biblioteca Russa" de obras clássicas, com volumes dedicados a Pushkin, Lermontov, Gogol, Turgueniev e Tolstoi, ao preço de setenta e cinco copeques cada, independentemente do número de páginas ou do custo de produção. Isto significava que a série estava ao alcance das novas massas alfabetizadas das classes trabalhadoras e artesanais. O primeiro volume da série, uma coletânea de contos de Pushkin, saiu em tiragem de 10 mil exemplares (os lucros da venda foram destinados ao socorro das populações da região de Samara, onde a colheita se perdera em 1874). Cinco anos depois, quando da visita de Turgueniev a São Petersburgo, o editor Suvorin lançou a "Biblioteca Acessível" de edições de bolso de clássicos russos e estrangeiros, cada um ao custo de apenas quarenta copeques, com vendas em gigantescas tiragens de até 100 mil exemplares em sua rede de livrarias.[62]

Em toda a Europa os editores produziam edições de massa de obras literárias clássicas em séries ou "bibliotecas" a serem colecionadas. A preços baixos, essas edições populares entraram para os hábitos de milhões de famílias, efetivamente estabelecendo um cânone literário europeu pela altura do fim do século XIX.

Era um mercado competitivo. Para manter baixos os preços, os editores eram obrigados a se concentrar na reimpressão de obras clássicas, já livres de copyright e sabidamente populares. A tendência surgira nas livrarias de estações ferroviárias da década de 1850 e com as edições de massa baratas de empreendedores como Routledge, Hachette, Charpentier e Lévy, que explicou o modelo de negócios da sua Collection Michel Lévy ao lançar a série de romances a um franco em 1856: "O maior interesse do público é o preço", declarava o editor, "e por isto decidimos publicar apenas obras de sucesso, para vender mais e reduzir o preço".[63] A partir da década de 1860, uma grande variedade de iniciativas editoriais se voltava para o objetivo de tornar os clássicos da literatura disponíveis aos menores preços possíveis. A maior concorrência se deu na Grã-Bretanha, onde na virada do século cinco grandes séries (a Biblioteca Nacional de Cassell, os Clássicos Chandos, a Biblioteca Mundial Routledge, a Biblioteca Internacional Heinemann e a Biblioteca do Homem Comum de Joseph Dent) competiam no mercado dos clássicos de capa mole a seis pence.

Nem todas essas iniciativas eram motivadas exclusivamente pelo ganho comercial. Em 1863, por exemplo, um grupo de tipógrafos criou em Paris uma cooperativa sem fins lucrativos para lançar a Bibliothèque Nationale, série de romances clássicos escolhidos que fez grande sucesso de vendas até a Primeira Guerra Mundial. O escopo idealista da coleção, declarado na contracapa, era levar "as maiores obras da literatura às casas mais modestas". Os editores escolhiam os livros pela "indiscutível qualidade literária" e a capacidade de "formar a mente dos cidadãos" — clássicos de Molière ou Montesquieu, mas também, cada vez mais, livros de autores mais modernos, como Chateaubriand, Michelet e Lamartine.[64]

A Igreja Católica também contribuiu para o desenvolvimento de um comércio livreiro internacional, com o objetivo principal não tanto de obter lucro, mas de disseminar uma literatura moralmente instrutiva, especialmente para os jovens, por meio das bibliotecas paroquiais, escolas e instituições religiosas e livrarias apoiadas pela Igreja. Os principais editores católicos da França e da Alemanha lançavam edições de massa de livros, em séries aprovadas pela Igreja, exportando-os em traduções para a Áustria, a Croácia, a Espanha e outras comunidades católicas com indústrias editoriais menos competitivas.[65]

Na Alemanha, a série de maior sucesso no campo da literatura canônica secular era a Universal-Bibliothek criada por Anton Reclam em 1867 (ver imagem 65 do encarte). Esses "clássicos para o povo" de capa amarela são apreciados até hoje. Reclam vinha de uma família de livreiros de Leipzig que haviam participado ativamente do movimento liberal pela unificação da Alemanha na década de 1840. A publicação de obras edificantes a preços acessíveis às massas era um elemento importante do ideal político do movimento. A primeira grande série de Reclam, a Wohlfeile Unterhaltungs bibliothek für die gebildete Lesewelt (Biblioteca Acessível de Entretenimento para o Mundo Instruído da Leitura), deu ao público sessenta volumes entre 1844 e 1847. Dez anos mais tarde, a empresa publicou uma tradução alemã das peças de Shakespeare em doze volumes. Mas a grande virada na publicação dos clássicos alemães ocorreu em 1867, o chamado "ano clássico" em que as obras de autores mortos há mais de trinta anos deixaram de ser cobertas pelo copyright. As obras-primas de autores como Schiller, Goethe e Lessing caíram em domínio público. O mercado logo seria inundado de edições populares dos clássicos alemães. Mas a posição dominante da Universal-Bibliothek logo ficaria clara.

A economia nos custos permitiu a Reclam manter o preço dos volumes em apenas vinte pfennigs. Ele reduziu o formato dos livros e imprimia em fonte menor, com papel fino e mais barato. Economizava no marketing anunciando a coleção inteira, em vez dos títulos individuais, e oferecendo descontos aos livreiros que adquirissem toda ela e a expusessem em posição de destaque nas livrarias. Os clichês também eram um fator importante. Permitindo múltiplas e rápidas reimpressões, a estereotipia possibilitava a Reclam reduzir o desperdício: ele testava o mercado com uma primeira tiragem e passava à reimpressão se houvesse grande demanda do título. A primeira obra da série, *Fausto* de Goethe, por exemplo, saiu em dois volumes em novembro de 1867, com tiragem inicial de 5 mil exemplares. Esgotou-se em quatro semanas. Uma reimpressão com a mesma tiragem foi lançada em dezembro, seguida de uma terceira, de 10 mil exemplares, em fevereiro de 1868. A Universal-Bibliothek fez tanto sucesso que ao longo dos anos 1870 oitenta títulos eram adicionados todo ano, chegando a 140 novos títulos por ano na década seguinte. Em 1896, ano da morte de Reclam, a série contava 3.470 títulos. Nenhum outro editor fizera tanto para tornar o cânone literário tão acessível, ou para modernizar a edição e comercialização de livros. Pela altura da Primeira Guerra Mundial, a Universal-Bibliothek punha em circulação anualmente 1,5 milhão de exemplares em máquinas de venda automática (semelhantes às atuais máquinas de venda de bebidas e lanches), instaladas em mais de mil estações ferroviárias, hospitais, escolas, parques e praças (ver imagem 66 do encarte).[66]

Nos países e territórios dos Habsburgo, como a Itália e a Espanha, onde os níveis de alfabetização eram mais baixos que na Grã-Bretanha, na França e na Alemanha, as edições populares de clássicos eram importantes para ampliar o campo de leitura, especialmente entre os jovens. Em Budapeste, a Biblioteca Universal de Romances e a Biblioteca Ilustrada de Autores Magistrais publicaram dezenas de obras de referência na década de 1880. Em Praga, a Biblioteca Zlata lançou entre 1892 e 1911 cinquenta e sete volumes de clássicos traduzidos, entre eles romances de Dickens, Twain, Kipling, Flaubert e Balzac. Em Madri, a Biblioteca Universal oferecia em 1881 mais de setenta volumes, metade deles traduções. Os que mais vendiam eram os livros infantis. A população alfabetizada era jovem em países como a Espanha e a Itália, onde muitos editores lucravam com as coleções infantis. As traduções mais populares eram clássicos como *Robinson Crusoé, O último dos moicanos, Viagem ao centro da Terra* e *Volta ao mundo em oitenta dias*.[67]

Os índices de alfabetização aumentavam com rapidez na Europa, o que representava o alicerce essencial por trás da publicação de edições baratas nas últimas décadas do século XIX. Na Itália, a proporção de alfabetizados na população aumentou de 25% para 50% entre 1861 e 1901, em grande medida em consequência da educação primária gratuita e obrigatória, introduzida em 1877, embora persistisse uma grande defasagem entre o norte e o sul do país (82% de alfabetizados no Piemonte, mas apenas 21% na Calábria em 1901). Na Espanha, o índice de alfabetização aumentou de 20% em 1856 para 46% em 1913, com os maiores índices em Barcelona a Madri. Na Grã-Bretanha, na França e na Alemanha, mais de quatro quintos da população eram considerados alfabetizados na década de 1880. Entre os jovens, essa taxa era ainda mais elevada depois da introdução da escolaridade primária gratuita e universal.[68]

As escolas desempenharam papel fundamental no estabelecimento de um cânone de obras literárias. A ideia de que as crianças deviam ler uma lista de livros clássicos foi abraçada por grupos de professores, educadores e governos em toda a Europa. Era amplamente aceito que a leitura de obras representativas da literatura de uma nação incutiria valores patrióticos nas crianças em idade escolar, estimulando-as a se orgulhar de sua língua e seus heróis. As antologias literárias eram organizadas com esses princípios em mente. Na Alemanha, onde os livros escolares eram regulamentados pelo Estado, os editores recebiam uma lista obrigatória de poemas alemães a serem incluídos nas antologias (Goethe, Schiller, Lessing e Uhland vinham sempre à frente) e decorados pelos alunos. A relação dos autores constantes dessas antologias escolares se manteve extraordinariamente estável entre as décadas de 1890 e 1910, com a entrada de apenas um ou dois autores relativamente recentes (como Storm e Fontane) nos anos que antecederam a Primeira Guerra Mundial.[69]

Na França, as chamadas leis Ferry instituíam o controle estatal dos currículos escolares. As escolas eram instruídas a transmitir uma lista de obras clássicas, que aparecia em todos os manuais escolares e antologias aprovados pelo governo. Em 1882, havia cerca de cem autores nessa relação, mas apenas trinta no currículo literário, e somente treze no programa do *baccalauréat*. Também na Grã-Bretanha havia crescente ênfase no ensino dos clássicos da literatura inglesa. Eram publicadas edições escolares dessas obras, paralelamente a antologias como *Primeiras Noções de Literatura Inglesa*, que se encontrava em praticamente todas as escolas. Embora o Estado britânico fosse menos intervencionista que o francês, o Código Mundella, expedido pela Comissão de Educação do governo, obrigava os inspetores escolares a ouvir individualmente todos os alunos fazendo a leitura dos clássicos infantis, como *Robinson Crusoé* (1719), de Daniel Defoe, e *Contos de Shakespeare* (1807), de Charles e Mary Lamb.[70]

A multiplicação das bibliotecas públicas foi igualmente importante na disseminação do cânone, especialmente em cidades menores e povoações rurais, onde era mais provável que contivessem apenas os clássicos: quanto menor a coleção, mais canônica era.[71] A década 1880 assistiu a uma virada decisiva no desenvolvimento do movimento de bibliotecas públicas em toda a Europa. Nas décadas intermediárias do século, os Estados europeus pouco se haviam interessado pelas bibliotecas. Só organismos filantrópicos levantavam fundos para salas de leitura e bibliotecas públicas, cujo número aumentava lenta e esporadicamente. Até na Grã-Bretanha, onde a Lei das Bibliotecas Públicas, promulgada em 1850, autorizava as autoridades municipais a coletar uma taxa de um centavo para as bibliotecas, só um punhado de municípios do país havia fundado uma instituição dessas nos primeiros vinte anos de vigência da lei. As atitudes mudaram com a introdução do ensino primário obrigatório: tendo ficado claro que toda uma geração das classes inferiores seria alfabetizada, governos e organismos públicos se envolveram mais na criação de bibliotecas, sobretudo com a preocupação de influenciar o que seria lido.

A Grã-Bretanha saiu na frente. Depois de conseguir a promulgação da Lei da Educação em 1870 — a primeira medida legislativa na direção do ensino primário compulsório —, o movimento das bibliotecas públicas cresceu com o apoio dos governos locais, de organismos públicos e filantropos como Andrew Carnegie, que patrocinou muitas das bibliotecas menores do país. Entre 1870 e 1890, aumentou quase oito vezes o número de bibliotecas gratuitas na Inglaterra (de 52 para 408), verificando-se a maior parte desse crescimento na década de 1880, em pequenas bibliotecas do interior, e às vésperas da Primeira Guerra Mundial 62% da população vivia na jurisdição de alguma biblioteca.[72]

Na França, o número de bibliotecas públicas multiplicou-se por três (de 773 para 2.991) entre 1874 e 1902. O aumento mais expressivo se deu em cidades pequenas e médias, onde vivia a maior parte da população do país. Cidades como Firminy (17 mil habitantes), Rive-de-Gier (15 mil) e Beaune (12 mil) ganharam a primeira biblioteca pública gratuita depois de 1885, embora nenhuma delas tivesse mais de 1.500 livros.[73] Grande parte da iniciativa partia de organizações filantrópicas como as Bibliothèques des Amis de l'Instruction, criadas em 1861 pelo tipógrafo Jean-Baptiste Girard, com o declarado e otimista objetivo de tirar as classes trabalhadoras dos cabarés, abrindo bibliotecas para elas.

O movimento das bibliotecas públicas se desenvolveu mais lentamente no resto da Europa. Mas em toda parte ganhou velocidade a partir dos anos 1880, à medida que grupos cívicos se tornavam mais ativos nas campanhas pela abertura de bibliotecas. Na Alemanha, havia a Verein für Förderung der Volksbildung (Sociedade para a Promoção da Educação Popular), que abriu mais de duzentas bibliotecas rurais; na Transilvânia, a Kulturvereine, que organizou cem bibliotecas nas cidades menores de fala alemã; na Holanda, a Vereeniging voor Volksbibliotheken; e na Itália, a Società Promotrice delle Biblioteche Popolari, que abriu 540 bibliotecas públicas entre 1867 e 1893. O movimento socialista também se mostrava muito ativo na criação de bibliotecas para os trabalhadores, especialmente na Alemanha, onde os social-democratas montaram uma vasta rede de 1.147 Arbeiterbibliotheken, com um total de 833.857 livros antes de 1914.[74]

As bibliotecas públicas se preocupavam em oferecer "bons" livros aos leitores. Eram organizadas basicamente por grupos filantrópicos que acreditavam na leitura saudável como meio de esclarecimento popular. Muitas publicavam listas de livros recomendados para orientar os bibliotecários. A Société Franklin, por exemplo, grande aliada das Bibliothèques des Amis de l'Instruction, publicava anualmente catálogos de literatura moralmente edificante, considerando que esta devia constituir o cerne da coleção de toda biblioteca pública. Seus catálogos da década de 1860 eram de clássica seriedade: Corneille, Molière, Racine, Cervantes, Shakespeare e Schiller, mas nenhum romancista contemporâneo, nem sequer Hugo ou Balzac. Em 1883, o catálogo se tornara mais permissivo, incluindo "clássicos modernos" como Scott, Dickens, Balzac, Hugo, Sand, Dumas (pai e filho) e Gogol. Mudança semelhante se verificou nos catálogos de outras sociedades do gênero: a Bibliothèque du Cercle Girondin e a Ligue de l'Enseignement, cujos catálogos em 1892 incluíam pela primeira vez obras de Stendhal, Hugo, Flaubert, Zola e Maupassant.[75] Era evidente que as bibliotecas públicas se viam forçadas a pensar em termos de mercado, escolhendo livros que não só fossem clássicos, mas também populares. Estavam reconhecendo que um cânone novecentista já se formara.

5

Ao voltar à Rússia em 1879, Turgueniev negociara um novo contrato para suas obras reunidas. Três edições haviam sido publicadas pela editora Salaev em Moscou — a primeira (em cinco volumes) em 1865, a segunda (em oito) em 1868-71 e a terceira (em nove) em 1874-5. Representavam uma bela renda anual para Turgueniev, algo em torno de 6 mil rublos (24 mil francos), o suficiente para superar as perdas que tivera nas propriedades e contribuir para seu conforto e o dos Viardot. Como escritor, Turgueniev alcançara status canônico na Rússia, e havia um grande e crescente mercado de edições completas das suas obras. A súbita morte do irmão, que havia provocado sua volta à Rússia, o levou a pensar com mais cuidado na necessidade de pôr os negócios em ordem. O contrato com Salaev devia expirar quando se esgotasse a terceira edição. Ele estava ansioso por negociar, fosse com Salaev ou outro editor, uma nova edição que lhe permitisse deixar uma renda de longo prazo a Pauline e a sua própria filha.

O contrato que propôs a Salaev mostra como ele se tornara prático nos negócios literários. Estabelecendo seus termos frente ao editor moscovita, Turgueniev agia mais como um agente moderno, valendo-se de ofertas de concorrentes para negociar adiantamentos mais altos contra futuros royalties. Exigiu receber direitos autorais de 25% do preço de capa (entre quinze e dezoito rublos pelos nove volumes, em função da qualidade do papel).* Pela primeira tiragem de 5.500 exemplares, devia ganhar entre 20 mil e 23 mil rublos (algo entre 80 e 92 mil francos), um terço pago na assinatura do contrato, e o restante, dois anos depois. Ele excluiu do acerto quaisquer direitos sobre a *Memórias de um caçador*, seu livro mais lucrativo, que, no ano seguinte, viria a publicar separadamente numa edição popular, embora estivesse incluído nas edições anteriores das obras reunidas.[76]

Turgueniev não estava satisfeito com Salaev. Havia muitos erros na terceira edição das obras. No dia 13 de maio de 1882, ele escreveu ao velho amigo Annenkov para nomeá-lo seu executor literário e instruí-lo a encontrar um editor disposto a pagar uma grande soma em dinheiro, como adiantamento pela aquisição total dos seus copyrights.[77]

Turgueniev precisava de dinheiro para ajudar a filha e seus dois filhos pequenos, que agora eram seus dependentes. Paulinette fugira do marido, Gaston, cuja fábrica em Rougement havia falido, quando ele começou a beber muito e ameaçou matá-la. "Diariamente espero vê-la chegar aqui com os filhos", escreveu Turgueniev a Annenkov de Paris, a 25 de fevereiro. "Terei de mantê-la escondida até conseguir organizar a separação de corpos e de bens — de modo que mais uma vez preciso de dinheiro no bolso. Vendi meu amado Rousseau [pintura], vou vender meu cavalo, minha carruagem, e assim por diante." Paulinette chegou quinze dias depois. Estava apavorada com a eventualidade de ser encontrada por Gaston, que, por lei, poderia levar as crianças. Para garantir sua segurança, Turgueniev os mandou com uma acompanhante para Solothurn, na Suíça, onde pagou pela hospedagem no Hotel La Couronne, e passou a enviar uma pensão mensal, segundo Paulinette, insuficiente.[78]

---

* Royalties mais altos que os da maioria dos escritores hoje em dia.

A maior preocupação de Turgueniev — e o verdadeiro motivo de precisar negociar um adiantamento maior — era deixar uma herança para Pauline quando morresse. Ele estava com 64 anos. Há anos, a saúde fraquejava. Gota, dores reumáticas, problemas na bexiga, no estômago e no fígado — tudo tendo contribuído para envelhecê-lo terrivelmente na década de 1870. A doença se tornou mais aguda na primavera de 1882, mais ou menos na época em que ele designou Annenkov como executor literário. As dores nas costas, no peito e nos ombros (sintomas de um câncer na espinha dorsal ainda não diagnosticado, e que seria a causa de sua morte) já eram constantes, e a gota se tornou tão dolorosa que ele mal conseguia ficar de pé sem muletas. Acamado dias seguidos, tinha alucinações. Às vezes se expressava num estado febril próximo da demência, efeito talvez da morfina que tomava para aliviar a dor. Convencido de que estava para morrer, Turgueniev fez uma alteração no testamento no dia 15 de maio: deixava todas as propriedades na França e os ganhos literários para os Viardot, estipulando apenas que os manuscritos e cartas ficassem com Annenkov.[79]

O testamento de Turgueniev seria um dos principais motivos da grande hostilidade em relação a Pauline manifestada pelos amigos e admiradores do escritor na Rússia. Os russos se ressentiam do fato de o grande escritor nacional viver no exterior, e a culpavam por sua ausência. Corriam boatos de que ela o impedia de voltar, de que ele seria seu prisioneiro. A maledicência era reforçada pelos relatos dos visitantes russos que haviam procurado Turgueniev em Bougival ou Paris, sendo impedidos de vê-lo por Pauline porque estava muito doente. Até mesmo alguns que chegaram a vê-lo queriam acreditar que ele era maltratado pelos Viardot ("Era doloroso e revoltante ver aquele grande homem morrendo num país estrangeiro entre estrangeiros indiferentes ao seu sofrimento", escreveu a princesa Tenicheva ao visitar Turgueniev em Bougival, na primavera de 1882).[80] Dizia-se que Pauline queria matá-lo, ou que fosse declarado louco, para pôr as mãos na herança. O fato de Turgueniev não ter ido à Rússia no verão de 1882, como planejara, era visto como mais uma prova de que estaria sendo retido na França contra a sua vontade.

Triste por não poder ver sua propriedade uma última vez, Turgueniev enviou aos camponeses de Spasskoe uma carta de despedida que deixa claro o benevolente paternalismo de um representante da classe alta liberal:

Chegaram a mim comentários de que há algum tempo nem mesmo vodca tem sido bebida na aldeia; fico feliz por isto e espero que continuem se abstendo de beber: a embriaguez é sinônimo de ruína para o camponês. Mas fiquei triste de saber que seus filhos não frequentam regularmente a escola. Lembrem-se de que hoje em dia uma pessoa analfabeta é pior que uma cega ou aleijada. Como nos anos anteriores, lhes ofereço um acre de terras silvestres. Tenho certeza de que não causarão nenhum dano à minha casa nem ao meu parque ou, de maneira geral, a minha propriedade, e conto com vocês nesse sentido. E agora, camponeses de Spasskoe, quero me despedir de todos e lhes desejar toda prosperidade. Seu antigo senhor.

Triste e deprimido, Turgueniev começou a redigir um diário da doença e do tratamento. Chamava-o de "Meu Rol da Morte". Os médicos não conseguiam chegar a uma conclusão sobre a doença. O famoso cirurgião e neurologista parisiense Jean-Martin Charcot diagnosticou uma doença cardíaca, angina pectoris, causada pela gota. Considerava não ter muito a fazer, mas prescreveu repouso absoluto e uma série de aplicações de cauterização com uma máquina usada em terapia de eletrochoques. Um outro médico, Paul Segond, recomendou o ar do campo e aconselhou o doente a usar uma corrente Pulvermacher — um cinto de cobre e zinco alimentado por bateria voltaica, que era amplamente anunciado em revistas e jornais para ajudar a aliviar dores reumáticas por meio de eletroterapia.* Além dessa corrente, Turgueniev usava um Baunscheidts Lebenswecker, um "estimulador de vida", invenção de um especialista alemão em distúrbios nervosos, que diziam ser capaz de aliviar as dores reumáticas mediante introdução de agulhas na região afetada. O respeitado médico suíço François-Sigismond Jaccoud, que visitou Turgueniev em julho, propôs rigorosa dieta à base de leite, que foi ignorada pelo paciente, até que um mês depois a prescrição foi confirmada por L. G. Bertenson, renomado médico russo, que o examinou durante uma visita a Paris. Nenhum desses paliativos de curandeirismo fez grande efeito. Só a morfina foi capaz de aliviar a dor causada pelo câncer.

---

* No fim de *Madame Bovary*, o farmacêutico, Monsieur Homais, grande apreciador de descobertas, começa a usar a corrente galvânica, deixando perplexa Madame Homais ao mostrar "a espiral dourada" por baixo do colete de flanela.

Em janeiro de 1883, Turgueniev se submeteu a uma cirurgia para retirada de um caroço do baixo abdômen, erroneamente diagnosticado por sete médicos como um neuroma requerendo remoção urgente. Para não pôr em risco uma condição cardíaca que também equivocadamente consideravam sob ameaça, eles realizaram a operação sem anestesia geral. O abdômen de Turgueniev foi congelado com éter, e o corte a faca resultou na retirada de um cisto do tamanho de uma noz. "Durante a operação", escreveria Turgueniev a Daudet, "eu pensava nos nossos jantares e buscava palavras para lhe dar uma impressão exata da sensação do aço cortando minha carne — exatamente como uma faca cortaria uma banana". A cirurgia não resultou em melhora do estado de Turgueniev. Sequer ficou claro se o tumor era maligno. A ferida levou semanas para cicatrizar. A dor piorou. Ele se tornou dependente de morfina, começou a exagerar nas doses e com frequência passou a ter delírios paranoicos e pensamentos suicidas, provavelmente efeito do excesso de drogas. Num dos acessos, no meio da noite, exigia que lhe dessem veneno, acusando as pessoas próximas de conspirar para matá-lo, e disse que Pauline, que ouvira os gritos e correra ao seu quarto, era um monstro pior que Lady Macbeth. É possível que no estado febril ele achasse que a via na cena de sonambulismo da ópera de Verdi, um dos papéis mais festejados de Pauline.

Num dos períodos de lucidez, por volta de 20 de abril, Turgueniev manifestou o desejo de ser transferido para Bougival. Queria morrer na sua datcha. No dia 28 de abril, estava em condições de viajar. Retirado em maca dos seus aposentos no segundo andar, ele foi recebido no patamar do térreo por Louis, parcialmente paralisado em consequência de um derrame recente, e levado ao seu encontro numa cadeira de rodas para se despedir. Os dois se abraçaram.[81]

Uma semana depois, a 5 de maio, Louis sofreu um segundo derrame e morreu.[82] Tinha 82 anos. "Nos últimos momentos, ele se mostrou um sábio", escreveu Pauline ao cunhado, Léon Viardot, em 21 de maio. "Sentiu que a morte se aproximava e lhe deu boas-vindas, como se quisesse sorrir para os próximos que amava. Morreu sem sofrimento, adorado pela família e os amigos, respeitado por todos." Louis foi enterrado no cemitério de Montmartre. Não houve cerimônia religiosa, como fizera questão ele próprio, ateu convicto, e poucos obituários saíram na imprensa parisiense. O ativista republicano, editor, diretor de ópera, estudioso da hispanidade, crítico, escritor

e tradutor literário, especialista em artes plásticas e colecionador — talvez
o mais próximo que se podia encontrar de um "homem renascentista" no
século XIX — já fora esquecido.

A morte de Louis deixou Turgueniev ainda mais decidido a garantir
um legado para Pauline e filhos. Ele se impacientava cada vez mais com
as tentativas de Annenkov de negociar uma transferência definitiva dos
seus direitos autorais por um valor global. Queria muito conseguir um
contrato para uma edição póstuma, a ser publicada após sua morte, e pedia
um adiantamento de 60 mil rublos (240 mil francos) — o que garantiria a
segurança financeira de Pauline. Turgueniev deve ter concluído que para
ela seria melhor — tanto do ponto de vista financeiro quanto do jurídico — um valor global de uma só vez do que uma renda decorrente dos
royalties. Insatisfeito com Annenkov, transferiu a tarefa para Alexander
Toporov, seu escrevente em São Petersburgo, a quem Savina se referia como
"uma lamparina sempre ardendo diante de Turgueniev". Stasiulevich, que
visitou Turgueniev em julho, notou surpreso o quanto ele levava a sério a
questão, pois sempre o vira encarar seus direitos literários com descuidada
indiferença e ingenuidade. Por fim, em agosto de 1883, Toporov chegou a
um acordo com o editor I. I. Glazunov na capital russa. Os direitos autorais
de Turgueniev eram vendidos definitivamente por 80 mil rublos (320 mil
francos) — valor equivalente aos seus ganhos de onze anos com a literatura,
segundo cálculos do próprio escritor em 1882. Turgueniev ficou exultante.
Em uma das últimas cartas (número 6.173 das 6.175 publicadas na edição
soviética das obras), expressava sua gratidão a Glazunov, dizendo-se aliviado
por ter encontrado um editor capaz de assegurar seu legado literário.

A essa altura, Turgueniev estava fraco demais para escrever. As cartas
quase sempre eram ditadas a Pauline ou Louise Arnholt, a governanta dos
Viardot, que cuidou dele nas últimas semanas. Mas havia dias em que se
sentia bem o suficiente para levantar, sair um pouco e até rabiscar algumas
linhas. Num desses dias, 11 de julho, escreveu a lápis a Tolstoi para dizer
que estava morrendo, que ficava feliz por ter vivido na mesma época que ele
e "lhe dirigir meu último pedido. Meu amigo, retome a atividade literária.
Afinal, é o seu dom, do qual tudo mais decorre. Oh, como eu ficaria feliz se
pudesse acreditar que meu pedido terá alguma influência".[83]

A atividade literária de Turgueniev consistiu ainda em mais um conto,
"Une fin" (Um fim), escrito apenas duas semanas antes de morrer. A história

germinava em sua imaginação há muito tempo, mas ele estava fraco demais para transpô-la para o papel, e pediu ajuda a Pauline. Ela propôs que ditasse em russo, língua em que seria capaz de escrever, se ele fosse paciente. Mas Turgueniev temia que, em russo, quisesse parar a cada frase para lhe dar melhor forma, a cada palavra em busca de melhor expressão. Estava fraco demais, esse trabalho seria exaustivo e ele precisava registrar as ideias com mais rapidez. Por sugestão sua, o conto foi ditado nas diferentes línguas que ambos conheciam — francês, alemão, espanhol, inglês e italiano, com pequenas intercalações em russo —, e então traduzido para o francês por Pauline e revisto por Turgueniev.[84] Um modo de composição que bem simbolizava a cultura cosmopolita promovida por ambos durante toda a vida.

Nesses últimos dias e noites, Pauline e as filhas, Marianne e Claudie, estavam constantemente à cabeceira de Turgueniev. Até Paul e Louise foram para Bougival ajudar. Era constante a chegada de visitantes russos que vinham se despedir — Bogoliubov, o príncipe Meshcherski, Vereschaguin, segundo quem Turgueniev parecia um fantasma, pálido e murcho, os olhos afundados num rosto irreconhecível.

O fim chegou na segunda-feira 3 de setembro. Os Viardot estavam reunidos junto ao leito de Turgueniev. Sua filha não estava presente. Não pudera chegar a tempo da Suíça. Só fora advertida da possibilidade de que ele morresse "a qualquer momento", por telegrama, na manhã de sua morte. Recebendo doses de morfina para aliviar a dor, Turgueniev começou a falar em várias línguas, francês, alemão, inglês, mas sobretudo russo. Dizia ter chegado o momento de "dizer adeus como os tsares russos". Delirante, repetia o nome do tsar Aleksei, mas, em seguida, como se quisesse se corrigir, acrescentava "o segundo", possivelmente na tentativa de dizer o nome de Alexander II, o emancipador dos servos. Pauline debruçou-se para beijá-lo. Reconhecendo-a, ele se animou e disse: "Aí está a tsarina das tsarinas, quanto bem ela fez!" Passou então a balbuciar coisas sem sentido em russo, pensando que era um camponês moribundo se despedindo da família. Segundo Meshcherski, que estava presente, suas últimas palavras em russo foram: "Adeus, meus queridos, meus branquelinhos!" E perdeu a consciência. Morreria às duas da tarde do dia seguinte.[85]

Uma vez lavado e vestido o corpo, fotógrafos e pintores foram convocados para produzir imagens do rosto do morto a serem distribuídas aos jornais. Às cinco da tarde, chegara o fotógrafo Morel, do estúdio parisiense

Photographie Anonyme. Ele fez vários retratos de diferentes ângulos, que logo passariam a ser vendidos em cartões-postais em Paris e São Petersburgo. O escultor Pierre-Nicolas Tourgueneff, parente distante do escritor, fez uma máscara mortuária e um molde da mão esquerda, com a qual ele não escrevia por ser destro (os dedos da mão direita tinham ficado retorcidos na agonia). Pauline e Claudie desenharam esboços do rosto de Turgueniev. Contraído de dor no momento da morte, o rosto gradualmente relaxou, numa expressão mais tranquila. Segundo Stasiulevich, "ele nunca fora tão belo nem tão grande em vida". Passados os sinais de sofrimento, seu rosto assumiu a heroica "imagem de um profundo pensador de invulgar energia, que em vida não se notava por causa da bondade dominante da expressão e a propensão a sorrir a todo momento". Stasiulevich ficou tão impressionado com um dos croquis de Claudie, no qual conseguira capturar essa expressão, que lhe pediu que o autorizasse a publicá-lo na Rússia, como lembrança dos entes queridos de Turgueniev na França.[86]

Pauline ficou arrasada com a morte de Turgueniev. Em questão de meses, perdera os dois homens da sua vida. "Ah, meu amigo", escreveu a Pietsch no dia 8 de setembro, "é demais, é sofrimento demais para um coração. Não entendo como é que o meu não se partiu". Ao compositor Ambroise Thomas, escreveu no mesmo dia: "Perdi meu amigo mais querido. Esperamos aterrorizados o fim que se aproximava, mas, ao mesmo tempo, encaramos como uma libertação, pois o sofrimento do doente era intolerável [...] Sua morte foi parecida com a do meu querido e amado marido, e assim passei por uma dupla agonia."[87]

Um serviço fúnebre foi celebrado na igreja russa ortodoxa da Rue Daru no dia 7 de setembro. Pousado diante do altar, o caixão foi coberto de flores e ornamentado com folhagens. A igreja, à luz de velas, estava cheia. Entre os presentes havia muitas figuras de destaque da vida cultural francesa — Renan, Saint-Saëns, Daudet, Massenet, About, Goncourt —, além de russos de todas as classes sociais, do príncipe Orlov, chamando a atenção em seu uniforme real completo, com fita e estrela no peito, a estudantes e artistas russos pobres, "muitos niilistas e revolucionários", de acordo com a polícia francesa, que enviara agentes secretos. Goncourt registrou que a cerimônia havia "tirado das casas de Paris todo um mundinho de gigantes braquicéfalos barbudos como o Todo-Poderoso".[88]

Turgueniev deixara claro que queria ser enterrado na Rússia. Uma semana antes de morrer, disse a Meshcherski e Stasiulevich que o ideal para
ele seria repousar aos pés de seu "mestre" Pushkin, cujo túmulo ficava no
cemitério do Mosteiro de Svyatogorsk, perto de Pskov, mas como não se
sentia digno de tal honra, gostaria de ser sepultado perto do amigo Belinski
no Cemitério de Volkovo em São Petersburgo.[89] A escolha era surpreendente. Belinski fora grande divulgador das primeiras obras de Turgueniev
e influenciara sua visão realista da literatura, mas Turgueniev nunca fora
seu melhor ou mais próximo amigo, e eventualmente havia sacrificado a
amizade em nome da obsessão por Pauline. Em 1847, quando Belinski morria
de tuberculose em Paris, Turgueniev voltou atrás na promessa de ajudá-lo
a retornar à Rússia, sequer encontrando forças para se separar dos Viardot
em Courtavenel e fazer a curta viagem até a capital para se despedir. Talvez
o atormentasse o remorso pela maneira como havia tratado Belinski, que
morreu sem que voltasse a vê-lo. O que, no entanto, dificilmente parece
um motivo verossímil para a decisão, mais de trinta anos depois, de ser
enterrado junto ao famoso crítico, que havia definido os princípios realistas da literatura russa. Pushkin, afinal, foi sua primeira escolha. Ao pedir
sepultamento ao lado de Belinski, ele certamente pensava no seu lugar no
Panteão literário da Rússia.

Stasiulevich foi incumbido das providências para o enterro de Turgueniev. Surgiam infindáveis obstáculos: longa demora para obter autorização
de remoção do corpo, o que exigia um passaporte para deixar a França;
negociações arrastadas com a *duma* municipal de São Petersburgo, que não
conseguia se decidir a financiar o funeral de um homem que supostamente
tinha simpatias esquerdistas, polêmica provocada pela publicação na Rússia
de uma entrevista em que Lavrov, o revolucionário exilado, dizia a um jornal
de Paris que Turgueniev financiava seu periódico *Avante* (*Vpered*);* novo
adiamento quando o anel de Pushkin, que seria usado por Turgueniev na
viagem de retorno à Rússia, foi tomado de volta pelo doador, Pavel Jukovski,
que subitamente decidira mantê-lo consigo, o que exigiu de Pauline delica-
das negociações para convencê-lo a honrar sua promessa. Houve problemas
até para encontrar espaço para o túmulo de Turgueniev no Cemitério de

---

* A duma municipal aprovou a destinação de 3 mil rublos para pagar os custos do funeral,
mas o prefeito registrou um protesto, e a questão foi discutida por quase dez anos.

Volkovo, pois todos os lugares próximos de Belinski estavam ocupados. As autoridades tsaristas propuseram exumar os restos de Belinski para voltar a enterrá-los em nova cova junto com os de Turgueniev, mas a viúva não concordou, e mais tempo se perdeu até encontrar uma alternativa. Enquanto isso, o corpo de Turgueniev era mantido no porão da igreja russa.[90]

Pauline decidiu não viajar à Rússia com o corpo de Turgueniev. Em seu lugar, foi a filha Claudie, acompanhada do marido, George. Em carta a Sta-siulevich, Pauline explicava a decisão mencionando "questões de negócios" não especificadas que, segundo ela, a forçavam a permanecer em Paris: "Caso contrário, eu teria ido com meus filhos ver a querida Rússia mais uma vez e levar de volta os preciosos restos do meu melhor amigo, o grande homem que todos pranteamos." Talvez ela levasse em conta o conselho deixado pelo próprio Turgueniev anos antes, num dos seus *Poemas em prosa*, "Quando eu não estiver mais aqui" (dezembro de 1878), que começava assim:

> Quando eu não estiver mais aqui, quando tudo aquilo que um dia fui tiver virado poeira — oh, você, minha única amiga, você, que amei tanto e com tanta ternura, você que certamente sobreviverá a mim — não vá ao meu túmulo [...]. Nada terá a fazer lá.[91]

Por outro lado, poderíamos considerar que o fato de Pauline não ter acompanhado o corpo à Rússia justificava a decepção manifestada por Turgueniev no poema que lera para Savina — aquele em que era contada a história de um grande amor por uma mulher "que não foi capaz de levar uma florzinha ou derramar uma única lágrima no túmulo do autor".

A volta à Rússia teve início na Gare du Nord no dia 3 de outubro. Turgueniev faria sua última viagem pela Europa num trem de passageiros. O caixão ocupava sozinho um vagão, com o piso coberto de flores e as paredes internas, de tecidos negros dos quais pendiam muitas coroas de flores. Sobre o caixão, uma faixa branca com a inscrição dourada "Les Frênes", nome da datcha que construíra em Bougival. Na altura da cabeça, uma grande coroa de flores verdes de "La famille Viardot". Na plataforma junto ao vagão, foi montada uma capela provisória onde um serviço de despedida organizado por Pauline contou com a presença de quatrocentos convidados, entre eles, Renan, Zola, Daudet, Jules Simon e Pierre-Jules Hetzel, o editor de Turgueniev, além dos Viardot. Um coro cantou música sacra russa, que causou forte impressão, especialmente entre os franceses, segundo o príncipe Obolenski, um dos russos presentes. Renan leu os elogios fúnebres, celebrando em Turgueniev o homem e o escritor, a consciência moral da sua nação e também um cidadão da Europa. Terminada a cerimônia, todos se retiraram, Stasiulevich, que acompanharia o caixão, embarcou num vagão de primeira classe e o trem partiu.[92]

A cada parada do percurso pela Europa, multidões vinham saudar Turgueniev. Em Berlim, por onde começara a viagem, um grande número de passageiros se reuniu espontaneamente em torno do vagão funerário, surgindo um padre para benzer o caixão antes da partida em direção a Vilnius e São Petersburgo. O trem alemão só foi até a cidade de Verjbolovo, na fronteira com a Rússia, aonde chegou no início da manhã de 6 de outubro. A noite inteira, uma enorme multidão esperava debaixo de vento e chuva na estação, para saudar a volta do escritor ao solo russo. O padre da igreja local oficiou uma cerimônia com orações de ação de graças, e coroas de flores foram depositadas por uma dúzia de delegações, uma delas, dos funcionários aduaneiros do tsar. As autoridades se preocupavam com a possibilidade de o trem fúnebre de Turgueniev provocar protestos durante a passagem pelo país. Desde o assassinato de Alexander II por revolucionários, em 1881, temiam todo tipo de ajuntamento público. Atos de repressão policial eram efetuados por ordem do novo tsar, Alexander III, para quem toda demonstração de respeito por Turgueniev devia ser vista como sinal de oposição ao governo — ideia estimulada pelos assessores reacionários, que se valiam das revelações de Lavrov para reforçar as políticas antiliberais do regime. Em cada estação entre Verjbolovo e São Petersburgo, o trem era parado para inspeção (só Deus sabe o que esperavam encontrar) e guardas embarcavam para acompanhar o caixão até a parada seguinte. O comboio avançava em direção à capital em meio a uma frenética troca de telegramas entre chefes de estação, governantes locais e o Ministério do Interior. A imprensa russa foi proibida pelo tsar de publicar detalhes sobre locais e horários das paradas.[93]

Apesar disso, multidões chegavam. Em Kovno, foram todos confinados pela polícia no saguão da estação, onde esperaram a noite inteira. Mas à chegada do trem no início da manhã, romperam o isolamento e correram na direção do vagão fúnebre, depositando coroas de flores e assistindo a um serviço religioso. Em Vilnius, a plataforma já estava tomada — muitos segurando coroas de flores e retratos de Turgueniev — quando o trem chegou. Em Dinaburgo, a multidão era tão grande junto ao vagão de Turgueniev que Stasiulevich chegou a temer que as pessoas se atropelassem e caíssem nos trilhos. Coroas eram trazidas por delegações dos mais diversos setores da população local: um colégio de meninas, uma sociedade musical, a diretoria do *zemstvo* (administração local), bombeiros, bibliotecários. Em Pskov, aonde o trem chegou debaixo de chuva forte às duas da manhã de 9 de outubro, havia enorme multidão liderada por uma delegação dos governantes municipais com uma coroa "Do povo de Pskov", depositada junto ao caixão num serviço fúnebre oficiado pelos sacerdotes locais. "Em nenhum outro lugar, o corpo de Turgueniev foi homenageado com tanto fervor", observou Stasiulevich em carta à mulher, "levando-se em conta a hora da nossa chegada, o tempo horrível e a distância da cidade à estação [mais de dois quilômetros]". Em Gatchina, sete horas depois, parecia que a cidade inteira estava presente, sob o sol da manhã. A plataforma foi tomada por uma multidão compacta. No ponto onde se deteve o comboio fúnebre, havia à espera uma delegação de escolares, um coro da igreja e alguns padres, que tentaram entrar no vagão para efetuar a liturgia no pouco tempo que restava antes de o trem seguir caminho para São Petersburgo. Mas não conseguiram.[94]

Em São Petersburgo, aonde o trem chegou na hora, às 10h20, as autoridades acharam melhor controlar as manifestações de luto na Estação Varsóvia. O público foi mantido longe das plataformas. Só uma pequena delegação de padres e funcionários da comissão fúnebre foi autorizada a ir ao encontro do trem. Depois de uma missa solene, o ataúde de madeira foi levado da estação e colocado num carro fúnebre envolto em tecido branco e dourado. Coroas de flores foram depositadas sobre o caixão, tendo no alto um retrato de Turgueniev e uma cruz de prata. Teve início o cortejo. O carro fúnebre foi seguido por 178 delegações literárias, teatrais, artísticas, acadêmicas, profissionais, nacionais, cívicas e de muitas outras organizações, cada uma carregando coroas de flores com inscrições e muitas, também, com retratos do escritor. Mais adiante, uma longa fila de padres e monges completava a procissão, que levou três horas para atravessar São Petersburgo até o Cemitério de Volkovo. Apesar da forte presença policial, a multidão era enorme, cerca de 400 mil pessoas perfiladas ao longo das ruas. Claudie caminhava atrás do carro fúnebre. Nesse mesmo dia, escreveria a Pauline:

George e três veneráveis cavalheiros idosos caminhavam nos quatro ângulos do carro fúnebre. Eu estava logo atrás com a grande
coroa de flores de Les Frênes carregada por quatro rapazes, vindo,
em seguida, os grupos literários, os delegados, os membros da
comissão, pessoas com ingressos para entrar na igreja e depois
uma retaguarda com os mais variados tipos de gente. O cortejo
era acompanhado pela polícia montada e cossacos armados. O
tamanho da multidão nas ruas, sacadas, janelas, até no telhado de
cada casa da estação até a igreja era grande demais para ser descrito; centenas de milhares de russos baixavam a cabeça e faziam
o sinal da cruz à passagem do corpo. Foi realmente grandioso.

No Cemitério de Volkovo, o acesso ao serviço fúnebre foi rigorosamente
limitado. O lugar estava cheio de agentes policiais. Mas o ofício transcorreu
com a devida solenidade e dignidade. Poemas foram escritos para a ocasião
e lidos em voz alta na igreja. Discursos foram feitos pelo escritor Dimitri
Grigorovich, velho amigo de Turgueniev, e o reitor da universidade. Até que,
à beira do túmulo, como leria Pauline na carta de Claudie,

O caixão foi lentamente baixado até uma cama de flores no fundo
do túmulo. Ao redor estavam as numerosas delegações com suas
oferendas, um coro de estudantes cantou e, em seguida, os padres
chegaram para fazer a última oração, sendo feitos três breves
elogios fúnebres. Alguém nos mostrou um grupo de camponeses
de Spasskoe que viera dar um último adeus ao seu libertador.[95]

Epílogo

"O resto da minha vida será sem felicidade", escreveu Pauline a Ludwig Pietsch à morte de Turgueniev. "Vou me entregar à amarga alegria das lembranças." Ela estava em desespero, segundo Louise, que o explicava pela morte do pai, se eximindo de qualquer alusão à outra perda da mãe. Pauline tentou se matar pulando de uma janela. Durante várias semanas, os filhos a mantiveram sob vigilância, trancando as janelas. Ela dizia que sua vida acabara (estava com 62 anos), que o que restava não passava de um epílogo.[1]

Pauline viveu mais 27 anos, uma vida plena e cheia de ocupações. Em 1884, vendeu a casa da Rue de Douai e se mudou para um apartamento próximo à Assembleia Nacional, no número 243 do Boulevard Saint-Germain, que encheu dos móveis antigos e ornamentos que havia juntado a vida inteira.* Esse apartamento no último andar do prédio era claro e espaçoso,

---

* Boa parte da coleção foi vendida em leilão no Hôtel Drouot em 28 e 29 de janeiro de 1890 — sinal, talvez, de que Pauline precisava de dinheiro, ou quem sabe decidira viver sem as lembranças que os objetos traziam. No catálogo da venda constavam: um sofá Luís XIV com quatro cadeiras de marfim forradas de veludo azul; uma grande mesa Luís XIV de madeira com tampo de mármore; consoles estilo Luís XIV; candelabros no mesmo estilo; mesas, poltronas e sofás no mesmo estilo; espelhos estilo Luís XIII; pesadas cortinas de veludo azul; cortinas de seda listradas de vermelho e branco; móveis de quarto em estilo chinês; tapetes orientais; tapeçarias belgas; cristais venezianos; vasos de Delft; uma mesa de bilhar inglesa; esculturas de bronze representando cenas de caça; bustos de bronze e madeira; vitrais; um anteparo de madeira e vidro feito por Pauline; um piano armário Pleyel e um piano de cauda Érard; e uma coleção de vinhos antigos com mil garrafas, remontando à década de 1870 (BMO, LA-VIARDOT PAULINE-5).

com magnífica vista da Place de la Concorde até os Champs-Elysées (ver imagem 67 do encarte).

Há muito Pauline deixara de cantar, mas continuava compondo, sobretudo para os amigos e para seu próprio prazer, embora certas obras, particularmente *Le Rêve de Jésus* (1892), um drama musical, tenham sido apresentadas em público.[2] Também continuou ensinando até o fim da vida. Entre as centenas de alunos que haviam recebido sua orientação, estavam a grande contralto Marianne Brandt (1842-1921), famosa pela interpretação de papéis wagnerianos; a contralto francesa Jeanne Gerville-Riache (1882-1915), que, em sua breve mas brilhante carreira, cantou o papel de Geneviève na estreia absoluta de *Pelléas et Mélisande* (1902), de Debussy; a soprano húngara Aglaja Orgeni (1841-1926), que se tornou reputada professora do Conservatório Real de Dresden depois de longa carreira dedicada sobretudo à ópera italiana; e a soprano Margarethe Siems (1879-1952), aluna não só de Pauline como de Orgeni, conhecida, sobretudo, por ter criado papéis importantes nas estreias de três óperas de Richard Strauss: Crisótemis em *Elektra* (1909), a Marechala em *Der Rosenkavalier* (1911) e Zerbinetta em *Ariadne auf Naxos* (1912).

O apartamento de Pauline era um ativo centro da vida musical parisiense. Ela mantinha a tradição dos concertos das noites de quinta-feira para apresentação dos alunos. Massenet, Saint-Saëns, Fauré, Franck, Chabrier e Delibes apareciam regularmente. Em 1886, Saint-Saëns promoveu com a participação de um grupo de amigos uma apresentação privada de *Le Carnaval des animaux* para Liszt, a quem restavam poucos meses de vida, e que fazia uma rara visita à casa de Pauline. No ano seguinte, um visitante da Noruega, Edvard Grieg, executou um arranjo do seu Concerto para piano e orquestra — a primeira vez em que a peça era tocada na França.

Tchaikovski também fez uma visita. Ele sabia do papel de Pauline como divulgadora de suas obras na França desde a década de 1870, mas só durante uma visita a Paris no verão de 1886 finalmente decidiu visitá-la. Apareceu no dia 12 de junho com o violoncelista Anatoli Brandukov. Enfrentando uma tempestade no caminho, os dois chegaram encharcados, mas, como observaria Tchaikovski em seu diário, "as circunstâncias facilitaram a aproximação". Ele ficou encantado com a "mãezinha [*mamasha*] Viardot", como se referia a ela em carta ao irmão: "Nas Três horas que lá passei, devo ter beijado sua mão uma dúzia de vezes." Ela era "uma mulher tão maravilhosa e interessante", escreveria também à cunhada. "Embora tenha 70 anos, mais parece uma mulher de 40. Tão cheia de energia, se interessa por tudo, sabe de tudo, e é extremamente gentil", se derramava. Tchaikovski ficou empolgado por ter visto o manuscrito de *Don Giovanni*, que Pauline mantinha num estojo sobre a mesa da sala (em 1892, ela doaria a partitura ao Conservatório de Paris). Tchaikovski registrou em diário: "Vi a partitura de orquestra do *Don Giovanni* de Mozart, escrita À MÃO POR ELE!!!!!!!!!!!" O compositor ficou fascinado com a conversa com Pauline a respeito de Turgueniev, escritor que sempre tivera na mais alta conta, sem nunca terem se conhecido pessoalmente. Quando sua protetora Nadejda von Meck perguntou se Pauline se lembrava de Turgueniev, Tchaikovski respondeu: "Posso lhe garantir que não só se lembra como passamos quase todo o tempo falando dele, e ela me contou detalhadamente como escreveram juntos [o conto] 'A canção do amor triunfante'." Pouco tempo depois, Tchaikovski leu o conto e começou a esboçar uma canção baseada nele, embora não a tenha concluído.[3]

Era constante a chegada de visitantes da Rússia. Queriam informações sobre Turgueniev, perguntavam sobre seus bens, queriam conversar sobre sua vida privada. Para eles, Pauline era importante apenas como "amante" do "seu" escritor. Os russos eram hostis a Pauline, não obstante seu considerável empenho no sentido de promover a música russa na Europa (o que continuaria fazendo até muito depois da morte de Turgueniev) e a generosa decisão de devolver à Rússia certos bens — entre os quais, um estojo com um anel que pertencera a Pushkin e o retrato de Turgueniev pintado por Kharlamov — que lhe haviam sido legados por ele.[4] Acusavam-na de ter privado a Rússia do seu grande escritor, de corrompê-lo com sua influência maligna para que permanecesse na Europa. Até certos russos de Paris que haviam sido seus amigos se voltariam contra Viardot. Entre eles, Lopatin, que criara com Turgueniev a Sala de Leitura Russa e muitas vezes estivera na casa de Pauline, onde ela oferecia concertos para levantar fundos para a iniciativa dos dois. "Para os russos", alegaria Lopatin mais tarde, "existe uma grande diferença entre as obras de Turgueniev antes de conhecê-la e as que vieram depois. Antes, continham o povo — depois, não. Ela tirou o russo que havia nele".[5]

Bogoliubov foi um dos poucos russos a defender Pauline. Escrevendo à morte de Turgueniev, ele lembrava aos compatriotas que fora dela, e não deles, a presença junto à cama do escritor nos últimos meses da terrível doença, advertindo que não tinham o direito de julgar: "Turgueniev e Viardot não viviam como gente comum. Estavam unidos por qualidades espirituais [...] de uma forma que não nos diz respeito." Como se poderia esperar, Pauline se enchia de brios em defesa própria. Escreveu ela a Bogoliubov:

> Com que direito esses supostos amigos de Turgueniev decidem condená-lo e a mim pelo nosso relacionamento? Todo mundo nasce livre, e os atos de cada um, se não causarem dano, não estão sujeitos ao julgamento de ninguém mais. Nossos sentimentos e atos se baseavam em regras aceitas por nós mesmos, não compreendidas pela multidão, nem sequer por muitas pessoas que se consideram honradas e inteligentes [...]. Nós nos entendíamos demasiado bem para nos importar com o que os outros diziam a nosso respeito, pois aqueles que realmente nos conheciam e nos amavam reconheciam as regras que nos uniam.[6]

Em certa medida, esse ressentimento em relação a Pauline decorria do pressuposto de que ela seria a única herdeira do espólio material e literário de Turgueniev, com isto privando a Rússia do que lhe cabia. A ideia remontava à época da doença terminal do escritor, quando ele fez uma emenda ao testamento, legando a Pauline seus bens na França e os rendimentos com a literatura. Circularam na Rússia notícias de que Viardot é que o tinha feito alterar o testamento, de que o mantinha prisioneiro na França para pressioná-lo mais a vender as terras de Spasskoe e deixar para ela o fruto dessa venda. O boato foi reforçado quando velhos amigos de Turgueniev passaram a se queixar, depois de sua morte, de que não lhes deixara nada: o escritor Polonski criou enorme caso por esse motivo, alegando que Turgueniev tinha grande afeto por sua mulher mas a esquecera no testamento.

A situação, na verdade, era confusa. Sempre desorganizado com o dinheiro e com questões práticas, Turgueniev deixara os negócios em desordem. A emenda legando os direitos literários a Pauline era anulada pelo acordo que ele fizera com o editor Glazunov, vendendo-lhe esses mesmos direitos por cinquenta anos. Para agravar a incoerência, um ano antes de morrer, Turgueniev dera a Annenkov plenos poderes para controlar seu espólio literário. Além do mais, havia diferentes testamentos, um em francês e outro em russo, cada um com diretrizes diferentes sobre seus direitos literários (Turgueniev esquecera de destruir o primeiro testamento ao fazer o segundo). E no caso das propriedades fundiárias, a clareza não era maior. Um dos testamentos aparentemente legava as propriedades na Rússia à filha Paulinette. Embora tivesse fugido do marido violento em 1882, ela agora voltara para Gaston, querendo aumentar as chances na ação que movia na justiça francesa, onde ele a representava. Mas Pauline também invocava direitos sobre Spasskoe. Guardara um documento legal de 1864 provando que Turgueniev ainda lhe devia 30 mil rublos (120 mil francos) — o empréstimo que recebera dos Viardot nesse ano para comprar um terreno em Baden e pagar o dote da filha. A dívida era cotejada com sua propriedade de Spasskoe, que valia cerca de 165 mil rublos à época da morte de Turgueniev. Parece difícil imaginar que ele não tivesse quitado a dívida (a venda de sua casa aos Viardot em 1868 teria sido o momento óbvio para isto). A conservação da promissória — que devia ter sido anulada quando Turgueniev quitou os 30 mil rublos — indicaria que ele queria que Pauline a guardasse para dar sustentação a suas pretensões sobre Spasskoe, ou pelo menos parte da propriedade.

Pelas leis russas, Turgueniev não tinha o direito de deixar terras para Viardot: os testamentos não tinham jurisdição sobre propriedades hereditárias como Spasskoe, que não podiam ser transferidas para terceiros se houvesse um membro da família legalmente reconhecido e suscetível de herdá-las. À parte a reivindicação de Gaston em nome de Paulinette, rejeitada pelos tribunais russos, uma ação foi movida por duas primas distantes de Turgueniev pelo lado materno, Kleopatra Sukhotina e Olga Galakhova, ambas de Orel, que nunca tinham encontrado pessoalmente o escritor (Turgueniev sequer tinha conhecimento da sua existência). Depois de anos de disputa jurídica, em boa parte conduzida por meio do consulado russo em Paris, a questão finalmente foi resolvida em 1877, quando o Tribunal Distrital de Orel adjudicou Spasskoe a Sukhotina e Galakhova, mas determinando que pagassem a dívida de Turgueniev com Viardot, que aceitou a soma de 46.020 rublos (184 mil francos), incluídos os juros, para abrir mão da reivindicação baseada na promissória de 1864. Turgueniev deixou um generoso presente para cada um dos quatro filhos de Pauline (Paul ficou com o violino Stradivarius), mas a própria filha e os netos nada receberam do seu testamento.[7]

No dia 30 de setembro de 1883, o *Berliner Tageblatt* publicou um obituário de Turgueniev. "Há vinte anos já, nós, alemães, nos acostumamos a considerar Turgueniev um dos nossos", escrevia o crítico literário Bruno Steuben. "Em nenhum outro país suas obras foram tão frequentemente traduzidas, avidamente lidas e admiradas com tanto entusiasmo quanto aqui." Nos trinta anos seguintes, contudo, a reputação internacional de Turgueniev como escritor declinou lentamente. Em 1914, Thomas Mann se queixava de que o romancista russo há muito vinha sendo injustamente negligenciado. Ele próprio adorava suas obras e as leu muitas vezes ao longo da vida. Em 1949, Mann declarou que, se fosse banido para uma ilha deserta, *Pais e filhos* estaria entre os seis livros que levaria.[8]

O declínio da popularidade de Turgueniev se deve em grande parte à ascensão de outros escritores russos, como Dostoievski e Tolstoi, cujas obras seriam traduzidas com crescente frequência depois de 1886. A publicação nesse ano do estudo de De Vogüé sobre a literatura russa, *Le Roman russe*, que fez grande sucesso e logo seria traduzido para muitas línguas, levou a uma espécie de "mania russa" na Europa e nas Américas. Os editores não se fizeram de rogados, tratando de providenciar traduções com publicação barata, já que os autores russos não estavam protegidos pela Convenção de Berna de copyright internacional. Na França, o número de romances russos publicados em tradução era em média de dois por ano no início dos anos 1880, mas chegou a 25 em 1888. Nos Estados Unidos, 27 diferentes edições das obras de Tolstoi foram publicadas só em 1889.[9]

Até então, Turgueniev era de longe o escritor russo mais conhecido no Ocidente. Sua prosa elegante estabelecera os limites da "russidade". A descoberta de Dostoievski e Tolstoi — aparentemente mais "russos" que o europeizado Turgueniev — alterou as expectativas ocidentais em relação à literatura russa. Agora os leitores do Ocidente queriam que os escritores russos fossem rudes, primitivos e espiritualizados, motivados por grandes ideais a respeito da vida humana, exoticamente originais, que escrevessem obras mais longas — em suma, diferentes de tudo que havia no resto da literatura europeia. A mudança de atitude podia ser abrupta. No dia 7 de outubro de 1887, Goncourt escreveu em seu diário a respeito do amigo falecido:

> Turgueniev — é incontestável — era um extraordinário conversador, mas como escritor foi superestimado [...]. Sim, era um notável

paisagista, capaz de descrever caçadas na floresta como ninguém, mas um modesto pintor da humanidade, carecendo de grandeza de visão. Na verdade, constatava-se na sua obra uma ausência da rudeza primitiva [*rudesse primitive*] do seu país, a rudeza da velha Moscou, dos cossacos, e, nos seus livros, os seus compatriotas me parecem ter ares de russos pintados por um russo que poderia ter passado a vida inteira na corte de Luís XIV.[10]

Apesar de menos lido, Turgueniev continuou exercendo grande influência sobre escritores europeus e americanos, talvez mais que qualquer outro russo, com a possível exceção de Tchekhov. Sua sutil magia se exercia sobre escritores os mais diferentes, como Thomas Mann, Guy de Maupassant, John Goldsworthy, Thomas Hardy, George Moore e, sobretudo, Henry James, que o leu a vida inteira, o apreciava como homem e compartilhava de modo geral sua atitude em relação à literatura e à vida. "Turgueniev é num grau muito especial o que eu poderia chamar de romancista dos romancistas", escreveu James em *A casa da ficção*, "uma influência artística extraordinariamente valiosa e inextirpável".[11]

A "invasão" dos russos, como veio a ser designada a verdadeira avalanche de romances russos traduzidos, logo seria seguida pelo advento dos escandinavos (Ibsen, Bjørnson e Strindberg), cujos dramas foram apresentados em teatros de toda a Europa na década de 1890. Foi o ponto alto do cosmopolitismo literário no continente europeu.

Ampliava-se o leque de literaturas traduzidas para o inglês, o francês e o alemão, as línguas literárias dominantes. Livros de autores poloneses, italianos e espanhóis irromperam no mercado europeu, paralelamente aos que eram traduzidos do russo e das línguas escandinavas, além de um número cada vez maior de traduções publicadas em periódicos, lançados em incrível profusão na virada para o século XX.

O influxo de livros estrangeiros levou em muitos países a protestos dos que temiam fosse comprometida a natureza única da literatura nacional. Era um tipo de preocupação há muito manifestado por críticos para os quais o maior valor literário era o caráter nacional. Já em 1846, Saint-René Taillandier advertia na *Revue des deux mondes* que o crescente número de traduções de obras estrangeiras podia gerar uma espécie de uniformidade entre as literaturas de diferentes países. Com a internacionalização do comércio livreiro, os defensores nacionalistas das línguas e tradições literárias ganharam força. Em toda a Europa, expressavam, a partir dos anos 1870, sua crescente oposição ao cosmopolitismo que definia a cultura europeia desde as primeiras décadas do século. Essa reação contribuiu para o crescimento do nacionalismo político no continente europeu, o que acabaria levando à Primeira Guerra Mundial.

O anticosmopolitismo era particularmente forte na França, onde o caso Dreyfus* indicava um crescente antissemitismo no establishment católico. "De fato, fomos invadidos, e de todos os lados ao mesmo tempo", escreveu o tradicionalista católico, advogado e escritor Henry Bordeaux em *Le Correspondant*, em 1901. "Se baixarmos a guarda, logo não haverá mais literatura francesa."[12] Reações semelhantes eram constatadas em todo o continente. Na maioria dos países, a abertura para as correntes internacionais era acompanhada de um nacionalismo reativo nas artes e na política.

A questão era mais aguda na literatura, veículo da língua e das ideias nacionais. Era onde os defensores da tradição assumiam posição frente à vanguarda universal. Nas artes plásticas, nas quais pelo fim do século uma estética impressionista fora assimilada às tradições nacionais em toda a Europa, era mais forte a tendência a encarar o surgimento desse idioma internacional como algo positivo. Como diria André Hallays em 1895, pela primeira vez na história começava a se delinear um estilo artístico autenticamente europeu:

> Não são apenas os escritores que convergem para uma escola europeia; mais até que eles, os artistas plásticos aceleram o avanço do cosmopolitismo. Já se tornou praticamente impossível classificar os pintores por escolas nacionais. Meses atrás, visitando as galerias de Munique, chamou-me a atenção a que ponto o espírito

---

* Em 1894, um capitão do exército, Alfred Dreyfus, judeu, foi injustamente considerado culpado de espionagem, condenado à prisão perpétua e encarcerado na Ilha do Diabo até 1899, quando foi levado de volta à França para ser julgado de novo, por terem sido surgido novas provas — algumas confirmando sua inocência, ao passo que outros documentos tinham sido falsificados pelo exército para incriminá-lo. O tribunal declarou Dreyfus culpado, condenou-o, mais uma vez, a dez anos de prisão, mas o perdoou. Em 1906, ele foi inocentado e reintegrado ao exército, no qual serviu durante a Primeira Guerra Mundial.

nômade dos pintores, os acidentes de sua formação artística e sua
adequação à mesma estética, quase sempre literária, tornava difícil
dizer de onde vinham. Seus estilos de tal maneira se embaralham
e confundem que um crítico, mesmo o mais informado, sempre
hesitaria e não raro se equivocaria na atribuição de autoria: há
italianos pintando em estilo inglês; escandinavos que poderiam
ser tomados por italianos meridionais.[13]

Foi nessa altura que começou a crescer a ideia de uma "cultura europeia",
como síntese de estilos artísticos e obras de todo o continente e como uma
identidade baseada em valores e ideias comuns. A expressão propriamente dita raramente fora usada antes. Raramente se falava de uma "cultura
europeia" nos três primeiros quartos do século XIX. Falava-se mais de "civilização europeia", expressão eurocêntrica herdada do Iluminismo, remetendo à razão ocidental, à liberdade, à herança artística clássica e à ciência,
apresentadas como valores universais nos quais se escorava o progresso da
humanidade. Era uma ideologia europeia, mas não balizava propriamente
uma identidade *cultural* europeia distinta. Qualquer um podia acreditar
nela, independentemente da sua origem.

O conceito de um espaço cultural europeu — compartilhado pelos "europeus" e funcionando como um traço de união entre eles — surgiu nas
primeiras décadas do século XIX. Saint-Simon considerava que a Europa
tinha uma "missão civilizatória" definida por seu espírito secular, na qual
as artes tomariam o lugar da religião, da raça ou da nação no empenho
de unir os povos do continente.[14] Goethe achava que um tipo híbrido de
cultura europeia seria formado com o aumento da circulação e das trocas
culturais entre as nações. Mas só no último quarto do século, essas ideias
abriram caminho para a noção de uma sensibilidade europeia distinta, de
uma identidade cultural: um sentimento de "europeidade" compartilhado
pelos cidadãos da Europa, independentemente da nacionalidade.

Nietzsche foi um pioneiro dessa noção. Em *Humano, demasiado humano* (1878), afirmava que as nações europeias seriam debilitadas e afinal
extintas pelo "comércio e indústria" internacional, e que a "circulação de
livros e cartas" acarretaria uma "alta cultura comum". Em consequência
dessa "incessante hibridização", prosseguia Nietzsche, surgiria uma "raça
mista", a raça do "homem europeu". Inimigo do nacionalismo, que chamava

de "a doença do século", Nietzsche propugnava como seu antídoto o ideal do "bom europeu", o cidadão "sem-teto" da Europa. Na sua visão, o *Homo Europaeus* já estava se formando:

> Chame-se o que hoje distingue o europeu de "civilização" ou "humanização" ou "progresso"; ou se chame simplesmente, sem que signifique louvor ou censura, de movimento *democrático* na Europa: por trás de todas as fachadas morais e políticas indicadas por tais fórmulas, um grande processo *fisiológico* vem ocorrendo e ganhando ímpeto maior e cada vez maior — o processo de assimilação de todos os europeus, sua crescente desvinculação das condições sob as quais se originam raças dependentes de clima e classe, sua progressiva independência em relação a qualquer meio *definido* que, impondo as mesmas exigências ao longo de séculos, quisesse se inscrever na alma e no corpo — vale dizer, o lento surgimento de um tipo de homem essencialmente supranacional e nômade, e que, fisiologicamente falando, apresenta como característica distintiva um máximo da arte e do poder de adaptação. Esse processo de *se tornar europeu*, cujo ritmo pode ser retardado [...] pela tormenta e tensão ainda em vigor do "sentimento nacional" [...] provavelmente levará a resultados que seus ingênuos propagadores e panegiristas, os apóstolos das "ideias modernas", seriam os menos inclinados a prever [itálicos como no original].[15]

As artes desempenharam papel central na evolução desse conceito de identidade cultural europeia. Mais que a religião ou as convicções políticas, considerava-se que eram capazes de unir os povos do continente. O crítico dinamarquês Georg Brandes, por exemplo, argumentava que os progressos nos transportes, nas comunicações e nas artes gráficas, assim como o aumento das traduções, tinham descortinado para as diferentes literaturas da Europa uma "sensibilidade europeia moderna".[16] Esse processo não significava necessariamente a perda da nacionalidade. Mas, de fato, acarretava maior abertura em cada país, o reconhecimento de que toda cultura nacional é resultado de um constante diálogo por cima das fronteiras nacionais e da assimilação de tradições artísticas diferentes num mundo europeu mais amplo.

Em seu ensaio "A crise da mente" (1919), o poeta francês Paul Valéry refletia sobre a natureza dessa cultura europeia às vésperas da Primeira Guerra Mundial:

> Num livro dessa época — e não dos mais medíocres — não teríamos dificuldade de encontrar: a influência dos balés russos, um toque da melancolia de Pascal, numerosas impressões do tipo Goncourt, algo de Nietzsche, algo de Rimbaud, certos efeitos decorrentes da familiaridade com os pintores e às vezes o tom de uma publicação científica [...] o conjunto com o perfume de uma indefinível qualidade britânica difícil de avaliar!

Valéry considerava essa complexa fusão "característica da época moderna", querendo se referir a um "modo de vida", além de um período. Segundo ele, a Europa chegara ao apogeu desse "modernismo" em 1914, imediatamente antes de "a ilusão de uma cultura europeia" se perder nos campos de batalha de Flandres e da Polônia.[17]

Paradoxalmente, foi nos anos do pós-guerra — depois do rompimento dessa ilusão — que o ideal de uma identidade cultural europeia coerente realmente amadureceu. Para os intelectuais europeus, a guerra foi uma catástrofe, desfazendo as densas conexões existentes entre as nações do continente e ameaçando acabar com sua supremacia cultural. *O declínio do Ocidente* (1918), de Oswald Spengler, foi apenas um dos muitos livros que previam o fim da civilização ocidental. Para reverter seu declínio, o "projeto europeu" (nome com que foi batizado) precisava de uma ideia da Europa que corroborasse seu caráter e sua posição especiais no mundo. Era crescente a ênfase na alta cultura europeia como fonte dessa identidade. Movidos por uma nostalgia do internacionalismo da Europa *fin-de-siècle*, os pensadores liberais reformularam o entendimento da Europa e sua cultura como uma "herança comum" baseada num "desejo de compreensão e troca" entre as nações, nas palavras de Valéry; como uma "unidade espiritual", no dizer do sociólogo Georg Simmel; e como um "reino supranacional de humanismo", segundo o escritor judeu austríaco Stefan Zweig, em *O mundo de ontem* (1942). A obra de Zweig era permeada dessa nostalgia das certezas da Europa do século XIX, inclusive por ter sido concluída às vésperas do suicídio do autor, no momento em que a "ilusão de uma cultura europeia" entrava novamente em colapso.

"A quantas mudanças você não assistiu em sua vida", escreveu Saint-Saëns a Pauline Viardot em 19 de dezembro de 1909:

> As ferrovias, a navegação a vapor, o telégrafo, a iluminação a gás, os telegramas e a iluminação elétrica — você assistiu ao nascimento de tudo isto; e agora existem carros que andam por conta própria, telégrafos que falam e aeroplanos [...]. E quantas mudanças no campo da arte! Você começou quando Rossini, Bellini e outros estavam no auge da glória; viu, depois do brilhante reinado de Meyerbeer, de que maneira — e de que brumas — surgiu a arte de Richard Wagner [...] e agora o surgimento da arte de Richard Strauss, o precursor do fim do mundo: é o Anticristo em música. Quando Elektra* reconhece o irmão, Orestes, *três tonalidades* são ouvidas simultaneamente! A técnica foi batizada, e recebeu o nome de *heterofonia*. Mas não era necessária uma palavra nova: *cacofonia* serviria perfeitamente.[18]

Pauline não compartilhava completamente a má vontade de Saint-Saëns com o movimento moderno na música. Sempre se mostrara receptiva a novas formas de arte. Mas de fato era, como ele dava a entender, uma figura firmemente enraizada nas gloriosas realizações do século anterior. Certamente assim era vista nos últimos anos de sua longa vida. Recebia muitos visitantes — estudiosos, escritores, compositores e músicos — que lhe faziam perguntas sobre tantas pessoas que havia conhecido. O que lhes poderia contar a respeito de Rossini, Gounod, Berlioz, Liszt ou Meyerbeer — de Sand ou Delacroix — todos mortos há muito tempo? Como soava o piano tocado por Chopin? O que podia dizer sobre Turgueniev como amigo? Havia cartas que pudessem ver? O que eram para ela lembranças de amizade, emoções, amor se transformara, para uma geração mais nova, em material documental da história da música, da arte e da literatura.

Não chegou até nós nenhum documento da arte de Pauline. Jamais saberemos como era o seu canto. O fonógrafo chegou tarde demais para

---

* Saint-Saëns refere-se à ópera *Elektra*, estreada em Dresden em 1909.

registrá-lo. A mais antiga gravação do grande baixo Feodor Chaliapin é de 1901; o tenor Enrico Caruso fez sua primeira gravação em 1902. Talvez o mais próximo que podemos chegar do estilo de canto de Pauline sejam as frágeis gravações feitas em 1950 por sua ex-aluna Marianne Brandt, então com 63 anos, cuja voz na juventude lembrava a Turgueniev a voz de Viardot. As três peças que ela registrou em cilindros Pathé — "Frühlingsnacht" (Noite de primavera), de Schumann, a canção de brindar de *Lucrezia Borgia* e a ária "Ah mon fils" de Fidès, em *Le Prophète* — tinham sido cantadas por Pauline muitas vezes.[19]

O fonógrafo foi uma das muitas invenções — entre as quais, os filmes falados e o telegrafone (o primeiro gravador magnético de áudio) — apresentadas na Exposition Universelle de 1900 em Paris, cuja entrada principal na Place de la Concorde, um portal monumental de três arcos abobadados encimados por gigantesca figura feminina representando Paris de braços abertos, podia ser vista das janelas do apartamento de Pauline. A exposição foi a última das grandes exibições novecentistas em Paris, pretendendo ser uma síntese das realizações dos cem anos anteriores, além de uma introdução ao século XX. O tema central era a modernidade. A primeira linha do metrô de Paris foi concluída para a feira. Calçadas móveis transportavam os visitantes pelas instalações, em velocidades diferentes. Muitos chegavam com câmeras portáteis. E no interior do Grand Palais, o principal pavilhão de exposições, em estilo art nouveau, viam-se obras de arte moderna — uma de Gauguin, três de Cézanne, oito de Pissarro, doze de Manet e quatorze de Monet — ao lado de quadros de David, Delacroix, Ingres e Meissonier, representando as glórias da pintura francesa no século XIX. Rodin tinha um pavilhão próprio ao lado das instalações da exposição, mas ao contrário de Courbet e Manet em épocas anteriores, também contava com a bênção da cidade de Paris, que financiou sua exposição de esculturas (ver imagem 68 do encarte).

A carreira de Pauline abarcara um período crucial na história do negócio da música. A impressão em massa de partituras vendidas a preços baratos permitira a disseminação do cânone musical. Os frequentadores de concertos e récitas de ópera conheciam intimamente a música, que tocavam em suas casas, fosse em arranjos ou no original. Com o advento da música gravada, o cânone de clássicos amplamente conhecidos se disseminou muito mais, desfrutado por setores do público que não podiam comprar um piano. Mas os que frequentavam concertos públicos tinham menor probabilidade de saber ler música, conhecer as partituras ou entendê-las do jeito que tornara a experiência do contato com música ao vivo tão valiosa e intensa no século XIX.

Nos últimos anos de vida, Pauline ficou cada vez mais reclusa em seu apartamento, onde era cuidada pela antiga aluna Mathilde de Nogueiras. Manteve-se ativa até o fim, compondo, ensinando, ajudando os alunos a lançar suas carreiras com cartas enviadas a seus muitos contatos no mundo musical, apesar da dor que devia sentir pelo simples fato de segurar uma pena, a julgar pela caligrafia acidentada.[20] Ela sofria de terríveis dores reumáticas nos dedos, nas mãos e nos braços; estava praticamente cega, com catarata nos dois olhos; e a audição decaíra muito. "Agora tenho medo de sair de casa", confidenciou ao diário em 1907.

> Não tenho coragem de atravessar a rua. Perdi a confiança física. Quando me perguntam alguma coisa, levo muito tempo para responder, como se quisesse que minha fala passasse por um filtro primeiro; muitas vezes repetem a pergunta, por acharem que eu não entendi. O que me incomoda. Tornei-me indiferente a muitas coisas. Raramente dou minha opinião, não parece que valha a pena. Em geral, falo pouco, especialmente com a família, não sei por quê. Muitas vezes acho que só ouvem por respeito, mas não dão atenção ao que eu digo.[21]

Mas à chegada de Sergei Diaghilev a Paris nesse mesmo ano, com a sua *saison russe*, ela não se mostrou indiferente. A ideia de Diaghilev — levar à Europa as artes da Rússia — sempre fora cara a Pauline. Há sessenta anos ela divulgava a música russa. Na primeira temporada, foram apresentadas obras de Tchaikovski, Rimski-Korsakov, Glinka, Borodin, Scriabin, Mussorgski e Rachmaninov; culminando na sensação que foi Chaliapin no papel título de *Bóris Godunov*, a primeira vez em que a obra-prima de Mussorgski era montada fora da Rússia, na Opéra de Paris, em 19 de maio de 1908. No ano seguinte, os Ballets Russes tiveram início com uma produção de *Le Pavillon d'Armide*, de Nikolai Tcherepnin, no Théâtre du Châtelet, seguida de *O pássaro de fogo* (1910), *Petruchka* (1911) e *A sagração da primavera* (1913) de Stravinski. Foi o momento em que a Rússia assumiu seu lugar bem no coração da cultura cosmopolita europeia, o momento em que a influência do balé russo passou a fazer parte da complexa fusão que definia qualquer obra de arte europeia nos anos que antecederam a Primeira Guerra Mundial. Apesar dos enredos baseados no folclore russo, dos cenários e figurinos exóticos, destinados a capturar a atenção dos franceses, os balés de Stravinski eram, na verdade, uma síntese de elementos europeus, derivando a música tanto de Debussy, Ravel e Fauré quanto da canção folclórica russa e seus campeões na escola nacionalista. Se os franceses consideravam os balés autenticamente "russos", para os russos, eles soavam franceses.[22]

Diaghilev tinha vínculos antigos com Pauline. Seu pai e sua madrasta a haviam conhecido ao visitar Turgueniev em Paris na década de 1870, ao passo que sua tia, a cantora de ópera Alexandra Panaeva-Kartseva, estudara com Pauline por recomendação de Turgueniev. Diaghilev queria muito encontrar Pauline ao viajar a Paris em 1906 para lançar uma exposição de arte russa moderna. Ela conhecera Tchaikovski, por quem ele tinha autêntica veneração, e tinha bons contatos nas elites culturais da cidade, de cujo apoio precisava para suas *saisons russes*. Mas o encontro não aconteceu.[23] Diaghilev logo entraria na roda viva dos salões elegantes de Madame Melanie de Pourtalès, da condessa Greffulhe e de Misia Sert, que financiaram tanto as temporadas dos seus concertos russos quanto os Ballets Russes. Com todo esse apoio, o ambicioso empresário não precisava visitar uma velha senhora como Pauline. Mas tudo que ele viria a realizar com os Ballets Russes em Paris representava a concretização dos ideais culturais que ela havia encarnado a vida inteira.

Pauline morreu no dia 18 de maio de 1910. Às três horas da manhã, caiu no sono numa poltrona e nunca mais despertou. Segundo Louise, que a acompanhava, ao partir, Pauline fez um movimento com as mãos — parecia estar falando com alguém mentalmente. "Norma" foi a única palavra que pronunciou — o nome de um de seus papéis mais famosos. O funeral ocorreu dois dias depois na Basílica de Sainte-Clotilde em Paris. Saint-Saëns fez o elogio fúnebre. O "Pie Jesu" de Fauré foi cantado por uma soprano acompanhada por César Franck no famoso órgão Cavaillé-Coll da igreja.[24] Foi uma cerimônia religiosa, obedecendo aos ritos da Igreja Católica Romana, o que teria chocado o marido de Pauline, ateu convicto. Mas a lápide sobre os corpos dos dois, dispostos lado a lado no Cemitério de Montmartre, não ostenta qualquer símbolo cristão.

Referências

LISTA DE ABREVIAÇÕES

Arquivos

ANF	Archives Nationales, Paris
APP	Archive de la Préfecture de Police, Paris
ASR	Archivo Storico Ricordi, Milan
BL	British Library Manuscripts Division, Londres
BMD	Bibliothèque Marguerite Durand, Paris
BMO	Bibliothèque-Musée de l'Opéra (BNF), Paris
BNF	Bibliothèque Nationale de France, Paris
DR	Durand-Ruel Archive, Paris
FM	Fitzwilliam Museum, Department of Manuscripts, Cambridge
GARF	Arquivo de Estado da Federação Russa
GK	Generallandesarchiv Karlsruhe, Karlsruhe
HL	Houghton Library, Harvard
IRL	Instituto de Literatura Russa (Pushkin House), São Petersburgo
JMA	John Murray Archive, Edimburgo
NYPL	New York Public Library, Divisão de Manuscritos, Nova York
OR	Divisão de Manuscritos, Biblioteca Nacional Russa, São Petersburgo
RGALI	Arquivo de Estado Russo de Literatura e Arte. Moscou
ROH	Royal Opera House Archives, Londres
SBB	Stadtarchiv Baden-Baden, Baden-Baden
SHM	Museu Histórico de Estado, Moscou
SP	Biblioteca Pública de São Petersburgo, Divisão de Manuscritos, São Petersburgo

TCA   Thomas Cook Archive, Peterborough
TCL   Trinity College Library, Cambridge
TMS-L Museu Turgueniev Spasskoe-Lutovinovo, Orel

Fontes primárias publicadas

Cahiers Cahiers Ivan Tourguéniev, Pauline Viardot, Maria Malibran
GJ   Jules e Edmond Goncourt, *Journal-Mémoires de la Vie Littéraire. Texte intégral établi et annoté par Robert Ricatte*, 3 vols. (Mônaco, 1956)
IPA   *Iz parizhskogo arkhiva I. S. Turgeneva*, 2 vols. *Literarturnoe nasledstvo*, vol. 73 (Moscou, 1964)
LI   *Lettres inédites de Tourguénev à Pauline Viardot et à sa famille*, ed. Henri Granjard e Alexandre Zviguilsky (Lausanne, 1972)
NCI   Ivan Tourguénev, *Nouvelle correspondance inédite*, ed. A. Zviguilsky, 2 vols. (Paris, 1971-2)
NPG   N. P. Generalova (ed.), *I. S. Turgenev: Novye issledovaniia i materialy*, 4 vols. (Moscou—São Petersburgo, 2009-11)
PSS. S. Turgueniev, *Polnoe sobranie sochinenii i pisem: v tridtsati tomakh: Pis'ma v vosemnadtsati tomakh, Pis'ma*, 16 vols. (Moscou, 1982-2014)
Soch. I. S. Turgueniev, *Polnoe sobranie sochinenii i pisem v tridtsati tomakh. Sochineniia v dvenadtsati tomakh* (Moscou, 1978-86)
TMS   Thérèse Marix-Spire (ed.), *Lettres inédites de George Sand et de Pauline Viardot, 1839-1849* (Paris, 1959)
Turg. I. S. Turgueniev, *Polnoe sobranie sochinenii i pisem v dvadtsati vos'mi tomakh. Pis'ma v trinadtsati tomakh* (Moscou, 1961-8)
Vosp. I. S. Turgenev v vospominaniiakh sovremennikov. Perepiska I. S. Turgeneva s Polinoi Viardo i ee sem'ei (Moscou, 1988)
Zvig. Alexandre Zviguilsky, *Correspondance Ivan Tourguéniev — Louis Viardot: Sous le sceau de la fraternité* (Paris, 2010)

Introdução

1. *Rapport fait à la commission sur le tracé des embranchements dirigés du chemin de fer de Paris à Lille* (Paris, 1844), p. 7.
2. *Le Messager du Nord*, 17 jun. 1846.
3. *L'Écho du Nord*, 18 jun. 1846.
4. Guy Gosselin, *La Symphonie dans la cité: Lille au XIXe siècle* (Paris, 2011), pp. 165-6.

5. Berlioz, Correspondance *générale*, eds. Pierre Citron, Frédéric Robert e Hugh Macdonald, 8 vols. (Paris, 1972-2003), vol. 3, nº 1045.

6. *Le National*, 15 jun. 1846, p. 2.

7. O estudo das transferências internacionais de cultura tem uma sólida bibliografia em francês e em alemão, mas não em inglês. Ver, por exemplo, Michel Espagne e Michael Werner (eds.), *Transferts: Les Relations interculturelles dans l'espace Franco-Allemand (XVIIIᵉ—XIXᵉ siècles)* (Paris, 1988); Frédéric Barbier (ed.), *Est-ouest: Transferts et réceptions dans le monde du livre en Europe (XVIIᵉ—XXᵉ siècles)* (Leipzig, 2005); Béatrice Joyeux-Prunel, *Nul n'est prophète en son pays? L'internationalisation de la peinture des avant-gardes parisi- ennes, 1855-1914* (Paris, 2009); Philipp Ther e Peter Sachel (eds.), *Wie europäisch ist die Oper? Die Geschichte des Musiktheaters als Zugang zu einer kulturellen Topographie Europas* (Viena, 2009); Christophe Charle, "Comparaisons et transferts en histoire culturelle de l'Europe: Quelques réflexions à propos de recherches récentes", *Les Cahiers Irice*, nº 5, 2010/11, pp. 51-73; Sylvain Briens, *Paris: Laboratoire de la littérature scandinave moderne, 1880-1905* (Paris, 2010); Sven Müller et al., *Oper im Wandel der Gesellschaft: Kulturtransfers und Netzwerke des Musiktheaters im modernen Europa* (Viena, 2010).

8. Kenneth Clark, *Civilisation: A Personal View* (Londres, 1969), p. 160.

9. Edmund Burke, "First Letter on a Regicide Peace" (1796), *Writings and Speeches*, ed. Paul Langford, 9 vols. (Oxford, 1981-2000), vol. 9, pp. 242-3.

1. A Europa em 1843

1. *Severnaia pchela*, nº 244, 30 out. 1843, nº 248, 4 nov. 1843, nº 268, 27 nov. 1843.

2. *Lettres et papiers du Chancelier Comte de Nesselrode, 1760-1856*, 11 vols. (Paris, 1908-12), vol. 8, p. 220; Heinrich Heine, *Lutèce: Lettres sur la vie politique, artistique et sociale de la France* (Paris, 1855), p. 412.

3. *Camille Saint-Saëns on Music and Musicians*, ed. R. Nicholls (Oxford, 2008), p. 167.

4. Gerd Nauhaus (ed.), *The Marriage Diaries of Robert and Clara Schumann*, trad. Peter Ostwald (Boston, Mass., 1993), p. 200.

5. *Severnaia pchela*, nº 247, 3 nov. 1843.

6. HL, MUS 264 (365), diário de Pauline Viardot, memória datada de 1887.

7. HL, MUS 264 (365), diário de Pauline Viardot, memória datada de 1887.

8. Julie Buckler, *The Literary Lorgnette: Attending Opera in Imperial Russia* (Stanford, 2000), pp. 42-4.

9. Rutger Helmers, "'It just reeks of italianism'": Traces of Italian Opera in "'A Life for the Tsar'", *Music & Letters*, vol. 91, nº 3, ago. 2010, p. 387.

10. Alexander Pushkin, *Eugene Onegin: A Novel in Verse*, trad. James Falen (Oxford, 2009), p. 226.

11. BNF, NA Fr. 162778, *Papiers Viardot*, vol. 7, Varia, f. 1, "Engagement de Pauline Viardot avec le théâtre de St Petersbourg".

12. Richard Taruskin, "Ital'yanshchina", in *Defining Russia Musically: Historical and Hermeneutical Essays* (Princeton, 1997), pp. 196-8; Buckler, *Literary Lorgnette*, p. 60.

13. Carlotta Sorba, "Teatro d'opera e società nell'Italia ottocentesca", in *Bollettino del diciannovesimo secolo*, vol. 4, nº 5, 1996, p. 38.

14. Jutta Toelle, "Opera as Business? From Impresari to the Publishing Industry", *Journal of Modern Italian Studies*, vol. 17, nº 4, 2012, pp. 448-59.

15. Stendhal, *Life of Rossini*, trad. Richard N. Coe (Nova York, 1957), p. 1.

16. Bruno Cagli e Sergio Ragni (eds.), *Gioachino Rossini: Lettere e documenti*, 3 vols. (Pesaro, 1992-2000), vol. 1, pp. 65-86. Ver também Philip Eisenbeiss, *Bel Canto Bully: The Life and Times of the Legendary Opera Impresario Domenico Barbaja* (Londres, 2013), pp. 51-2.

17. Alan Kendall, *Gioacchino Rossini: The Reluctant Hero* (Londres, 1992), p. 123.

18. ANF, AJ/13/1161, I, *Nominations et engagements de Rossini comme compositeur puis comme directeur du Théâtre-Italien*.

19. Patrick Barbier, *Opera in Paris 1800-1850* (Portland, 1995), pp. 188-91; Hervé Lacombe, *The Keys to French Opera in the Nineteenth Century*, trad. Edward Schneider (Berkeley, Calif., 2001), p. 50; David Cairns (trad. e ed.), *The Memoirs of Hector Berlioz, Member of the French Institute, Including His Travels in Italy, Germany, Russia and England, 1803-1865* (Nova York, 1969), p. 90.

20. Arthur Loesser, *Men, Women and Pianos: A Social History* (Londres, 1955), p. 344.

21. William Ashbrook, *Donizetti and His Operas* (Cambridge, 1982), pp. 209-10.

22. Herbert Weinstock, Donizetti *and the World of Opera in Italy, Paris and Viena in the First Half of the Nineteenth Century* (Londres, 1963), p. 55.

23. Catherine Menciassi-Authier, "La profession de chanteuse d'opéra dans le premier XIXᵉ siècle", *Annales historiques de la Révolution française*, nº 379, 2015, pp. 183-201.

24. "Madame Malibran à Naples", *Revue et Gazette de Paris*, nº 16, 20 abr. 1834, p. 130; Gabriella Dideriksen, "Repertory and Rivalry: Opera and the Second Covent Garden Theatre, 1830-56", diss. de Ph.D., King's College London, 1997, p. 31; M. Sterling Mackinlay, *Garcia the Centenarian and His Times* (Londres, 1908), pp. 111-12.

25. Donald Sassoon, *The Culture of the Europeans: From 1800 to the Present* (Londres, 2006), p. 531; Mai Kawabata, *Paganini: "Demonic" Virtuoso* (Woodbridge, 1988), pp. 78-83. Sobre o fator espetáculo: Gillen Wood, *Romanticism and Music Culture in Britain* (Cambridge, 2010), pp. 9, 105-23, 169.

26. Serge Gut e Jacqueline Bellas (eds.), *Correspondance de Liszt et de la comtesse d'Agoult*, 2 vols. (Paris, 1933-4), vol. 2, p. 377.

27. Alan Walker, *Franz Liszt: The Virtuoso Years, 1811-47* (Ithaca, NY, 1988), pp. 130, 289; Nauhaus (ed.), *Marriage Diaries of Robert and Clara Schumann*, p. 233.

28. Patrick Barbier, *Pauline Viardot* (Paris, 2009), p. 14.

29. Ver John Rosselli, "From Princely Service to the Open Market: Singers of Italian Opera and Their Patrons, 1600-1850", *Cambridge Opera Journal*, vol. 1, nº 1, mar. 1989, pp. 1-32.

30. James Radomski, *Manuel Garcia (1775-1832): Chronicle of the Life of a Bel Canto Tenor at the Dawn of Romanticism* (Oxford, 2000), pp. 34-5.

31. BNF, NA 16274, Papiers de Pauline Viardot, vol. 3, Lettres adressées à Louis Viardot, Pauline Viardot a Louis Viardot.

32. Benjamin Walton, "Italian Operatic Fantasies in Latin America", *Journal of Modern Italian Studies*, vol. 17, nº 4, 2012, pp. 460-71.

33. BNF, NA Fr. 16278, Papiers Viardot, vol. VII, Varia, f. 120.

34. April Fitzlyon, *Maria Malibran: Diva of the Romantic Age* (Londres, 1987), p. 44.

35. Ver, por exemplo, NYPL, JOE 82-1, 14, Carta de Pauline Viardot a Julius Rietz, 21 jan. 1859; HL, MUS 264 (365), Diário de Pauline Viardot, memória datada de 1887.

36. Michèle Friang, *Pauline Viardot* (Paris, 2008), p. 15.

37. Radomski, *Manuel Garcia*, p. 286.

38. BNF, NA Fr. 16278, Papiers Viardot, vol. 4, IV, *Lettres*, p. 472 (Carta de Maria Malibran a Joaquina Briones, julho de 1827).

39. HL, MUS 264 (365), Diário de Pauline Viardot, entrada de julho de 1879, memória datada de 1887.

40. BNF, NA Fr. 16278, Papiers Viardot, vol. VII, Varia, f. 175; HL, MUS 264 (365), Diário de Pauline Viardot, memória datada de 1887.

41. *Gazette musicale de Paris*, 4 set. 1836.

42. HL, MUS 264 (365), Diário de Pauline Viardot, memória datada de 1887; *Gazette musicale de Paris*, 24 dez. 1837; 3 jun. 1838.

43. Ernest Legouvé, "Concerts de M. de Bériot et de Mlle Garcia", *Revue et Gazette musicale de Paris*, nº 51, 23 dez. 1838; Alfred de Musset, "Concert de Mlle Garcia", *Revue des deux mondes*, 1 jan. 1839.

44. Citado in April Fitzlyon, *The Price of Genius: A Life of Pauline Viardot* (Londres, 1964), p. 52.

45. TMS, p. 21.

46. HL, MUS 264 (365), Diário de Pauline Viardot, memória datada de 1887 (na qual alega que o cachê foi de 6 mil francos por récita, o que não pode estar correto).

47. Pauline Garcia a Celeste Nathan, 13 de maio de 1839. Coleção particular.

48. Citado in Barbara Kendall-Davies, *The Life and Work of Pauline Viardot--Garcia*, vol. 1: *The Years of Fame, 1836-1863* (Amersham, 2004), p. 87.

49. BNF, NA 16274, Papiers de Pauline Viardot, vol. 3, Lettres adressées à Louis Viardot, f. 17, Charles de Bériot a Louis Viardot, 26 de julho de 1838.

50. BNF, NA 16274, Papiers de Pauline Viardot, vol. 3, Lettres adressées à Louis Viardot, f. 157, Malibran a Louis Viardot, 15 dez. 1833; Louis Viardot, *Espagne et beaux-arts: Mélanges* (Paris, 1866), pp. 443-4; A. Pougin, *Maria Malibran: Histoire d'une cantatrice* (Paris, 1911), p. 97.

51. Louis Viardot, *Souvenirs de chasse* (Paris, 1849), p. 9.

52. Louis Viardot, *Lettres d'un Espagnol*, 2 vols. (Paris, 1826); Viardot, *Espagne et beaux-arts*, p. 79.

53. Ver também Daniel L. Rader, *The Journalists and the July Revolution in France: The Role of the Political Press in the Overthrow of the Bourbon Restoration 1827-1830* (Haia, 1973).

54. Ibid., pp. 459-61.

55. BNF, Aux Électeurs... de Seine-et-Marne. Louis Viardot [20 Mar. 1848].

56. O melhor relato do incêndio está em Jean-Louis Tamvaco, *Les Cancans de l'Opéra: Chroniques de l'Académie royale de musique et du théâtre, à Paris sous les deux Restaurations: Première édition critique intégrale du manuscrit Les cancans de l'Opéra, ou, Le Journal d'une habilleuse, de 1836 à 1848*, 2 vols. (Paris, 2000), vol. 1, pp. 384-6.

57. BMO, LAS Viardot 1, Lettre de Louis Viardot à Robert, Londres, 20 jun. 1838.

58. ANF, AJ/13/1160, 1, Contrato entre Robert e Viardot para a administração do Théâtre-Italien (1838).

59. Armando Rubén Puente, *Alejandro Aguado: Militar, banquero, mecenas* (Madri, 2007), pp. 19-21; Jean-Philippe Luis, *L'Ivresse de la fortune: A. M. Aguado, un génie des affaires* (Paris, 2009).

60. Louis Véron, *Mémoires d'un bourgeois de Paris*, 6 vols. (Paris, 1853-5), vol. 2, p. 253; Louis Viardot, *Galerie Aguado, choix des principaux tableaux* (Paris, 1839); Ilse Hempel Lipschutz, *Spanish Painting and the French Romantics* (Cambridge, Mass., 1972), pp. 123-8.

61. ANF, AJ/13/1160, II, Rossini Archives. Carta de Aguado a Rossini, 28 dez. 1831 (dando-lhe 100 mil francos); Cagli e Ragni, *Gioachino Rossini*, p. 265.

62. Anne-Sophie Cras-Kleiber, "L'Exploitation de l'Académie royale de Musique sous la monarchie de Juillet", diss., École de Chartres, 1996, p. 145; Cagli e Ragni, *Gioachino Rossini*, pp. 522-9.

63. ANF, AJ/13/180, II, Cahier des charges et supplément (1831).

64. Cras-Kleiber, "L'Exploitation", p. 141; ANF, AJ/13/1160, 1, Contrato entre Robert e Viardot para a admininstração do Théâtre Italien (1838).

65. Tamvaco, *Les Cancans*, vol. 1, pp. 183-4, 242-4, 251, 429, 503.

66. Ibid., pp. 435-9.

67. Duc de Montmorency, *Lettres sur l'Opéra (1840-1842)* (Paris, 1921), pp. 176-8.

68. Ver sua correspondência com a Philharmonic Society de Londres: BL MUS, RPS 328, f. 129.

69. Montmorency, *Lettres sur l'Opéra*, p. 172.

70. Carta de Pauline Garcia a Joaquina Briones, set. 1839, coleção particular.

71. Alfred de Musset, "Les Débuts de Mademoiselle Pauline Garcia", in *Oeuvres complètes*, 11 vols. (Paris, 1866), vol. 9, pp. 123, 125-6; Gustave Dulong, *Pauline Viardot, tragédienne lyrique, Cahiers*, nº 8, 1984, p. 78;

Théophile Gautier, *Historie de l'art dramatique en France depuis vingt-
-cinq ans*, 6 vols. (Paris, 1858-9), vol. 2, p. 92.

72. George Sand, *Journal intime* (Paris, 1926), p. 104.

73. *La Revue indépendante*, vol. 1, 1841, pp. v—xx.

74. HL, MUS 264 (365), Diário de Pauline Viardot, memória datada de 1887.

75. BNF, NA Fr. 16272, Papiers Viardot, vol. 1, Lettres adressées à Pauline
Viardot, f. 304, Jaubert a Pauline Viardot, 17 jun. 1840.

76. HL, MUS 264 (365), Diário de Pauline Viardot, memória datada de 1887.

77. *Allgemeine Musikalische Zeitung*, nº 41, out. 1838, p. 677.

78. NYPL, JOE 82-1, 27, Carta de Pauline Viardot a Julius Rietz, Paris, 17
mar. 1859

79. Ibid., 4, Carta de Pauline Viardot a Julius Rietz, Weimar, dez. 1858.

80. TMS, p. 24.

81. TMS, p. 217.

82. Como mãe e anteriormente sua agente, Joaquina continuou a aconselhá-la
quanto aos contratos (BNF, NA Fr. 16272, Papiers de Pauline Viardot, vol.
1, Joaquina Garcia a Pauline Viardot, Bruxelas, 23 mar. 1847, ff. 128-9).

83. BNF, NA Fr. 162778, Papiers Viardot, vol. 7, Varia, ff. 1-32.

84. John Rosselli, *Singers of Italian Opera: The History of a Profession* (Cambridge, 1995), pp. 66-7.

85. ANF, AJ/13/180, IV, Dissolução da companhia Duponchel e Las Marismas e sua substituição por uma companhia formada por Léon Pillet;
Montmorency, *Lettres sur l'Opéra*, p. 157.

86. Sobre Stolz, ver Karin Pendle, "A Night at the Opera: The Parisian Prima
Donna", *The Opera Quarterly*, vol. 4, nº 1, 1986, pp. 82-3.

87. "Critique théatrale", *La Revue indépendante*, vol. 1, 8 dez. 1841, p. 524.

88. BNF, Aux Électeurs... de Seine-et-Marne. Louis Viardot [20 mar. 1848].

89. TMS, p. 57. Ver também Tom Kaufman, "The Grisi-Viardot Controversy,
1848-1852", *The Opera Quarterly*, vol. 14, nº 2, 1997, pp. 7-22.

90. TMS, p. 101.

91. Ibid., pp. 47-8.

92. HL, MUS 264 (365), Diário de Pauline Viardot, memória datada de 1887.

93. TMS, pp. 159-61.

94. Ibid., pp. 60, 159, 181; Patrick Waddington, "Some Gleanings on Turgenev
and His International Connections, with Notes on Pauline Viardot and
Her Family", *New Zealand Slavonic Journal*, 1983, p. 209.

95. TMS, p. 181.

96. Ibid., pp. 187-8.

97. Gerhard Stahr, "Kommerzielle Interessen und provinzielles Selbstbewusstsein: Die Eröffnungsfeiern d. Rhein. Eisenbahn 1841 u. 1843", in Manfred Hettling (ed.), *Bürgerliche Feste: Symbolische Formen politischen Handelns im 19. Jh.* (Göttingen, 1993), p. 49.

98. William Makepeace Thackeray, *The Roundabout Papers: The Biographical Edition of the Works of William Makepeace Thackeray*, vol. 12 (Londres, 1914), p. 233.

99. Citado in Wolfgang Schivelbusch, *The Railway Journey: The Industrialization of Time and Space in the Nineteenth Century* (Berkeley, Calif., 1986), p. 38.

100. Jules Michelet, citado in Nicholas Faith, *The World the Railways Made* (Londres, 1990), p. 58.

101. Waltraud Linder-Beroud, "Das Eisenbahnzeitalter in Lied und populärer Kultur: Zur Mentalitätsgeschichte der Mobilität am Beispiel der Eisenbahn", in Nils Grosch (ed.), *Fremdheit, Migration, Musik: Kulturwissenschaftliche Essays für Max Matter* (Münster, 2010), p. 312.

102. Camillo Cavour, *Le strade ferrate in Italia*, ed. A. Salvestrini (Florença, 1976), pp. 61-3.

103. Remo Ceserani, *Treni di carta. L'immaginario in ferrovia: L'irruzione del treno nella letteratura moderna* (Gênova, 1993), pp. 50, 53.

104. Schivelbusch, *Railway Journey*, pp. 70-71.

105. Karl Marx, *Grundrisse: Foundations of the Critique of Political Economy*, trad. Martin Nicolaus (Londres, 1993), p. 524; Linder-Beroud, "Eisenbahnzeitalter", p. 311; Jürgen Osterhammel, *The Transformation of the World: A Global History of the Nineteenth Century* (Princeton, 2014), p. 726.

106. W. F. Rae, *The Business of Travel: A Fifty Years' Record of Progress* (Londres, 1891), p. 5.

107. Stefano Maggi, *Le ferrovie* (Bolonha, 2017), p. 70.

108. Schivelbusch, *Railway Journey*, p. 233.

109. TMS, pp. 121, 184.

110. Henryk Opiensky (ed.), *Chopin's Letters*, trad. E. Voynich (Nova York, 1988), p. 363.

111. Para um excelente apanhado sobre essa transformação, ver Tim Blanning, *The Culture of Power and the Power of Culture: Old Regime Europe, 1660-1789* (Oxford, 2003).

112. Frédéric Barbier, "Les marchés étrangers de la librairie française", in Roger Chartier e Henri-Jean Martin (eds.), *Histoire de l'édition française*, 4 vols. (Paris, 1983-7), vol. 3: *Le Temps des éditeurs: Du Romanticisme à la Belle Époque*, pp. 279-80. Sobre a importância do mercado alemão para as exportações de livros franceses, ver Frédéric Barbier, "Les Échanges de librairie entre la France et l'Allemagne 1850-1914", in Espagne e Werner (eds.), *Transferts*, pp. 236-52.

113. Frédéric Barbier, *L'Empire du livre: Le livre imprimé et la construction de l'Allemagne contemporaine (1815-1914)* (Paris, 1995), pp. 213-15.

114. W. E. Yates, "Internationalization of European Theatre: French Influence in Vienna between 1830 and 1860", *Austrian Studies*, vol. 13, 2005, Austria and France, p. 45.

115. Gosselin, *La Symphonie dans la cité*, p. 170.

116. Sophie de Schaepdrijver, *Elites for the Capital? Foreign Migration to Mid-Nineteenth-Century Brussels* (Amsterdã, 1990), p. 16.

117. Carlo Gatti, *Il Teatro alla Scala nella storia e nell'arte, 1778-1963*, 2 vols. (Milão, 1964), vol. 2, pp. 11-27.

118. Viardot, *Souvenirs de chasse*, p. 58.

119. Peter Kemp, *The Strauss Family: Portrait of a Musical Dynasty* (Londres, 1985), pp. 31-2.

120. Cairns (trad. e ed.), *Memoirs of Hector Berlioz*, p. 420.

121. Citado in Richard Osborne, *Rossini: His Life and Works* (Oxford, 2007), p. 116.

122. John Mayne (trad. e ed.), *The Painter of Modern Life and Other Essays* (Nova York, 1964), p. 13.

123. F. M. Scherer, *Quarter Notes and Bank Notes: The Economics of Music Composition in the Eighteenth and Nineteenth Centuries* (Princeton, 2004), p. 147; Tim Blanning, *The Romantic Revolution* (Londres, 2010), p. 176.

124. Christopher Prendergast, *For the People by the People? Eugène Sue's "Les Mystères de Paris": A Hypothesis in the Sociology of Literature* (Oxford, 2003), p. 66; B. P. Chevasco, *Mysterymania: The Reception of Eugène Sue in Britain, 1838-1860* (Berna, 2003), p. 40; James Allen, In *the Public Eye: A History of Reading in Modern France, 1800-1940* (Princeton, 1991), p. 55.

125. Martyn Lyons, *Le Triomphe du livre: Une histoire sociologique de la lecture dans la France du XIXe siècle* (Paris, 1987), p. 50; Henri Loustalan, *La Publicité dans la presse française* (Paris, 1933), p. 20; Pierre Pellissier, *Émile de Girardin: Prince de la presse* (Paris, 1985), pp. 98ff.

126. Jean-Louis Bory, *Eugène Sue* (Paris, 1962), p. 296.

127. Nora Atkinson, *Eugène Sue et le roman feuilleton* (Paris, 1929), p. 38.

128. Brynja Svane, *Les Lecteurs d'Eugène Sue: Le Monde d'Eugène Sue II, Textes: Cultures & Société*, 3-86 (Copenhague, 1986), p. 347; Atkinson, *Eugène Sue*, p. 28; F. W. J. Hemmings, *The King of Romance: A Portrait of Alexandre Dumas*, p. 117.

129. Ibid., pp. 118, 138.

130. "Notes from Paris", *Punch*, n° 5, 1843, p. 12; Charles Augustin Sainte--Beuve, "Vérités sur la situation en littérature", *Portraits contemporains*, 5 vols. (Paris, 1888), vol. 3, p. 431.

131. Simon Eliot e Jonathan Rose, *A Companion to the History of the Book* (Chichester, 2009), pp. 273-4, 291-2.

132. Alexis Weedon, *Victorian Publishing: The Economics of Book Production for a Mass Market 1836-1916* (The Nineteenth Century Series; Farnham, 2003), p. 66; Jean-Yves Mollier, *Louis Hachette* (Paris, 1999), p. 301; Barbier, *L'Empire du livre*, p. 454; Ronald Fullerton, *The Foundation of Marketing Practice: A History of Book Marketing in Germany* (Londres, 2016), p. 54.

133. Allen, *In the Public Eye*, tabela A.7.

134. Frédéric Barbier, "Une production multipliée", in Chartier e Martin (eds.), *Histoire de l'édition française*, vol. 3, p. 105.

135. Allen, *In the Public Eye*, tabela 1.1; Eliot e Rose, *Companion*, p. 304.

136. Dietrich Bode, *Reclam: Daten, Bilder und Dokumente zur Verlagsgeschichte 1828-2003* (Stuttgart, 2003), p. 14.

137. J.-Y. Mollier, *Michel & Calman Lévy ou la naissance de l'édition moderne 1836-1891* (Paris, 1984), p. 264.

138. Anik Devriès, "La 'Musique à bon marché' en France dans les années 1830", in Peter Bloom (ed.), *Music in Paris in the Eighteen-Thirties* (Stuyvesant, 1982), p. 245.

139. Yves Chevrel, Lieven D'hulst e Christine Lombez (eds.), *Histoire des traductions en langue française: XIXe siècle (1815-1914)* (Paris, 2012), pp. 290-91; Isavelle Olivero, "The Paperback Revolution in France, 1850-1950",

in John Spiers (ed.), *The Culture of the Publisher's Series*, 2 vols. (Londres, 2011), vol. 1: *Authors, Publishers and the Shaping of Taste*, pp. 76-8.

140. Olivero, "Paperback Revolution", pp. 83-4.

141. Frédéric Barbier, "Libraires et colporteurs", in Chartier e Martin, *Histoire de l'édition française*, vol. 3, pp. 237-40; Frédéric Barbier, "La diffusion en Eure-et-Loire au XIXᵉ siècle", in Jean-Yves Mollier (ed.), *Le Commerce de la librairie en France au XIXᵉ siècle 1789-1914* (Paris, 1998), pp. 162-3; Lyons, *Le Triomphe du livre*, pp. 152, 159; Martyn Lyons, *Reading Culture and Writing Practices in Nineteenth-Century France* (Toronto, 2008), pp. 50, 53-4.

142. Olivero, "Paperback Revolution", p. 167.

143. [Carlo Collodi,] *Un romanzo in vapore: Da Firenze a Livorno Guida storica-umoristica di Carlo Lornezini* (Florença, 1856).

144. Christine Haug, "Ein Buchladen auf Stationen, wo sich zwei Linien kreuzen, müsste gute Geschäfte machen": Der deutsche Bahnhofs- und Verkehrsbuchhandel von 1850 bis zum Ende der Weimarer Republik im internationalen Vergleich", in Monika Burri, Kilian T. Elsasser e David Gugerli (eds.), *Die Internationalität der Eisenbahn 1830-1970* (Zurich, 2003), pp. 71-89.

145. Barbier, "Libraires et colporteurs", pp. 246-7; Jean Mistler, *La Librairie Hachette de 1826 à nos jours* (Paris, 1964), pp. 81, 131.

146. Viardot, *Espagne et beaux-arts*, pp. 360, 368; Anne Marie de Brem, *L'Atelier d'Ary Scheffer* (Paris, 1992), p. 18; Mrs Grote, *Memoir of the Life of Ary Scheffer* (Londres, 1860), pp. 26-8, 49.

147. NYPL, JOE 82-1, 7, Carta de Pauline Viardot a Julius Rietz, Weimar, 24 dez. 1858; Camille Saint-Saëns, *Musical Memories* (Londres, 1921), pp. 145-6.

148. Ver Peter Burke, "Art, Market and Collecting in Early Modern Europe", in *Artwork through the Market* (Bratislava, 2004), pp. 71-7.

149. Nicholas Green, "Circuits of Production, Circuits of Consumption: The Case of Mid-Nineteenth-Century French Art Dealing", *Art Journal*, vol. 48, nº 1, 1989 (primavera), p. 30.

150. Ibid., p. 98.

151. André Joubin (ed.), *Correspondance générale d'Eugène Delacroix*, 5 vols. (Paris, 1936-8), vol. 2, pp. 191-2. O crítico Ludovic Vitet atacou o quadro in "Exposition des tableaux en bénéfice des Grecs; II. M. Delacroix", *Le Globe*, 3 jun. 1826, pp. 372-4.

152. Michèle Beaulieu, "Louis-Claude Viardot, collectionneur et critique d'art", Société d'Histoire de l'Art Français, séance du 4 février 1984, in *Bulletin de la Société d'Histoire de l'Art Français*, 1984, pp. 243-62.

153. Pamela Fletcher e Anne Helmreich (eds.), *The Rise of the Modern Art Market in London: 1850-1939* (Manchester, 2013), pp. 27-9; Dianne Macleod, *Art and the Victorian Middle Class: Money and the Making of Cultural Identity* (Cambridge, 1996), pp. 24, 49-55, 93, 393-4, 420, 447, 473-4. Ver também James Hamilton, *A Strange Business: Making Art and Money in Nineteenth-Century Britain* (Londres, 2014).

154. Thomas M. Bayer e John R. Page, *The Development of the Art Market in England: Money as Muse, 1730-1900* (Londres, 2011), p. 96; Marie--Clause Chaudonneret, "Collectionner l'art contemporain (1820-1840): L'Exemple des banquiers", in Monica Preti-Hamard e Philippe Sénechal (eds.), *Collections et marchés de l'art en France 1789-1848* (Rennes, 2005), pp. 274-6; GJ, vol. 1, p. 877.

155. Antoine Étex, *Essai d'une revue synthétique sur l'Exposition Universelle de 1855* (Paris, 1856), p. 56.

156. Constance Cain Hungerford, *Ernest Meissonier: Master in His Genre* (Cambridge, 1999), pp. 106-9.

157. Samuel Hall, *Retrospect of a Long Life from 1815 to 1883*, 2 vols. (Londres, 1883), vol. 1, pp. 346-7.

158. Brem, *L'Atelier d'Ary Scheffer*, pp. 45-6, 50-55.

159. Sobre esta prática, ver Patricia Mainardi, "The 19th Century Art Trade: Copies, Variations, Replicas", *The Van Gogh Museum Journal* (2000), pp. 61-73.

160. Vincent Pomarède, "Eugène Delacroix: The State, Collectors and Dealers", in Arlette Sérullaz e Vincent Pomarède, *Delacroix: The Late Work* (Londres, 1999), p. 59.

161. Hubert Wellington (ed.), *The Journal of Eugène Delacroix*, trad. Lucy Norton (Londres, 2010), p. 181. Ver adiante Sérullaz e Pomarède, *Delacroix*; Stephen Pinson, "Reproducing Delacroix", *Visual Resources*, vol. 14, no 2, 1998, pp. 155-87.

162. Maxime du Camp, *Le Salon de 1857* (Paris, 1857), p. 51.

163. Malcolm Warner, "Millais in the Marketplace: The Crisis of the Late 1850s", in Fletcher e Helmreich (eds.), *Rise of the Modern Art Market*, p. 222.

164. Kisiel Marine, "La peinture impressionniste et la décoration, 1870-1895", *Sociétés & Représentations*, nº 39, 2015/1 (primavera), pp. 257-88.

165. Marquis de Custine, *L'Espagne sous Ferdinand VII*, 2 vols. (Paris, 1838), vol. 2, pp. 234-6.

166. Louis Viardot, "Une nuit de Pâques au Kremlin de Moscou", *L'Illustration*, 11 abr. 1846, p. 86.

167. Marquis de Custine, *Russia*, 3 vols. (Londres, 1844), vol. 3, p. 353.

168. TMS, pp. 207-9.

169. Ver o clássico levantamento de Edward Said, *Orientalism* (Nova York, 1978). Para uma perspectiva mais aprofundada da ideia de Europa, Federico Chabod, *Storia dell'idea d'Europa* (Milão, 2007).

170. Ver Roberto Dainotto, *Europe (In Theory)* (Durham, 2007), e Maria Todorova, *Imagining the Balkans* (Oxford, 1997).

171. Ibid., p. 73.

172. A. Hugo, "Ce que nous entendons par l'Orient", *Revue de l'Orient. Bulletin de la Société Orientale*, vol. 1, nᵒˢ 1-4, 1843, p. 7.

173. Katarina Gephardt, *The Idea of Europe in British Travel Narratives, 1789-1914* (Farnham, 2014), pp. 65-75.

174. Théophile Gautier, *Voyage en Espagne* (Paris, 1981), pp. 236-7. Sobre o mito romântico da Espanha, Luis Méndez Rodriguez, *La imagen de Andalucía en el arte del siglo XIX* (Sevilha, 2008); Calvo Serraller, *La imagen romántica de España: Arte y arquitectura del siglo XIX* (Madri, 1995); James Parakilas, "How Spain Got a Soul", in Jonathan Bellman (ed.), *The Exotic in Western Music* (Boston, Mass., 1998), pp. 137-93.

175. Viardot, *Lettres d'un Espagnol*, vol. 1, pp. 28-9.

176. Albert Bensoussan, "Traducir el Quijote", *Mélanges de la casa de Velázquez: Cervantès et la France*, vol. 37, nº 2, 2007, pp. 11-31; Chevrel, D'hulst e Lombez (eds.), *Histoire des traductions*, pp. 569-71; Marta Giné-Janer, "Voyages des textes: Les récits fantastiques de Mérimée en Espagne", *Cahiers*, nº 27, 2003, pp. 119—38; NCI, vol. 2, p. xv.

177. Viardot, *Lettres d'un Espagnol*, vol. 1, pp. 28-9; Heine, *Lutèce*, p. 412.

178. J. G. Kohl, *Russia* (Londres, 1844), p. 506.

179. Françoise Genevray, *George Sand et ses contemporains Russes* (Paris, 2000), p. 31.

180. TMS, pp. 81-2.

181. *Turgenevskii sbornik*, vol. 5, p. 352; N. S. Nikitina (ed.), *Letopis zhizni i tvorchestva I. S. Turgeneva: 1818-1858* (São Petersburgo, 1995), p. 88.

182. PSS, vol. 13, p. 248.

183. Tamara Zviguilsky, "Varvara Pétrovna Loutovinova (1788-1850): Mère d'Ivan Tourguéniev", *Cahiers*, n° 4, 1980, p. 50; *M. M. Stasiulevich i ero sovremenniki v ikh perepiskakh*, 5 vols. (São Petersburgo, 1911-13), vol. 3, p. 222; N. A. Ostrovskaia, *Vospominaniia o Turgeneve* (Petrogrado, 1915), p. 27; GJ, vol. 2, p. 541; Leonard Schapiro, *Turgenev: His Life and Times* (Oxford, 1978), p. 56.

184. Maksim Kovalevskii, "Vospominaniia ob I. S. Tur- geneve", *Minuvshie gody*, vol. 1, agosto de 1908, p. 10.

185. I. B. Toman, "I. S. Turgenev i nemetskaia kul'tura", *Turgenevskii sbornik* (Moscou, 1988), p. 31.

186. James L. Rice, "Varvara Petrovna Turgeneva in Unpublished Letters to Her Son Ivan (1838-1844)", *Slavic Review*, vol. 56, n° 1, 1997 (primavera), p. 6.

187. Anton Seljak, *Ivan Turgenevs Ökonomien: Eine Schriftstellerexistenz zwischen Aristokratie, Künstlertum und Kommerz* (Basileia, 2004), pp. 89-90; Schapiro, *Turgenev*, p. 31.

188. O açoite era considerado tão terrível que foi abolido pelo governo tsarista em 1845, embora logo fosse substituído pelo corredor polonês. Ver Daniel Beer, *The House of the Dead: Siberian Exile under the Tsars* (Londres, 2016), pp. 272-3.

189. Ivan Turgueniev, "Avtobiografiia", PSS, vol. 15, p. 207; Seljak, *Ivan Turgenevs Ökonomien*, pp. 66, 81; Zviguilsky, "Varvara Pétrovna Loutovinova", p. 64.

190. *Turgenevskii sbornik*, vol. 5, p. 352.

191. Fitzlyon, *Price of Genius*, p. 164.

192. Nauhaus (ed.), *Marriage Diaries of Robert and Clara Schumann*, pp. 248, 266; Nancy Reich, *Clara Schumann: The Artist and the Woman* (Londres, 1985), p. 96.

193. BNF, NA Fr. 16278, Papiers Viardot, vol. 7, Varia, f. 1, "Engagement de Pauline Viardot avec le théâtre de St Petersbourg. Codicil, 26 Jan. 1844".

194. Fitzlyon, *Price of Genius*, p. 180.

195. T. N. Livanova, *Opernaia kritika v Rossii*, vol. 1, vyp. 2 (Moscou, 1967), p. 66.

196. TMS, p. 218.

197. Patrick Waddington, "The Role of Courtavenel in the Life and Work of Turgenev", in *Issues in Russian Literature before 1917: Selected Papers for the Third World Congress for Soviet and East European Studies* (Columbus, Ohio, 1989), p. 109.

198. HL, MUS 232/10, Meyerbeer a Louis Viardot, 1 fev. 1846; Viardot, *Souvenirs de chasse*, p. 154; BNF, NA 16274, Papiers de Pauline Viardot, vol. 3, Lettres adressées à Louis Viardot, f. 259, Lettre d'Eugène Scribe, ago. 1845.

199. Livanova, *Opernaia kritika*, p. 45.

200. Louise Héritte-Viardot, *Une famille de grands musiciens* (Paris, 1923), p. 68; Viardot, *Souvenirs de Chasse*, p. 215; Zvig., p. 69.

201. HL, MUS 264 (365), Diário de Pauline Viardot, memória datada de 1887.

2. Uma revolução no palco

1. Ute Lange-Brachmann e Joachim Draheim (eds.), *Pauline Viardot in Baden-Baden und Karlsruhe* (Baden-Baden, 1999), p. 148; Zvig., p. 220.

2. *PSS*, vol. 1, pp. 208-9.

3. Ibid., p. 210.

4. Eduard Hanslick, *Hanslick's Music Criticism* (Nova York, 1963), p. 34.

5. BNF, NA Fr. 16274, Papiers Viardot, vol. 7, Lettres adressées à Louis Viardot, Meyerbeer a Louis Viardot, f. 169; HL, MUS 232/10, Meyerbeer a Pauline Viardot, 8 de maio de 1851.

6. BNF, NA Fr. 16272, Papiers Viardot, vol. 1, Lettres adressées à Pauline Viardot, Meyerbeer a Pauline Viardot, 1 de julho de 1845; Meyerbeer a Pauline Viardot, 20 de julho de 1846; HL, MUS 232/10, Meyerbeer a Pauline Viardot, 14 de julho de 1845; Meyerbeer a Louis Viardot, 13 de maio de 1846.

7. TMS, p. 232.

8. BMO, LA-VIARDOT PAULINE-65, Louis Viardot a George Sand, 22 fev. 1847.

9. *PSS*, vol. 1, pp. 213-14.

10. *I. S. Turgenev v vospominaniiakh sovremennikov*, 2 vols. (Moscou, 1988), vol. 2, pp. 259-60.

11. BNF, NA Fr. 162778, Papiers Viardot, vol. 7, Varia: f. 3, Contrato com Beale, 27 mar. 1847; p. 16, Contrato com Gye, 27 Fev. 1852; p. 18, Contrato com Gye, 19 mar. 1855; TMS, p. 240.

12. Reiner Zimmermann, *Giacomo Meyerbeer: Eine Biografie nach Dokumenten* (Berlim, 2014), p. 336; Jean-Claude Yon, "Le Prophète, un opéra dans la tourmente politique", in Brzoska e Strohmann (eds.), *Meyerbeer: Le Prophète*, p. 152.

13. A. J. Meindre, *Histoire de Paris et de son influence en Europe depuis les temps les plus reculés jusqu'à nos jours*, 5 vols. (Paris, 1855), vol. 5, p. 332; P. Mansel, *Paris Between Empires* (Londres, 2001), p. 354.

14. Robert Letellier, *Giacomo Meyerbeer: A Reader* (Newcastle, 2007), p. 128. Ver também Jane Fulcher, "Meyerbeer and the Music of Society", *The Musical Quarterly*, vol. 67, nº 2, abr. 1981, pp. 213-29.

15. Jennifer Jackson, *Giacomo Meyerbeer: Reputation Without Cause? A Composer and His Critic* (Londres, 2011), p. 83.

16. John Rosselli, *The Life of Bellini* (Cambridge, 1996), p. 119.

17. Anselm Gerhard, *The Urbanization of Opera: Music Theater in Paris in the Nineteenth Century*, trad. Mary Whittall (Chicago, 1998), pp. 318-41; Fabien Guilloux, "Le Livret du Prophète: Notes en marge d'une édition critique", in Brzoska e Strohmann (eds.), *Meyerbeer: Le Prophète*, pp. 41-2.

18. David Charlton (ed.), *The Cambridge Companion to Grand Opera* (Cambridge, 2003), parte IV: "On the Italian Assimilation of Grand Opera"; Gloria Staffieri, "Grand Opera in Preunified Italy: Metamorphoses of a Political Genre", *The Opera Quarterly*, vol. 25, nᵒˢ. 3-4, julho-out. 1939, pp. 203-29.

19. Ver também Jane Fulcher, *The Nation's Image: French Grand Opera as Politics and Politicized Art* (Cambridge, 1987).

20. Véron, *Mémoires*, vol. 3, p. 104.

21. Steven Huebner, "Opera Audiences in Paris 1830-1870", *Music & Letters*, vol. 70, nº 2, maio de 1989, pp. 206—-5.

22. BMO, Série FO 143, "Académie royale de musique Direction-entreprise Véron, journal des recettes et des dépenses commencé le 1er juin 1831".

23. Gerhard, *Urbanization of Opera*, pp. 25-33; William Crosten, *French Grand Opera: An Art and a Business* (Nova York, 1948), pp. 27-31; Tamvaco, *Les Cancans*, pp. 215-16; Véron, *Mémoires*, vol. 3, p. 115.

24. Véron, *Mémoires*, vol. 3, p. 182.

25. ANF, AJ/13/187/V, Direction Véron, Représentation de Robert le Diable (1831).

26. Jackson, *Giacomo Meyerbeer*, p. 104.

27. Henri Blaze de Bury, *Meyerbeer et son temps* (Paris, 1856), pp. 61-2; Letellier, *Meyerbeer: A Reader*, p. 368; Robert Letellier, *Meyerbeer Studies: A Series of Lectures, Essays and Articles on the Life and Work of Giacomo Meyerbeer* (Madison, 2005), p. 23.

28. *The Diaries of Giacomo Meyerbeer*, trad. Robert Letellier, 4 vols. (Madison, 1999-2004), vol. 1: 1791-1839, p. 16.

29. Ver Murray Pittock (ed.), *The Reception of Sir Walter Scott in Europe* (Londres, 2006).

30. Opiensky (ed.), *Chopin's Letters*, p. 157.

31. Citado in Crosten, *French Grand Opera*, pp. 62-3.

32. Ver A. Randier-Glenison, "Maurice Schlesinger, éditeur de musique et fondateur de la *Gazette musicale de Paris*, 1834-1846", *Fontis artis musicae*, vol. 38:1, 1991, pp. 37-48; Katharine Ellis, *Music Criticism in Nineteenth-Century France: 'La Revue et Gazette Musicale de Paris' 1834-1880* (Cambridge, 1995); Katharine Ellis, "The Uses of Fiction: *Contes* and *nouvelles* in the *Revue et Gazette musicale de Paris*, 1843-1844", vol. 90, nº 2, 2004, pp. 253-81; Emily Dolan e John Tresch, "A Sublime Invasion: Meyerbeer, Balzac and the Opera Machine", *The Opera Quarterly*, vol. 27, nº 1, 2011, pp. 4-31.

33. Rémy Campos, "Le commerce de la critique: Journalisme musical et corruption au milieu du XIXᵉ siècle", *Sociétés & Représentations*, nº 40, 2015/2 (outono), pp. 221-45.

34. John Rosselli, *The Opera Industry in Italy from Cimarosa to Verdi: The Role of the Impresario* (Cambridge, 1984), p. 144.

35. Crosten, *French Grand Opera*, pp. 24-5.

36. Kerry Murphy, *Hector Berlioz and the Development of French Music Criticism* (Ann Arbor, 1988), pp. 53, 70-71; Henry Raynor, *Music and Society since 1815* (Nova York, 1976).

37. Tamvaco, *Les Cancans*, vol. 1, pp. 285-6.

38. Véron, *Mémoires*, vol. 3, pp. 232-41; Crosten, *French Grand Opera*, pp. 41-5; Théophile Gautier, *Histoire de l'art dramatique en France*, vol. 1, p. 192.

39. Heinrich Heine, "Über die französische Bühne: Vertraute Briefe an August Lewald", in *Sämtliche Schriften*, ed. Klaus Briegleb, 6 vols. (Munique, 1968), vol. 3, p. 339.

40. Citado in Carlotta Sorba, "To Please the Public: Composers and Audiences in Nineteenth Century Italy", *The Journal of Interdisciplinary History*, vol. 36, nº 4, *Opera and Society: Part II* (primavera de 2006), p. 609.

41. Stendhal, *Life of Rossini*, p. 207 (itálicos de Stendhal).

42. Robert Letellier, *Meyerbeer's Robert le diable: The Premier Opéra Romantique* (Newcastle, 2012), p. 108.

43. Arthur Loesser, *Men, Women and Pianos: A Social History* (Londres 1955), pp. 156-7.

44. Ibid, p. 362

45. Ibid., p. 235.

46. Mary Burgan, "Heroines at the Piano: Women and Music in Nineteenth--Century Fiction", in Nicholas Temperley (ed.), *The Lost Chord: Essays on Victorian Music* (Bloomington, 1989), p. 43.

47. Cyril Ehrlich, *The Piano: A History* (Oxford, 1976), pp. 10, 27-34, 37, 109-10.

48. Loesser, *Men, Women and Pianos*, p. 386; Andreas Ballstaedt e Tobias Widmaier, *Salonmusik: Zur Geschichte und Funktion einer bürgerlichen Musikpraxis* (Wiesbaden, 1989), p. 32.

49. Benjamin Vogel, "The Piano as a Symbol of Burgher Culture in Nineteenth-Century Warsaw", *The Galpin Society Journal*, vol. 46, mar. 1993, pp. 137-46.

50. Anne Swartz, "Technological Muses: Piano Builders in Russia, 1810-1881", *Cahiers du monde russe*, vol. 43, n° 1, jan./mar. 2002, p. 122.

51. Ivan Turgueniev, *Home of the Gentry*, trad. Richard Freeborn (Londres, 1970), pp. 169-70.

52. Ballstaedt e Widmaier, *Salonmusik*, p. 194.

53. Leon Botstein, "Listening Through Reading: Musical Literacy and the Concert Audience", *19th-Century Music*, vol. 16, n° 2, 1992 (outono), p. 135.

54. Thomas Christensen, "Four-Hand Piano Transcription and Geographies of Nineteenth-Century Musical Reception", *Journal of the American Musicological Society*, vol. 52, n° 2, 1999 (verão), pp. 255-98 (estatísticas na p. 257).

55. Richard Wagner, *My* Life, trad. Andrew Gray (Cambridge, 1983), p. 155.

56. H. C. Robbins Landon (ed.), *Haydn: Chronicle and Works*, 5 vols. (Londres, 1976-80), vol. 1, pp. 350-51; Blanning, *Culture of Power*, pp. 166-8.

57. Jan Swafford, *Johannes Brahms: A Biography* (Nova York, 1997), p. 153.

58. Jan Swafford, *Beethoven: Triumph and Anguish* (Nova York, 2014), pp. 453-4, 477.

59. Ibid., p. 263. Ver também Staffan Albinsson, "Early Music Copyrights: Did They Matter for Beethoven and Schumann?", *International Review of the Aesthetics and Sociology of Music*, vol. 43, nº 2, 2012, pp. 265-302.

60. Rosselli, *Life of Bellini*, p. 64.

61. Ibid., pp. 75-7; Timothy King, "Patronage and Market in the Creation of Opera before the Institution of Intellectual Property", *Journal of Cultural Economics*, vol. 25, nº 1, fev. 2001, p. 40; John Rosselli, "Verdi e la storia della retribuzione del compositore italiano", *Studi Verdiani*, vol. 2, 1983, p. 17.

62. Guido Zavani (ed.), *Donizetti: Vita, musiche, epistolario* (Bérgamo, 1948), p. 515.

63. Stefano Baia Curioni, *Mercanti dell'opera: Storie di Casa Ricordi* (Milan, 2011), p. 103; Luke Jensen, *Giuseppe Verdi and Giovanni Ricordi with Notes on Francesco Lucca* (Nova York, 1989), p. 40.

64. Curioni, *Mercanti dell'opera*, p. 107.

65. Ibid., pp. 151-3; Rosselli, "Verdi e la storia", pp. 22-3.

66. Jensen, *Giuseppe Verdi*, Apêndice ao cap. 2.

67. Ibid., pp. 35, 41, 73.

68. Curioni, *Mercanti dell'opera*, pp. 77, 244.

69. Nauhaus (ed.), *Marriage Diaries of Robert and Clara Schumann*, p. 200.

70. Beatrix Borchard, "'Ma chère petite Clara — Pauline de mon coeur': Clara Schumann et Pauline Viardot, une amitié d'artistes franco-allemande", *Cahiers*, nº 20, 1996, p. 138; Fitzlyon, *Price of Genius*, pp. 210-11.

71. Jackson, *Giacomo Meyerbeer*, pp. 128-9. Ver também Leon Plantinga, *Schumann as Critic* (New Haven, 1967).

72. *PSS*, vol. 1, p. 286.

73. Hector Berlioz, *Evenings with the Orchestra*, ed. e trad. Jacques Barzun (Nova York, 1956), p. 68.

74. William Weber, "The Origins of the Concert Agent in the Social Structure of Concert Life", in Hans Bödeker, Patrice Veit e Michael Werner (eds.), *Le Concert et son public: Mutations de la vie musicale en Europe de 1780 à 1914* (Paris, 2002), p. 34; Jeffrey Cooper, *The Rise of Instrumental Music and Concert Series in Paris 1828-1871* (Ann Arbor, 1983), pp. 102-3.

75. Cyril Ehrlich, *First Philharmonic: A History of the Royal Philharmonic Society* (Oxford, 1995), pp. 33-44.

76. William Weber, "Wagner, Wagnerism and Musical Idealism", in David Large e William Weber (eds.), *Wagnerism in European Culture and Politics* (Ithaca, NY, 1984), p. 50.

77. Murphy, *Hector Berlioz*, pp. 137-8.

78. Peter Schmitz, *Johannes Brahms und der Leipziger Musikverlag Breitkopf & Härtel* (Göttingen, 2009), p. 71.

79. Weber, "Wagner, Wagnerism and Musical Idealism", p. 38.

80. James Garratt, *Music, Culture and Social Reform in the Age of Wagner* (Cambridge, 2010), p. 117; Botstein, "Listening Through Reading", p. 133; Cecelia Hopkins Porter, "The New Public and the Reordering of the Musical Establishment: The Lower Rhine Music Festivals, 1818-67", *19th-Century Music*, vol. 3, nº 3, mar. 1980, pp. 219-23.

81. William Weber, *Music and the Middle Class: The Social Structure of Concert Life in London, Paris and Vienna* (Londres, 1975, nova ed. 2004), p. 24.

82. Cooper, *Rise of Instrumental Music*, pp. 69-70.

83. William Weber, *The Great Transformation of Musical Taste: Concert Programming from Haydn to Brahms* (Cambridge, 2008), pp. 162.-4.

84. "What is the Meaning of the Word 'Classical' in a Musical Sense?", *Musical Library Monthly Supplement*, nº 25, abr. 1836, pp. 64-5; Weber, *Great Transformation*, pp. 122-4.

85. Melanie Stier, *Pauline Viardot-Garcia in Grossbritannien und Irland* (Hildesheim, 2012), pp. 175-9, 213-16; FM, Gen/G/Gounod/3, Charles Gounod a Henry Chorley, 21 fev. 1851. Ver também Nikolai Žekulin, "Pauline Viardot et la 'Musique ancienne'", *Cahiers*, nº 34, 2010, pp. 47-77. A primeira representação de uma ópera inteira de Handel depois da morte do compositor em 1759 foi a produção de *Rodelinda* montada por Oskar Hagen em Göttingen em 1920 (informação de Barbara Diana).

86. Walker, *Franz Liszt: The Virtuoso Years*, p. 289.

87. Cairns (trad. e ed.), *Memoirs of Hector Berlioz*, p. 250.

88. HL, MUS 264 (365), diário de Pauline Viardot, memória datada de 1887.

89. Ver James Hudson, *Listening in Paris: A Cultural History* (Berkeley, Calif., 1995); Richard Sennett, *The Fall of Public Man: On the Social Psychology of Capitalism* (Nova York, 1974). Ver também Weber, *Music and the Middle Class*, p. xxix.

90. Christina Bashford, "Public Chamber-Music Concerts in London, 1835-50: Aspects of History, Repertory and Reception", diss. de Ph.D., King's College, Londres, 1996, p. 173.

91. Antje Pieper, *Music and the Making of Middle-Class Culture: A Comparative History of Nineteenth-Century Leipzig and Birmingham* (Londres, 2008), pp. 99-103.

92. Christopher Gibbs e Dana Gooley (eds.), *Franz Liszt and His World* (Princeton, 2006), pp. 153-60.

93. Devriès, "La 'Musique à bon marché'", p. 231.

94. Garratt, *Music, Culture and Social Reform*, pp. 117.-21.

95. Joel-Marie Fauquet, "L'Association des artistes musiciens et l'organisation du travail de 1843 à 1853", in Hughes Dufourt e J.-M. Fauquet, *La Musique et le pouvoir* (Paris, 1987), pp. 103-11.

96. Swafford, *Beethoven*, pp. 934-5; Berlioz, *Evenings with the Orchestra*, p. 343; Opiensky (ed.), Chopin's Letters, p. 295.

97. *PSS*, vol. 1, pp. 231-2.

98. Ibid., p. 248.

99. Afanasy Fet, *Moi vospominaniia*, 2 vols. (Moscou, 1890-91), vol. 1, p. 113.

100. *PSS*, vol. 1, pp. 307-8.

101. Héritte-Viardot, *Une famille de grands musiciens*, p. 118.

102. Ver Waddington, "Role of Courtavenel".

103. TMS, pp. 204-8.

104. Michael Steen, *Enchantress of Nations. Pauline Viardot: Soprano, Muse and Lover* (Cambridge, 2007), p. 153.

105. Zavani (ed.), *Donizetti*, p. 641.

106. ROH, Collections, SC 1/1/10-11, Diários e Correspondência de Frederick Gye, 18-20 de julho de 1849, 27 out. 1850.

107. HL, MUS 264 (365), diário de Pauline Viardot, memória datada de 1887.

108. Mackinlay, *Garcia the Centenarian*, pp. 96-7.

109. Belinda Jack, *George Sand: A Woman's Life Writ Large* (Londres, 2001), p. 304.

110. Jeffrey Kallberg, "Chopin in the Marketplace: Aspects of the International Music Publishing Industry", Notas, vol. 39, nº 3, mar. 1983, p. 549; Opiensky (ed.), *Chopin's Letters*, p. 169; Tad Szulc, *Chopin in Paris: The Life and Times of the Romantic Composer* (Nova York, 1998), p. 223.

111. *Breitkopf und Härtel in Paris: The Letters of Their Agent Heinrich Probst between 1833 and 1840*, trad. Hans Lenneberg (Stuyvesant, 1990), pp. 25, 61.

112. Kallberg, "Chopin in the Marketplace", p. 550; Opiensky (ed.), *Chopin's Letters*, vol. 1, pp. 334, 358, 648-9.

113. TMS, p. 105.

114. Alan Walker, *Fryderyk Chopin: A Life and Times* (Londres, 2018), pp. 564-5.

115. Jean-Jacques Eigeldinger, *Chopin vu par ses élèves* (Neuchâtel, 1979), p. 264.

116. Carolyn Shuster, "Six Mazurkas de Frédéric Chopin transcrites pour chant et piano par Pauline Viardot", *Revue de Musicologie*, vol. 75, nº 2, 1989, pp. 265-83. Ver adiante Magdalena Chylinska, John Comber e Artur Szklener (eds.), *Chopin's Musical Worlds: The 1840s*, trad. John Comber (Varsóvia, 2007), pp. 126-37.

117. Citado in Seljak, *Ivan Turgenevs Ökonomien*, p. 89.

118. Ibid., p. 92.

119. *PSS*, vol. 1, p. 215.

120. *PSS*, vol. 1, p. 232.

121. Nikitina (ed.), *Letopis zhizni i tvorchestva I. S. Turgeneva*, p. 135.

122. *PSS*, vol. 1, p. 267.

123. BNF, NA Fr. 16274, Papiers Viardot, vol. 7, Lettres adressées à Louis Viardot, f. 23.

124. BNF, Aux Électeurs... de Seine-et-Marne. Louis Viardot [20 mar. 1848].

125. Jean Larnac, *George Sand révolutionnaire* (Paris, 1947), p. 163.

126. ANF, AJ/13/180, 2, AJ 13/1160, 9, Correspondência entre Ledru-Rollin e Duclot, 1848; ANF, AJ/13/180, 2, Fermeture, "Au nom du peuple", abril de 1848.

127. TMS, p. 248.

128. Ibid., pp. 249-50.

129. BNF, NA 16274, Papiers de Pauline Viardot, vol. 1, f. 130, Manuel Garcia a Pauline Viardot.

130. Shuster, "Six Mazurkas", p. 270; Mackinlay, *Garcia the Centenarian*, p. 170; BL MUS 329, f. 129, 31 de maio de 1848; Carta de Pauline Viardot ao Lorde Falmouth, junho de 1848, coleção particular.

131. NYPL, JOE 82-1, 14, Carta de Pauline Viardot a Julius Rietz, 7 de junho de 1839; TMS, p. 256.

132. TMS, p. 259.

133. Brzoska e Strohmann (eds.), *Meyerbeer: Le Prophète*, pp. 152-6.

134. *Diaries of Giacomo Meyerbeer*, vol. 2: 1840-1849, p. 296.

135. BNF, NA 16274, Papiers de Pauline Viardot, vol. 3, Cartas a Louis Viardot, ff. 177-8, Meyerbeer a Louis Viardot, 24 de junho de 1848.

136. Zimmermann, *Giacomo Meyerbeer*, p. 339; *Diaries of Giacomo Meyerbeer*, vol. 2, pp. 295-8.

137. Letellier, *Meyerbeer Studies*, p. 196.

138. *L'âne à Baptiste, ou, Le Berceau du socialisme, grande folie lyrique en quatre actes et douze tableaux* (Paris, 1849).

139. Zimmermann, *Giacomo Meyerbeer*, p. 326.

140. Gerhard, *Urbanization of Opera*, pp. 254 ff.

141. Karin Pendle, *Eugène Scribe and French Opera of the Nineteenth Century* (Ann Arbor, 1979), pp. 502-4.

142. Frederic Coubes, "Pauline Viardot dans Le Prophète", *Cahiers*, nº 2, 1978, pp. 109-16.

143. Stier, *Pauline Viardot-Garcia in Grossbritannien*, pp. 44-6, 50.

144. Gautier, *Histoire de l'art dramatique*, p. 86.

145. Marie-Hélène Coudroy, *La Critique parisienne des "grands opéras" de Meyerbeer* (Paris, 1988), p. 11.

146. Brzoska e Strohmann (eds.), *Meyerbeer: Le Prophète*, p. 158; Giacomo Meyerbeer, *Briefwechsel und Tagebücher*, ed. Heinz Becker, 8 vols. (Berlim, 1959, 2006), vol. 4, pp. 487-8; Fitzlyon, *Price of Genius*, p. 245; TMS, p. 273.

147. BMD, 091 VIA, Carta de Pauline Viardot a Mme Puzzi (1849); Meyerbeer, *Briefwechsel und Tagebücher*, vol. 2, pp. 372-3.

148. FM, GEN/T/Turgueniev, Turgueniev a Henry Chorley, 6 de novembro de 1849.

149. *PSS*, vol. 1, p. 300.

150. Ibid.; Brzoska e Strohmann (eds.), *Meyerbeer: Le Prophète*, p. 465; Robert Letellier, *The Operas of Giacomo Meyerbeer* (Cranbury, NJ, 2006), pp. 197-8; Johannes Weber, *Meyerbeer: Notes et souvenirs d'un de ses secrétaires* (Paris, 1898), p. 90; *Le Journal des débats*, 20 e 29 de abril, 27 de outubro de 1849.

151. Murphy, *Hector Berlioz*, p. 134; *La France musicale*, 29 abr. 1849, p. 3; A. Gozenpud, *I. S. Turgenev* (São Petersburgo, 1994), p. 46; Wellington (ed.), *Journal of Eugène Delacroix*, p. 102.

152. Wagner, *My Life*, p. 436.

153. Ibid., pp. 129-42.

154. Tom Kaufman, "Wagner v Meyerbeer", *The Opera Quarterly*, vol. 19, nº 4, 2003, pp. 648-9.

155. Ibid.

156. Meyerbeer, *Briefwechsel und Tagebücher*, vol. 3, p. 28.

157. Letellier, *Meyerbeer: A Reader*, p. 306; Kaufman, "Wagner v Meyerbeer", p. 649.

158. Paul Rose, *Wagner: Race and Revolution* (Londres, 1996), pp. 80-82.

159. Hans Becker, *Der Fall Heine—Meyerbeer* (Berlim, 1958), p. 101; Henri Blaze de Bury, *Meyerbeer et son temps*, p. 217.

160. Jim Samson, *Chopin* (Oxford, 1996), p. 260.

161. Benita Eisler, *Chopin's Funeral* (Londres, 2003), p. 3; *PSS*, vol. 1, p. 332.

162. FM, GEN/T/Turgenev, Turgueniev a Henry Chorley, 6 nov. 1849.

3. As artes na era da reprodução mecânica

1. "La Villa Medicis en 1840: Souvenirs d'un pensionnaire", *Gazette des beaux-arts*, 1 de abril de 1901, p. 272; Charles Gounod, *Mémoires d'un artiste* (Paris, 1896), p. 175.

2. Thérèse Marix-Spire, "Gounod and His First Interpreter, Pauline Viardot — Part 1", *The Musical Quarterly*, vol. 31, nº 2, abr. 1945, pp. 195-6.

3. Ver sua carta a Henry Chorley, na qual ele fala da contribuição dela para o primeiro ato, ajudando-o a alterar a "ode a Safo", mas pede ao crítico musical que não o mencione a ninguém: FM, Gen/G/Gounod/1, Charles Gounod a Henry Chorley, 11 out. 1850.

4. A. I. Gertsen, *Sobranie sochinenii v tridtsati tomakh* (Moscou, 1954-64), vol. 24, p. 17.

5. Patrick Waddington, "Turgenev and Gounod: Rival Strangers in the Viardots' Country Nest", *New Zealand Slavonic Journal*, nº 2, 1976, p. 14.

6. NCI, vol. 1, p. 41.

7. *PSS*, vol. 2, p. 21.

8. NCI, vol. 1, pp. 36-9.

9. Ibid., vol. 2, p. 20; Waddington, "Turgenev and Gounod", pp. 18-20.

10. NCI, vol. 1, p. 41.

11. Waddington, "Turgenev and Gounod", p. 25.

12. BNF, NA 16278, Papiers Viardot, IV, Lettres, ff. 368-9, Pauline Viardot a Ivan Turgueniev, junho de 1850; Waddington, " Turgenev and Gounod", pp. 25-7.

13. Ibid., p. 28.

14. I. S. Turgueniev, *Moskovskoe Vremia* (Moscou, 2018), p. 89.

15. A. Ostrovskii, *Turgenev v zapiskakh sovremennikov* (Leningrado, 1929), pp. 91-2; *Turgenevskii sbornik: materialy k polnomu sobranii sochinenii i pisem I. S. Turgeneva*, 5 vols. (Moscou, 1964-9), vol. 2, p. 326.

16. *PSS*, vol. 2, pp. 40-41.

17. Ibid., pp. 71-3.

18. Ibid., pp. 74, 82; Seljak, *Ivan Turgenevs Ökonomien*, p. 110.

19. BNF, NA Fr. 16274, Papiers Viardot, vol. 7, Cartas a Louis Viardot, George Sand a Louis Viardot, 28 abr. 1858.

20. Gounod, *Mémoires*, p. 187.

21. Ver Steven Huebner, *The Operas of Charles Gounod* (Oxford, 1990), p. 31.

22. BNF, NA Fr. 16278, Papiers Viardot, vol. 7, Varia, f. 15, 28 fev. 1851.

23. *The Times*, 11 ago. 1851, p. 3. Ver Stier, *Pauline Viardot-Garcia in Grossbritannien*, pp. 112 ff.

24. Pauline Viardot a Joaquina Garcia, julho de 1851, coleção particular.

25. Paul Young, *Globalization and the Great Exhibition: The Victorian New World Order* (Basingstoke, 2009), pp. 51-2; Charles Babbage, *The Exposition of 1851* (Londres, 1851), pp. 42-3.

26. Karl Marx e Friedrich Engels, "Review: May-October 1850", *Neue Rheinische Zeitung*, extraído de Marxist-org Internet Archive.

27. Clare Pettitt, *Patent Inventions: Intellectual Property and the Victorian Novel* (Oxford, 2004), p. 86.

28. Walter Benjamin, *The Arcades Project*, ed. Rolf Tiedemann, trad. Howard Eiland e Kevin McLaughlin (Nova York, 2002).

29. Pettitt, *Patent Inventions*, pp. 145-6; Charles Fay, *The Palace of Industry 1851* (Cambridge, 1951), p. 53.

30. Valentin Kovalev, "Zapiski okhotnika", *I. S. Turge- neva: voprosy genezisa* (Moscou, 1980), pp. 54-8; V. P. Botkin e I. Turgueniev, *Neizdannaia perepiska, 1851-1869* (Moscou—Leningrado, 1930), p. 12.

31. W. Rowe, *Through Gogol's Looking Glass* (Nova York, 1976), p. 113; *PSS*, vol. 2, p. 122.

32. *GJ*, vol. 2, p. 499.

33. A. Dunin, "Ssylka I. S. Turgeneva v Orlovskuiu gub.", *Minuvshchie gody*, nº 8, 1908, pp. 34-6; *Vsemirnyi vestnik*, nº 1, 1901, Prilozhenie (Apêndice), p. 31; Waddington, "Some Gleanings on Turgenev", p. 211; *PSS*, vol. 2, pp. 134-5.

34. *PSS*, vol. 2, p. 135; Kovalev, "Zapiski okhotnika", p. 196; Yulian Oksman, *I. S. Turgenev. Issledovaniia i materialy* (Odessa, 1921), pp. 18-20, 31-42.

35. *Russkoe bogatstvo*, nº 8, agosto de 1894, p. 476.

36. B. Sokolov, "Muzhik v izobrazhenii Turgeneva", in I. N. Rozanov e Iu. M. Sokolov (eds.), *Tvorchestvo Turgeneva: svornik statei* (Moscou, 1920), p. 203.

37. Ver por exemplo "Photographs from Russian Life", *Fraser's Magazine*, ago. 1854, p. 210; Alphonse de Lamartine, "Littérature Russe: Ivan Tourgueneff: CXXXI Entretien", in *Cours familier de littérature par mois* (Paris, 1866); N. M., "Cherty iz parizhskoi zhizni I. S. Turgeneva", *Russkaia mysl'*, nº 11, 1883, p. 325.

38. Kovalev, "Zapiski okhotnika", p. 120; Patrick Waddington, *Turgenev and George Sand: An Improbable Entente* (Londres, 1981), p. 66.

39. Dunin, "Ssylka", p. 38; *PSS*, vol. 2, pp. 34, 40, 42-3, 165, 197.

40. HL, MUS 232/10, Meyerbeer a Pauline Viardot, 14 de maio de 1852.

41. *PSS*, vol. 2, 159; T. N. Livanova, *Opernaia kritika v Rossii*, vol. 1, vyp. 2 (Moscou, 1967), pp. 11, 34.

42. HL, MUS 264 (76), Pauline Viardot a Louis Viardot, 17 mar., 22 abr. 1853; Pauline Viardot a Louis Viardot, 25 abr. 1853, coleção particular.

43. HL, MUS 264 (76), Pauline Viardot a Louis Viardot, 27 mar. 1853.

44. Philip Taylor, *Anton Rubinstein: A Life in Music* (Bloomington, 2007), p. 41; V. T. Sokolov, "A. S. Dargomyzhskii v 1856-1869 gg.", *Russkaia Starina*, vol. 46, nº 5, 1885, p. 345.

45. *PSS*, vol. 2, p. 200; Fitzlyon, *Price of Genius*, pp. 291-2.

46. "Turgenev v dnevnike P. A. Vasil'chikova", in I. S. Turgueniev. *Novye materialy i issledovaniia: Literaturnoe Nasledstvo* (Moscou, 1967), p. 349; Dunin, "Ssylka", p. 37; *PSS*, vol. 2, p. 244.

47. *Soch.*, vol. 7, pp. 220-29.

48. Seljak, *Ivan Turgenevs Ökonomien*, pp. 114-16, 491; *PSS*, vol. 3, pp. 62, 77, 143.

49. René Bouvier e Édouard Maynial, *Les Comptes dramatiques de Balzac* (Paris, 1938), p. 85. Honoré de Balzac, *Correspondance*, ed. Roger Pierrot (Paris, 1962), vol. 2, pp. 621, 740.

50. Pettitt, *Patent Inventions*, p. 65; Christophe Charle, "Le Champ de la production littéraire", in Chartier e Martin (eds.), *Le Temps des éditeurs* (Paris, 1985), vol. 3, pp. 148-50.

51. Frédéric Barbier, "Le commerce international de la librairie française au XIXᵉ siècle (1815-1913)", *Revue d'histoire moderne et contemporaine*, vol. 28, nº 1, 1981, pp. 94-117.

52. Christine Haynes, *Lost Illusions: The Politics of Publishing in Nineteenth--Century France* (Cambridge, Mass., 2010), p. 76; Herman Dopp, *La Contrefaçon des livres français en Belgique 1815-1852* (Louvain, 1932), pp. 74-6, 81, 94.

53. Catherine Seville, *The Internationalisation of Copyright Law: Books, Buccaneers, and the Black Flag in the Nineteenth Century* (Cambridge, 2006), p. 16; Peter Baldwin, *The Copyright Laws: Three Centuries of Trans--Atlantic Battle* (Princeton, 2014), p. 110; Richard Swartz, "Wordsworth, Copy- right, and the Commodities of Genius", *Modern Philology*, vol. 89, nº 4, 1992, pp. 482-509; T. B. Macaulay, *Speeches by Lord Macaulay: With His Minute on Indian Education*, ed. G. M. Young, Oxford, 1935, p. 164.

54. Isabelle Diu e Élisabeth Parinet, *Histoire des auteurs* (Paris, 2013), pp. 344-7.

55. Graham Robb, *Balzac: A Biography* (Londres, 1994), p. 239; Honoré de Balzac, "Lettre adressée aux écrivains français du XIXᵉ siècle", in *Oeuvres diverses*, ed. Pierre-George Castex, vol. 2 (Paris, 1990), p. 1250.

56. Victor Hugo, *Oeuvres complètes de Victor Hugo: Actes et paroles*, 3 vols. (Paris, 1937-40), vol. 1, pp. 306-8.

57. Stephan Füssel, *Schiller und seine Verleger* (Frankfurt, 2005), p. 311; Michael Westren, "Development and Debate over Copyright in Imperial Russia, 1828-1917", *Russian History*, vol. 38, nᵒˢ 1-2, primavera-verão de 2003, p. 160.

58. Maria Iolanda Palazzolo, "I tre occhi dell'editore: Cultura meridionale e mercato librario tra Otto e Novecento", *Meridiana*, nº 5, "Città", 1989, pp. 169-98.

59. Alessandro Manzoni, *Epistolario di Alessandro Manzoni*, ed. Giovanni Sforza, 2 vols. (Milão, 1883), vol. 2, pp. 49-53.

60. Laura Forti, "Alle origini dell'industria musicale italiana: Casa Ricordi e il diritto d'autore (1808-1892)", diss., Università Commerciale Luigi Bocconi, 2006, pp. 29-50; Curioni, *Mercanti dell'opera*, p. 80.

61. Olivero, "Paperback Revolution", in Spiers (ed.), *Culture of the Publisher's Series*, vol. 1, p. 83.

62. Chartier e Martin (eds.), *Histoire de l'édition française*, vol. 3, pp. 138-9, 197-202; Diu e Parinet, *Histoire des auteurs*, p. 171; Ernest Vizetelly, *Emile Zola: Novelist and Reformer* (Londres, 1904), p. 114.

63. *GJ*, vol. 2, p. 867; George Sand, *Correspondance*, ed. Georges Lubin, 26 vols. (Paris, 1964-91), vol. 22, pp. 32, 45.

64. Haynes, "The Politics of Authorship", p. 106; Frederick Brown, *Flaubert: A Biography* (Londres, 2007), pp. 429—-0.

65. Kathryn Hughes, *George Eliot: The Last Victorian* (Londres, 1998), pp. 210-11.

66. Diu e Parinet, *Histoire des auteurs*, p. 369.

67. Émile Zola, "Gustave Flaubert", *Oeuvres complètes*, 21 vols., ed. Henri Mitterand (Paris, 2002-10), vol. 10, p. 151; Francis Steegmuller (ed. e trad.), *The Letters of Gustave Flaubert, 1857-1880* (Londres, 1982), p. 78.

68. Simon Nowell-Smith, *International Copyright Law and the Publisher in the Reign of Queen Victoria* (Oxford, 1968), pp. 43-4; A. Parménie e C. Bonnier de la Chapelle, *Histoire d'un éditeur et de ses auteurs: P.-J. Hetzel* (Paris, 1953), pp. 233-4.

69. Barbier, "Le commerce international de la librairie française", pp. 97-9.

70. Jean-Yves Mollier, "Les Réseaux des libraires européens au milieu du XIXᵉ siècle: L'Exemple des correspondants de la maison d'édition Michel Lévy frères, de Paris", in Barbier (ed.), *Est-ouest*, pp. 126-31. Para mais elementos sobre Lacroix e *Les Misérables*, ver David Bellos, *The Novel of the Century: The Extraordinary Adventure of "Les Misérables"* (Londres, 2017).

71. Jules Hetzel, *La Propriété littéraire et le domaine public payant* (Brussels, 1860), p. 48.

72. ANF, AJ 13/1178, Le Droit, Journal des Tribunaux, 16 out. 1856, ff. 1-2.

73. Forti, "Alle origini dell'industria musicale italiana", p. 40.

74. Nicholas Žekulin, "Early Translations of Turgenev's 'Zapiski okhotnika' into German, French and English", *New Zealand Slavonic Journal*, Festschrift em homenagem a Patrick Waddington (1994), pp. 229-34.

75. "Photographs from Russian Life", p. 210; *"Zapiski okhotnika"*, *I. S. Turgeneva (1852-1952): sbornik statei i materialov* (Orel, 1955), pp. 45-7, 112-16.

76. Pavel Annenkov, *The Extraordinary Decade: Literary Memoirs*, ed. Arthur P. Mendel, trad. Irwin R. Titunik (Ann Arbor, 1968), p. 201.

77. Xavier Darcos, "Mérimée slavophile", *Cahiers*, nº 27, 2003, p. 15; Gilbert Phelps, *The Russian Novel in English Fiction* (Londres, 1956), p. 16; John L. Chamberlain, "Notes on Russian Influences on the Nineteenth--Century French Novel", *The Modern Language Journal*, vol. 33, nº 5, 1949, pp. 374-6.

78. M. Cadot, *La Russie dans la vie intellectuelle française (1839-1856)* (Paris, 1967), p. 428; Wellington (ed.), *Journal of Eugène Delacroix*, p. 218.

79. Christophe Charle, *Les Intellectuels en Europe au XIXe siècle: Essai d'histoire comparée* (Paris, 1996), pp. 123-7.

80. Michel Espagne, *Le Paradigme de l'étranger: Les Chaires de littérature étrangère au XIXe siècle* (Paris, 1993), pp. 156-7, 195, 275; Thomas Loué, "La Revue des deux mondes et ses libraires étrangers dans la lutte contre la contrefaçon belge (1848-52)", in Mollier (ed.), *Le Commerce de la librairie*, p. 327.

81. Sassoon, *The Culture of the Europeans*, pp. 33, 51.

82. Chevrel, D'hulst e Lombez (eds.), *Histoire des traductions*, pp. 266 ff.

83. Lieven D'hulst, "Traduire L'Europe en France entre 1810 et 1840", in Michel Ballard (ed.), *Europe et traduction* (Ottawa, 1998), pp. 137-55; Chevrel, D'hulst e Lombez (eds.), *Histoire des traductions*, pp. 286, 293-4; Michael Hollington (ed.), *The Reception of Charles Dickens in Europe*, 2 vols. (Londres, 2013), vol. 1, pp. 20, 169.

84. Sassoon, *Culture of the Europeans*, p. 39; Peter France e Kenneth Haynes (eds.), *The Oxford History of Literary Translation in English*, vol. 4: 1790-1900 (Oxford, 2006), p. 34.

85. Norbert Bachleitner, "Produktion, Tausch und Übersetzung im österreichischen Buchhandel im 19. Jahrhundert", in Barbier (ed.), *Est-ouest*, pp. 115, 122.

86. Isabelle Olivero, *L'Invention de la collection: De la diffusion de la littérature et des savoirs à la formation du citoyen au XIXe siècle* (Paris, 1999), p. 106; Jean-François Botrel, "L'Exportation des livres et modèles éditoriaux français en Espagne et en Amérique latine (1814-1914)", in Jacques Michon e Jean-Yves Mollier (eds.), *Les Mutations du livre et de l'édition dans le monde du XVIIIe siècle à l'an 2000* (Paris, 2001), p. 224.

87. Sassoon, *Culture of the Europeans*, p. 51; Adriaan van der Weel, "Nineteenth-Century Literary Translations from English in a Book Historical Context", in Martine de Clercq, Tom Toremans e Walter Verschueren (eds.), *Textual Mobility and Cultural Transmission* (Leuven, 2006), pp. 27-40.

88. Philippe Régnier, "Littérature nationale, littérature étrangère au XIXᵉ siècle: La Fonction de la *Revue des deux mondes* entre 1829 et 1870", in Michel Espagne e Michael Werner (eds.), *Philologiques. III. Qu'est-ce qu'une littérature nationale? Approches pour une théorie interculturelle du champ littéraire* (Paris, 1994), p. 300.

89. Hollington (ed.), *Reception of Charles Dickens in Europe*, vol. 1, pp. Xxv-xxviii, 6-7, que incorretamente data de 1847 a primeira tradução russa de uma obra de Dickens, *Dombey and Son*. *The Pickwick Papers* foi traduzido para o russo em edição abreviada em 1838, e na versão completa em 1840.

90. Citado em Stephen Regan (ed.), *The Nineteenth-Century Novel: A Reader* (Londres, 2001), p. 23. Ver também Joseph T. Flibbert, "Dickens and the French Debate over Realism: 1838-1856", *Comparative Literature*, vol. 23, nº 1, 1971 (inverno), pp. 18-31.

91. Hollington, *Reception of Charles Dickens in Europe*, pp. 20 ff.

92. Patrick Waddington, "Dickens, Pauline Viardot, Turgenev: A Study in Mutual Admiration", *New Zealand Slavonic Journal*, nº 1, 1974, pp. 59-60.

93. Ibid., p. 60.

94. Champfleury, *Le Réalisme* (Paris, 1857), p. 6.

95. Elizabeth Barrett Browning, *Aurora Leigh* (Nova York, 1996), p. 149.

96. Champfleury, *Réalisme*, p. 2.

97. George Eliot, "The Natural History of German Life", *The Essays of "George Eliot" Complete*, ed. Nathan Sheppard (Nova York, 1883), p. 143; Aleksandr Zviguil'skii, *Ivan Turgenev i Frantsiia: Sbornik statei* (Moscou, 2010), p. 92.

98. Peter James Bowman, "Fontane and the Programmatic Realists: Contrasting Theories of the Novel", *The Modern Language Review*, vol. 103, nº 1, jan. 2008, pp. 130-31. Sobre Turgueniev e Viedert, ver Vladimir Viedert e Nicholas Žekulin, "The Viedert-Turgenev Correspondence", *New Zealand Slavonic Journal*, 1991, pp. 1-50.

99. Eliot, "Natural History of German Life", p. 271. Ver também John Rignall, *George Eliot, European Novelist* (Farnham, 2011).

100. *PSS*, vol. 2, pp. 191, 201, 205, 306; Zvig., p. 168.

101. Elizabeth McCauley, *Industrial Madness: Commercial Photography in Paris, 1848-1871* (New Haven, 1994), pp. 39, 73; Elizabeth McCauley, *A. A. E. Disdéri and the Carte de Visite Portrait Photograph* (Londres, 1985); Peter Hamilton e Roger Hargreaves, *The Beautiful and the Damned: The Creation of Identity in Nineteenth-Century Photography* (Londres, 2001); Quentin Bajac, "'Une branche d'industrie assez importante': L'Économie de daguerréotype à Paris, 1839-1850", in *Le Daguerréotype français: Un objet photographique* (Paris, 2003), pp. 47-8.

102. Charles Baudelaire, "Le Public moderne et la photographie: Lettre à M. le Directeur de la *Revue française* sur le Salon de 1859", *Revue française*, vol. XVII, 20 de junho de 1859, p. 263.

103. *Galerie des contemporains. Texte biographie par Dollingen. Portraits en pied, photographés par Disdéri* (Paris, 1861).

104. NYPL, JOE 82-1, 32, Carta de Pauline Viardot a Julius Rietz, 23 abr. 1859; TMS, p. 286.

105. Theodore Zeldin, *France, 1848-1945*, 2 vols. (Oxford, 1973-7), vol. 2: *Intellect, Taste and Anxiety*, pp. 435-6; Dominique de Font-Réaulx, *Painting and Photography: 1839-1914* (Paris, 2012), pp. 144 ff; Hamilton e Hargreaves, *Beautiful and the Damned*, p. 45.

106. Existe ampla literatura sobre Dickens, a literatura realista inglesa e o impacto da fotografia na era vitoriana intermediária. Para uma boa introdução, ver Nancy Armstrong, *Fiction in the Age of Photography: The Legacy of British Realism* (Cambridge, Mass., 1999).

107. Charles Dickens, *Bleak House* (1853).

108. Ver por exemplo Gustave Flaubert, *Correspondance*, 5 vols., eds. Jean Bruneau e Yvan Leclerc (Paris, 1973-2007), vol. 2, p. 35 (carta a Louise Colet, 16 jan. 1852).

109. GJ, vol. 1, p. 642.

110. Flaubert, *A educação sentimental*, p. 25.

111. Roland Barthes, "The Reality Effect", *The Rustle of Language*, trad. Richard Howard (Nova York, 1986), pp. 141-8.

112. Champfleury, *Réalisme*, p. 96.

113. Viardot, *Espagne et beaux-arts*, p. 353.

114. Charles Baudelaire, "The Salon of 1859", in *The Mirror of Art: Critical Studies* (Londres, 1955), pp. 228-9.

115. Roubert Paul-Louis, "La critique de la photographie, ou la genèse du discours photographique dans la critique d'art, 1839-1859", *Sociétés & Représentations*, n° 40, 2015/2 (outono), pp. 213-14.

116. Émile Zola, "L'École française de peinture à l'exposition de 1878", *Oeuvres complètes*, pp. 992-3.

117. Albert de la Fizilière, "Les Auberges illustrées", *L'Illustration*, vol. 22, 24 dez. 1853, p. 425.

118. Ver a Coleção John Rand na Smithsonian Institution: http://www.aaa.si.edu/collections/john-goffe-rand-papers-6737/more.

119. Sobre o impacto da fotografia nos pintores paisagistas da escola de Barbizon, ver: Kermit Champa, *The Rise of Landscape Painting in France: Corot to Manet* (Manchester, NH, 1991), pp. 82 ff; André Jammes e Eugenia Janis, *The Art of French Calotype* (Princeton, 1983), pp. 82-91; Kimberly Jones et al., *In the Forest of Fontainebleau: Painters and Photographers from Corot to Monet* (New Haven, 2008), pp. 154-63; Malcolm Daniel, *Eugène Cuvelier: Photographer in the Circle of Corot* (Nova York, 1996), pp. 13-15; Aaron Scharf, *Art and Photography* (Londres, 1979), pp. 77-9, 89-92.

120. I. S. Zil'bershtein, "Vospomonaniia I. E. Tsvetkova, 1874", in *I. S. Turgenev. Novye materialy i issledovaniia: Literaturnoe Nasledstvo*, p. 417.

121. I. S. Turgueniev, *Sketches from a Hunter's Album* (1852), p. 247; Alphonse Daudet, *Quarante ans de Paris, 1857-1897* (Genebra, 1946), p. 268. Ver também Cynthia Marsh, "Turgenev and Corot: An Analysis of the Comparison", *The Slavonic and East European Review*, vol. 61, n° 1, Kiev Congress Papers, jan. 1983, pp. 107-17.

122. René Brimo, *L'Évolution du goût aux États-Unis d'après l'histoire des collections* (Paris, 1938), p. 51.

123. Simon Kelly, "Early Patrons of the Barbizon School: The 1840s", *Journal of the History of Collections*, vol. 16, n° 2, 2004, pp. 161-72; Rolande Miquel e Pierre Miquel, *Théodore Rousseau: 1812-1867* (Paris, 2010), p. 110.

124. Nicholas Green, *The Spectacle of Nature: Landscape and Bourgeois Culture in Nineteenth-Century France* (Manchester, 1990), pp. 118-19; Jones et al., *In the Forest of Fontainebleau*, pp. 21-3.

125. Petra ten-Doesschate Chu (ed. e trad.), *The Letters of Gustave Courbet* (Chicago, 1992), pp. 60, 98-9.

126. Petra ten-Doesschate Chu, *The Most Arrogant Man in France: Gustave Courbet and the Nineteenth-Century Media Culture* (Princeton, 2007), pp. 50-52, 148.

127. Citado in Font-Réaulx, *Painting and Photography*, p. 60.

128. BNF, Yb3 1739 (1)-4, Gustave Courbet a Champfleury, nov. 1854.

129. Ibid., Courbet a Champfleury, nov. 1854. Sobre esta interpretação de *L'Atelier*: Béatrice Joyeux-Prunel, *Les Avantgardes artistiques 1848-1918* (Paris, 2015), p. 53.

130. *Paris Universal Exhibition, 1855. Catalogue of the Works Exhibited in the British Section of the Exhibition, in French and English; Together with Exhibitors' Prospectuses, Prices Current, &c.* (Londres, 1855), p. 2.

131. Pierre Assouline, *Discovering Impressionism: The Life of Paul Durand--Ruel* (Nova York, 2004), p. 58.

132. Gerstle Mack, *Gustave Courbet* (Nova York, 1951), p. 137. Ver também Oskar Bätschmann, *The Artist in the Modern World: The Conflict between Market and Self-Expression* (Colônia, 1997), pp. 122-30.

133. Walter Benjamin, *The Work of Art in the Age of Mechanical Reproduction*, trad. J. A. Underwood (Londres, 2008), p. 12.

134. Bayer e Page, *Development of the Art Market in England*, pp. 86, 247.

135. Ibid., p. 120; Jeremy Maas, *Gambart: Prince of the Victorian Art World* (Londres, 1975), pp. 115-16. Gambart traçou o plano do empreendimento em carta a outro negociante de gravuras, George Pennell, a 12 nov. 1860. Ele é reproduzido in Robert Verhoogt, *Art in Reproduction: Nineteenth-Century Prints after Lawrence Alma-Tadema, Jozef Israëls and Ary Scheffer* (Amsterdã, 2007), pp. 185-6.

136. Pamela Fletcher, "Creating the French Gallery: Ernest Gambart and the Rise of the Commercial Art Gallery in Mid-Victorian London", *Nineteenth-Century Art Worldwide*, vol. 6, nº 1, 2007 (primavera).

137. O aproveitamento dessa brecha legal por parte de Goupil levou os descendentes de Scheffer, Delaroche e Vernet a mover um processo contra sua empresa. Ver Agnès Penot, *La Maison Goupil: Galerie d'art internationale au XIXᵉ siècle* (Paris, 2017), pp. 56-7.

138. Verhoogt, *Art in Reproduction*, pp. 292-4, 304.

139. Henri Béraldi, *Les Graveurs du XIXᵉ siècle*, 12 vols. (Paris, 1885-92), vol. 12, p. 17.

140. Émile Zola, "Nos peintres au Champ-de-Mars", *Écrits sur l'art* (Paris, 1991), p. 184.

141. *PSS*, vol. 2, pp. 279, 283, 305, 315; vol. 3, p. 11.

142. Aileen Kelly, *Toward Another Shore: Russian Thinkers between Necessity and Chance* (New Haven, 1998). p. 41.

143. *PSS*, vol. 2, p. 320.

144. *PSS*, vol. 3, pp. 85, 106, 117.

145. Ibid., pp. 132, 134.

146. Mark Everist, "Enshrining Mozart: Don Giovanni and the Viardot Circle", *19th-Century Music*, vol. 25, n⁰ˢ 2-3, 2001-2 (outono/primavera), pp. 165-72; Catherine Vallet-Collot, "Don Giovanni: Un manuscrit légendaire", *Revue de la BNF*, n⁰ 54, 2017/1, pp. 108-19.

147. NYPL, JOE 82-1, 12, 7, Carta de Pauline Viardot a Julius Rietz, 7 jan. 1859; Saint-Saëns, *Musical Memories*, p. 148; Héritte-Viardot, *Une famille de grand musiciens*, p. 93.

148. John Forster, *The Life of Charles Dickens*, ed. B. W. Matz, 2 vols. (Londres, 1911), vol. 2, p. 185; Waddington, "Dickens, Pauline Viardot, Turgenev", pp. 56-8.

149. *BNF*, NA 16274, Papiers de Pauline Viardot, vol. 1, f. 255, Gounod a Pauline Viardot.

150. Thérèse Marix-Spire, "Gounod and His First Interpreter, Pauline Viardot - Part II", *The Musical Quarterly*, vol. 31, n⁰ 3, julho de 1945, pp. 299-317; *PSS*, vol. 2, p. 141.

4. Os europeus na estrada

1. *PSS*, vol. 3, p. 201.

2. Ibid., pp. 195, 219.

3. *LI*, pp. xvi, 83-4, 89.

4. I. S. Zil'bershtein, "Poslednii dnevnik Turgeneva", *IPA*, vol. 1, p. 366.

5. *PSS*, vol. 3, pp. 161-2, 251.

6. NYPL, JOE 82-1, 10, Carta de Pauline Viardot a Julius Rietz, 1 jan. 1859.

7. Zil'bershtein, "Poslednii dnevnik Turgeneva", p. 366.

8. BNF, NA Fr. 16278, Papiers Viardot, vol. 7, Varia, ff. 74-6, Testament de Louis Viardot.

9. *PSS*, vol. 4, p. 211; Zvig., p. 28; Kendall-Davies, *The Life and Work of Pauline Viardot-Garcia*, vol. 1, p. 416.

10. Schapiro, *Turgenev*, p. 163; *PSS*, vol. 3, pp. 236, 257.

11. Botkin e Turgueniev, *Neizdannaia perepiska, 1851-1869*, pp. 116-17, 138-9.

12. Fet, *Moi vospominaniia*, vol. 1, p. 212; *PSS*, vol. 3, p. 264.

13. IRL RAN, f. 365 (Botkin), op. 1, d. 68, l. 107; I. M. Grevs, *Turgenev i Italia* (Leningrado, 1925), pp. 33-41; *PSS*, vol. 3, pp. 269, 278.

14. Ivan Turgueniev, "Poezdka v Al'bano i Frascati", in *Soch.*, vol. 11, p. 81; *PSS*, vol. 3, p. 307.

15. Ivan Turgueniev, *Literary Reminiscences*, trad. David Magarshack (Chicago, 1958), p. 193; Richard Freeborn, "Turgenev at Ventnor", *Slavonic and East European Review*, vol. 51, nº 124, julho de 1973, pp. 387-8.

16. P. V. Annenkov, *Literaturnye vospominaniia* (Moscou, 1960), p. 452.

17. Freeborn, "Turgenev at Ventnor", p. 389.

18. Allan Mitchell, *The Great Train Race* (Nova York, 2000), p. 70; James M. Brophy, *Capitalism, Politics and Railroads in Prussia, 1830-1870* (Columbus, 1998), p. 70.

19. GJ, vol. 2, p. 2.

20. Jeremy Black, *The British Abroad: The Grand Tour in the Eighteenth Century* (Nova York, 1992), pp. 7-12, 57-9; John Towner, "The Grand Tour: A Key Phase in the History of Tourism", *Annals of Tourism Research*, vol. 12, nº 3, 1985, pp. 310-12; Jozsef Borocz, "Travel-Capitalism: The Structure of Europe and the Advent of the Tourist Source", *Comparative Studies in Society and History*, vol. 34, nº 4, out. 1992, pp. 710-12; Jan Palmowski, "Travels With Baedeker — The Guidebook and the Middle Classes in Victorian and Edwardian Britain", in Rudy Koshar (ed.), *Histories of Leisure* (Oxford, 2002), p. 107; "A Flight", *Household Words*, 30 de agosto de 1851.

21. Borocz, "Travel-Capitalism", p. 721.

22. *The Edinburgh Review*, vol. 138, nº 282, out. 1873, p. 497; Theodor Fontane, "Modernes Reisen: Eine Plauderei" (1873), in *Von, vor und nach der Reise: Plaudereien und kleine Geschichten* (Berlim, 1999), p.5.

23. *PSS*, vol.3, pp. 216, 231; *Exhibition of Art Treasures of the United Kingdom, Held at Manchester in 1857: Report of the Executive Committee* (Manchester, 1859). Elizabeth A. Pergram, *The Manchester Art Treasures Exhibition of 1857: Entrepreneurs, Connoisseurs and the Public* (Farnham, 2011), p. 63.

24. Nick Prior, *Museums and Modernity* (Oxford, 2002), pp. 37 ff; James J. Sheehan, *Museums in the German Art World: From the End of the Old Regime to the Rise of Modernism* (Oxford, 2000), pp. 83-4.

25. Ian Ousby, *The Englishman's England: Taste, Travel and the Rise of Tourism* (Londres, 1990), pp. 38-9; Gail Marshall, "Women Re-Read Shakespeare Country", in Nicola Watson (ed.), *Literary Tourism and Nineteenth-Century Culture* (Basingstoke, 2009), p. 95; Bodo Plachta, "Remembrance and Revision: Goethe's Houses in Weimar and Frankfurt", in Herald Hendrix (ed.), *Writers' Houses and the Making of Memory* (Londres, 2007), p. 55.

26. Barbara Schaff, "John Murray's Handbooks to Italy: Making Tourism Literary", in Watson (ed.), *Literary Tourism*, pp. 106 ff; *Handbook for Travellers in Central Italy*, 5ª ed. (Londres, 1858), p. 270; *The Complete Works of Charles Dickens: Pictures from Italy and American Notes* (Nova York, 2009), pp. 65-6.

27. Sobre Joanne e os Viardot: TMS, p. 174; Daniel Nordman, "Les Guides--Joanne: Ancêtres des Guides-Bleus", in Pierre Nora (ed.), *Les Lieux de mémoire*, II: *La Nation*, 3 vols. (Paris, 1986), vol. 1, pp. 530-35.

28. John Mackenzie, "Empires of Travel: British Guidebooks and Cultural Imperialism in the Nineteenth and Twentieth Centuries", in John Walton (ed.), *Histories of Tourism: Representation, Identity and Conflict* (Clevedon, 2005), p. 22; Nicholas Parsons, *Worth the Detour: A History of the Guidebook* (Thrupp, 2007), p. 182; John R. Gretton, Introdução in W. B. C. Lister (ed.), *A Bibliography of Murray's Handbooks for Travellers* (Dereham, 1993), p. ii.

29. Johann Ebel, *Anleitung auf die nützlichste und genussvollste Art die Schweiz zu bereisen*, 2 vols. (Zurique, 1793).

30. JMA, MS.40035, Karl Baedeker a John Murray, 20 out. 1852.

31. Rudy Koshar, "What Ought to be Seen: Tourist Guidebooks and National Identities in Modern Germany and Europe", *Journal of Contemporary History*, vol. 33, nº 3, 1998, p. 323.

32. Jemima Morrell, *Miss Jemima's Swiss Journal* (Londres, 1963), p. 23; Henri Heine, *Reisebilder: Tableaux de voyages*, 2 vols. (Paris, 1856), vol. 2, p. 171; Michal Wiszniewski, *Podrdz do Wioch, Sycylii i Malty*, ed. H. Barycz (Varsóvia, 1982), p. 110; John Pemble, *The Mediterranean Passion: Victorians and Edwardians in the South* (Oxford, 1987), p. 72.

33. James Buzard, *The Beaten Track: European Tourism, Literature, and the Ways to "Culture" 1800-1918* (Oxford, 1993), p. 77.

34. Charles Dickens, *The Complete Works of Charles Dickens (in 30 volumes, Illustrated)*, vol. 1: *Little Dorrit* (Londres, 2009), p. 201.

35. Jill Steward, "'How and Where to Go': The Role of Travel Journalism in Britain and the Evolution of Foreign Tourism, 1840-1914", in Walton (ed.), *Histories of Tourism*, p. 46; TCA, *Cook's Excursionist and International Tourist Advertiser*, 28 de agosto de 1863, p. 5; *Guide to Cook's Tours in France, Switzerland and Italy* (Londres, 1865), p. 32.

36. "Continental Excursionists", *Blackwood's Magazine*, vol. 97, jan.-jun. 1865, pp. 231-2.37.

37. Edward Cook e Alexander Wedderburn (eds.), *The Works of John Ruskin*, 39 vols. (Londres, 1903-12), vol. 5, pp. 380-81; vol. 18, p. 89.

38. Fontane, *Modernes Reisen*, p. 5.

39. Ivan Turgueniev, "Iz-za granitsy: pis'mo pervoe", in *Soch.*, vol. 11, pp. 303-7.

40. Ver Buzard, *Beaten Track*, caps. 1 e 2.

41. Mollier, *Louis Hachette*, p. 343; Chartier e Martin, *Histoire de l'édition française*, vol. 3, p. 39.

42. Elsa Damien "Ruskin vs. Murray: Battles for Tourist Guidance in Italy", *Nineteenth-Century Contexts*, vol. 32, nº 1, 2010, pp.19-30; Keith Hanley e John Walton, *Constructing Cultural Tourism: John Ruskin and the Tourist Gaze* (Bristol, 2010), pp. 78, 133-4, 144-5.

43. Ver Maxence Mosseron, "Du 'grand musée européen' au musée intérieur: Frontières de l'art et de la création chez Théophile Gautier", *Romantisme*, nº 173, mar. 2016, pp. 79-87.

44. Beaulieu, "Louis-Claude Viardot", pp. 243-62.

45. J. Towner, *An Historical Geography of Recreation and Tourism in the Western World, 1540-1940* (Nova York, 1996), pp. 106-11; Black, *British Abroad*, pp. 10, 23, 59.

46. Parsons, *Worth the Detour*, p. 203; Rolf Lessenich, "Literary Views of English Rhine Romanticism, 1760-1860", *European Romantic Review*, vol. 10, nºˢ 1-4, 1999, p. 497.

47. Mary Shelley, *Frankenstein, or The Modern Prometheus* (Oxford, 1969), p. 155; George Byron, *Childe Harold's Pilgrimage*, in *The Poetical Works of Lord Byron* (Londres, 1837), p. 34.

48. Cecelia Hopkins Porter, *The Rhine as Musical Metaphor: Cultural Identity in German Romantic Music* (Boston, 1996), pp. 46-53, 61, 112, 120-22.

49. Michael Heafford, "Between Grand Tour and Tourism: British Travellers to Switzerland in a Period of Transition, 1814-1860", *Journal of Transport History*, 3rd Series, vol. 27, no 1, março de 2006, pp. 25-47.

50. Catherine Lavenir, *La Roue et le Stylo: Comment nous sommes devenus touristes* (Paris, 1999), pp. 299 ff; Alain Corbin, *The Lure of the Sea: The Discovery of the Seaside in the Western World, 1750-1840* (Los Angeles, 1994), pp. 270-77; Peter Borsay e John K. Walton (eds), *Resorts and Ports: European Seaside Towns since 1700* (Buffalo, 2011), pp. 39-40; Gabriel Désert, *La Vie quotidienne sur les plages normandes du Second Empire aux Années folles* (Paris, 1883), pp. 59-60. Sobre as estações termais da Boêmia: Mirjam Zadoff, *Next Year in Marienbad: The Lost Worlds of Jewish Spa Culture*, trad. William Templer (Filadélfia, 2007).

51. Ver John Davis, *The Victorians and Germany* (Oxford, 2007).

52. John Pudney, *The Thomas Cook Story* (Londres, 1953), p. 74; Mark Twain, *Innocents Abroad* (Oxford, 1996), p. 427.

53. *The Times*, 12 jan. 1850.

54. Théophile Gautier, *Les Beaux-Arts en Europe, 1855* (Paris, 1855), pp. 1-2; Patricia Mainardi, *Art and Politics of the Second Empire: The Universal Expositions of 1855 and 1867* (New Haven, 1989), p. 70.

55. Théophile Thoré, "Des tendances de l'art au XIXe siècle", *Revue universelle des arts*, vol. 1, 1855, p. 83.

56. "Tourguéniev et la France: Actes du Congrès International de Bougival, 8-9 Mai 1981", *Cahiers*, no 5, 1981, p. 35; Phelps, *Russian Novel in English Fiction*, p. 54; *PSS*, vol. 1, p. 284, e vol. 2, p. 27; Annenkov, *Extraordinary Decade*, p. 203.

57. Emmanuel de Las Cases, *Mémorial de Saint-Hélène*, 2 vols. (Paris, 1842), vol. 2, pp. 144-5.

58. Giuseppe Mazzini, *A Cosmopolitanism of Nations: Giuseppe Mazzini's Writings on Democracy, Nation Building, and International Relations*, ed. Stefano Recchia e Nadia Urbinati (Princeton, 2009), p. 2.

59. Victor Hugo, *Oeuvres complètes*, eds. Jacques Seebacher e Guy Rosa, 15 vols. (Paris, 1985-90), vol. 10, pp. 6, 302.

60. Walter Benjamin, "Paris, the Capital of the Nineteenth Century", in *The Writer of Modern Life: Essays on Charles Baudelaire* (Cambridge, Mass., 2006), pp. 30-45.

61. HL, MUS 264 (76), f. 88-9, Pauline Viardot a Louis Viardot, 9 dez. 1857.

62. *LI*, p. 318.

63. Ver Hilary Poriss, "Pauline Viardot, Travelling Virtuosa", *Music and Letters*, vol. 96, nº 2, 2015, pp. 185-208.

64. HL, MUS 262 (76), Pauline Viardot a Louis Viardot, sem data.

65. NYPL, JOE 82-1, 29, Carta de Pauline Viardot a Julius Rietz, 26 mar. 1859 (trad. de "Pauline Viardot-Garcia to Julius Rietz, Letters of Friendship", *The Musical Quarterly*, vol. 1, nº 4, out. 1915, pp. 549, 552).

66. HL, MUS 264 (76), Pauline Viardot a Louis Viardot, 17 dez. 1857 (trad. Poriss, "Pauline Viardot", p. 205).

67. HL, MUS 264 (76), Pauline Viardot a Louis Viardot, 15 jan. 1858 (trad. Poriss, "Pauline Viardot", p. 199).

68. HL, MUS 264 (76), Pauline Viardot a Louis Viardot, 21 dez. 1857.

69. *Revue et Gazette musicale de Paris*, 15 ago. 1858.

70. BNF, NA Fr. 16275, Papiers Viardot, vol. IV, Lettres adressées à Claudie et George Chamerot, Ivan Tourgenev et divers, ff. 342-3, Pauline Viatrdot a Ivan Turgueniev, 18 nov. 1858.

71. NYPL, JOE 82-1, 29, Cartas de Pauline Viardot a Julius Rietz, 26 jan., 13 fev. 1859 (trad. de "Pauline Viardot-Garcia to Julius Rietz, Letters of Friendship", *The Musical Quarterly*, vol. 1, nº 4, out. 1915, pp. 532, 538).

72. Ver William Gibbons, *Building the Operatic Museum: Eighteenth-Century Opera in Fin-de-Siècle Paris* (Rochester, NY, 2013).

73. Joël-Marie Fauquet, "Berlioz's Version of Gluck's *Orphée*", in Peter Bloom (ed.), *Berlioz Studies* (Cambridge, 2006), p. 195.

74. Berlioz, *Correspondance générale*, vol. 5, p. 645.

75. Ibid., pp. 713-14; "Pauline Viardot-Garcia to Julius Rietz, Letters of Friendship", *The Musical Quarterly*, vol. 2, nº 1, jan. 1916, p. 42.

76. BNF, NA Fr. 16272, Papiers Viardot, vol. 1, Lettres adressées à Pauline Viardot, f. 35.

77. Berlioz, *Correspondance générale*, vol. 6, pp. 36, 41n.

78. Henry Chorley, *Thirty Years' Musical Recollections*, 2 vols. (Londres, 1862), vol. 2, pp. 55-60.

79. Patrick Waddington, "Pauline Viardot-Garcia as Berlioz's Counselor and Physician", *The Musical Quarterly*, vol. 59, nº 3, julho de 1973, p. 395; Flaubert, *Correspondance*, vol. 3, p. 83.

80. Charles Dupêchez, *Marie d'Agoult, 1805-1876* (Paris, 1994), p. 264.

81. HL, MUS 264 (360), Pauline Viardot-Garcia Papers, "Costumi", 1858 e sem data; BMO, LAS Delacroix (Eugène) 1, Delacroix a Pauline Viardot, 18 set. 1859; BNF, NA Fr. 16272, Papiers Viardot, vol. 1, Lettres adressées à Pauline Viardot, f. 87, Delacroix a Pauline Viardot, 21 set. 1859.

82. BNF, NA Fr. 16272, Papiers Viardot, vol. 1, Lettres adressées à Pauline Viardot, f. 298, Ingres a Pauline Viardot, 5 jan. 1862. Sobre os pintores que se inspiraram no *Orfeu* de Viardot ver Katrin Müller-Höcker, *Pauline Viardots Orpheus-Interpretation in der Berlioz-Fassung von Glucks Orphée*, in *Viardot-Garcia-Studien*, vol. 5 (Hildesheim, 2016), pp. 225-8.

83. "Pauline Viardot-Garcia to Julius Rietz, Letters of Friendship", *The Musical Quarterly*, vol. 2, nº 1, jan. 1916, p. 44.

84. Fitzlyon, *Price of Genius*, p. 356.

85. Charlton (ed.), *Cambridge Companion to Grand Opera*, parte IV, pp. 197 segs.

86. BNF, NA Fr. 16272, Papiers Viardot, vol. 1, "ettres adressées à Pauline Viardot, f. 102; Waddington, "Dickens, Pauline Viardot, Turgenev", pp. 42-3.

87. Berlioz, *Correspondance générale*, vol. 6, p. 160.

88. Ibid., p. 223; Waddington, "Viardot-Garcia as Berlioz's Counselor and Physician", pp. 396-7.

89. Peter Bloom e Hans Vaget, "Berlioz und Wagner: Épisodes de la vie des artistes", *Archiv für Musikwissenschaft*, vol. 58. nº 1, 2001, pp. 1-22.

90. David Cairns, *Berlioz*, vol. 2: *Servitude and Greatness 1832-1869* (Londres, 1999), pp. 651 segs. Wagner, *My Life*, p. 498.

91. *PSS*, vol. 3, p. 205.

92. Ibid., vol. 4, p. 64.

93. Ibid., vol. 4, p. 211.

94. Ibid., vol. 4, pp. 64, 241.

95. BNF, Tourguéniev, Ivan, Manuscrits parisiens. Slave 88, XV, cote 25. Ver também Andre Mazon, *Manuscrits parisiens d'Ivan Tourguénev, notices et extraits* (Paris, 1930), pp. 61-2, 68, 87.

5. A Europa se diverte

1. HL, MUS 264 (365), Journal, 12 de julho de 1863.

2. *PSS*, vol. 5, p. 175.

3. *Memoirs of Eugenie Schumann*, trad. Marie Busch (Londres, 1985), p. 109; NYPL, JOE 82-9, Carta de Pauline Viardot a Julius Rietz, 1 jan. 1859.

4. *Revue et Gazette musicale de Paris*, 25 ago. 1861, 12 jan. 1862, 30 mar. 1862.

5. *PSS*, vol. 3, p. 181.

6. *PSS*, vol. 3, pp. 214, 218; vol. 11, p. 223; Kovalevskii, "Vospominaniia ob I. S. Turgeneve", p. 16.

7. Viardot, *Espagne et beaux-arts*, p. 380.

8. Citado in *Johannes Brahms in Baden-Baden und Karlsruhe* (Catalogue, Baden Landesbibliothek in Karlsruhe, 1983).

9. Klaus Fischer, "Dernières traces de Tourguéniev à Baden-Baden", *Cahiers*, nº 6, 1982, p. 23; N. P. Generalova, *I. S. Turgenev: Rossiia i Evropa: Iz istorii russko evropeiskikh literaturnykh i obshchevstvennykh sviazei* (São Petersburgo, 2003), p. 241.

10. Charles Clark, "Baden-Baden in 1867", *Temple Bar*, 21 (out. 1867), pp. 384, 387; Ivan Turgueniev, *Smoke*, trad. Michael Pursglove (Londres, 2013), p. 3.

11. Berlioz, *Correspondance générale*, vol. 4, nº 1627; Hector Berlioz, *Les Grotesques de la musique* (Paris, 1859), p. 121.

12. BNF, département Estampes et photographie, YD-1 (1863-04-01)-8, Catalogue des tableaux anciens et dessins formant la belle collection de M. Louis Viardot.

13. ANF, O/5/1698, "Ordonnance de payement", f. 368; ANF, 20144790/129, Carta de Kiewert ao Restaurador Chefe das Pinturas do Musée Impériale, 28 de julho de 1857.

14. Julius Kraetz, "Iwan Turgenjew: Seine Wohnsitze", *Baden-Baden: Beiträge zur Geschichte der Stadt und des Kurortes Baden-Baden*, nº 13, 1976: *Pauline Viardot — Iwan Turgenjew*; Gerhard Ziegengeist (ed.), *I. S. Turgenev und Deutschland: Materialien und Untersuchungen* (Berlim, 1965), p. 26; Lange-Brachmann e Draheim (eds.), *Pauline Viardot*, p. 250; Patrick Waddington, "Role of Courtavenel", p. 124.

15. Nicholas G. Zekulin, *The Story of an Operetta: Le Dernier Sorcier by Pauline Viardot and Ivan Turgenev* (Munique, 1989), pp. 11-14; *PSS*, vol. 7, p. 178.

16. *PSS*, vol. 5, p. 159, vol. 7, p. 82, vol. 9, pp. 17, 19, vol. 11, pp. 65, 79; Tamara Zviguilsky, "Tourguéniev et sa fille, d'après leur correspondance", *Cahiers*, nº 12, 1988, p. 40.

17. *PSS*, vol. 7, pp. 139 segs., 170, 174, vol. 9, p. 43; Seljak, *Ivan Turgenevs Ökonomien*, pp. 190-94, 201-16.

18. *PSS*, vol. 4, p. 132, vol. 5, p. 157; Seljak, *Ivan Turgenevs Ökonomien*, pp. 131-2, 147.

19. GJ, vol. 2, p. 941.

20. Seljak, *Ivan Turgenevs Ökonomien*, pp. 134-7, 143, 151.

21. Ibid., p. 131; *PSS*, vol. 5, p. 219, vol. 6, pp. 8, 56, 69, vol. 7, p. 75, vol. 9, pp. 16, 26, 60.

22. OR RNB, f. 654, op. 1, d. 89, l.3 (V. A. Rubinshtein, "Otgoloski proshlogo. Vospominaniia").

23. NYPL, JOE 82-9, 10, Carta de Pauline Viardot a Julius Rietz, 1 jan. 1859.

24. Ver Robert Priest, *The Gospel According to Renan: Reading, Writing, and Religion in Nineteenth-Century France* (Oxford, 2015), cap. 4.

25. L.V. [Louis Viardot], *Apologie d'un incrédule* (Paris, 1868), pp. 8, 10, 14-15.

26. OR RNB, f. 654, op. 1, d. 89, l. 6 (V. A. Rubinshtein, "Otgoloski proshlogo. Vospominaniia").

27. *La France musicale*, nº 17, 26 abr. 1863, p. 130.

28. Beatrix Borchard, *Pauline Viardot-Garcia: Fülle des Lebens* (Viena, 2016), p. 108.

29. Ostrovskaia, *Vospominaniia o Turgeneve*, p. 5; Lange-Brachmann e Draheim (eds.), *Pauline Viardot in Baden-Baden und Karlsruhe*, p. 88.

30. Borchard, *Pauline Viardot-Garcia*, p. 232.

31. B. Litzmann (ed.), *Letters of Clara Schumann and Johannes Brahms, 1853-96*, 2 vols. (Londres, 1927), vol. 1, p. 171.

32. Ludwig Pietsch, "Heimfahrt auf Umwegen", in *Iwan Turgenjew: Briefe an Ludwig Pietsch. Mit einem Anbang: Ludwig Pietsch über Turgenjew* (Berlim, 1968), p. 150.

33. Adelheid von Schorn, *Zwei Menschenalter: Erinnerungen und Briefe aus Weimar und Rom* (Stuttgart, 1913), p. 153.

34. HL, MUS 264 (365), Journal, 23 de julho de 1863.

35. Ostrovskaia, *Vospominaniia o Turgeneve*, pp. 13-14.

36. Alexandre Zviguilsky, "Louise Héritte-Viardot 1841-1918", *Cahiers*, nº 15, 1991, pp. 103-12.

37. *PSS*, vol. 4, p. 241.

38. Gustave Dulong, *Pauline Viardot, tragédienne lyrique*, *Cahiers*, nº 8, 1984, p. 273.

39. Ver Alison F. Frank, "The Air Cure Town: Commodifying Mountain Air in Alpine Central Europe", *Central European History*, vol. 45, nº 2, 2012, pp. 185-207.

40. Derek Scott, *Sounds of the Metropolis: The 19th-Century Popular Music Revolution in London, New York, Paris and Vienna* (Londres, 2011), pp. 131 segs.; Peter Kemp, *The Strauss Family* (Londres, 1989), pp. 66-7.

41. Heinrich Jacob, *Johann Strauss* (Londres, 1937), pp. 165-70; Hans Fantel, *Johann Strauss: Father and Son and Their Era* (Newton Abbot, 1971), pp. 123-9.

42. Michael Musgrave, *A Brahms Reader* (New Haven, 2000), p. 106.

43. Hervé Maneglier, *Paris impérial: La Vie quotidienne sous le Second Empire* (Paris, 1991), pp. 87-92; Roger Williams, "Jacques Offenbach and Parisian Gaiety", *The Antioch Review*, vol. 17, nº 1, 1957, p. 121.

44. Weber, *Great Transformation*, pp. 208-31.

45. GJ, vol. 1, p. 1046.

46. François Caradec, *Le Café-concert* (Paris, 1980), p. 34; Patrice Higonnet, *Paris: Capital of the World* (Cambridge, Mass., 2002), trad. Arthur Goldhammer, p. 292; Maneglier, *Paris impérial*, pp. 175-6.

47. Maneglier, *Paris impérial*, pp. 179-80; T. J. Clark, *The Painting of Modern Life: Paris in the Art of Manet and His Followers*, ed. rev. (Londres, 1990), pp. 206-34.

48. GJ, vol. 1, p. 632.

49. Nathalie Coutelet, "Les Folies-Bergère: une pornographie 'select'", *Romantisme*, nº 163, 2014/1, pp. 111-24.

50. Peter Bailey (ed.), *Music Hall: The Business of Pleasure* (Milton Keynes, 1986), pp. 16-17, 22-4; Derek Hudson, *Munby, Man of Two Worlds: The Life and Diaries of Arthur J. Munby, 1828-1910* (Londres, 1972), p. 119.

51. Irene Lawford-Hinrichsen, *Music Publishing and Patronage. C. F. Peters: 1800 to the Holocaust* (Kenton, 2000), p. 18; *A Short History of Cheap Music as Exemplified in the Records of the House of Novello, Ewer and Company* (Londres, 1887), pp. 78-9, 103-6; Derek Scott, *The Singing Bourgeois: Songs of the Victorian Drawing Room and Parlour*, 2ª ed. (Londres, 2001), pp. 122-30; Paula Gillett, "Entrepreneurial Women Musicians in Britain: From the 1700s to the Early 1900s", in William Weber (ed.), *The Musician as Entrepreneur, 1700-1914: Managers, Charlatans, and Idealists* (Bloomington, 2004), pp. 206-7.

52. Zekulin, *Story of an Operetta*, pp. 15-19; *PSS*, vol. 7, p. 31; Paul Viardot, *Souvenirs d'un artiste* (Paris, 1910), p. 19.

53. Sobre a estreia em Weimar, ver Klaus-Dieter Fischer e Nicholas Zekulin, *Die Beziehungen Pauline Viardots und Ivan S. Turgenevs zu Weimar*, in *Viardot-Garcia-Studien*, vol. 5 (Hildesheim, 2016), pp. 41-72.

54. Zekulin, *Story of an Operetta*, p. 26; *PSS*, vol. 7, p. 220.

55. BNF, NA 16274, Papiers de Pauline Viardot, vol. 3, Lettres adressées à Louis Viardot, ff. 192-4; Offenbach a Louis Viardot, 19 de julho de 1868.

56. Alain Decaux, *Offenbach, roi du Second Empire* (Paris, 1958), pp. 142-3; Alexander Faris, *Jacques Offenbach* (Londres, 1980), pp. 102-4.

57. Robert Schipperges, "Offenbach — Antisemitismus — Nazismus: Zu einigen Topoi der Rezeption", in Peter Csobádi et al. (eds.), *Das (Musik-) Theater in Exil und Diktatur: Vorträge und Gespräche des Salzburger Symposions 2003* (Salzburgo, 2005), pp. 314-30.

58. GJ, vol. 3, p. 64.

59. Siegfried Kracauer, *Jacques Offenbach and the Paris of His Time* (Nova York, 2002), p. 163.

60. Jean-Claude Yon, *Jacques Offenbach* (Paris, 2000), p. 146.

61. Kracauer, *Jacques Offenbach*, pp. 204, 211-12; James Harding, *Jacques Offenbach: A Biography* (Londres, 1980), pp. 115-16; Williams, "Jacques Offenbach and Parisian Gaiety", p. 122.

62. Jacques Offenbach, Henri Meilhac e Ludovic Halévy, *La Belle Hélène: Opéra-bouffe en trois actes* (Paris, 1864), p. 253.

63. Jacques Offenbach, Henri Meilhac e Ludovic Halévy, *La Vie parisienne: Opéra-bouffe en 5 actes ou 4 actes* (Paris, 1866), pp. 4, 45.

64. *PSS*, vol. 7, p. 217.

65. Ibid., p. 219.

66. Ibid. 67. Ibid., p. 218.

68. Ver Thomas Hall, *Planning Europe's Capital Cities: Aspects of Nineteenth--Century Urban Development* (Londres, 1997), pp. 344 segs.

69. *Mémoires du baron Haussmann*, 2ª ed., 3 vols. (Paris, 1890), vol. 2, pp. 199-200.

70. Alfred Delvau, *Les Plaisirs de Paris: Guide pratique et illustré* (Paris, 1867), p. 4; Charles Baudelaire, *The Painter of Modern Life and Other Essays*, trad. Jonathan Mayne (Nova York, 1964), p. 9. Ver também Hazel Hahn Haejeong, "Du flâneur au consommateur: spectacle et

consommation sur les Grands Boulevards, 1840-1914", *Romantisme*, nº 134, 2006/4, pp. 67-78.

71. Yon, *Jacques Offenbach*, pp. 347, 359.

72. Williams, "Jacques Offenbach and Parisian Gaiety", p. 127; Faris, *Jacques Offenbach*, p. 150.

73. Parturier, *Une amitié littéraire*, p. 154; *PSS*, vol. 7, p. 172.

74. Fantel, *Johann Strauss*, pp. 153, 56, 165-8.

75. Marguerite e Jean Alley, *A Passionate Friendship: Clara Schumann and Brahms* (Londres, 1956), p. 132.

76. Para uma relação de suas composições: Patrick Waddington, *The Musical Works of Pauline Viardot-Garcia (1821-1910): A Chronological Catalogue* (Upper Hutt, 2001).

77. *The Athenaeum*, 19 jan. 1850, p. 79.

78. *NCI*, vol 1 (1971), p. xx; *LI*, p. 327; Franz Liszt, "Pauline Viardot-Garcia", in *Gesammelte Schriften*, 6 vols. (Leipzig, 1881), vol. 3, p. 126.

79. *PSS*, vol. 1, p. 207, vol. 5, pp. 148, 184, 209, 215, 244, 249, vol. 6, p. 171, vol. 12, p. 60, vol. 14, p. 58.

80. Ibid., vol. 6, p. 146.

81. Thérèse Marix-Spire, "Vicissitudes d'un opéra-comique: La Mare au diable de George Sand et de Pauline Viardot", *Cahiers*, vol. 3, 1979, pp. 66-7.

82. Nancy B. Reich, "Women as Musicians: A Question of Class", in Ruth A. Solie (ed.), *Musicology and Difference: Gender and Sexuality in Music Scholarship* (Berkeley, 1993), pp. 134-6.

83. Sebastian Hensel, *The Mendelssohn Family 1729-1847*, 4ª ed. rev., 2 vols. (Londres, 1884), vol. 1, p. 82; *Letters of Felix Mendelssohn Bartholdy from 1833 to 1847*, ed. Paul Mendelssohn Bartholdy, trad. Lady Wallace (Londres, 1864), p. 113.

84. HL, MUS 264 (365), Pauline Viardot Journal, memória datada de 1889.

85. Marcia J. Citron, *Gender and the Musical Canon* (Cambridge, 1993), pp. 56-77; Borchard, "'Ma chère petite Clara'", p. 136.

86. Anna Eugénie Schoen-René, *America's Musical Inheritance* (Nova York, 1941), p. 134.

87. BMO, NLA 357, Pauline Viardot A Henri Heugel, 21 fev. 1882.

88. Marix-Spire, "Vicissitudes d'un opera-comique", p. 66.

89. Anton Tchékov, *Three Sisters*, in *Plays*, trad. Peter Carson (Londres, 2002), p. 265.

90. François-Joseph Fétis, *Biographie universelle des musiciens et bibliographie générale de la musique: Supplément et complément* (Paris, 1878), p. 314. Ver também Bea Fried- land, *Louise Farrenc, 1804-1875: Composer, Performer, Scholar* (Ann Arbor, 1980).

91. GJ, vol. 1, p. 941.

92. Gustave Flaubert, *Lettres inédites à Tourgueneff* (Mônaco, 1946), p. 3.

93. Ibid.; *Lettres de Gustave Flaubert à George Sand* (Paris, 1884), p. 73

94. Flaubert, *Lettres inédites*, p. 21; *PSS*, vol. 8, p. 199.

95. *PSS*, vol. 10, pp. 146-7, vol. 15, p. 22.

96. Anton Fedyashin, *Liberals Under Autocracy: Modernization and Civil Society in Russia, 1866-1904* (Madison, 2012), p. 5; V. E. Kel'ner, *Chelovek svoego vremeni (M. M. Stasiulevich: izdatel'skoe delo i liberal'naia oppozitsiia)* (São Petersburgo, 1993), p. 58.

97. Thierry Ozwald, "Autour d'une collaboration littéraire: Les destins croisés de Mérimée et Tourguéniev", *Cahiers*, nº 15, 1991, pp. 79-101.

98. Rolf-Dieter Kluge, "Ivan Turgenev und seine deutschen Freunde", in Dittmar Dahlmann, *Deutschland und Rußland: Aspekte kultureller und wissenschaftlicher Beziehungen im 19. und frühen 20. Jahrhundert* (Wiesbaden, 2004), p. 5.

99. Ibid., p. 136; Peter Brang, "Tourguéniev et l'Allemagne", *Cahiers*, nº 7, 1983, p. 76; Toman, "I. S. Turgenev i nemetskaia kul'tura", pp. 31-58; *PSS*, vol. 5, p. 12. Sobre Wolfsohn e Glümer: Luis Sundkvist, "Vil'gel'm Vol'fson, Kler fon Gliumer i pervye nemetskie perevody romana 'Otsy i deti'", in NPG, vol. 4: *K 200-letiiu I. S. Turgeneva (1818-2018)* (Moscou, 2016), pp. 76-165.

100. *PSS*, vol. 8, pp. 191-2.

101. Ibid., vol. 9, pp. 94-5; "M. Tourgueneff and His English Traducer", *Pall Mall Gazette*, 3 dez. 1868.

102. OR RNB, f. 654, op. 1, d. 89, l. 7 (V. A. Rubinshtein, "Otgoloski proshlogo. Vospominaniia"); Taylor, *Anton Rubinstein*, p. 107; *PSS*, vol. 11, p. 32.

103. V. V. Stasov, *Izbrannye sochineniia*, 2 vols. (Moscou, 1937), vol. 2, p. 557.

104. Ts. A. Kiui, *Izbrannye stat'i* (Leningrado, 1952), p. 43; Turgueniev, *Smoke*, p. 89.

105. *PSS*, vol. 7, p. 130.

106. Benjamin Curtis, *Music Makes the Nation: Nationalist Composers and Nation Building in Nineteenth-Century Europe* (Amherst, 2008), pp. 128-9; John Tyrrel, *Czech Opera* (Cambridge, 1988), pp. 216-27.

107. Ver a obra clássica de Eric Hobsbawm e Terence Ranger (eds.), *The Invention of Tradition* (Cambridge, 1983).

108. Jonathan Bellman, "Toward a Lexicon for the *Style hongrois*", *The Journal of Musicology*, vol. 9, nº 2, 1991, pp. 214-37; Lynn Hooker, *Redefining Hungarian Music from Liszt to Bartók* (Oxford, 2013), p. 139.

109. Joseph Frank, *Dostoevsky: The Miraculous Years 1865-1871* (Princeton, 1996), pp. 189-204; Anna Dostoevsky, *Dostoevsky Reminiscences*, trad. Beatrice Stillman (Londres, 1977), p. 130.

110. Turgueniev, *Smoke*, pp. 3-4.

111. Frank, *Dostoevsky: The Miraculous Years*, pp. 212-13.

112. Ibid., pp. 215-16.

113. *PSS*, vol. 8, p. 87.

114. Fiódor Dostoévski, *The Possessed*, trad. David Magarshack (Londres, 1973), pp. 452, 454, 474-5.

115. Frank, *Dostoevsky: The Miraculous Years*, p. 211; *PSS*, vol. 11, p. 86, vol. 12, p. 71.

116. Schapiro, *Turgenev*, p. 197.

117. *Letopis' zhizni i tvorchestva I. S. Turgeneva* (1867-1870) (Moscou, 1997), pp. 4, 33, 56; *PSS*, vol. 7, pp. 205, 207.

118. *PSS*, vol. 6, pp. 45-6.

119. HL, MUS 264 (365), Pauline Viardot Journal, 24 de maio de 1868.

120. Ibid., fev. 1869.

121. Frithjof Haas, *Hermann Levi: From Brahms to Wagner* (Toronto, 2012), pp. 51-5; Julien Tiersot (ed.), *Lettres françaises de Richard Wagner* (Paris, 1935), pp. 285-6.

122. Schoen-René, *America's Musical Inheritance*, pp. 69-71; *NCI*, vol. 1, p. 354.

123. Ziegengeist (ed.), *Turgenev und Deutschland*, pp. 279-80; Schapiro, *Turgenev*, pp. 191-2; *PSS*, vol. 9, p. 21, vol. 10, p. 44. Ver também: Karl-Dietrich Fischer, "Turgenev und Richard Wagner", *Zeitschrift für Slawistik*, vol. 31, nº 2, 1986, pp. 228-32.

124. "Pauline Viardot-Garcia to Julius Rietz", *The Musical Quarterly*, vol. 2, nº 1, jan. 1916, p. 58.

125. Albert Goldman e Evert Sprinchorn (eds.), *Wagner on Music and Drama: A Selection from Richard Wagner's Prose Works*, trad. H. Ashton Ellis (Londres, 1970).

126. Max Horkheimer e Theodor Adorno, "The Culture Indus- try: Enlightenment as Mass Deception", in *Dialectic of Enlightenment* (Stanford, 2002 [1944]). Ver também Nicholas Vazsonyi, *Richard Wagner: Self--Promotion and the Making of Brand* (Cambridge, 2010), p. 89 e passim.

127. Robert Hartford (ed.), *Bayreuth: The Early Years* (Cambridge 1980), pp. 16-28; Frederic Spotts, *Bayreuth: A History of the Wagner Festival* (New Haven, 1994), p. 40.

128. Haas, *Hermann Levi*, pp. 53-5; Lange-Brachmann e Draheim (eds.), *Pauline Viardot in Baden-Baden und Karlsruhe*, pp. 101-2.

129. Zekulin, *Story of an Operetta*, p. 58.

130. Heinz Becker e Gudrun Becker, *Giacomo Meyerbeer: A Life in Letters* (Londres, 1989), p. 14.

131. Zekulin, *Story of an Operetta*, pp. 58-9.

132. Rolf Kabel (ed.), *Eduard Devrient aus seinen Tagebüchern*, 2 vols. (Weimar, 1964), vol. 2, p. 567; *PSS*, vol. 10, p. 145; Zekulin, *Story of an Operetta*, pp. 54-5.

133. Zekulin, *Story of an Operetta*, pp. 56 segs.; *PSS*, vol. 10, p. 145.

134. Fischer e Zekulin, *Die Beziehungen Pauline Viardots*, p. 91.

135. *PSS*, vol. 10, pp. 192, 195.

136. Turgueniev, *Sochinenii*, vol. 10, p. 313.

137. Litzmann (ed.), *Letters of Clara Schumann and Johannes Brahms*, vol. 1, p. 248.

138. *PSS*, vol. 10, pp. 216, 249; N. Mikhailov, "Vitse-presidenta kongressa", in *Shakhmaty v SSSR* (Moscou, 1970), pp. 24-5.

139. *PSS*, vol. 10, pp. 231-2; *Turgenevskii sbornik*, p. 58.

140. *Memoirs of Eugénie Schumann*, p. 127.

141. *PSS*, vol. 10, pp. 233, 237-8.

142. Ibid., p. 239; Waddington, *Turgenev and England*, p. 141.

143. Decaux, *Offenbach*, pp. 208-9.

144. BN FNA 16274, Papiers de Pauline Viardot, vol. 3, Lettres adressées à Louis Viardot, George Sand a Louis Viardot, 8 set. 1870.

145. BMO, LA-VIARDOT PAULINE-66, Lettre de Pauline Viardot à Madame Crémieux.

146. HL, MUS 264 (365), Journal, 18 out. 1870.

147. *PSS*, vol. 10, p. 252.

6. O país sem música

1. Waddington, *Turgenev and England*, p. 144.

2. Barbara Kendall-Davies, *The Life and Work of Pauline Viardot-Garcia*, vol. 2: *The Years of Grace, 1863-1910* (Amersham, 2013), p. 1; Litzmann (ed.), *Letters of Clara Schumann and Johannes Brahms*, vol. 1, p. 253; Viardot, *Souvenirs d'un artiste*, pp. 21-2.

3. Michèle Beaulieu, "Louis-Claude Viardot, collectionneur et critique d'art", Société d'Histoire de l'Art Français, Séance du 4 février 1984, *Bulletin de la Société d'Histoire de l'Art Français*, 1984, pp. 252-3.

4. Stier, *Pauline Viardot-Garcia in Grossbritannien*, pp. 241-6.

5. HL, MUS 232/1, Gounod a Pauline Viardot, 31 jan. 1864.

6. TCL, Houghton MSS, Q 47/1, Louis Viardot a Thomas Milner Gibson, 23 de março de 1871.

7. Herman Klein, *Thirty Years of Musical Life in London, 1870-1900* (Londres, 1903), pp. 34-41; Waddington, *Turgenev and England*, p. 145; *PSS*, vol. 10, p. 268.

8. *PSS*, vol. 11, pp. 18, 55.

9. *PSS*, vol. 11, p. 88.

10. Thomas C. Jones e Robert Tombs, "The French Left in Exile: Quarante-Huitards and Communards in London, 1848-1880", in Martyn Cornick e Debra Kelly (eds.), *A History of the French in London: Liberty, Equality, Opportunity* (Londres, 2013), pp. 165-8, 235-7; Jerry White, *London in the Nineteenth Century: "A Human Awful Wonder of God"* (Londres, 2007), pp. 142-3.

11. Jones e Tombs, "French Left in Exile", pp. 170-71; B. Porter, *The Refugee Question in Mid-Victorian Politics* (Cambridge, 1979), pp. 182-3.

12. White, *London in the Nineteenth Century*, pp. 142-7; Lucio Sponza, *Italian Immigrants in Nineteenth-Century Britain: Realities and Images* (Leicester, 1988), pp. 2-4. Sobre a comunidade alemã em Londres, ver Rosemary Ashton, *Little Germany: Exile and Asylum in Victorian England* (Oxford, 1986).

13. Christine Corton, *London Fog: The Biography* (Londres, 2015), cap. 5.

14. Flora Tristan, *Promenades dans Londres* (Paris, 1840), pp. 49-50.

15. Fabrice Bensimon, "The French Exiles and the British", in Sabine Freitag (ed.), *Exiles from European Revolutions: Refugees in Mid-Victorian En-*

gland (Nova York, 2002), p. 91; Theodor Fontane, *A Prussian in Victorian London*, ed. John Lynch (Londres, 2014), p. 107.

16. Waddington, *Turgenev and England*, pp. 141-2.

17. GJ, vol. 1. p. 1138.

18. *Londres et ses environs: Collection des Guides-Joannes* (Paris, 1882), p. 16.

19. Viardot, *Souvenirs de chasse*, pp. 53, 63.

20. TMS, p. 101; *LI*, p. 311.

21. Alexander Herzen, *My Past and Thoughts: The Memoirs of Alexander Herzen*, trad. Constance Garnett, 4 vols. (Londres, 1968), vol. 3, p. 1048.

22. Edward Carr, *The Romantic Exiles: A Nineteenth-Century Portrait Gallery* (Londres, 1949), p. 119; Edmondo De Amicis, *Memories of London*, trad. Stephen Parkin (Londres, 2014), pp. 63-4; Vallès citado in Higonnet, *Paris: Capital of the World*, p. 241.

23. Viardot, *Souvenirs de chasse*, p. 300.

24. Henry Taine, *Taine's Notes on England*, trad. Edward Hyams (Londres, 1957), p. 242.

25. Ian Buruma, *Anglomania: A European Love Affair* (Nova York, 1998), pp. 105-6; Litzmann (ed.), *Letters of Clara Schumann and Johannes Brahms*, vol. 1, p. 187; G. Karpeles (ed.), *Heinrich Heine's Memoirs*, trad. G. Cannan, 2 vols. (Londres, 1910), vol. 1, pp. 192-3.

26. Iwo Zaluski e Pamela Zaluski, "Chopin in London", *The Musical Times*, vol. 133, nº 1791, maio de 1992, p. 227.

27. Alley, *Passionate Friendship*, p. 160.

28. Davis, *Victorians and Germany*, pp. 248-9.

29. Jonathan Parry, *The Politics of Patriotism: English Liberalism, National Identity and Europe, 1830-1886* (Cambridge, 2006), pp. 9-10.

30. Lucy Riall, *Garibaldi: Invention of a Hero* (New Haven, 2007), pp. 336 segs.

31. Pemble, *Mediterranean Passion*, pp. 268-9.

32. Citado in Antoni Maczak, "Gentlemen's Europe: Nineteenth-Century Handbooks for Travellers", *Annali d'Italianistica*, vol. 21: *Hodoeporics Revisited / Ritorno all'odeporica* (2003), p. 360.

33. Ver Linda Colley, *Britons: Forging the Nation 1707-1837* (New Haven, 1992).

34. Henry Mayhew, *German Life and Manners: As Seen in Saxony at the Present Day*, 2 vols. (Londres, 1864), vol. 1, pp. viii-ix.

35. Waddington, *Turgenev and England*, p. 203.

36. Sassoon, *Culture of the Europeans*, pp. 37-40.

37. Taine, *Taine's Notes on England*, p. 25.

38. Albinsson, "Early Music Copyrights", p. 276; Franz Joseph Haydn, *The Collected Correspondence and London Notebooks of Joseph Haydn*, ed. H. C. Robbins Landon (Fair Lawn, 1959), p. 252.

39. Rudolf Evers (ed.), *Mendelssohn: A Life in Letters* (Nova York, 1986), p. 106; Cairns, *Berlioz*, vol. 2, p. 509.

40. Verdi, *Lettere*, p. 170.

41. Rosselli, *Singers of Italian Opera*, pp. 142-3.

42. Matthew Ringel, "Opera in 'The Donizettian Dark Ages': Management, Competition and Artistic Policy in London, 1861-70", diss. de Ph.D., King's College London, 1996, p. 29.

43. Christophe Charle, "La circulation des opéras en Europe au XIXe siècle", *Relations internationales*, n° 155, 2013/3, pp. 11-31; Dideriksen, "Repertory and Rivalry", pp. 286-8.

44. Henry Wyndham, *The Annals of Covent Garden Theatre*, 2 vols. (Londres, 1906), vol. 2, pp. 243-4.

45. Ibid., pp. 49-51, 71-3.

46. Henri Moulin, *Impressions de voyage d'un étranger à Paris: Visite à l'Exposition Universelle de 1855* (Mortain, 1856), p. 47.

47. Oscar Schmitz, *The Land without Music* (Londres, 1918), p. 26; Carl Engel, *An Introduction to the Study of National Music* (Londres, 1866), p. 3.

48. Guido Guerzoni, "The British Painting Market 1789— 1914", in M. North e W. Koln (eds.), *Economic History and the Arts* (Vienna, 1996), pp. 97-132; Bayer e Page, *Development of the Art Market in England*, p. 96.

49. M. F. MacDonald, P. de Montfort e N. Thorp (eds.), *The Correspondence of James McNeill Whistler, 1855-1903* (Glasgow, 2003), n° 08050.

50. Ross King, *The Judgement of Paris: The Revolutionary Decade That Gave the World Impressionism* (Nova York, 2006), pp. 239-40; Edward Morris, *French Art in Nineteenth-Century Britain* (Londres, 2005), pp. 156-7.

51. GJ, p. 596.

52. Assouline, *Discovering Impressionism*, p. 99.

53. Paul Durand-Ruel, *Memoirs of the First Impressionist Art Dealer (1831-1922)* (Paris, 2014), p. 122; John House, "New Material on Monet and Pissaro in London", *Burlington Magazine*, out. 1978, pp. 636-7; Morris, *French Art*, p. 157.

54. Caroline Corbeau-Parsons, "Crossing the Channel", in Corbeau-Parsons (ed.), *The EY Exhibition. Impressionists in London: French Artists in Exile 1870-1904* (Londres, 2017), p. 19; Anne Robbins, "Monet, Pissaro and Fellow French Painters in London, 1870-1", in ibid., p. 61.

55. Moulin, *Impressions*, p. 47.

56. Louis Viardot, *The Wonders of Sculpture* (Londres, 1872), pp. 271-2.

57. BNF, NA 16273, Lettres à Pauline Viardot, ff. 395-6, Turgueniev a Pauline Viardot, 4 de junho de 1879.

58. GJ, vol. 2, p. 369.

59. *PSS*, vol. 11, p. 15.

60. Ibid., p. 88.

61. BMO, LA-VIARDOT PAULINE-57, Pauline Viardot a François Schwab, 15 de maio de 1871.

62. *PSS*, vol. 11, p. 102.

63. Ibid., p. 118.

64. Waddington, *Turgenev and England*, pp. 161-2.

65. *PSS*, vol. 11, p. 116; Waddington, *Turgenev and England*, pp. 115, 122-3.

66. Waddington, *Turgenev and England*, pp. 131, 130.

7. A cultura sem fronteiras

1. *PSS*, vol. 11, p. 158; Waddington, "Some Gleanings on Turgenev", p. 212.

2. *Vosp.*, pp. 318, 322; "Vospominaniia A. I. Abarinovoi", *Istoricheskii vestnik*, vol. 83, jan. 1901, p. 219.

3. Maria Ge, "Vospominaniia (Iz znakomstva c Ivanom Sergeevichem Turgenevym)", *Novyi zhurnal dlia vsekh*, nº 2, 1915, p. 23; Maurice Guillemot, "Un Russe de jadis", *Le Figaro*, 7 nov. 1925; A. F. Koni, *Na zhiznennom puti*, 5 vols. (São Petersburgo, 1912-29), vol. 2, p. 40; E. O. Repchanskaia, "Moi vospominaniia o Viardot i ee otnosheniiakh k Turgenevu", *Angara* (Irkutsk), nº 1 (58), 1963, p. 117; Héritte-Viardot, *Une famille de grands musiciens*, p. 130.

4. P. D. Boborykin, "U romanistov (Parizhskie Vpechatleniia)", *Slovo*, nº 11, 1878, p. 38; P. D. Boborykin, "Turgenev doma i za granitsei", in *I. S. Turgenev v vospominaniiakh sovremennikov*, pp. 187-8.

5. APP BA art. 1287: Tourgeneff, Cabinet du Préfet: affaires générales, 106409, "Rapports", 28 out. 1873, 3 Mar. 1880, 8 set. 1883.

6. Ibid., 10 jan. 1877.

7. Em outubro de 1870, ele escrevera a George Sand pedindo ajuda para se eleger deputado republicano pelo departamento de Indre, onde ela vivia: Sand, *Correspondance*, vol. 22, p. 208.

8. APP BA art. 1294: Viardot, Cabinet du Préfet: affaires générales, 128027, "Rapports", 1 e 9 dez.1874, 9 out. 1875.

9. Flaubert, *Correspondance*, vol. 5, p. 140.

10. Ibid., vol. 4, p. 723.

11. GJ, vol. 10, p. 75; Leon Edel (ed.), *Henry James Letters*, vol. 2: 1875-83 (Londres, 1974), pp. 16, 45.

12. Alphonse Jacobs (ed.), *Gustave Flaubert—George Sand: Correspondance* (Paris, 1981), pp. 222, 273.

13. *The George Sand-Gustave Flaubert Letters*, trad. A. L. McKenzie (Nova York, 1921), p. 289.

14. N.M., "Cherty is parizhskoi zhizni", p. 314.

15. BNF, NA, 25877, pp. 1-2; B. Rees, *Camille Saint-Saëns: A Life* (Londres, 1999), p. 93.

16. Edel (ed.), *Henry James Letters*, vol. 2, p. 37.

17. Caroline Franklin Grout, *Heures d'autrefois: Mémoires inédits. Souvenirs intimes* (Rouen, 1999), pp. 84-5.

18. Elena Apreleva (E. Ardov), "Iz vospominanii ob I. S. Turgeneve", *Russkie vedomosti*, 15 e 18 jan. 1904; Viardot, *Souvenirs d'un artiste*, pp. 47-8.

19. Kovalevskii, "Vospominaniia ob I. S. Turgeneve", p. 18.

20. L. N. Nazarova, "Ochagi russkoi kul'tury v Parizhe", in NPG, vol. 1, pp. 7-9; Maria Ge, "Vospominaniia", pp. 21-6.

21. GARF, f. 109, op. 1, d. 2159, l. 1 ff.

22. Ibid., p. 45; *PSS*, vol. 11, p. 223; Friang, *Pauline Viardot*, pp. 235-6.

23. Michael Strasser, "The Société Nationale and Its Adversaries: The Musical Politics of L'invasion germanique in the 1870s", *19th-Century Music*, vol. 24, nº 3, 2001 (primavera), pp. 225-51.

24. *PSS*, vol. 13, p. 172; "Vospominaniia A. I. Abarinovoi", pp. 220-21.

25. BMO, LA-VIARDOT PAULINE-67, Pauline Viardot a Théodore Dubois, 23 de junho de 1877.

26. HL, MS Mus 232, Massenet a Pauline Viardot, 9 abr. 1878; Jules Massenet, *Mes Souvenirs* (Paris, 1912), p. 17; Demar Irvine, *Massenet: A Chronicle of His Life and Times* (Nova York, 1994), pp. 71-3; Alexandre Zviguilsky,

"Jules Massenet et Pauline Viardot d'après une correspondance inédite", *Cahiers*, nº 16, 1992, pp. 171, 177.

27. BMO, LA-VIARDOT PAULINE-67, Berlioz a Pauline Viardot, 20, 22 fev. 1851.

28. Celsa Alonso, "La Réception de la chanson espagnole dans la musique française du XIXᵉ siècle", in François Lesure (ed.), *Échanges musicaux franco-espagnols, XVIIᵉ—XIXᵉ siècles* (Paris, 2000), pp. 123-60; Hervé Lacombe, "L'Espagne à l'Opéra-Comique avant *Carmen*: Du *Guitarrero* de Halévy (1841) à *Don Cesar de Bazan* de Massenet (1872)", in Lesure (ed.), *Échanges musicaux*, pp. 161-94.

29. Ver Francesca Zantedeschi, "Pan-National Celebrations and Provençal Regionalism", in Joep Leerssen e Ann Rigney (eds.), *Commemorating Writers in Nineteenth-Century Europe: Nation-Building and Centenary Fever* (Londres, 2014), pp. 134-51; Francesca Zantedeschi, "Panlatinismes et visions d'Europe, 1860-1890", in Philippe Darriulat et al. (eds.), *Europe de papier: Projets européens au XIXᵉ siècle* (Villeneuve d'Ascq, 2015), pp. 281-94.

30. Ver por exemplo HL MUS 264, 77, Pauline Viardot a Sebastián Yradier, Paris, 23 de julho de 1856.

31. Hervé Lacombe, *Georges Bizet: Naissance d'une identité créatrice* (Paris, 2000), p. 654.

32. NYPL, JOE 82-1, 38, Carta de Pauline Viardot a Julius Rietz, 12 de junho de 1859; HL, MUS 264, 236-47; Julien Tiersot, "Bizet and Spanish Music", *The Musical Quarterly*, vol. 13, nº 4, out. 1927, p. 581. Para uma análise musical: Ralph P. Locke, "Spanish Local Colour in Bizet's Carmen: Unexplored Borrowings and Transformations", in Mark Everist e Annegret Fauser (eds.), *Music, Theater, and Cultural Transfer: Paris, 1830-1914* (Chicago, 2009), pp. 318-32.

33. Citado in Kerry Murphy, "Carmen: Couleur locale or the Real Thing?", in Everist e Fauser (eds.), *Music, Theater, and Cultural Transfer*, p. 301.

34. Winton Dean, *Georges Bizet: His Life and Work* (Londres, 1965), pp. 117-18.

35. P. I. Chaikovskii, *Polnoe sobranie sochinenii*, vol. 9 (Moscou, 1965), p. 195; Mina Curtiss, *Bizet and His World* (Londres, 1959), p. 430.

36. Elizabeth Kertesz e Michael Christoforidis, "Confronting 'Carmen' beyond the Pyrenees: Bizet's opera in Madrid, 1887-1888", *Cambridge*

Opera Journal, vol. 20, nº 1, mar. 2008, pp. 79-110; Murphy, "Carmen", pp. 313-14.

37. BNF, NA, 16273, Papiers de Pauline Viardot, vol. II, Lettres adressés à Pauline Viardot (S-Z), Carta de Turgueniev a Pauline Viardot, 10/22 abr. 1880, ff. 411.

38. V. V. Stasov, "Iz vospominaniia ob I. S. Turgeneva", in V. G. Fridliand e S. M. Petrov (eds.), *I. S. Turgenev v vospominaniiakh sovremennikov*, 2 vols. (Moscou, 1983), vol. 2, pp. 96-114; *PSS*, vol. 13, pp. 85, 87.

39. Rollo Myers, "Claude Debussy and Russian Music", *Music & Letters*, vol. 39, nº 4, out. 1958, pp. 336-42; Edward Lockspeiser, "Debussy, Tchaikovsky, and Madame von Meck", *The Musical Quarterly*, vol. 22, nº 1, jan. 1936, pp. 38-44.

40. *PSS*, vol. 11, p. 80.

41. *P. I. Chaikovskii-S. I. Taneev: Perepiska (1874-1893)* (Moscou, 1951), p. 15; E. Blaramberg, "Vospominaniia ob I. S. Turgeneve", in Fridliand e Petrov (eds.), *I. S. Turgenev v vospominaniiakh* sovremennikov', vol. 2, p. 192; *Vosp.*, p. 166.

42. Donald Mackenzie Wallace, *Russia*, 2 vols. (Londres, 1877); Anatole Leroy-Beaulieu, *L'Empire des tsars et les Russes*, 3 vols. (Paris, 1881-9).

43. V. V. Stasov, "Vtoroi russkii kontsert", "Poslednye dva kontserta v Parizhe", *Sobranie sochinenii V. V. Stasova 1847-1886, Khudozhestvenyye stat'i*, vol. 3 (São Petersburgo, 1894), pp. 331-9, e 342-50; Alexandre Zviguilsky, "En marge d'une lettre inédite de Tchaikovsky à Edouard Colonne", *Cahiers*, nº 14, 1990, p. 154.

44. OR, f. 124, d. 2499, l. 2 (Ernst Karlovich Lipgart, "Moi vospominaniia o Turgeneve"); *PSS*, vol. 14, pp. 30, 39, vol. 15, pp. 31, 78; Émile Zola, "Le Salon de 1876", in *Oeuvres complètes*, ed. Henri Mitterand, 15 vols. (Paris, 1966-9), vol. 10, p. 958.

45. OR, f. 124, d. 2499, l. 2 (Lipgart, "Moi vospominaniia o Turgeneve").

46. IRL, f. 7, nº 12, ll. 55-6; *PSS*, vol. 13, kn. 1: *1880-1882*, p. 48; *Turgenevskii sbornik*, vol. 5, pp. 393-7.

47. I. S. Zil'bershtein, "Vystavka khudozhnika V. Vereshchagina", in *Iz Parizhskogo arkhiva I. S. Turgeneva, Neizvestvnye proizvedeniia*, in *Literaturnoe nasledstvo*, vol. 73, kn. 1 (Moscou, 1964), pp. 291, 305, 312, 317-18; V. V. Stasov, "Venskaia pechat' o Vereshchagine", e "Vystavka Vereshchagina v Berline", *Sobranie sochinenii V. V. Stasova 1847-1886, Khudozhestvenyye stat'i*, vol. 2 (São Petersburgo, 1894), pp. 538-40, 563-4.

48. I. E. Repin, *Dalekoe blizkoe* (Moscou, 1960), p. 217; *I. E. Repin i V. V. Stasov: perepiska, 1871-[1906]*, 3 vols. (Moscou, 1948-50), vol. 1, p. 75.

49. I. E. Repin i V. V. Stasov: perepiska, 1871-[1906], vol. 1, pp. 92-3; Gabriel Simonoff, "Répine et Tourguéniev: des relations amicales difficiles", *Cahiers*, nº 19, 1995, pp. 23-7.

50. Simonoff, "Répine et Tourguéniev", p. 89; *I. E. Repin i I. N. Kramskoĭ; perepiska, 1873-1885* (Moscou, 1949), pp. 99-100, 106; I. S. Zil'bershtein, *Repin i Turgenev* (Moscou-Leningrado, 1945), p. 44; Elizabeth Kridl Valkenier, "Politics in Russian Art: The Case of Repin", *The Russian Review*, vol. 37, nº 1, jan. 1978, p. 18.

51. Émile Bergerat, *Souvenirs d'un enfant de Paris*, vol. 2: *La Phase critique de la critique 1872-1880* (Paris, 1912), p. 189; Pierre Miquel, "Les maîtres du paysage français dans la collection Tourguéniev", *Cahiers*, nº 5, 1981, p. 124; Steegmuller (ed. e trad.), *Letters of Gustave Flaubert*, p. 587.

52. *PSS*, vol. 13, p. 141, vol. 16, p. 23; Seljak, *Ivan Turgenevs Ökonomien*, pp. 137.

53. Ver Zvig., pp. 311, 315, 321.

54. *Vosp.*, pp. 222-3, 340-41; Bergerat, *Souvenirs d'un enfant*, vol. 2, p. 195.

55. Hilary Spurling, *The Unknown Matisse: A Life of Henri Matisse*, vol. 1: *1869-1908* (Londres, 1998), p. 123. *PSS*. vol. 13, kn. 2: *1882-1883*, pp. 24-7.

56. GJ, vol. 1, p. 822.

57. Ibid., vol. 2, p. 148. Ver também Robert Dessaix, *Twilight of Love: Travels with Turgenev* (Nova York, 2004), pp. 146-7.

58. Alexandre Zviguilsky, "Tourguéniev à Bougival", *Cahiers*, nº 5, 1981, pp. 19-22; Zvig., p. 273; Jean-Claude Menou, "Sauver, protéger, animer la datcha d'Ivan Tourguéniev et la villa de Pauline Viardot", *Cahiers*, nº 5, 1981, pp. 7-10; *PSS*, vol. 12, p. 161.

59. Comunicação de Paul-Louis Durand-Ruel e Flavie Durand-Ruel baseada no "Recueil d'Estampes" publicado por Durand-Ruel em 1873-5; Sylvie Patry (ed.), *Inventing Impressionism: Paul Durand-Ruel and the Modern Art Market* (Londres, 2015), p. 71.

60. Durand-Ruel, *Memoirs*, p. 117.

61. Merete Bodelsen, "Early Impressionist Sales 1874-94 in the Light of Some Unpublished 'Procès-Verbaux'", *The Burlington Magazine*, vol. 110, nº 783, junho de 1968, pp. 330-39; Patry (ed.), *Inventing Impressionism*, p. 39.

62. Lionello Venturi, *Les Archives de l'impressionnisme* (Paris, 1939), pp. 34, 115; Henry James, *Parisian Sketches: Letters to the New York Tribune* (Nova York, 1957), pp. 131, 166; Daniel Hannah, "Henry James, Impressionism, and Publicity", *Rocky Mountain Review of Language and Literature*, vol. 61, nº 2, 2007 (outono), pp. 28-43.

63. Anne Distel, *Impressionism: The First Collectors*, trad. Barbara Perroud--Benson (Nova York, 1989), pp. 57-60.

64. *I. E. Repin i V. V. Stasov*, p. 132.

65. Émile Zola, "M. Manet", in *Oeuvres complètes*, vol. 12, p. 802; F. W. J. Hemmings, "Zola, Manet and the Impressionists (1875-1880)", PMLA, 93, 1959, p. 407.

66. Émile Zola, "Une exposition: Les Peintres impressionnistes", in *Oeuvres complètes*, vol. 12, pp. 973-4.

67. GJ, vol. 2, p. 186 (14 dez. 1868); Michel Robida, *Le Salon Charpentier et les impressionnistes* (Paris, 1958), p. 65.

68. Marcel Proust, *In Search of Lost Time*, vol. 6: *Time Regained*, trad. Andreas Mayor e Terence Kilmartin (Londres, 1996), p. 38.

69. Ibid., pp. 45, 71, 81-2.

70. Distel, *Impressionism*, pp. 95, 125-37, 177 ff., 195-7, 202, 207.

71. Assouline, *Discovering Impressionism*, pp. 81-93, 126; Patry (ed.), *Inventing Impressionism*, p. 28. Sobre o papel da reprodução na internacionalização do mercado de arte: Paolo Serafini (ed.), *La Maison Goupil: Il successo italiano a Parigi negli anni dell'impressionismo* (Milão, 2003), pp. 57 segs.

72. PSS, vol. 15, p. 152, vol. 16, p. 199; Zvig., pp. 312, 318.

73. Distel, *Impressionism*, pp. 83, 103-4.

74. *Collection de M. Ivan Tourguéneff et collection de M. X.* (Paris, 1878); Miquel, "Les maîtres du paysage français", pp. 131-4; PSS, vol. 12, kn. 1: *1876-1878*, pp. 283, 310.

75. Francis Steegmuller, *Maupassant: A Lion in the Path* (Nova York, 1972), pp. 64, 93.

76. Émile Zola, "Flaubert et Tourgueneff", *Les Annales politiques et littéraires*, 12 de novembro de 1893, p. 307.

77. Edel (ed.), *Henry James Letters*, vol. 2, pp. 20, 52; Alphonse Daudet, *Trente ans de Paris* (Paris, 1888), p. 333.

78. Sobre a sociabilidade de Flaubert e sua imagem de recluso, ver Thierry Poyet, *La Gens Flaubert: La Fabrique de l'écrivain entre postures, amitiés et théories littéraires* (Paris, 2017), pp. 37-171.

79. Barbara Beaumont (ed.), *Flaubert and Turgenev: A Friendship in Letters. The Complete Correspondence* (Nova York, 1987), pp. 69, 71.

80. *PSS*, vol. 14, p. 146.

81. Sylvain Kerandoux (ed.), *Gustave Flaubert, Guy de Maupassant: Correspondance (1873-1880)* (Rennes, 2009), p. 167.

82. Beaumont (ed.), *Flaubert and Turgenev*, p. 157.

83. Gustave Flaubert, *Oeuvres complètes: Correspondance*, ser. 7: *1873-1876*, (Paris, 1930), pp. 120, 138-40; *PSS*, vol. 13, pp. 77, 95.

84. Flaubert, *Correspondance*, vol. 5, p. 113.

85. OR RNB, f. 293 op. 1 d. 1466, l. 7; op. 3, d. 132, l. 1; Nikolai Zhekulin, "Turgenev — Perevodchik Flobera: Legenda o Sv. Iuliane Milostivom", *Slavica Litteraria*, vol. 15, 2012/1, pp. 57-8, 68; *PSS*, vol. 15, kn. 2, pp. 68, 77.

86. Alain Pagès, "La topographie du discours (Sur quelques textes de Zola publiés en 1879)", *Les Cahiers naturalistes*, nº 54, 1980, pp. 174-84.

87. P. Boborykin, *Stolytsi mira (Tridsat' let vospominanii)* (Moscou, 1911), pp. 183-9.

88. Vizetelly, *Emile Zola*, pp. 65, 114, 136; E. Halpérine-Kaminsky (ed.), *Ivan Tourguéneff d'après sa correspondance avec ses amis français* (Paris, 1901), pp. 189-90.

89. *PSS*, vol. 14, pp. 9, 28, 44, 66, 77, vol. 15, kn. 1, p. 17; *M. M. Stasiulevich i ero sovremenniki v ikh perepiskakh*, vol. 3, p. 610; M. Kleman, "Zola v Rossii", *Literaturnoe nasledstvo*, 2, 1932, pp. 243, 245; Émile Zola, *Correspondance*, ed. B. H. Bakker, Colette Becker e Henri Mitterand, 10 vols. (Paris, 1978-1995), vol. 2: *1868-1877*, pp. 502, 557; Florence Montreynaud, "La correspondance entre Zola et Stassioulevich, directeur du 'Messenger de l'Europe' (Deuxième partie)", *Les Cahiers naturalistes*, nº 47, 1974, pp. 34-8.

90. Phillip Duncan, "The Fortunes of Zola's *Parizhskie Pis'ma* in Russia", *Slavonic and East European Journal*, vol. 3, nº 2, 1959, p. 108; Kleman, "Zola v Rossii", p. 235; *PSS*, vol. 13, p. 95; *Vestnik Evropy*, vol. 10, nº 1, 1875, pp. 253-328, nº 2, pp. 694-774, nº 3, pp. 271-365.

91. Paul Alexis, *Émile Zola: Notes d'un ami* (Paris, 1882), p. 119.

92. Zola, *Correspondance*, vol. 2, pp. 453, 455, 457-8, 465-7; *PSS*, vol. 15, kn. 1, pp. 69, 238-9, vol. 15, kn. 2, p. 46.

93. GJ, vol. 3, p. 180. Tradução extraída de Edmond e Jules de Goncourt, *Pages from the Goncourt Journal*, ed. e trad. Robert Baldick (Nova York, 2007), p. 229.

94. HL, Mus 232, Carta de Jules Vallès a Turgueniev, 13 out. 1877; A. Fifis, "Al'fons Dode — Sotrudnik Petersburgskoi gazety 'Novoe Vremia'", in NPG, vol. 1, pp. 210-12; *Vosp.*, p. 300; Zola, *Correspondance*, vol. 2, p. 553, vol. 3, p. 89; N. P. Generalova, "Neopublikovannoe pis'mo k Turgenevu Zhiulia Vallesa (1877)", in NPG, vol. 4, pp. 629-30.

95. *M. M. Stasiulevich i ero sovremenniki v ikh perepiskakh*, vol. 3, pp. 193, 224; *PSS*, vol. 14, pp. 86, 163, 77-8, 90-91.

96. *PSS*, vol. 8, pp. 191-2, vol. 13, p. 98; Chevrel, D'hulst e Lombez (eds.), *Histoire des traductions*, pp. 620-21.

97. L. N. Tolstoi, *Polnoe sobranie sochinenii*, 90 vols. (Moscou-Leningrado, 1928-64), vol. 62, p. 446; Fet, *Moi vospominaniia*, pp. 369-71; Ostrovskaia, *Vospominaniia o Turgeneve*, p. 41.

98. Ilia Zilberstein, "Le Roman *Guerre et Paix* et la France: Ivan Tourgueniev s'emploie à faire connaître l'oeuvre de Léon Tolstoï", in *Tolstoï aujourd'hui: Colloque international Tolstoï tenu à Paris du 10 au 13 Octobre 1978* (Paris, 1980), pp. 225-7; Ostrovskaia, *Vospominaniia o Turgeneve*, p. 40.

99. Tolstoi, *Polnoe sobranie sochinenii*, vol. 62, p. 446; *PSS*, vol. 12, kn. 1, p. 323.

100. Zilberstein, "Le Roman *Guerre et Paix*", pp. 226-30; *PSS*, vol. 12, kn. 2, *1879-1880*, p. 197

101. Zilberstein, "Le Roman *Guerre et Paix*", p. 230; Beaumont (ed.), *Flaubert and Turgenev*, pp. 174-5.

102. *PSS*, vol. 10, p. 381; Seljak, *Ivan Turgenevs Ökonomien*, p. 143; Rissa Tachnin e David H. Stam (compiladores), *Turgenev in English: A Checklist of Works by and about Him* (Nova York, 1962), pp. 17-19.

103. *PSS*, vol. 12, pp. 48, 72, vol. 15, kn. 1, p. 157, vol. 15, kn. 2, p. 257, vol. 16, pp. 482-3.

104. Bachleitner, "Produktion, Tausch und Übersetzung", in Barbier, ed., *Est-ouest*, p. 118; Dorrotaya Liptak, "Die Sozialgeschichte der Literatur oder die übersetzte Literatur in den Wochenzeitschriften Prags und Budapests gegen Ende des 19. Jahrhunderts", in Barbier, ed., *Est-ouest*, p. 202.

105. Paul Aron e Pierre-Yves Soucy, *Les Revues littéraires belges de langue française de 1830 à nos jours* (Bruxelas, 1998), p. 17; Paul Aron, "La Belgique francophone, carrefour du cosmopolitisme européen", in Jacqueline Pluet-Despatin, Michel Leyarie e Jean-Yves Mollier (eds.), *La Belle Époque des revues 1880-1914* (Paris, 2002), p. 329.

106. Carlos Serrano, "Les Revues littéraires dans l'Espagne fin-de-siècle", in Pluet-Despatin, Leyarie e Mollier (eds.), *La Belle Epoque des revues*, p. 387.

107. Julian Schmidt, "Iwan Turgenjev", in *Bilder aus dem geistigen Leben unserer Zeit* (Leipzig, 1870), pp. 428-71.

108. Kluge, *Ivan Turgenev und seine deutschen Freunde*, p. 126.

109. *PSS*, vol. 6, p. 111; Mikhail Alexeev, "Lamartine et Tourguéniev", *Cahiers*, nº 14, 1990, p. 20; M. P. Alekseev e Iu. D. Levin, *Vil'iam Rol'ston — propagandist russkoi literatury i fol'klora* (São Petersburgo, 1994), pp. 32-7.

110. Christine Richards, "Occasional Criticism: Henry James on Ivan Turgenev ", *Slavonic and East European Review*, vol. 78, nº 3, 2000, p. 463; Dale E. Peterson, *The Clement Vision: Poetic Realism in Turgenev and James* (Port Washington, 1975), pp. 10 segs.

111. Pauline Gacoin Lablanchy, "Le vicomte Eugène-Melchior de Vogüé et l'image de la Russie dans la France de la IIIᵉ République", *Bulletin de l'Institut Pierre Renouvin*, nº 39, 2014/1 (primavera), pp. 65-78; Edmund Gosse, *Portraits and Sketches* (Londres, 1913), pp. 243-63; F. W. J. Hemmings, *The Russian Novel in France 1885-11914* (Oxford, 1950), pp. 49-52.

112. Sylvain Briens, "La mondialisation du théâtre nordique à la fin du XIXᵉ siècle: Le fonds Prozor de la Bibliothèque nordique de Paris lu au prisme de la sociologie de l'acteur-réseau", *Revue de littérature comparée*, nº 354, 2015/2, pp. 137-50.

113. Franco Moretti, *Atlas of the European Novel 1800-1900* (Londres, 1998), p. 176.

114. Régnier, "Littérature nationale, littérature étrangère", in Espagne e Werner, eds., *Philologiques III*, pp. 299-300.

115. Moretti, *Atlas of the European Novel*, pp. 184-5.

116. René Ternois, *Zola et ses amis Italiens* (Paris, 1967), p. 43; Pascale Casanova, *La République mondiale des lettres* (Paris, 1999), pp. 146-7.

117. A. Dezalay (ed.), *Zola sans frontières* (Estrasburgo, 1996), p. 177.

118. Bard H. Bakker, "Zola aux Pays-Bas, 1875-1885: Contribution à l'étude du naturalisme européen", *Revue des sciences humaines*, vol. XL, 1975, pp. 581-8; Joseph Hurt, "The Reception of Naturalism in Germany", in Brian Nelson (ed.), *Naturalism in the European Novel: New Critical Perspectives* (Oxford, 1992), pp. 101-3.

119. Steegmuller (ed. e trad.), *Letters of Gustave Flau- bert*, p. 624.

120. Émile Zola, "L'Ouverture de l'Exposition Universelle", in *Oeuvres complètes*, vol. 10, pp. 342, 347-8; Zola, *Correspondance*, vol. 3, p. 32.

121. P. Boborykin, *Stolitsy mira: tridtsat' let vospominaniia* (Moscou, 1911), pp. 193-4.

122. Ibid., p. 194; Graham Robb, *Victor Hugo* (Londres, 1997), pp. 493-6

123. *LI*, p. xxviii.

124. Ibid., p. 494; E. M. Garshin, "Vospominaniia o Turgeneve", *Istoricheskii vestnik*, n° 14, 1883, pp. 381-2.

125. *Congrès littéraire international de Paris, 1878. Présidence de Victor Hugo. Compte rendu in extenso et documents* (Paris, 1879), pp. 112-13.

126. Ibid., pp. 102-3.

127. *PSS*, vol. 8, pp. 76-81, 174, vol. 9, p. 94, vol. 11, p. 275, vol. 12, pp. 16, 52, 86-7, vol. 15, kn. 2, pp. 119-20.

128. Jac Ahrenberg, *Människor som jag känt: personliga minnen, utdrag ur bref och anteckningar*, 6 vols. (Helsingfors, 1904-14), vol. 3, pp. 75-7.

129. *PSS*, vol. 12, kn. 1: *1876-1878*, pp. 322, 326-7; M. P. Dragomanov, *Vospominaniia o znakomstve c I. S. Turgenevym* (Kazan, 1906), pp. 7-8.

130. *Congrès littéraire international de Paris*, 1878, pp. 186-90, 330-50; Patrick Waddington, "I. S. Turgenev and the International Literary Congress of 1878", *New Zealand Slavonic Journal*, 1983, pp. 62-4; B. L. Chivilev, "Otryvochnye vospominannia o Turgeneve", *Russkie vedomosti*, n° 270, 2 set. 1883; Kovalevskii, "Vospominaniia ob I. S. Turgeneve", pp. 5-6; Dragomanov, *Vospominaniia*, p. 9.

131. *PSS*, vol. 12, kn. 1, p. 333; Flaubert, *Correspondance*, vol. 5, p. 398.

132. *PSS*. vol. 12, kn. 2: *1879-1880*, p. 81; Waddington, "Turgenev and the International Literary Congress", p. 66.

133. Laurent Tissot, "Naissance d'une Europe ferroviaire: la convention internationale de Berne (1890) ", in *Les Entreprises et leurs réseaux: Hommes, capitaux, techniques et pouvoirs, XIXᵉ-XXᵉ siècles. Mélanges en l'honneur de François Caron* (Paris, 1998), pp. 283-95.

8. A morte e o cânone

1. *PSS*, vol. 16, kn. 1, pp. 74, 92.

2. *Vosp.*, p. 536.

3. Samuel Fiszman, "Ivan Turgenev's Unknown Letter and His Stay in Russia in 1879", *Slavic Review*, vol. 40, nº 1, 1981 (primavera), p. 82. Sobre o medo de Turgueniev de ser preso, ver Vasili Vérechtchaguine, "I. S. Tourguénieff, 1879-1883", *Cahiers*, nº 16, 1992, p. 48.

4. *Vosp.*, p. 538.

5. Ibid., p. 235.

6. Nora Gottlieb e Raymond Chapman (eds. e trad.), *Letters to an Actress: The Story of Turgenev and Marya Gavrilovna Savina* (Londres, 1973), p. 70.

7. Gottlieb e Chapman (eds. e trad.), *Letters to an Actress*, pp. 50 segs.

8. D. W. Martin, "The Pushkin Celebrations of 1880: The Conflict of Ideals and Ideologies", *Slavonic and East European Review*, vol. 66, nº 4, out. 1988, p. 506; Marcus C. Levitt, *Russian Literary Politics and the Pushkin Celebration of 1880* (Cornell, 1989), pp. 3-4.

9. *PSS*, vol. 12, kn. 2 (Moscou, 1967), p. 247; Martin, "Pushkin Celebrations", p. 506.

10. *Soch.*, pp. 341-50; Levitt, *Russian Literary Politics*, p. 125. *Turg*, vol. 12, kn. 2, p. 272.

11. David Magarshack, *Turgenev: A Life* (Londres, 1954), p. 295; Steegmuller, *Maupassant*, pp. 128-9.

12. Émile Zola, "Gustave Flaubert", in *Oeuvres complètes*, ed. Henri Mitterand (Paris, 1966-9), vol. 11, pp. 124-6.

13. *PSS*, vol. 12, kn. 2: 1879-1880, p. 322; André Billy, *The Goncourt Brothers*, trad. Margaret Shaw (Londres, 1960), pp. 258-60; GJ, vol. 3, p. 496.

14. GJ, vol. 3, pp. 497-8.

15. *Letopis' zhizni i tvorchestva F. M. Dostoevskogo*, 3 vols. (São Petersburgo, 1995), vol. 3, pp. 547, 558-9; Réné Fülöp-Miller, "The Posthumous Life of Dostoevsky", *Russian Review*, vol. 15, nº 4, out. 1956, pp. 259-65.

16. Joseph Frank, *Dostoevsky: The Mantle of the Prophet*, 1871-1881 (Princeton, 2003), pp. 752-4; *PSS*, vol. 13, kn. 1: *1880-1882*, pp. 56-7.

17. *Tombeau de Victor Hugo* (Paris, 1985), pp. 61, 164; Robb, *Victor Hugo*, pp. 522-3; Avner Ben-Amos, *Funeral, Politics, and Memory in Modern France, 1789-1996* (Oxford, 2000), p. 281.

18. Maurice Barrès, *Les Déracinés* (Paris, 1920), p. 443; Robb, *Victor Hugo*, pp. 527-9; Avner Ben-Amos, "Les Funérailles de Victor Hugo", in Nora (ed.), *Lieux de Mémoire*, I: *La République* (Paris, 1984), pp. 499, 516.

19. APP BA art. 1294: Viardot, Cabinet du Préfet: affaires générales, 31 de maio de 1878.

20. Jean-Marie Goulement e Éric Walter, "Les Centenaires de Voltaire et de Rousseau", in Nora (ed.), *Lieux de Mémoire*, I, pp. 396, 409.

21. Jane Mayo Roos, "Rodin's Monument to Victor Hugo: Art and Politics in the Third Republic", *The Art Bulletin*, vol. 68, nº 4, 1986, pp. 632-56; Ben-Amos, "Funérailles de Victor Hugo", pp. 473-4.

22. Elizabeth Emery, *Photojournalism and the Origins of the French Writer House Museum (1881-1914): Privacy, Publicity, and Personality* (Londres, 2012), pp. 161-4, 175 segs.

23. Calculado a partir da base de dados de Estátuas do Século XIX em http://romanticnationalism.net.

24. Marshall, "Women Re-Read Shakespeare Country", p. 95; Julia Thomas, "Shakespeare and Commercialism", in Gail Marshall (ed.), *Shakespeare in the Nineteenth Century* (Cambridge, 2012), p. 252.

25. *PSS*, vol. 10, p. 298.

26. Ver George Martin, "Verdi, Politics and 'Va Pensiero': The Scholars' Squabble", *The Opera Quarterly*, vol. 21, nº 1, jan. 2005, p. 110. Os relatos da época sobre o funeral não mencionam esse coro de "Va Pensiero", mas Martin cita uma entrevista com Carlo Gatti, estudioso de Verdi, que estava presente.

27. Roger Parker, *Studies in Early Verdi, 1832-1844: New Information and Perspectives on the Milanese Musical Milieu and the Operas from Oberto to Ernani* (Nova York, 1989), p. 139. Ver também Ann Smart, "Liberty on (and off) the Barricades: Verdi's Risorgimento Fantasies", in Albert Ascoli e Krystyna von Henneberg (eds.), *Making and Remaking Italy: The Cultivation of National Identity around the Risorgimento* (Oxford, 2001).

28. Joep Leerson, "Schiller 1859: Literary Historicism and Readership Mobilization", in J. Leerson e A. Rigney (eds.), *Commemorating Writers in Nineteenth-Century Europe: Nation- Building and Centenary Fever* (Londres, 2014), p. 27 (lista de estátuas corrigida pela base de dados de Estátuas do Século XIX em http://romanticnationalism.net).

29. An de Rider, "Conscience 1883: Between Flanders and Belgium", in Leerson e Rigney, *Commemorating Writers*, pp. 188 segs.

30. S. Prawer, *Karl Marx and World Literature* (Londres, 2011), pp. 143-5; K. Marx e F. Engels, *The Communist Manifesto* (Londres, 1848).

31. L. E. Obolenskii, "Literaturnye vospominaniia i kharakteristiki (1854-1892)", *Istoricheskii vestnik*, 1902, vol. 87 (jan.-mar.), pp. 504-5; *PSS*, vol. 12, kn. 2: 1879-1880, p. 327.

32. BNF, NA Fr. Papiers de Pauline Viardot, 16275, Lettres adressées à Claudie et George Chamerot, Ivan Tourgénev et divers, ff. 257-8, Maupassant a Turgueniev.

33. William Weber, "Mass Culture and the Reshaping of European Musical Taste, 1770-1870", *International Journal of the Aesthetics and Sociology of Music*, vol. VIII, 1977, pp. 5-21.

34. Cooper, *Rise of Instrumental Music*, p. 157.

35. Taylor, *Anton Rubinstein*, p. 219; Weber, *Musician as Entrepreneur*, p. 118.

36. Georg Jäger, "Der Musikalienverlag", in Jäger (ed.), *Geschichte des deutschen Buchhandels im 19. und 20. Jahrhundert: Das Kaiserreich 1871-1918*, vol 2 (Frankfurt am Main, 2003), pp. 7-61.

37. Lawford-Hinrichsen, *Music Publishing and Patronage*, pp. 18-20, 27.

38. Ringel, "Opera in 'The Donizettian Dark Ages'", p. 58; *The Times*, 8 de julho de 1861.

39. Ibid., pp. 73-4.

40. Albert Soubies, *Le Théâtre-Italien de 1801 à 1913* (Paris 1913), tabela no apêndice.

41. Ver Charle, "Comparaisons et transferts", p. 31.

42. John Rosselli, "Materiali per la storia socio-economica del San Carlo nel Ottocento", in Lorenzo Bianconi e Renato Bossa (eds.), *Musica e cultura a Napoli dal XV al XIX secolo* (Florença, 1983), p. 376; Jutta Toelle, *Bühne der Stadt: Mailand und das Teatro alla Scala zwischen Risorgimento und Fin de Siècle* (Munique, 2009), p. 81.

43. Katharine Ellis, "Unintended Consequences: Theatre Deregulation and Opera in France, 1864-1878", *Cambridge Opera Journal*, vol. 22, nº 3, 2010, pp. 327-52; Katharine Ellis, "Systems Failure in Operatic Paris: The Acid Test of the Théâtre-Lyrique", in Everist e Fauser (eds.), *Music, Theater, and Cultural Transfer*, pp. 53-5, 67.

44. Faith, *World the Railways Made*, p. 279.

45. Jutta Toelle, "Der Duft der grossen weiten Welt: Ideen zur weltweiten Ausbreitung der italienischen Oper im 19. Jahrhundert", in Müller et al. (eds.), *Oper im Wandel der Gesellschaft*, p. 259.

46. Ibid., p. 71.

47. Jutta Toelle, *Oper als Geschäft: Impresari an italienischen Opernhäusern, 1860-1900* (Kassel, 2007), pp. 53-5; Toelle, *Bühne der Stadt*, p. 113.

48. Annegret Fauser, "'Cette musique sans tradition': Wagner's Tannhäuser and Its French Critics", in Everist e Fauser (eds.), *Music, Theater, and Cultural Transfer*, p. 238.

49. Forti, "Alle origini dell'industria musicale italiana", pp. 109-11.

50. Hans Busch (ed.), *Verdi's Aida: The History of an Opera in Letters and Documents* (Minneapolis, 1978), pp. 365, 397-400, 499-553; Toelle, *Bühne der Stadt*, p. 93.

51. Ibid., pp. 94 segs.

52. Ver Philipp Ther, "Wie national war die Oper? Die Opernkultur des 19. Jahrhunderts zwischen nationaler Ideologie und europäischer Praxis", in Ther e Sachel (eds.), *Wie europäisch ist die Oper?*, pp. 110-11.

53. *Fellner & Helmer: Die Architekten der Illusion. Theaterbau und Bühnenbild in Europa: anlässlich des Jubiläums "100 Jahre Grazer Oper"* (Graz, 1999), pp. 10-11.

54. Toelle, *Bühne der Stadt*, p. 100; Annibale Alberti, *Verdi intimo, 1861-1886* (Milan, 1931), p. 17.

55. Sobre os problemas da coleta de dados: Mark O'Neill, Sara Selwood e Astrid Swenson (2019): "Looking Back: Understanding Visits to Museums in the UK and beyond since the Nineteenth Century", *Cultural Trends*, DOI: 10.1080/09548963.2019.1559472. Sobre o Rijksmuseum: Ellinoor Bergvelt e Claudia Hörster, "Kunst en publiek in de Nederlandse rijksmusea voor oude kunst (1800-1896): Een vergelijking met Bennets *Birth of the Museum*", *De Negentiende Eeuw*, vol. 34, nº 3, 2010, pp. 232-48; Claudia Hörster, "Visiting the Trippenhuis: Social History of the Rijksmuseum Amsterdam 1800-1885", diss., Universiteit van Amsterdam, 2010. Dados sobre número de visitantes transmitidos por Ellinoor Bergvelt. Ver também: Liesbet Nys, *De intrede van het publiek: Museumbezoek in België 1830-1914* (Leuven, 2012); Bénédicte Savoy e Philippa Sissis (eds.), *Die Berliner Museumsinsel: Impressionen internationaler Besucher, 1830-1990. Eine Anthologie* (Viena, 2013).

56. Louis Viardot, *Les Merveilles de la peinture* (Paris, 1868); *Les Merveilles de la sculpture. Ouvrage illustré... par Chapuis, etc.* (Paris, 1871); *Wonders of European Art. Illustrated by Reproductions by the Woodbury Permanent Process, and Wood Engravings* (Londres, 1871); *Wonders of Sculpture: Illustrated* (Londres, 1872); *A Brief History of the Painters of all Schools* (Londres, 1877).

57. Théophile Gautier, "Le Musée ancien", *La Presse*, 10 fev. 1849, p. 2.

58. McCauley, *Industrial Madness*, pp. 265-74. Sobre o culto desses dois pintores no século XIX, ver Alison McQueen, *The Rise of the Cult of Rembrandt: Reinventing an Old Master in Nineteenth-Century France* (Amsterdã, 2014); Berthold Hinz, *Dürers Gloria: Kunst, Kult, Konsum* (Berlim, 1971).

59. *Gérôme & Goupil: Art et entreprise* (Paris, 2000), p. 23; Alexandre Benois, *Memoirs*, trad. Moura Budberg (Londres, 1960), p. 103.

60. Anthony Hamber, "Facsimile, Scholarship, and Commerce: Aspects of the Photographically Illustrated Art Book (1839-1880)", *Studies in the History of Art*, vol. 77: *Symposium Papers LIV: Art and the Early Photographic Album*, 2011, p. 144.

61. Austen Barron Bailey, "Vetting the Canon: Galerie contemporaine, 1876-1884", *Studies in the History of Art*, vol. 77, *Symposium Papers LIV*, pp. 173-94.

62. *Turgenevskii sbornik*, vol. 2, pp. 286-7; Kel'ner, *Chelovek svoego vremeni*, p. 95; Fedyashin, *Liberals Under Autocracy*, pp. 89-90.

63. Olivero, "Paperback Revolution", in Spiers, ed., *Culture of the Publisher's Series*, vol. 1, p. 78.

64. Olivero, *L'Invention de la collection*, pp. 41, 166-9.

65. Alvaro Ceballos Viro, "The Foreign Series of Herder Verlag by 1900: International Catholic Literature", in Spiers, ed., *Culture of the Publisher's Series*, vol. 2: *Nationalisms and the National Canon*, pp. 62-81.

66. Frederic Barbier, *L'Empire du livre: Le livre imprimé et la construction de l'Allemagne contemporaine (1815-1914)* (Paris, 1995), pp. 92-7; Bode, *Reclam*, pp. 14-15; Olivero, *L'Invention de la collection*, pp. 81-2.

67. Liptak, "Sozialgeschichte der Literatur", pp. 203 segs.; Olivero, *L'Invention de la collection*, p. 107; Mariella Colin, "La naissance de la littérature romanesque pour la jeunesse au XIXe siècle en Italie; Entre l'Europe et la nation", *Revue de littérature comparée*, n° 304, 2002, pp. 507-18; Marisa

Fernândez-Lépez, "La naissance du roman hispanique à la lumière de ses modèles français, anglais et américain", *Revue de littérature comparée*, nº 304, 2002, pp. 493-505.

68. Simonetta Soldani e Gabriele Turi, *Fare gli Italiani: Scuola e cultura nell'Italia contemporanea*, 2 vols. (Bolonha, 1993), vol. 1, p. 50; Jean-François Botrel, *La Diffusion des livres en Espagne (1868-1914): Les libraires* (Madri, 1988), p. 127; David Vincent, *The Rise of Mass Literacy: Reading and Writing in Modern Europe* (Oxford, 2000), p. 31.

69. Hermann Korte, "Gymnasiale Kanonarchitektur und literarische Kanonisierungspraxis 1871 bis 1918 am Beispiel Westfalens", in Korte, Ilonka Zimmer e Hans-Joachim Jakob (eds.), *Der deutsche Lektürekanon an höheren Schulen Westfalens von 1871 bis 1918* (Frankfurt, 2011), pp. 11-122; Jana Mikota, "For the Love of Words and Works: Tailoring the Reader for Higher Girls' Schools in Late Nineteenth-Century Germany", in Lynne Tatlock (ed.), *Publishing, Culture and the Reading Nation: German Book History in the Long Nineteenth Century* (Rochester, 2010), pp. 181-203.

70. M. Guiney, *Teaching the Cult of Literature in the French Third Republic* (Londres, 2004), pp. 102-5; Richard Altick, *The English Common Reader: A Social History of the Mass Reading Public 1800-1900* (Chicago, 1957), p. 185; Mary Hammond, *Reading, Publishing and the Formation of Literary Taste in England, 1880-1914* (Aldershot, 2006), p. 87.

71. Moretti, *Atlas of the European Novel*, p. 146.

72. Maurice Pellison, *Les bibliothèques populaires à l'étranger et en France* (Paris, 1906), p. 57; *The English Public Library, 1850-1939: Introduction to Heritage Assets* (English Heritage, 2014), p. 3.

73. Pellison, *Bibliothèques populaires*, p. 169; Eugène Morel, *Bibliothèques: Essai sur le développement des bibliothèques publiques et de la librairie dans les deux mondes* (Paris, 1908), pp. 128-9.

74. Pellison, *Bibliothèques populaires*, pp. 95-102; Giovanni Lazzari, *Libri e popolo: Politica della biblioteca pubblica in Italia dal 1861 ad oggi* (Nápoles, 1985), p. 45; Sassoon, *Culture of the Europeans*, p, 610.

75. Marie-Laure Malingre, "Le roman dans les bibliothèques populaires au dix-neuvième siècle", in *Lectures et lecteurs au XIXe siècle: La Bibliothèque des Amis de l'instruction* (Paris, 1985), pp. 110-18.

76. *PSS*, vol. 12, kn. 2, 1879-1880, pp. 48, 58, 428-9.

77. *PSS*, vol. 13, kn. 1, 1880-1882, p. 245.

78. *Turgenevskii sbornik*, vol. 2, p. 331.

79. Patrick Waddington, *Turgenev's Mortal Illness: From Its Origins to the Autopsy* (Pinehaven, 1999), pp. 2-7, 14-15; Patrick Waddington, "Turgenev's Last Will and Testament", *New Zealand Slavonic Journal*, nº 2, 1974, pp. 39-64.

80. M. K. Tenisheva, *Vpechatleniia moei zhizni* (Leningrado, 1991), p. 46.

81. Henri de Saint-Simon, "Viardot et Tourgueneff", *Le Figaro*, 8 de maio de 1883, pp. 1-2.

82. BMO, NLA 357, Pauline Viardot a desconhecido, 4 de maio de 1883.

83. *PSS*, vol. 13, kn. 2, 1882-1883, p. 180.

84. RGALI, f. 1573, op. 3, d. 1325, l. 27.

85. Waddington, *Turgenev's Mortal Illness*, pp. 58-60; *Vosp.*, pp. 409-11.

86. *Vosp.*, pp. 412, 420; *M. M. Stasiulevich i ero sovremenniki v ikh perepiskakh*, vol. 3, p. 230.

87. Waddington, *Turgenev's Mortal Illness*, p. 61; "Pauline Viardot o konchine Turgeneva", *Knizhnye novosti*, nº 10, 1937, p. 55.

88. APP BA art. 1287: Tourgeneff, Cabinet du Préfet: affaires générales, 106409, Relatórios de polícia sobre o funeral de Turgueniev; "Les obsèques de Tourguéneff", *La France*, 8 set. 1883, p. 3; H. de L., "Nécrologie", *Le Clairon*, 8 set. 1883, p. 3.

89. *Vosp.*, p. 418.

90. *M. M. Stasiulevich i ero sovremenniki v ikh perepiskakh*, vol. 3, pp. 230-34, 273; Waddington, *Turgenev's Mortal Illness*, p. 57.

91. *M. M. Stasiulevich i ero sovremenniki v ikh perepiskakh*, vol. 3, p. 265; *Soch.*, p. 182.

92. L. D. Obolenskii, "U groba Turgeneva", pp. 942-4; *Le XIXᵉ siècle*, 3 out. 1883, p. 1; "Ernest Renan, Tourguéniev et Pauline Viardot", *Cahiers*, nº 16, 1992, p. 25.

93. M. Stasiulevich, "Iz vospominanii o poslednikh dniakh I. S. Turgeneva i ego pokhorony", in *I. S. Turgenev v vospominaniiakh sovremennikov*, vol. 2, pp. 420-24.

94. Ibid., pp. 424-7.

95. Ibid., p. 428; *Novoe vremia*, 28 set. (10 out.) 1883, pp. 1-2; *Iz Parizhskogo arkhiva I. S. Turgeneva, kniga pervaia, neizvestvnye proizvedeniia*, in *Literaturnoe Nasledstvo*, p. 328; Tamara Zviguilsky, *Le Musée Tourguéniev* (Bougival, 1993), p. 52.

Epílogo

1. Friang, *Pauline Viardot*, p. 252; Héritte-Viardot, *Une famille de grands musiciens*, p. 65.

2. BMD, 091 VIA, Pauline Viardot a Edmond Cottinet, 13 jan. 1892; Borchard, *Pauline Viardot-Garcia*, p. 48.

3. *Dnevniki P. I. Chaikovskogo* (1873-1891) (São Petersburgo, 1993), p. 64; Chaikovskii, *Polnoe sobranie sochinenii*, vol. 9, pp. 355-8, 383-4.

4. RGALI, f. 1573, op. 3, d. 1325, ll. 21, 26-9.

5. *Vosp.*, p. 169.

6. Ibid., pp. 353, 355.

7. M. A. Arzumanova, "Zaveshchanie I. S. Turgeneva", in *I. S. Turgenev (1818-1883-1958): Stat'i i materiali* (Orel, 1960), pp. 264-86.

8. Kluge, "Ivan Turgenev und seine deutschen Freunde", pp. 128-9.

9. Christophe Charle, "Champ Littéraire français et importations étrangères: de la vogue du roman russe à l'émergence d'un nationalisme littéraire (1886-1902)", in Espagne e Werner, eds., *Philologiques III*, p. 255; Phelps, *Russian Novel in English Fiction*, p. 39.

10. GJ, vol. 3, p. 67.

11. Henry James, *The House of Fiction: Essays on the Novel* (Londres, 1957), p. 170.

12. Chevrel, D'hulst e Lombez, eds., *Histoire des traductions*, pp. 257-8.

13. Béatrice Joyeux-Prunel, *Nul n'est prophète en son pays? L'internationalisation de la peinture des avant-gardes parisiennes, 1855-1914* (Paris, 2007), p. 61.

14. Comte de Saint-Simon, *De la réorganisation de la société européenne* (Paris, 1914), pp. 108-11.

15. Friedrich Nietzsche, *Human, All Too Human*, trad. Marion Faber e Stephen Lehmann (Londres, 1994); Nietzsche, *The Joyous Science*, trad. R. Kevin Hill (Londres, 2018); Nietzsche, *Beyond Good and Evil*, trad. R. Hollingdale (Londres, 2003), pp. 172-3.

16. Georg Brandes, "Verdenslitteratur" (1899), in *Samlede Skrifter*, 18 vols. (Copenhague, 1899-1910), vol. 12, pp. 23-8.

17. Paul Valéry, "The Crisis of the Mind", in *The Outlook for Intelligence*, trad. Denise Folliot e Jackson Mathews (Princeton, 1989), pp. 26-8.

18. BNF, NA Fr. 17273, Papiers Pauline Viardot, vol. 2, ff. 10-11, Camille Saint-Saëns a Pauline Viardot, 19 dez. 1909.

19. Borchard, *Pauline Viardot-Garcia*, p. 105.

20. BNF, VM BOB-21366, Lettres de Pauline Viardot à Gabriel Fauré, 1907-1910, n⁰ˢ 299-305.

21. HLMUS 264 (366), diário de Pauline Viardot, "La viellesse (la mienne)".

22. Ver Richard Taruskin, *Stravinsky and the Russian Traditions*, 2 vols. (Oxford, 1996), vol. 1: *A Biography of the Works through Mavra*, pp. 637-45.

23. Pelo menos não se encontra qualquer referência a um encontro em nenhum dos arquivos relevantes: BNF (Viardot, Boris Kochno), ANF (Viardot, Comtesse de Greffulhe, Prin- cesse de Polignac), HL (Viardot), BMO (Viardot, Diaghilev), IRL (Diaghilev, Panaev-Kartseva), RGALI (Diaghilev) ou NYPL (Papéis de Gabriel Astruc).

24. Héritte-Viardot, *Une famille de grands musiciens*, p. 65; *Les Annales politiques et littéraires*, n⁰ 1405, 29 de maio de 1910, p. 3.

AGRADECIMENTOS

Venho trabalhando neste livro há tanto tempo que não lembro mais como surgiu a ideia. Só já bem adiantado o projeto — cerca de três anos e meio depois —, é que me ocorreu que seria possível escrever um livro. As duas pessoas que mais me estimularam nessa etapa inicial da pesquisa — minha mãe, Eva Figes, e minha querida agente, Deborah Rogers — morreram. Sinto terrivelmente a falta das duas e gostaria que estivessem aqui para ver um trabalho que inspiraram.

Meu novo agente, Peter Straus, me tem apoiado incrivelmente, assim como meus dois editores, Simon Winder na Allen Lane e Sara Bershtel na Metropolitan, ao longo de anos em que não viram resultados do meu trabalho e contavam apenas com minha garantia pessoal de que evoluía lentamente.

A pesquisa para este livro foi conduzida sem qualquer apoio institucional. Não tenho academias, fundações nem conselhos aos quais agradecer por bolsas ou licenças. Por isto, mesmo sou ainda mais grato aos colegas da Birkbeck pela amizade e o estímulo, especialmente Filippo de Vivo, Fred Anscombe, Jan Rüger, Jessica Reinisch, Catharine Edwards, Chandak Sengoopta, Serafina Cuomo e Miriam Zukas, pelo acompanhamento dos meus muitos pedidos de subvenção. Obrigado também a Miles Taylor, Richard Evans, Chris Clark e Steve Smith, que generosamente serviram de árbitros acadêmicos.

Tive a imensa sorte de contar com a assistência de dois extraordinários jovens pesquisadores: Antoine You, que ajudou em parte do trabalho de detetive nos arquivos de Paris; e Ella Saginadze, que buscou materiais em Moscou e em São Petersburgo. Obrigado também a Claire Brodier, Maud Goodhart e Isabel Daykin, cada uma delas tendo ajudado em tarefas mais específicas.

Sou grato aos seguintes especialistas pelo fornecimento de informações sobre temas específicos, sobre os quais são muito mais conhecedores que eu: Alexandre Zviguilsky, Nicholas Žekulin, Agnès Penot, Laura Forti, Dagmar Paulus, Jennifer Davis, Julia Armstrong-Totten, Murat Siviloglu, James Radomski, Adam Zamoyski, Ellinoor Bergvelt e Claudia Hörster. Obrigado também aos muitos arquivistas que colaboraram em minha pesquisa, especialmente Vilma Zanotti (Archivo Storico Ricordi), Paul-Louis Durand-Ruel, Flavie Durand-Ruel (ambos no Durand-Ruel Archive), Paul Beard (Royal Opera House Archives), James Kirwan (Trinity College Library), Mary Haegert e Susan Halpert (ambas na Houghton Library).

Tenho um especial débito de gratidão com as pessoas que tão generosamente leram a primera versão do texto: Stella Tillyard, Hugh Macdonald, Barbara Diana, Miles Taylor, Marie-Pierre Rey, Peter Straus e Kate Figes. Suas reações foram de importância inestimável, me ajudando a redigir a versão definitiva. Sara Bershtel e Simon Winder formam provavelmente a melhor equipe editorial do mundo de fala inglesa. Cada um à sua maneira, ambos tiveram imensa influência em meu trabalho.

Gostaria de agradecer também a Cecilia Mackay, cuja pesquisa de imagens para *Os Europeus*, assim como em vários dos meus outros livros, foi da mais alta qualidade, e a Mark Handsley, o melhor dos editores de texto.

Por fim, agradeço a minha família — Stephanie, Lydia, Alice, Kate e Stoph — pelo amor e o apoio. O livro é dedicado a minha irmã, Kate, a única presença constante em minha vida, que me acompanhou no pedido de recuperação da nossa nacionalidade alemã depois da decisão de retirada do Reino Unido da União Europeia.

Esse fato, imprevisto (na verdade, inimaginável) quando comecei a trabalhar neste livro, aumentou muito concretamente o sentimento de urgência durante a redação. Espero que o livro sirva de lembrete da força unificadora da civilização europeia, que seria um perigo se as nações da Europa viessem a ignorar.

Londres
Janeiro de 2019

ÍNDICE

Este livro foi composto na tipografia Minion Pro,
em corpo 11/15, e impresso em
papel off-white no Sistema Cameron da
Divisão Gráfica da Distribuidora Record.